最高人民检察院法律政策研究室/编

刑事诉讼法及相关司法解释

修改前后对照表

CRIMINAL PROCEDURE LAW AND RELATED JUDICIAL INTERPRETATIONS COMPARISON TABLE

陈国庆/主编

北京大学出版社
PEKING UNIVERSITY PRESS

图书在版编目(CIP)数据

刑事诉讼法及相关司法解释修改前后对照表/最高人民检察院法律政策研究室编;陈国庆主编.—北京:北京大学出版社,2013.5

ISBN 978-7-301-22415-1

Ⅰ.①刑… Ⅱ.①最… ②陈… Ⅲ.①刑事诉讼法-研究-中国 Ⅳ.①D925.204

中国版本图书馆 CIP 数据核字(2013)第 077136 号

书　　名:刑事诉讼法及相关司法解释修改前后对照表
著作责任者:最高人民检察院法律政策研究室　编
　　　　　陈国庆　主编
责 任 编 辑:陆建华
标 准 书 号:ISBN 978-7-301-22415-1/D·3320
出 版 发 行:北京大学出版社
地　　址:北京市海淀区成府路 205 号　100871
网　　址:http://www.yandayuanzhao.com
新 浪 微 博:@北大出版社燕大元照法律图书
电 子 信 箱:yandayuanzhao@163.com
电　　话:邮购部 62752015　发行部 62750672　编辑部 62117788
　　　　　出版部 62754962
印 刷 者:北京大学印刷厂
经 销 者:新华书店
　　　　　880 毫米×1230 毫米　A5　16.625 印张　766 千字
　　　　　2013 年 5 月第 1 版　2013 年 7 月第 2 次印刷
定　　价:39.00 元

编写说明

2012 年 3 月 14 日，十一届全国人民代表大会第五次会议审议通过了《关于修改〈中华人民共和国刑事诉讼法〉的决定》，并于 2013 年 1 月 1 日起实施。为确保准确适用修改后的刑事诉讼法，最高人民法院、最高人民检察院、公安部、国家安全部、司法部、全国人大法制工作委员于 2012 年 12 月 26 日联合发布了《关于实施刑事诉讼若干问题的规定》；最高人民检察院于 2012 年 11 月 22 日发布了《人民检察院刑事诉讼规则（试行）》；公安部于 2012 年 12 月 13 日发布了《公安机关办理刑事案件程序规定》；最高人民法院于 2012 年 12 月 20 日发布了《关于适用〈中华人民共和国刑事诉讼法〉的解释》；最高人民法院、最高人民检察院、公安部、司法部于 2013 年 2 月 4 日发布了《关于刑事诉讼法律援助工作的规定》。

此次修改刑事诉讼法及相关司法解释和规范性文件涉及证据制度、辩护制度、侦查措施、强制措施、审判程序、执行程序以及特别程序等诸多方面，修改幅度大、内容多。为帮助司法工作人员、法学研究人员、律师和广大群众学习和掌握修改后的刑事诉讼法及相关司法解释和规范性文件，我们制作了上述六个法律文件的修改前后对照表，以便于读者查询、使用。

由于时间紧迫，编辑工作难免有疏漏之处，敬请读者批评指正。

最高人民检察院法律政策研究室

2013 年 4 月 2 日

本书法律文件简全称对照表

简　称	全　称
刑事诉讼法	中华人民共和国刑事诉讼法(2012.3.14 修正)
六机关规定	最高人民法院、最高人民检察院、公安部、国家安全部、司法部、全国人大常委会法制工作委员会关于实施刑事诉讼法若干问题的规定(2013.1.1 施行)
刑事诉讼法解释	最高人民法院关于适用《中华人民共和国刑事诉讼法》的解释(2013.1.1 施行)
98 年解释	最高人民法院关于适用《中华人民共和国刑事诉讼法》的解释(1998.9.8 施行)
高检规则	人民检察院刑事诉讼规则(试行)(2013.1.1 施行)
刑事案件程序规定	公安机关办理刑事案件程序规定(2013.1.1 施行)
法律援助工作规定	最高人民法院、最高人民检察院、公安部、司法部关于刑事诉讼法律援助工作的规定(2013.3.1 施行)
附带民事诉讼范围规定	最高人民法院关于刑事附带民事诉讼范围问题的规定(2000.12.19 施行)
审理未成年人刑事案件规定	最高人民法院关于审理未成年人刑事案件的若干规定(试行)(2001.4.12 施行)
再审开庭规定	最高人民法院关于刑事再审案件开庭审理程序的具体规定(2002.1.1 施行)
死刑二审案件开庭规定	最高人民法院、最高人民检察院关于死刑第二审案件开庭审理程序若干问题的规定(试行)(2006.9.25 施行)
复核死刑规定	最高人民法院关于复核死刑案件若干问题的规定(2007.2.28 施行)
停止执行死刑规定	最高人民法院关于适用停止执行死刑程序有关问题的规定(2008.12.26 施行)
财产刑执行规定	最高人民法院关于财产刑执行问题的若干规定(2010.6.1 施行)
诈骗案件解释	最高人民法院、最高人民检察院关于办理诈骗刑事案件具体应用法律若干问题的解释(2011.4.8 施行)
回避规定	最高人民法院关于审判人员在诉讼活动中执行回避制度若干问题的规定(2011.6.13 施行)
抗诉案件再审规定	最高人民法院关于审理人民检察院按照审判监督程序提出的刑事抗诉案件若干问题的规定(2012.1.1 施行)
法庭规则	中华人民共和国人民法院法庭规则(1994.1.1 施行)

简　称	全　称
涉外案件规定	外交部、最高人民法院、最高人民检察院、公安部、安全部、司法部关于处理涉外案件若干问题的规定(1995.6.20 施行)
取保候审规定	最高人民法院、最高人民检察院、公安部、国家安全部关于取保候审若干问题的规定(1999.8.4 施行)
强制措施规定	最高人民检察院、公安部关于适用刑事强制措施有关问题的规定(2000.8.28 施行)
再审立案意见	最高人民法院关于规范人民法院再审立案的若干意见(试行)(2002.11.1 施行)
扣押、冻结款物规定	最高人民检察院扣押、冻结涉案款物工作规定(2010.5.9 施行)
死刑案件证据审查规定	最高人民法院、最高人民检察院、公安部、国家安全部、司法部关于办理死刑案件审查判断证据若干问题的规定(2010.7.1 施行)
非法证据排除规定	最高人民法院、最高人民检察院、公安部、国家安全部、司法部关于办理刑事案件排除非法证据若干问题的规定(2010.7.1 施行)
未成年人刑事案件配套工作意见	中央综治委预防青少年违法犯罪工作领导小组、最高人民法院、最高人民检察院、公安部、司法部、共青团中央关于进一步建立和完善办理未成年人刑事案件配套工作体系的若干意见(2005.8.28 施行)
规范量刑程序意见	最高人民法院、最高人民检察院、公安部、国家安全部、司法部关于规范量刑程序若干问题的意见(试行)(2010.10.1 施行)
社区矫正办法	最高人民法院、最高人民检察院、公安部、司法部联合制定的社区矫正实施办法(2012.3.1 施行)

目　录

《中华人民共和国刑事诉讼法》修正前后对照表

（修正后条文中黑体字部分是对原法条文所作的修改或者补充）

修正前①	修正后②
第一编　总　则	**第一编　总　则**
第一章　任务和基本原则	**第一章　任务和基本原则**
第一条　为了保证刑法的正确实施，惩罚犯罪，保护人民，保障国家安全和社会公共安全，维护社会主义社会秩序，根据宪法，制定本法。	**第一条**　为了保证刑法的正确实施，惩罚犯罪，保护人民，保障国家安全和社会公共安全，维护社会主义社会秩序，根据宪法，制定本法。
第二条　中华人民共和国刑事诉讼法的任务，是保证准确、及时地查明犯罪事实，正确应用法律，惩罚犯罪分子，保障无罪的人不受刑事追究，教育公民自觉遵守法律，积极同犯罪行为作斗争，以维护社会主义法制，保护公民的人身权利、财产权利、民主权利和其他权利，保障社会主义建设事业的顺利进行。	**第二条**　中华人民共和国刑事诉讼法的任务，是保证准确、及时地查明犯罪事实，正确应用法律，惩罚犯罪分子，保障无罪的人不受刑事追究，教育公民自觉遵守法律，积极同犯罪行为作斗争，维护社会主义法制，**尊重和保障人权，**保护公民的人身权利、财产权利、民主权利和其他权利，保障社会主义建设事业的顺利进行。
第三条　对刑事案件的侦查、拘留、执行逮捕、预审，由公安机关负责。检察、批准逮捕、检察机关直接受理的案件的侦查、提起公诉，由人民检察院负责。审判由人民法院负责。除法律特别规定的以外，其他任何机关、团体和个人都无权行使这些权力。 人民法院、人民检察院和公安机关进行刑事诉讼，必须严格遵守本法和其他法律的有关规定。	**第三条**　对刑事案件的侦查、拘留、执行逮捕、预审，由公安机关负责。检察、批准逮捕、检察机关直接受理的案件的侦查、提起公诉，由人民检察院负责。审判由人民法院负责。除法律特别规定的以外，其他任何机关、团体和个人都无权行使这些权力。 人民法院、人民检察院和公安机关进行刑事诉讼，必须严格遵守本法和其他法律的有关规定。
第四条　国家安全机关依照法律规定，办理危害国家安全的刑事案件，行使与公安机关相同的职权。	**第四条**　国家安全机关依照法律规定，办理危害国家安全的刑事案件，行使与公安机关相同的职权。

① 1996 年 3 月 17 日第一次修正，中华人民共和国主席令第 64 号公布，自 1980 年 1 月 1 日施行。

② 2012 年 3 月 14 日第二次修正，中华人民共和国主席令第 55 号公布，自 2013 年 1 月 1 日起施行。

修正前	修正后
第五条 人民法院依照法律规定独立行使审判权，人民检察院依照法律规定独立行使检察权，不受行政机关、社会团体和个人的干涉。	**第五条** 人民法院依照法律规定独立行使审判权，人民检察院依照法律规定独立行使检察权，不受行政机关、社会团体和个人的干涉。
第六条 人民法院、人民检察院和公安机关进行刑事诉讼，必须依靠群众，必须以事实为根据，以法律为准绳。对于一切公民，在适用法律上一律平等，在法律面前，不允许有任何特权。	**第六条** 人民法院、人民检察院和公安机关进行刑事诉讼，必须依靠群众，必须以事实为根据，以法律为准绳。对于一切公民，在适用法律上一律平等，在法律面前，不允许有任何特权。
第七条 人民法院、人民检察院和公安机关进行刑事诉讼，应当分工负责，互相配合，互相制约，以保证准确有效地执行法律。	**第七条** 人民法院、人民检察院和公安机关进行刑事诉讼，应当分工负责，互相配合，互相制约，以保证准确有效地执行法律。
第八条 人民检察院依法对刑事诉讼实行法律监督。	**第八条** 人民检察院依法对刑事诉讼实行法律监督。
第九条 各民族公民都有用本民族语言文字进行诉讼的权利。人民法院、人民检察院和公安机关对于不通晓当地通用的语言文字的诉讼参与人，应当为他们翻译。 在少数民族聚居或者多民族杂居的地区，应当用当地通用的语言进行审讯，用当地通用的文字发布判决书、布告和其他文件。	**第九条** 各民族公民都有用本民族语言文字进行诉讼的权利。人民法院、人民检察院和公安机关对于不通晓当地通用的语言文字的诉讼参与人，应当为他们翻译。 在少数民族聚居或者多民族杂居的地区，应当用当地通用的语言进行审讯，用当地通用的文字发布判决书、布告和其他文件。
第十条 人民法院审判案件，实行两审终审制。	**第十条** 人民法院审判案件，实行两审终审制。
第十一条 人民法院审判案件，除本法另有规定的以外，一律公开进行。被告人有权获得辩护，人民法院有义务保证被告人获得辩护。	**第十一条** 人民法院审判案件，除本法另有规定的以外，一律公开进行。被告人有权获得辩护，人民法院有义务保证被告人获得辩护。
第十二条 未经人民法院依法判决，对任何人都不得确定有罪。	**第十二条** 未经人民法院依法判决，对任何人都不得确定有罪。
第十三条 人民法院审判案件，依照本法实行人民陪审员陪审的制度。	**第十三条** 人民法院审判案件，依照本法实行人民陪审员陪审的制度。
第十四条 人民法院、人民检察院和公安机关应当保障诉讼参与人依法享有的诉讼权利。 对于不满十八岁的未成年人犯罪的案件，在讯问和审判时，可以通知犯罪嫌疑人、被告人的	**第十四条** 人民法院、人民检察院和公安机关应当保障**犯罪嫌疑人、被告人和其他**诉讼参与人依法享有的**辩护权和其他**诉讼权利。 诉讼参与人对于审判人员、检察人员和侦

修正前	修正后
法定代理人到场。 诉讼参与人对于审判人员、检察人员和侦查人员侵犯公民诉讼权利和人身侮辱的行为,有权提出控告。 (第二款移至新条文第二百七十条)	查人员侵犯公民诉讼权利和人身侮辱的行为,有权提出控告。
第十五条 有下列情形之一的,不追究刑事责任,已经追究的,应当撤销案件,或者不起诉,或者终止审理,或者宣告无罪: (一)情节显著轻微、危害不大,不认为是犯罪的; (二)犯罪已过追诉时效期限的; (三)经特赦令免除刑罚的; (四)依照刑法告诉才处理的犯罪,没有告诉或者撤回告诉的; (五)犯罪嫌疑人、被告人死亡的; (六)其他法律规定免予追究刑事责任的。	**第十五条** 有下列情形之一的,不追究刑事责任,已经追究的,应当撤销案件,或者不起诉,或者终止审理,或者宣告无罪: (一)情节显著轻微、危害不大,不认为是犯罪的; (二)犯罪已过追诉时效期限的; (三)经特赦令免除刑罚的; (四)依照刑法告诉才处理的犯罪,没有告诉或者撤回告诉的; (五)犯罪嫌疑人、被告人死亡的; (六)其他法律规定免予追究刑事责任的。
第十六条 对于外国人犯罪应当追究刑事责任的,适用本法的规定。 对于享有外交特权和豁免权的外国人犯罪应当追究刑事责任的,通过外交途径解决。	**第十六条** 对于外国人犯罪应当追究刑事责任的,适用本法的规定。 对于享有外交特权和豁免权的外国人犯罪应当追究刑事责任的,通过外交途径解决。
第十七条 根据中华人民共和国缔结或者参加的国际条约,或者按照互惠原则,我国司法机关和外国司法机关可以相互请求刑事司法协助。	**第十七条** 根据中华人民共和国缔结或者参加的国际条约,或者按照互惠原则,我国司法机关和外国司法机关可以相互请求刑事司法协助。
第二章 管 辖	**第二章 管 辖**
第十八条 刑事案件的侦查由公安机关进行,法律另有规定的除外。 贪污贿赂犯罪,国家工作人员的渎职犯罪,国家机关工作人员利用职权实施的非法拘禁、刑讯逼供、报复陷害、非法搜查的侵犯公民人身权利的犯罪以及侵犯公民民主权利的犯罪,由人民检察院立案侦查。对于国家机关工作人员利用职权实施的其他重大的犯罪案件,需要由人民检察院直接受理的时候,经省级以上人民检察院决定,可以由人民检察院立案侦查。	**第十八条** 刑事案件的侦查由公安机关进行,法律另有规定的除外。 贪污贿赂犯罪,国家工作人员的渎职犯罪,国家机关工作人员利用职权实施的非法拘禁、刑讯逼供、报复陷害、非法搜查的侵犯公民人身权利的犯罪以及侵犯公民民主权利的犯罪,由人民检察院立案侦查。对于国家机关工作人员利用职权实施的其他重大的犯罪案件,需要由人民检察院直接受理的时候,经省级以上人民检察院决定,可以由人民检察院立案侦查。

修正前	修正后
自诉案件,由人民法院直接受理。	自诉案件,由人民法院直接受理。
第十九条 基层人民法院管辖第一审普通刑事案件,但是依照本法由上级人民法院管辖的除外。	**第十九条** 基层人民法院管辖第一审普通刑事案件,但是依照本法由上级人民法院管辖的除外。
第二十条 中级人民法院管辖下列第一审刑事案件: (一)反革命案件、危害国家安全案件; (二)可能判处无期徒刑、死刑的普通刑事案件; (三)外国人犯罪的刑事案件。	**第二十条** 中级人民法院管辖下列第一审刑事案件: (一)危害国家安全、**恐怖活动**案件; (二)可能判处无期徒刑、死刑的案件。
第二十一条 高级人民法院管辖的第一审刑事案件,是全省(自治区、直辖市)性的重大刑事案件。	**第二十一条** 高级人民法院管辖的第一审刑事案件,是全省(自治区、直辖市)性的重大刑事案件。
第二十二条 最高人民法院管辖的第一审刑事案件,是全国性的重大刑事案件。	**第二十二条** 最高人民法院管辖的第一审刑事案件,是全国性的重大刑事案件。
第二十三条 上级人民法院在必要的时候,可以审判下级人民法院管辖的第一审刑事案件;下级人民法院认为案情重大、复杂需要由上级人民法院审判的第一审刑事案件,可以请求移送上一级人民法院审判。	**第二十三条** 上级人民法院在必要的时候,可以审判下级人民法院管辖的第一审刑事案件;下级人民法院认为案情重大、复杂需要由上级人民法院审判的第一审刑事案件,可以请求移送上一级人民法院审判。
第二十四条 刑事案件由犯罪地的人民法院管辖。如果由被告人居住地的人民法院审判更为适宜的,可以由被告人居住地的人民法院管辖。	**第二十四条** 刑事案件由犯罪地的人民法院管辖。如果由被告人居住地的人民法院审判更为适宜的,可以由被告人居住地的人民法院管辖。
第二十五条 几个同级人民法院都有权管辖的案件,由最初受理的人民法院审判。在必要的时候,可以移送主要犯罪地的人民法院审判。	**第二十五条** 几个同级人民法院都有权管辖的案件,由最初受理的人民法院审判。在必要的时候,可以移送主要犯罪地的人民法院审判。
第二十六条 上级人民法院可以指定下级人民法院审判管辖不明的案件,也可以指定下级人民法院将案件移送其他人民法院审判。	**第二十六条** 上级人民法院可以指定下级人民法院审判管辖不明的案件,也可以指定下级人民法院将案件移送其他人民法院审判。
第二十七条 专门人民法院案件的管辖另行规定。	**第二十七条** 专门人民法院案件的管辖另行规定。

修正前	修正后
第三章 回 避	**第三章 回 避**
第二十八条 审判人员、检察人员、侦查人员有下列情形之一的，应当自行回避，当事人及其法定代理人也有权要求他们回避： （一）是本案的当事人或者是当事人的近亲属的； （二）本人或者他的近亲属和本案有利害关系的； （三）担任过本案的证人、鉴定人、辩护人、诉讼代理人的； （四）与本案当事人有其他关系，可能影响公正处理案件的。	**第二十八条** 审判人员、检察人员、侦查人员有下列情形之一的，应当自行回避，当事人及其法定代理人也有权要求他们回避： （一）是本案的当事人或者是当事人的近亲属的； （二）本人或者他的近亲属和本案有利害关系的； （三）担任过本案的证人、鉴定人、辩护人、诉讼代理人的； （四）与本案当事人有其他关系，可能影响公正处理案件的。
第二十九条 审判人员、检察人员、侦查人员不得接受当事人及其委托的人的请客送礼，不得违反规定会见当事人及其委托的人。 审判人员、检察人员、侦查人员违反前款规定的，应当依法追究法律责任。当事人及其法定代理人有权要求他们回避。	**第二十九条** 审判人员、检察人员、侦查人员不得接受当事人及其委托的人的请客送礼，不得违反规定会见当事人及其委托的人。 审判人员、检察人员、侦查人员违反前款规定的，应当依法追究法律责任。当事人及其法定代理人有权要求他们回避。
第三十条 审判人员、检察人员、侦查人员的回避，应当分别由院长、检察长、公安机关负责人决定；院长的回避，由本院审判委员会决定；检察长和公安机关负责人的回避，由同级人民检察院检察委员会决定。 对侦查人员的回避作出决定前，侦查人员不能停止对案件的侦查。 对驳回申请回避的决定，当事人及其法定代理人可以申请复议一次。	**第三十条** 审判人员、检察人员、侦查人员的回避，应当分别由院长、检察长、公安机关负责人决定；院长的回避，由本院审判委员会决定；检察长和公安机关负责人的回避，由同级人民检察院检察委员会决定。 对侦查人员的回避作出决定前，侦查人员不能停止对案件的侦查。 对驳回申请回避的决定，当事人及其法定代理人可以申请复议一次。
第三十一条 本法第二十八条、第二十九条、第三十条的规定也适用于书记员、翻译人员和鉴定人。	**第三十一条** **本章关于回避**的规定适用于书记员、翻译人员和鉴定人。 **辩护人、诉讼代理人可以依照本章的规定要求回避、申请复议。**
第四章 辩护与代理	**第四章 辩护与代理**
第三十二条 犯罪嫌疑人、被告人除自己行使辩护权以外，还可以委托一至二人作为辩护	**第三十二条** 犯罪嫌疑人、被告人除自己行使辩护权以外，还可以委托一至二人作为辩

修正前	修正后
人。下列的人可以被委托为辩护人： （一）律师； （二）人民团体或者犯罪嫌疑人、被告人所在单位推荐的人； （三）犯罪嫌疑人、被告人的监护人、亲友。 正在被执行刑罚或者依法被剥夺、限制人身自由的人，不得担任辩护人。	护人。下列的人可以被委托为辩护人： （一）律师； （二）人民团体或者犯罪嫌疑人、被告人所在单位推荐的人； （三）犯罪嫌疑人、被告人的监护人、亲友。 正在被执行刑罚或者依法被剥夺、限制人身自由的人，不得担任辩护人。
第三十三条 公诉案件自案件移送审查起诉之日起，犯罪嫌疑人有权委托辩护人。自诉案件的被告人有权随时委托辩护人。 人民检察院自收到移送审查起诉的案件材料之日起三日以内，应当告知犯罪嫌疑人有权委托辩护人。人民法院自受理自诉案件之日起三日以内，应当告知被告人有权委托辩护人。	**第三十三条** 犯罪嫌疑人**自被侦查机关第一次讯问或者采取强制措施之日起**，有权委托辩护人；**在侦查期间，只能委托律师作为辩护人**。被告人有权随时委托辩护人。 **侦查机关在第一次讯问犯罪嫌疑人或者对犯罪嫌疑人采取强制措施的时候，应当告知犯罪嫌疑人有权委托辩护人。**人民检察院自收到移送审查起诉的案件材料之日起三日以内，应当告知犯罪嫌疑人有权委托辩护人。人民法院自受理案件之日起三日以内，应当告知被告人有权委托辩护人。**犯罪嫌疑人、被告人在押期间要求委托辩护人的，人民法院、人民检察院和公安机关应当及时转达其要求。** **犯罪嫌疑人、被告人在押的，也可以由其监护人、近亲属代为委托辩护人。** **辩护人接受犯罪嫌疑人、被告人委托后，应当及时告知办理案件的机关。**
第三十四条 公诉人出庭公诉的案件，被告人因经济困难或者其他原因没有委托辩护人的，人民法院可以指定承担法律援助义务的律师为其提供辩护。 被告人是盲、聋、哑或者未成年人而没有委托辩护人的，人民法院应当指定承担法律援助义务的律师为其提供辩护。 被告人可能被判处死刑而没有委托辩护人的，人民法院应当指定承担法律援助义务的律师为其提供辩护。	**第三十四条** **犯罪嫌疑人**、被告人因经济困难或者其他原因没有委托辩护人的，**本人及其近亲属可以向法律援助机构提出申请。对符合法律援助条件的，**法律援助**机构应当指派**律师为其提供辩护。 **犯罪嫌疑人**、被告人是盲、聋、哑人，**或者是尚未完全丧失辨认或者控制自己行为能力的精神病人**，没有委托辩护人的，人民法院、**人民检察院和公安机关**应当**通知**法律援助**机构指派**律师为其提供辩护。 **犯罪嫌疑人**、被告人可能被判处**无期徒刑**、死刑，没有委托辩护人的，人民法院、**人民检察院和公安机关**应当**通知**法律援助**机构指派**律师

修正前	修正后
	为其提供辩护。
第三十五条 辩护人的责任是根据事实和法律，提出证明犯罪嫌疑人、被告人无罪、罪轻或者减轻、免除其刑事责任的材料和意见，维护犯罪嫌疑人、被告人的合法权益。	**第三十五条** 辩护人的责任是根据事实和法律，提出犯罪嫌疑人、被告人无罪、罪轻或者减轻、免除其刑事责任的材料和意见，维护犯罪嫌疑人、被告人的**诉讼权利和其他**合法权益。
	第三十六条 辩护律师在侦查期间可以为犯罪嫌疑人提供法律帮助；代理申诉、控告；申请变更强制措施；向侦查机关了解犯罪嫌疑人涉嫌的罪名和案件有关情况，提出意见。
第三十六条 辩护律师自人民检察院对案件审查起诉之日起，可以查阅、摘抄、复制本案的诉讼文书、技术性鉴定材料，可以同在押的犯罪嫌疑人会见和通信。其他辩护人经人民检察院许可，也可以查阅、摘抄、复制上述材料，同在押的犯罪嫌疑人会见和通信。 辩护律师自人民法院受理案件之日起，可以查阅、摘抄、复制本案所指控的犯罪事实的材料，可以同在押的被告人会见和通信。其他辩护人经人民法院许可，也可以查阅、摘抄、复制上述材料，同在押的被告人会见和通信。	**第三十七条** 辩护律师可以同在押的犯罪嫌疑人、**被告人**会见和通信。其他辩护人经人民法院、人民检察院许可，也可以同在押的犯罪嫌疑人、**被告人**会见和通信。 **辩护律师持律师执业证书、律师事务所证明和委托书或者法律援助公函要求会见在押的犯罪嫌疑人、被告人的，看守所应当及时安排会见，至迟不得超过四十八小时。** **危害国家安全犯罪、恐怖活动犯罪、特别重大贿赂犯罪案件，在侦查期间辩护律师会见在押的犯罪嫌疑人，应当经侦查机关许可。上述案件，侦查机关应当事先通知看守所。** **辩护律师会见在押的犯罪嫌疑人、被告人，可以了解案件有关情况，提供法律咨询等；自案件移送审查起诉之日起，可以向犯罪嫌疑人、被告人核实有关证据。辩护律师会见犯罪嫌疑人、被告人时不被监听。** **辩护律师同被监视居住的犯罪嫌疑人、被告人会见、通信，适用第一款、第三款、第四款的规定。** **第三十八条** 辩护律师自人民检察院对案件审查起诉之日起，可以查阅、摘抄、复制本案的**案卷**材料。其他辩护人经人民法院、**人民检察院**许可，也可以查阅、摘抄、复制上述材料。
	第三十九条 辩护人认为在侦查、审查起诉期间公安机关、人民检察院收集的证明犯罪嫌疑人、被告人无罪或者罪轻的证据材料未提

修正前	修正后
	交的，可以申请人民检察院、人民法院调取。
	第四十条　辩护人收集的有关犯罪嫌疑人不在犯罪现场、未达到刑事责任年龄、属于依法不负刑事责任的精神病人的证据，应当及时告知公安机关、人民检察院。
第三十七条　辩护律师经证人或者其他有关单位和个人同意，可以向他们收集与本案有关的材料，也可以申请人民检察院、人民法院收集、调取证据，或者申请人民法院通知证人出庭作证。 辩护律师经人民检察院或者人民法院许可，并且经被害人或者其近亲属、被害人提供的证人同意，可以向他们收集与本案有关的材料。	**第四十一条**　辩护律师经证人或者其他有关单位和个人同意，可以向他们收集与本案有关的材料，也可以申请人民检察院、人民法院收集、调取证据，或者申请人民法院通知证人出庭作证。 辩护律师经人民检察院或者人民法院许可，并且经被害人或者其近亲属、被害人提供的证人同意，可以向他们收集与本案有关的材料。
第三十八条　辩护律师和其他辩护人，不得帮助犯罪嫌疑人、被告人隐匿、毁灭、伪造证据或者串供，不得威胁、引诱证人改变证言或者作伪证以及进行其他干扰司法机关诉讼活动的行为。 违反前款规定的，应当依法追究法律责任。	**第四十二条**　辩护人**或者其他任何人**，不得帮助犯罪嫌疑人、被告人隐匿、毁灭、伪造证据或者串供，不得威胁、引诱证人作伪证以及进行其他干扰司法机关诉讼活动的行为。 违反前款规定的，应当依法追究法律责任，**辩护人涉嫌犯罪的，应当由办理辩护人所承办案件的侦查机关以外的侦查机关办理。辩护人是律师的，应当及时通知其所在的律师事务所或者所属的律师协会。**
第三十九条　在审判过程中，被告人可以拒绝辩护人继续为他辩护，也可以另行委托辩护人辩护。	**第四十三条**　在审判过程中，被告人可以拒绝辩护人继续为他辩护，也可以另行委托辩护人辩护。
第四十条　公诉案件的被害人及其法定代理人或者近亲属，附带民事诉讼的当事人及其法定代理人，自案件移送审查起诉之日起，有权委托诉讼代理人。自诉案件的自诉人及其法定代理人，附带民事诉讼的当事人及其法定代理人，有权随时委托诉讼代理人。 人民检察院自收到移送审查起诉的案件材料之日起三日以内，应当告知被害人及其法定代理人或者其近亲属、附带民事诉讼的当事人及其法定代理人有权委托诉讼代理人。人民法院自	**第四十四条**　公诉案件的被害人及其法定代理人或者近亲属，附带民事诉讼的当事人及其法定代理人，自案件移送审查起诉之日起，有权委托诉讼代理人。自诉案件的自诉人及其法定代理人，附带民事诉讼的当事人及其法定代理人，有权随时委托诉讼代理人。 人民检察院自收到移送审查起诉的案件材料之日起三日以内，应当告知被害人及其法定代理人或者其近亲属、附带民事诉讼的当事人及其法定代理人有权委托诉讼代理人。人民法

修正前	修正后
受理自诉案件之日起三日以内,应当告知自诉人及其法定代理人、附带民事诉讼的当事人及其法定代理人有权委托诉讼代理人。	院自受理自诉案件之日起三日以内,应当告知自诉人及其法定代理人、附带民事诉讼的当事人及其法定代理人有权委托诉讼代理人。
第四十一条 委托诉讼代理人,参照本法第三十二条的规定执行。	**第四十五条** 委托诉讼代理人,参照本法第三十二条的规定执行。
	第四十六条 辩护律师对在执业活动中知悉的委托人的有关情况和信息,有权予以保密。但是,辩护律师在执业活动中知悉委托人或者其他人,准备或者正在实施危害国家安全、公共安全以及严重危害他人人身安全的犯罪的,应当及时告知司法机关。
	第四十七条 辩护人、诉讼代理人认为公安机关、人民检察院、人民法院及其工作人员阻碍其依法行使诉讼权利的,有权向同级或者上一级人民检察院申诉或者控告。人民检察院对申诉或者控告应当及时进行审查,情况属实的,通知有关机关予以纠正。
第五章 证 据	**第五章 证 据**
第四十二条 证明案件真实情况的一切事实,都是证据。 证据有下列七种: (一)物证、书证; (二)证人证言; (三)被害人陈述; (四)犯罪嫌疑人、被告人供述和辩解; (五)鉴定结论; (六)勘验、检查笔录; (七)视听资料。 以上证据必须经过查证属实,才能作为定案的根据。	**第四十八条 可以用于证明案件事实的材料**,都是证据。 证据**包括**: (一)物证; (二)书证; (三)证人证言; (四)被害人陈述; (五)犯罪嫌疑人、被告人供述和辩解; (六)鉴定**意见**; (七)勘验、检查、**辨认、侦查实验等**笔录; **(八)**视听资料、**电子数据**。 证据必须经过查证属实,才能作为定案的根据。
	第四十九条 公诉案件中被告人有罪的举证责任由人民检察院承担,自诉案件中被告人有罪的举证责任由自诉人承担。

修正前	修正后
第四十三条 审判人员、检察人员、侦查人员必须依照法定程序，收集能够证实犯罪嫌疑人、被告人有罪或者无罪、犯罪情节轻重的各种证据。严禁刑讯逼供和以威胁、引诱、欺骗以及其他非法的方法收集证据。必须保证一切与案件有关或者了解案情的公民，有客观地充分地提供证据的条件，除特殊情况外，并且可以吸收他们协助调查。	**第五十条** 审判人员、检察人员、侦查人员必须依照法定程序，收集能够证实犯罪嫌疑人、被告人有罪或者无罪、犯罪情节轻重的各种证据。严禁刑讯逼供和以威胁、引诱、欺骗以及其他非法方法收集证据，**不得强迫任何人证实自己有罪**。必须保证一切与案件有关或者了解案情的公民，有客观地充分地提供证据的条件，除特殊情况外，可以吸收他们协助调查。
第四十四条 公安机关提请批准逮捕书、人民检察院起诉书、人民法院判决书，必须忠实于事实真象。故意隐瞒事实真象的，应当追究责任。	**第五十一条** 公安机关提请批准逮捕书、人民检察院起诉书、人民法院判决书，必须忠实于事实真象。故意隐瞒事实真象的，应当追究责任。
第四十五条 人民法院、人民检察院和公安机关有权向有关单位和个人收集、调取证据。有关单位和个人应当如实提供证据。 对于涉及国家秘密的证据，应当保密。 凡是伪造证据、隐匿证据或者毁灭证据的，无论属于何方，必须受法律追究。	**第五十二条** 人民法院、人民检察院和公安机关有权向有关单位和个人收集、调取证据。有关单位和个人应当如实提供证据。 **行政机关在行政执法和查办案件过程中收集的物证、书证、视听资料、电子数据等证据材料，在刑事诉讼中可以作为证据使用。** 对涉及国家秘密、**商业秘密、个人隐私**的证据，应当保密。 凡是伪造证据、隐匿证据或者毁灭证据的，无论属于何方，必须受法律追究。
第四十六条 对一切案件的判处都要重证据，重调查研究，不轻信口供。只有被告人供述，没有其他证据的，不能认定被告人有罪和处以刑罚；没有被告人供述，证据充分确实的，可以认定被告人有罪和处以刑罚。	**第五十三条** 对一切案件的判处都要重证据，重调查研究，不轻信口供。只有被告人供述，没有其他证据的，不能认定被告人有罪和处以刑罚；没有被告人供述，证据**确实、充分**的，可以认定被告人有罪和处以刑罚。 **证据确实、充分，应当符合以下条件：** **（一）定罪量刑的事实都有证据证明；** **（二）据以定案的证据均经法定程序查证属实；** **（三）综合全案证据，对所认定事实已排除合理怀疑。**
	第五十四条 **采用刑讯逼供等非法方法收集的犯罪嫌疑人、被告人供述和采用暴力、威胁等非法方法收集的证人证言、被害人陈述，应当**

修正前	修正后
	予以排除。收集物证、书证不符合法定程序，可能严重影响司法公正的，应当予以补正或者作出合理解释；不能补正或者作出合理解释的，对该证据应当予以排除。 在侦查、审查起诉、审判时发现有应当排除的证据的，应当依法予以排除，不得作为起诉意见、起诉决定和判决的依据。
	第五十五条 人民检察院接到报案、控告、举报或者发现侦查人员以非法方法收集证据的，应当进行调查核实。对于确有以非法方法收集证据情形的，应当提出纠正意见；构成犯罪的，依法追究刑事责任。
	第五十六条 法庭审理过程中，审判人员认为可能存在本法第五十四条规定的以非法方法收集证据情形的，应当对证据收集的合法性进行法庭调查。 当事人及其辩护人、诉讼代理人有权申请人民法院对以非法方法收集的证据依法予以排除。申请排除以非法方法收集的证据的，应当提供相关线索或者材料。
	第五十七条 在对证据收集的合法性进行法庭调查的过程中，人民检察院应当对证据收集的合法性加以证明。 现有证据材料不能证明证据收集的合法性的，人民检察院可以提请人民法院通知有关侦查人员或者其他人员出庭说明情况；人民法院可以通知有关侦查人员或者其他人员出庭说明情况。有关侦查人员或者其他人员也可以要求出庭说明情况。经人民法院通知，有关人员应当出庭。
	第五十八条 对于经过法庭审理，确认或者不能排除存在本法第五十四条规定的以非法方法收集证据情形的，对有关证据应当予以排除。
第四十七条 证人证言必须在法庭上经过	**第五十九条** 证人证言必须在法庭上经过

修正前	修正后
公诉人、被害人和被告人、辩护人双方讯问、质证，听取各方证人的证言并且经过查实以后，才能作为定案的根据。法庭查明证人有意作伪证或者隐匿罪证的时候，应当依法处理。	公诉人、被害人和被告人、辩护人双方质证并且查实以后，才能作为定案的根据。法庭查明证人有意作伪证或者隐匿罪证的时候，应当依法处理。
第四十八条 凡是知道案件情况的人，都有作证的义务。 生理上、精神上有缺陷或者年幼，不能辨别是非、不能正确表达的人，不能作证人。	**第六十条** 凡是知道案件情况的人，都有作证的义务。 生理上、精神上有缺陷或者年幼，不能辨别是非、不能正确表达的人，不能作证人。
第四十九条 人民法院、人民检察院和公安机关应当保障证人及其近亲属的安全。 对证人及其近亲属进行威胁、侮辱、殴打或者打击报复，构成犯罪的，依法追究刑事责任；尚不够刑事处罚的，依法给予治安管理处罚。	**第六十一条** 人民法院、人民检察院和公安机关应当保障证人及其近亲属的安全。 对证人及其近亲属进行威胁、侮辱、殴打或者打击报复，构成犯罪的，依法追究刑事责任；尚不够刑事处罚的，依法给予治安管理处罚。
	第六十二条 对于危害国家安全犯罪、恐怖活动犯罪、黑社会性质的组织犯罪、毒品犯罪等案件，证人、鉴定人、被害人因在诉讼中作证，本人或者其近亲属的人身安全面临危险的，人民法院、人民检察院和公安机关应当采取以下一项或者多项保护措施： **（一）不公开真实姓名、住址和工作单位等个人信息；** **（二）采取不暴露外貌、真实声音等出庭作证措施；** **（三）禁止特定的人员接触证人、鉴定人、被害人及其近亲属；** **（四）对人身和住宅采取专门性保护措施；** **（五）其他必要的保护措施。** **证人、鉴定人、被害人认为因在诉讼中作证，本人或者其近亲属的人身安全面临危险的，可以向人民法院、人民检察院、公安机关请求予以保护。** **人民法院、人民检察院、公安机关依法采取保护措施，有关单位和个人应当配合。**
	第六十三条 证人因履行作证义务而支出的交通、住宿、就餐等费用，应当给予补助。证人作证的补助列入司法机关业务经费，由同级

修正前	修正后
	政府财政予以保障。 **有工作单位的证人作证，所在单位不得克扣或者变相克扣其工资、奖金及其他福利待遇。**
第六章　强制措施	**第六章　强制措施**
第五十条　人民法院、人民检察院和公安机关根据案件情况，对犯罪嫌疑人、被告人可以拘传、取保候审或者监视居住。	**第六十四条**　人民法院、人民检察院和公安机关根据案件情况，对犯罪嫌疑人、被告人可以拘传、取保候审或者监视居住。
第五十一条　人民法院、人民检察院和公安机关对于有下列情形之一的犯罪嫌疑人、被告人，可以取保候审或者监视居住： （一）可能判处管制、拘役或者独立适用附加刑的； （二）可能判处有期徒刑以上刑罚，采取取保候审、监视居住不致发生社会危险性的。 取保候审、监视居住由公安机关执行。	**第六十五条**　人民法院、人民检察院和公安机关对有下列情形之一的犯罪嫌疑人、被告人，可以取保候审： （一）可能判处管制、拘役或者独立适用附加刑的； （二）可能判处有期徒刑以上刑罚，采取取保候审不致发生社会危险性的； **（三）患有严重疾病、生活不能自理，怀孕或者正在哺乳自己婴儿的妇女，采取取保候审不致发生社会危险性的；** **（四）羁押期限届满，案件尚未办结，需要采取取保候审的。** 取保候审由公安机关执行。
第五十二条　被羁押的犯罪嫌疑人、被告人及其法定代理人、近亲属有权申请取保候审。 （修改后作为新条文第九十五条）	
第五十三条　人民法院、人民检察院和公安机关决定对犯罪嫌疑人、被告人取保候审，应当责令犯罪嫌疑人、被告人提出保证人或者交纳保证金。	**第六十六条**　人民法院、人民检察院和公安机关决定对犯罪嫌疑人、被告人取保候审，应当责令犯罪嫌疑人、被告人提出保证人或者交纳保证金。
第五十四条　保证人必须符合下列条件： （一）与本案无牵连； （二）有能力履行保证义务； （三）享有政治权利，人身自由未受到限制； （四）有固定的住处和收入。	**第六十七条**　保证人必须符合下列条件： （一）与本案无牵连； （二）有能力履行保证义务； （三）享有政治权利，人身自由未受到限制； （四）有固定的住处和收入。
第五十五条　保证人应当履行以下义务： （一）监督被保证人遵守本法第五十六条的	**第六十八条**　保证人应当履行以下义务： （一）监督被保证人遵守本法**第六十九条**的

修正前	修正后
规定； （二）发现被保证人可能发生或者已经发生违反本法第五十六条规定的行为的，应当及时向执行机关报告。 被保证人有违反本法第五十六条规定的行为，保证人未及时报告的，对保证人处以罚款，构成犯罪的，依法追究刑事责任。	规定； （二）发现被保证人可能发生或者已经发生违反本法第**六十九**条规定的行为的，应当及时向执行机关报告。 被保证人有违反本法第**六十九**条规定的行为，保证人未**履行保证义务**的，对保证人处以罚款，构成犯罪的，依法追究刑事责任。
第五十六条 被取保候审的犯罪嫌疑人、被告人应当遵守以下规定： （一）未经执行机关批准不得离开所居住的市、县； （二）在传讯的时候及时到案； （三）不得以任何形式干扰证人作证； （四）不得毁灭、伪造证据或者串供。 被取保候审的犯罪嫌疑人、被告人违反前款规定，已交纳保证金的，没收保证金，并且区别情形，责令犯罪嫌疑人、被告人具结悔过，重新交纳保证金、提出保证人或者监视居住、予以逮捕。犯罪嫌疑人、被告人在取保候审期间未违反前款规定的，取保候审结束的时候，应当退还保证金。	**第六十九条** 被取保候审的犯罪嫌疑人、被告人应当遵守以下规定： （一）未经执行机关批准不得离开所居住的市、县； （二）**住址、工作单位和联系方式发生变动的，在二十四小时以内向执行机关报告；** （三）在传讯的时候及时到案； （四）不得以任何形式干扰证人作证； **（五）**不得毁灭、伪造证据或者串供。 **人民法院、人民检察院和公安机关可以根据案件情况，责令被取保候审的犯罪嫌疑人、被告人遵守以下一项或者多项规定：** **（一）不得进入特定的场所；** **（二）不得与特定的人员会见或者通信；** **（三）不得从事特定的活动；** **（四）将护照等出入境证件、驾驶证件交执行机关保存。** 被取保候审的犯罪嫌疑人、被告人违反前**两**款规定，已交纳保证金的，没收**部分或者全部**保证金，并且区别情形，责令犯罪嫌疑人、被告人具结悔过，重新交纳保证金、提出保证人，或者监视居住、予以逮捕。 **对违反取保候审规定，需要予以逮捕的，可以对犯罪嫌疑人、被告人先行拘留。** **第七十条 取保候审的决定机关应当综合考虑保证诉讼活动正常进行的需要，被取保候审人的社会危险性，案件的性质、情节，可能判处刑罚的轻重，被取保候审人的经济状况等情况，确定保证金的数额。** **提供保证金的人应当将保证金存入执行机关指定银行的专门账户。**

修正前	修正后
	第七十一条　犯罪嫌疑人、被告人在取保候审期间未违反本法第六十九条规定的，取保候审结束的时候，凭解除取保候审的通知或者有关法律文书到银行领取退还的保证金。
	第七十二条　人民法院、人民检察院和公安机关对符合逮捕条件，有下列情形之一的犯罪嫌疑人、被告人，可以监视居住： （一）患有严重疾病、生活不能自理的； （二）怀孕或者正在哺乳自己婴儿的妇女； （三）系生活不能自理的人的唯一扶养人； （四）因为案件的特殊情况或者办理案件的需要，采取监视居住措施更为适宜的； （五）羁押期限届满，案件尚未办结，需要采取监视居住措施的。 对符合取保候审条件，但犯罪嫌疑人、被告人不能提出保证人，也不交纳保证金的，可以监视居住。 监视居住由公安机关执行。
	第七十三条　监视居住应当在犯罪嫌疑人、被告人的住处执行；无固定住处的，可以在指定的居所执行。对于涉嫌危害国家安全犯罪、恐怖活动犯罪、特别重大贿赂犯罪，在住处执行可能有碍侦查的，经上一级人民检察院或者公安机关批准，也可以在指定的居所执行。但是，不得在羁押场所、专门的办案场所执行。 指定居所监视居住的，除无法通知的以外，应当在执行监视居住后二十四小时以内，通知被监视居住人的家属。 被监视居住的犯罪嫌疑人、被告人委托辩护人，适用本法第三十三条的规定。 人民检察院对指定居所监视居住的决定和执行是否合法实行监督。
	第七十四条　指定居所监视居住的期限应当折抵刑期。被判处管制的，监视居住一日折抵刑期一日；被判处拘役、有期徒刑的，监视居住二日折抵刑期一日。

修正前	修正后
第五十七条 被监视居住的犯罪嫌疑人、被告人应当遵守以下规定： （一）未经执行机关批准不得离开住处，无固定住处的，未经批准不得离开指定的居所； （二）未经执行机关批准不得会见他人； （三）在传讯的时候及时到案； （四）不得以任何形式干扰证人作证； （五）不得毁灭、伪造证据或者串供。 被监视居住的犯罪嫌疑人、被告人违反前款规定，情节严重的，予以逮捕。	**第七十五条** 被监视居住的犯罪嫌疑人、被告人应当遵守以下规定： （一）未经执行机关批准不得离开**执行监视居住的处所**； （二）未经执行机关批准不得会见他人**或者通信**； （三）在传讯的时候及时到案； （四）不得以任何形式干扰证人作证； （五）不得毁灭、伪造证据或者串供； **（六）将护照等出入境证件、身份证件、驾驶证件交执行机关保存。** 被监视居住的犯罪嫌疑人、被告人违反前款规定，情节严重的，**可以**予以逮捕；**需要予以逮捕的，可以对犯罪嫌疑人、被告人先行拘留。**
	第七十六条 执行机关对被监视居住的犯罪嫌疑人、被告人，可以采取电子监控、不定期检查等监视方法对其遵守监视居住规定的情况进行监督；在侦查期间，可以对被监视居住的犯罪嫌疑人的通信进行监控。
第五十八条 人民法院、人民检察院和公安机关对犯罪嫌疑人、被告人取保候审最长不得超过十二个月，监视居住最长不得超过六个月。 在取保候审、监视居住期间，不得中断对案件的侦查、起诉和审理。对于发现不应当追究刑事责任或者取保候审、监视居住期限届满的，应当及时解除取保候审、监视居住。解除取保候审、监视居住，应当及时通知被取保候审、监视居住人和有关单位。	**第七十七条** 人民法院、人民检察院和公安机关对犯罪嫌疑人、被告人取保候审最长不得超过十二个月，监视居住最长不得超过六个月。 在取保候审、监视居住期间，不得中断对案件的侦查、起诉和审理。对于发现不应当追究刑事责任或者取保候审、监视居住期限届满的，应当及时解除取保候审、监视居住。解除取保候审、监视居住，应当及时通知被取保候审、监视居住人和有关单位。
第五十九条 逮捕犯罪嫌疑人、被告人，必须经过人民检察院批准或者人民法院决定，由公安机关执行。	**第七十八条** 逮捕犯罪嫌疑人、被告人，必须经过人民检察院批准或者人民法院决定，由公安机关执行。
第六十条 对有证据证明有犯罪事实，可能判处徒刑以上刑罚的犯罪嫌疑人、被告人，采取取保候审、监视居住等方法，尚不足以防止发生社会危险性，而有逮捕必要的，应即依法逮捕。	**第七十九条** 对有证据证明有犯罪事实，可能判处徒刑以上刑罚的犯罪嫌疑人、被告人，采取取保候审尚不足以防止发生**下列**社会危险性**的**，应当予以逮捕：

修正前	修正后
对应当逮捕的犯罪嫌疑人、被告人,如果患有严重疾病,或者是正在怀孕、哺乳自己婴儿的妇女,可以采用取保候审或者监视居住的办法。	**(一)可能实施新的犯罪的;** **(二)有危害国家安全、公共安全或者社会秩序的现实危险的;** **(三)可能毁灭、伪造证据,干扰证人作证或者串供的;** **(四)可能对被害人、举报人、控告人实施打击报复的;** **(五)企图自杀或者逃跑的。** **对有证据证明有犯罪事实,可能判处十年有期徒刑以上刑罚的,或者可能判处徒刑以上刑罚,曾经故意犯罪或者身份不明的应当予以逮捕。** **被取保候审、监视居住的犯罪嫌疑人、被告人违反取保候审、监视居住规定,情节严重的,可以予以逮捕。**
第六十一条 公安机关对于现行犯或者重大嫌疑分子,如果有下列情形之一的,可以先行拘留: (一)正在预备犯罪、实行犯罪或者在犯罪后即时被发觉的; (二)被害人或者在场亲眼看见的人指认他犯罪的; (三)在身边或者住处发现有犯罪证据的; (四)犯罪后企图自杀、逃跑或者在逃的; (五)有毁灭、伪造证据或者串供可能的; (六)不讲真实姓名、住址,身份不明的; (七)有流窜作案、多次作案、结伙作案重大嫌疑的。	**第八十条** 公安机关对于现行犯或者重大嫌疑分子,如果有下列情形之一的,可以先行拘留: (一)正在预备犯罪、实行犯罪或者在犯罪后即时被发觉的; (二)被害人或者在场亲眼看见的人指认他犯罪的; (三)在身边或者住处发现有犯罪证据的; (四)犯罪后企图自杀、逃跑或者在逃的; (五)有毁灭、伪造证据或者串供可能的; (六)不讲真实姓名、住址,身份不明的; (七)有流窜作案、多次作案、结伙作案重大嫌疑的。
第六十二条 公安机关在异地执行拘留、逮捕的时候,应当通知被拘留、逮捕人所在地的公安机关,被拘留、逮捕人所在地的公安机关应当予以配合。	**第八十一条** 公安机关在异地执行拘留、逮捕的时候,应当通知被拘留、逮捕人所在地的公安机关,被拘留、逮捕人所在地的公安机关应当予以配合。
第六十三条 对于有下列情形的人,任何公民都可以立即扭送公安机关、人民检察院或者人民法院处理: (一)正在实行犯罪或者在犯罪后即时被发觉的;	**第八十二条** 对于有下列情形的人,任何公民都可以立即扭送公安机关、人民检察院或者人民法院处理: (一)正在实行犯罪或者在犯罪后即时被发觉的;

修正前	修正后
（二）通缉在案的； （三）越狱逃跑的； （四）正在被追捕的。	（二）通缉在案的； （三）越狱逃跑的； （四）正在被追捕的。
第六十四条 公安机关拘留人的时候，必须出示拘留证。 拘留后，除有碍侦查或者无法通知的情形以外，应当把拘留的原因和羁押的处所，在二十四小时以内，通知被拘留人的家属或者他的所在单位。	**第八十三条** 公安机关拘留人的时候，必须出示拘留证。 拘留后，**应当立即将被拘留人送看守所羁押，至迟不得超过二十四小时**。除无法通知或者**涉嫌危害国家安全犯罪、恐怖活动犯罪通知可能**有碍侦查的情形以外，应当在**拘留后**二十四小时以内，通知被拘留人的家属。**有碍侦查的情形消失以后，应当立即通知被拘留人的家属。**
第六十五条 公安机关对于被拘留的人，应当在拘留后的二十四小时以内进行讯问。在发现不应当拘留的时候，必须立即释放，发给释放证明。对需要逮捕而证据还不充足的，可以取保候审或者监视居住。	**第八十四条** 公安机关对被拘留的人，应当在拘留后的二十四小时以内进行讯问。在发现不应当拘留的时候，必须立即释放，发给释放证明。
第六十六条 公安机关要求逮捕犯罪嫌疑人的时候，应当写出提请批准逮捕书，连同案卷材料、证据，一并移送同级人民检察院审查批准。必要的时候，人民检察院可以派人参加公安机关对于重大案件的讨论。	**第八十五条** 公安机关要求逮捕犯罪嫌疑人的时候，应当写出提请批准逮捕书，连同案卷材料、证据，一并移送同级人民检察院审查批准。必要的时候，人民检察院可以派人参加公安机关对于重大案件的讨论。
	第八十六条 人民检察院审查批准逮捕，可以讯问犯罪嫌疑人；有下列情形之一的，应当讯问犯罪嫌疑人： **（一）对是否符合逮捕条件有疑问的；** **（二）犯罪嫌疑人要求向检察人员当面陈述的；** **（三）侦查活动可能有重大违法行为的。** **人民检察院审查批准逮捕，可以询问证人等诉讼参与人，听取辩护律师的意见；辩护律师提出要求的，应当听取辩护律师的意见。**
第六十七条 人民检察院审查批准逮捕犯罪嫌疑人由检察长决定。重大案件应当提交检察委员会讨论决定。	**第八十七条** 人民检察院审查批准逮捕犯罪嫌疑人由检察长决定。重大案件应当提交检察委员会讨论决定。

修正前	修正后
第六十八条 人民检察院对于公安机关提请批准逮捕的案件进行审查后，应当根据情况分别作出批准逮捕或者不批准逮捕的决定。对于批准逮捕的决定，公安机关应当立即执行，并且将执行情况及时通知人民检察院。对于不批准逮捕的，人民检察院应当说明理由，需要补充侦查的，应当同时通知公安机关。	**第八十八条** 人民检察院对于公安机关提请批准逮捕的案件进行审查后，应当根据情况分别作出批准逮捕或者不批准逮捕的决定。对于批准逮捕的决定，公安机关应当立即执行，并且将执行情况及时通知人民检察院。对于不批准逮捕的，人民检察院应当说明理由，需要补充侦查的，应当同时通知公安机关。
第六十九条 公安机关对被拘留的人，认为需要逮捕的，应当在拘留后的三日以内，提请人民检察院审查批准。在特殊情况下，提请审查批准的时间可以延长一日至四日。 对于流窜作案、多次作案、结伙作案的重大嫌疑分子，提请审查批准的时间可以延长至三十日。 人民检察院应当自接到公安机关提请批准逮捕书后的七日以内，作出批准逮捕或者不批准逮捕的决定。人民检察院不批准逮捕的，公安机关应当在接到通知后立即释放，并且将执行情况及时通知人民检察院。对于需要继续侦查，并且符合取保候审、监视居住条件的，依法取保候审或者监视居住。	**第八十九条** 公安机关对被拘留的人，认为需要逮捕的，应当在拘留后的三日以内，提请人民检察院审查批准。在特殊情况下，提请审查批准的时间可以延长一日至四日。 对于流窜作案、多次作案、结伙作案的重大嫌疑分子，提请审查批准的时间可以延长至三十日。 人民检察院应当自接到公安机关提请批准逮捕书后的七日以内，作出批准逮捕或者不批准逮捕的决定。人民检察院不批准逮捕的，公安机关应当在接到通知后立即释放，并且将执行情况及时通知人民检察院。对于需要继续侦查，并且符合取保候审、监视居住条件的，依法取保候审或者监视居住。
第七十条 公安机关对人民检察院不批准逮捕的决定，认为有错误的时候，可以要求复议，但是必须将被拘留的人立即释放。如果意见不被接受，可以向上一级人民检察院提请复核。上级人民检察院应当立即复核，作出是否变更的决定，通知下级人民检察院和公安机关执行。	**第九十条** 公安机关对人民检察院不批准逮捕的决定，认为有错误的时候，可以要求复议，但是必须将被拘留的人立即释放。如果意见不被接受，可以向上一级人民检察院提请复核。上级人民检察院应当立即复核，作出是否变更的决定，通知下级人民检察院和公安机关执行。
第七十一条 公安机关逮捕人的时候，必须出示逮捕证。 逮捕后，除有碍侦查或者无法通知的情形以外，应当把逮捕的原因和羁押的处所，在二十四小时以内通知被逮捕人的家属或者他的所在单位。	**第九十一条** 公安机关逮捕人的时候，必须出示逮捕证。 逮捕后，**应当立即将被逮捕人送看守所羁押**。除无法通知的以外，应当在**逮捕后**二十四小时以内，通知被逮捕人的家属。
第七十二条 人民法院、人民检察院对于各自决定逮捕的人，公安机关对于经人民检察院批	**第九十二条** 人民法院、人民检察院对于各自决定逮捕的人，公安机关对于经人民检察

修正前	修正后
准逮捕的人,都必须在逮捕后的二十四小时以内进行讯问。在发现不应当逮捕的时候,必须立即释放,发给释放证明。	院批准逮捕的人,都必须在逮捕后的二十四小时以内进行讯问。在发现不应当逮捕的时候,必须立即释放,发给释放证明。
	第九十三条　犯罪嫌疑人、被告人被逮捕后,人民检察院仍应当对羁押的必要性进行审查。对不需要继续羁押的,应当建议予以释放或者变更强制措施。有关机关应当在十日以内将处理情况通知人民检察院。
第七十三条　人民法院、人民检察院和公安机关如果发现对犯罪嫌疑人、被告人采取强制措施不当的,应当及时撤销或者变更。公安机关释放被逮捕的人或者变更逮捕措施的,应当通知原批准的人民检察院。	**第九十四条**　人民法院、人民检察院和公安机关如果发现对犯罪嫌疑人、被告人采取强制措施不当的,应当及时撤销或者变更。公安机关释放被逮捕的人或者变更逮捕措施的,应当通知原批准的人民检察院。
	第九十五条　犯罪嫌疑人、被告人及其法定代理人、近亲属**或者辩护人**有权申请**变更强制措施。人民法院、人民检察院和公安机关收到申请后,应当在三日以内作出决定;不同意变更强制措施的,应当告知申请人,并说明不同意的理由。**
第七十四条　犯罪嫌疑人、被告人被羁押的案件,不能在本法规定的侦查羁押、审查起诉、一审、二审期限内办结,需要继续查证、审理的,对犯罪嫌疑人、被告人可以取保候审或者监视居住。	**第九十六条**　犯罪嫌疑人、被告人被羁押的案件,不能在本法规定的侦查羁押、审查起诉、一审、二审期限内办结**的,对犯罪嫌疑人、被告人应当予以释放**;需要继续查证、审理的,对犯罪嫌疑人、被告人可以取保候审或者监视居住。
第七十五条　犯罪嫌疑人、被告人及其法定代理人、近亲属或者犯罪嫌疑人、被告人委托的律师及其他辩护人对于人民法院、人民检察院或者公安机关采取强制措施超过法定期限的,有权要求解除强制措施。人民法院、人民检察院或者公安机关对于被采取强制措施超过法定期限的犯罪嫌疑人、被告人应当予以释放、解除取保候审、监视居住或者依法变更强制措施。	**第九十七条**　人民法院、人民检察院或者公安机关对被采取强制措施法定期限**届满**的犯罪嫌疑人、被告人,应当予以释放、解除取保候审、监视居住或者依法变更强制措施。犯罪嫌疑人、被告人及其法定代理人、近亲属或者辩护人对于人民法院、人民检察院或者公安机关采取强制措施法定期限**届满**的,有权要求解除强制措施。
第七十六条　人民检察院在审查批准逮捕	**第九十八条**　人民检察院在审查批准逮捕

修正前	修正后
工作中,如果发现公安机关的侦查活动有违法情况,应当通知公安机关予以纠正,公安机关应当将纠正情况通知人民检察院。	工作中,如果发现公安机关的侦查活动有违法情况,应当通知公安机关予以纠正,公安机关应当将纠正情况通知人民检察院。
第七章　附带民事诉讼	**第七章　附带民事诉讼**
第七十七条　被害人由于被告人的犯罪行为而遭受物质损失的,在刑事诉讼过程中,有权提起附带民事诉讼。 如果是国家财产、集体财产遭受损失的,人民检察院在提起公诉的时候,可以提起附带民事诉讼。 人民法院在必要的时候,可以查封或者扣押被告人的财产。	**第九十九条**　被害人由于被告人的犯罪行为而遭受物质损失的,在刑事诉讼过程中,有权提起附带民事诉讼。**被害人死亡或者丧失行为能力的,被害人的法定代理人、近亲属有权提起附带民事诉讼。** 如果是国家财产、集体财产遭受损失的,人民检察院在提起公诉的时候,可以提起附带民事诉讼。 **第一百条**　人民法院在必要的时候,可以**采取保全措施,**查封、扣押或者**冻结**被告人的财产。**附带民事诉讼原告人或者人民检察院可以申请人民法院采取保全措施。人民法院采取保全措施,适用民事诉讼法的有关规定。**
	第一百零一条　人民法院审理附带民事诉讼案件,可以进行调解,或者根据物质损失情况作出判决、裁定。
第七十八条　附带民事诉讼应当同刑事案件一并审判,只有为了防止刑事案件审判的过分迟延,才可以在刑事案件审判后,由同一审判组织继续审理附带民事诉讼。	**第一百零二条**　附带民事诉讼应当同刑事案件一并审判,只有为了防止刑事案件审判的过分迟延,才可以在刑事案件审判后,由同一审判组织继续审理附带民事诉讼。
第八章　期间、送达	**第八章　期间、送达**
第七十九条　期间以时、日、月计算。 期间开始的时和日不算在期间以内。 法定期间不包括路途上的时间。上诉状或者其他文件在期满前已经交邮的,不算过期。	**第一百零三条**　期间以时、日、月计算。 期间开始的时和日不算在期间以内。 法定期间不包括路途上的时间。上诉状或者其他文件在期满前已经交邮的,不算过期。 **期间的最后一日为节假日的,以节假日后的第一日为期满日期,但犯罪嫌疑人、被告人或者罪犯在押期间,应当至期满之日为止,不得因节假日而延长。**
第八十条　当事人由于不能抗拒的原因或	**第一百零四条**　当事人由于不能抗拒的原

修正前	修正后
者有其他正当理由而耽误期限的，在障碍消除后五日以内，可以申请继续进行应当在期满以前完成的诉讼活动。 前款申请是否准许，由人民法院裁定。	因或者有其他正当理由而耽误期限的，在障碍消除后五日以内，可以申请继续进行应当在期满以前完成的诉讼活动。 前款申请是否准许，由人民法院裁定。
第八十一条 送达传票、通知书和其他诉讼文件应当交给收件人本人；如果本人不在，可以交给他的成年家属或者所在单位的负责人员代收。 收件人本人或者代收人拒绝接收或者拒绝签名、盖章的时候，送达人可以邀请他的邻居或者其他见证人到场，说明情况，把文件留在他的住处，在送达证上记明拒绝的事由、送达的日期，由送达人签名，即认为已经送达。	**第一百零五条** 送达传票、通知书和其他诉讼文件应当交给收件人本人；如果本人不在，可以交给他的成年家属或者所在单位的负责人员代收。 收件人本人或者代收人拒绝接收或者拒绝签名、盖章的时候，送达人可以邀请他的邻居或者其他见证人到场，说明情况，把文件留在他的住处，在送达证上记明拒绝的事由、送达的日期，由送达人签名，即认为已经送达。
第九章 其他规定	**第九章 其他规定**
第八十二条 本法下列用语的含意是： （一）“侦查”是指公安机关、人民检察院在办理案件过程中，依照法律进行的专门调查工作和有关的强制性措施； （二）“当事人”是指被害人、自诉人、犯罪嫌疑人、被告人、附带民事诉讼的原告人和被告人； （三）“法定代理人”是指被代理人的父母、养父母、监护人和负有保护责任的机关、团体的代表； （四）“诉讼参与人”是指当事人、法定代理人、诉讼代理人、辩护人、证人、鉴定人和翻译人员； （五）“诉讼代理人”是指公诉案件的被害人及其法定代理人或者近亲属、自诉案件的自诉人及其法定代理人委托代为参加诉讼的人和附带民事诉讼的当事人及其法定代理人委托代为参加诉讼的人； （六）“近亲属”是指夫、妻、父、母、子、女、同胞兄弟姊妹。	**第一百零六条** 本法下列用语的含意是： （一）“侦查”是指公安机关、人民检察院在办理案件过程中，依照法律进行的专门调查工作和有关的强制性措施； （二）“当事人”是指被害人、自诉人、犯罪嫌疑人、被告人、附带民事诉讼的原告人和被告人； （三）“法定代理人”是指被代理人的父母、养父母、监护人和负有保护责任的机关、团体的代表； （四）“诉讼参与人”是指当事人、法定代理人、诉讼代理人、辩护人、证人、鉴定人和翻译人员； （五）“诉讼代理人”是指公诉案件的被害人及其法定代理人或者近亲属、自诉案件的自诉人及其法定代理人委托代为参加诉讼的人和附带民事诉讼的当事人及其法定代理人委托代为参加诉讼的人； （六）“近亲属”是指夫、妻、父、母、子、女、同胞兄弟姊妹。
第二编 立案、侦查和提起公诉	**第二编 立案、侦查和提起公诉**
第一章 立 案	**第一章 立 案**
第八十三条 公安机关或者人民检察院发	**第一百零七条** 公安机关或者人民检察院

修正前	修正后
现犯罪事实或者犯罪嫌疑人，应当按照管辖范围，立案侦查。	发现犯罪事实或者犯罪嫌疑人，应当按照管辖范围，立案侦查。
第八十四条 任何单位和个人发现有犯罪事实或者犯罪嫌疑人，有权利也有义务向公安机关、人民检察院或者人民法院报案或者举报。 被害人对侵犯其人身、财产权利的犯罪事实或者犯罪嫌疑人，有权向公安机关、人民检察院或者人民法院报案或者控告。 公安机关、人民检察院或者人民法院对于报案、控告、举报，都应当接受。对于不属于自己管辖的，应当移送主管机关处理，并且通知报案人、控告人、举报人；对于不属于自己管辖而又必须采取紧急措施的，应当先采取紧急措施，然后移送主管机关。 犯罪人向公安机关、人民检察院或者人民法院自首的，适用第三款规定。	**第一百零八条** 任何单位和个人发现有犯罪事实或者犯罪嫌疑人，有权利也有义务向公安机关、人民检察院或者人民法院报案或者举报。 被害人对侵犯其人身、财产权利的犯罪事实或者犯罪嫌疑人，有权向公安机关、人民检察院或者人民法院报案或者控告。 公安机关、人民检察院或者人民法院对于报案、控告、举报，都应当接受。对于不属于自己管辖的，应当移送主管机关处理，并且通知报案人、控告人、举报人；对于不属于自己管辖而又必须采取紧急措施的，应当先采取紧急措施，然后移送主管机关。 犯罪人向公安机关、人民检察院或者人民法院自首的，适用第三款规定。
第八十五条 报案、控告、举报可以用书面或者口头提出。接受口头报案、控告、举报的工作人员，应当写成笔录，经宣读无误后，由报案人、控告人、举报人签名或者盖章。 接受控告、举报的工作人员，应当向控告人、举报人说明诬告应负的法律责任。但是，只要不是捏造事实，伪造证据，即使控告、举报的事实有出入，甚至是错告的，也要和诬告严格加以区别。 公安机关、人民检察院或者人民法院应当保障报案人、控告人、举报人及其近亲属的安全。报案人、控告人、举报人如果不愿公开自己的姓名和报案、控告、举报的行为，应当为他保守秘密。	**第一百零九条** 报案、控告、举报可以用书面或者口头提出。接受口头报案、控告、举报的工作人员，应当写成笔录，经宣读无误后，由报案人、控告人、举报人签名或者盖章。 接受控告、举报的工作人员，应当向控告人、举报人说明诬告应负的法律责任。但是，只要不是捏造事实，伪造证据，即使控告、举报的事实有出入，甚至是错告的，也要和诬告严格加以区别。 公安机关、人民检察院或者人民法院应当保障报案人、控告人、举报人及其近亲属的安全。报案人、控告人、举报人如果不愿公开自己的姓名和报案、控告、举报的行为，应当为他保守秘密。
第八十六条 人民法院、人民检察院或者公安机关对于报案、控告、举报和自首的材料，应当按照管辖范围，迅速进行审查，认为有犯罪事实需要追究刑事责任的时候，应当立案；认为没有犯罪事实，或者犯罪事实显著轻微，不需要追究刑事责任的时候，不予立案，并且将不立案的原	**第一百一十条** 人民法院、人民检察院或者公安机关对于报案、控告、举报和自首的材料，应当按照管辖范围，迅速进行审查，认为有犯罪事实需要追究刑事责任的时候，应当立案；认为没有犯罪事实，或者犯罪事实显著轻微，不需要追究刑事责任的时候，不予立案，并且将不

修正前	修正后
因通知控告人。控告人如果不服，可以申请复议。	立案的原因通知控告人。控告人如果不服，可以申请复议。
第八十七条 人民检察院认为公安机关对应当立案侦查的案件而不立案侦查的，或者被害人认为公安机关对应当立案侦查的案件而不立案侦查，向人民检察院提出的，人民检察院应当要求公安机关说明不立案的理由。人民检察院认为公安机关不立案理由不能成立的，应当通知公安机关立案，公安机关接到通知后应当立案。	**第一百一十一条** 人民检察院认为公安机关对应当立案侦查的案件而不立案侦查的，或者被害人认为公安机关对应当立案侦查的案件而不立案侦查，向人民检察院提出的，人民检察院应当要求公安机关说明不立案的理由。人民检察院认为公安机关不立案理由不能成立的，应当通知公安机关立案，公安机关接到通知后应当立案。
第八十八条 对于自诉案件，被害人有权向人民法院直接起诉。被害人死亡或者丧失行为能力的，被害人的法定代理人、近亲属有权向人民法院起诉。人民法院应当依法受理。	**第一百一十二条** 对于自诉案件，被害人有权向人民法院直接起诉。被害人死亡或者丧失行为能力的，被害人的法定代理人、近亲属有权向人民法院起诉。人民法院应当依法受理。
第二章 侦 查	**第二章 侦 查**
第一节 一般规定	**第一节 一般规定**
第八十九条 公安机关对已经立案的刑事案件，应当进行侦查，收集、调取犯罪嫌疑人有罪或者无罪、罪轻或者罪重的证据材料。对现行犯或者重大嫌疑分子可以依法先行拘留，对符合逮捕条件的犯罪嫌疑人，应当依法逮捕。	**第一百一十三条** 公安机关对已经立案的刑事案件，应当进行侦查，收集、调取犯罪嫌疑人有罪或者无罪、罪轻或者罪重的证据材料。对现行犯或者重大嫌疑分子可以依法先行拘留，对符合逮捕条件的犯罪嫌疑人，应当依法逮捕。
第九十条 公安机关经过侦查，对有证据证明有犯罪事实的案件，应当进行预审，对收集、调取的证据材料予以核实。	**第一百一十四条** 公安机关经过侦查，对有证据证明有犯罪事实的案件，应当进行预审，对收集、调取的证据材料予以核实。
	第一百一十五条 当事人和辩护人、诉讼代理人、利害关系人对于司法机关及其工作人员有下列行为之一的，有权向该机关申诉或者控告： **（一）采取强制措施法定期限届满，不予以释放、解除或者变更的；** **（二）应当退还取保候审保证金不退还的；** **（三）对与案件无关的财物采取查封、扣押、**

修正前	修正后
	冻结措施的； （四）应当解除查封、扣押、冻结不解除的； （五）贪污、挪用、私分、调换、违反规定使用查封、扣押、冻结的财物的。 受理申诉或者控告的机关应当及时处理。对处理不服的，可以向同级人民检察院申诉；人民检察院直接受理的案件，可以向上一级人民检察院申诉。人民检察院对申诉应当及时进行审查，情况属实的，通知有关机关予以纠正。
第二节　讯问犯罪嫌疑人	第二节　讯问犯罪嫌疑人
第九十一条　讯问犯罪嫌疑人必须由人民检察院或者公安机关的侦查人员负责进行。讯问的时候，侦查人员不得少于二人。	**第一百一十六条**　讯问犯罪嫌疑人必须由人民检察院或者公安机关的侦查人员负责进行。讯问的时候，侦查人员不得少于二人。 **犯罪嫌疑人被送交看守所羁押以后，侦查人员对其进行讯问，应当在看守所内进行。**
第九十二条　对于不需要逮捕、拘留的犯罪嫌疑人，可以传唤到犯罪嫌疑人所在市、县内的指定地点或者到他的住处进行讯问，但是应当出示人民检察院或者公安机关的证明文件。 传唤、拘传持续的时间最长不得超过十二小时。不得以连续传唤、拘传的形式变相拘禁犯罪嫌疑人。	**第一百一十七条**　对不需要逮捕、拘留的犯罪嫌疑人，可以传唤到犯罪嫌疑人所在市、县内的指定地点或者到他的住处进行讯问，但是应当出示人民检察院或者公安机关的证明文件。**对在现场发现的犯罪嫌疑人，经出示工作证件，可以口头传唤，但应当在讯问笔录中注明。** 传唤、拘传持续的时间不得超过十二小时；**案情特别重大、复杂，需要采取拘留、逮捕措施的，传唤、拘传持续的时间不得超过二十四小时。** 不得以连续传唤、拘传的形式变相拘禁犯罪嫌疑人。**传唤、拘传犯罪嫌疑人，应当保证犯罪嫌疑人的饮食和必要的休息时间。**
第九十三条　侦查人员在讯问犯罪嫌疑人的时候，应当首先讯问犯罪嫌疑人是否有犯罪行为，让他陈述有罪的情节或者无罪的辩解，然后向他提出问题。犯罪嫌疑人对侦查人员的提问，应当如实回答。但是对与本案无关的问题，有拒绝回答的权利。	**第一百一十八条**　侦查人员在讯问犯罪嫌疑人的时候，应当首先讯问犯罪嫌疑人是否有犯罪行为，让他陈述有罪的情节或者无罪的辩解，然后向他提出问题。犯罪嫌疑人对侦查人员的提问，应当如实回答。但是对与本案无关的问题，有拒绝回答的权利。 **侦查人员在讯问犯罪嫌疑人的时候，应当告知犯罪嫌疑人如实供述自己罪行可以从宽处理的法律规定。**

修正前	修正后
第九十四条 讯问聋、哑的犯罪嫌疑人，应当有通晓聋、哑手势的人参加，并且将这种情况记明笔录。	**第一百一十九条** 讯问聋、哑的犯罪嫌疑人，应当有通晓聋、哑手势的人参加，并且将这种情况记明笔录。
第九十五条 讯问笔录应当交犯罪嫌疑人核对，对于没有阅读能力的，应当向他宣读。如果记载有遗漏或者差错，犯罪嫌疑人可以提出补充或者改正。犯罪嫌疑人承认笔录没有错误后，应当签名或者盖章。侦查人员也应当在笔录上签名。犯罪嫌疑人请求自行书写供述的，应当准许。必要的时候，侦查人员也可以要犯罪嫌疑人亲笔书写供词。	**第一百二十条** 讯问笔录应当交犯罪嫌疑人核对，对于没有阅读能力的，应当向他宣读。如果记载有遗漏或者差错，犯罪嫌疑人可以提出补充或者改正。犯罪嫌疑人承认笔录没有错误后，应当签名或者盖章。侦查人员也应当在笔录上签名。犯罪嫌疑人请求自行书写供述的，应当准许。必要的时候，侦查人员也可以要犯罪嫌疑人亲笔书写供词。
	第一百二十一条　侦查人员在讯问犯罪嫌疑人的时候，可以对讯问过程进行录音或者录像；对于可能判处无期徒刑、死刑的案件或者其他重大犯罪案件，应当对讯问过程进行录音或者录像。 **录音或者录像应当全程进行，保持完整性。**
第九十六条 犯罪嫌疑人在被侦查机关第一次讯问后或者采取强制措施之日起，可以聘请律师为其提供法律咨询、代理申诉、控告。犯罪嫌疑人被逮捕的，聘请的律师可以为其申请取保候审。涉及国家秘密的案件，犯罪嫌疑人聘请律师，应当经侦查机关批准。 受委托的律师有权向侦查机关了解犯罪嫌疑人涉嫌的罪名，可以会见在押的犯罪嫌疑人，向犯罪嫌疑人了解有关案件情况。律师会见在押的犯罪嫌疑人，侦查机关根据案件情况和需要可以派员在场。涉及国家秘密的案件，律师会见在押的犯罪嫌疑人，应当经侦查机关批准。 （相关内容移至新条文第三十三条、第三十六条、第三十七条）	
第三节　询问证人	**第三节　询问证人**
第九十七条 侦查人员询问证人，可以到证人的所在单位或者住处进行，但是必须出示人民检察院或者公安机关的证明文件。在必要的时	**第一百二十二条** 侦查人员询问证人，**可以在现场进行，也**可以到证人所在单位、住处或者**证人提出的地点**进行，在必要的时候，可以通

修正前	修正后
候，也可以通知证人到人民检察院或者公安机关提供证言。 询问证人应当个别进行。	知证人到人民检察院或者公安机关提供证言。**在现场询问证人，应当出示工作证件，到证人所在单位、住处或者证人提出的地点询问证人，应当出示人民检察院或者公安机关的证明文件。** 询问证人应当个别进行。
第九十八条 询问证人，应当告知他应当如实地提供证据、证言和有意作伪证或者隐匿罪证要负的法律责任。 询问不满十八岁的证人，可以通知其法定代理人到场。 （第二款移至新条文第二百七十条）	**第一百二十三条** 询问证人，应当告知他应当如实地提供证据、证言和有意作伪证或者隐匿罪证要负的法律责任。
第九十九条 本法第九十五条的规定，也适用于询问证人。	**第一百二十四条** 本法第一百二十条的规定，也适用于询问证人。
第一百条 询问被害人，适用本节各条规定。	**第一百二十五条** 询问被害人，适用本节各条规定。
第四节 勘验、检查	**第四节 勘验、检查**
第一百零一条 侦查人员对于与犯罪有关的场所、物品、人身、尸体应当进行勘验或者检查。在必要的时候，可以指派或者聘请具有专门知识的人，在侦查人员的主持下进行勘验、检查。	**第一百二十六条** 侦查人员对于与犯罪有关的场所、物品、人身、尸体应当进行勘验或者检查。在必要的时候，可以指派或者聘请具有专门知识的人，在侦查人员的主持下进行勘验、检查。
第一百零二条 任何单位和个人，都有义务保护犯罪现场，并且立即通知公安机关派员勘验。	**第一百二十七条** 任何单位和个人，都有义务保护犯罪现场，并且立即通知公安机关派员勘验。
第一百零三条 侦查人员执行勘验、检查，必须持有人民检察院或者公安机关的证明文件。	**第一百二十八条** 侦查人员执行勘验、检查，必须持有人民检察院或者公安机关的证明文件。
第一百零四条 对于死因不明的尸体，公安机关有权决定解剖，并且通知死者家属到场。	**第一百二十九条** 对于死因不明的尸体，公安机关有权决定解剖，并且通知死者家属到场。
第一百零五条 为了确定被害人、犯罪嫌疑人的某些特征、伤害情况或者生理状态，可以对	**第一百三十条** 为了确定被害人、犯罪嫌疑人的某些特征、伤害情况或者生理状态，可以

修正前	修正后
人身进行检查。 犯罪嫌疑人如果拒绝检查,侦查人员认为必要的时候,可以强制检查。 检查妇女的身体,应当由女工作人员或者医师进行。	对人身进行检查,**可以提取指纹信息,采集血液、尿液等生物样本**。 犯罪嫌疑人如果拒绝检查,侦查人员认为必要的时候,可以强制检查。 检查妇女的身体,应当由女工作人员或者医师进行。
第一百零六条 勘验、检查的情况应当写成笔录,由参加勘验、检查的人和见证人签名或者盖章。	**第一百三十一条** 勘验、检查的情况应当写成笔录,由参加勘验、检查的人和见证人签名或者盖章。
第一百零七条 人民检察院审查案件的时候,对公安机关的勘验、检查,认为需要复验、复查时,可以要求公安机关复验、复查,并且可以派检察人员参加。	**第一百三十二条** 人民检察院审查案件的时候,对公安机关的勘验、检查,认为需要复验、复查时,可以要求公安机关复验、复查,并且可以派检察人员参加。
第一百零八条 为了查明案情,在必要的时候,经公安局长批准,可以进行侦查实验。 侦查实验,禁止一切足以造成危险、侮辱人格或者有伤风化的行为。	**第一百三十三条** 为了查明案情,在必要的时候,经公安**机关负责人**批准,可以进行侦查实验。 **侦查实验的情况应当写成笔录,由参加实验的人签名或者盖章。** 侦查实验,禁止一切足以造成危险、侮辱人格或者有伤风化的行为。
第五节 搜 查	**第五节 搜 查**
第一百零九条 为了收集犯罪证据、查获犯罪人,侦查人员可以对犯罪嫌疑人以及可能隐藏罪犯或者犯罪证据的人的身体、物品、住处和其他有关的地方进行搜查。	**第一百三十四条** 为了收集犯罪证据、查获犯罪人,侦查人员可以对犯罪嫌疑人以及可能隐藏罪犯或者犯罪证据的人的身体、物品、住处和其他有关的地方进行搜查。
第一百一十条 任何单位和个人,有义务按照人民检察院和公安机关的要求,交出可以证明犯罪嫌疑人有罪或者无罪的物证、书证、视听资料。	**第一百三十五条** 任何单位和个人,有义务按照人民检察院和公安机关的要求,交出可以证明犯罪嫌疑人有罪或者无罪的物证、书证、视听资料**等证据**。
第一百一十一条 进行搜查,必须向被搜查人出示搜查证。 在执行逮捕、拘留的时候,遇有紧急情况,不另用搜查证也可以进行搜查。	**第一百三十六条** 进行搜查,必须向被搜查人出示搜查证。 在执行逮捕、拘留的时候,遇有紧急情况,不另用搜查证也可以进行搜查。

修正前	修正后
第一百一十二条 在搜查的时候,应当有被搜查人或者他的家属,邻居或者其他见证人在场。 搜查妇女的身体,应当由女工作人员进行。	**第一百三十七条** 在搜查的时候,应当有被搜查人或者他的家属,邻居或者其他见证人在场。 搜查妇女的身体,应当由女工作人员进行。
第一百一十三条 搜查的情况应当写成笔录,由侦查人员和被搜查人或者他的家属,邻居或者其他见证人签名或者盖章。如果被搜查人或者他的家属在逃或者拒绝签名、盖章,应当在笔录上注明。	**第一百三十八条** 搜查的情况应当写成笔录,由侦查人员和被搜查人或者他的家属,邻居或者其他见证人签名或者盖章。如果被搜查人或者他的家属在逃或者拒绝签名、盖章,应当在笔录上注明。
第六节 扣押物证、书证	第六节 **查封**、扣押物证、书证
第一百一十四条 在勘验、搜查中发现的可用以证明犯罪嫌疑人有罪或者无罪的各种物品和文件,应当扣押;与案件无关的物品、文件,不得扣押。 对于扣押的物品、文件,要妥善保管或者封存,不得使用或者损毁。	**第一百三十九条** 在**侦查活动**中发现的可用以证明犯罪嫌疑人有罪或者无罪的各种**财物**、文件,应当**查封**、扣押;与案件无关的**财物**、文件,不得**查封**、扣押。 对**查封**、扣押的**财物**、文件,要妥善保管或者封存,不得使用、**调换**或者损毁。
第一百一十五条 对于扣押的物品和文件,应当会同在场见证人和被扣押物品持有人查点清楚,当场开列清单一式二份,由侦查人员、见证人和持有人签名或者盖章,一份交给持有人,另一份附卷备查。	**第一百四十条** 对**查封**、扣押的**财物**、文件,应当会同在场见证人和被**查封**、扣押**财物、文件**持有人查点清楚,当场开列清单一式二份,由侦查人员、见证人和持有人签名或者盖章,一份交给持有人,另一份附卷备查。
第一百一十六条 侦查人员认为需要扣押犯罪嫌疑人的邮件、电报的时候,经公安机关或者人民检察院批准,即可通知邮电机关将有关的邮件、电报检交扣押。 不需要继续扣押的时候,应即通知邮电机关。	**第一百四十一条** 侦查人员认为需要扣押犯罪嫌疑人的邮件、电报的时候,经公安机关或者人民检察院批准,即可通知邮电机关将有关的邮件、电报检交扣押。 不需要继续扣押的时候,应即通知邮电机关。
第一百一十七条 人民检察院、公安机关根据侦查犯罪的需要,可以依照规定查询、冻结犯罪嫌疑人的存款、汇款。 犯罪嫌疑人的存款、汇款已被冻结的,不得重复冻结。	**第一百四十二条** 人民检察院、公安机关根据侦查犯罪的需要,可以依照规定查询、冻结犯罪嫌疑人的存款、汇款**、债券、股票、基金份额等财产。有关单位和个人应当配合。** 犯罪嫌疑人的存款、汇款**、债券、股票、基金份额等财产**已被冻结的,不得重复冻结。
第一百一十八条 对于扣押的物品、文件、	**第一百四十三条** 对**查封**、扣押的**财物**、文

修正前	修正后
邮件、电报或者冻结的存款、汇款，经查明确实与案件无关的，应当在三日以内解除扣押、冻结，退还原主或者原邮电机关。	件、邮件、电报或者冻结的存款、汇款、**债券、股票、基金份额等财产**，经查明确实与案件无关的，应当在三日以内解除**查封**、扣押、冻结，**予以**退还。
第七节　鉴　定	**第七节　鉴　定**
第一百一十九条　为了查明案情，需要解决案件中某些专门性问题的时候，应当指派、聘请有专门知识的人进行鉴定。	**第一百四十四条**　为了查明案情，需要解决案件中某些专门性问题的时候，应当指派、聘请有专门知识的人进行鉴定。
第一百二十条　鉴定人进行鉴定后，应当写出鉴定结论，并且签名。 对人身伤害的医学鉴定有争议需要重新鉴定或者对精神病的医学鉴定，由省级人民政府指定的医院进行。鉴定人进行鉴定后，应当写出鉴定结论，并且由鉴定人签名，医院加盖公章。 鉴定人故意作虚假鉴定的，应当承担法律责任。	**第一百四十五条**　鉴定人进行鉴定后，应当写出鉴定**意见**，并且签名。 鉴定人故意作虚假鉴定的，应当承担法律责任。
第一百二十一条　侦查机关应当将用作证据的鉴定结论告知犯罪嫌疑人、被害人。如果犯罪嫌疑人、被害人提出申请，可以补充鉴定或者重新鉴定。	**第一百四十六条**　侦查机关应当将用作证据的鉴定**意见**告知犯罪嫌疑人、被害人。如果犯罪嫌疑人、被害人提出申请，可以补充鉴定或者重新鉴定。
第一百二十二条　对犯罪嫌疑人作精神病鉴定的期间不计入办案期限。	**第一百四十七条**　对犯罪嫌疑人作精神病鉴定的期间不计入办案期限。
	第八节　技术侦查措施
	第一百四十八条　公安机关在立案后，对于危害国家安全犯罪、恐怖活动犯罪、黑社会性质的组织犯罪、重大毒品犯罪或者其他严重危害社会的犯罪案件，根据侦查犯罪的需要，经过严格的批准手续，可以采取技术侦查措施。 **人民检察院在立案后，对于重大的贪污、贿赂犯罪案件以及利用职权实施的严重侵犯公民人身权利的重大犯罪案件，根据侦查犯罪的需要，经过严格的批准手续，可以采取技术侦查措施，按照规定交有关机关执行。**

修正前	修正后
	追捕被通缉或者批准、决定逮捕的在逃的犯罪嫌疑人、被告人，经过批准，可以采取追捕所必需的技术侦查措施。
	第一百四十九条　批准决定应当根据侦查犯罪的需要，确定采取技术侦查措施的种类和适用对象。批准决定自签发之日起三个月以内有效。对于不需要继续采取技术侦查措施的，应当及时解除；对于复杂、疑难案件，期限届满仍有必要继续采取技术侦查措施的，经过批准，有效期可以延长，每次不得超过三个月。
	第一百五十条　采取技术侦查措施，必须严格按照批准的措施种类、适用对象和期限执行。 侦查人员对采取技术侦查措施过程中知悉的国家秘密、商业秘密和个人隐私，应当保密；对采取技术侦查措施获取的与案件无关的材料，必须及时销毁。 采取技术侦查措施获取的材料，只能用于对犯罪的侦查、起诉和审判，不得用于其他用途。 公安机关依法采取技术侦查措施，有关单位和个人应当配合，并对有关情况予以保密。
	第一百五十一条　为了查明案情，在必要的时候，经公安机关负责人决定，可以由有关人员隐匿其身份实施侦查。但是，不得诱使他人犯罪，不得采用可能危害公共安全或者发生重大人身危险的方法。 对涉及给付毒品等违禁品或者财物的犯罪活动，公安机关根据侦查犯罪的需要，可以依照规定实施控制下交付。
	第一百五十二条　依照本节规定采取侦查措施收集的材料在刑事诉讼中可以作为证据使用。如果使用该证据可能危及有关人员的人身安全，或者可能产生其他严重后果的，应当采取不暴露有关人员身份、技术方法等保护措施，必要的时候，可以由审判人员在庭外对证据进行核实。

修正前	修正后
第八节 通 缉	**第九节 通 缉**
第一百二十三条 应当逮捕的犯罪嫌疑人如果在逃,公安机关可以发布通缉令,采取有效措施,追捕归案。 各级公安机关在自己管辖的地区以内,可以直接发布通缉令;超出自己管辖的地区,应当报请有权决定的上级机关发布。	**第一百五十三条** 应当逮捕的犯罪嫌疑人如果在逃,公安机关可以发布通缉令,采取有效措施,追捕归案。 各级公安机关在自己管辖的地区以内,可以直接发布通缉令;超出自己管辖的地区,应当报请有权决定的上级机关发布。
第九节 侦查终结	**第十节 侦查终结**
第一百二十四条 对犯罪嫌疑人逮捕后的侦查羁押期限不得超过二个月。案情复杂、期限届满不能终结的案件,可以经上一级人民检察院批准延长一个月。	**第一百五十四条** 对犯罪嫌疑人逮捕后的侦查羁押期限不得超过二个月。案情复杂、期限届满不能终结的案件,可以经上一级人民检察院批准延长一个月。
第一百二十五条 因为特殊原因,在较长时间内不宜交付审判的特别重大复杂的案件,由最高人民检察院报请全国人民代表大会常务委员会批准延期审理。	**第一百五十五条** 因为特殊原因,在较长时间内不宜交付审判的特别重大复杂的案件,由最高人民检察院报请全国人民代表大会常务委员会批准延期审理。
第一百二十六条 下列案件在本法第一百二十四条规定的期限届满不能侦查终结的,经省、自治区、直辖市人民检察院批准或者决定,可以延长二个月: (一)交通十分不便的边远地区的重大复杂案件; (二)重大的犯罪集团案件; (三)流窜作案的重大复杂案件; (四)犯罪涉及面广,取证困难的重大复杂案件。	**第一百五十六条** 下列案件在本法第一百**五十四**条规定的期限届满不能侦查终结的,经省、自治区、直辖市人民检察院批准或者决定,可以延长二个月: (一)交通十分不便的边远地区的重大复杂案件; (二)重大的犯罪集团案件; (三)流窜作案的重大复杂案件; (四)犯罪涉及面广,取证困难的重大复杂案件。
第一百二十七条 对犯罪嫌疑人可能判处十年有期徒刑以上刑罚,依照本法第一百二十六条规定延长期限届满,仍不能侦查终结的,经省、自治区、直辖市人民检察院批准或者决定,可以再延长二个月。	**第一百五十七条** 对犯罪嫌疑人可能判处十年有期徒刑以上刑罚,依照本法第一百**五十六**条规定延长期限届满,仍不能侦查终结的,经省、自治区、直辖市人民检察院批准或者决定,可以再延长二个月。
第一百二十八条 在侦查期间,发现犯罪嫌疑人另有重要罪行的,自发现之日起依照本法第	**第一百五十八条** 在侦查期间,发现犯罪嫌疑人另有重要罪行的,自发现之日起依照本

修正前	修正后
一百二十四条的规定重新计算侦查羁押期限。 犯罪嫌疑人不讲真实姓名、住址,身份不明的,侦查羁押期限自查清其身份之日起计算,但是不得停止对其犯罪行为的侦查取证。对于犯罪事实清楚,证据确实、充分的,也可以按其自报的姓名移送人民检察院审查起诉。	法第一百**五十四**条的规定重新计算侦查羁押期限。 犯罪嫌疑人不讲真实姓名、住址,身份不明的,**应当对其身份进行调查**,侦查羁押期限自查清其身份之日起计算,但是不得停止对其犯罪行为的侦查取证。对于犯罪事实清楚,证据确实、充分,**确实无法查明其身份的**,也可以按其自报的姓名起诉、**审判**。
	第一百五十九条　在案件侦查终结前,辩护律师提出要求的,侦查机关应当听取辩护律师的意见,并记录在案。辩护律师提出书面意见的,应当附卷。
第一百二十九条　公安机关侦查终结的案件,应当做到犯罪事实清楚,证据确实、充分,并且写出起诉意见书,连同案卷材料、证据一并移送同级人民检察院审查决定。	**第一百六十条**　公安机关侦查终结的案件,应当做到犯罪事实清楚,证据确实、充分,并且写出起诉意见书,连同案卷材料、证据一并移送同级人民检察院审查决定;**同时将案件移送情况告知犯罪嫌疑人及其辩护律师。**
第一百三十条　在侦查过程中,发现不应对犯罪嫌疑人追究刑事责任的,应当撤销案件;犯罪嫌疑人已被逮捕的,应当立即释放,发给释放证明,并且通知原批准逮捕的人民检察院。	**第一百六十一条**　在侦查过程中,发现不应对犯罪嫌疑人追究刑事责任的,应当撤销案件;犯罪嫌疑人已被逮捕的,应当立即释放,发给释放证明,并且通知原批准逮捕的人民检察院。
第十节　人民检察院对直接受理的案件的侦查	**第十一节　人民检察院对直接受理的案件的侦查**
第一百三十一条　人民检察院对直接受理的案件的侦查适用本章规定。	**第一百六十二条**　人民检察院对直接受理的案件的侦查适用本章规定。
第一百三十二条　人民检察院直接受理的案件中符合本法第六十条、第六十一条第四项、第五项规定情形,需要逮捕、拘留犯罪嫌疑人的,由人民检察院作出决定,由公安机关执行。	**第一百六十三条**　人民检察院直接受理的案件中符合本法第**七十九**条、第**八十**条第四项、第五项规定情形,需要逮捕、拘留犯罪嫌疑人的,由人民检察院作出决定,由公安机关执行。
第一百三十三条　人民检察院对直接受理的案件中被拘留的人,应当在拘留后的二十四小时以内进行讯问。在发现不应当拘留的时候,必须立即释放,发给释放证明。对需要逮捕而证据	**第一百六十四条**　人民检察院对直接受理的案件中被拘留的人,应当在拘留后的二十四小时以内进行讯问。在发现不应当拘留的时候,必须立即释放,发给释放证明。

修正前	修正后
还不充足的,可以取保候审或者监视居住。	
第一百三十四条 人民检察院对直接受理的案件中被拘留的人,认为需要逮捕的,应当在十日以内作出决定。在特殊情况下,决定逮捕的时间可以延长一日至四日。对不需要逮捕的,应当立即释放;对于需要继续侦查,并且符合取保候审、监视居住条件的,依法取保候审或者监视居住。	**第一百六十五条** 人民检察院对直接受理的案件中被拘留的人,认为需要逮捕的,应当在**十四**日以内作出决定。在特殊情况下,决定逮捕的时间可以延长一日至**三**日。对不需要逮捕的,应当立即释放;对需要继续侦查,并且符合取保候审、监视居住条件的,依法取保候审或者监视居住。
第一百三十五条 人民检察院侦查终结的案件,应当作出提起公诉、不起诉或者撤销案件的决定。	**第一百六十六条** 人民检察院侦查终结的案件,应当作出提起公诉、不起诉或者撤销案件的决定。
第三章 提起公诉	**第三章 提起公诉**
第一百三十六条 凡需要提起公诉的案件,一律由人民检察院审查决定。	**第一百六十七条** 凡需要提起公诉的案件,一律由人民检察院审查决定。
第一百三十七条 人民检察院审查案件的时候,必须查明: (一)犯罪事实、情节是否清楚,证据是否确实、充分,犯罪性质和罪名的认定是否正确; (二)有无遗漏罪行和其他应当追究刑事责任的人; (三)是否属于不应追究刑事责任的; (四)有无附带民事诉讼; (五)侦查活动是否合法。	**第一百六十八条** 人民检察院审查案件的时候,必须查明: (一)犯罪事实、情节是否清楚,证据是否确实、充分,犯罪性质和罪名的认定是否正确; (二)有无遗漏罪行和其他应当追究刑事责任的人; (三)是否属于不应追究刑事责任的; (四)有无附带民事诉讼; (五)侦查活动是否合法。
第一百三十八条 人民检察院对于公安机关移送起诉的案件,应当在一个月以内作出决定,重大、复杂的案件,可以延长半个月。 人民检察院审查起诉的案件,改变管辖的,从改变后的人民检察院收到案件之日起计算审查起诉期限。	**第一百六十九条** 人民检察院对于公安机关移送起诉的案件,应当在一个月以内作出决定,重大、复杂的案件,可以延长半个月。 人民检察院审查起诉的案件,改变管辖的,从改变后的人民检察院收到案件之日起计算审查起诉期限。
第一百三十九条 人民检察院审查案件,应当讯问犯罪嫌疑人,听取被害人和犯罪嫌疑人、被害人委托的人的意见。	**第一百七十条** 人民检察院审查案件,应当讯问犯罪嫌疑人,听取**辩护人**、被害人**及其诉讼代理人**的意见,**并记录在案。辩护人、被害人及其诉讼代理人提出书面意见的,应当附卷。**

修正前	修正后
第一百四十条 人民检察院审查案件,可以要求公安机关提供法庭审判所必需的证据材料。 人民检察院审查案件,对于需要补充侦查的,可以退回公安机关补充侦查,也可以自行侦查。 对于补充侦查的案件,应当在一个月以内补充侦查完毕。补充侦查以二次为限。补充侦查完毕移送人民检察院后,人民检察院重新计算审查起诉期限。 对于补充侦查的案件,人民检察院仍然认为证据不足,不符合起诉条件的,可以作出不起诉的决定。	**第一百七十一条** 人民检察院审查案件,可以要求公安机关提供法庭审判所必需的证据材料;**认为可能存在本法第五十四条规定的以非法方法收集证据情形的,可以要求其对证据收集的合法性作出说明**。 人民检察院审查案件,对于需要补充侦查的,可以退回公安机关补充侦查,也可以自行侦查。 对于补充侦查的案件,应当在一个月以内补充侦查完毕。补充侦查以二次为限。补充侦查完毕移送人民检察院后,人民检察院重新计算审查起诉期限。 对于**二次**补充侦查的案件,人民检察院仍然认为证据不足,不符合起诉条件的,**应当**作出不起诉的决定。
第一百四十一条 人民检察院认为犯罪嫌疑人的犯罪事实已经查清,证据确实、充分,依法应当追究刑事责任的,应当作出起诉决定,按照审判管辖的规定,向人民法院提起公诉。	**第一百七十二条** 人民检察院认为犯罪嫌疑人的犯罪事实已经查清,证据确实、充分,依法应当追究刑事责任的,应当作出起诉决定,按照审判管辖的规定,向人民法院提起公诉,**并将案卷材料、证据移送人民法院**。
第一百四十二条 犯罪嫌疑人有本法第十五条规定的情形之一的,人民检察院应当作出不起诉决定。 对于犯罪情节轻微,依照刑法规定不需要判处刑罚或者免除刑罚的,人民检察院可以作出不起诉决定。 人民检察院决定不起诉的案件,应当同时对侦查中扣押、冻结的财物解除扣押、冻结。对被不起诉人需要给予行政处罚、行政处分或者需要没收其违法所得的,人民检察院应当提出检察意见,移送有关主管机关处理。有关主管机关应当将处理结果及时通知人民检察院。	**第一百七十三条** 犯罪嫌疑人**没有犯罪事实,或者**有本法第十五条规定的情形之一的,人民检察院应当作出不起诉决定。 对于犯罪情节轻微,依照刑法规定不需要判处刑罚或者免除刑罚的,人民检察院可以作出不起诉决定。 人民检察院决定不起诉的案件,应当同时对侦查中**查封**、扣押、冻结的财物解除**查封**、扣押、冻结。对被不起诉人需要给予行政处罚、行政处分或者需要没收其违法所得的,人民检察院应当提出检察意见,移送有关主管机关处理。有关主管机关应当将处理结果及时通知人民检察院。
第一百四十三条 不起诉的决定,应当公开宣布,并且将不起诉决定书送达被不起诉人和他的所在单位。如果被不起诉人在押,应当立即释放。	**第一百七十四条** 不起诉的决定,应当公开宣布,并且将不起诉决定书送达被不起诉人和他的所在单位。如果被不起诉人在押,应当立即释放。

修正前	修正后
第一百四十四条 对于公安机关移送起诉的案件,人民检察院决定不起诉的,应当将不起诉决定书送达公安机关。公安机关认为不起诉的决定有错误的时候,可以要求复议,如果意见不被接受,可以向上一级人民检察院提请复核。	**第一百七十五条** 对于公安机关移送起诉的案件,人民检察院决定不起诉的,应当将不起诉决定书送达公安机关。公安机关认为不起诉的决定有错误的时候,可以要求复议,如果意见不被接受,可以向上一级人民检察院提请复核。
第一百四十五条 对于有被害人的案件,决定不起诉的,人民检察院应当将不起诉决定书送达被害人。被害人如果不服,可以自收到决定书后七日以内向上一级人民检察院申诉,请求提起公诉。人民检察院应当将复查决定告知被害人。对人民检察院维持不起诉决定的,被害人可以向人民法院起诉。被害人也可以不经申诉,直接向人民法院起诉。人民法院受理案件后,人民检察院应当将有关案件材料移送人民法院。	**第一百七十六条** 对于有被害人的案件,决定不起诉的,人民检察院应当将不起诉决定书送达被害人。被害人如果不服,可以自收到决定书后七日以内向上一级人民检察院申诉,请求提起公诉。人民检察院应当将复查决定告知被害人。对人民检察院维持不起诉决定的,被害人可以向人民法院起诉。被害人也可以不经申诉,直接向人民法院起诉。人民法院受理案件后,人民检察院应当将有关案件材料移送人民法院。
第一百四十六条 对于人民检察院依照本法第一百四十二条第二款规定作出的不起诉决定,被不起诉人如果不服,可以自收到决定书后七日以内向人民检察院申诉。人民检察院应当作出复查决定,通知被不起诉的人,同时抄送公安机关。	**第一百七十七条** 对于人民检察院依照本法第一百**七十三**条第二款规定作出的不起诉决定,被不起诉人如果不服,可以自收到决定书后七日以内向人民检察院申诉。人民检察院应当作出复查决定,通知被不起诉的人,同时抄送公安机关。
第三编 审 判	**第三编 审 判**
第一章 审判组织	**第一章 审判组织**
第一百四十七条 基层人民法院、中级人民法院审判第一审案件,应当由审判员三人或者由审判员和人民陪审员共三人组成合议庭进行,但是基层人民法院适用简易程序的案件可以由审判员一人独任审判。 高级人民法院、最高人民法院审判第一审案件,应当由审判员三人至七人或者由审判员和人民陪审员共三人至七人组成合议庭进行。 人民陪审员在人民法院执行职务,同审判员有同等的权利。 人民法院审判上诉和抗诉案件,由审判员三人至五人组成合议庭进行。	**第一百七十八条** 基层人民法院、中级人民法院审判第一审案件,应当由审判员三人或者由审判员和人民陪审员共三人组成合议庭进行,但是基层人民法院适用简易程序的案件可以由审判员一人独任审判。 高级人民法院、最高人民法院审判第一审案件,应当由审判员三人至七人或者由审判员和人民陪审员共三人至七人组成合议庭进行。 人民陪审员在人民法院执行职务,同审判员有同等的权利。 人民法院审判上诉和抗诉案件,由审判员三人至五人组成合议庭进行。

修正前	修正后
合议庭的成员人数应当是单数。 合议庭由院长或者庭长指定审判员一人担任审判长。院长或者庭长参加审判案件的时候，自己担任审判长。	合议庭的成员人数应当是单数。 合议庭由院长或者庭长指定审判员一人担任审判长。院长或者庭长参加审判案件的时候，自己担任审判长。
第一百四十八条 合议庭进行评议的时候，如果意见分歧，应当按多数人的意见作出决定，但是少数人的意见应当写入笔录。评议笔录由合议庭的组成人员签名。	**第一百七十九条** 合议庭进行评议的时候，如果意见分歧，应当按多数人的意见作出决定，但是少数人的意见应当写入笔录。评议笔录由合议庭的组成人员签名。
第一百四十九条 合议庭开庭审理并且评议后，应当作出判决。对于疑难、复杂、重大的案件，合议庭认为难以作出决定的，由合议庭提请院长决定提交审判委员会讨论决定。审判委员会的决定，合议庭应当执行。	**第一百八十条** 合议庭开庭审理并且评议后，应当作出判决。对于疑难、复杂、重大的案件，合议庭认为难以作出决定的，由合议庭提请院长决定提交审判委员会讨论决定。审判委员会的决定，合议庭应当执行。
第二章 第一审程序	**第二章 第一审程序**
第一节 公诉案件	**第一节 公诉案件**
第一百五十条 人民法院对提起公诉的案件进行审查后，对于起诉书中有明确的指控犯罪事实并且附有证据目录、证人名单和主要证据复印件或者照片的，应当决定开庭审判。	**第一百八十一条** 人民法院对提起公诉的案件进行审查后，对于起诉书中有明确的指控犯罪事实的，应当决定开庭审判。
第一百五十一条 人民法院决定开庭审判后，应当进行下列工作： （一）确定合议庭的组成人员； （二）将人民检察院的起诉书副本至迟在开庭十日以前送达被告人。对于被告人未委托辩护人的，告知被告人可以委托辩护人，或者在必要的时候指定承担法律援助义务的律师为其提供辩护； （三）将开庭的时间、地点在开庭三日以前通知人民检察院； （四）传唤当事人，通知辩护人、诉讼代理人、证人、鉴定人和翻译人员，传票和通知书至迟在开庭三日以前送达； （五）公开审判的案件，在开庭三日以前先期公布案由、被告人姓名、开庭时间和地点。	**第一百八十二条** 人民法院决定开庭审判后，应当确定合议庭的组成人员，将人民检察院的起诉书副本至迟在开庭十日以前送达被告人**及其辩护人**。 **在开庭以前，审判人员可以召集公诉人、当事人和辩护人、诉讼代理人，对回避、出庭证人名单、非法证据排除等与审判相关的问题，了解情况，听取意见。** **人民法院确定开庭日期后，应当**将开庭的时间、地点通知人民检察院，传唤当事人，通知辩护人、诉讼代理人、证人、鉴定人和翻译人员，传票和通知书至迟在开庭三日以前送达。公开审判的案件，**应当**在开庭三日以前先期公布案由、被告人姓名、开庭时间和地点。 上述活动情形应当写入笔录，由审判人员

修正前	修正后
上述活动情形应当写入笔录，由审判人员和书记员签名。	和书记员签名。
第一百五十二条　人民法院审判第一审案件应当公开进行。但是有关国家秘密或者个人隐私的案件，不公开审理。 十四岁以上不满十六岁未成年人犯罪的案件，一律不公开审理。十六岁以上不满十八岁未成年人犯罪的案件，一般也不公开审理。 对于不公开审理的案件，应当当庭宣布不公开审理的理由。 （*第二款移至新条文第二百七十四条*）	**第一百八十三条**　人民法院审判第一审案件应当公开进行。但是有关国家秘密或者个人隐私的案件，不公开审理；**涉及商业秘密的案件，当事人申请不公开审理的，可以不公开审理。** 不公开审理的案件，应当当庭宣布不公开审理的理由。
第一百五十三条　人民法院审判公诉案件，人民检察院应当派员出席法庭支持公诉，但是依照本法第一百七十五条的规定适用简易程序的，人民检察院可以不派员出席法庭。	**第一百八十四条**　人民法院审判公诉案件，人民检察院应当派员出席法庭支持公诉。
第一百五十四条　开庭的时候，审判长查明当事人是否到庭，宣布案由；宣布合议庭的组成人员、书记员、公诉人、辩护人、诉讼代理人、鉴定人和翻译人员的名单；告知当事人有权对合议庭组成人员、书记员、公诉人、鉴定人和翻译人员申请回避；告知被告人享有辩护权利。	**第一百八十五条**　开庭的时候，审判长查明当事人是否到庭，宣布案由；宣布合议庭的组成人员、书记员、公诉人、辩护人、诉讼代理人、鉴定人和翻译人员的名单；告知当事人有权对合议庭组成人员、书记员、公诉人、鉴定人和翻译人员申请回避；告知被告人享有辩护权利。
第一百五十五条　公诉人在法庭上宣读起诉书后，被告人、被害人可以就起诉书指控的犯罪进行陈述，公诉人可以讯问被告人。 被害人、附带民事诉讼的原告人和辩护人、诉讼代理人，经审判长许可，可以向被告人发问。 审判人员可以讯问被告人。	**第一百八十六条**　公诉人在法庭上宣读起诉书后，被告人、被害人可以就起诉书指控的犯罪进行陈述，公诉人可以讯问被告人。 被害人、附带民事诉讼的原告人和辩护人、诉讼代理人，经审判长许可，可以向被告人发问。 审判人员可以讯问被告人。
	第一百八十七条　公诉人、当事人或者辩护人、诉讼代理人对证人证言有异议，且该证人证言对案件定罪量刑有重大影响，人民法院认为证人有必要出庭作证的，证人应当出庭作证。 **人民警察就其执行职务时目击的犯罪情况作为证人出庭作证，适用前款规定。** **公诉人、当事人或者辩护人、诉讼代理人对鉴定意见有异议，人民法院认为鉴定人有必要**

修正前	修正后
	出庭的，鉴定人应当出庭作证。经人民法院通知，鉴定人拒不出庭作证的，鉴定意见不得作为定案的根据。
	第一百八十八条　经人民法院通知，证人没有正当理由不出庭作证的，人民法院可以强制其到庭，但是被告人的配偶、父母、子女除外。 **证人没有正当理由拒绝出庭或者出庭后拒绝作证的，予以训诫，情节严重的，经院长批准，处以十日以下的拘留。被处罚人对拘留决定不服的，可以向上一级人民法院申请复议。复议期间不停止执行。**
第一百五十六条　证人作证，审判人员应当告知他要如实地提供证言和有意作伪证或者隐匿罪证要负的法律责任。公诉人、当事人和辩护人、诉讼代理人经审判长许可，可以对证人、鉴定人发问。审判长认为发问的内容与案件无关的时候，应当制止。 审判人员可以询问证人、鉴定人。	**第一百八十九条**　证人作证，审判人员应当告知他要如实地提供证言和有意作伪证或者隐匿罪证要负的法律责任。公诉人、当事人和辩护人、诉讼代理人经审判长许可，可以对证人、鉴定人发问。审判长认为发问的内容与案件无关的时候，应当制止。 审判人员可以询问证人、鉴定人。
第一百五十七条　公诉人、辩护人应当向法庭出示物证，让当事人辨认，对未到庭的证人的证言笔录、鉴定人的鉴定结论、勘验笔录和其他作为证据的文书，应当当庭宣读。审判人员应当听取公诉人、当事人和辩护人、诉讼代理人的意见。	**第一百九十条**　公诉人、辩护人应当向法庭出示物证，让当事人辨认，对未到庭的证人的证言笔录、鉴定人的鉴定**意见**、勘验笔录和其他作为证据的文书，应当当庭宣读。审判人员应当听取公诉人、当事人和辩护人、诉讼代理人的意见。
第一百五十八条　法庭审理过程中，合议庭对证据有疑问的，可以宣布休庭，对证据进行调查核实。 人民法院调查核实证据，可以进行勘验、检查、扣押、鉴定和查询、冻结。	**第一百九十一条**　法庭审理过程中，合议庭对证据有疑问的，可以宣布休庭，对证据进行调查核实。 人民法院调查核实证据，可以进行勘验、检查、**查封**、扣押、鉴定和查询、冻结。
第一百五十九条　法庭审理过程中，当事人和辩护人、诉讼代理人有权申请通知新的证人到庭，调取新的物证，申请重新鉴定或者勘验。 法庭对于上述申请，应当作出是否同意的决定。	**第一百九十二条**　法庭审理过程中，当事人和辩护人、诉讼代理人有权申请通知新的证人到庭，调取新的物证，申请重新鉴定或者勘验。 **公诉人、当事人和辩护人、诉讼代理人可以申请法庭通知有专门知识的人出庭，就鉴定人作出的鉴定意见提出意见。**

修正前	修正后
	法庭对于上述申请,应当作出是否同意的决定。 **第二款规定的有专门知识的人出庭,适用鉴定人的有关规定。**
第一百六十条 经审判长许可,公诉人、当事人和辩护人、诉讼代理人可以对证据和案件情况发表意见并且可以互相辩论。审判长在宣布辩论终结后,被告人有最后陈述的权利。	**第一百九十三条 法庭审理过程中,对与定罪、量刑有关的事实、证据都应当进行调查、辩论。** 经审判长许可,公诉人、当事人和辩护人、诉讼代理人可以对证据和案件情况发表意见并且可以互相辩论。 审判长在宣布辩论终结后,被告人有最后陈述的权利。
第一百六十一条 在法庭审判过程中,如果诉讼参与人或者旁听人员违反法庭秩序,审判长应当警告制止。对不听制止的,可以强行带出法庭;情节严重的,处以一千元以下的罚款或者十五日以下的拘留。罚款、拘留必须经院长批准。被处罚人对罚款、拘留的决定不服的,可以向上一级人民法院申请复议。复议期间不停止执行。 对聚众哄闹、冲击法庭或者侮辱、诽谤、威胁、殴打司法工作人员或者诉讼参与人,严重扰乱法庭秩序,构成犯罪的,依法追究刑事责任。	**第一百九十四条** 在法庭审判过程中,如果诉讼参与人或者旁听人员违反法庭秩序,审判长应当警告制止。对不听制止的,可以强行带出法庭;情节严重的,处以一千元以下的罚款或者十五日以下的拘留。罚款、拘留必须经院长批准。被处罚人对罚款、拘留的决定不服的,可以向上一级人民法院申请复议。复议期间不停止执行。 对聚众哄闹、冲击法庭或者侮辱、诽谤、威胁、殴打司法工作人员或者诉讼参与人,严重扰乱法庭秩序,构成犯罪的,依法追究刑事责任。
第一百六十二条 在被告人最后陈述后,审判长宣布休庭,合议庭进行评议,根据已经查明的事实、证据和有关的法律规定,分别作出以下判决: (一) 案件事实清楚,证据确实、充分,依据法律认定被告人有罪的,应当作出有罪判决; (二) 依据法律认定被告人无罪的,应当作出无罪判决; (三) 证据不足,不能认定被告人有罪的,应当作出证据不足、指控的犯罪不能成立的无罪判决。	**第一百九十五条** 在被告人最后陈述后,审判长宣布休庭,合议庭进行评议,根据已经查明的事实、证据和有关的法律规定,分别作出以下判决: (一) 案件事实清楚,证据确实、充分,依据法律认定被告人有罪的,应当作出有罪判决; (二) 依据法律认定被告人无罪的,应当作出无罪判决; (三) 证据不足,不能认定被告人有罪的,应当作出证据不足、指控的犯罪不能成立的无罪判决。
第一百六十三条 宣告判决,一律公开进行。	**第一百九十六条** 宣告判决,一律公开进行。

修正前	修正后
当庭宣告判决的,应当在五日以内将判决书送达当事人和提起公诉的人民检察院;定期宣告判决的,应当在宣告后立即将判决书送达当事人和提起公诉的人民检察院。	当庭宣告判决的,应当在五日以内将判决书送达当事人和提起公诉的人民检察院;定期宣告判决的,应当在宣告后立即将判决书送达当事人和提起公诉的人民检察院。**判决书应当同时送达辩护人、诉讼代理人。**
第一百六十四条 判决书应当由合议庭的组成人员和书记员署名,并且写明上诉的期限和上诉的法院。	**第一百九十七条** 判决书应当由**审判人员**和书记员署名,并且写明上诉的期限和上诉的法院。
第一百六十五条 在法庭审判过程中,遇有下列情形之一,影响审判进行的,可以延期审理: (一) 需要通知新的证人到庭,调取新的物证,重新鉴定或者勘验的; (二) 检察人员发现提起公诉的案件需要补充侦查,提出建议的; (三) 由于当事人申请回避而不能进行审判的。	**第一百九十八条** 在法庭审判过程中,遇有下列情形之一,影响审判进行的,可以延期审理: (一) 需要通知新的证人到庭,调取新的物证,重新鉴定或者勘验的; (二) 检察人员发现提起公诉的案件需要补充侦查,提出建议的; (三) 由于申请回避而不能进行审判的。
第一百六十六条 依照本法第一百六十五条第二项的规定延期审理的案件,人民检察院应当在一个月以内补充侦查完毕。	**第一百九十九条** 依照本法第一百九十八条第二项的规定延期审理的案件,人民检察院应当在一个月以内补充侦查完毕。
	第二百条 在审判过程中,有下列情形之一,致使案件在较长时间内无法继续审理的,可以中止审理: **(一) 被告人患有严重疾病,无法出庭的;** **(二) 被告人脱逃的;** **(三) 自诉人患有严重疾病,无法出庭,未委托诉讼代理人出庭的;** **(四) 由于不能抗拒的原因。** **中止审理的原因消失后,应当恢复审理。中止审理的期间不计入审理期限。**
第一百六十七条 法庭审判的全部活动,应当由书记员写成笔录,经审判长审阅后,由审判长和书记员签名。 法庭笔录中的证人证言部分,应当当庭宣读或者交给证人阅读。证人在承认没有错误后,应当签名或者盖章。	**第二百零一条** 法庭审判的全部活动,应当由书记员写成笔录,经审判长审阅后,由审判长和书记员签名。 法庭笔录中的证人证言部分,应当当庭宣读或者交给证人阅读。证人在承认没有错误后,应当签名或者盖章。

修正前	修正后
法庭笔录应当交给当事人阅读或者向他宣读。当事人认为记载有遗漏或者差错的,可以请求补充或者改正。当事人承认没有错误后,应当签名或者盖章。	法庭笔录应当交给当事人阅读或者向他宣读。当事人认为记载有遗漏或者差错的,可以请求补充或者改正。当事人承认没有错误后,应当签名或者盖章。
第一百六十八条 人民法院审理公诉案件,应当在受理后一个月以内宣判,至迟不得超过一个半月。有本法第一百二十六条规定情形之一的,经省、自治区、直辖市高级人民法院批准或者决定,可以再延长一个月。 人民法院改变管辖的案件,从改变后的人民法院收到案件之日起计算审理期限。 人民检察院补充侦查的案件,补充侦查完毕移送人民法院后,人民法院重新计算审理期限。	**第二百零二条** 人民法院审理公诉案件,应当在受理后二个月以内宣判,至迟不得超过三个月。**对于可能判处死刑的案件或者附带民事诉讼的案件,以及**有本法第一百**五十六**条规定情形之一的,经**上一级**人民法院批准,可以延长三个月;**因特殊情况还需要延长的,报请最高人民法院批准。** 人民法院改变管辖的案件,从改变后的人民法院收到案件之日起计算审理期限。 人民检察院补充侦查的案件,补充侦查完毕移送人民法院后,人民法院重新计算审理期限。
第一百六十九条 人民检察院发现人民法院审理案件违反法律规定的诉讼程序,有权向人民法院提出纠正意见。	**第二百零三条** 人民检察院发现人民法院审理案件违反法律规定的诉讼程序,有权向人民法院提出纠正意见。
第二节 自诉案件	**第二节 自诉案件**
第一百七十条 自诉案件包括下列案件: (一)告诉才处理的案件; (二)被害人有证据证明的轻微刑事案件; (三)被害人有证据证明对被告人侵犯自己人身、财产权利的行为应当依法追究刑事责任,而公安机关或者人民检察院不予追究被告人刑事责任的案件。	**第二百零四条** 自诉案件包括下列案件: (一)告诉才处理的案件; (二)被害人有证据证明的轻微刑事案件; (三)被害人有证据证明对被告人侵犯自己人身、财产权利的行为应当依法追究刑事责任,而公安机关或者人民检察院不予追究被告人刑事责任的案件。
第一百七十一条 人民法院对于自诉案件进行审查后,按照下列情形分别处理: (一)犯罪事实清楚,有足够证据的案件,应当开庭审判; (二)缺乏罪证的自诉案件,如果自诉人提不出补充证据,应当说服自诉人撤回自诉,或者裁定驳回。 自诉人经两次依法传唤,无正当理由拒不到	**第二百零五条** 人民法院对于自诉案件进行审查后,按照下列情形分别处理: (一)犯罪事实清楚,有足够证据的案件,应当开庭审判; (二)缺乏罪证的自诉案件,如果自诉人提不出补充证据,应当说服自诉人撤回自诉,或者裁定驳回。 自诉人经两次依法传唤,无正当理由拒不

修正前	修正后
庭的，或者未经法庭许可中途退庭的，按撤诉处理。 法庭审理过程中，审判人员对证据有疑问，需要调查核实的，适用本法第一百五十八条的规定。	到庭的，或者未经法庭许可中途退庭的，按撤诉处理。 法庭审理过程中，审判人员对证据有疑问，需要调查核实的，适用本法第一百**九十一**条的规定。
第一百七十二条 人民法院对自诉案件，可以进行调解；自诉人在宣告判决前，可以同被告人自行和解或者撤回自诉。本法第一百七十条第三项规定的案件不适用调解。	**第二百零六条** 人民法院对自诉案件，可以进行调解；自诉人在宣告判决前，可以同被告人自行和解或者撤回自诉。本法第**二百零四**条第三项规定的案件不适用调解。 **人民法院审理自诉案件的期限，被告人被羁押的，适用本法第二百零二条第一款、第二款的规定；未被羁押的，应当在受理后六个月以内宣判。**
第一百七十三条 自诉案件的被告人在诉讼过程中，可以对自诉人提起反诉。反诉适用自诉的规定。	**第二百零七条** 自诉案件的被告人在诉讼过程中，可以对自诉人提起反诉。反诉适用自诉的规定。
第三节 简易程序	**第三节 简易程序**
第一百七十四条 人民法院对于下列案件，可以适用简易程序，由审判员一人独任审判： （一）对依法可能判处三年以下有期徒刑、拘役、管制、单处罚金的公诉案件，事实清楚、证据充分，人民检察院建议或者同意适用简易程序的； （二）告诉才处理的案件； （三）被害人起诉的有证据证明的轻微刑事案件。	**第二百零八条** **基层**人民法院**管辖的案件，符合下列条件的，**可以适用简易程序**审判：** （一）案件事实清楚、证据充分的； **（二）被告人承认自己所犯罪行，对指控的犯罪事实没有异议的；** **（三）被告人对适用简易程序没有异议的。** 人民检察院**在提起公诉的时候，可以建议**人民法院适用简易程序。
	第二百零九条 有下列情形之一的，不适用简易程序： **（一）被告人是盲、聋、哑人，或者是尚未完全丧失辨认或者控制自己行为能力的精神病人的；** **（二）有重大社会影响的；** **（三）共同犯罪案件中部分被告人不认罪或者对适用简易程序有异议的；** **（四）其他不宜适用简易程序审理的。**

修正前	修正后
第一百七十五条 适用简易程序审理公诉案件,人民检察院可以不派员出席法庭。被告人可以就起诉书指控的犯罪进行陈述和辩护。人民检察院派员出席法庭的,经审判人员许可,被告人及其辩护人可以同公诉人互相辩论。	**第二百一十条** **适用简易程序审理案件,对可能判处三年有期徒刑以下刑罚的,可以组成合议庭进行审判,也可以由审判员一人独任审判;对可能判处的有期徒刑超过三年的,应当组成合议庭进行审判。** 适用简易程序审理公诉案件,**人民检察院应当派员出席法庭。**
	第二百一十一条 **适用简易程序审理案件,审判人员应当询问被告人对指控的犯罪事实的意见,告知被告人适用简易程序审理的法律规定,确认被告人是否同意适用简易程序审理。**
第一百七十六条 适用简易程序审理自诉案件,宣读起诉书后,经审判人员许可,被告人及其辩护人可以同自诉人及其诉讼代理人互相辩论。	**第二百一十二条** 适用简易程序审理案件,经审判人员许可,被告人及其辩护人可以同**公诉人**、自诉人及其诉讼代理人互相辩论。
第一百七十七条 适用简易程序审理案件,不受本章第一节关于讯问被告人、询问证人、鉴定人、出示证据、法庭辩论程序规定的限制。但在判决宣告前应当听取被告人的最后陈述意见。	**第二百一十三条** 适用简易程序审理案件,不受本章第一节关于**送达期限**、讯问被告人、询问证人、鉴定人、出示证据、法庭辩论程序规定的限制。但在判决宣告前应当听取被告人的最后陈述意见。
第一百七十八条 适用简易程序审理案件,人民法院应当在受理后二十日以内审结。	**第二百一十四条** 适用简易程序审理案件,人民法院应当在受理后二十日以内审结;**对可能判处的有期徒刑超过三年的,可以延长至一个半月。**
第一百七十九条 人民法院在审理过程中,发现不宜适用简易程序的,应当按照本章第一节或者第二节的规定重新审理。	**第二百一十五条** 人民法院在审理过程中,发现不宜适用简易程序的,应当按照本章第一节或者第二节的规定重新审理。
第三章 第二审程序	**第三章 第二审程序**
第一百八十条 被告人、自诉人和他们的法定代理人,不服地方各级人民法院第一审的判决、裁定,有权用书状或者口头向上一级人民法院上诉。被告人的辩护人和近亲属,经被告人同	**第二百一十六条** 被告人、自诉人和他们的法定代理人,不服地方各级人民法院第一审的判决、裁定,有权用书状或者口头向上一级人民法院上诉。被告人的辩护人和近亲属,经被

修正前	修正后
意，可以提出上诉。 附带民事诉讼的当事人和他们的法定代理人，可以对地方各级人民法院第一审的判决、裁定中的附带民事诉讼部分，提出上诉。 对被告人的上诉权，不得以任何借口加以剥夺。	告人同意，可以提出上诉。 附带民事诉讼的当事人和他们的法定代理人，可以对地方各级人民法院第一审的判决、裁定中的附带民事诉讼部分，提出上诉。 对被告人的上诉权，不得以任何借口加以剥夺。
第一百八十一条 地方各级人民检察院认为本级人民法院第一审的判决、裁定确有错误的时候，应当向上一级人民法院提出抗诉。	**第二百一十七条** 地方各级人民检察院认为本级人民法院第一审的判决、裁定确有错误的时候，应当向上一级人民法院提出抗诉。
第一百八十二条 被害人及其法定代理人不服地方各级人民法院第一审的判决的，自收到判决书后五日以内，有权请求人民检察院提出抗诉。人民检察院自收到被害人及其法定代理人的请求后五日以内，应当作出是否抗诉的决定并且答复请求人。	**第二百一十八条** 被害人及其法定代理人不服地方各级人民法院第一审的判决的，自收到判决书后五日以内，有权请求人民检察院提出抗诉。人民检察院自收到被害人及其法定代理人的请求后五日以内，应当作出是否抗诉的决定并且答复请求人。
第一百八十三条 不服判决的上诉和抗诉的期限为十日，不服裁定的上诉和抗诉的期限为五日，从接到判决书、裁定书的第二日起算。	**第二百一十九条** 不服判决的上诉和抗诉的期限为十日，不服裁定的上诉和抗诉的期限为五日，从接到判决书、裁定书的第二日起算。
第一百八十四条 被告人、自诉人、附带民事诉讼的原告人和被告人通过原审人民法院提出上诉的，原审人民法院应当在三日以内将上诉状连同案卷、证据移送上一级人民法院，同时将上诉状副本送交同级人民检察院和对方当事人。 被告人、自诉人、附带民事诉讼的原告人和被告人直接向第二审人民法院提出上诉的，第二审人民法院应当在三日以内将上诉状交原审人民法院送交同级人民检察院和对方当事人。	**第二百二十条** 被告人、自诉人、附带民事诉讼的原告人和被告人通过原审人民法院提出上诉的，原审人民法院应当在三日以内将上诉状连同案卷、证据移送上一级人民法院，同时将上诉状副本送交同级人民检察院和对方当事人。 被告人、自诉人、附带民事诉讼的原告人和被告人直接向第二审人民法院提出上诉的，第二审人民法院应当在三日以内将上诉状交原审人民法院送交同级人民检察院和对方当事人。
第一百八十五条 地方各级人民检察院对同级人民法院第一审判决、裁定的抗诉，应当通过原审人民法院提出抗诉书，并且将抗诉书抄送上一级人民检察院。原审人民法院应当将抗诉书连同案卷、证据移送上一级人民法院，并且将抗诉书副本送交当事人。 上级人民检察院如果认为抗诉不当，可以向同级人民法院撤回抗诉，并且通知下级	**第二百二十一条** 地方各级人民检察院对同级人民法院第一审判决、裁定的抗诉，应当通过原审人民法院提出抗诉书，并且将抗诉书抄送上一级人民检察院。原审人民法院应当将抗诉书连同案卷、证据移送上一级人民法院，并且将抗诉书副本送交当事人。 上级人民检察院如果认为抗诉不当，可以向同级人民法院撤回抗诉，并且通知下级

修正前	修正后
人民检察院。	人民检察院。
第一百八十六条 第二审人民法院应当就第一审判决认定的事实和适用法律进行全面审查,不受上诉或者抗诉范围的限制。 共同犯罪的案件只有部分被告人上诉的,应当对全案进行审查,一并处理。	**第二百二十二条** 第二审人民法院应当就第一审判决认定的事实和适用法律进行全面审查,不受上诉或者抗诉范围的限制。 共同犯罪的案件只有部分被告人上诉的,应当对全案进行审查,一并处理。
第一百八十七条 第二审人民法院对上诉案件,应当组成合议庭,开庭审理。合议庭经过阅卷,讯问被告人、听取其他当事人、辩护人、诉讼代理人的意见,对事实清楚的,可以不开庭审理。对人民检察院抗诉的案件,第二审人民法院应当开庭审理。 第二审人民法院开庭审理上诉、抗诉案件,可以到案件发生地或者原审人民法院所在地进行。	**第二百二十三条** 第二审人民法院对**于下列**案件,应当组成合议庭,开庭审理: **(一)被告人、自诉人及其法定代理人对第一审认定的事实、证据提出异议,可能影响定罪量刑的上诉案件;** **(二)被告人被判处死刑的上诉案件;** (三)人民检察院抗诉的案件; **(四)其他应当开庭审理的案件。** **第二审人民法院决定不开庭审理的,应当**讯问被告人,听取其他当事人、辩护人、诉讼代理人的意见。 第二审人民法院开庭审理上诉、抗诉案件,可以到案件发生地或者原审人民法院所在地进行。
第一百八十八条 人民检察院提出抗诉的案件或者第二审人民法院开庭审理的公诉案件,同级人民检察院都应当派员出庭。第二审人民法院必须在开庭十日以前通知人民检察院查阅案卷。	**第二百二十四条** 人民检察院提出抗诉的案件或者第二审人民法院开庭审理的公诉案件,同级人民检察院都应当派员出**席法**庭。第二审人民法院**应当在决定开庭审理后及时**通知人民检察院查阅案卷。**人民检察院应当在一个月以内查阅完毕。人民检察院查阅案卷的时间不计入审理期限。**
第一百八十九条 第二审人民法院对不服第一审判决的上诉、抗诉案件,经过审理后,应当按照下列情形分别处理: (一)原判决认定事实和适用法律正确、量刑适当的,应当裁定驳回上诉或者抗诉,维持原判; (二)原判决认定事实没有错误,但适用法律有错误,或者量刑不当的,应当改判; (三)原判决事实不清楚或者证据不足的,	**第二百二十五条** 第二审人民法院对不服第一审判决的上诉、抗诉案件,经过审理后,应当按照下列情形分别处理: (一)原判决认定事实和适用法律正确、量刑适当的,应当裁定驳回上诉或者抗诉,维持原判; (二)原判决认定事实没有错误,但适用法律有错误,或者量刑不当的,应当改判; (三)原判决事实不清楚或者证据不足的,

修正前	修正后
可以在查清事实后改判;也可以裁定撤销原判,发回原审人民法院重新审判。	可以在查清事实后改判;也可以裁定撤销原判,发回原审人民法院重新审判。 **原审人民法院对于依照前款第三项规定发回重新审判的案件作出判决后,被告人提出上诉或者人民检察院提出抗诉的,第二审人民法院应当依法作出判决或者裁定,不得再发回原审人民法院重新审判。**
第一百九十条 第二审人民法院审判被告人或者他的法定代理人、辩护人、近亲属上诉的案件,不得加重被告人的刑罚。 人民检察院提出抗诉或者自诉人提出上诉的,不受前款规定的限制。	**第二百二十六条** 第二审人民法院审理被告人或者他的法定代理人、辩护人、近亲属上诉的案件,不得加重被告人的刑罚。**第二审人民法院发回原审人民法院重新审判的案件,除有新的犯罪事实,人民检察院补充起诉的以外,原审人民法院也不得加重被告人的刑罚。** 人民检察院提出抗诉或者自诉人提出上诉的,不受前款规定的限制。
第一百九十一条 第二审人民法院发现第一审人民法院的审理有下列违反法律规定的诉讼程序的情形之一的,应当裁定撤销原判,发回原审人民法院重新审判: (一)违反本法有关公开审判的规定的; (二)违反回避制度的; (三)剥夺或者限制了当事人的法定诉讼权利,可能影响公正审判的; (四)审判组织的组成不合法的; (五)其他违反法律规定的诉讼程序,可能影响公正审判的。	**第二百二十七条** 第二审人民法院发现第一审人民法院的审理有下列违反法律规定的诉讼程序的情形之一的,应当裁定撤销原判,发回原审人民法院重新审判: (一)违反本法有关公开审判的规定的; (二)违反回避制度的; (三)剥夺或者限制了当事人的法定诉讼权利,可能影响公正审判的; (四)审判组织的组成不合法的; (五)其他违反法律规定的诉讼程序,可能影响公正审判的。
第一百九十二条 原审人民法院对于发回重新审判的案件,应当另行组成合议庭,依照第一审程序进行审判。对于重新审判后的判决,依照本法第一百八十条、第一百八十一条、第一百八十二条的规定可以上诉、抗诉。	**第二百二十八条** 原审人民法院对于发回重新审判的案件,应当另行组成合议庭,依照第一审程序进行审判。对于重新审判后的判决,依照本法**第二百一十六条、第二百一十七条、第二百一十八条**的规定可以上诉、抗诉。
第一百九十三条 第二审人民法院对不服第一审裁定的上诉或者抗诉,经过审查后,应当参照本法第一百八十九条、第一百九十一条和第一百九十二条的规定,分别情形用裁定驳回上诉、抗诉,或者撤销、变更原裁定。	**第二百二十九条** 第二审人民法院对不服第一审裁定的上诉或者抗诉,经过审查后,应当参照本法**第二百二十五条、第二百二十七条**和**第二百二十八条**的规定,分别情形用裁定驳回上诉、抗诉,或者撤销、变更原裁定。

修正前	修正后
第一百九十四条 第二审人民法院发回原审人民法院重新审判的案件，原审人民法院从收到发回的案件之日起，重新计算审理期限。	**第二百三十条** 第二审人民法院发回原审人民法院重新审判的案件，原审人民法院从收到发回的案件之日起，重新计算审理期限。
第一百九十五条 第二审人民法院审判上诉或者抗诉案件的程序，除本章已有规定的以外，参照第一审程序的规定进行。	**第二百三十一条** 第二审人民法院审判上诉或者抗诉案件的程序，除本章已有规定的以外，参照第一审程序的规定进行。
第一百九十六条 第二审人民法院受理上诉、抗诉案件，应当在一个月以内审结，至迟不得超过一个半月。有本法第一百二十六条规定情形之一的，经省、自治区、直辖市高级人民法院批准或者决定，可以再延长一个月，但是最高人民法院受理的上诉、抗诉案件，由最高人民法院决定。	**第二百三十二条** 第二审人民法院受理上诉、抗诉案件，应当在二个月以内审结。**对于可能判处死刑的案件或者附带民事诉讼的案件，以及**有本法第一百**五十六**条规定情形之一的，经省、自治区、直辖市高级人民法院批准或者决定，可以延长二个月；**因特殊情况还需要延长的，报请最高人民法院批准。** 最高人民法院受理上诉、抗诉案件**的审理期限**，由最高人民法院决定。
第一百九十七条 第二审的判决、裁定和最高人民法院的判决、裁定，都是终审的判决、裁定。	**第二百三十三条** 第二审的判决、裁定和最高人民法院的判决、裁定，都是终审的判决、裁定。
第一百九十八条 公安机关、人民检察院和人民法院对于扣押、冻结犯罪嫌疑人、被告人的财物及其孳息，应当妥善保管，以供核查。任何单位和个人不得挪用或者自行处理。对被害人的合法财产，应当及时返还。对违禁品或者不宜长期保存的物品，应当依照国家有关规定处理。 对作为证据使用的实物应当随案移送，对不宜移送的，应当将其清单、照片或者其他证明文件随案移送。 人民法院作出的判决生效以后，对被扣押、冻结的赃款赃物及其孳息，除依法返还被害人的以外，一律没收，上缴国库。 司法工作人员贪污、挪用或者私自处理被扣押、冻结的赃款赃物及其孳息的，依法追究刑事责任；不构成犯罪的，给予处分。	**第二百三十四条** 公安机关、人民检察院和人民法院对**查封**、扣押、冻结**的**犯罪嫌疑人、被告人的财物及其孳息，应当妥善保管，以供核查，**并制作清单，随案移送**。任何单位和个人不得挪用或者自行处理。对被害人的合法财产，应当及时返还。对违禁品或者不宜长期保存的物品，应当依照国家有关规定处理。 对作为证据使用的实物应当随案移送，对不宜移送的，应当将其清单、照片或者其他证明文件随案移送。 **人民法院作出的判决，应当对查封、扣押、冻结的财物及其孳息作出处理。** 人民法院作出的判决生效以后，**有关机关应当根据判决对查封、扣押、冻结的财物及其孳息进行处理**。对**查封**、扣押、冻结的赃款赃物及其孳息，除依法返还被害人的以外，一律上缴国库。 司法工作人员贪污、挪用或者私自处理**查**

修正前	修正后
	封、扣押、冻结的**财物**及其孳息的，依法追究刑事责任；不构成犯罪的，给予处分。
第四章　死刑复核程序	**第四章　死刑复核程序**
第一百九十九条　死刑由最高人民法院核准。	**第二百三十五条**　死刑由最高人民法院核准。
第二百条　中级人民法院判处死刑的第一审案件，被告人不上诉的，应当由高级人民法院复核后，报请最高人民法院核准。高级人民法院不同意判处死刑的，可以提审或者发回重新审判。 高级人民法院判处死刑的第一审案件被告人不上诉的，和判处死刑的第二审案件，都应当报请最高人民法院核准。	**第二百三十六条**　中级人民法院判处死刑的第一审案件，被告人不上诉的，应当由高级人民法院复核后，报请最高人民法院核准。高级人民法院不同意判处死刑的，可以提审或者发回重新审判。 高级人民法院判处死刑的第一审案件被告人不上诉的，和判处死刑的第二审案件，都应当报请最高人民法院核准。
第二百零一条　中级人民法院判处死刑缓期二年执行的案件，由高级人民法院核准。	**第二百三十七条**　中级人民法院判处死刑缓期二年执行的案件，由高级人民法院核准。
第二百零二条　最高人民法院复核死刑案件，高级人民法院复核死刑缓期执行的案件，应当由审判员三人组成合议庭进行。	**第二百三十八条**　最高人民法院复核死刑案件，高级人民法院复核死刑缓期执行的案件，应当由审判员三人组成合议庭进行。
	第二百三十九条　最高人民法院复核死刑案件，应当作出核准或者不核准死刑的裁定。对于不核准死刑的，最高人民法院可以发回重新审判或者予以改判。
	第二百四十条　最高人民法院复核死刑案件，应当讯问被告人，辩护律师提出要求的，应当听取辩护律师的意见。 在复核死刑案件过程中，最高人民检察院可以向最高人民法院提出意见。最高人民法院应当将死刑复核结果通报最高人民检察院。
第五章　审判监督程序	**第五章　审判监督程序**
第二百零三条　当事人及其法定代理人、近亲属，对已经发生法律效力的判决、裁定，可以向人民法院或者人民检察院提出申诉，但是不能停	**第二百四十一条**　当事人及其法定代理人、近亲属，对已经发生法律效力的判决、裁定，可以向人民法院或者人民检察院提出申诉，但

修正前	修正后
止判决、裁定的执行。	是不能停止判决、裁定的执行。
第二百零四条 当事人及其法定代理人、近亲属的申诉符合下列情形之一的，人民法院应当重新审判： （一）有新的证据证明原判决、裁定认定的事实确有错误的； （二）据以定罪量刑的证据不确实、不充分或者证明案件事实的主要证据之间存在矛盾的； （三）原判决、裁定适用法律确有错误的； （四）审判人员在审理该案件的时候，有贪污受贿，徇私舞弊，枉法裁判行为的。	**第二百四十二条** 当事人及其法定代理人、近亲属的申诉符合下列情形之一的，人民法院应当重新审判： （一）有新的证据证明原判决、裁定认定的事实确有错误，**可能影响定罪量刑的**； （二）据以定罪量刑的证据不确实、不充分、**依法应当予以排除**，或者证明案件事实的主要证据之间存在矛盾的； （三）原判决、裁定适用法律确有错误的； （四）**违反法律规定的诉讼程序，可能影响公正审判的；** **（五）**审判人员在审理该案件的时候，有贪污受贿，徇私舞弊，枉法裁判行为的。
第二百零五条 各级人民法院院长对本院已经发生法律效力的判决和裁定，如果发现在认定事实上或者在适用法律上确有错误，必须提交审判委员会处理。 最高人民法院对各级人民法院已经发生法律效力的判决和裁定，上级人民法院对下级人民法院已经发生法律效力的判决和裁定，如果发现确有错误，有权提审或者指令下级人民法院再审。 最高人民检察院对各级人民法院已经发生法律效力的判决和裁定，上级人民检察院对下级人民法院已经发生法律效力的判决和裁定，如果发现确有错误，有权按照审判监督程序向同级人民法院提出抗诉。 人民检察院抗诉的案件，接受抗诉的人民法院应当组成合议庭重新审理，对于原判决事实不清楚或者证据不足的，可以指令下级人民法院再审。	**第二百四十三条** 各级人民法院院长对本院已经发生法律效力的判决和裁定，如果发现在认定事实上或者在适用法律上确有错误，必须提交审判委员会处理。 最高人民法院对各级人民法院已经发生法律效力的判决和裁定，上级人民法院对下级人民法院已经发生法律效力的判决和裁定，如果发现确有错误，有权提审或者指令下级人民法院再审。 最高人民检察院对各级人民法院已经发生法律效力的判决和裁定，上级人民检察院对下级人民法院已经发生法律效力的判决和裁定，如果发现确有错误，有权按照审判监督程序向同级人民法院提出抗诉。 人民检察院抗诉的案件，接受抗诉的人民法院应当组成合议庭重新审理，对于原判决事实不清楚或者证据不足的，可以指令下级人民法院再审。
	第二百四十四条 上级人民法院指令下级人民法院再审的，应当指令原审人民法院以外的下级人民法院审理；由原审人民法院审理更为适宜的，也可以指令原审人民法院审理。

修正前	修正后
第二百零六条 人民法院按照审判监督程序重新审判的案件,应当另行组成合议庭进行。如果原来是第一审案件,应当依照第一审程序进行审判,所作的判决、裁定,可以上诉、抗诉;如果原来是第二审案件,或者是上级人民法院提审的案件,应当依照第二审程序进行审判,所作的判决、裁定,是终审的判决、裁定。	**第二百四十五条** 人民法院按照审判监督程序重新审判的案件,**由原审人民法院审理的,**应当另行组成合议庭进行。如果原来是第一审案件,应当依照第一审程序进行审判,所作的判决、裁定,可以上诉、抗诉;如果原来是第二审案件,或者是上级人民法院提审的案件,应当依照第二审程序进行审判,所作的判决、裁定,是终审的判决、裁定。 **人民法院开庭审理的再审案件,同级人民检察院应当派员出席法庭。**
	第二百四十六条 人民法院决定再审的案件,需要对被告人采取强制措施的,由人民法院依法决定;人民检察院提出抗诉的再审案件,需要对被告人采取强制措施的,由人民检察院依法决定。 **人民法院按照审判监督程序审判的案件,可以决定中止原判决、裁定的执行。**
第二百零七条 人民法院按照审判监督程序重新审判的案件,应当在作出提审、再审决定之日起三个月以内审结,需要延长期限的,不得超过六个月。 接受抗诉的人民法院按照审判监督程序审判抗诉的案件,审理期限适用前款规定;对需要指令下级人民法院再审的,应当自接受抗诉之日起一个月以内作出决定,下级人民法院审理案件的期限适用前款规定。	**第二百四十七条** 人民法院按照审判监督程序重新审判的案件,应当在作出提审、再审决定之日起三个月以内审结,需要延长期限的,不得超过六个月。 接受抗诉的人民法院按照审判监督程序审判抗诉的案件,审理期限适用前款规定;对需要指令下级人民法院再审的,应当自接受抗诉之日起一个月以内作出决定,下级人民法院审理案件的期限适用前款规定。
第四编 执 行	**第四编 执 行**
第二百零八条 判决和裁定在发生法律效力后执行。 下列判决和裁定是发生法律效力的判决和裁定: (一)已过法定期限没有上诉、抗诉的判决和裁定; (二)终审的判决和裁定; (三)最高人民法院核准的死刑的判决和高级人民法院核准的死刑缓期二年执行的判决。	**第二百四十八条** 判决和裁定在发生法律效力后执行。 下列判决和裁定是发生法律效力的判决和裁定: (一)已过法定期限没有上诉、抗诉的判决和裁定; (二)终审的判决和裁定; (三)最高人民法院核准的死刑的判决和高级人民法院核准的死刑缓期二年执行的判决。

修正前	修正后
第二百零九条　第一审人民法院判决被告人无罪、免除刑事处罚的，如果被告人在押，在宣判后应当立即释放。	**第二百四十九条**　第一审人民法院判决被告人无罪、免除刑事处罚的，如果被告人在押，在宣判后应当立即释放。
第二百一十条　最高人民法院判处和核准的死刑立即执行的判决，应当由最高人民法院院长签发执行死刑的命令。 被判处死刑缓期二年执行的罪犯，在死刑缓期执行期间，如果没有故意犯罪，死刑缓期执行期满，应当予以减刑，由执行机关提出书面意见，报请高级人民法院裁定；如果故意犯罪，查证属实，应当执行死刑，由高级人民法院报请最高人民法院核准。	**第二百五十条**　最高人民法院判处和核准的死刑立即执行的判决，应当由最高人民法院院长签发执行死刑的命令。 被判处死刑缓期二年执行的罪犯，在死刑缓期执行期间，如果没有故意犯罪，死刑缓期执行期满，应当予以减刑，由执行机关提出书面意见，报请高级人民法院裁定；如果故意犯罪，查证属实，应当执行死刑，由高级人民法院报请最高人民法院核准。
第二百一十一条　下级人民法院接到最高人民法院执行死刑的命令后，应当在七日以内交付执行。但是发现有下列情形之一的，应当停止执行，并且立即报告最高人民法院，由最高人民法院作出裁定： （一）在执行前发现判决可能有错误的； （二）在执行前罪犯揭发重大犯罪事实或者有其他重大立功表现，可能需要改判的； （三）罪犯正在怀孕。 前款第一项、第二项停止执行的原因消失后，必须报请最高人民法院院长再签发执行死刑的命令才能执行；由于前款第三项原因停止执行的，应当报请最高人民法院依法改判。	**第二百五十一条**　下级人民法院接到最高人民法院执行死刑的命令后，应当在七日以内交付执行。但是发现有下列情形之一的，应当停止执行，并且立即报告最高人民法院，由最高人民法院作出裁定： （一）在执行前发现判决可能有错误的； （二）在执行前罪犯揭发重大犯罪事实或者有其他重大立功表现，可能需要改判的； （三）罪犯正在怀孕。 前款第一项、第二项停止执行的原因消失后，必须报请最高人民法院院长再签发执行死刑的命令才能执行；由于前款第三项原因停止执行的，应当报请最高人民法院依法改判。
第二百一十二条　人民法院在交付执行死刑前，应当通知同级人民检察院派员临场监督。 死刑采用枪决或者注射等方法执行。 死刑可以在刑场或者指定的羁押场所内执行。 指挥执行的审判人员，对罪犯应当验明正身，讯问有无遗言、信札，然后交付执行人员执行死刑。在执行前，如果发现可能有错误，应当暂停执行，报请最高人民法院裁定。 执行死刑应当公布，不应示众。 执行死刑后，在场书记员应当写成笔录。交付执行的人民法院应当将执行死刑情况报告最	**第二百五十二条**　人民法院在交付执行死刑前，应当通知同级人民检察院派员临场监督。 死刑采用枪决或者注射等方法执行。 死刑可以在刑场或者指定的羁押场所内执行。 指挥执行的审判人员，对罪犯应当验明正身，讯问有无遗言、信札，然后交付执行人员执行死刑。在执行前，如果发现可能有错误，应当暂停执行，报请最高人民法院裁定。 执行死刑应当公布，不应示众。 执行死刑后，在场书记员应当写成笔录。交付执行的人民法院应当将执行死刑情况报告

修正前	修正后
高人民法院。 执行死刑后,交付执行的人民法院应当通知罪犯家属。	最高人民法院。 执行死刑后,交付执行的人民法院应当通知罪犯家属。
第二百一十三条 罪犯被交付执行刑罚的时候,应当由交付执行的人民法院将有关的法律文书送达监狱或者其他执行机关。 对于被判处死刑缓期二年执行、无期徒刑、有期徒刑的罪犯,由公安机关依法将该罪犯送交监狱执行刑罚。对于被判处有期徒刑的罪犯,在被交付执行刑罚前,剩余刑期在一年以下的,由看守所代为执行。对于被判处拘役的罪犯,由公安机关执行。 对未成年犯应当在未成年犯管教所执行刑罚。 执行机关应当将罪犯及时收押,并且通知罪犯家属。 判处有期徒刑、拘役的罪犯,执行期满,应当由执行机关发给释放证明书。	**第二百五十三条** 罪犯被交付执行刑罚的时候,应当由交付执行的人民法院**在判决生效后十日以内**将有关的法律文书送达**公安机关**、监狱或者其他执行机关。 对被判处死刑缓期二年执行、无期徒刑、有期徒刑的罪犯,由公安机关依法将该罪犯送交监狱执行刑罚。对被判处有期徒刑的罪犯,在被交付执行刑罚前,剩余刑期在**三个月**以下的,由看守所代为执行。对被判处拘役的罪犯,由公安机关执行。 对未成年犯应当在未成年犯管教所执行刑罚。 执行机关应当将罪犯及时收押,并且通知罪犯家属。 判处有期徒刑、拘役的罪犯,执行期满,应当由执行机关发给释放证明书。
第二百一十四条 对于被判处有期徒刑或者拘役的罪犯,有下列情形之一的,可以暂予监外执行: (一)有严重疾病需要保外就医的; (二)怀孕或者正在哺乳自己婴儿的妇女。 对于适用保外就医可能有社会危险性的罪犯,或者自伤自残的罪犯,不得保外就医。 对于罪犯确有严重疾病,必须保外就医的,由省级人民政府指定的医院开具证明文件,依照法律规定的程序审批。 发现被保外就医的罪犯不符合保外就医条件的,或者严重违反有关保外就医的规定的,应当及时收监。 对于被判处有期徒刑、拘役,生活不能自理,适用暂予监外执行不致危害社会的罪犯,可以暂予监外执行。 对于暂予监外执行的罪犯,由居住地公安机关执行,执行机关应当对其严格管理监督,基层组织或者罪犯的原所在单位协助进行监督。	**第二百五十四条** 对被判处有期徒刑或者拘役的罪犯,有下列情形之一的,可以暂予监外执行: (一)有严重疾病需要保外就医的; (二)怀孕或者正在哺乳自己婴儿的妇女; **(三)生活不能自理,适用暂予监外执行不致危害社会的。** **对被判处无期徒刑的罪犯,有前款第二项规定情形的,可以暂予监外执行。** 对适用保外就医可能有社会危险性的罪犯,或者自伤自残的罪犯,不得保外就医。 对罪犯确有严重疾病,必须保外就医的,由省级人民政府指定的医院**诊断并**开具证明文件。 **在交付执行前,暂予监外执行由交付执行的人民法院决定;在交付执行后,暂予监外执行由监狱或者看守所提出书面意见,报省级以上监狱管理机关或者设区的市一级以上公安机关批准。**

修正前	修正后
	第二百五十五条　监狱、看守所提出暂予监外执行的书面意见的，应当将书面意见的副本抄送人民检察院。人民检察院可以向决定或者批准机关提出书面意见。
第二百一十五条　批准暂予监外执行的机关应当将批准的决定抄送人民检察院。人民检察院认为暂予监外执行不当的，应当自接到通知之日起一个月以内将书面意见送交批准暂予监外执行的机关，批准暂予监外执行的机关接到人民检察院的书面意见后，应当立即对该决定进行重新核查。	**第二百五十六条**　**决定或者**批准暂予监外执行的机关应当将**暂予监外执行**决定抄送人民检察院。人民检察院认为暂予监外执行不当的，应当自接到通知之日起一个月以内将书面意见送交**决定或者**批准暂予监外执行的机关，**决定或者**批准暂予监外执行的机关接到人民检察院的书面意见后，应当立即对该决定进行重新核查。
第二百一十六条　暂予监外执行的情形消失后，罪犯刑期未满的，应当及时收监。 罪犯在暂予监外执行期间死亡的，应当及时通知监狱。	**第二百五十七条　对暂予监外执行的罪犯，有下列情形之一的，**应当及时收监： **（一）**发现不符合**暂予监外执行**条件的； **（二）**严重违反有关**暂予监外执行监督管理**规定的； **（三）**暂予监外执行的情形消失后，罪犯刑期未满的。 **对于人民法院决定暂予监外执行的罪犯应当予以收监的，由人民法院作出决定，将有关的法律文书送达公安机关、监狱或者其他执行机关。** **不符合暂予监外执行条件的罪犯通过贿赂等非法手段被暂予监外执行的，在监外执行的期间不计入执行刑期。罪犯在暂予监外执行期间脱逃的，脱逃的期间不计入执行刑期。** 罪犯在暂予监外执行期间死亡的，**执行机关**应当及时通知监狱**或者看守所**。
第二百一十七条　对于被判处徒刑缓刑的罪犯，由公安机关交所在单位或者基层组织予以考察。 对于被假释的罪犯，在假释考验期限内，由公安机关予以监督。	**第二百五十八条**　对被判处**管制、宣告缓刑、假释或者暂予监外执行**的罪犯，**依法实行社区矫正，由社区矫正机构负责执行。**
第二百一十八条　对于被判处管制、剥夺政治权利的罪犯，由公安机关执行。执行期满，应当由执行机关通知本人，并向有关群众公开宣布	**第二百五十九条**　对被判处剥夺政治权利的罪犯，由公安机关执行。执行期满，应当由执行机关**书面**通知本人**及其所在单位、居住地基**

修正前	修正后
解除管制或者恢复政治权利。	层组织。
第二百一十九条 被判处罚金的罪犯，期满不缴纳的，人民法院应当强制缴纳；如果由于遭遇不能抗拒的灾祸缴纳确实有困难的，可以裁定减少或者免除。	**第二百六十条** 被判处罚金的罪犯，期满不缴纳的，人民法院应当强制缴纳；如果由于遭遇不能抗拒的灾祸缴纳确实有困难的，可以裁定减少或者免除。
第二百二十条 没收财产的判决，无论附加适用或者独立适用，都由人民法院执行；在必要的时候，可以会同公安机关执行。	**第二百六十一条** 没收财产的判决，无论附加适用或者独立适用，都由人民法院执行；在必要的时候，可以会同公安机关执行。
第二百二十一条 罪犯在服刑期间又犯罪的，或者发现了判决的时候所没有发现的罪行，由执行机关移送人民检察院处理。 被判处管制、拘役、有期徒刑或者无期徒刑的罪犯，在执行期间确有悔改或者立功表现，应当依法予以减刑、假释的时候，由执行机关提出建议书，报请人民法院审核裁定。	**第二百六十二条** 罪犯在服刑期间又犯罪的，或者发现了判决的时候所没有发现的罪行，由执行机关移送人民检察院处理。 被判处管制、拘役、有期徒刑或者无期徒刑的罪犯，在执行期间确有悔改或者立功表现，应当依法予以减刑、假释的时候，由执行机关提出建议书，报请人民法院审核裁定，**并将建议书副本抄送人民检察院。人民检察院可以向人民法院提出书面意见。**
第二百二十二条 人民检察院认为人民法院减刑、假释的裁定不当，应当在收到裁定书副本后二十日以内，向人民法院提出书面纠正意见。人民法院应当在收到纠正意见后一个月以内重新组成合议庭进行审理，作出最终裁定。	**第二百六十三条** 人民检察院认为人民法院减刑、假释的裁定不当，应当在收到裁定书副本后二十日以内，向人民法院提出书面纠正意见。人民法院应当在收到纠正意见后一个月以内重新组成合议庭进行审理，作出最终裁定。
第二百二十三条 监狱和其他执行机关在刑罚执行中，如果认为判决有错误或者罪犯提出申诉，应当转请人民检察院或者原判人民法院处理。	**第二百六十四条** 监狱和其他执行机关在刑罚执行中，如果认为判决有错误或者罪犯提出申诉，应当转请人民检察院或者原判人民法院处理。
第二百二十四条 人民检察院对执行机关执行刑罚的活动是否合法实行监督。如果发现有违法的情况，应当通知执行机关纠正。	**第二百六十五条** 人民检察院对执行机关执行刑罚的活动是否合法实行监督。如果发现有违法的情况，应当通知执行机关纠正。
	第五编 特别程序
	第一章 未成年人刑事案件诉讼程序
	第二百六十六条 对犯罪的未成年人实行

修正前	修正后
	教育、感化、挽救的方针,坚持教育为主、惩罚为辅的原则。 人民法院、人民检察院和公安机关办理未成年人刑事案件,应当保障未成年人行使其诉讼权利,保障未成年人得到法律帮助,并由熟悉未成年人身心特点的审判人员、检察人员、侦查人员承办。
	第二百六十七条　未成年犯罪嫌疑人、被告人没有委托辩护人的,人民法院、人民检察院、公安机关应当通知法律援助机构指派律师为其提供辩护。
	第二百六十八条　公安机关、人民检察院、人民法院办理未成年人刑事案件,根据情况可以对未成年犯罪嫌疑人、被告人的成长经历、犯罪原因、监护教育等情况进行调查。
	第二百六十九条　对未成年犯罪嫌疑人、被告人应当严格限制适用逮捕措施。人民检察院审查批准逮捕和人民法院决定逮捕,应当讯问未成年犯罪嫌疑人、被告人,听取辩护律师的意见。 对被拘留、逮捕和执行刑罚的未成年人与成年人应当分别关押、分别管理、分别教育。
	第二百七十条　对于未成年人刑事案件,在讯问和审判的时候,应当通知未成年犯罪嫌疑人、被告人的法定代理人到场。无法通知、法定代理人不能到场或者法定代理人是共犯的,也可以通知未成年犯罪嫌疑人、被告人的其他成年亲属,所在学校、单位、居住地基层组织或者未成年人保护组织的代表到场,并将有关情况记录在案。到场的法定代理人可以代为行使未成年犯罪嫌疑人、被告人的诉讼权利。 到场的法定代理人或者其他人员认为办案人员在讯问、审判中侵犯未成年人合法权益的,可以提出意见。讯问笔录、法庭笔录应当交给到场的法定代理人或者其他人员阅读或者向他宣读。

修正前	修正后
	讯问女性未成年犯罪嫌疑人，应当有女工作人员在场。 审判未成年人刑事案件，未成年被告人最后陈述后，其法定代理人可以进行补充陈述。 询问未成年被害人、证人，适用第一款、第二款、第三款的规定。
	第二百七十一条　对于未成年人涉嫌刑法分则第四章、第五章、第六章规定的犯罪，可能判处一年有期徒刑以下刑罚，符合起诉条件，但有悔罪表现的，人民检察院可以作出附条件不起诉的决定。人民检察院在作出附条件不起诉的决定以前，应当听取公安机关、被害人的意见。 对附条件不起诉的决定，公安机关要求复议、提请复核或者被害人申诉的，适用本法第一百七十五条、第一百七十六条的规定。 未成年犯罪嫌疑人及其法定代理人对人民检察院决定附条件不起诉有异议的，人民检察院应当作出起诉的决定。
	第二百七十二条　在附条件不起诉的考验期内，由人民检察院对被附条件不起诉的未成年犯罪嫌疑人进行监督考察。未成年犯罪嫌疑人的监护人，应当对未成年犯罪嫌疑人加强管教，配合人民检察院做好监督考察工作。 附条件不起诉的考验期为六个月以上一年以下，从人民检察院作出附条件不起诉的决定之日起计算。 被附条件不起诉的未成年犯罪嫌疑人，应当遵守下列规定： （一）遵守法律法规，服从监督； （二）按照考察机关的规定报告自己的活动情况； （三）离开所居住的市、县或者迁居，应当报经考察机关批准； （四）按照考察机关的要求接受矫治和教育。
	第二百七十三条　被附条件不起诉的未成年犯罪嫌疑人，在考验期内有下列情形之一的，

修正前	修正后
	人民检察院应当撤销附条件不起诉的决定，提起公诉： （一）实施新的犯罪或者发现决定附条件不起诉以前还有其他犯罪需要追诉的； （二）违反治安管理规定或者考察机关有关附条件不起诉的监督管理规定，情节严重的。 被附条件不起诉的未成年犯罪嫌疑人，在考验期内没有上述情形，考验期满的，人民检察院应当作出不起诉的决定。
	第二百七十四条　审判的时候被告人不满十八周岁的案件，不公开审理。但是，经未成年被告人及其法定代理人同意，未成年被告人所在学校和未成年人保护组织可以派代表到场。
	第二百七十五条　犯罪的时候不满十八周岁，被判处五年有期徒刑以下刑罚的，应当对相关犯罪记录予以封存。 犯罪记录被封存的，不得向任何单位和个人提供，但司法机关为办案需要或者有关单位根据国家规定进行查询的除外。依法进行查询的单位，应当对被封存的犯罪记录的情况予以保密。
	第二百七十六条　办理未成年人刑事案件，除本章已有规定的以外，按照本法的其他规定进行。
	第二章　当事人和解的公诉案件诉讼程序
	第二百七十七条　下列公诉案件，犯罪嫌疑人、被告人真诚悔罪，通过向被害人赔偿损失、赔礼道歉等方式获得被害人谅解的，被害人自愿和解的，双方当事人可以和解： （一）因民间纠纷引起，涉嫌刑法分则第四章、第五章规定的犯罪案件，可能判处三年有期徒刑以下刑罚的； （二）除渎职犯罪以外的可能判处七年有期徒刑以下刑罚的过失犯罪案件。 犯罪嫌疑人、被告人在五年以内曾经故意

修正前	修正后
	犯罪的,不适用本章规定的程序。
	第二百七十八条　双方当事人和解的,公安机关、人民检察院、人民法院应当听取当事人和其他有关人员的意见,对和解的自愿性、合法性进行审查,并主持制作和解协议书。
	第二百七十九条　对于达成和解协议的案件,公安机关可以向人民检察院提出从宽处理的建议。人民检察院可以向人民法院提出从宽处罚的建议;对于犯罪情节轻微,不需要判处刑罚的,可以作出不起诉的决定。人民法院可以依法对被告人从宽处罚。
	第三章　犯罪嫌疑人、被告人逃匿、死亡案件违法所得的没收程序
	第二百八十条　对于贪污贿赂犯罪、恐怖活动犯罪等重大犯罪案件,犯罪嫌疑人、被告人逃匿,在通缉一年后不能到案,或者犯罪嫌疑人、被告人死亡,依照刑法规定应当追缴其违法所得及其他涉案财产的,人民检察院可以向人民法院提出没收违法所得的申请。 公安机关认为有前款规定情形的,应当写出没收违法所得意见书,移送人民检察院。 没收违法所得的申请应当提供与犯罪事实、违法所得相关的证据材料,并列明财产的种类、数量、所在地及查封、扣押、冻结的情况。 人民法院在必要的时候,可以查封、扣押、冻结申请没收的财产。
	第二百八十一条　没收违法所得的申请,由犯罪地或者犯罪嫌疑人、被告人居住地的中级人民法院组成合议庭进行审理。 人民法院受理没收违法所得的申请后,应当发出公告。公告期间为六个月。犯罪嫌疑人、被告人的近亲属和其他利害关系人有权申请参加诉讼,也可以委托诉讼代理人参加诉讼。 人民法院在公告期满后对没收违法所得的申请进行审理。利害关系人参加诉讼的,人民

修正前	修正后
	法院应当开庭审理。
	第二百八十二条　人民法院经审理，对经查证属于违法所得及其他涉案财产，除依法返还被害人的以外，应当裁定予以没收；对不属于应当追缴的财产的，应当裁定驳回申请，解除查封、扣押、冻结措施。 对于人民法院依照前款规定作出的裁定，犯罪嫌疑人、被告人的近亲属和其他利害关系人或者人民检察院可以提出上诉、抗诉。
	第二百八十三条　在审理过程中，在逃的犯罪嫌疑人、被告人自动投案或者被抓获的，人民法院应当终止审理。 没收犯罪嫌疑人、被告人财产确有错误的，应当予以返还、赔偿。
	第四章　依法不负刑事责任的精神病人的强制医疗程序
	第二百八十四条　实施暴力行为，危害公共安全或者严重危害公民人身安全，经法定程序鉴定依法不负刑事责任的精神病人，有继续危害社会可能的，可以予以强制医疗。
	第二百八十五条　根据本章规定对精神病人强制医疗的，由人民法院决定。 公安机关发现精神病人符合强制医疗条件的，应当写出强制医疗意见书，移送人民检察院。对于公安机关移送的或者在审查起诉过程中发现的精神病人符合强制医疗条件的，人民检察院应当向人民法院提出强制医疗的申请。人民法院在审理案件过程中发现被告人符合强制医疗条件的，可以作出强制医疗的决定。 对实施暴力行为的精神病人，在人民法院决定强制医疗前，公安机关可以采取临时的保护性约束措施。
	第二百八十六条　人民法院受理强制医疗的申请后，应当组成合议庭进行审理。

修正前	修正后
	人民法院审理强制医疗案件，应当通知被申请人或者被告人的法定代理人到场。被申请人或者被告人没有委托诉讼代理人的，人民法院应当通知法律援助机构指派律师为其提供法律帮助。
	第二百八十七条 人民法院经审理，对于被申请人或者被告人符合强制医疗条件的，应当在一个月以内作出强制医疗的决定。 被决定强制医疗的人、被害人及其法定代理人、近亲属对强制医疗决定不服的，可以向上一级人民法院申请复议。
	第二百八十八条 强制医疗机构应当定期对被强制医疗的人进行诊断评估。对于已不具有人身危险性，不需要继续强制医疗的，应当及时提出解除意见，报决定强制医疗的人民法院批准。 被强制医疗的人及其近亲属有权申请解除强制医疗。
	第二百八十九条 人民检察院对强制医疗的决定和执行实行监督。
附　则	**附　则**
第二百二十五条 军队保卫部门对军队内部发生的刑事案件行使侦查权。 对罪犯在监狱内犯罪的案件由监狱进行侦查。 军队保卫部门、监狱办理刑事案件，适用本法的有关规定。	**第二百九十条** 军队保卫部门对军队内部发生的刑事案件行使侦查权。 对罪犯在监狱内犯罪的案件由监狱进行侦查。 军队保卫部门、监狱办理刑事案件，适用本法的有关规定。

《最高人民法院、最高人民检察院、公安部、国家安全部、司法部、全国人大常委会法制工作委员会关于刑事诉讼法实施过程中若干问题的规定》修订前后对照表

（修订后条文中黑体字部分是对原规定条文所作的修改或者补充）

修订前①	修订后②
一、管　辖	一、管　辖
1. 按照刑事诉讼法对刑事案件管辖的分工的规定，人民检察院管辖“贪污贿赂犯罪，国家工作人员的渎职犯罪，国家机关工作人员利用职权实施的非法拘禁、刑讯逼供、报复陷害、非法搜查的侵犯公民人身权利的犯罪以及侵犯公民民主权利的犯罪”。对于涉税等案件由公安机关管辖，公安机关应当立案侦查，人民检察院不再受理。任何不符合刑事诉讼法关于案件管辖分工规定的文件一律无效。 对于人民检察院已经立案侦查的依法应由公安机关管辖的涉税等案件，可由人民检察院继续办理完毕，或由人民检察院移交公安机关办理。	
2. 刑事诉讼法规定人民检察院管辖“国家工作人员的渎职犯罪”案件，修订后的刑法已将渎职罪的主体修改为国家机关工作人员。根据这一修改，人民检察院管辖的“渎职犯罪”，是指刑法分则第九章规定的渎职罪。另外，刑法分则第四章第二百四十八条规定的监管人员殴打、体罚、虐待被监管人罪，由人民检察院管辖。刑法分则第三章破坏社会主义市场经济秩序罪中规定的犯罪由公安机关管辖。	
3. 修订后的刑法已将贪污贿赂罪明确在分则第八章中作了规定，根据这一修改，人民检察院管辖“贪污贿赂犯罪”案件，是指修订后刑法分则第八章规定的贪污贿赂罪和其他章节中明	

① 1998年1月19日修正，1998年1月19日公布，自1998年1月19日起施行。
② 2012年12月26日修正，2012年12月26日公布，自2013年1月1日起施行。

修订前	修订后
确规定按照刑法分则第八章贪污贿赂罪的规定定罪处罚的犯罪。第一百六十三条第一款、第二款、第一百八十四条第一款和第一百六十四条规定的犯罪由公安机关管辖。	
4. 刑事诉讼法第一百七十条第二项规定由人民法院直接受理的"被害人有证据证明的轻微刑事案件"是指下列被害人有证据证明的刑事案件： (一) 故意伤害案(轻伤)； (二) 重婚案； (三) 遗弃案； (四) 妨害通信自由案； (五) 非法侵入他人住宅案； (六) 生产、销售伪劣商品案件(严重危害社会秩序和国家利益的除外)； (七) 侵犯知识产权案件(严重危害社会秩序和国家利益的除外)； (八) 属于刑法分则第四章、第五章规定的，对被告人可以判处三年有期徒刑以下刑罚的其他轻微刑事案件。 上述所列八项案件中，被害人直接向人民法院起诉的，人民法院应当依法受理，对于其中证据不足、可由公安机关受理的，应当移送公安机关立案侦查。被害人向公安机关控告的，公安机关应当受理。 伪证罪、拒不执行判决裁定罪由公安机关立案侦查。	
5. 修改后的刑事诉讼法删除了原来关于"上级人民法院在必要的时候，可以把自己管辖的第一审刑事案件交由下级人民法院审判"的内容。根据这一修改，对于第一审刑事案件，依法应当由上级人民法院管辖的，不能再指定下级人民法院管辖。	
6. 公安机关侦查刑事案件涉及人民检察院管辖的贪污贿赂案件时，应当将贪污贿赂案件移送人民检察院；人民检察院侦查贪污贿赂案件涉及公安机关管辖的刑事案件，应当将属于公安机	1. 公安机关侦查刑事案件涉及人民检察院管辖的贪污贿赂案件时，应当将贪污贿赂案件移送人民检察院；人民检察院侦查贪污贿赂案件涉及公安机关管辖的刑事案件，应当将属于

修订前	修订后
关管辖的刑事案件移送公安机关。在上述情况中，如果涉嫌主罪属于公安机关管辖，由公安机关为主侦查，人民检察院予以配合；如果涉嫌主罪属于人民检察院管辖，由人民检察院为主侦查，公安机关予以配合。	公安机关管辖的刑事案件移送公安机关。在上述情况中，如果涉嫌主罪属于公安机关管辖，由公安机关为主侦查，人民检察院予以配合；如果涉嫌主罪属于人民检察院管辖，由人民检察院为主侦查，公安机关予以配合。 **2. 刑事诉讼法第二十四条中规定："刑事案件由犯罪地的人民法院管辖。"刑事诉讼法规定的"犯罪地"，包括犯罪的行为发生地和结果发生地。**
	3. 具有下列情形之一的，人民法院、人民检察院、公安机关可以在其职责范围内并案处理： **（一）一人犯数罪的；** **（二）共同犯罪的；** **（三）共同犯罪的犯罪嫌疑人、被告人还实施其他犯罪的；** **（四）多个犯罪嫌疑人、被告人实施的犯罪存在关联，并案处理有利于查明案件事实的。**
二、立　案	
7. ……	**被移至修改后第 18 条**
三、回　避	
8. 刑事诉讼法第三十条和第三十一条规定，书记员、翻译人员和鉴定人员的回避，由人民法院院长决定。根据这一规定，上述人员的回避不能由审判长决定。	
四、律师参加刑事诉讼	**二、辩护与代理**
9. 刑事诉讼法第九十六条规定的"涉及国家秘密的案件"，是指案情或者案件性质涉及国家秘密的案件，不能因刑事案件侦查过程中的有关材料和处理意见需保守秘密而作为涉及国家秘密的案件。	
10. 依照刑事诉讼法第九十六条规定，在侦查阶段犯罪嫌疑人聘请律师的，可以自己聘请，也可以由其亲属代为聘请。在押的犯罪嫌疑人	

修订前	修订后
提出聘请律师的,看守机关应当及时将其请求转达办理案件的有关侦查机关,侦查机关应当及时向其所委托的人员或者所在的律师事务所转达该项请求。犯罪嫌疑人仅有聘请律师的要求,但提不出具体对象的,侦查机关应当及时通知当地律师协会或者司法行政机关为其推荐律师。	
11. 刑事诉讼法第九十六条规定,涉及国家秘密的案件,律师会见在押的犯罪嫌疑人,应当经侦查机关批准。对于不涉及国家秘密的案件,律师会见犯罪嫌疑人不需要经过批准。不能以侦查过程需要保密作为涉及国家秘密的案件不予批准。律师提出会见犯罪嫌疑人的,应当在四十八小时内安排会见,对于组织、领导、参加黑社会性质组织罪、组织、领导、参加恐怖活动组织罪或者走私犯罪、毒品犯罪、贪污贿赂犯罪等重大复杂的两人以上的共同犯罪案件,律师提出会见犯罪嫌疑人的,应当在五日内安排会见。	
12. 刑事诉讼法第九十六条规定,在侦查阶段,律师会见在押的犯罪嫌疑人,侦查机关根据案件情况和需要可以派员在场。审查起诉阶段和审判阶段,案件已经侦查终结,辩护律师和其他辩护人会见在押的犯罪嫌疑人、被告人时,人民检察院、人民法院不派员在场。	
13. 在审判阶段,辩护律师和其他辩护人依照刑事诉讼法第三十六条规定的程序可以到人民法院查阅、摘抄、复制本案所指控的犯罪事实的材料,同被告人会见、通信。辩护律师还可以依照刑事诉讼法第三十七条的规定向证人或者其他有关单位和个人收集与本案有关的材料,申请人民检察院、人民法院收集、调取证据,申请人民法院通知证人出庭作证。辩护律师经人民检察院、人民法院许可,并且经被害人或者其近亲属、被害人提供的证人同意,可以向他们收集与本案有关的材料。 在法庭审理过程中,辩护律师在提供被告人无罪或者罪轻的证据时,认为在侦查、审查起诉过程中侦查机关、人民检察院收集的证明被告人	

修订前	修订后
无罪或者罪轻的证据材料需要在法庭上出示的，可以申请人民法院向人民检察院调取该证据材料，并可以到人民法院查阅、摘抄、复制该证据材料。	
14. 对于律师查阅、摘抄、复制案件的诉讼文书、技术性鉴定材料和本案所指控的犯罪事实的材料，只能收取复制材料所必要的工本费用，不得收取各种其他名目的费用。工本费收取的标准应当全国统一，由最高人民法院、最高人民检察院报国家价格主管部门核定。	
15. ……	**被移至修改后第8条**
16. 刑事诉讼法第四十条规定："自诉案件的自诉人及其法定代理人，附带民事诉讼的当事人及其法定代理人，有权随时委托诉讼代理人。"根据这一规定，对自诉人及其法定代理人、附带民事诉讼的当事人及其法定代理人委托诉讼代理人不应当限定为在"开庭审判前"。	
	4. 人民法院、人民检察院、公安机关、国家安全机关、监狱的现职人员，人民陪审员，外国人或者无国籍人，以及与本案有利害关系的人，不得担任辩护人。但是，上述人员系犯罪嫌疑人、被告人的监护人或者近亲属，犯罪嫌疑人、被告人委托其担任辩护人的，可以准许。无行为能力或者限制行为能力的人，不得担任辩护人。 **一名辩护人不得为两名以上的同案犯罪嫌疑人、被告人辩护，不得为两名以上的未同案处理但实施的犯罪存在关联的犯罪嫌疑人、被告人辩护。**
	5. 刑事诉讼法第三十四条、第二百六十七条、第二百八十六条对法律援助作了规定。对于人民法院、人民检察院、公安机关根据上述规定，通知法律援助机构指派律师提供辩护或者法律帮助的，法律援助机构应当在接到通知后三日以内指派律师，并将律师的姓名、单位、联

修订前	修订后
	系方式书面通知人民法院、人民检察院、公安机关。
	6. 刑事诉讼法第三十六条规定："辩护律师在侦查期间可以为犯罪嫌疑人提供法律帮助；代理申诉、控告；申请变更强制措施；向侦查机关了解犯罪嫌疑人涉嫌的罪名和案件有关情况，提出意见。"根据上述规定，辩护律师在侦查期间可以向侦查机关了解犯罪嫌疑人涉嫌的罪名及当时已查明的该罪的主要事实，犯罪嫌疑人被采取、变更、解除强制措施的情况，侦查机关延长侦查羁押期限等情况。
	7. 刑事诉讼法第三十七条第二款规定："辩护律师持律师执业证书、律师事务所证明和委托书或者法律援助公函要求会见在押的犯罪嫌疑人、被告人的，看守所应当及时安排会见，至迟不得超过四十八小时。"根据上述规定，辩护律师要求会见在押的犯罪嫌疑人、被告人的，看守所应当及时安排会见，保证辩护律师在四十八小时以内见到在押的犯罪嫌疑人、被告人。
15. 刑事诉讼法第三十七条规定："辩护律师经证人或者其他有关单位和个人同意，可以向他们收集与本案有关的材料，也可以申请人民检察院、人民法院收集、调取证据，或者申请人民法院通知证人出庭作证。"对于辩护律师申请人民检察院、人民法院收集、调取证据，人民检察院、人民法院认为需要调查取证的，应当由人民检察院、人民法院收集、调取证据，不应当向律师签发准许调查决定书，让律师收集、调取证据。	8. 刑事诉讼法第四十一条第一款规定："辩护律师经证人或者其他有关单位和个人同意，可以向他们收集与本案有关的材料，也可以申请人民检察院、人民法院收集、调取证据，或者申请人民法院通知证人出庭作证。"对于辩护律师申请人民检察院、人民法院收集、调取证据，人民检察院、人民法院认为需要调查取证的，应当由人民检察院、人民法院收集、调取证据，不得向律师签发准许调查决定书，让律师收集、调取证据。
	9. 刑事诉讼法第四十二条第二款中规定："违反前款规定的，应当依法追究法律责任，辩护人涉嫌犯罪的，应当由办理辩护人所承办案件的侦查机关以外的侦查机关办理。"根据上述规定，公安机关、人民检察院发现辩护人涉嫌犯罪，或者接受报案、控告、举报、有关机关的移送，依照侦查管辖分工进行审查后认为符合立

修订前	修订后
	案条件的，应当按照规定报请办理辩护人所承办案件的侦查机关的上一级侦查机关指定其他侦查机关立案侦查，或者由上一级侦查机关立案侦查。不得指定办理辩护人所承办案件的侦查机关的下级侦查机关立案侦查。
	10. 刑事诉讼法第四十七条规定："辩护人、诉讼代理人认为公安机关、人民检察院、人民法院及其工作人员阻碍其依法行使诉讼权利的，有权向同级或者上一级人民检察院申诉或者控告。人民检察院对申诉或者控告应当及时进行审查，情况属实的，通知有关机关予以纠正。"人民检察院受理辩护人、诉讼代理人的申诉或者控告后，应当在十日以内将处理情况书面答复提出申诉或者控告的辩护人、诉讼代理人。
五、证　据	三、证　据
17. 刑事诉讼法第九十七条规定："侦查人员询问证人，可以到证人的所在单位或者住处进行"，"在必要的时候，也可以通知证人到人民检察院或者公安机关提供证言"。侦查人员询问证人，应当依照刑事诉讼法第九十七条的规定进行，不得另行指定其他地点。	
18. 刑事诉讼法第一百二十条第二款规定："对人身伤害的医学鉴定有争议需要重新鉴定或者对精神病的医学鉴定，由省级人民政府指定的医院进行。"人民法院在开庭审理时，对省级人民政府指定的医院作出的鉴定结论，经质证后，认为有疑问，不能作为定案根据的，可以另行聘请省级人民政府指定的其他医院进行补充鉴定或者重新鉴定。不能另行聘请其他鉴定机构进行补充鉴定或者重新鉴定。	
19. 刑事诉讼法第一百一十七条规定："人民检察院、公安机关根据侦查犯罪的需要，可以依照规定查询、冻结犯罪嫌疑人的存款、汇款。"根据这一规定，人民检察院、公安机关不能扣划存款、汇款，对于在侦查、审查起诉中犯罪嫌疑人	

修订前	修订后
死亡，对犯罪嫌疑人的存款、汇款应当依法予以没收或者返还被害人的，可以申请人民法院裁定通知冻结犯罪嫌疑人存款、汇款的金融机构上缴国库或者返还被害人。	
	11. 刑事诉讼法第五十六条第一款规定："法庭审理过程中，审判人员认为可能存在本法第五十四条规定的以非法方法收集证据情形的，应当对证据收集的合法性进行法庭调查。"法庭经对当事人及其辩护人、诉讼代理人提供的相关线索或者材料进行审查后，认为可能存在刑事诉讼法第五十四条规定的以非法方法收集证据情形的，应当对证据收集的合法性进行法庭调查。法庭调查的顺序由法庭根据案件审理情况确定。
	12. 刑事诉讼法第六十二条规定，对证人、鉴定人、被害人可以采取"不公开真实姓名、住址和工作单位等个人信息"的保护措施。人民法院、人民检察院和公安机关依法决定不公开证人、鉴定人、被害人的真实姓名、住址和工作单位等个人信息的，可以在判决书、裁定书、起诉书、询问笔录等法律文书、证据材料中使用化名等代替证人、鉴定人、被害人的个人信息。但是，应当书面说明使用化名的情况并标明密级，单独成卷。辩护律师经法庭许可，查阅对证人、鉴定人、被害人使用化名情况的，应当签署保密承诺书。
六、取保候审、监视居住	四、强制措施
20. 刑事诉讼法第五十二条规定："被羁押的犯罪嫌疑人、被告人及其法定代理人、近亲属有权申请取保候审。"第九十六条规定："犯罪嫌疑人被逮捕的，聘请的律师可以为其申请取保候审。"被羁押的犯罪嫌疑人、被告人及其法定代理人、近亲属和律师申请取保候审，有权决定的机关应当在七日内作出是否同意的答复。同意取保候审的，依法办理取保候审手续；不同意取保候审的，应当告知申请人，并说明不同意的理由。	

修订前	修订后
21. 刑事诉讼法第五十三条规定："对犯罪嫌疑人、被告人取保候审，应当责令犯罪嫌疑人、被告人提出保证人或者交纳保证金。"根据这一规定，不能要求同时提供保证人并交纳保证金。	
22. ……	**被修改后移至第14条**
23. 被采取取保候审、监视居住的犯罪嫌疑人、被告人无正当理由不得离开所居住的市、县或者住处，有正当理由需离开所居住的市、县或者住处，应当经执行机关批准。如取保候审、监视居住是由人民检察院、人民法院决定的，执行机关在批准犯罪嫌疑人、被告人离开所居住的市、县或者住处前，应当征得决定机关同意。	13. 被取保候审、监视居住的犯罪嫌疑人、被告人无正当理由不得离开所居住的市、县或者**执行监视居住的处所**，有正当理由需要离开所居住的市、县或者**执行监视居住的处所**，应当经执行机关批准。如果取保候审、监视居住是由人民检察院、人民法院决定的，执行机关在批准犯罪嫌疑人、被告人离开所居住的市、县或者**执行监视居住的处所**前，应当征得决定机关同意。
24. 被监视居住的犯罪嫌疑人、被告人会见其聘请的律师不需要经过批准。	
22. 对犯罪嫌疑人采取保证金保证的，由决定机关根据案件具体情况确定保证金的数额。取保候审保证金由公安机关统一收取和保管。对取保候审保证人是否履行了保证义务，由公安机关认定，对保证人的罚款决定，也由公安机关作出。具体办法由公安部会同最高人民法院、最高人民检察院、国家安全部制定。	**14. 对取保候审保证人是否履行了保证义务，由公安机关认定，对保证人的罚款决定，也由公安机关作出。**
	15. 指定居所监视居住的，不得要求被监视居住人支付费用。
七、拘留、逮捕	
25. 刑事诉讼法规定，拘留由公安机关执行。对于人民检察院直接受理的案件，人民检察院作出的拘留决定，应当送达公安机关执行，公安机关应当立即执行，人民检察院可以协助公安机关执行。	16. 刑事诉讼法规定，拘留由公安机关执行。对于人民检察院直接受理的案件，人民检察院作出的拘留决定，应当送达公安机关执行，公安机关应当立即执行，人民检察院可以协助公安机关执行。
26. 修改后的刑事诉讼法将原刑事诉讼法关于逮捕条件中"主要犯罪事实已经查清"的规	

修订前	修订后
定修改为“有证据证明有犯罪事实”。其中“有证据证明有犯罪事实”，是指同时具备下列情形： （一）有证据证明发生了犯罪事实； （二）有证据证明犯罪事实是犯罪嫌疑人实施的； （三）证明犯罪嫌疑人实施犯罪行为的证据已有查证属实的。 犯罪事实可以是犯罪嫌疑人实施的数个犯罪行为中的一个。	
27. 人民检察院审查公安机关提请批准逮捕的案件，应当作出批准或者不批准逮捕的决定，对报请批准逮捕的案件不另行侦查。	
28. 对于人民检察院批准逮捕的决定，公安机关应当立即执行，并将执行回执及时送达作出批准逮捕的人民检察院。如果未能执行，也应当将回执送达人民检察院，并写明未能执行的原因；对于人民检察院决定不批准逮捕的，公安机关在收到不批准逮捕决定书后，应当立即释放在押的犯罪嫌疑人或者变更强制措施，并将执行回执在收到不批准逮捕决定书后的三日内送达作出不批准逮捕决定的人民检察院。	17. 对于人民检察院批准逮捕的决定，公安机关应当立即执行，并将执行回执及时送达批准逮捕的人民检察院。如果未能执行，也应当将回执送达人民检察院，并写明未能执行的原因。对于人民检察院决定不批准逮捕的，公安机关在收到不批准逮捕决定书后，应当立即释放在押的犯罪嫌疑人或者变更强制措施，并将执行回执在收到不批准逮捕决定书后的三日内送达作出不批准逮捕决定的人民检察院。
八、期间和办案期限	
29. 关于刑事诉讼中期间的计算，期间的最后一日为节假日的，以节假日后的第一日为期间届满日期。但对于犯罪嫌疑人、被告人或者罪犯在押期间，应当至期间届满之日为止，不得因节假日而延长在押期限至节假日后的第一日。	
30. ……	**被移至修改后第21条**
31. 最高人民检察院直接立案侦查的案件，符合刑事诉讼法第一百二十四条、第一百二十六条和第一百二十七条规定的条件，需要延长犯罪	

修订前	修订后
嫌疑人侦查羁押期限的,由最高人民检察院依法决定。	
32. ……	**被移至修改后第22条**
33. 刑事诉讼法第一百二十二条规定:“对犯罪嫌疑人作精神病鉴定的期间不计入办案期限。”根据上述规定,犯罪嫌疑人、被告人在押的案件,除对犯罪嫌疑人、被告人的精神病鉴定时间不计入办案期限外,其他鉴定时间都应当计入办案期限。对于因鉴定时间较长,办案期限届满仍不能终结的案件,自期限届满之日起,应当对被羁押的犯罪嫌疑人、被告人变更强制措施,改为取保候审或者监视居住。	
	五、立　案
7. 刑事诉讼法第八十七条规定:“人民检察院认为公安机关对应当立案侦查的案件而不立案侦查的,或者被害人认为公安机关对应当立案侦查的案件而不立案侦查,向人民检察院提出的,人民检察院应当要求公安机关说明不立案的理由。人民检察院认为公安机关不立案理由不能成立的,应当通知公安机关立案,公安机关接到通知后应当立案。”根据上述规定,公安机关在收到人民检察院《要求说明不立案理由通知书》后七日内应当将说明情况书面答复人民检察院。人民检察院认为公安机关不立案理由不能成立,发出《通知立案书》时,应当将有关证明应该立案的材料同时移送公安机关。公安机关在收到《通知立案书》后,应当在十五日内决定立案,并将立案决定书送达人民检察院。	**18. 刑事诉讼法第一百一十一条**规定:“人民检察院认为公安机关对应当立案侦查的案件而不立案侦查的,或者被害人认为公安机关对应当立案侦查的案件而不立案侦查,向人民检察院提出的,人民检察院应当要求公安机关说明不立案的理由。人民检察院认为公安机关不立案理由不能成立的,应当通知公安机关立案,公安机关接到通知后应当立案。”根据上述规定,公安机关收到人民检察院要求说明不立案理由通知书后,应当在七日内将说明情况书面答复人民检察院。人民检察院认为公安机关不立案理由不能成立,发出通知立案书时,应当将有关证明应当立案的材料同时移送公安机关。公安机关收到通知立案书后,应当在十五日内决定立案,并将立案决定书送达人民检察院。
	六、侦　查
	19. 刑事诉讼法第一百二十一条第一款规定:“侦查人员在讯问犯罪嫌疑人的时候,可以对讯问过程进行录音或者录像;对于可能判处无期徒刑、死刑的案件或者其他重大犯罪案件,应当对讯问过程进行录音或者录像。”侦查人员

修订前	修订后
	对讯问过程进行录音或者录像的,应当在讯问笔录中注明。人民检察院、人民法院可以根据需要调取讯问犯罪嫌疑人的录音或者录像,有关机关应当及时提供。
	20. 刑事诉讼法第一百四十九条中规定:"批准决定应当根据侦查犯罪的需要,确定采取技术侦查措施的种类和适用对象。"采取技术侦查措施收集的材料作为证据使用的,批准采取技术侦查措施的法律文书应当附卷,辩护律师可以依法查阅、摘抄、复制,在审判过程中可以向法庭出示。
30. 公安机关对案件提请延长羁押期限时,应当在羁押期限届满七日前提出,并书面呈报延长羁押期限案件的主要案情和延长羁押期限的具体理由,人民检察院应当在羁押期限届满前作出决定。	21. 公安机关对案件提请延长羁押期限的,应当在羁押期限届满七日前提出,并书面呈报延长羁押期限案件的主要案情和延长羁押期限的具体理由,人民检察院应当在羁押期限届满前作出决定。
32. 根据刑事诉讼法第一百二十八条的规定,公安机关在侦查期间,发现犯罪嫌疑人另有重要罪行,重新计算侦查羁押期限的,由公安机关决定,不再经人民检察院批准。但须报人民检察院备案,人民检察院可以进行监督。	22. 刑事诉讼法**第一百五十八条第一款**规定:"在侦查期间,发现犯罪嫌疑人另有重要罪行的,**自发现之日起依照本法第一百五十四条的规定**重新计算侦查羁押期限。"公安机关依照上述规定重新计算侦查羁押期限的,**不需要经人民检察院批准**,但应当报人民检察院备案,人民检察院可以进行监督。
九、侦查终结	**七、提起公诉**
34. 人民检察院受理同级公安机关移送审查起诉的案件,按照刑事诉讼法的管辖规定,认为应当由上级人民检察院或者同级其他人民检察院起诉的,应当由人民检察院将案件移送有管辖权的人民检察院审查起诉。	**23. 上级公安机关指定下级公安机关立案侦查的案件,需要逮捕犯罪嫌疑人的,由侦查该案件的公安机关提请同级人民检察院审查批准;需要提起公诉的,由侦查该案件的公安机关移送同级人民检察院审查起诉。** 人民检察院对于审查起诉的案件,按照刑事诉讼法的管辖规定,认为应当由上级人民检察院或者同级其他人民检察院起诉的,应当将案件移送有管辖权的人民检察院。**人民检察院认为需要依照刑事诉讼法的规定指定审判管辖的,应当协商同级人民法院办理指定管辖有关事宜。**

修订前	修订后
十、移送起诉	
35. **根据**刑事诉讼法第一百五十条的规定，人民检察院提起公诉的案件，应当向人民法院移送起诉书、证据目录、证人名单和所有犯罪事实的主要证据的复印件或者照片。对于移送材料中的一些具体问题，按以下办法办理： （一）人民检察院移送证人名单应当包括在起诉前提供了证言的证人名单，证人名单应当列明证人的姓名、年龄、性别、职业、住址、通讯处。人民检察院对于拟不出庭的证人，可以不说明不出庭的理由。 （二）人民检察院移送证据目录应当是起诉前收集的证据材料的目录。 （三）关于被害人姓名、住址、通讯处，有无扣押、冻结在案的被告人的财物及存放地点，被告人被采取强制措施的种类、是否在案及羁押地点等问题，人民检察院应当在起诉书中列明，不再单独移送材料，其中对于涉及被害人隐私或者为保护被害人人身安全，而不宜在起诉书中列明被害人姓名、住址、通讯处的，单独移送人民法院。 （四）鉴定结论、勘验检查笔录已经作为主要证据移送复印件的，鉴定人、勘验检查笔录制作人姓名已载明，不再另行移送。	**24. 人民检察院向人民法院提起公诉时，应当将案卷材料和全部证据移送人民法院，包括犯罪嫌疑人、被告人翻供的材料，证人改变证言的材料，以及对犯罪嫌疑人、被告人有利的其他证据材料。**
36. **根据**刑事诉讼法第一百五十条的规定，人民检察院提起公诉的案件，应当向人民法院移送所有犯罪事实的主要证据的复印件或者照片。“主要证据”包括： （一）起诉书中涉及的各证据种类中的主要证据； （二）多个同种类证据中被确定为“主要证据”的； （三）作为法定量刑情节的自首、立功、累犯、中止、未遂、正当防卫的证据。 人民检察院针对具体案件移送起诉时，“主要证据”由人民检察院根据以上规定确定。	
37. ……	**被移至修改后第25条**

修订前	修订后
38. 对于适用简易程序审理的公诉案件,无论人民检察院是否派员出庭,都应当向人民法院移送全部案卷和证据材料。	
十一、开庭审判	**八、审　判**
37. 刑事诉讼法第一百五十条规定:"人民法院对提起公诉的案件进行审查后,对于起诉书中有明确的指控犯罪事实并且附有证据目录、证人名单和主要证据复印件或者照片的,应当决定开庭审判。"对于人民检察院提起公诉的案件,人民法院都应当受理。人民法院对提起公诉的案件进行审查后,对于起诉书中有明确的指控犯罪事实并且附有证据目录、证人名单和主要证据复印件或者照片的,应当决定开庭审判,不得以上述材料不充足为由而不开庭审判。如人民检察院移送的材料中缺少上述材料的,人民法院可以通知人民检察院补充材料,人民检察院应当自收到通知之日起三日内补送。 人民法院对提起公诉的案件进行审查的期限计入人民法院的审理期限。	25. 刑事诉讼法第一百八十一条规定:"人民法院对提起公诉的案件进行审查后,对于起诉书中有明确的指控犯罪事实的,应当决定开庭审判。"对于人民检察院提起公诉的案件,人民法院都应当受理。人民法院对提起公诉的案件进行审查后,对于起诉书中有明确的指控犯罪事实并且附有案卷材料、证据的,应当决定开庭审判,不得以上述材料不充足为由而不开庭审判。如果人民检察院移送的材料中缺少上述材料的,人民法院可以通知人民检察院补充材料,人民检察院应当自收到通知之日起三日内补送。 人民法院对提起公诉的案件进行审查的期限计入人民法院的审理期限。
39. 刑事诉讼法第一百五十四条规定,开庭的时候,审判长查明当事人是否到庭。根据上述规定,应当由审判长查明当事人是否到庭,不能规定由书记员查明。	
40. 关于在法庭审判中询问证人的顺序,法庭审判在审判长的主持下进行,公诉人、辩护人向证人发问的顺序由审判长决定。	
41. ……	**被移至修改后第 27 条**
42. 人民检察院对于在法庭上出示、宣读、播放的证据材料应当当庭移交人民法院,确实无法当庭移交的,应当在休庭后三日内移交。对于在法庭上出示、宣读、播放未到庭证人的证言的,如果该证人提供过不同的证言,人民检察院应当将该证人的全部证言在休庭后三日内移交。	
43. ……	**被移至第 32 条**

修订前	修订后
	26. 人民法院开庭审理公诉案件时，出庭的检察人员和辩护人需要出示、宣读、播放已移交人民法院的证据的，可以申请法庭出示、宣读、播放。
41. 刑事诉讼法第一百五十八条第一款规定："法庭审理过程中，合议庭对证据有疑问的，可以宣布休庭，对证据进行调查核实。"第一百五十九条第一款规定："法庭审理过程中，当事人和辩护人、诉讼代理人有权申请通知新的证人到庭，调取新的物证，申请重新鉴定或者勘验。"根据上述规定，人民法院可以向人民检察院调取需要调查核实的证据材料；人民法院也可以根据辩护人、被告人的申请，向人民检察院调取在侦查、审查起诉中收集的有关被告人无罪或者罪轻的证据材料。人民检察院应当自收到人民法院要求调取证据材料决定书后三日内移交。	**27. 刑事诉讼法第三十九条规定："辩护人认为在侦查、审查起诉期间公安机关、人民检察院收集的证明犯罪嫌疑人、被告人无罪或者罪轻的证据材料未提交的，有权申请人民检察院、人民法院调取。"第一百九十一条第一款规定：**"法庭审理过程中，合议庭对证据有疑问的，可以宣布休庭，对证据进行调查核实。"第一百九十二条第一款规定："法庭审理过程中，当事人和辩护人、诉讼代理人有权申请通知新的证人到庭，调取新的物证，申请重新鉴定或者勘验。"**根据上述规定，自案件移送审查起诉之日起，人民检察院可以根据辩护人的申请，向公安机关调取未提交的证明犯罪嫌疑人、被告人无罪或者罪轻的证据材料。在法庭审理过程中，**人民法院可以根据辩护人的申请，向人民检察院调取未提交的证明被告人无罪或者罪轻的证据材料，也可以向人民检察院调取需要调查核实的证据材料。公安机关、人民检察院应当自收到要求调取证据材料决定书后三日内移交。
	28. 人民法院依法通知证人、鉴定人出庭作证的，应当同时将证人、鉴定人出庭通知书送交控辩双方，控辩双方应当予以配合。
	29. 刑事诉讼法第一百八十七条第三款规定："公诉人、当事人或者辩护人、诉讼代理人对鉴定意见有异议，人民法院认为鉴定人有必要出庭的，鉴定人应当出庭作证。经人民法院通知，鉴定人拒不出庭作证的，鉴定意见不得作为定案的根据。"根据上述规定，依法应当出庭的鉴定人经人民法院通知未出庭作证的，鉴定意见不得作为定案的根据。鉴定人由于不能抗拒的原因或者有其他正当理由无法出庭的，人民法院可以根据案件审理情况决定延期审理。
	30. 人民法院审理公诉案件，发现有新的事

修订前	修订后
	实,可能影响定罪的,人民检察院可以要求补充起诉或者变更起诉,人民法院可以建议人民检察院补充起诉或者变更起诉。人民法院建议人民检察院补充起诉或者变更起诉的,人民检察院应当在七日以内回复意见。
	31. 法庭审理过程中,被告人揭发他人犯罪行为或者提供重要线索,人民检察院认为需要进行查证的,可以建议补充侦查。
43. 修改后的刑事诉讼法第一百六十九条规定:“人民检察院发现人民法院审理案件违反法律规定的诉讼程序,有权向人民法院提出纠正意见。”人民检察院对违反法定程序的庭审活动提出纠正意见,应当由人民检察院在庭审后提出。	32. 刑事诉讼法**第二百零三条**规定:“人民检察院发现人民法院审理案件违反法律规定的诉讼程序,有权向人民法院提出纠正意见。”人民检察院对违反法定程序的庭审活动提出纠正意见,应当由人民检察院在庭审后提出。
十二、二　审	
44. 刑事诉讼法第一百八十八条规定:“人民检察院提出抗诉的案件或者第二审人民法院开庭审理的公诉案件,同级人民检察院都应当派员出庭。”根据这一规定,出席第二审审判的应当是同级人民检察院的检察人员。	
45. 人民检察院提出抗诉的案件或者第二审人民法院开庭审理的公诉案件,在二审中出庭的检察人员和辩护人需要出示、宣读、播放一审中已移交人民法院的证据的,出庭的检察人员和辩护人可以申请法庭出示、宣读、播放。	
46. 对于人民检察院抗诉的案件,经第二审人民法院审查后,认为应当判处被告人死刑的,按照刑事诉讼法第一百八十九条的规定处理,即第二审人民法院认为原判决认定事实没有错误,但适用法律有错误,或者量刑不当的,应当改判;认为原判决事实不清或者证据不足的,可以在查清事实后改判或者发回重审。其中,对于第二审人民法院直接改判死刑的案件,无论该案件的死刑核准权是否下放,都应当报请最高人民法院核准。	

修订前	修订后
	九、执　行
	33. 刑事诉讼法第二百五十四条第五款中规定："在交付执行前，暂予监外执行由交付执行的人民法院决定"。对于被告人可能被判处拘役、有期徒刑、无期徒刑，符合暂予监外执行条件的，被告人及其辩护人有权向人民法院提出暂予监外执行的申请，看守所可以将有关情况通报人民法院。人民法院应当进行审查，并在交付执行前作出是否暂予监外执行的决定。
	34. 刑事诉讼法第二百五十七条第三款规定："不符合暂予监外执行条件的罪犯通过贿赂等非法手段被暂予监外执行的，在监外执行的期间不计入执行刑期。罪犯在暂予监外执行期间脱逃的，脱逃的期间不计入执行刑期。"对于人民法院决定暂予监外执行的罪犯具有上述情形的，人民法院在决定予以收监的同时，应当确定不计入刑期的期间。对于监狱管理机关或者公安机关决定暂予监外执行的罪犯具有上述情形的，罪犯被收监后，所在监狱或者看守所应当及时向所在地的中级人民法院提出不计入执行刑期的建议书，由人民法院审核裁定。
	35. 被决定收监执行的社区矫正人员在逃的，社区矫正机构应当立即通知公安机关，由公安机关负责追捕。
十三、死刑复核	
47. 高级人民法院核准死刑缓期二年执行的案件，应当作出核准或者不核准的决定，不能加重被告人的刑罚。	
十四、赃款赃物	十、涉案财产的处理
48. 对于赃款赃物，除依法返还被害人的财物以及依法销毁的违禁品外，必须一律上缴国库。任何单位和个人都不得挪用或者私自处理。关于赃款赃物的处理，应当按照刑事诉讼法第一	**36.** 对于依照刑法规定应当追缴的违法所得及其他涉案财产，除依法返还被害人的财物以及依法销毁的违禁品外，必须一律上缴国库。查封、扣押的涉案财产，依法不移送的，待人民

修订前	修订后
百九十八条的规定执行，并应当根据不同情况作以下处理： （一）对作为证据使用的实物，应当依法随案移送。对不宜移送的，应当将其清单、照片或者其他证明文件随案移送，不得以未移送赃款赃物为由，拒绝受理案件。 （二）侦查机关冻结在金融机构的赃款，应当向人民法院随案移送该金融机构出具的证明文件，待人民法院作出生效判决后，由人民法院通知该金融机构上缴国库，该金融机构应当向人民法院送交执行回单。 （三）查封、扣押的赃款赃物，对依法不移送的，应当随案移送证据清单、照片或者其他证明文件，待人民法院作出生效判决后，由人民法院通知查封、扣押机关上缴国库，查封、扣押机关应当向人民法院送交执行回单。 国家安全机关依照法律规定，办理危害国家安全的刑事案件，适用本规定中有关公安机关的规定。 本规定自公布之日起施行。最高人民法院、最高人民检察院、公安部、国家安全部制订的关于刑事诉讼法执行问题的解释或者规定中与本规定不一致的，以本规定为准。	**法院作出生效判决、裁定后，由人民法院通知查封、扣押机关上缴国库，查封、扣押机关应当向人民法院送交执行回单；冻结在金融机构的违法所得及其他涉案财产，待人民法院作出生效判决、裁定后，由人民法院通知有关金融机构上缴国库，有关金融机构应当向人民法院送交执行回单。** **对于被扣押、冻结的债券、股票、基金份额等财产，在扣押、冻结期间权利人申请出售，经扣押、冻结机关审查，不损害国家利益、被害人利益，不影响诉讼正常进行的，以及扣押、冻结的汇票、本票、支票的有效期即将届满的，可以在判决生效前依法出售或者变现，所得价款由扣押、冻结机关保管，并及时告知当事人或者其近亲属。**
	37. 刑事诉讼法第一百四十二条第一款中规定："人民检察院、公安机关根据侦查犯罪的需要，可以依照规定查询、冻结犯罪嫌疑人的存款、汇款、债券、股票、基金份额等财产。"根据上述规定，人民检察院、公安机关不能扣划存款、汇款、债券、股票、基金份额等财产。对于犯罪嫌疑人、被告人死亡，依照刑法规定应当追缴其违法所得及其他涉案财产的，适用刑事诉讼法第五编第三章规定的程序，由人民检察院向人民法院提出没收违法所得的申请。
	38. 犯罪嫌疑人、被告人死亡，现有证据证明存在违法所得及其他涉案财产应当予以没收的，公安机关、人民检察院可以进行调查。公安机关、人民检察院进行调查，可以依法进行查

修正前	修正后
	封、扣押、查询、冻结。 人民法院在审理案件过程中，被告人死亡的，应当裁定终止审理；被告人脱逃的，应当裁定中止审理。人民检察院可以依法另行向人民法院提出没收违法所得的申请。
	39. 对于人民法院依法作出的没收违法所得的裁定，犯罪嫌疑人、被告人的近亲属和其他利害关系人或者人民检察院可以在五日内提出上诉、抗诉。
	十一、其　他
	40. 刑事诉讼法第一百四十七条规定："对犯罪嫌疑人作精神病鉴定的期间不计入办案期限。"根据上述规定，犯罪嫌疑人、被告人在押的案件，除对犯罪嫌疑人、被告人的精神病鉴定期间不计入办案期限外，其他鉴定期间都应当计入办案期限。对于因鉴定时间较长，办案期限届满仍不能终结的案件，自期限届满之日起，应当对被羁押的犯罪嫌疑人、被告人变更强制措施，改为取保候审或者监视居住。 国家安全机关依照法律规定，办理危害国家安全的刑事案件，适用本规定中有关公安机关的规定。 本规定自**2013**年**1**月**1**日起施行。**1998**年**1**月**19**日发布的《最高人民法院、最高人民检察院、公安部、国家安全部、司法部、全国人大常委会法制工作委员会关于刑事诉讼法实施中若干问题的规定》同时废止。

《最高人民法院关于适用〈中华人民共和国刑事诉讼法〉的解释》修改前后对照表

（《刑事诉讼法解释》中的黑体字部分是对原条文所作的修改或者补充）

《98年解释》①及其他解释、规范性文件	《刑事诉讼法解释》②
1998年6月29日，最高人民法院审判委员会第989次会议通过。为正确理解和适用刑事诉讼法，现结合人民法院审判工作实际，对执行刑事诉讼法的若干具体问题解释如下：	**2012年3月14日，第十一届全国人民代表大会第五次会议通过了《关于修改〈中华人民共和国刑事诉讼法〉的决定》。**为正确理解和适用修改后的刑事诉讼法，结合人民法院审判工作实际，制定本解释。
一、管　辖	**第一章　管　辖**
第一条　人民法院直接受理的自诉案件包括： （一）告诉才处理的案件： 1. 侮辱、诽谤案（刑法第二百四十六条规定的，但是严重危害社会秩序和国家利益的除外）； 2. 暴力干涉婚姻自由案（刑法第二百五十七条第一款规定的）； 3. 虐待案（刑法第二百六十条第一款规定的）； 4. 侵占案（刑法第二百七十条规定的）。 （二）人民检察院没有提起公诉，被害人有证据证明的轻微刑事案件： 1. 故意伤害案（刑法第二百三十四条第一款规定的）； 2. 非法侵入住宅案（刑法第二百四十五条规定的）； 3. 侵犯通信自由案（刑法第二百五十二条规定的）； 4. 重婚案（刑法第二百五十八条规定的）；	**第一条**　人民法院直接受理的自诉案件包括： （一）告诉才处理的案件： 1. 侮辱、诽谤案（刑法第二百四十六条规定的，但严重危害社会秩序和国家利益的除外）； 2. 暴力干涉婚姻自由案（刑法第二百五十七条第一款规定的）； 3. 虐待案（刑法第二百六十条第一款规定的）； 4. 侵占案（刑法第二百七十条规定的）。 （二）人民检察院没有提起公诉，被害人有证据证明的轻微刑事案件： 1. 故意伤害案（刑法第二百三十四条第一款规定的）； 2. 非法侵入住宅案（刑法第二百四十五条规定的）； 3. 侵犯通信自由案（刑法第二百五十二条规定的）； 4. 重婚案（刑法第二百五十八条规定的）； 5. 遗弃案（刑法第二百六十一条规定的）；

① 1998年6月29日由最高人民法院审判委员会第989次会议通过，1998年9月2日法释〔1998〕23号公布，自1998年9月8日起施行。

② 2012年11月5日由最高人民法院审判委员会第1559次会议通过，2012年12月20日法释〔2012〕21号公布，自2013年1月1日起施行。

《98 年解释》及其他解释、规范性文件	《刑事诉讼法解释》
5. 遗弃案(刑法第二百六十一条规定的); 6. 生产、销售伪劣商品案(刑法分则第三章第一节规定的,但是严重危害社会秩序和国家利益的除外); 7. 侵犯知识产权案(刑法分则第三章第七节规定的,但是严重危害社会秩序和国家利益的除外); 8. 属于刑法分则第四章、第五章规定的,对被告人可能判处三年有期徒刑以下刑罚的案件。 对上列八项案件,被害人直接向人民法院起诉的,人民法院应当依法受理。对于其中证据不足、可由公安机关受理的,或者认为对被告人可能判处三年有期徒刑以上刑罚的,应当移送公安机关立案侦查。 (三) 被害人有证据证明对被告人侵犯自己人身、财产权利的行为应当依法追究刑事责任,而公安机关或者人民检察院已经作出不予追究的书面决定的案件。	6. 生产、销售伪劣商品案(刑法分则第三章第一节规定的,但严重危害社会秩序和国家利益的除外); 7. 侵犯知识产权案(刑法分则第三章第七节规定的,但严重危害社会秩序和国家利益的除外); 8. 刑法分则第四章、第五章规定的,对被告人可能判处三年有期徒刑以下刑罚的案件。 **本项规定的**案件,被害人直接向人民法院起诉的,人民法院应当依法受理。对其中证据不足、可以由公安机关受理的,或者认为对被告人可能判处三年有期徒刑以上刑罚的,应当**告知被害人向公安机关报案,或者**移送公安机关立案侦查。 (三) 被害人有证据证明对被告人侵犯自己人身、财产权利的行为应当依法追究刑事责任,**且有证据证明曾经提出控告,**而公安机关或者人民检察院不予追究**被告人刑事责任**的案件。
第二条 犯罪地是指犯罪行为发生地。以非法占有为目的的财产犯罪,犯罪地包括犯罪行为发生地和犯罪分子实际取得财产的犯罪结果发生地。	**第二条** 犯罪地**包括**犯罪行为发生地和**犯罪结果发生地。** **针对或者利用计算机网络实施的犯罪,犯罪地包括犯罪行为发生的网站服务器所在地,网络接入地,网站建立者、管理者所在地,被侵害的计算机信息系统及其管理者所在地,被告人、被害人使用的计算机信息系统所在地,以及被害人财产遭受损失地。**
第六条 单位犯罪的刑事案件,由犯罪地的人民法院管辖。如果由被告单位住所地的人民法院管辖更为适宜的,可以由被告单位住所地的人民法院管辖。	**第三条 被告人的户籍地为其居住地。经常居住地与户籍地不一致的,经常居住地为其居住地。经常居住地为被告人被追诉前已连续居住一年以上的地方,但住院就医的除外。** **被告单位登记的住所地为其居住地。主要营业地或者主要办事机构所在地与登记的住所地不一致的,主要营业地或者主要办事机构所在地为其居住地。**
第三条 刑事自诉案件的自诉人、被告人一方或者双方是在港、澳、台居住的中国公民或者其住所地是在港、澳、台的单位的,由犯罪地的基	

《98 年解释》及其他解释、规范性文件	《刑事诉讼法解释》
层人民法院审判。 港、澳、台同胞告诉的，应当出示港、澳、台居民身份证、回乡证或者其他能证明本人身份的证明。	
第八条 在中华人民共和国领域外的中国船舶内的犯罪，由犯罪发生后该船舶最初停泊的中国口岸所在地的人民法院管辖。	**第四条** 在中华人民共和国领域外的中国船舶内的犯罪，由该船舶最初停泊的中国口岸所在地的人民法院管辖。
第九条 在中华人民共和国领域外的中国航空器内的犯罪，由犯罪发生后该航空器在中国最初降落地的人民法院管辖。	**第五条** 在中华人民共和国领域外的中国航空器内的犯罪，由该航空器在中国最初降落地的人民法院管辖。
第十条 在国际列车上的犯罪，按照我国与相关国家签订的有关管辖协定确定管辖。没有协定的，由犯罪发生后该列车最初停靠的中国车站所在地或者目的地的铁路运输法院管辖。	**第六条** 在国际列车上的犯罪，**根据**我国与相关国家签订的协定确定管辖；没有协定的，由该列车最初停靠的中国车站所在地或者目的地的铁路运输法院管辖。
第十一条 中国公民在驻外的中国使领馆内的犯罪，由该公民主管单位所在地或者他的原户籍所在地的人民法院管辖。	**第七条** 中国公民在**中国驻外使、领馆内**的犯罪，由**其**主管单位所在地或者原户籍地的人民法院管辖。
第十二条 中国公民在中华人民共和国领域外的犯罪，由该公民离境前的居住地或者原户籍所在地的人民法院管辖。	**第八条** 中国公民在中华人民共和国领域外的犯罪，由**其入境地或者**离境前居住地的人民法院管辖；**被害人是中国公民的，也可由被害人离境前居住地的人民法院管辖**。
第十三条 外国人在中华人民共和国领域外对中华人民共和国国家或者公民犯罪，依照《中华人民共和国刑法》应受处罚的，由该外国人入境地的中级人民法院管辖。	**第九条** 外国人在中华人民共和国领域外对中华人民共和国国家或者公民犯罪，**根据**《中华人民共和国刑法》应当受处罚的，由该外国人入境地、**入境后居住地或者被害中国公民离境前居住地**的人民法院管辖。
第七条 对于中华人民共和国缔结或者参加的国际条约所规定的罪行，中华人民共和国在所承担条约义务的范围内，行使刑事管辖权。 前款规定的案件由被告人被抓获地的中级人民法院管辖。	**第十条** 对中华人民共和国缔结或者参加的国际条约所规定的罪行，中华人民共和国在所承担条约义务的范围内，行使刑事管辖权**的**，由被告人被抓获地的人民法院管辖。
第十四条 发现正在服刑的罪犯在判决宣告前还有其他犯罪没有受到审判的，由原审人民	**第十一条** 正在服刑的罪犯在判决宣告前还有其他罪没有**判决**的，由原审**地**人民法院管

《98 年解释》及其他解释、规范性文件	《刑事诉讼法解释》
法院管辖；如果罪犯服刑地或者新发现罪的主要犯罪地的人民法院管辖更为适宜的，可以由服刑地或者新发现罪的主要犯罪地的人民法院管辖。正在服刑的罪犯在服刑期间又犯罪的，由服刑地的人民法院管辖。 正在服刑的罪犯在脱逃期间的犯罪，如果是在犯罪地捕获并发现的，由犯罪地的人民法院管辖；如果是被缉捕押解回监狱后发现的，由罪犯服刑地的人民法院管辖。	辖；**由**罪犯服刑地或者犯罪地的人民法院**审判**更为适宜的，可以由**罪犯**服刑地或者犯罪地的人民法院管辖。 罪犯在服刑期间**又**犯罪的，由服刑地的人民法院管辖。**罪犯在脱逃期间犯罪的，由服刑地的人民法院管辖。但是**，在犯罪地抓获罪犯并发现**其在脱逃期间的犯罪**的，由犯罪地的人民法院管辖。
第四条 人民检察院认为可能判处无期徒刑、死刑而向中级人民法院提起公诉的普通刑事案件，中级人民法院受理后，认为不需要判处无期徒刑以上刑罚的，可以依法审理，不再交基层人民法院审理。	**第十二条** 人民检察院认为可能判处无期徒刑、死刑，向中级人民法院提起公诉的案件，中级人民法院受理后，认为不需要判处无期徒刑、**死刑**的，**应当**依法审**判**，不再交基层人民法院审**判**。
第五条 一人犯数罪、共同犯罪和其他需要并案审理的案件，只要其中一人或者一罪属于上级人民法院管辖的，全案由上级人民法院管辖。	**第十三条** 一人犯数罪、共同犯罪和其他需要并案审理的案件，其中一人或者一罪属于上级人民法院管辖的，全案由上级人民法院管辖。
第十五条 上级人民法院认为有必要审理下级人民法院管辖的第一审刑事案件，应当向下级人民法院下达改变管辖决定书，并书面通知同级人民检察院。	**第十四条** 上级人民法院**决定审判**下级人民法院管辖的第一审刑事案件**的**，应当向下级人民法院下达改变管辖决定书，并书面通知同级人民检察院。
第十六条 基层人民法院对于认为案情重大、复杂或者可能判处无期徒刑、死刑的第一审刑事案件，请求移送中级人民法院审判，应当经合议庭报请院长决定后，在案件审理期限届满十五日以前书面请求移送。中级人民法院应当在接到移送申请十日内作出决定。中级人民法院不同意移送的，应当向该基层人民法院下达不同意移送决定书，由该基层人民法院依法审判；同意移送的，应当向该基层人民法院下达同意移送决定书，并书面通知同级人民检察院。基层人民法院接到上级人民法院同意移送决定书后，应当通知同级人民检察院和当事人，并将起诉材料退回同级人民检察院。	**第十五条** 基层人民法院对可能判处无期徒刑、死刑的第一审刑事案件，**应当**移送中级人民法院审判。 基层人民法院对**下列**第一审刑事案件，**可以**请求移送中级人民法院审判： （一） 重大、复杂案件； **（二）新类型的疑难案件；** **（三）在法律适用上具有普遍指导意义的案件。** **需要将案件移送中级人民法院审判的**，应当**在**报请院长决定后，**至迟于**案件审理期限届满十五日前书面请求移送。中级人民法院应当在接到申请**后**十日内作出决定。不同意移送的，应当下达不同意移送决定书，由**请求移送的**

《98 年解释》及其他解释、规范性文件	《刑事诉讼法解释》
	人民法院依法审判;同意移送的,应当下达同意移送决定书,并书面通知同级人民检察院。
第十八条 有管辖权的人民法院因案件涉及本院院长需要回避等原因,不宜行使管辖权的,可以请求上一级人民法院管辖;上一级人民法院也可以指定与提出请求的人民法院同级的其他人民法院管辖。	**第十六条** 有管辖权的人民法院因案件涉及本院院长需要回避等原因,不宜行使管辖权的,可以请求**移送**上一级人民法院管辖。上一级人民法院**可以管辖**,也可以指定与提出请求的人民法院同级的其他人民法院管辖。
第十七条 两个以上同级人民法院都有权管辖的案件,由最初受理的人民法院管辖。尚未开庭审判的,在必要的时候,可以移送被告人主要犯罪地的人民法院审判。对管辖权发生争议的,应当在审限内协商解决;协商不成的,由争议的人民法院分别逐级报请共同的上一级人民法院指定管辖。	**第十七条** 两个以上同级人民法院都有管辖权的案件,由最初受理的人民法院**审判**。必要时,可以移送被告人主要犯罪地的人民法院审判。 管辖权发生争议的,应当在审**理期**限内协商解决;协商不成的,由争议的人民法院分别**层报**共同的上级人民法院指定管辖。
第二十二条 上级人民法院在必要的时候,可以将下级人民法院管辖的案件指定其他下级人民法院管辖。	**第十八条** 上级人民法院在必要时,可以指定下级人民法院将其管辖的案件**移送**其他下级人民法院**审判**。
第十九条第一款 上级人民法院指定管辖的,应当将指定管辖决定书分别送达被指定管辖的人民法院和其他有关的人民法院。	**第十九条** 上级人民法院指定管辖,应当将指定管辖决定书分别送达被指定管辖的人民法院和其他有关的人民法院。
第十九条第二款 原受理案件的人民法院,在收到上级人民法院指定其他人民法院管辖决定书后,不再行使管辖权。对于公诉案件,应当书面通知提起公诉的人民检察院,并将全部案卷材料退回,同时书面通知当事人;对于自诉案件,应当将全部案卷材料移送被指定管辖的人民法院,并书面通知当事人。	**第二十条** 原受理案件的人民法院在收到上级人民法院**改变管辖决定书、同意移送决定书或者**指定其他人民法院管辖决定书后,对公诉案件,应当书面通知**同级**人民检察院,并将案卷材料退回,同时书面通知当事人;对自诉案件,应当将案卷材料移送被指定管辖的人民法院,并书面通知当事人。
	第二十一条 第二审人民法院发回重新审判的案件,人民检察院撤回起诉后,又向原第一审人民法院的下级人民法院重新提起公诉的,下级人民法院应当将有关情况层报原第二审人民法院。原第二审人民法院根据具体情况,可以决定将案件移送原第一审人民法院或者其他人民法院审判。

《98年解释》及其他解释、规范性文件	《刑事诉讼法解释》
第二十条 现役军人(含军内在编职工,下同)和非军人共同犯罪的,分别由军事法院和地方人民法院或者其他专门法院管辖;涉及国家军事秘密的,全案由军事法院管辖。 **第二十一条** 下列案件由地方人民法院或者军事法院以外的其他专门法院管辖: (一)非军人、随军家属在部队营区内犯罪的; (二)军人在办理退役手续后犯罪的; (三)现役军人入伍前犯罪的(需与服役期内犯罪一并审判的除外); (四)退役军人在服役期内犯罪的(犯军人违反职责罪的除外)。	**第二十二条 军队和地方互涉刑事案件,按照有关规定确定管辖。**
二、回　避	**第二章　回　避**
第二十三条 审判委员会委员、合议庭组成人员及独任审判员有刑事诉讼法第二十八条、第二十九条所列情形之一的,应当自行回避;当事人和他们的法定代理人也有权申请上列人员回避。 **《回避规定》**① **第一条** 审判人员具有下列情形之一的,应当自行回避,当事人及其法定代理人有权以口头或者书面形式申请其回避: (一)是本案的当事人或者与当事人有近亲属关系的; (二)本人或者其近亲属与本案有利害关系的; (三)担任过本案的证人、翻译人员、鉴定人、勘验人、诉讼代理人、辩护人的; (四)与本案的诉讼代理人、辩护人有夫妻、父母、子女或者兄弟姐妹关系的; (五)与本案当事人之间存在其他利害关系,可能影响案件公正审理的。 本规定所称近亲属,包括与审判人员有夫	**第二十三条** 审判人员具有下列情形之一的,应当自行回避,当事人及其法定代理人有权申请其回避: (一)是本案的当事人或者**是当事人的近亲属的**; (二)本人或者其近亲属与本案有利害关系的; (三)担任过本案的证人、鉴定人、辩护人、诉讼代理人、翻译人员的; (四)与本案的辩护人、诉讼代理人有**近亲属关系的**; (五)与本案当事人**有**其他利害关系,可能影响公正**审判**的。

① 2011年4月11日最高人民法院审判委员会第1517次会议通过;法释〔2011〕12号;2011年6月13日起施行。

《98 年解释》及其他解释、规范性文件	《刑事诉讼法解释》
妻、直系血亲、三代以内旁系血亲及近姻亲关系的亲属。	
《回避规定》 **第二条** 当事人及其法定代理人发现审判人员违反规定，具有下列情形之一的，有权申请其回避： （一）私下会见本案一方当事人及其诉讼代理人、辩护人的； （二）为本案当事人推荐、介绍诉讼代理人、辩护人，或者为律师、其他人员介绍办理该案件的； （三）索取、接受本案当事人及其受托人的财物、其他利益，或者要求当事人及其受托人报销费用的； （四）接受本案当事人及其受托人的宴请，或者参加由其支付费用的各项活动的； （五）向本案当事人及其受托人借款，借用交通工具、通讯工具或者其他物品，或者索取、接受当事人及其受托人在购买商品、装修住房以及其他方面给予的好处的； （六）有其他不正当行为，可能影响案件公正审理的。	**第二十四条** 审判人员违反规定，具有下列情形之一的，当事人及其法定代理人有权申请其回避： （一）违反规定会见本案当事人、辩护人、诉讼代理人的； （二）为本案当事人推荐、介绍辩护人、诉讼代理人，或者为律师、其他人员介绍办理本案的； （三）索取、接受本案当事人及其委托人的财物或者其他利益的； （四）接受本案当事人及其委托人的宴请，或者参加由其支付费用的活动的； （五）向本案当事人及其委托人借用款物的； （六）有其他不正当行为，可能影响公正审判的。
第三十一条 参加过本案侦查、起诉的侦查、检察人员，如果调至人民法院工作，不得担任本案的审判人员。 凡在一个审判程序中参与过本案审判工作的合议庭组成人员，不得再参与本案其他程序的审判。 《回避规定》 **第三条** 凡在一个审判程序中参与过本案审判工作的审判人员，不得再参与该案其他程序的审判。但是，经过第二审程序发回重审的案件，在一审法院作出裁判后又进入第二审程序的，原第二审程序中合议庭组成人员不受本条规定的限制。	**第二十五条** 参与过本案侦查、审查起诉工作的侦查、检察人员，调至人民法院工作的，不得担任本案的审判人员。 在一个审判程序中参与过本案审判工作的合议庭组成人员或者独任审判员，不得再参与本案其他程序的审判。但是，发回重新审判的案件，在第一审人民法院作出裁判后又进入第二审程序或者死刑复核程序的，原第二审程序或者死刑复核程序中的合议庭组成人员不受本款规定的限制。
《回避规定》 **第五条** 人民法院应当依法告知当事人及	**第二十六条** 人民法院应当依法告知当事人及其法定代理人有权申请回避，并告知其合

《98年解释》及其他解释、规范性文件	《刑事诉讼法解释》
其法定代理人有申请回避的权利，以及合议庭组成人员、书记员的姓名、职务等相关信息。	议庭组成人员、**独任审判员**、书记员**等人员的名单**。
第二十四条 审判人员自行回避的，可以口头或者书面提出，并说明理由，由院长决定。 当事人和他们的法定代理人申请审判人员回避的，可以口头或者书面提出，由院长决定，并将决定告知申请人。 **第二十五条** 当事人和他们的法定代理人申请人民法院院长回避或者院长自行回避的，应当由审判委员会讨论决定，并将决定告知申请人。审判委员会讨论院长回避问题时，由副院长主持，院长不得参加。	**第二十七条** 审判人员自行**申请**回避，**或者**当事人**及其**法定代理人申请审判人员回避的，可以口头或者书面提出，并说明理由，由院长决定。 院长自行**申请**回避，或者当事人**及其**法定代理人申请院长回避的，由审判委员会讨论决定。审判委员会讨论时，由副院长主持，院长不得参加。
第二十七条 依照刑事诉讼法第二十九条规定提出回避申请的，申请人应当提供证明材料。	**第二十八条** **当事人及其法定代理人**依照刑事诉讼法第二十九条**和本解释第二十四条**规定**申请回避**，应当提供证明材料。
第二十六条 应当回避的人员，本人没有自行回避，当事人和他们的法定代理人也没有申请其回避的，院长或者审判委员会应当决定其回避。	**第二十九条** 应当回避的**审判人员**没有自行回避，当事人**及其**法定代理人也没有申请其回避的，院长或者审判委员会应当决定其回避。
第二十八条 被决定回避的人员对决定有异议的，可以在恢复庭审前申请复议一次；被驳回回避申请的当事人及其法定代理人对决定有异议的，可以当庭申请复议一次。 **第二十九条** 不属于刑事诉讼法第二十八条、第二十九条所列情形的回避申请，由法庭当庭驳回，并不得申请复议。	**第三十条** **对当事人及其法定代理人提出的回避申请，人民法院可以口头或者书面作出决定，并将决定告知申请人。** 当事人及其法定代理人申请回避被驳回的，可以在**接到决定时**申请复议一次。不属于刑事诉讼法第二十八条、第二十九条**规定**情形的回避申请，由法庭当庭驳回，并不得申请复议。
第三十条 当事人及其法定代理人对出庭的检察人员、书记员提出回避申请的，人民法院应当通知指派该检察人员出庭的人民检察院，由该院检察长或者检察委员会决定。	**第三十一条** 当事人及其法定代理人申请出庭的检察人员回避的，人民法院应当**决定休庭，并**通知人民检察院。
第二十三条 审判委员会委员、合议庭组成人员及独任审判员有刑事诉讼法第二十八条、第二十九条所列情形之一的，应当自行回避；当事人和他们的法定代理人也有权申请上列人员	**第三十二条** **本章**所称的审判人员，包括人民法院院长、副院长、审判委员会委员、庭长、副庭长、审判员、助理审判员和**人民陪审员**。

《98 年解释》及其他解释、规范性文件	《刑事诉讼法解释》
回避。 《回避规定》 **第十三条第一款** 本规定所称审判人员，包括各级人民法院院长、副院长、审判委员会委员、庭长、副庭长、审判员和助理审判员。	
第三十二条 上述有关回避的规定，适用于法庭书记员、翻译人员和鉴定人。其回避问题由人民法院院长决定。	**第三十三条** 书记员、翻译人员和鉴定人适用**审判人员**回避的有关规定，其回避问题由院长决定。
	第三十四条 辩护人、诉讼代理人可以依照本章的有关规定要求回避、申请复议。
三、辩护与代理	**第三章 辩护与代理**
第三十三条 人民法院审判案件过程中，应当充分保证被告人行使刑事诉讼法第三十二条规定的辩护权利。但下列人员不得被委托担任辩护人： （一）被宣告缓刑和刑罚尚未执行完毕的人； （二）依法被剥夺、限制人身自由的人； （三）无行为能力或者限制行为能力的人； （四）人民法院、人民检察院、公安机关、国家安全机关、监狱的现职人员； （五）本院的人民陪审员； （六）与本案审理结果有利害关系的人； （七）外国人或者无国籍人。 前款第（四）、（五）、（六）、（七）项规定的人员，如果是被告人的近亲属或者监护人，由被告人委托担任辩护人的，人民法院可以准许。	**第三十五条** 人民法院审判案件，应当充分保障被告人**依法享有的**辩护权利。 **被告人除自己行使辩护权以外，还可以委托辩护人辩护**。下列人员不得担任辩护人： （一）**正在被执行刑罚或者处于缓刑、假释考验期间**的人； （二）依法被剥夺、限制人身自由的人； （三）无行为能力或者限制行为能力的人； （四）人民法院、人民检察院、公安机关、国家安全机关、监狱的现职人员； （五）人民陪审员； （六）与本案审理结果有利害关系的人； （七）外国人或者无国籍人。 前款第**四项至第七**项规定的人员，如果是被告人的监护人、近亲属，由被告人委托担任辩护人的，可以准许。
《回避规定》 **第八条** 审判人员及法院其他工作人员从人民法院离任后二年内，不得以律师身份担任诉讼代理人或者辩护人。 审判人员及法院其他工作人员从人民法院离任后，不得担任原任职法院所审理案件的诉讼代理人或者辩护人，但是作为当事人的监护人或者近亲属代理诉讼或者进行辩护的除外。	**第三十六条** 审判人员**和人民**法院其他工作人员从人民法院离任后二年内，不得以律师身份担任辩护人。 审判人员**和人民**法院其他工作人员从人民法院离任后，不得担任原任职法院所审理案件的辩护人，但作为**被告人**的监护人、近亲属进行辩护的除外。 审判人员**和人民**法院其他工作人员的配

《98 年解释》及其他解释、规范性文件	《刑事诉讼法解释》
本条所规定的离任，包括退休、调离、解聘、辞职、辞退、开除等离开法院工作岗位的情形。 **第九条** 审判人员及法院其他工作人员的配偶、子女或者父母不得担任其所任职法院审理案件的诉讼代理人或者辩护人。	偶、子女或者父母不得担任其任职法院所审理案件的辩护人，**但作为被告人的监护人、近亲属进行辩护的除外。**
第三十四条 律师、人民团体、被告人所在单位推荐的公民以及被告人的监护人、亲友，被委托为辩护人的，人民法院应当核实其身份证明和辩护委托书。	**第三十七条** 律师，人民团体、被告人所在单位推荐的人**，或者**被告人的监护人、亲友被委托为辩护人的，人民法院应当核实其身份证明和**授权**委托书。
第三十五条 一名被告人委托辩护人不得超过两人。在共同犯罪的案件中，一名辩护人不得为两名以上的同案被告人辩护。	**第三十八条** 一名被告人**可以委托一至二人作为**辩护人。 一名辩护人不得为两名以上的同案被告人**，或者未同案处理但犯罪事实存在关联的被告人**辩护。
	第三十九条 被告人没有委托辩护人的，人民法院自受理案件之日起三日内，应当告知其有权委托辩护人；被告人因经济困难或者其他原因没有委托辩护人的，应当告知其可以申请法律援助；被告人属于应当提供法律援助情形的，应当告知其将依法通知法律援助机构指派律师为其提供辩护。 **告知可以采取口头或者书面方式。**
	第四十条 审判期间，在押的被告人要求委托辩护人的，人民法院应当在三日内向其监护人、近亲属或者其指定的人员转达要求。被告人应当提供有关人员的联系方式。有关人员无法通知的，应当告知被告人。
《法律援助规定》① **第六条** 公安机关、人民检察院、人民法院在收到被羁押的犯罪嫌疑人、被告人提出的法律援助申请后，应当在 24 小时内将其申请转交所在地的法律援助机构，并通知申请人的法定代理	**第四十一条** 人民法院收到**在押**被告人提出的法律援助申请，应当在二十四小时内转交所在地的法律援助机构。

① 2005 年 9 月 28 日最高人民法院、最高人民检察院、公安部、司法部文件司发通〔2005〕78 号公布自 2005 年 12 月 1 日起施行。

《98年解释》及其他解释、规范性文件	《刑事诉讼法解释》
人、近亲属或者其委托的其他人员协助提供《法律援助条例》第17条规定的有关证件、证明及案件材料。 犯罪嫌疑人的法定代理人或者近亲属地址不详无法通知的，公安机关、人民检察院、人民法院应当在转交申请时一并告知法律援助机构。	
第三十六条 被告人没有委托辩护人而具有下列情形之一的，人民法院应当为其指定辩护人： （一）盲、聋、哑人或者限制行为能力的人； （二）开庭审理时不满十八周岁的未成年人； （三）可能被判处死刑的人。	**第四十二条** 对下列没有委托辩护人的被告人，人民法院应当**通知法律援助机构指派律师为其提供辩护**： （一）盲、聋、哑人； （二）**尚未完全丧失辨认或者控制自己行为能力的精神病人**； （三）可能被判处**无期徒刑**、死刑的人。 **高级人民法院复核死刑案件，被告人没有委托辩护人的，应当通知法律援助机构指派律师为其提供辩护。**
第三十七条 被告人没有委托辩护人而具有下列情形之一的，人民法院可以为其指定辩护人： （一）符合当地政府规定的经济困难标准的； （二）本人确无经济来源，其家庭经济状况无法查明的； （三）本人确无经济来源，其家属经多次劝说仍不愿为其承担辩护律师费用的； （四）共同犯罪案件中，其他被告人已委托辩护人的； （五）具有外国国籍的； （六）案件有重大社会影响的； （七）人民法院认为起诉意见和移送的案件证据材料可能影响正确定罪量刑的。	**第四十三条** 具有下列情形之一，被告人没有委托辩护人的，人民法院可以**通知法律援助机构指派律师为其提供辩护**： （一）共同犯罪案件中，其他被告人已经委托辩护人； （二）有重大社会影响的案件； （三）**人民检察院抗诉的案件**； （四）**被告人的行为可能不构成犯罪**； （五）**有必要指派律师提供辩护的其他情形**。
《法律援助规定》 **第九条** 人民法院根据《刑事诉讼法》及相关司法解释指定辩护的，应当将指定辩护通知书和起诉书副本或者判决书副本送交其所在地的法律援助机构，由法律援助机构统一接收并组织实施。	**第四十四条** 人民法院**通知法律援助机构指派律师提供**辩护的，应当将**法律援助通知书**、起诉书副本或者判决书**送达**法律援助机构；决定开庭审理的，**除适用简易程序审理的以外**，应当在开庭**十五**日前将**上述材料**送达法律援助机构。

《98 年解释》及其他解释、规范性文件	《刑事诉讼法解释》
人民法院决定开庭审理的，应当在开庭 10 日前将指定辩护通知书和起诉书副本或者判决书副本送交其所在地的法律援助机构。 人民法院的指定辩护通知书应当载明案件性质、被告人姓名、指定辩护的理由、案件承办人的姓名和联系方式，已确定开庭审理的，应当载明开庭时间、地点。	**法律援助**通知书应当写明**案由**、被告人姓名、**提供法律援助**的理由、**审判人员**的姓名和联系方式；已确定开庭审理的，应当写明开庭的时间、地点。
第三十八条 被告人坚持自己行使辩护权，拒绝人民法院指定的辩护人为其辩护的，人民法院应当准许，并记录在案；被告人具有本解释第三十六条规定情形之一，拒绝人民法院指定的辩护人为其辩护，有正当理由的，人民法院应当准许，但被告人需另行委托辩护人，或者人民法院应当为其另行指定辩护人。 **《法律援助规定》** **第十二条** 被告人坚持自己辩护，拒绝人民法院指定的律师为其辩护的，人民法院应当准许，并记录在案。 对被告人具有应当指定辩护情形的，人民法院应当查明拒绝指定辩护的原因，有正当理由的，应当准许，但被告人需另行委托辩护人。被告人未另行委托辩护人的，人民法院应当为其另行指定律师。 人民法院根据前款规定决定为被告人另行指定辩护人的，应当在决定之日起 3 日内函告作出指派的法律援助机构。	**第四十五条** 被告人拒绝**法律援助机构指派的律师**为其辩护，坚持自己行使辩护权的，人民法院应当准许。 **属于应当提供法律援助的情形**，被告人拒绝指**派的律师**为其辩护的，**人民法院应当查明原因**。理由正当的，应当准许，但被告人**须**另行委托辩护人；**被告人未另行委托辩护人的**，人民法院应当**在三日内书面通知法律援助机构另行指派律师为其提供辩护**。
第三十九条 人民法院指定的辩护人，应当是依法承担法律援助义务的律师。	
《法律援助规定》 **第七条** 法律援助机构收到申请后，应当依照有关规定及时审查并作出决定。对符合法律援助条件的，决定提供法律援助，并于决定之日起 3 日内指派律师并函告公安机关、人民检察院、人民法院；对不符合法律援助条件的，作出不予援助的决定，并于决定之日起 3 日内书面告知申请人理由，并函告公安机关、人民检察院、人民法院。	**第四十六条 审判期间，辩护人接受被告人委托的，应当在接受委托之日起三日内，将委托手续提交人民法院。** **法律援助机构决定为被告人指派律师提供辩护的，承办律师应当在接受指派之日起三日内，将法律援助手续提交人民法院。**

《98 年解释》及其他解释、规范性文件	《刑事诉讼法解释》
法律援助机构出具的刑事法律援助公函应当载明承办律师的姓名及联系方式。	
第四十条 人民法院应当为辩护律师查阅、摘抄、复制本案所指控的犯罪事实的材料提供方便,并保证必要的时间,其他辩护人经人民法院准许,可以查阅、摘抄、复制本案所指控的犯罪事实的材料。但审判委员会和合议庭的讨论记录及有关其他案件的线索材料,辩护律师和其他辩护人不得查阅、摘抄、复制。	**第四十七条** 辩护律师**可以**查阅、摘抄、复制**案卷**材料。其他辩护人经人民法院**许可,也**可以查阅、摘抄、复制**案卷**材料。合议庭、审判委员会的讨论记录**以及其他依法不公开的**材料不得查阅、摘抄、复制。 **辩护人**查阅、摘抄、复制**案卷**材料**的**,人民法院应当提供方便,并保证必要的时间。 **复制案卷材料可以采用复印、拍照、扫描等方式。**
第四十一条 辩护律师可以同在押的被告人会见和通信。其他辩护人经人民法院准许,也可以同在押的被告人会见和通信。	**第四十八条** 辩护律师可以同在押的**或者被监视居住的**被告人会见和通信。其他辩护人经人民法院**许可**,也可以同在押的**或者被监视居住的**被告人会见和通信。
	第四十九条 辩护人认为在侦查、审查起诉期间公安机关、人民检察院收集的证明被告人无罪或者罪轻的证据材料未随案移送,申请人民法院调取的,应当以书面形式提出,并提供相关线索或者材料。人民法院接受申请后,应当向人民检察院调取。人民检察院移送相关证据材料后,人民法院应当及时通知辩护人。
第四十三条 辩护律师申请向被害人及其近亲属、被害人提供的证人收集与本案有关的材料,人民法院认为确有必要的,应当准许,并签发准许调查书。	**第五十条** 辩护律师申请向被害人及其近亲属、被害人提供的证人收集与本案有关的材料,人民法院认为确有必要的,应当签发准许调查书。
第四十四条 辩护律师向证人或者其他有关单位和个人收集、调取与本案有关的材料,因证人、有关单位和个人不同意,申请人民法院收集、调取,人民法院认为有必要的,应当同意。	**第五十一条** 辩护律师向证人或者有关单位、个人收集、调取与本案有关的**证据**材料,因证人**或者**有关单位、个人不同意,申请人民法院收集、调取,**或者申请通知证人出庭作证**,人民法院认为**确**有必要的,应当同意。
第四十五条 辩护律师直接申请人民法院收集、调取证据,人民法院认为辩护律师不宜或者不能向证人或者其他有关单位和个人收集、调	**第五十二条** 辩护律师直接申请人民法院**向证人或者有关单位、个人**收集、调取证据**材料**,人民法院认为确有收集、调取必要,**且**不宜

《98 年解释》及其他解释、规范性文件	《刑事诉讼法解释》
取，并确有必要的，应当同意。人民法院根据辩护律师的申请收集、调取证据时，申请人可以在场。人民法院根据辩护律师的申请收集、调取的证据，应当及时复制移送申请人。 **第五十六条** 人民法院对有关单位和个人提供的证据，应当出具收据，注明证据的名称、收到的时间、件数、页数以及是否原件等，由书记员或者审判员签名。	或者不能由辩护律师收集、调取的，应当同意。人民法院收集、调取证据**材料**时，**辩护律师**可以在场。 **人民法院向有关单位收集、调取的书面证据材料，必须由提供人签名，并加盖单位印章；向个人收集、调取的书面证据材料，必须由提供人签名。** 人民法院对有关单位、个人提供的证据**材料**，应当出具收据，**写明**证据**材料**的名称、收到的时间、件数、页数以及是否**为**原件等，由书记员或者审判**人**员签名。 收集、调取证据**材料**后，应当及时**通知辩护律师查阅、摘抄、复制，并告知人民检察院。**
第四十六条 辩护律师根据本解释第四十三条、第四十四条、第四十五条第一款规定提出的申请，应当以书面形式提出，并说明申请的理由，列出需要调查问题的提纲。	**第五十三条** 本解释**第五十条至第五十二条**规定的申请，应当以书面形式提出，并说明理由，**写明需要收集、调取证据材料的内容或者**需要调查问题的提纲。 **对辩护律师的申请，人民法院应当在五日内作出是否准许、同意的决定，并通知申请人；决定不准许、不同意的，应当说明理由。**
第四十二条 人民法院受理自诉案件后三日内，应当告知被告人有权委托辩护人；同时应当告知自诉人及其法定代理人、附带民事诉讼的当事人及其法定代理人有权委托诉讼代理人。	**第五十四条** 人民法院**自**受理自诉案件**之日起**三日内，应当告知自诉人及其法定代理人、附带民事诉讼当事人及其法定代理人，有权委托诉讼代理人，**并告知如果经济困难的，可以申请法律援助。**
第四十七条 当事人委托诉讼代理人应当参照刑事诉讼法第三十二条和本解释第三十三条的规定执行。	**第五十五条** 当事人委托诉讼代理人**的**，参照**适用**刑事诉讼法第三十二条和本解释的**有关规定**。
第四十八条 诉讼代理人的责任是根据事实和法律，维护被害人、自诉人或者附带民事诉讼当事人的合法权益。	**第五十六条** 诉讼代理人**有权**根据事实和法律，维护被害人、自诉人或者附带民事诉讼当事人的**诉讼权利和其他**合法权益。
第四十九条 律师担任诉讼代理人，可以查阅、摘抄、复制与本案有关的材料，了解案情。其他诉讼代理人经人民法院准许，也可以查阅、摘抄、复制本案有关材料，了解案情。需要收集、调	**第五十七条** 经人民法院**许可**，诉讼代理人可以查阅、摘抄、复制本案的**案卷**材料。 律师担任诉讼代理人，需要收集、调取与本案有关的**证据**材料的，参照**适用**本解释**第五十**

《98 年解释》及其他解释、规范性文件	《刑事诉讼法解释》
取与本案有关的材料的，可以参照本解释第四十四条、第四十五条的规定执行。	一条至第五十三条的规定。
第五十条 诉讼代理人应当向人民法院提交由被代理人签名或者盖章的委托书；如果被代理人是附带民事诉讼当事人的，诉讼代理人应当向人民法院提交由被代理人签名或者盖章的授权委托书。	**第五十八条 诉讼代理人接受当事人委托或者法律援助机构指派后，应当在三日内将委托手续或者法律援助手续提交人民法院。**
第五十一条 人民法院对律师、其他辩护人和诉讼代理人查阅、摘抄、复制本案所指控的犯罪事实的材料，只收取复制材料所必需的工本费用。 **《法律援助规定》** **第二十条** 公安机关、人民检察院、人民法院对承办法律援助案件的律师复制必要的相关材料的费用应当予以免收或者减收，减收的标准按复制材料所必需的工本费用计算。	**第五十九条** 辩护人、诉讼代理人复制**案卷材料的**，人民法院只收取工本费；法律援助律师复制必要的**案卷**材料的，应当免收或者减收费用。
	第六十条 辩护律师向人民法院告知其委托人或者其他人准备实施、正在实施危害国家安全、公共安全以及严重危害他人人身安全犯罪的，人民法院应当记录在案，立即转告主管机关依法处理，并为反映有关情况的辩护律师保密。
四、证　据	**第四章　证　据**
	第一节　一般规定
《死刑案件证据审查规定》① **第二条** 认定案件事实，必须以证据为根据。	**第六十一条** 认定案件事实，必须以证据为根据。
《死刑案件证据审查规定》 **第三条** 侦查人员、检察人员、审判人员应当严格遵守法定程序，全面、客观地收集、审查、核实和认定证据。	**第六十二条** 审判人员应当**依照**法定程序收集、审查、核实、认定证据。

① 2010 年 6 月 13 日最高人民法院、最高人民检察院、公安部、国家安全部、司法部《关于办理死刑案件审查判断证据若干问题的规定》；法发〔2010〕20 号。

《98年解释》及其他解释、规范性文件	《刑事诉讼法解释》
《死刑案件证据审查规定》 **第四条**　经过当庭出示、辨认、质证等法庭调查程序查证属实的证据，才能作为定罪量刑的根据。	**第六十三条**　证据未经当庭出示、辨认、质证等法庭调查程序查证属实，**不得**作为**定案**的根据，**但法律和本解释另有规定的除外**。
第五十二条　需要运用证据证明的案件事实包括： （一）被告人的身份； （二）被指控的犯罪行为是否存在； （三）被指控的行为是否为被告人所实施； （四）被告人有无罪过，行为的动机、目的； （五）实施行为的时间、地点、手段、后果以及其他情节； （六）被告人的责任以及与其他同案人的关系； （七）被告人的行为是否构成犯罪，有无法定或者酌定从重、从轻、减轻处罚以及免除处罚的情节； （八）其他与定罪量刑有关的事实。 《死刑案件证据审查规定》 **第五条第三款**　办理死刑案件，对于以下事实的证明必须达到证据确实、充分： （一）被指控的犯罪事实的发生； （二）被告人实施了犯罪行为与被告人实施犯罪行为的时间、地点、手段、后果以及其他情节； （三）影响被告人定罪的身份情况； （四）被告人有刑事责任能力； （五）被告人的罪过； （六）是否共同犯罪及被告人在共同犯罪中的地位、作用； （七）对被告人从重处罚的事实。	**第六十四条**　**应当**运用证据证明的案件事实包括： （一）被告人、**被害人**的身份； （二）被指控的**犯罪**是否存在； （三）被指控的犯罪是否为被告人所实施； （四）被告人**有无刑事责任能力**，有无罪过，**实施犯罪**的动机、目的； （五）实施**犯罪**的时间、地点、手段、后果以及**案件起因等**； （六）被告人**在共同犯罪中的地位、作用**； （七）被告人有无从重、从轻、减轻、免除处罚情节； **（八）有关附带民事诉讼、涉案财物处理的事实；** **（九）有关管辖、回避、延期审理等的程序事实；** **（十）**　与定罪量刑有关的其他事实。 **认定被告人有罪和**对被告人从重处罚，**应当适用**证据确实、充分**的证明标准**。
《关于办理侵犯知识产权刑事案件适用法律若干问题的意见》① 二、关于办理侵犯知识产权刑事案件中行政	**第六十五条**　**行政机关在行政执法和查办案件过程中**收集的物证、书证、视听资料、**电子数据等证据材料，在刑事诉讼中**可以作为证据

① 最高人民法院 最高人民检察院 公安部印发《关于办理侵犯知识产权刑事案件适用法律若干问题的意见》的通知；法发〔2011〕3号；2011年1月10日。

《98 年解释》及其他解释、规范性文件	《刑事诉讼法解释》
执法部门收集、调取证据的效力问题 行政执法部门依法收集、调取、制作的物证、书证、视听资料、检验报告、鉴定结论、勘验笔录、现场笔录,经公安机关、人民检察院审查,人民法院庭审质证确认,可以作为刑事证据使用。 行政执法部门制作的证人证言、当事人陈述等调查笔录,公安机关认为有必要作为刑事证据使用的,应当依法重新收集、制作。	使用;经法庭查证属实,且收集程序符合有关法律、行政法规规定的,可以作为定案的根据。 根据法律、行政法规规定行使国家行政管理职权的组织,在行政执法和查办案件过程中收集的证据材料,视为行政机关收集的证据材料。
第五十四条 人民法院依法向有关单位和个人收集、调取、调查、核实证据,认为必要时,可以通知检察人员、辩护人到场。人民法院向有关单位收集、调取的书面证据材料,必须由提供人署名,并加盖单位印章;人民法院向个人收集、调取的书面证据材料,必须由本人确认无误后签名或者盖章。 **第五十五条** 人民法院对公诉案件依法调查、核实证据时,发现对认定案件事实有重要作用的新的证据材料,应当告知检察人员和辩护人。必要时,也可以直接提取,复制后移送检察人员和辩护人。	**第六十六条** 人民法院**依照刑事诉讼法第一百九十一条的规定**调查核实证据,必要时,可以通知检察人员、辩护人、**自诉人及其法定代理人**到场。**上述人员未到场的,应当记录在案。** 人民法院调查核实证据时,发现对**定罪量刑有重大影响**的新的证据材料的,应当告知检察人员、辩护人、**自诉人及其法定代理人**。必要时,也可以直接提取,**并及时通知检察人员、辩护人、自诉人及其法定代理人查阅、摘抄、复制**。
	第六十七条 下列人员不得担任刑事诉讼活动的见证人: **(一)生理上、精神上有缺陷或者年幼,不具有相应辨别能力或者不能正确表达的人;** **(二)与案件有利害关系,可能影响案件公正处理的人;** **(三)行使勘验、检查、搜查、扣押等刑事诉讼职权的公安、司法机关的工作人员或者其聘用的人员。** **由于客观原因无法由符合条件的人员担任见证人的,应当在笔录材料中注明情况,并对相关活动进行录像。**
第六十二条 在公开审理案件时,对于公诉人、诉讼参与人提出涉及国家秘密或者个人隐私的证据时,审判长应当制止。如确与本案有关的,应当决定案件转为不公开审理。	**第六十八条** 公开审理案件时,公诉人、诉讼参与人提出涉及国家秘密、**商业秘密**或者个人隐私的证据的,法庭应当制止。**有关证据**确与本案有关的,**可以根据具体情况**,决定将案件转为不公开审理,**或者对相关证据的法庭调查**

《98年解释》及其他解释、规范性文件	《刑事诉讼法解释》
	不公开进行。
	第二节 物证、书证的审查与认定
《死刑案件证据审查规定》 **第六条** 对物证、书证应当着重审查以下内容： （一）物证、书证是否为原物、原件，物证的照片、录像或者复制品及书证的副本、复制件与原物、原件是否相符；物证、书证是否经过辨认、鉴定；物证的照片、录像或者复制品和书证的副本、复制件是否由二人以上制作，有无制作人关于制作过程及原件、原物存放于何处的文字说明及签名。 （二）物证、书证的收集程序、方式是否符合法律及有关规定；经勘验、检查、搜查提取、扣押的物证、书证，是否附有相关笔录或者清单；笔录或者清单是否有侦查人员、物品持有人、见证人签名，没有物品持有人签名的，是否注明原因；对物品的特征、数量、质量、名称等注明是否清楚。 （三）物证、书证在收集、保管及鉴定过程中是否受到破坏或者改变。 （四）物证、书证与案件事实有无关联。对现场遗留与犯罪有关的具备检验鉴定条件的血迹、指纹、毛发、体液等生物物证、痕迹、物品，是否通过DNA鉴定、指纹鉴定等鉴定方式与被告人或者被害人的相应生物检材、生物特征、物品等作同一认定。 （五）与案件事实有关联的物证、书证是否全面收集。	**第六十九条** 对物证、书证应当着重审查以下内容： （一）物证、书证是否为原物、原件，是否经过辨认、鉴定；物证的照片、录像、复制品**或者**书证的副本、复制件是否与原物、原件相符，是否由二人以上制作，有无制作人关于制作过程**以**及原物、原件存放于何处的文字说明**和**签名； （二）物证、书证的收集程序、方式是否符合法律、有关规定；经勘验、检查、搜查提取、扣押的物证、书证，是否附有相关笔录、清单，笔录、清单是否**经**侦查人员、物品持有人、见证人签名，没有物品持有人签名的，是否注明原因；物品的名称、特征、数量、质量等是否注明清楚； （三）物证、书证在收集、保管、鉴定过程中是否**受损**或者改变； （四）物证、书证与案件事实有无关联；对现场遗留与犯罪有关的具备鉴定条件的血迹、体液、毛发、指纹等生物**样本**、痕迹、物品，是否**已作**DNA鉴定、指纹鉴定等，**并**与被告人或者被害人的相应生物检材、生物特征、物品等**比对**； （五）与案件事实有关联的物证、书证是否全面收集。
第五十三条第二款、第三款、第四款 收集、调取的物证应当是原物。只有在原物不便搬运、不易保存或者依法应当返还被害人时，才可以拍摄足以反映原物外形或者内容的照片、录像。 书证的副本、复制件，物证的照片、录像，只有经与原件、原物核实无误或者经鉴定证明真实的，才具有与原件、原物同等的证明力。 制作书证的副本、复制件，拍摄物证的照片、录像以及对有关证据录音时，制作人不得少于二	**第七十条** 据以定案的物证应当是原物。原物不便搬运，不易保存，**依法应当由有关部门保管、处理**，或者依法应当返还**的**，可以拍摄、制作足以反映原物外形**和特征**的照片、录像、复制品。 **物证**的照片、录像、复制品，不能反映原物的外形和特征的，**不得**作为定案的根据。 物证的照片、录像、复制品，经与原物核**对**无误、经鉴定为真实或者以其他方式**确认为**真

《98年解释》及其他解释、规范性文件	《刑事诉讼法解释》
人。提供证据的副本、复制件及照片、音像制品应当附有关于制作过程的文字说明及原件、原物存放何处的说明，并由制作人签名或者盖章。 **《死刑案件证据审查规定》** **第八条第一款** 据以定案的物证应当是原物。只有在原物不便搬运、不易保存或者依法应当由有关部门保管、处理或者依法应当返还时，才可以拍摄或者制作足以反映原物外形或者内容的照片、录像或者复制品。物证的照片、录像或者复制品，经与原物核实无误或者经鉴定证明为真实的，或者以其他方式确能证明其真实的，可以作为定案的根据。原物的照片、录像或者复制品，不能反映原物的外形和特征的，不能作为定案的根据。	实的，可以作为定案的根据。
第五十三条第一款、第三款 收集、调取的书证应当是原件。只有在取得原件确有困难时，才可以是副本或者复制件。 书证的副本、复制件，物证的照片、录像，只有经与原件、原物核实无误或者经鉴定证明真实的，才具有与原件、原物同等的证明力。 **《死刑案件证据审查判断规定》** **第八条第二款** 据以定案的书证应当是原件。只有在取得原件确有困难时，才可以使用副本或者复制件。书证的副本、复制件，经与原件核实无误或者经鉴定证明为真实的，或者以其他方式确能证明其真实的，可以作为定案的根据。书证有更改或者更改迹象不能作出合理解释的，书证的副本、复制件不能反映书证原件及其内容的，不能作为定案的根据。	**第七十一条** 据以定案的书证应当是原件。取得原件确有困难**的**，可以使用副本、复制件。 书证有更改或者更改迹象不能作出合理解释，**或者**书证的副本、复制件不能反映原件及其内容的，不**得**作为定案的根据。 书证的副本、复制件，经与原件核**对**无误、经鉴定为真实或者以其他方式**确认为**真实的，**可以作为定案的根据**。
《死刑案件证据审查判断规定》 **第七条** 对在勘验、检查、搜查中发现与案件事实可能有关联的血迹、指纹、足迹、字迹、毛发、体液、人体组织等痕迹和物品应当提取而没有提取，应当检验而没有检验，导致案件事实存疑的，人民法院应当向人民检察院说明情况，人民检察院依法可以补充收集、调取证据，作出合理的说明或者退回侦查机关补充侦查，调取有关证据。	**第七十二条** 对与案件事实可能有关联的血迹、体液、毛发、人体组织、指纹、足迹、字迹等**生物样本、**痕迹和物品，应当提取而没有提取，应当检验而没有检验，导致案件事实存疑的，人民法院应当向人民检察院说明情况，**由**人民检察院依法补充收集、调取证据**或者**作出合理说明。

《98年解释》及其他解释、规范性文件	《刑事诉讼法解释》
《死刑案件证据审查判断规定》 **第九条** 经勘验、检查、搜查提取、扣押的物证、书证,未附有勘验、检查笔录,搜查笔录,提取笔录,扣押清单,不能证明物证、书证来源的,不能作为定案的根据。 物证、书证的收集程序、方式存在下列瑕疵,通过有关办案人员的补正或者作出合理解释的,可以采用: (一)收集调取的物证、书证,在勘验、检查笔录,搜查笔录,提取笔录,扣押清单上没有侦查人员、物品持有人、见证人签名或者物品特征、数量、质量、名称等注明不详的; (二)收集调取物证照片、录像或者复制品,书证的副本、复制件未注明与原件核对无异,无复制时间、无被收集、调取人(单位)签名(盖章)的; (三)物证照片、录像或者复制品,书证的副本、复制件没有制作人关于制作过程及原物、原件存放于何处的说明或者说明中无签名的; (四)物证、书证的收集程序、方式存在其他瑕疵的。 对物证、书证的来源及收集过程有疑问,不能作出合理解释的,该物证、书证不能作为定案的根据。	**第七十三条** 在勘验、检查、搜查**过程中**提取、扣押的物证、书证,未附笔录**或者**清单,不能证明物证、书证来源的,**不得**作为定案的根据。 物证、书证的收集程序、方式**有**下列瑕疵,**经**补正或者作出合理解释的,可以采用: (一)勘验、检查、搜查、提取笔录**或者**扣押清单上没有侦查人员、物品持有人、见证人签名,或者**对物品的**名称、特征、数量、质量等注明不详的; (二)物证**的**照片、录像、复制品,书证的副本、复制件未注明与原件核对无异,无复制时间,**或者**无被收集、调取人签名、盖章的; (三)物证**的**照片、录像、复制品,书证的副本、复制件没有制作人关于制作过程**和**原物、原件存放**地点**的说明,或者说明中无签名的; (四)**有**其他瑕疵的。 对物证、书证的来源、收集**程序**有疑问,不能作出合理解释的,该物证、书证不**得**作为定案的根据。
	第三节 证人证言、被害人陈述的审查与认定
《死刑案件证据审查判断规定》 **第十一条** 对证人证言应当着重审查以下内容: (一)证言的内容是否为证人直接感知。 (二)证人作证时的年龄、认知水平、记忆能力和表达能力,生理上和精神上的状态是否影响作证。 (三)证人与案件当事人、案件处理结果有无利害关系。 (四)证言的取得程序、方式是否符合法律及有关规定:有无使用暴力、威胁、引诱、欺骗以及其他非法手段取证的情形;有无违反询问证人	**第七十四条** 对证人证言应当着重审查以下内容: (一)证言的内容是否为证人直接感知; (二)证人作证时的年龄,认知、记忆和表达能力,生理和精神状态是否影响作证; (三)证人与案件当事人、案件处理结果有无利害关系; (四)询问证人**是否**个别进行; (五)**询问笔录的制作、修改是否符合法律、有关规定,是否注明询问的起止时间和地点,首次询问时是否告知证人有关作证的权利义务和法律责任**,证人**对询问**笔录是否核对确认;

《98 年解释》及其他解释、规范性文件	《刑事诉讼法解释》
应当个别进行的规定;笔录是否经证人核对确认并签名(盖章)、捺指印;询问未成年证人,是否通知了其法定代理人到场,其法定代理人是否在场等。 (五)证人证言之间以及与其他证据之间能否相互印证,有无矛盾。	**(六)** 询问未成年证人**时**,是否通知其法定代理人**或者有关人员**到场,其法定代理人**或者有关人员**是否到场; **(七)证人**证言有无以暴力、威胁**等**非法**方法收集**的情形; **(八)** 证言之间以及与其他证据之间能否相互印证,有无矛盾。
《死刑案件证据审查判断规定》 **第十二条** 以暴力、威胁等非法手段取得的证人证言,不能作为定案的根据。 处于明显醉酒、麻醉品中毒或者精神药物麻醉状态,以致不能正确表达的证人所提供的证言,不能作为定案的根据。 证人的猜测性、评论性、推断性的证言,不能作为证据使用,但根据一般生活经验判断符合事实的除外。	**第七十五条** 处于明显醉酒、中毒或者麻醉**等**状态,不能**正常感知或者**正确表达的证人所提供的证言,不得作为**证据使用**。 证人的猜测性、评论性、推断性的证言,不得作为证据使用,但根据一般生活经验判断符合事实的除外。
《死刑案件证据审查判断规定》 **第十三条** 具有下列情形之一的证人证言,不能作为定案的根据: (一)询问证人没有个别进行而取得的证言; (二)没有经证人核对确认并签名(盖章)、捺指印的书面证言; (三)询问聋哑人或者不通晓当地通用语言、文字的少数民族人员、外国人,应当提供翻译而未提供的。	**第七十六条** 证人证言具有下列情形之一的,不得作为定案的根据: (一)询问证人没有个别进行的; (二)书面证言没有经证人核对确认的; (三)询问聋、哑人,应当提供**通晓聋、哑手势的人员**而未提供的; (四)询问不通晓当地通用语言、文字的**证人**,应当提供翻译**人员**而未提供的。
《死刑案件证据审查判断规定》 **第十四条** 证人证言的收集程序和方式有下列瑕疵,通过有关办案人员的补正或者作出合理解释的,可以采用: (一)没有填写询问人、记录人、法定代理人姓名或者询问的起止时间、地点的; (二)询问证人的地点不符合规定的; (三)询问笔录没有记录告知证人应当如实提供证言和有意作伪证或者隐匿罪证要负法律责任内容的; (四)询问笔录反映出在同一时间段内,同	**第七十七条** 证人证言的收集程序、方式有下列瑕疵,经补正或者作出合理解释的,可以采用;**不能补正或者作出合理解释的,不得作为定案的根据**: (一)**询问笔录**没有填写询问人、记录人、法定代理人姓名**以及**询问的起止时间、地点的; (二)询问地点不符合规定的; (三)询问笔录没有记录告知证人**有关作证的权利义务和法律责任**的; (四)询问笔录反映出在同一时段,同一询问人员询问不同证人的。

《98 年解释》及其他解释、规范性文件	《刑事诉讼法解释》
一询问人员询问不同证人的。	
第五十七条 对于证人能否辨别是非，能否正确表达，必要时可以进行审查或者鉴定。	
第五十八条 证据必须经过当庭出示、辨认、质证等法庭调查程序查证属实，否则不能作为定案的根据。对于出庭作证的证人，必须在法庭上经过公诉人、被害人和被告人、辩护人等双方询问、质证，其证言经过审查确实的，才能作为定案的根据；未出庭证人的证言宣读后经当庭查证属实的，可以作为定案的根据。法庭查明证人有意作伪证或者隐匿罪证时，应当依法处理。 **《死刑案件证据审查判断规定》** **第十五条第二款** 证人在法庭上的证言与其庭前证言相互矛盾，如果证人当庭能够对其翻证作出合理解释，并有相关证据印证的，应当采信庭审证言。	**第七十八条 证人当庭作出的证言，经控辩双方质证、法庭查证属实的，应当作为定案的根据。** 证人**当庭作**出的证言与其庭前证言矛盾，证人能够作出合理解释，并有相关证据印证的，应当采信**其**庭审证言；**不能作出合理解释，而其庭前证言有相关证据印证的，可以采信其庭前证言。** **经人民法院通知，证人没有正当理由拒绝出庭或者出庭后拒绝作证，法庭对其证言的真实性无法确认的，该证人证言不得作为定案的根据。**
《死刑案件证据审查判断规定》 **第十七条** 对被害人陈述的审查与认定适用前述关于证人证言的有关规定。	**第七十九条** 对被害人陈述的审查与认定，**参照**适用**本节**的有关规定。
	第四节 被告人供述和辩解的审查与认定
《死刑案件证据审查判断规定》 **第十八条** 对被告人供述和辩解应当着重审查以下内容： （一）讯问的时间、地点、讯问人的身份等是否符合法律及有关规定，讯问被告人的侦查人员是否不少于二人，讯问被告人是否个别进行等。 （二）讯问笔录的制作、修改是否符合法律及有关规定，讯问笔录是否注明讯问的起止时间和讯问地点，首次讯问时是否告知被告人申请回避、聘请律师等诉讼权利，被告人是否核对确认并签名（盖章）、捺指印，是否有不少于二人的讯问人签名等。 （三）讯问聋哑人、少数民族人员、外国人时是否提供了通晓聋、哑手势的人员或者翻译人员，讯问未成年同案犯时，是否通知了其法定代	**第八十条** 对被告人供述和辩解应当着重审查以下内容： （一）讯问的时间、地点，讯问人的身份、**人数以及讯问方式**等是否符合法律、有关规定； （二）讯问笔录的制作、修改是否符合法律、有关规定，是否注明讯问的**具体**起止时间和地点，首次讯问时是否告知被告人**相关**权利和**法律规定**，被告人是否核对确认； （三）讯问未成年**被告人**时，是否通知其法定代理人**或者有关人员**到场，其法定代理人**或者有关人员**是否**到场**； （四）被告人的供述有无以刑讯逼供等非法**方法收集**的情形； （五）被告人的供述是否前后一致，有无反复以及出现反复的原因；被告人的所有供述和

《98年解释》及其他解释、规范性文件	《刑事诉讼法解释》
理人到场,其法定代理人是否在场。 (四)被告人的供述有无以刑讯逼供等非法手段获取的情形,必要时可以调取被告人进出看守所的健康检查记录、笔录。 (五)被告人的供述是否前后一致,有无反复以及出现反复的原因;被告人的所有供述和辩解是否均已收集入卷;应当入卷的供述和辩解没有入卷的,是否出具了相关说明。 (六)被告人的辩解内容是否符合案情和常理,有无矛盾。 (七)被告人的供述和辩解与同案犯的供述和辩解以及其他证据能否相互印证,有无矛盾。 对于上述内容,侦查机关随案移送有录音录像资料的,应当结合相关录音录像资料进行审查。	辩解是否均已**随案移送**; (六)被告人的辩解内容是否符合案情和常理,有无矛盾; (七)被告人的供述和辩解与同案**被告人**的供述和辩解以及其他证据能否相互印证,有无矛盾。 必要时,可以调取**讯问过程的录音录像**、被告人进出看守所的健康检查记录、笔录,**并**结合录音录像、**记录、笔录**对上述内容进行审查。
《死刑案件证据审查判断规定》 **第二十条** 具有下列情形之一的被告人供述,不能作为定案的根据: (一)讯问笔录没有经被告人核对确认并签名(盖章)、捺指印的; (二)讯问聋哑人、不通晓当地通用语言、文字的人员时,应当提供通晓聋、哑手势的人员或者翻译人员而未提供的	**第八十一条** 被告人供述具有下列情形之一的,不得作为定案的根据: (一)讯问笔录没有经被告人核对确认的; (二)讯问聋、哑人,应当提供通晓聋、哑手势的人员而未提供的; (三)讯问不通晓当地通用语言、文字的被告人,应当提供翻译人员而未提供的。
《死刑案件证据审查判断规定》 **第二十一条** 讯问笔录有下列瑕疵,通过有关办案人员的补正或者作出合理解释的,可以采用: (一)笔录填写的讯问时间、讯问人、记录人、法定代理人等有误或者存在矛盾的; (二)讯问人没有签名的; (三)首次讯问笔录没有记录告知被讯问人诉讼权利内容的。	**第八十二条** 讯问笔录有下列瑕疵,**经**补正或者作出合理解释的,可以采用;**不能补正或者作出合理解释的,不得作为定案的根据**: (一)**讯问**笔录填写的讯问时间、讯问人、记录人、法定代理人等有误或者存在矛盾的; (二)讯问人没有签名的; (三)首次讯问笔录没有记录告知被讯问人**相关**权利**和法律规定**的。
《死刑案件证据审查判断规定》 **第二十二条** 对被告人供述和辩解的审查,应当结合控辩双方提供的所有证据以及被告人本人的全部供述和辩解进行。 被告人庭前供述一致,庭审中翻供,但被告	**第八十三条** 审查被告人供述和辩解,应当结合控辩双方提供的所有证据以及被告人的全部供述和辩解进行。 被告人庭审中翻供,但不能合理说明翻供**原因**或者其辩解与全案证据矛盾,而**其**庭前供

《98年解释》及其他解释、规范性文件	《刑事诉讼法解释》
人不能合理说明翻供理由或者其辩解与全案证据相矛盾，而庭前供述与其他证据能够相互印证的，可以采信被告人庭前供述。 被告人庭前供述和辩解出现反复，但庭审中供认的，且庭审中的供述与其他证据能够印证的，可以采信庭审中的供述；被告人庭前供述和辩解出现反复，庭审中不供认，且无其他证据与庭前供述印证的，不能采信庭前供述。	述与其他证据相互印证的，可以采信**其**庭前供述。 被告人庭前供述和辩解**存在**反复，但庭审中供认，且与其他证据**相互**印证的，可以采信**其**庭审供述；被告人庭前供述和辩解**存在**反复，庭审中不供认，且无其他证据与庭前供述印证的，不**得**采信**其**庭前供述。
	第五节　鉴定意见的审查与认定
《死刑案件证据审查判断规定》 **第二十三条**　对鉴定意见应当着重审查以下内容： （一）鉴定人是否存在应当回避而未回避的情形。 （二）鉴定机构和鉴定人是否具有合法的资质。 （三）鉴定程序是否符合法律及有关规定。 （四）检材的来源、取得、保管、送检是否符合法律及有关规定，与相关提取笔录、扣押物品清单等记载的内容是否相符，检材是否充足、可靠。 （五）鉴定的程序、方法、分析过程是否符合本专业的检验鉴定规程和技术方法要求。 （六）鉴定意见的形式要件是否完备，是否注明提起鉴定的事由、鉴定委托人、鉴定机构、鉴定要求、鉴定过程、检验方法、鉴定文书的日期等相关内容，是否由鉴定机构加盖鉴定专用章并由鉴定人签名盖章。 （七）鉴定意见是否明确。 （八）鉴定意见与案件待证事实有无关联。 （九）鉴定意见与其他证据之间是否有矛盾，鉴定意见与检验笔录及相关照片是否有矛盾。 （十）鉴定意见是否依法及时告知相关人员，当事人对鉴定意见是否有异议。	**第八十四条**　对鉴定意见应当着重审查以下内容： （一）鉴定机构和鉴定人是否具有法定资质； （二）鉴定人是否存在应当回避的情形； （三）检材的来源、取得、保管、送检是否符合法律、有关规定，与相关提取笔录、扣押物品清单等记载的内容是否相符，检材是否充足、可靠； （四）鉴定意见的形式要件是否完备，是否注明提起鉴定的事由、鉴定委托人、鉴定机构、鉴定要求、鉴定过程、**鉴定**方法、鉴定日期等相关内容，是否由鉴定机构加盖**司法**鉴定专用章并由鉴定人签名、盖章； （五）鉴定程序是否符合法律、有关规定； （六）鉴定的过程**和**方法是否符合**相关**专业的**规范**要求； （七）鉴定意见是否明确； （八）鉴定意见与案件待证事实有无关联； （九）鉴定意见与**勘验**、**检查**笔录及相关照片**等**其他证据是否矛盾； （十）鉴定意见是否依法及时告知相关人员，当事人对鉴定意见有**无**异议。
《死刑案件证据审查判断规定》 **第二十四条**　鉴定意见具有下列情形之一	**第八十五条**　鉴定意见具有下列情形之一的，不**得**作为定案的根据：

《98 年解释》及其他解释、规范性文件	《刑事诉讼法解释》
的,不能作为定案的根据: (一)鉴定机构不具备法定的资格和条件,或者鉴定事项超出本鉴定机构项目范围或者鉴定能力的; (二)鉴定人不具备法定的资格和条件、鉴定人不具有相关专业技术或者职称、鉴定人违反回避规定的; (三)鉴定程序、方法有错误的; (四)鉴定意见与证明对象没有关联的; (五)鉴定对象与送检材料、样本不一致的; (六)送检材料、样本来源不明或者确实被污染且不具备鉴定条件的; (七)违反有关鉴定特定标准的; (八)鉴定文书缺少签名、盖章的; (九)其他违反有关规定的情形。 对鉴定意见有疑问的,人民法院应当依法通知鉴定人出庭作证或者由其出具相关说明,也可以依法补充鉴定或者重新鉴定。	(一)鉴定机构不具备法定**资质**,或者鉴定事项超出该鉴定机构**业务范围**、**技术条件**的; (二)鉴定人不具备法定**资质**,不具有相关专业技术或者职称,**或者**违反回避规定的; (三)送检材料、样本来源不明,或者**因**污染不具备鉴定条件的; (四)鉴定对象与送检材料、样本不一致的; (五)鉴定程序**违反规定的**; (六)**鉴定过程和方法不符合相关专业的规范要求的**; (七)鉴定文书缺少签名、盖章的; (八)鉴定意见与**案件待证事实**没有关联的; (九)违反有关规定的其他情形。
第五十九条 对鉴定结论有疑问的,人民法院可以指派或者聘请有专门知识的人或者鉴定机构,对案件中的某些专门性问题进行补充鉴定或者重新鉴定。 **第六十条** 人民法院在开庭审理时,对省级人民政府指定的医院作出的鉴定结论,经质证后,认为有疑问,不能作为定案根据的,可以另行聘请省级人民政府指定的其他医院进行补充鉴定或者重新鉴定。	
	第八十六条 经人民法院通知,鉴定人拒不出庭作证的,鉴定意见不得作为定案的根据。 **鉴定人由于不能抗拒的原因或者有其他正当理由无法出庭的,人民法院可以根据情况决定延期审理或者重新鉴定。** **对没有正当理由拒不出庭作证的鉴定人,人民法院应当通报司法行政机关或者有关部门。**
	第八十七条 对案件中的专门性问题需要鉴定,但没有法定司法鉴定机构,或者法律、司法解释规定可以进行检验的,可以指派、聘请有

《98 年解释》及其他解释、规范性文件	《刑事诉讼法解释》
	专门知识的人进行检验，检验报告可以作为定罪量刑的参考。 **对检验报告的审查与认定，参照适用本节的有关规定。** **经人民法院通知，检验人拒不出庭作证的，检验报告不得作为定罪量刑的参考。**
	第六节　勘验、检查、辨认、侦查实验等笔录的审查与认定
《死刑案件证据审查判断规定》 **第二十五条**　对勘验、检查笔录应当着重审查以下内容： （一）勘验、检查是否依法进行，笔录的制作是否符合法律及有关规定的要求，勘验、检查人员和见证人是否签名或者盖章等。 （二）勘验、检查笔录的内容是否全面、详细、准确、规范：是否准确记录了提起勘验、检查的事由，勘验、检查的时间、地点，在场人员、现场方位、周围环境等情况；是否准确记载了现场、物品、人身、尸体等的位置、特征等详细情况以及勘验、检查、搜查的过程；文字记载与实物或者绘图、录像、照片是否相符；固定证据的形式、方法是否科学、规范；现场、物品、痕迹等是否被破坏或者伪造，是否是原始现场；人身特征、伤害情况、生理状况有无伪装或者变化等。 （三）补充进行勘验、检查的，前后勘验、检查的情况是否有矛盾，是否说明了再次勘验、检查的原由。 （四）勘验、检查笔录中记载的情况与被告人供述、被害人陈述、鉴定意见等其他证据能否印证，有无矛盾。	**第八十八条**　对勘验、检查笔录应当着重审查以下内容： （一）勘验、检查是否依法进行，笔录的制作是否符合法律、有关规定，勘验、检查人员和见证人是否签名或者盖章； （二）勘验、检查笔录是否记录了提起勘验、检查的事由，勘验、检查的时间、地点，在场人员、现场方位、周围环境等，现场**的**物品、人身、尸体等的位置、特征等情况，以及勘验、检查、搜查的过程；文字记**录**与实物或者绘图、照片、录像是否相符；现场、物品、痕迹等是否伪造、**有无**破坏；人身特征、伤害情况、生理状**态**有无伪装或者变化等； （三）补充进行勘验、检查的，是否说明了再次勘验、检查的原由，前后勘验、检查的情况是否矛盾。
《死刑案件证据审查判断规定》 **第二十六条**　勘验、检查笔录存在明显不符合法律及有关规定的情形，并且不能作出合理解释或者说明的，不能作为证据使用。 勘验、检查笔录存在勘验、检查没有见证人的，勘验、检查人员和见证人没有签名、盖章的，勘验、检查人员违反回避规定的等情形，应当结	**第八十九条**　勘验、检查笔录存在明显不符合法律、有关规定的情形，不能作出合理解释或者说明的，不**得**作为**定案的根据**。

《98年解释》及其他解释、规范性文件	《刑事诉讼法解释》
合案件其他证据，审查其真实性和关联性。	
《死刑案件证据审查判断规定》 第三十条 侦查机关组织的辨认，存在下列情形之一的，应当严格审查，不能确定其真实性的，辨认结果不能作为定案的根据： （一）辨认不是在侦查人员主持下进行的； （二）辨认前使辨认人见到辨认对象的； （三）辨认人的辨认活动没有个别进行的； （四）辨认对象没有混杂在具有类似特征的其他对象中，或者供辨认的对象数量不符合规定的；尸体、场所等特定辨认对象除外。 （五）辨认中给辨认人明显暗示或者明显有指认嫌疑的。 有下列情形之一的，通过有关办案人员的补正或者作出合理解释的，辨认结果可以作为证据使用： （一）主持辨认的侦查人员少于二人的； （二）没有向辨认人详细询问辨认对象的具体特征的； （三）对辨认经过和结果没有制作专门的规范的辨认笔录，或者辨认笔录没有侦查人员、辨认人、见证人的签名或者盖章的； （四）辨认记录过于简单，只有结果没有过程的； （五）案卷中只有辨认笔录，没有被辨认对象的照片、录像等资料，无法获悉辨认的真实情况的。	**第九十条 对辨认笔录应当着重审查辨认的过程、方法，以及辨认笔录的制作是否符合有关规定。** **辨认笔录具有**下列情形之一的，不得作为定案的根据： （一）辨认不是在侦查人员主持下进行的； （二）辨认前使辨认人见到辨认对象的； （三）辨认活动没有个别进行的； （四）辨认对象没有混杂在具有类似特征的其他对象中，或者供辨认的对象数量不符合规定的； （五）辨认中给辨认人明显暗示或者明显有指认嫌疑的； **（六）违反有关规定、不能确定辨认笔录真实性的其他情形。**
	第九十一条 对侦查实验笔录应当着重审查实验的过程、方法，以及笔录的制作是否符合有关规定。 **侦查实验的条件与事件发生时的条件有明显差异，或者存在影响实验结论科学性的其他情形的，侦查实验笔录不得作为定案的根据。**
	第七节 视听资料、电子数据的审查与认定
《死刑案件证据审查判断规定》 第二十七条 对视听资料应当着重审查以	**第九十二条** 对视听资料应当着重审查以下内容：

《98年解释》及其他解释、规范性文件	《刑事诉讼法解释》
下内容： （一）视听资料的来源是否合法，制作过程中当事人有无受到威胁、引诱等违反法律及有关规定的情形； （二）是否载明制作人或者持有人的身份，制作的时间、地点和条件以及制作方法； （三）是否为原件，有无复制及复制份数；调取的视听资料是复制件的，是否附有无法调取原件的原因、制作过程和原件存放地点的说明，是否有制作人和原视听资料持有人签名或者盖章； （四）内容和制作过程是否真实，有无经过剪辑、增加、删改、编辑等伪造、变造情形； （五）内容与案件事实有无关联性。 对视听资料有疑问的，应当进行鉴定。 对视听资料，应当结合案件其他证据，审查其真实性和关联性。	（一）**是否附有提取过程的说明，**来源是否合法； （二）是否为原件，有无复制及复制份数；是复制件的，是否附有无法调取原件的原因、**复制件**制作过程和原件存放地点的说明，制作人、原视听资料持有人是否签名或者盖章； （三）制作过程中**是否存在**威胁、引诱当事人等违反法律、有关规定的情形； （四）是否写明制作人、持有人的身份，制作的时间、地点、条件和方法； （五）内容和制作过程是否真实，有无剪辑、增加、删改等情形； **（六）** 内容与案件事实有无关联。 对视听资料有疑问的，应当进行鉴定。
《死刑案件证据审查判断规定》 **第二十九条** 对于电子邮件、电子数据交换、网上聊天记录、网络博客、手机短信、电子签名、域名等电子证据，应当主要审查以下内容： （一）该电子证据存储磁盘、存储光盘等可移动存储介质是否与打印件一并提交； （二）是否载明该电子证据形成的时间、地点、对象、制作人、制作过程及设备情况等； （三）制作、储存、传递、获得、收集、出示等程序和环节是否合法，取证人、制作人、持有人、见证人等是否签名或者盖章； （四）内容是否真实，有无剪裁、拼凑、篡改、添加等伪造、变造情形； （五）该电子证据与案件事实有无关联性。 对电子证据有疑问的，应当进行鉴定。 对电子证据，应当结合案件其他证据，审查其真实性和关联性。	**第九十三条** 对电子邮件、电子数据交换、网上聊天记录、博客、**微博客**、手机短信、电子签名、域名等电子数据，应当**着重**审查以下内容： （一）**是否随原始存储介质移送；在原始存储介质无法封存、不便移动或者依法应当由有关部门保管、处理、返还时，提取、复制电子数据是否由二人以上进行，是否足以保证电子数据的完整性，有无提取、复制过程及原始存储介质存放地点的文字说明和签名；** （二）**收集程序、方式是否符合法律及有关技术规范；经勘验、检查、搜查等侦查活动收集的电子数据，是否附有笔录、清单，并经侦查人员、电子数据持有人、见证人签名；没有持有人签名的，是否注明原因；远程调取境外或者异地的电子数据的，是否注明相关情况；对电子数据的规格、类别、文件格式等注明是否清楚；** （三）**电子数据**内容是否真实，有无删除、修改、增加等情形； （四）电子数据与案件事实有无关联； （五）**与案件事实有关联的电子数据是否全面收集。** 对电子数据有疑问的，应当进行鉴定**或者**

《98 年解释》及其他解释、规范性文件	《刑事诉讼法解释》
	检验。
《死刑案件证据审查判断规定》 第二十八条　具有下列情形之一的视听资料,不能作为定案的根据: (一)视听资料经审查或者鉴定无法确定真伪的; (二)对视听资料的制作和取得的时间、地点、方式等有异议,不能作出合理解释或者提供必要证明的。	第九十四条　视听资料、电子数据具有下列情形之一的,不得作为定案的根据: (一)经审查无法确定真伪的; (二)制作、取得的时间、地点、方式等有疑问,不能提供必要证明或者作出合理解释的。
	第八节　非法证据排除
第六十一条　严禁以非法的方法收集证据。凡经查证确实属于采用刑讯逼供或者威胁、引诱、欺骗等非法的方法取得的证人证言、被害人陈述、被告人供述,不能作为定案的根据。	**第九十五条　使用肉刑或者变相肉刑,或者采用其他使被告人在肉体上或者精神上遭受剧烈疼痛或者痛苦的方法,迫使被告人违背意愿供述的,应当认定为刑事诉讼法第五十四条规定的"刑讯逼供等非法方法"。** **认定刑事诉讼法第五十四条规定的"可能严重影响司法公正",应当综合考虑收集物证、书证违反法定程序以及所造成后果的严重程度等情况。**
《非法证据排除规定》① 第六条　被告人及其辩护人提出被告人审判前供述是非法取得的,法庭应当要求其提供涉嫌非法取证的人员、时间、地点、方式、内容等相关线索或者证据。	第九十六条　**当事人及其辩护人、诉讼代理人申请人民法院排除以非法方法收集的证据的**,应当提供涉嫌非法取证的人员、时间、地点、方式、内容等相关线索或者材料。
	第九十七条　人民法院向被告人及其辩护人送达起诉书副本时,应当告知其申请排除非法证据的,应当在开庭审理前提出,但在庭审期间才发现相关线索或者材料的除外。
《非法证据排除规定》 第四条　起诉书副本送达后开庭审判前,被告人提出其审判前供述是非法取得的,应当向人	第九十八条　开庭审理前,**当事人及其辩护人、诉讼代理人申请人民法院排除非法证据的**,人民法院应当在开庭前**及时将申请书或者**

① 最高人民法院、最高人民检察院、公安部、国家安全部、司法部关于办理刑事案件排除非法证据若干问题的规定;法发〔2010〕20 号;2010 年 7 月 1 日施行。

《98 年解释》及其他解释、规范性文件	《刑事诉讼法解释》
民法院提交书面意见。被告人书写确有困难的，可以口头告诉，由人民法院工作人员或者其辩护人作出笔录，并由被告人签名或者捺指印。 人民法院应当将被告人的书面意见或者告诉笔录复印件在开庭前交人民检察院。	**申请笔录及相关线索、材料的复制件送**交人民检察院。
	第九十九条　开庭审理前，当事人及其辩护人、诉讼代理人申请排除非法证据，人民法院经审查，对证据收集的合法性有疑问的，应当依照刑事诉讼法第一百八十二条第二款的规定召开庭前会议，就非法证据排除等问题了解情况，听取意见。人民检察院可以通过出示有关证据材料等方式，对证据收集的合法性加以说明。
《非法证据排除规定》 **第五条**　被告人及其辩护人在开庭审理前或者庭审中，提出被告人审判前供述是非法取得的，法庭在公诉人宣读起诉书之后，应当先行当庭调查。 法庭辩论结束前，被告人及其辩护人提出被告人审判前供述是非法取得的，法庭也应当进行调查。	**第一百条　法庭审理过程中，当事人及其辩护人、诉讼代理人申请排除非法证据的，法庭应当进行审查。经审查，对证据收集的合法性有疑问的，应当进行调查；没有疑问的，应当当庭说明情况和理由，继续法庭审理。当事人及其辩护人、诉讼代理人以相同理由再次申请排除非法证据的，法庭不再进行审查。** **对证据收集合法性的调查，根据具体情况，可以在当事人及其辩护人、诉讼代理人提出排除非法证据的申请后进行，也可以在法庭调查结束前一并进行。** **法庭审理过程中，当事人及其辩护人、诉讼代理人申请排除非法证据，人民法院经审查，不符合本解释第九十七条规定的，应当在法庭调查结束前一并进行审查，并决定是否进行证据收集合法性的调查。**
《非法证据排除规定》 **第七条**　经审查，法庭对被告人审判前供述取得的合法性有疑问的，公诉人应当向法庭提供讯问笔录、原始的讯问过程录音录像或者其他证据，提请法庭通知讯问时其他在场人员或者其他证人出庭作证，仍不能排除刑讯逼供嫌疑的，提请法庭通知讯问人员出庭作证，对该供述取得的合法性予以证明。公诉人当庭不能举证的，可以根据刑事诉讼法第一百六十五条的规定，建议法	**第一百零一条**　法庭**决定对证据收集的合法性进行调查的，可以由**公诉人**通过出示、宣读**讯问笔录或者其他证据，**有针对性地播放**讯问过程**的**录音录像，提请法庭通知**有关侦查人员或者其他人员**出庭**说明情况等方式，证明证据收集的合法性。** 公诉人提交**的取证过程合法**的说明材料，**应当经有关侦查人员签名，并**加盖公章。未经有关**侦查**人员签名的，不得作为证据**使用。上**

《98 年解释》及其他解释、规范性文件	《刑事诉讼法解释》
庭延期审理。 经依法通知,讯问人员或者其他人员应当出庭作证。 公诉人提交加盖公章的说明材料,未经有关讯问人员签名或者盖章的,不能作为证明取证合法性的证据。 控辩双方可以就被告人审判前供述取得的合法性问题进行质证、辩论。	**述说明材料不能单独作为证明取证过程合法的根据。**
	第一百零二条　经审理,确认或者不能排除存在刑事诉讼法第五十四条规定的以非法方法收集证据情形的,对有关证据应当排除。 **人民法院对证据收集的合法性进行调查后,应当将调查结论告知公诉人、当事人和辩护人、诉讼代理人。**
《非法证据排除规定》 **第十二条**　对于被告人及其辩护人提出的被告人审判前供述是非法取得的意见,第一审人民法院没有审查,并以被告人审判前供述作为定案根据的,第二审人民法院应当对被告人审判前供述取得的合法性进行审查。检察人员不提供证据加以证明,或者已提供的证据不够确实、充分的,被告人该供述不能作为定案的根据。	**第一百零三条　具有下列情形之一的,**第二审人民法院应当对**证据收集**的合法性进行审查,**并根据刑事诉讼法和本解释的有关规定作出处理:** **(一)**第一审人民法院对**当事人**及其辩护人、**诉讼代理人排除非法证据的申请**没有审查,**且以该证据**作为定案根据的; **(二)人民检察院或者被告人、自诉人及其法定代理人不服第一审人民法院作出的有关证据收集合法性的调查结论,提出抗诉、上诉的;** **(三)当事人及其辩护人、诉讼代理人在第一审结束后才发现相关线索或者材料,申请人民法院排除非法证据的。**
	第九节　证据的综合审查与运用
《死刑案件证据审查规定》 **第三十二条**　对证据的证明力,应当结合案件的具体情况,从各证据与待证事实的关联程度、各证据之间的联系等方面进行审查判断。 证据之间具有内在的联系,共同指向同一待证事实,且能合理排除矛盾的,才能作为定案的根据。	**第一百零四条　对证据的真实性,应当综合全案证据进行审查。** 对证据的证明力,应当**根据**具体情况,从证据与待证事实的关联程度、证据之间的联系等方面进行审查判断。 证据之间具有内在联系,共同指向同一待证事实,**不存在无法排除的矛盾和无法解释的疑问**的,才能作为定案的根据。

《98年解释》及其他解释、规范性文件	《刑事诉讼法解释》
《死刑案件证据审查规定》 **第三十三条**　没有直接证据证明犯罪行为系被告人实施，但同时符合下列条件的可以认定被告人有罪： （一）据以定案的间接证据已经查证属实； （二）据以定案的间接证据之间相互印证，不存在无法排除的矛盾和无法解释的疑问； （三）据以定案的间接证据已经形成完整的证明体系； （四）依据间接证据认定的案件事实，结论是唯一的，足以排除一切合理怀疑； （五）运用间接证据进行的推理符合逻辑和经验判断。 根据间接证据定案的，判处死刑应当特别慎重。	**第一百零五条**　没有直接证据，但**间接证据**同时符合下列条件的，可以认定被告人有罪： （一）证据已经查证属实； （二）证据之间相互印证，不存在无法排除的矛盾和无法解释的疑问； （三）**全案**证据已经形成完整的证明体系； （四）**根据**证据认定案件事实足以排除合理怀疑，结论**具有**唯一**性**； （五）运用证据进行的推理符合逻辑和经验。
《死刑案件证据审查规定》 **第三十四条**　根据被告人的供述、指认提取到了隐蔽性很强的物证、书证，且与其他证明犯罪事实发生的证据互相印证，并排除串供、逼供、诱供等可能性的，可以认定有罪。	**第一百零六条**　根据被告人的供述、指认提取到了隐蔽性很强的物证、书证，且**被告人的供述**与其他证明犯罪事实发生的证据**相互**印证，并排除串供、逼供、诱供等可能性的，可以认定**被告人**有罪。
《死刑案件证据审查规定》 **第三十五条**　侦查机关依照有关规定采用特殊侦查措施所收集的物证、书证及其他证据材料，经法庭查证属实，可以作为定案的根据。 法庭依法不公开特殊侦查措施的过程及方法。	**第一百零七条**　**采取技术**侦查措施收集的证据材料，经**当庭出示、辨认、质证**等法庭**调查程序**查证属实**的**，可以作为定案的根据。 **使用前款规定的证据可能危及有关人员的人身安全，或者可能产生其他严重后果的，法庭应当采取不暴露有关人员身份、技术方法等保护措施，必要时，审判人员可以在庭外核实。**
《死刑案件证据审查规定》 **第三十一条**　对侦查机关出具的破案经过等材料，应当审查是否有出具该说明材料的办案人、办案机关的签字或者盖章。 对破案经过有疑问，或者对确定被告人有重大嫌疑的根据有疑问的，应当要求侦查机关补充说明。	**第一百零八条**　对侦查机关出具的**被告人到案**经过、**抓获经过**等材料，应当审查是否有出具该说明材料的办案人、办案机关的签**名**、盖章。 对**到**案经过、**抓获经过**或者确定被告人有重大嫌疑的根据有疑问的，应当要求侦查机关补充说明。
《死刑案件证据审查规定》 **第三十七条**　对于有下列情形的证据应当	**第一百零九条**　下列证据应当慎重使用，有其他证据印证的，可以采信：

《98 年解释》及其他解释、规范性文件	《刑事诉讼法解释》
慎重使用,有其他证据印证的,可以采信: (一)生理上、精神上有缺陷的被害人、证人和被告人,在对案件事实的认知和表达上存在一定困难,但尚未丧失正确认知、正确表达能力而作的陈述、证言和供述; (二)与被告人有亲属关系或者其他密切关系的证人所作的对该被告人有利的证言,或者与被告人有利害冲突的证人所作的对该被告人不利的证言。	(一)生理上、精神上有缺陷,对案件事实的认知和表达存在一定困难,但尚未丧失正确认知、表达能力的被害人、证人和被告人所作的陈述、证言和供述; (二)与被告人有亲属关系或者其他密切关系的证人所作的有利被告人的证言,或者与被告人有利害冲突的证人所作的不利被告人的证言。
《关于处理自首和立功若干具体问题的意见》① **七、关于自首、立功证据材料的审查** 人民法院审查的自首证据材料,应当包括被告人投案经过、有罪供述以及能够证明其投案情况的其他材料。投案经过的内容一般应包括被告人投案时间、地点、方式等。证据材料应加盖接受被告人投案的单位的印章,并有接受人员签名。 人民法院审查的立功证据材料,一般应包括被告人检举揭发材料及证明其来源的材料、司法机关的调查核实材料、被检举揭发人的供述等。被检举揭发案件已立案、侦破,被检举揭发人被采取强制措施、公诉或者审判的,还应审查相关的法律文书。证据材料应加盖接收被告人检举揭发材料的单位的印章,并有接收人员签名。 人民法院经审查认为证明被告人自首、立功的材料不规范、不全面的,应当由检察机关、侦查机关予以完善或者提供补充材料。 上述证据材料在被告人被指控的犯罪一、二审审理时已形成的,应当经庭审质证。 **《死刑案件证据审查规定》** **第三十九条第一款、第二款、第三款** 被告人及其辩护人提出有自首的事实及理由,有关机关未予认定的,应当要求有关机关提供证明材料或者要求相关人员作证,并结合其他证据判断自首是否成立。 被告人是否协助或者如何协助抓获同案犯	**第一百一十条 证明被告人自首、坦白、立功的证据材料,没有加盖接受被告人投案、坦白、检举揭发等的单位的印章,或者接受人员没有签名的,不得作为定案的根据。** **对被告人及其辩护人提出有自首、坦白、立功的事实和理由,有关机关未予认定,或者有关机关提出被告人有自首、坦白、立功表现,但证据材料不全的,人民法院应当要求有关机关提供证明材料,或者要求相关人员作证,并结合其他证据作出认定。**

① 最高人民法院印发《关于处理自首和立功若干具体问题的意见》的通知;法发〔2010〕60 号。

《98年解释》及其他解释、规范性文件	《刑事诉讼法解释》
的证明材料不全，导致无法认定被告人构成立功的，应当要求有关机关提供证明材料或者要求相关人员作证，并结合其他证据判断立功是否成立。 被告人有检举揭发他人犯罪情形的，应当审查是否已经查证属实；尚未查证的，应当及时查证。	
《死刑案件证据审查规定》 **第三十九条第四款** 被告人累犯的证明材料不全，应当要求有关机关提供证明材料。	**第一百一十一条** 证明被告人**构成**累犯、**毒品再犯**的**证据**材料，**应当包括前罪的裁判文书、释放证明等材料**；材料不全的，应当要求有关机关提供。
《死刑案件证据审查规定》 **第四十条** 审查被告人实施犯罪时是否已满十八周岁，一般应当以户籍证明为依据；对户籍证明有异议，并有经查证属实的出生证明文件、无利害关系人的证言等证据证明被告人不满十八周岁的，应认定被告人不满十八周岁；没有户籍证明以及出生证明文件的，应当根据人口普查登记、无利害关系人的证言等证据综合进行判断，必要时，可以进行骨龄鉴定，并将结果作为判断被告人年龄的参考。 未排除证据之间的矛盾，无充分证据证明被告人实施被指控的犯罪时已满十八周岁且确实无法查明的，不能认定其已满十八周岁。	**第一百一十二条** 审查被告人实施**被指控的**犯罪时**或者审判时**是否**达到相应法定责任年龄**，应当根据户籍证明、出生证明文件、**学籍卡**、人口普查登记、无利害关系人的证言等证据综合判断。 **证明被告人已满十四周岁、十六周岁、十八周岁或者不满七十五周岁的证据不足的，应当认定被告人不满十四周岁、不满十六周岁、不满十八周岁或者已满七十五周岁。**
五、强制措施	**第五章　强制措施**
第六十三条 人民法院在审判过程中，根据案件情况，可以对被告人拘传、取保候审、监视居住或者决定逮捕。合议庭或者独任审判员认为应当对被告人撤销或者变更强制措施的，应当报请院长批准。	**第一百一十三条** 人民法院审判**案件**，根据情况，对被告人可以决定拘传、取保候审、监视居住或者逮捕。 对被告人**采取**、撤销或者变更强制措施的，由院长**决定**。
第六十四条 对经过依法传唤，无正当理由拒不到庭，或者根据案件情况有必要拘传的被告人，可以拘传。拘传由司法警察执行，执行人员不得少于二人。拘传被告人时，应当出示拘传票。对抗拒拘传的，可以使用戒具。	**第一百一十四条** 对经依法传唤拒不到庭**的被告人**，或者根据案件情况有必要拘传的被告人，可以拘传。 拘传**被告人，应当由院长签发拘传票**，由司法警察执行，执行人员不得少于二人。

《98 年解释》及其他解释、规范性文件	《刑事诉讼法解释》
	拘传被告人,应当出示拘传票。对抗拒拘传的被告人,可以使用戒具。
第六十五条 审判人员对被拘传的人,应当在拘传后的十二小时以内讯问完毕,不得以连续拘传的形式变相关押被拘传人。	**第一百一十五条** 拘传被告人,持续的时间不得超过十二小时;案情特别重大、复杂,需要采取逮捕措施的,持续的时间不得超过二十四小时。不得以连续拘传的形式变相拘禁被告人。应当保证被拘传人的饮食和必要的休息时间。
第六十六条 被告人具有下列情形之一的,人民法院可以决定取保候审或者监视居住: (一)可能判处管制、拘役或者独立适用附加刑的; (二)可能判处有期徒刑以上刑罚,采取取保候审、监视居住不致发生社会危险的; (三)应当逮捕但患有严重疾病的,或者是正在怀孕、哺乳自己婴儿的妇女。 **第七十二条** 对同一被告人决定取保候审的,不能同时使用保证人保证与保证金保证。	**第一百一十六条** 被告人具有刑事诉讼法第六十五条第一款规定情形之一的,人民法院可以决定取保候审。 对被告人决定取保候审的,应当责令其提出保证人或者交纳保证金,不得同时使用保证人保证与保证金保证。
第六十九条 对符合取保候审条件,具有下列情形之一的被告人,人民法院决定取保候审时,可以责令其提供一至二名保证人: (一)无力交纳保证金的; (二)未成年人或者具有其他不宜收取保证金情形的。	**第一百一十七条** 对下列被告人决定取保候审的,可以责令其提出一至二名保证人: (一)无力交纳保证金的; (二)未成年或者已满七十五周岁的; (三)不宜收取保证金的其他被告人。
第七十条 人民法院应当依法严格审查保证人是否符合法定条件。符合保证人条件的,应当告知他必须履行的义务,并由他出具保证书。	**第一百一十八条** 人民法院应当审查保证人是否符合法定条件。符合条件的,应当告知其必须履行的义务,并由其出具保证书。
第七十一条 人民法院决定对被告人取保候审,根据案件情况,可以责令其交纳保证金。保证金仅限于现金。人民法院应当根据起诉指控犯罪的性质、情节、被告人的经济状况等因素,决定应当收取的保证金数额。保证金应当依照有关规定交由公安机关收取和保管。	**第一百一十九条** 对决定取保候审的被告人使用保证金保证的,应当依照刑事诉讼法第七十条第一款的规定确定保证金的具体数额,并责令被告人或者为其提供保证金的单位、个人将保证金一次性存入公安机关指定银行的专门账户。

《98年解释》及其他解释、规范性文件	《刑事诉讼法解释》
《取保候审规定》① 第五条第一款　采取保证金形式取保候审的，保证金的起点数额为一千元。 **第七条第二款**　保证金应当以人民币交纳。 **第八条第二款**　决定机关作出取保候审收取保证金的决定后，应当及时将《取保候审决定书》送达被取保候审人和为其提供保证金的单位或者个人，责令其向执行机关指定的银行一次性交纳保证金。	
第七十六条　人民法院决定对被告人取保候审、监视居住，应当在宣布后立即将取保候审决定书、取保候审执行通知书或者监视居住决定书、监视居住执行通知书，送达负责执行的公安机关。 **《强制措施规定》**② 第一条　人民检察院决定对犯罪嫌疑人采取取保候审措施的，应当在向犯罪嫌疑人宣布后交由公安机关执行。对犯罪嫌疑人采取保证人担保形式的，人民检察院应当将有关法律文书和有关案由、犯罪嫌疑人基本情况、保证人基本情况的材料，送交犯罪嫌疑人居住地的同级公安机关；对犯罪嫌疑人采取保证金担保形式的，人民检察院应当在核实保证金已经交纳到公安机关指定的银行后，将有关法律文书、有关案由、犯罪嫌疑人基本情况的材料和银行出具的收款凭证，送交犯罪嫌疑人居住地的同级公安机关。	**第一百二十条**　人民法院**向**被告人宣布取保候审决定**后**，应当将取保候审决定书**等相关材料**送交**当地**同级公安机关执行；被告人不在本地居住的，送**交其居住地**公安机关**执行**。 **对被告人使用保证金保证的，应当在核实保证金已经存入公安机关指定银行的专门账户后，将银行出具的收款凭证一并送交公安机关。**
《取保候审规定》 **第十九条**　采取保证人形式取保候审的，执行机关发现保证人丧失了担保条件时，应当书面通知决定机关。 决定机关收到执行机关的书面通知后，应当责令被取保候审人重新提出保证人或者交纳保	**第一百二十一条**　**被告人被取保候审期间，保证人不愿继续履行保证义务或者丧失履行保证义务能力的，人民法院应当在收到保证人的申请或者公安**机关的书面通知后**三日内**，责令**被告人**重新提出保证人或者交纳保证金，或者变更强制措施，并通知**公安**机关。

① 最高人民法院 最高人民检察院 公安部 国家安全部关于取保候审若干问题的规定；【公通字1999(39)号】；1999年8月4日。

② 最高人民检察院、公安部关于适用刑事强制措施有关问题的规定；高检会(2000)2号；2000年8月28日。

《98 年解释》及其他解释、规范性文件	《刑事诉讼法解释》
证金,或者作出变更强制措施的决定,并通知执行机关。 《强制措施规定》 **第五条第一款** 人民检察院决定对犯罪嫌疑人采取保证人担保形式取保候审的,如果保证人在取保候审期间不愿继续担保或者丧失担保条件,人民检察院应当在收到保证人不愿继续担保的申请或者发现其丧失担保条件后的三日以内,责令犯罪嫌疑人重新提出保证人或者交纳保证金,或者变更为其他强制措施,并通知公安机关执行。	
第七十三条 根据案件事实,认为已经构成犯罪的被告人在取保候审期间逃匿的,如果保证人与该被告人串通,协助其逃匿以及明知藏匿地点而拒绝向司法机关提供的,对保证人应当依照刑法有关规定追究刑事责任。具有前款规定情形的,如果取保候审的被告人同时也是附带民事诉讼的被告人,保证人还应当承担连带赔偿责任,但应当以其保证前附带民事诉讼原告人提起的诉讼请求数额为限。	**第一百二十二条** 根据案件事实**和法律规定**,认为已经构成犯罪的被告人在取保候审期间逃匿的,如果**系**保证人协助被告人逃匿,**或者保证人**明知**被告人**藏匿地点**但**拒绝向司法机关提供,对保证人应当依法追究刑事责任。
第七十四条 被取保候审人违反刑事诉讼法第五十六条规定,被依法没收保证金后,人民法院仍决定对其取保候审的,取保候审的期限应当连续计算。 《取保候审规定》 **第十一条** 决定机关发现被取保候审人违反刑事诉讼法第五十六条的规定,认为依法应当没收保证金的,应当提出没收部分或者全部保证金的书面意见,连同有关材料一并送交县级以上执行机关。县级以上执行机关应当根据决定机关的意见,及时作出没收保证金的决定,并通知决定机关。 **第十三条第一款** 决定机关收到执行机关已没收保证金的书面通知,或者变更强制措施的意见后,应当在五日内作出变更强制措施或者责令犯罪嫌疑人重新交纳保证金、提出保证人的决定,并通知执行机关。	**第一百二十三条** 人民法院发现**使用保证金保证的**被取保候审人违反刑事诉讼法**第六十九条第一款、第二款规定的**,应当提出没收部分或者全部保证金的书面意见,连同有关材料一并送交**负责执行的公安机关处理**。 **人民法院收到公安机关**已经没收保证金的书面通知或者变更强制措施的**建议**后,应当**区别情形**,在五日内责令**被告人具结悔过**,重新交纳保证金或者提出保证人,**或者变更强制措施,**并通知**公安**机关。 人民法院决定对被依法没收保证金的**被告人继续**取保候审的,取保候审的期限连续计算。

《98 年解释》及其他解释、规范性文件	《刑事诉讼法解释》
《取保候审规定》 **第二十五条** 对被取保候审人判处罚金或者没收财产的判决生效后，依法应当解除取保候审，退还保证金的，如果保证金属于其个人财产，人民法院可以书面通知执行机关将保证金移交人民法院执行刑罚，但剩余部分应当退还被取保候审人。	**第一百二十四条** 对被取保候审**的被告人的判决、裁定**生效后，应当解除取保候审、退还保证金的，如果保证金属于其个人财产，人民法院可以书面通知**公安**机关将保证金移交人民法院，**用以退赔被害人、履行附带民事赔偿义务或者执行财产刑**，剩余部分应当退还**被告人**。
	第一百二十五条　对具有刑事诉讼法第七十二条第一款、第二款规定情形的被告人，人民法院可以决定监视居住。 **人民法院决定对被告人监视居住的，应当核实其住处；没有固定住处的，应当为其指定居所。**
第六十七条 人民法院对被告人决定取保候审、监视居住，应当向其本人宣布，并由被告人在取保候审决定书或者监视居住决定书上签名。 **第七十六条** 人民法院决定对被告人取保候审、监视居住，应当在宣布后立即将取保候审决定书、取保候审执行通知书或者监视居住决定书、监视居住执行通知书，送达负责执行的公安机关。 《强制措施规定》 **第十一条** 人民检察院核实犯罪嫌疑人住处或者为其指定居所后，应当制作监视居住执行通知书，将有关法律文书和有关案由、犯罪嫌疑人基本情况的材料，送交犯罪嫌疑人住处或者居所地的同级公安机关执行。人民检察院可以协助公安机关执行。	**第一百二十六条** 人民法院**向**被告人宣布监视居住**决定**后，应当将监视居住决定书**等相关材料送交被告人住处或者指定居所所在地的**同级公安机关执行。 **对被告人指定居所监视居住后，人民法院应当在二十四小时内，将监视居住的原因和处所通知其家属；确实无法通知的，应当记录在案。**
第七十五条 人民检察院、公安机关已对犯罪嫌疑人取保候审、监视居住，案件起诉到人民法院后，人民法院对于符合取保候审、监视居住条件的，应当依法对被告人重新办理取保候审、监视居住手续。取保候审、监视居住的期限重新计算。人民法院不得对同一被告人重复采取取保候审、监视居住措施。 《取保候审规定》 **第二十二条第一款、第二款** 在侦查或者审	**第一百二十七条** 人民检察院、公安机关已**经**对犯罪嫌疑人取保候审、监视居住，案件起诉**至**人民法院后，需要继续取保候审、监视居住或者变更强制措施的，**人民法院**应当在七日内作出决定，并通知**人民检察院、公安机关**。 决定继续取保候审、**监视居住的，**应当重新办理手续，期限重新计算；继续使用保证金**保证的，不再收取保证金**。 人民法院不得对被告人重复采取取保候

《98 年解释》及其他解释、规范性文件	《刑事诉讼法解释》
查起诉阶段已经采取取保候审的,案件移送至审查起诉或者审判阶段时,如果需要继续取保候审,或者需要变更保证方式或强制措施的,受案机关应当在七日内作出决定,并通知执行机关和移送案件的机关。 受案机关决定继续取保候审的,应当重新作出取保候审决定。对继续采取保证金方式取保候审的,原则上不变更保证金数额,不再重新收取保证金。	审、监视居住措施。
第七十七条 人民法院对有证据证明有犯罪事实存在,可能判处有期徒刑以上刑罚的被告人,认为采取取保候审、监视居住等措施,尚不足以防止发生社会危险而有逮捕必要的,应即决定依法逮捕。	**第一百二十八条 对具有刑事诉讼法第七十九条第一款、第二款规定情形的被告人,人民法院应当决定逮捕。**
第八十二条 对具有下列情形之一的被告人,应当变更强制措施,决定逮捕: (一)已取保候审或者监视居住的被告人,违反刑事诉讼法第五十六条、第五十七条的规定,不逮捕可能发生社会危险的; (二)具有本解释第六十六条第(三)项规定的情形而未予逮捕的被告人,疾病痊愈或者哺乳期已满的。 决定变更强制措施,予以逮捕的,应当通知负责执行取保候审或者监视居住的公安机关。 **《最高民检察院、公安部关于依法适用逮捕措施有关问题的规定》①** 一、(四)根据刑事诉讼法第五十六条第二款的规定,对下列违反取保候审规定的犯罪嫌疑人,应当予以逮捕: 1. 企图自杀、逃跑、逃避侦查、审查起诉的; 2. 实施毁灭、伪造证据或者串供、干扰证人作证行为,足以影响侦查、审查起诉工作正常进行的; 3. 未经批准,擅自离开所居住的市、县,造	**第一百二十九条 被取保候审的被告人具有下列情形之一的,人民法院**应当决定逮捕: (一) 故意实施新的犯罪的; (二) 企图自杀、逃跑的; (三) 毁灭、伪造证据,干扰证人作证或者串供的; **(四)对被害人、举报人、控告人实施打击报复的;** **(五) 经传唤,无正当理由不到案,影响审判活动正常进行的;** **(六)擅自改变联系方式或者居住地,导致无法传唤,影响审判活动正常进行的;** (七) 未经批准,擅自离开所居住的市、县,**影响审判活动正常进行**,或者两次未经批准,擅自离开所居住的市、县的; **(八)违反规定进入特定场所、与特定人员会见或者通信、从事特定活动,影响审判活动正常进行,或者两次违反有关规定的;** **(九)依法应当决定逮捕的其他情形。**

① 最高人民检察院、公安部关于印发《关于依法适用逮捕措施有关问题的规定》的通知 ;高检会[2001]10 号;2001 年 8 月 6 日公布实施。

《98年解释》及其他解释、规范性文件	《刑事诉讼法解释》
成严重后果，或者两次未经批准，擅自离开所居住的市、县的； 4. 经传讯不到案，造成严重后果，或者经两次传讯不到案的。 对在取保候审期间故意实施新的犯罪行为的犯罪嫌疑人，应当予以逮捕。	
《最高民检察院、公安部关于依法适用逮捕措施有关问题的规定》 一、（五）根据刑事诉讼法第五十七条第二款的规定，被监视居住的犯罪嫌疑人具有下列情形之一的，属于"情节严重"，应当予以逮捕： 1. 故意实施新的犯罪行为的； 2. 企图自杀、逃跑、逃避侦查、审查起诉的； 3. 实施毁灭、伪造证据或者串供、干扰证人作证行为，足以影响侦查、审查起诉工作正常进行的； 4. 未经批准，擅自离开住处或者指定的居所，造成严重后果，或者两次未经批准，擅自离开住处或者指定的居所的； 5. 未经批准，擅自会见他人，造成严重后果，或者两次未经批准，擅自会见他人的； 6. 经传讯不到案，造成严重后果，或者经两次传讯不到案的。	**第一百三十条** 被监视居住的**被告人**具有下列情形之一的，**人民法院**应当**决定**逮捕： **（一）具有前条第一项至第五项规定情形之一的；** **（二）** 未经批准，擅自**离开执行监视居**住**的处所，影响审判活动正常进行**，或者两次未经批准，擅自离开**执行监视居**住**的处所**的； **（三）** 未经批准，擅自会见他人**或者通信，影响审判活动正常进行**，或者两次未经批准，擅自会见他人**或者通信**的； （四）对因患有严重疾病、生活不能自理，或者因怀孕、正在哺乳自己婴儿而未予逮捕的被告人，疾病痊愈或者哺乳期已满的； （五）依法应当决定逮捕的其他情形。
第七十八条 人民法院作出逮捕决定后，应当将逮捕决定书送交公安机关执行。将被告人逮捕后，人民法院应当将逮捕的原因和羁押的处所，在二十四小时内通知被逮捕人的家属或者其所在单位；确实无法通知的，应当将原因记录在卷。 **《强制措施规定》** **第二十七条** 人民检察院直接立案侦查的案件，依法作出逮捕犯罪嫌疑人的决定后，应当将有关法律文书和有关案由、犯罪嫌疑人基本情况的材料送交同级公安机关执行。 公安机关核实人民检察院送交的有关法律文书和材料后，应当报请县级以上公安机关负责人签发逮捕证，并立即派员执行，人民检察院可	**第一百三十一条** 人民法院作出逮捕决定后，应当将逮捕决定书**等相关材料**送交**同级**公安机关执行，**并将逮捕决定书抄送人民检察院**。逮捕被告人后，人民法院应当将逮捕的原因和羁押的处所，在二十四小时内通知**其**家属；确实无法通知的，应当记录在**案**。

《98 年解释》及其他解释、规范性文件	《刑事诉讼法解释》
以协助公安机关执行。	
第七十九条 对人民法院决定逮捕的被告人,审判人员必须在逮捕后的二十四小时内进行讯问。如果发现不应当逮捕的,应当报经院长批准后,变更强制措施或者立即释放。立即释放的,应当发给释放证明。	**第一百三十二条** 人民法院对决定逮捕的被告人,**应当**在逮捕后二十四小时内讯问。发现不应当逮捕的,应当变更强制措施或者立即释放。
第八十条 对已经逮捕的被告人,符合下列情形之一的,人民法院可以变更强制措施: (一)患有严重疾病的; (二)案件不能在法律规定的期限内审结的; (三)正在怀孕、哺乳自己婴儿的妇女。	**第一百三十三条** 被逮捕的被告人**具有**下列情形之一的,人民法院可以变更强制措施: (一)患有严重疾病、**生活不能自理**的; (二)怀孕**或者正在**哺乳自己婴儿的; (三)**系生活不能自理的人的唯一扶养人。**
第八十一条 对已经逮捕的被告人,符合下列情形之一的,人民法院应当变更强制措施或者释放: (一)第一审人民法院判处管制或者宣告缓刑以及单独适用附加刑,判决尚未发生法律效力的; (二)第二审人民法院审理期间,被告人被羁押的时间已到第一审人民法院对其判处的刑期期限的; (三)因进行司法鉴定而尚未审结的案件,法律规定的期限届满的。	**第一百三十四条** **第一审人民法院判决被告人无罪、不负刑事责任或者免除刑事处罚,被告人在押的,应当在宣判后立即释放。** 被逮捕的被告人**具有**下列情形之一的,人民法院应当变更强制措施或者**予以**释放: (一)第一审人民法院判处管制、宣告缓刑、单独适用附加刑,判决尚未发生法律效力的; (二)被告人被羁押的时间已到第一审人民法院对其判处的刑期期限的; (三)**案件不能在法律规定的期限内审结的。**
第八十三条 对被羁押的被告人需要变更强制措施或者释放的,应当将变更强制措施决定书或者释放通知书送交公安机关执行。	**第一百三十五条** **人民法院决定**变更强制措施或者释放被告人的,应当**立即**将变更强制措施决定书或者释放通知书送交公安机关执行。
	第一百三十六条 **对人民法院决定逮捕的被告人,人民检察院建议释放或者变更强制措施的,人民法院应当在收到建议后十日内将处理情况通知人民检察院。**
第六十八条 被羁押的被告人及其法定代理人、近亲属和律师有权申请取保候审。申请取保候审应当采用书面形式。人民法院应当在接到书面申请后七日内作出是否同意的答复。对	**第一百三十七条** 被告人及其法定代理人、近亲属**或者辩护人申请变更强制措施的,应当说明理由。**人民法院收到申请后,应当在三日内作出**决定。同意变更强制措施的,应当依**

《98年解释》及其他解释、规范性文件	《刑事诉讼法解释》
符合取保候审条件并且提出了保证人或者能够交纳保证金的，人民法院应当同意，并依法办理取保候审手续；对不符合取保候审条件，不同意取保候审的，应当告知申请人，并说明不同意的理由。	**照本解释规定处理**；不同意的，应当告知申请人，并说明理由。
六、附带民事诉讼	**第六章　附带民事诉讼**
《附带民事诉讼范围规定》① **第一条第一款**　因人身权利受到犯罪侵犯而遭受物质损失或者财物被犯罪分子毁坏而遭受物质损失的，可以提起附带民事诉讼。	**第一百三十八条**　被害人因人身权利受到犯罪侵犯或者财物被犯罪分子毁坏而遭受物质损失的，**有权在刑事诉讼过程中**提起附带民事诉讼；**被害人死亡或者丧失行为能力的，其法定代理人、近亲属有权提起附带民事诉讼。** **因受到犯罪侵犯，提起附带民事诉讼或者单独提起民事诉讼要求赔偿精神损失的，人民法院不予受理。**
《附带民事诉讼范围规定》 **第五条**　犯罪分子非法占有、处置被害人财产而使其遭受物质损失的，人民法院应当依法予以追缴或者责令退赔。被追缴、退赔的情况，人民法院可以作为量刑情节予以考虑。 经过追缴或者退赔仍不能弥补损失，被害人向人民法院民事审判庭另行提起民事诉讼的，人民法院可以受理。	**第一百三十九条**　被告人非法占有、处置被害人财产的，应当依法予以追缴或者责令退赔。**被害人提起附带民事诉讼的，人民法院不予受理。**追缴、退赔的情况，可以作为量刑情节考虑。
《最高人民法院关于行政机关工作人员执行职务致人伤亡构成犯罪的赔偿诉讼程序问题的批复》② 一、行政机关工作人员在执行职务中致人伤、亡已构成犯罪，受害人或其亲属提起刑事附带民事赔偿诉讼的，人民法院对民事赔偿诉讼请求不予受理。但应当告知其可以依据《中华人民共和国国家赔偿法》的有关规定向人民法院提起行政赔偿诉讼。	**第一百四十条**　**国家**机关工作人员在**行使职权时，侵犯他人人身、财产权利构成犯罪，被**害人或者其**法定代理人、近**亲属提起附带民事诉讼的，人民法院不予受理，但应当告知其可以**依法申请国家赔偿。**

① 最高人民法院关于刑事附带民事诉讼范围问题的规定；法释[2000]47号；2000年12月13日公布，12月19日施行。

② 最高人民法院审判委员会第1236次会议通过；法释[2002]28号；2002年8月5日公布，自2002年8月30日起施行。

《98 年解释》及其他解释、规范性文件	《刑事诉讼法解释》
第八十四条 人民法院受理刑事案件后,可以告知因犯罪行为遭受物质损失的被害人(公民、法人和其他组织)、已死亡被害人的近亲属、无行为能力或者限制行为能力被害人的法定代理人,有权提起附带民事诉讼。 有权提起附带民事诉讼的人放弃诉讼权利的,应当准许,并记录在案。	**第一百四十一条** 人民法院受理刑事案件后,**对符合刑事诉讼法第九十九条和本解释第一百三十八条第一款规定的**,可以告知被害人或者**其**法定代理人、近亲属有权提起附带民事诉讼。 有权提起附带民事诉讼的人放弃诉讼权利的,应当准许,并记录在案。
第八十五条 如果是国家财产、集体财产遭受损失,受损失的单位未提起附带民事诉讼,人民检察院在提起公诉时提起附带民事诉讼的,人民法院应当受理。	**第一百四十二条** 国家财产、集体财产遭受损失,受损失的单位未提起附带民事诉讼,人民检察院在提起公诉时提起附带民事诉讼的,人民法院应当受理。 **人民检察院提起附带民事诉讼的,应当列为附带民事诉讼原告人。** **被告人非法占有、处置国家财产、集体财产的,依照本解释第一百三十九条的规定处理。**
第八十六条 附带民事诉讼中依法负有赔偿责任的人包括: (一)刑事被告人(公民、法人和其他组织)及没有被追究刑事责任的其他共同致害人; (二)未成年刑事被告人的监护人; (三)已被执行死刑的罪犯的遗产继承人; (四)共同犯罪案件中,案件审结前已死亡的被告人的遗产继承人; (五)其他对刑事被告人的犯罪行为依法应当承担民事赔偿责任的单位和个人。 **第八十七条** 附带民事诉讼的成年被告人,应当承担赔偿责任的,如果其亲属自愿代为承担,应当准许。	**第一百四十三条** 附带民事诉讼中依法负有赔偿责任的人包括: (一)刑事被告人**以及未被追究刑事责任的**其他共同**侵害人**; (二)刑事被告人的监护人; (三)死刑罪犯的遗产继承人; (四)共同犯罪案件中,案件审结前死亡的被告人的遗产继承人; (五)对**被害人的物质损失**依法应当承担赔偿责任的其他单位和个人。 附带民事诉讼被告人的**亲友**自愿代为**赔偿**的,应当准许。
	第一百四十四条 被害人或者其法定代理人、近亲属仅对部分共同侵害人提起附带民事诉讼的,人民法院应当告知其可以对其他共同侵害人,包括没有被追究刑事责任的共同侵害人,一并提起附带民事诉讼,但共同犯罪案件中同案犯在逃的除外。 **被害人或者其法定代理人、近亲属放弃对其他共同侵害人的诉讼权利的,人民法院应当告知其相应法律后果,并在裁判文书中说明其**

《98 年解释》及其他解释、规范性文件	《刑事诉讼法解释》
	放弃诉讼请求的情况。
第八十八条 附带民事诉讼的起诉条件是: (一)提起附带民事诉讼的原告人、法定代理人符合法定条件; (二)有明确的被告人; (三)有请求赔偿的具体要求和事实根据; (四)被害人的物质损失是由被告人的犯罪行为造成的; (五)属于人民法院受理附带民事诉讼的范围。	**第一百四十五条** 附带民事诉讼的起诉条件是: (一)**起诉人**符合法定条件; (二)有明确的被告人; (三)有请求赔偿的具体要求和事实、**理由**; (四)属于人民法院受理附带民事诉讼的范围。
	第一百四十六条 共同犯罪案件,同案犯在逃的,不应列为附带民事诉讼被告人。逃跑的同案犯到案后,被害人或者其法定代理人、近亲属可以对其提起附带民事诉讼,但已经从其他共同犯罪人处获得足额赔偿的除外。
第八十九条 附带民事诉讼应当在刑事案件立案以后第一审判决宣告以前提起。有权提起附带民事诉讼的人在第一审判决宣告以前没有提起的,不得再提起附带民事诉讼。但可以在刑事判决生效后另行提起民事诉讼。 **第九十一条** 提起附带民事诉讼一般应当提交附带民事诉状。书写诉状确有困难的,可以口头起诉。审判人员应当对原告人的口头诉讼请求详细询问,并制作笔录,向原告人宣读;原告人确认无误后,应当签名或者盖章。	**第一百四十七条** 附带民事诉讼应当在刑事案件立案后**及时**提起。 提起附带民事诉讼应当提交附带民事**起**诉状。
第九十条 在侦查、预审、审查起诉阶段,有权提起附带民事诉讼的人向公安机关、人民检察院提出赔偿要求,已经公安机关、人民检察院记录在案的,刑事案件起诉后,人民法院应当按附带民事诉讼案件受理;经公安机关、人民检察院调解,当事人双方达成协议并已给付,被害人又坚持向法院提起附带民事诉讼的,人民法院也可以受理。	**第一百四十八条** 侦查、审查起诉**期间**,有权提起附带民事诉讼的人提出赔偿要求,经公安机关、人民检察院调解,当事人双方**已经**达成协议并**全部履行**,被害人**或者其法定代理人、近亲属**又提起附带民事诉讼的,人民法院**不予受理,但有证据证明调解违反自愿、合法原则的除外。**
第九十二条 人民法院收到附带民事诉状后,应当进行审查,并在七日内决定是否立案。	**第一百四十九条** 被害人**或者其法定代理人、近亲属提起附带民事诉讼的**,人民法院应当

《98 年解释》及其他解释、规范性文件	《刑事诉讼法解释》
符合刑事诉讼法第七十七条第一、二款以及本解释第八十八条规定的,应当受理;不符合规定的,应当裁定驳回起诉。	在七日内决定是否立案。符合刑事诉讼法第**九十九**条以及本解释**有关**规定的,应当受理;不符合的,裁定**不予受理**。
第九十三条 人民法院受理附带民事诉讼后,应当在五日内向附带民事诉讼的被告人送达附带民事起诉状副本,或者将口头起诉的内容及时通知附带民事诉讼的被告人,并制作笔录。被告人是未成年人的,应当将附带民事起诉状副本送达其法定代理人,或者将口头起诉的内容通知其法定代理人。 人民法院送达附带民事起诉状副本时,应当根据刑事案件审理的期限,确定被告人或者其法定代理人提交民事答辩状的时间。	**第一百五十条** 人民法院受理附带民事诉讼后,应当在五日内**将**附带民事起诉状副本送达附带民事诉讼被告人**及其法定代理人**,或者将口头起诉的内容及时通知附带民事诉讼被告人**及其法定代理人**,并制作笔录。 人民法院送达附带民事起诉状副本时,应当根据刑事案件**的**审理期限,确定被告人**及**其法定代理人提交**附带**民事答辩状的时间。
第九十四条 附带民事诉讼案件的当事人对自己提出的主张,有责任提供证据。	**第一百五十一条** 附带民事诉讼当事人对自己提出的主张,有责任提供证据。
第九十五条 人民法院审理附带民事诉讼案件,在必要时,可以决定查封或者扣押被告人财产。	**第一百五十二条** 人民法院**对可能因被告人的行为或者其他原因,使附带民事判决难以执行的案件,根据附带民事诉讼原告人的申请,可以裁定采取保全措施,查封、扣押或者冻结被告人的财产;附带民事诉讼原告人未提出申请的,必要时,人民法院也可以采取保全措施。** **有权提起附带民事诉讼的人因情况紧急,不立即申请保全将会使其合法权益受到难以弥补的损害的,可以在提起附带民事诉讼前,向被保全财产所在地、被申请人居住地或者对案件有管辖权的人民法院申请采取保全措施。申请人在人民法院受理刑事案件后十五日内未提起附带民事诉讼的,人民法院应当解除保全措施。** **人民法院采取保全措施,适用民事诉讼法第一百条至第一百零五条的有关规定,但民事诉讼法第一百零一条第三款的规定除外。**
第九十六条 审理附带民事诉讼案件,除人民检察院提起的以外,可以调解。调解应当在自愿合法的基础上进行。经调解达成协议的,审判人员应当及时制作调解书。调解书经双方当事人签收后即发生法律效力。	**第一百五十三条** **人民法院**审理附带民事诉讼案件,可以**根据自愿、合法的原则进行调解**。经调解达成协议的,应当制作调解书。调解书经双方当事人签收后,即**具有**法律效力。 调解达成协议并**即时履行**完毕的,可以不

《98年解释》及其他解释、规范性文件	《刑事诉讼法解释》
调解达成协议并当庭执行完毕的，可以不制作调解书，但应当记人笔录，经双方当事人、审判人员、书记员签名或者盖章即发生法律效力。	制作调解书，但应当制作笔录，经双方当事人、审判人员、书记员签名或者盖章后即发生法律效力。
第九十七条 经调解无法达成协议或者调解书签收前当事人反悔的，附带民事诉讼应当同刑事诉讼一并判决。 **第一百六十九条** 附带民事诉讼部分可以在法庭辩论结束后当庭调解。不能达成协议的，可以同刑事部分一并判决。	**第一百五十四条** 调解未达成协议或者调解书签收前当事人反悔的，附带民事诉讼应当同刑事诉讼一并判决。
	第一百五十五条 对附带民事诉讼作出判决，应当根据犯罪行为造成的物质损失，结合案件具体情况，确定被告人应当赔偿的数额。 **犯罪行为造成被害人人身损害的，应当赔偿医疗费、护理费、交通费等为治疗和康复支付的合理费用，以及因误工减少的收入。造成被害人残疾的，还应当赔偿残疾生活辅助具费等费用；造成被害人死亡的，还应当赔偿丧葬费等费用。** **驾驶机动车致人伤亡或者造成公私财产重大损失，构成犯罪的，依照《中华人民共和国道路交通安全法》第七十六条的规定确定赔偿责任。** **附带民事诉讼当事人就民事赔偿问题达成调解、和解协议的，赔偿范围、数额不受第二款、第三款规定的限制。**
	第一百五十六条 人民检察院提起附带民事诉讼的，人民法院经审理，认为附带民事诉讼被告人依法应当承担赔偿责任的，应当判令附带民事诉讼被告人直接向遭受损失的单位作出赔偿；遭受损失的单位已经终止，有权利义务继受人的，应当判令其向继受人作出赔偿；没有权利义务继受人的，应当判令其向人民检察院交付赔偿款，由人民检察院上缴国库。
《附带民事诉讼范围规定》 **第四条** 被告人已经赔偿被害人物质损失的，人民法院可以作为量刑情节予以考虑。	**第一百五十七条** 审理刑事附带民事诉讼案件，人民法院应当结合被告人赔偿被害人物质损失的情况认定其悔罪表现，并在量

《98 年解释》及其他解释、规范性文件	《刑事诉讼法解释》
	刑时予以考虑。
第九十八条 附带民事诉讼的原告人经人民法院传票传唤,无正当理由拒不到庭,或者未经法庭许可中途退庭的,应当按自行撤诉处理。	**第一百五十八条** 附带民事诉讼原告人经传唤,无正当理由拒不到庭,或者未经法庭许可中途退庭的,应当按撤诉处理。 **刑事被告人以外的附带民事诉讼被告人经传唤,无正当理由拒不到庭,或者未经法庭许可中途退庭的,附带民事部分可以缺席判决。**
第九十九条 对于被害人遭受的物质损失或者被告人的赔偿能力一时难以确定,以及附带民事诉讼当事人因故不能到庭等案件,为了防止刑事案件审判的过分迟延,附带民事诉讼可以在刑事案件审判后,由同一审判组织继续审理。如果同一审判组织的成员确实无法继续参加审判的,可以更换审判组织成员。	**第一百五十九条** 附带民事诉讼**应当同刑事案件一并审判,只有**为了防止刑事案件审判的过分迟延,**才**可以在刑事案件审判后,由同一审判组织继续审理附带民事诉讼;同一审判组织的成员确实**不能**继续**参与**审判的,可以更换。
第一百零一条 人民法院认定公诉案件被告人的行为不构成犯罪的,对已经提起的附带民事诉讼,经调解不能达成协议的,应当一并作出刑事附带民事判决。	**第一百六十条** 人民法院认定公诉案件被告人的行为不构成犯罪,对已经提起的附带民事诉讼,经调解不能达成协议的,应当一并作出刑事附带民事判决。 **人民法院准许人民检察院撤回起诉的公诉案件,对已经提起的附带民事诉讼,可以进行调解;不宜调解或者经调解不能达成协议的,应当裁定驳回起诉,并告知附带民事诉讼原告人可以另行提起民事诉讼。**
	第一百六十一条 第一审期间未提起附带民事诉讼,在第二审期间提起的,第二审人民法院可以依法进行调解;调解不成的,告知当事人可以在刑事判决、裁定生效后另行提起民事诉讼。
第一百零二条 人民法院审理刑事附带民事诉讼案件,不收取诉讼费。	**第一百六十二条** 人民法院审理附带民事诉讼案件,不收取诉讼费。
第一百条 人民法院审判附带民事诉讼案件,除适用刑法、刑事诉讼法外,还应当适用民法通则、民事诉讼法有关规定。	**第一百六十三条** 人民法院审理附带民事诉讼案件,除刑法、刑事诉讼法**以及刑事司法解释已有规定的**以外,适用**民事法律**的有关规定。
	第一百六十四条 **被害人或者其法定代理**

《98年解释》及其他解释、规范性文件	《刑事诉讼法解释》
	人、近亲属在刑事诉讼过程中未提起附带民事诉讼，另行提起民事诉讼的，人民法院可以进行调解，或者根据物质损失情况作出判决。
七、期间、送达、审理期限	**第七章　期间、送达、审理期限**
第一百零三条　期间以时、日、月计算。期间开始的时和日不计算在期间以内；计算法定期间时，应当将路途上的时间扣除；期间的最后一日为节假日的，以节假日后的第一日为期间届满日期。但对于被告人或者罪犯的在押期间，应当至期间届满之日为止，不得因节假日而延长在押期限。 当事人由于不能抗拒的原因或者有其他正当理由而耽误期限，依法申请继续进行应当在期限届满以前完成的诉讼活动，人民法院查证属实后，应当裁定准许。以月计算的期限，自本月某日至下月某日为一个月，如本月1日收案至下一个月1日、本月最后一日至下一个月最后一日为一个月的审理期限；半月一律按15日计算期限。	**第一百六十五条**　以月计算的期限，自本月某日至下月**同**日为一个月。**期限起算日为**本月最后一日**的**，至下月最后一日为一个月。**下月同日不存在的，自本月某日至下月最后一日为一个月**。半个月一律按十五日计算。
	第一百六十六条　当事人由于不能抗拒的原因或者有其他正当理由而耽误期限，依法申请继续进行应当在期满前完成的诉讼活动**的**，人民法院查证属实后，应当裁定准许。
第一百零四条　送达诉讼文书必须有送达回证。收件人本人应当在送达回证上记明收到的日期，并且签名或者盖章。如果本人不在，可以由其成年家属或者所在单位负责收件人员代收，代收人应当在送达回证上记明收到的日期，并且签名或者盖章。 收件人本人或者代收人在送达回证上签收的日期为送达的日期。 如果收件人本人或者代收人拒绝接收或者拒绝签名、盖章，送达人可以邀请见证人到场，说明情况，在送达回证上记明拒收的事由和日期，由送达人、见证人签名或者盖章，并将诉讼文书留在收件人或者代收人住处或者单位后，即视为送达。	**第一百六十七条**　送达诉讼文书，**应当由收件人签收**。收件人不在**的**，可以由其成年家属或者所在单位负责收件的人员代收。 收件人或者代收人在送达回证上签收的日期为送达日期。 收件人或者代收人拒绝**签收的**，送达人可以邀请见证人到场，说明情况，在送达回证上注明拒收的事由和日期，由送达人、见证人签名或者盖章，将诉讼文书留在收件人、代收人的住处或者单位；**也可以把诉讼文书留在受送达人的住处，并采用拍照、录像等方式记录送达过程**，即视为送达。
第一百零五条　直接送达诉讼文书有困难	**第一百六十八条**　直接送达诉讼文书有困

《98 年解释》及其他解释、规范性文件	《刑事诉讼法解释》
的，可以委托收件人所在地的人民法院代为送达，或者邮寄送达。	难的，可以委托收件人所在地的人民法院代为送达，或者邮寄送达。
第一百零六条 委托送达的，应当将委托函、委托送达的诉讼文书及送达回证，寄送收件人所在地的人民法院。受委托的人民法院收到委托送达的诉讼文书，应当登记，并由专人及时送达收件人，然后将送达回证及时退回委托送达的人民法院。受委托的人民法院无法送达时，应当将不能送达的原因及时告知委托的人民法院，并将诉讼文书及送达回证退回。	**第一百六十九条** 委托送达的，应当将委托函、委托送达的诉讼文书及送达回证寄送**受托**法院。受托法院收到后，应当登记，**在十日内**送达收件人，**并**将送达回证**寄送**委托法院；无法送达**的**，应当告知委托法院，并将诉讼文书及送达回证退回。
第一百零七条 邮寄送达的，应当将诉讼文书、送达回证挂号邮寄给收件人。挂号回执上注明的日期为送达的日期。	**第一百七十条** 邮寄送达的，应当将诉讼文书、送达回证挂号邮寄给收件人。挂号回执上注明的日期为送达日期。
第一百零八条 诉讼文书的收件人是军人的，可以通过所在部队团级以上单位的政治部门转交。 收件人正在服刑的，可以通过所在监狱或者其他执行机关转交。 收件人正在劳动教养的，可以通过劳动教养单位转交。 代为转交的部门、单位收到诉讼文书后，应当立即交收件人签收，并将送达回证及时退回送达的人民法院。	**第一百七十一条** 诉讼文书的收件人是军人的，可以通过**其**所在部队团级以上单位的政治部门转交。 收件人正在服刑的，可以通过执行机关转交。 收件人正在**被采取强制性教育措施**的，可以通过**强制性教育机构**转交。 **由有关**部门、单位**代为转交**诉讼文书**的，应当请有关部门、单位收到后**立即交收件人签收，并将送达回证及时**寄送**人民法院。
	第一百七十二条 指定管辖案件的审理期限，自被指定管辖的人民法院收到指定管辖决定书和有关案卷、证据材料之日起计算。
第一百零九条 审理公诉案件的期限，依照刑事诉讼法的规定执行。适用普通程序审理的被告人被羁押的自诉案件，应当在被告人被羁押后一个月内宣判，至迟不得超过一个半月。有刑事诉讼法第一百二十六条规定情形之一的，经省、自治区、直辖市高级人民法院批准或者决定，可以再延长一个月。 需要延长审理期限的，应当在期满七日以前报请高级人民法院批准或者决定。适用普通程	**第一百七十三条 申请上级人民法院批准**延长审理期限，应当在**期限届满十五日前层报。有权决定的人民法院不同意延长的，应当在审理期限届满五日前作出决定。** 因特殊情况**申请最高人民法院批准**延长审理期限，**最高人民法院经审查，予以批准的，可**以延长审理期限一至三个月。**期限届满案件仍然不能审结的，可以再次提出申请。**

《98 年解释》及其他解释、规范性文件	《刑事诉讼法解释》
序审理的被告人未被羁押的自诉案件,应当在立案后六个月内宣判。有特殊情况需要延长审理期限的,由本院院长批准,可以延长三个月。	
第一百一十条 审理期间,对被告人作精神病鉴定的时间不计入审理期限。	**第一百七十四条** 审判期间,对被告人作精神病鉴定的时间不计入审理期限。
八、审判组织	**第八章 审判组织**
第一百一十一条 合议庭的审判长由审判员担任,在审判员不能参加合议庭的情况下,助理审判员由本院院长提出,经审判委员会通过,可以临时代行审判员职务,并可以担任审判长。	**第一百七十五条** 审判长由审判员担任。助理审判员由本院院长提出,经审判委员会通过,可以临时代行审判员职务,并可以担任审判长。
第一百一十二条 开庭审理和评议案件,必须由同一合议庭进行。合议庭成员在评议案件的时候,应当表明自己的意见。如果意见分歧,应当按多数人的意见作出决定,但是少数人的意见应当写入笔录。评议笔录由合议庭的组成人员在审阅确认无误后签名。评议情况应当保密。	**第一百七十六条** 开庭审理和评议案件,**应当由**同一合议庭进行。合议庭成员在评议案件时,应当**独立表达**意见**并说明理由**。意见分歧的,应当按多数意见作出决定,但少数意见应当**记入**笔录。评议笔录由合议庭的组成人员在审阅确认无误后签名。评议情况应当保密。
第一百一十三条 审判员依法独任审判时,行使与本解释规定的审判长同样的职权。	**第一百七十七条** 审判员依法独任审判时,行使与审判长**相同**的职权。
第一百一十四条 合议庭开庭审理并且评议后,应当作出判决或者裁定。 对下列疑难、复杂、重大的案件,合议庭认为难以作出决定的,可以提请院长决定提交审判委员会讨论决定: (一)拟判处死刑的; (二)合议庭成员意见有重大分歧的; (三)人民检察院抗诉的; (四)在社会上有重大影响的; (五)其他需要由审判委员会讨论决定的。 对于合议庭提请院长决定提交审判委员会讨论决定的案件,院长认为不必要的,可以建议合议庭复议一次。 独任审判的案件,开庭审理后,独任审判员认为有必要的,也可以提请院长决定提交审判委员会讨论决定。	**第一百七十八条** 合议庭审理、评议后,应当**及时**作出判决、裁定。 拟判处死刑**的案件**、人民检察院抗诉**的案件**,合议庭应当提请院长决定提交审判委员会讨论决定。 对合议庭成员意见有重大分歧的案件、**新类型案件**、社会**影响**重大的**案件**以及**其他**疑难、复杂、重大的案件,合议庭认为难以作出决定的,可以提请院长决定提交审判委员会讨论决定。 **人民陪审员可以要求合议庭将案件提请院长决定是否提交审判委员会讨论决定。** 对提请院长决定提交审判委员会讨论决定的案件,院长认为不必要的,可以建议合议庭复议一次。 独任审判的案件,审判员认为有必要的,也

《98 年解释》及其他解释、规范性文件	《刑事诉讼法解释》
	可以提请院长决定提交审判委员会讨论决定。
第一百一十五条 审判委员会的决定,合议庭应当执行。合议庭有不同意见的,可以建议院长提交审判委员会复议。	**第一百七十九条** 审判委员会的决定,合议庭、**独任审判员**应当执行;有不同意见的,可以建议院长提交审判委员会复议。
九、公诉案件第一审程序	**第九章 公诉案件第一审普通程序**
	第一节 审查受理与庭前准备
第一百一十六条 人民法院对人民检察院提起的公诉案件,应当在收到起诉书(一式八份,每增加一名被告人,增加起诉书五份)后,指定审判员审查以下内容: (一) 案件是否属于本院管辖; (二) 起诉书指控的被告人的身份、实施犯罪的时间、地点、手段、犯罪事实、危害后果和罪名以及其他可能影响定罪量刑的情节等是否明确; (三) 起诉书中是否载明被告人被采取强制措施的种类、羁押地点、是否在案以及有无扣押、冻结在案的被告人的财物及存放地点;是否列明被害人的姓名、住址、通讯处,为保护被害人而不宜列明的,应当单独移送被害人名单; (四) 是否附有起诉前收集的证据的目录; (五) 是否附有能够证明指控犯罪行为性质、情节等内容的主要证据复印件或者照片; (六) 是否附有起诉前提供了证言的证人名单;证人名单应当分别列明出庭作证和拟不出庭作证的证人的姓名、性别、年龄、职业、住址和通讯处; (七) 已委托辩护人、代理人的,是否附有辩护人、代理人的姓名、住址、通讯处明确的名单; (八) 提起附带民事诉讼的,是否附有相关证据材料; (九) 侦查、起诉程序的各种法律手续和诉讼文书复印件是否完备; (十) 有无刑事诉讼法第十五条第(二) 至(六)项规定的不追究刑事责任的情形。 前款第(五)项中所说的主要证据包括:	**第一百八十条** 对提起公诉的案件,人民法院应当在收到起诉书(一式八份,每增加一名被告人,增加起诉书五份)**和案卷、证据**后,指定审判人员审查以下内容: (一) 是否属于本院管辖; (二) 起诉书**是否写明**被告人的身份,**是否受过或者正在接受刑事处罚**,被采取强制措施的种类、羁押地点,犯罪的时间、地点、手段、后果以及其他可能影响定罪量刑的情节; (三) **是否移送证明指控犯罪事实的证据材料,包括采取技术侦查措施的批准决定和所收集的证据材料;** (四) **是否查封、扣押、冻结被告人的违法所得或者其他涉案财物,并附证明相关财物依法应当追缴的证据材料;** (五) 是否列明被害人的姓名、住址、**联系方式;是否附有证人、鉴定人名单;是否申请法庭通知证人、鉴定人、有专门知识的人出庭**,并列明有关人员的姓名、性别、年龄、职业、住址、**联系方式;是否附有需要保护的证人、鉴定人、被害人名单;** (六) **当事人**已委托辩护人、**诉讼**代理人,**或者已接受法律援助的**,是否**列明**辩护人、**诉讼**代理人的姓名、住址、**联系方式**; (七) **是否**提起附带民事诉讼;提起附带民事诉讼的,是否列明附带民事诉讼当事人的姓名、住址、联系方式,是否附有相关证据材料; (八) 侦查、审查起诉程序的各种法律手续和诉讼文书是否齐全; (九) 有无刑事诉讼法第十五条第二项至第

《98年解释》及其他解释、规范性文件	《刑事诉讼法解释》
1. 起诉书中涉及的刑事诉讼法第四十二条规定的证据种类中的主要证据； 2. 同种类多个证据中被确定为主要证据的；如果某一种类证据中只有一个证据，该证据即为主要证据； 3. 作为法定量刑情节的自首、立功、累犯、中止、未遂、防卫过当等证据。	六项规定的不追究刑事责任的情形。
第一百一十七条 案件经审查后，应当根据不同情况分别处理： （一）对于不属于本院管辖或者被告人不在案的，应当决定退回人民检察院； （二）对于不符合本解释第一百一十六条第（二）至（九）项规定之一，需要补送材料的，应当通知人民检察院在三日内补送； （三）对于根据刑事诉讼法第一百六十二条第（三）项规定宣告被告人无罪，人民检察院依据新的事实、证据材料重新起诉的，人民法院应当依法受理； （四）依照本解释第一百七十七条规定，人民法院裁定准许人民检察院撤诉的案件，没有新的事实、证据，人民检察院重新起诉的，人民法院不予受理； （五）对于符合刑事诉讼法第十五条第（二）至（六）项规定的情形的，应当裁定终止审理或者决定不予受理； （六）对于被告人真实身份不明，但符合刑事诉讼法第一百二十八条第二款规定的，人民法院应当依法受理。 **第一百一十八条** 人民法院对于按照普通程序审理的公诉案件，决定是否受理，应当在七日内审查完毕。对于人民检察院建议按简易程序审理的公诉案件，决定是否受理，应当在三日内审查完毕。 人民法院对提起公诉的案件进行审查的期限，计入人民法院的审理期限。	**第一百八十一条 人民法院对提起公诉的**案件审查后，应当按照下列情形分别处理： （一）**属于告诉才处理的案件，应当退回人民检察院，并告知被害人有权提起自诉；** （二）不属于本院管辖或者被告人不在案的，应当退回人民检察院； （三）不符合前**条第二项**至**第八项**规定之一，需要补**充**材料的，应当通知人民检察院在三日内补送； （四）依照刑事诉讼法**第一百九十五条第三项**规定宣告被告人无罪**后**，人民检察院**根据**新的事实、证据重新起诉的，应当依法受理； （五）依照本解释**第二百四十二条**规定裁定准许撤诉的案件，没有新的事实、证据，重新起诉的，**应当退回人民检察院；** （六）符合刑事诉讼法第十五条第二项至第六项规定情形的，应当裁定终止审理或者**退回人民检察院；** （七）被告人真实身份不明，但符合刑事诉讼法**第一百五十八条第二款**规定的，应当依法受理。 对**公诉案件**是否受理，应当在七日内审查完毕。
第一百一十九条 对于决定开庭审理的案件，人民法院应当进行下列工作：	**第一百八十二条** 开庭审理**前**，人民法院应当进行下列工作：

《98 年解释》及其他解释、规范性文件	《刑事诉讼法解释》
（一）适用普通程序审理的案件，由院长或者庭长指定审判长并确定合议庭组成人员；适用简易程序审理的案件，由庭长指定审判员一人独任审理； （二）将人民检察院的起诉书副本至迟在开庭十日以前送达当事人； （三）对于未委托辩护人的被告人，告知其可以委托辩护人；对于符合刑事诉讼法第三十四条第二、三款规定的，应当指定承担法律援助义务的律师为其提供辩护；对于符合刑事诉讼法第三十四条第一款及本解释第三十七条规定的，一般要指定承担法律援助义务的律师为其提供辩护； （四）通知被告人、辩护人于开庭五日前提供出庭作证的身份、住址、通讯处明确的证人、鉴定人名单及不出庭作证的证人、鉴定人名单和拟当庭宣读、出示的证据复印件、照片； （五）将开庭的时间、地点在开庭三日以前通知人民检察院； （六）将传唤当事人和通知辩护人、法定代理人、证人、鉴定人和勘验、检查笔录制作人、翻译人员的传票和通知书，至迟在开庭三日以前送达； （七）公开审判的案件，在开庭三日以前先期公布案由、被告人姓名、开庭时间和地点。 人民法院通知公诉机关或者辩护人提供的证人时，如果该证人表示拒绝出庭作证或者按照所提供的证人通讯地址未能通知到该证人的，应当及时告知申请通知该证人的公诉机关或者辩护人。 上述工作情况应当制作笔录，并由审判人员和书记员签名。	（一）**确定**审判长**及**合议庭组成人员； （二）开庭十日前将起诉书副本送达**被告人、辩护人**； （三）通知**当事人、法定代理人**、辩护人、**诉讼代理人**在开庭五日前提供证人、鉴定人名单，**以及**拟当庭出示的证据；申请证人、鉴定人、有专门知识的人出庭的，应当列明**有关人员的姓名、性别、年龄、职业、住址、联系方式**； （四）开庭三日前将开庭的时间、地点通知人民检察院； （五）开庭三日前将传唤当事人**的传票**和通知辩护人、诉讼代理人、**法定代理人**、证人、鉴定人**等出庭的**通知书送达；**通知有关人员出庭，也可以采取电话、短信、传真、电子邮件等能够确认对方收悉的方式**； （六）公开审理的案件，在开庭三日前公布案由、被告人姓名、开庭时间和地点。 **上述工作情况应当记录在案。**
	第一百八十三条　案件具有下列情形之一的，审判人员可以召开庭前会议： **（一）当事人及其辩护人、诉讼代理人申请排除非法证据的；** **（二）证据材料较多、案情重大复杂的；** **（三）社会影响重大的；**

《98年解释》及其他解释、规范性文件	《刑事诉讼法解释》
	（四）需要召开庭前会议的其他情形。 召开庭前会议，根据案件情况，可以通知被告人参加。
	第一百八十四条　召开庭前会议，审判人员可以就下列问题向控辩双方了解情况，听取意见： （一）是否对案件管辖有异议； （二）是否申请有关人员回避； （三）是否申请调取在侦查、审查起诉期间公安机关、人民检察院收集但未随案移送的证明被告人无罪或者罪轻的证据材料； （四）是否提供新的证据； （五）是否对出庭证人、鉴定人、有专门知识的人的名单有异议； （六）是否申请排除非法证据； （七）是否申请不公开审理； （八）与审判相关的其他问题。 审判人员可以询问控辩双方对证据材料有无异议，对有异议的证据，应当在庭审时重点调查；无异议的，庭审时举证、质证可以简化。 被害人或者其法定代理人、近亲属提起附带民事诉讼的，可以调解。 庭前会议情况应当制作笔录。
第一百二十条　开庭审判前，合议庭可以拟出法庭审理提纲，提纲一般包括下列内容： （一）合议庭成员在庭审中的具体分工； （二）起诉书指控的犯罪事实部分的重点和认定案件性质方面的要点； （三）讯问被告人时需了解的案情要点； （四）控辩双方拟出庭作证的证人、鉴定人和勘验、检查笔录制作人名单； （五）控辩双方拟当庭宣读、出示的证人书面证言、物证和其他证据的目录； （六）庭审中可能出现的问题及拟采取的措施。	第一百八十五条　开庭审理前，合议庭可以拟出法庭审理提纲，提纲一般包括下列内容： （一）合议庭成员在庭审中的分工； （二）起诉书指控的犯罪事实的重点和认定案件性质的要点； （三）讯问被告人时需了解的案情要点； （四）出庭的证人、鉴定人、有专门知识的人、侦查人员的名单； （五）控辩双方申请当庭出示的证据的目录； （六）庭审中可能出现的问题及应对措施。
第一百二十一条　审判案件应当公开进行。但是涉及国家秘密或者个人隐私的案件，不公开	第一百八十六条　审判案件应当公开进行。 案件涉及国家秘密或者个人隐私的，不公

《98年解释》及其他解释、规范性文件	《刑事诉讼法解释》
审理。对未成年被告人案件的审理，适用相关规定。 对于当事人提出申请的确属涉及商业秘密的案件，法庭应当决定不公开审理。 **第一百二十二条** 依法不公开审理的案件，任何公民包括与审理该案无关的法院工作人员和被告人的近亲属都不得旁听。审理未成年被告人的案件，适用相关规定。	开审理；涉及商业秘密，当事人提出申请的，法庭**可以**决定不公开审理。 不公开审理的案件，任何人不得旁听，**但法律另有规定的除外。**
《法庭规则》① **第八条** 下列人员不得旁听： （一）未成年人（经法院批准的除外）； （二）精神病人和醉酒的人； （三）其他不宜旁听的人。	**第一百八十七条** 精神病人、醉酒的人、**未经人民法院批准的**未成年人以及其他不宜旁听的人不得旁听**案件审理**。
第一百二十三条 被害人、诉讼代理人、证人、鉴定人经人民法院传唤或者通知未到庭，不影响开庭审判的，人民法院可以开庭审理。	**第一百八十八条** 被害人、诉讼代理人经传唤或者通知未到庭，不影响开庭审理的，人民法院可以开庭审理。 **辩护人经通知未到庭，被告人同意的，人民法院可以开庭审理，但被告人属于应当提供法律援助情形的除外。**
第一百二十四条 开庭审理前，书记员应当依次进行下列工作： （一）查明公诉人、当事人、证人及其他诉讼参与人是否已经到庭； （二）宣读法庭规则； （三）请公诉人、辩护人入庭； （四）请审判长、审判员（人民陪审员）入庭； （五）审判人员就座后，当庭向审判长报告开庭前的准备工作已经就绪。	**第一百八十九条** 开庭审理前，书记员应当依次进行下列工作： （一）**受审判长委托**，查明公诉人、当事人、证人及其他诉讼参与人是否到庭； （二）宣读法庭规则； （三）请公诉人**及相关诉讼参与人**入庭； （四）请审判长、审判员（人民陪审员）入庭； （五）审判人员就座后，向审判长报告开庭前的准备工作已经就绪。
	第二节 宣布开庭与法庭调查
第一百二十五条 审判长宣布开庭，传被告人到庭后，应当查明被告人的下列情况：	**第一百九十条** 审判长宣布开庭，传被告人到庭后，应当查明被告人的下列情况：

① 1993年11月26日最高人民法院审判委员会第617次会议通过；法发[1993]40号；1993年12月1日颁布，1994年1月1日实施。

《98年解释》及其他解释、规范性文件	《刑事诉讼法解释》
（一）姓名、出生年月日、民族、出生地、文化程度、职业、住址，或者单位的名称、住所地、诉讼代表人的姓名、职务； （二）是否曾受到过法律处分及处分的种类、时间； （三）是否被采取强制措施及强制措施的种类、时间； （四）收到人民检察院起诉书副本的日期； 附带民事诉讼的，附带民事诉讼被告人收到民事诉状的日期。	（一）姓名、**出生日期**、民族、出生地、文化程度、职业、住址，或者**被告**单位的名称、住所地、诉讼代表人的姓名、职务； （二）是否受过法律处分及处分的种类、时间； （三）是否被采取强制措施及强制措施的种类、时间； （四）收到起诉书副本的日期；**有**附带民事诉讼的，附带民事诉讼被告人收到**附带民事起**诉状的日期。 **被告人较多的，可以在开庭前查明上述情况，但开庭时审判长应当作出说明。**
第一百二十六条 审判长宣布案件的来源、起诉的案由、附带民事诉讼原告人和被告人的姓名（名称）及是否公开审理。对于不公开审理的案件，应当当庭宣布不公开审理的理由。	**第一百九十一条** 审判长宣布案件的来源、起诉的案由、附带民事诉讼**当事人**的姓名及是否公开审理；不公开审理的，应当宣布理由。
第一百二十七条 审判长宣布合议庭组成人员、书记员、公诉人、辩护人、鉴定人和翻译人员的名单。	**第一百九十二条** 审判长宣布合议庭组成人员、书记员、公诉人**名单**及辩护人、鉴定人、翻译人员**等诉讼参与人**的名单。
第一百二十八条 审判长应当告知当事人、法定代理人在法庭审理过程中依法享有下列诉讼权利： （一）可以申请合议庭组成人员、书记员、公诉人、鉴定人和翻译人员回避； （二）可以提出证据，申请通知新的证人到庭、调取新的证据、重新鉴定或者勘验、检查； （三）被告人可以自行辩护； （四）被告人可以在法庭辩论终结后作最后的陈述。	**第一百九十三条** 审判长应当告知当事人**及其**法定代理人、**辩护人、诉讼代理人**在法庭审理过程中依法享有下列诉讼权利： （一）可以申请合议庭组成人员、书记员、公诉人、鉴定人和翻译人员回避； （二）可以提出证据，申请通知新的证人到庭、调取新的证据，**申请**重新鉴定或者勘验、检查； （三）被告人可以自行辩护； （四）被告人可以在法庭辩论终结后作最后陈述。
第一百二十九条 审判长分别询问当事人、法定代理人是否申请回避，申请何人回避和申请回避的理由。 如果当事人、法定代理人申请审判人员、出庭支持公诉的检察人员回避，合议庭认为符合法定情形的，应当依照本解释有关回避的规定处	**第一百九十四条** 审判长**应当**询问当事人**及其**法定代理人、**辩护人、诉讼代理人**是否申请回避、申请何人回避和申请回避的理由。 **当事人及其法定代理人、辩护人、诉讼代理人申请回避的，依照刑事诉讼法及本解释的有关规定处理。**

《98年解释》及其他解释、规范性文件	《刑事诉讼法解释》
理；认为不符合法定情形的，应当当庭驳回，继续法庭审理。如果申请回避人当庭申请复议，合议庭应当宣布休庭，待作出复议决定后，决定是否继续法庭审理。 同意或者驳回回避申请的决定及复议决定，由审判长宣布，并说明理由。必要时，也可以由院长到庭宣布。	同意或者驳回回避申请的决定及复议决定，由审判长宣布，并说明理由。必要时，也可以由院长到庭宣布。
第一百三十条 审判长宣布法庭调查开始后，应当首先由公诉人宣读起诉书；有附带民事诉讼的，再由附带民事诉讼的原告人或者其诉讼代理人宣读附带民事诉状。	**第一百九十五条** 审判长宣布法庭调查开始后，应当先由公诉人宣读起诉书；有附带民事诉讼的，再由附带民事诉讼原告人或者其**法定代理人**、诉讼代理人宣读附带民事**起**诉状。
第一百三十一条 起诉书指控的被告人的犯罪事实为两起以上的，法庭调查时，一般应当就每一起犯罪事实分别进行。	**第一百九十六条** 起诉书指控的被告人的犯罪事实为两起以上的，法庭调查一般应当分别进行。
第一百三十二条 在审判长主持下，被告人、被害人可以就起诉书指控的犯罪事实分别进行陈述。	**第一百九十七条** 在审判长主持下，被告人、被害人可以就起诉书指控的犯罪事实分别陈述。
第一百三十三条 在审判长主持下，公诉人可以就起诉书中指控的犯罪事实讯问被告人；被害人及其诉讼代理人经审判长准许，可以就公诉人讯问的情况进行补充性发问；附带民事诉讼的原告人及其法定代理人或者诉讼代理人经审判长准许，可以就附带民事诉讼部分的事实向被告人发问；经审判长准许，被告人的辩护人及法定代理人或者诉讼代理人可以在控诉一方就某一具体问题讯问完毕后向被告人发问。	**第一百九十八条** 在审判长主持下，公诉人可以就起诉书指控的犯罪事实讯问被告人。 经审判长准许，被害人及其法定代理人、诉讼代理人可以就公诉人讯问的**犯罪事实**补充发问；附带民事诉讼原告人及其法定代理人、诉讼代理人可以就附带民事部分的事实向被告人发问；被告人的法定代理人、辩护人，**附带民事诉讼被告人及其法定代理人**、诉讼代理人可以在控诉一方就某一问题讯问完毕后向被告人发问。
第一百三十四条 对于共同犯罪案件中的被告人，应当分别进行讯问。合议庭认为必要时，可以传唤共同被告人同时到庭对质。	**第一百九十九条** **讯问同案审理的**被告人，应当分别进行。必要时，可以传唤**同案**被告人等到庭对质。
第一百三十五条 控辩双方经审判长准许，可以向被害人、附带民事诉讼原告人发问。	**第二百条** 经审判长准许，控辩双方可以向被害人、附带民事诉讼原告人发问。
第一百三十七条 审判人员认为有必要时，可以向被告人、被害人及附带民事诉讼原告人、	**第二百零一条** 审判人员可以讯问被告人。必要时，可以向被害人、附带民事诉讼**当事**

《98 年解释》及其他解释、规范性文件	《刑事诉讼法解释》
被告人讯问或者发问。	人发问。
第一百三十八条 对指控的每一起案件事实,经审判长准许,公诉人可以提请审判长传唤证人、鉴定人和勘验、检查笔录制作人出庭作证,或者出示证据,宣读未到庭的被害人、证人、鉴定人和勘验、检查笔录制作人的书面陈述、证言、鉴定结论及勘验、检查笔录;被害人及其诉讼代理人和附带民事诉讼的原告人及其诉讼代理人经审判长准许,也可以分别提请传唤尚未出庭作证的证人、鉴定人和勘验、检查笔录制作人出庭作证,或者出示公诉人未出示的证据,宣读未宣读的书面证人证言、鉴定结论及勘验、检查笔录。 **第一百四十条** 被告人、辩护人、法定代理人经审判长准许,可以在起诉一方举证提供证据后,分别提请传唤证人、鉴定人出庭作证,或者出示证据、宣读未到庭的证人的书面证言、鉴定人的鉴定结论。	**第二百零二条** 公诉人可以提请审判长通知证人、鉴定人出庭作证,或者出示证据。被害人及其**法定代理人**、诉讼代理人,附带民事诉讼原告人及其诉讼代理人也可以**提出申请**。 **在控诉一方举证后**,被告人及其法定代理人、辩护人可以提请审判长**通知**证人、鉴定人出庭作证,或者出示证据。
第一百三十九条 控辩双方要求证人出庭作证,向法庭出示物证、书证、视听资料等证据,应当向审判长说明拟证明的事实,审判长同意的,即传唤证人或者准许出示证据;审判长认为与案件无关或者明显重复、不必要的证据,可以不予准许。	**第二百零三条** 控辩双方**申请**证人出庭作证,出示证据,应当说明**证据的名称、来源和拟**证明的事实。**法庭认为有必要的,应当准许;对方提出异议**,认为有关证据与案件无关或者明显重复、不必要,**法庭经审查异议成立的**,可以不予准许。
	第二百零四条 已经移送人民法院的证据,控辩双方需要出示的,可以向法庭提出申请。法庭同意的,应当指令值庭法警出示、播放;需要宣读的,由值庭法警交由申请人宣读。
	第二百零五条 公诉人、当事人或者辩护人、诉讼代理人对证人证言有异议,且该证人证言对定罪量刑有重大影响,或者对鉴定意见有异议,申请法庭通知证人、鉴定人出庭作证,人民法院认为有必要的,应当通知证人、鉴定人出庭;无法通知或者证人、鉴定人拒绝出庭的,应当及时告知申请人。
第一百四十一条 证人应当出庭作证。 符合下列情形,经人民法院准许的,证人可	**第二百零六条 证人具有下列情形之一,**无法出庭作证的,**人民法院**可以**准许其不出庭:**

《98 年解释》及其他解释、规范性文件	《刑事诉讼法解释》
以不出庭作证： （一）未成年人； （二）庭审期间身患严重疾病或者行动极为不便的； （三）其证言对案件的审判不起直接决定作用的； （四）有其他原因的。	（一）在庭审期间身患严重疾病或者行动极为不便的； （二）**居所远离开庭地点且交通极为不便的；** （三）**身处国外短期无法回国的；** （四）有其他**客观**原因，**确实无法出庭的。** **具有前款规定情形的，可以通过视频等方式作证。**
	第二百零七条　证人出庭作证所支出的交通、住宿、就餐等费用，人民法院应当给予补助。
	第二百零八条　强制证人出庭的，应当由院长签发强制证人出庭令。
	第二百零九条　审判危害国家安全犯罪、恐怖活动犯罪、黑社会性质的组织犯罪、毒品犯罪等案件，证人、鉴定人、被害人因出庭作证，本人或者其近亲属的人身安全面临危险的，人民法院应当采取不公开其真实姓名、住址和工作单位等个人信息，或者不暴露其外貌、真实声音等保护措施。 **审判期间，证人、鉴定人、被害人提出保护请求的，人民法院应当立即审查；认为确有保护必要的，应当及时决定采取相应保护措施。**
	第二百一十条　决定对出庭作证的证人、鉴定人、被害人采取不公开个人信息的保护措施的，审判人员应当在开庭前核实其身份，对证人、鉴定人如实作证的保证书不得公开，在判决书、裁定书等法律文书中可以使用化名等代替其个人信息。
第一百四十二条　证人到庭后，审判人员应当先核实证人的身份、与当事人以及本案的关系，告知证人应当如实地提供证言和有意作伪证或者隐匿罪证要负的法律责任。 证人作证前，应当在如实作证的保证书上签名。 **第一百四十四条**　鉴定人应当出庭宣读鉴	**第二百一十一条**　证人、鉴定人到庭后，审判人员应当核实**其**身份、与当事人以及本案的关系，**并**告知**其有关作证的权利义务和法律**责任。 证人、鉴定人作证前，应当**保证向法庭**如实提供证言、**说明鉴定意见，并在**保证书上签名。

《98 年解释》及其他解释、规范性文件	《刑事诉讼法解释》
定结论，但经人民法院准许不出庭的除外。鉴定人到庭后，审判人员应当先核实鉴定人的身份、与当事人及本案的关系，告知鉴定人应当如实地提供鉴定意见和有意作虚假鉴定要负的法律责任。 鉴定人说明鉴定结论前，应当在如实说明鉴定结论的保证书上签名。	
第一百四十三条 向证人发问，应当先由提请传唤的一方进行；发问完毕后，对方经审判长准许，也可以发问。 **第一百四十五条** 向鉴定人发问，应当先由要求传唤的一方进行；发问完毕后，对方经审判长准许，也可以发问。	**第二百一十二条** 向证人、鉴定人发问，应当先由提请**通知**的一方进行；发问完毕后，经审判长准许，对方也可以发问。
第一百四十六条 询问证人应当遵循以下规则： （一）发问的内容应当与案件的事实相关； （二）不得以诱导方式提问； （三）不得威胁证人； （四）不得损害证人的人格尊严。 前款规定也适用于对被告人、被害人、附带民事诉讼原告人和被告人、鉴定人的讯问、发问或者询问。	**第二百一十三条** **向**证人**发问**应当遵循以下规则： （一）发问的内容应当与本案事实有关； （二）不得以诱导方式发问； （三）不得威胁证人； （四）不得损害证人的人格尊严。 前款规定适用于对被告人、被害人、附带民事诉讼**当事人**、鉴定人、**有专门知识的人**的讯问、发问。
第一百三十六条 审判长对于控辩双方讯问、发问被告人、被害人和附带民事诉讼原告人、被告人的内容与本案无关或者讯问、发问的方式不当的，应当制止。 对于控辩双方认为对方讯问或者发问的内容与本案无关或者讯问、发问的方式不当并提出异议的，审判长应当判明情况予以支持或者驳回。 **第一百四十七条** 审判长对于向证人、鉴定人发问的内容与本案无关或者发问的方式不当的，应当制止。 对于控辩双方认为对方发问的内容与本案无关或者发问的方式不当并提出异议的，审判长应当判明情况予以支持或者驳回。	**第二百一十四条** 控辩双方的讯问、发问方式不当或者内容与本案无关的，**对方可以提出异议，申请审判长制止**，审判长应当判明情况予以支持或者驳回；**对方未提出异议的，审判长也可以根据情况予以制止。**
第一百四十八条 审判人员认为有必要时，	**第二百一十五条** 审判人员认为必要时，

《98年解释》及其他解释、规范性文件	《刑事诉讼法解释》
可以询问证人、鉴定人。	可以询问证人、鉴定人、**有专门知识的人**。
第一百四十九条 向证人和鉴定人发问应当分别进行。证人、鉴定人经控辩双方发问或者审判人员询问后，审判长应当告其退庭。 证人、鉴定人不得旁听对本案的审理。	**第二百一十六条** 向证人、鉴定人、**有专门知识的人**发问应当分别进行。证人、鉴定人、**有专门知识的人**经控辩双方发问或者审判人员询问后，审判长应当告知其退庭。 证人、鉴定人、**有专门知识的人**不得旁听对本案的审理。
	第二百一十七条 公诉人、当事人及其辩护人、诉讼代理人申请法庭通知有专门知识的人出庭，就鉴定意见提出意见的，应当说明理由。法庭认为有必要的，应当通知有专门知识的人出庭。 **申请有专门知识的人出庭，不得超过二人。有多种类鉴定意见的，可以相应增加人数。** **有专门知识的人出庭，适用鉴定人出庭的有关规定。**
第一百五十条 当庭出示的物证、书证、视听资料等证据，应当先由出示证据的一方就所出示的证据的来源、特征等作必要的说明，然后由另一方进行辨认并发表意见。控辩双方可以互相质问、辩论。	**第二百一十八条 举证方**当庭出示证据后，由**对方**进行辨认并发表意见。控辩双方可以互相质问、辩论。
第一百五十一条 当庭出示的证据、宣读的证人证言、鉴定结论和勘验、检查笔录等，在出示、宣读后，应即将原件移交法庭。 对于确实无法当庭移交的，应当要求出示、宣读证据的一方在休庭后三日内移交。 **第一百五十二条** 对于公诉人在法庭上宣读、播放未到庭证人的证言的，如果该证人提供过不同的证言，法庭应当要求公诉人将该证人的全部证言在休庭后三日内移交。 人民法院审查前款规定的证据材料，发现与庭审调查认定的案件事实有重大出入，可能影响正确裁判的，应当决定恢复法庭调查。	**第二百一十九条** 当庭出示的证据，**尚未移送人民法院的，应当在质证**后移交法庭。
第一百五十三条 在法庭调查过程中，合议庭对于证据有疑问的，可以宣布休庭，对该证据	**第二百二十条** 法庭对证据有疑问的，**可以告知公诉人、当事人及其法定代理人**、辩护

《98年解释》及其他解释、规范性文件	《刑事诉讼法解释》
进行调查核实。 **第一百五十四条** 人民法院调查核实证据时,可以进行勘验、检查、扣押、鉴定和查询、冻结。必要时,可以通知检察人员、辩护人到场。 **《死刑案件证据审查规定》** **第三十八条** 法庭对证据有疑问的,可以告知出庭检察人员、被告人及其辩护人补充证据或者作出说明;确有核实必要的,可以宣布休庭,对证据进行调查核实。法庭进行庭外调查时,必要时,可以通知出庭检察人员、辩护人到场。出庭检察人员、辩护人一方或者双方不到场的,法庭记录在案。 人民检察院、辩护人补充的和法庭庭外调查核实取得的证据,法庭可以庭外征求出庭检察人员、辩护人的意见。双方意见不一致,有一方要求人民法院开庭进行调查的,人民法院应当开庭。	人、**诉讼代理人**补充证据或者作出说明;必要时,可以宣布休庭,对证据进行调查核实。 **对公诉人、当事人及其法定代理人、辩护人、诉讼代理人补充的和法庭庭外调查核实取得的证据,应当经过当庭质证才能作为定案的根据。但是,经庭外征求意见,控辩双方没有异议的除外。** **有关情况,应当记录在案。**
第一百五十五条 公诉人要求出示开庭前送交人民法院的证据目录以外的证据,辩护方提出异议的,审判长如认为该证据确有出示的必要,可以准许出示。 如果辩护方提出对新的证据要做必要准备时,可以宣布休庭,并根据具体情况确定辩护方作必要准备的时间。确定的时间期满后,应当继续开庭审理。	**第二百二十一条** 公诉人**申请**出示开庭前**未移送**人民法院的证据,辩护方提出异议的,审判长**应当要求公诉人说明理由;理由成立**并确有出示必要**的**,应当准许。 辩护方提出**需要**对新的证据**作辩护**准备的,**法庭**可以宣布休庭,并确定准备**辩护**的时间。 **辩护方申请出示开庭前未提交的证据,参照适用前两款的规定。**
第一百五十六条 当事人和辩护人申请通知新的证人到庭,调取新的证据,申请重新鉴定或者勘验的,应当提供证人的姓名、证据的存放地点,说明所要证明的案件事实,要求重新鉴定或者勘验的理由。审判人员根据具体情况,认为可能影响案件事实认定的,应当同意该申请,并宣布延期审理;不同意的,应当告知理由并继续审理。 依照前款规定延期审理的时间不得超过一个月,延期审理的时间不计入审限。	**第二百二十二条** **法庭审理过程中,**当事人**及其**辩护人、**诉讼代理人**申请通知新的证人到庭,调取新的证据,申请重新鉴定或者勘验的,应当提供证人的姓名、证据的存放地点,说明拟证明的案件事实,要求重新鉴定或者勘验的理由。**法庭**认为**有必要的**,应当同意,并宣布延期审理;不同意的,应当说明理由并继续审理。 **延期审理的案件,符合刑事诉讼法第二百零二条第一款规定的,可以报请上级人民法院批准延长审理期限。** **人民法院同意重新鉴定申请的,应当及时委托鉴定,并将鉴定意见告知人民检察院、当事**

《98 年解释》及其他解释、规范性文件	《刑事诉讼法解释》
	人及其辩护人、诉讼代理人。
第一百五十七条 在庭审过程中，公诉人发现案件需要补充侦查，提出延期审理建议的，合议庭应当同意。但是建议延期审理的次数不得超过两次。 法庭宣布延期审理后，人民检察院在补充侦查的期限内没有提请人民法院恢复法庭审理的，人民法院应当决定按人民检察院撤诉处理。	**第二百二十三条** **审判期间**，公诉人发现案件需要补充侦查，**建议**延期审理的，合议庭应当同意，但建议延期审理不得超过两次。 **人民检察院将补充收集的证据移送人民法院的，人民法院应当通知辩护人、诉讼代理人查阅、摘抄、复制。** **补充侦查期限届满后，经法庭通知，人民检察院未将案件移送人民法院，且未说明原因的，**人民法院**可以**决定按人民检察院撤诉处理。
第一百五十八条 人民法院向人民检察院调取需要调查核实的证据材料，或者根据辩护人、被告人的申请，向人民检察院调取在侦查、审查起诉中收集的有关被告人无罪和罪轻的证据材料，应当通知人民检察院在收到调取证据材料决定书后三日内移交。	**第二百二十四条** 人民法院向人民检察院调取需要调查核实的证据材料，或者根据被告人、辩护人的申请，向人民检察院调取在侦查、审查起诉**期间**收集的有关被告人无罪**或者**罪轻的证据材料，应当通知人民检察院在收到调取证据材料决定书后三日内移交。
《规范量刑程序意见》① **第十条** 在法庭调查过程中，人民法院应当查明对被告人适用特定法定刑幅度以及其他从重、从轻、减轻或免除处罚的法定或者酌定量刑情节。 **《死刑案件证据审查规定》** **第三十六条** 在对被告人作出有罪认定后，人民法院认定被告人的量刑事实，除审查法定情节外，还应审查以下影响量刑的情节： （一）案件起因； （二）被害人有无过错及过错程度，是否对矛盾激化负有责任及责任大小； （三）被告人的近亲属是否协助抓获被告人； （四）被告人平时表现及有无悔罪态度； （五）被害人附带民事诉讼赔偿情况，被告人是否取得被害人或者被害人近亲属谅解；	**第二百二十五条** 法庭**审理**过程中，**对与量刑有关的事实、证据**，应当**进行调查**。 人民法院除**应当**审查**被告人是否具有**法定量刑情节外，还应**当根据案件情况**审查以下影响量刑的情节： （一）案件起因； （二）被害人有无过错及过错程度，是否对矛盾激化负有责任及责任大小； （三）被告人的近亲属是否协助抓获被告人； （四）被告人平时表现，有无悔罪态度； （五）**退赃、退赔及赔偿情况；** **（六）** 被告人是否取得被害人或者其近亲属谅解； **（七）** 影响量刑的其他情节。

① 最高人民法院 最高人民检察院 公安部 国家安全部 司法部印发《关于规范量刑程序若干问题的意见（试行）》的通知 ；法发［2010］35 号；2010 年 9 月 13 日公布，2010 年 10 月 01 日实施。

《98年解释》及其他解释、规范性文件	《刑事诉讼法解释》
（六）其他影响量刑的情节。 既有从轻、减轻处罚等情节，又有从重处罚等情节的，应当依法综合相关情节予以考虑。 不能排除被告人具有从轻、减轻处罚等量刑情节的，判处死刑应当特别慎重。	
第一百五十九条 合议庭在案件审理过程中，发现被告人可能有自首、立功等法定量刑情节，而起诉和移送的证据材料中没有这方面的证据材料的，应当建议人民检察院补充侦查。	**第二百二十六条** **审判期间**，合议庭发现被告人可能有自首、**坦白**、立功等法定量刑情节，而**人民检察院**移送的**案卷**中没有**相关**证据材料的，应当**通知**人民检察院**移送**。 **审判期间，被告人提出新的立功线索的，人民法院可以建议人民检察院补充侦查。**
《规范量刑程序意见》 **第八条** 对于适用普通程序审理的被告人认罪案件，在确认被告人了解起诉书指控的犯罪事实和罪名，自愿认罪且知悉认罪的法律后果后，法庭审理主要围绕量刑和其他有争议的问题进行。	**第二百二十七条** 对被告人认罪的案件，在确认被告人了解起诉书指控的犯罪事实和罪名，自愿认罪且知悉认罪的法律后果后，法庭**调查可以**主要围绕量刑和其他有争议的问题进行。 **对被告人不认罪或者辩护人作无罪辩护的案件，法庭调查应当在查明定罪事实的基础上，查明有关量刑事实。**
	第三节 法庭辩论与最后陈述
第一百六十条 合议庭认为本案事实已经调查清楚，应当由审判长宣布法庭调查结束，开始就全案事实、证据、适用法律等问题进行法庭辩论。	**第二百二十八条** 合议庭认为**案件**事实已经调查清楚的，应当由审判长宣布法庭调查结束，开始就**定罪**、**量刑的**事实、证据和适用法律等问题进行法庭辩论。
第一百六十一条 法庭辩论应当在审判长的主持下，按照下列顺序进行： （一）公诉人发言； （二）被害人及其诉讼代理人发言； （三）被告人自行辩护； （四）辩护人辩护； （五）控辩双方进行辩论。	**第二百二十九条** 法庭辩论应当在审判长的主持下，按照下列顺序进行： （一）公诉人发言； （二）被害人及其诉讼代理人发言； （三）被告人自行辩护； （四）辩护人辩护； （五）控辩双方进行辩论。
《规范量刑程序意见》 **第三条第一款** 对于公诉案件，人民检察院可以提出量刑建议。量刑建议一般应当具有一定的幅度。	**第二百三十条** 人民检察院可以提出量刑建议**并说明理由**，量刑建议一般应当具有一定的幅度。当事人**及其**辩护人、诉讼代理人可以对量刑提出意见并说明理由。

《98 年解释》及其他解释、规范性文件	《刑事诉讼法解释》
第四条 在诉讼过程中,当事人和辩护人、诉讼代理人可以提出量刑意见,并说明理由。	
《规范量刑程序意见》 **第八条** 对于适用普通程序审理的被告人认罪案件,在确认被告人了解起诉书指控的犯罪事实和罪名,自愿认罪且知悉认罪的法律后果后,法庭审理主要围绕量刑和其他有争议的问题进行。 **第九条** 对于被告人不认罪或者辩护人做无罪辩护的案件,在法庭调查阶段,应当查明有关的量刑事实。在法庭辩论阶段,审判人员引导控辩双方先辩论定罪问题。在定罪辩论结束后,审判人员告知控辩双方可以围绕量刑问题进行辩论,发表量刑建议或意见,并说明理由和依据。	**第二百三十一条** 对被告人认罪的案件,**法庭辩论时,可以引导控辩双方**主要围绕量刑和其他有争议的问题进行。 对被告人不认罪或者辩护人作无罪辩护的案件,法庭辩论时,**可以**引导控辩双方先辩论定罪问题,**后辩论量刑问题**。
第一百六十二条 附带民事诉讼部分的辩论应当在刑事诉讼部分的辩论结束后进行。先由附带民事诉讼原告人及其诉讼代理人发言,然后由被告人及其诉讼代理人答辩。	**第二百三十二条** 附带民事部分的辩论应当在刑事部分的辩论结束后进行,先由附带民事诉讼原告人及其诉讼代理人发言,**后由附带民事诉讼**被告人及其诉讼代理人答辩。
第一百六十三条 在法庭辩论过程中,审判长对于控辩双方与案件无关、重复或者互相指责的发言应当制止。	**第二百三十三条** 法庭辩论过程中,审判长**应当充分听取控辩双方的意见**,对控辩双方与案件无关、重复或者指责**对方**的发言应当**提醒**、制止。
第一百六十六条 在法庭辩论过程中,如果合议庭发现新的事实,认为有必要进行调查时,审判长可以宣布暂停辩论,恢复法庭调查,待该事实查清后继续法庭辩论。	**第二百三十四条** 法庭辩论过程中,合议庭发现**与定罪、量刑有关的**新的事实,有必要调查**的**,审判长可以宣布暂停辩论,恢复法庭调查,**在对新的事实调查**后,继续法庭辩论。
第一百六十七条 审判长宣布法庭辩论终结后,合议庭应当保证被告人充分行使最后陈述的权利。如果被告人在最后陈述中多次重复自己的意见,审判长可以制止;如果陈述内容是蔑视法庭、公诉人,损害他人及社会公共利益或者与本案无关的,应当制止;在公开审理的案件中,被告人最后陈述的内容涉及国家秘密或者个人隐私的,也应当制止。	**第二百三十五条** 审判长宣布法庭辩论终结后,合议庭应当保证被告人充分行使最后陈述的权利。被告人在最后陈述中多次重复自己的意见的,审判长可以制止。陈述内容蔑视法庭、公诉人,损害他人及社会公共利益,或者与本案无关的,应当制止。 在公开审理的案件中,被告人最后陈述的内容涉及国家秘密、个人隐私**或者商业秘密**的,应当制止。

《98 年解释》及其他解释、规范性文件	《刑事诉讼法解释》
第一百六十八条　被告人在最后陈述中提出了新的事实、证据，合议庭认为可能影响正确裁判的，应当恢复法庭调查；如果被告人提出新的辩解理由，合议庭认为确有必要的，可以恢复法庭辩论。	**第二百三十六条**　被告人在最后陈述中提出新的事实、证据，合议庭认为可能影响正确裁判的，应当恢复法庭调查；被告人提出新的辩解理由，合议庭认为可能影响正确裁判的，**应当**恢复法庭辩论。
	第四节　评议案件与宣告判决
第一百七十条　审判长在被告人最后陈述后，应当宣布休庭，合议庭进行评议。	**第二百三十七条**　被告人最后陈述后，审判长应当宣布休庭，**由**合议庭进行评议。
第一百七十一条　开庭审理的全部活动，应当由书记员制作成笔录，经审判长审阅后，分别由审判长和书记员签名。	**第二百三十八条**　开庭审理的全部活动，应当由书记员制作笔录；**笔录**经审判长审阅后，分别由审判长和书记员签名。
第一百七十三条　法庭笔录应当在庭审后交由当事人阅读或者向其宣读。当事人认为记录有遗漏或者有差错的，可以请求补充或者改正。当事人确认无误后，应当签名或者盖章。 **第一百七十二条**　法庭笔录中的出庭证人的证言部分，应当在庭审后交由证人阅读或者向其宣读。证人确认无误后，应当签名或者盖章。	**第二百三十九条**　法庭笔录应当在庭审后交由当事人、**法定代理人、辩护人、诉讼代理人**阅读或者向其宣读。 法庭笔录中的出庭证人、**鉴定人、有专门知识的人**的证言、**意见**部分，应当在庭审后**分别**交由**有关人员**阅读或者向其宣读。 **前两款所列人员**认为记录有遗漏或者差错的，可以请求补充或者改正；确认无误后，应当签名；**拒绝签名的，应当记录在案；要求改变庭审中陈述的，不予准许。**
第一百七十四条　对于当庭出示、宣读的证据，审判长宣布休庭后，合议庭应当与提供证据的公诉人、辩护人等办理交接手续。	
第一百七十五条　合议庭应当根据已经查明的事实、证据和有关法律规定，并在充分考虑控辩双方意见的基础上，进行评议，确定被告人是否有罪，应否追究刑事责任；构成何罪，应否处以刑罚；判处何种刑罚；有无从重、从轻、减轻或者免除处罚的情节；附带民事诉讼如何解决；赃款赃物如何处理等，并依法作出判决。	**第二百四十条**　合议庭**评议案件**，应当根据已经查明的事实、证据和有关法律规定，在充分考虑控辩双方意见的基础上，确定被告人是否有罪、构成何罪，有无从重、从轻、减轻或者免除处罚情节，应否处以刑罚、判处何种刑罚，附带民事诉讼如何解决，**查封、扣押、冻结的财物及其孳息**如何处理等，并依法作出判决、**裁定**。
第一百七十六条　人民法院应当根据案件的具体情形，分别作出裁判：	**第二百四十一条**　**对第一审公诉案件，**人民法院**审理后**，应当**按照下列情形**分别作出判

《98 年解释》及其他解释、规范性文件	《刑事诉讼法解释》
（一）起诉指控的事实清楚，证据确实、充分，依据法律认定被告人的罪名成立的，应当作出有罪判决； （二）起诉指控的事实清楚，证据确实、充分，指控的罪名与人民法院审理认定的罪名不一致的，应当作出有罪判决； （三）案件事实清楚，证据确实、充分，依据法律认定被告人无罪的，应当判决宣告被告人无罪； （四）证据不足，不能认定被告人有罪的，应当以证据不足，指控的犯罪不能成立，判决宣告被告人无罪； （五）案件事实部分清楚，证据确实、充分的，应当依法作出有罪或者无罪的判决；事实不清，证据不足部分，依法不予认定； （六）被告人因不满十六周岁，不予刑事处罚的，应当判决宣告被告人不负刑事责任； （七）被告人是精神病人，在不能辨认或者不能控制自己行为的时候造成危害结果，不予刑事处罚的，应当判决宣告被告人不负刑事责任； （八）犯罪已过追诉时效期限，并且不是必须追诉或者经特赦令免除刑罚的，应当裁定终止审理； （九）被告人死亡的，应当裁定终止审理；对于根据已查明的案件事实和认定的证据材料，能够确认被告人无罪的，应当判决宣告被告人无罪。	**决、裁定：** （一）起诉指控的事实清楚，证据确实、充分，依据法律认定**指控**被告人的罪名成立的，应当作出有罪判决； （二）起诉指控的事实清楚，证据确实、充分，指控的罪名与审理认定的罪名不一致的，应当**按照审理认定的罪名**作出有罪判决； （三）案件事实清楚，证据确实、充分，依据法律认定被告人无罪的，应当判决宣告被告人无罪； （四）证据不足，不能认定被告人有罪的，应当以证据不足、指控的犯罪不能成立，判决宣告被告人无罪； （五）案件部分事实清楚，证据确实、充分的，应当作出有罪或者无罪的判决；对事实不清、证据不足部分，不予认定； （六）被告人因不满十六周岁，不予刑事处罚的，应当判决宣告被告人不负刑事责任； （七）被告人是精神病人，在不能辨认或者不能控制自己行为时造成危害结果，不予刑事处罚的，应当判决宣告被告人不负刑事责任； （八）犯罪已过追诉时效期限且不是必须追诉，或者经特赦令免除刑罚的，应当裁定终止审理； （九）被告人死亡的，应当裁定终止审理；根据已查明的案件事实和认定的证据，能够确认无罪的，应当判决宣告被告人无罪。 **具有前款第二项规定情形的，人民法院应当在判决前听取控辩双方的意见，保障被告人、辩护人充分行使辩护权。必要时，可以重新开庭，组织控辩双方围绕被告人的行为构成何罪进行辩论。**
第一百七十七条　在宣告判决前，人民检察院要求撤回起诉的，人民法院应当审查人民检察院撤回起诉的理由，并作出是否准许的裁定。	**第二百四十二条**　宣告判决前，人民检察院要求撤回起诉的，人民法院应当审查撤回起诉的理由，作出是否准许的裁定。
第一百七十八条　人民法院在审理中发现新的事实，可能影响定罪的，应当建议人民检察	**第二百四十三条**　**审判期间**，人民法院发现新的事实，可能影响定罪的，可以建议人民检

《98 年解释》及其他解释、规范性文件	《刑事诉讼法解释》
院补充或者变更起诉；人民检察院不同意的，人民法院应当就起诉指控的犯罪事实，依照本解释第一百七十六条的有关规定依法作出裁判。	察院补充或者变更起诉；人民检察院不同意**或者在七日内未回复意见**的，人民法院应当就起诉指控的犯罪事实，依照本解释**第二百四十一条**的规定作出**判决、裁定**。
第一百七十九条 依据本解释第一百一十七条第（三）项规定受理的案件，依法作出判决时，人民法院对于前案依据刑事诉讼法第一百六十二条第（三）项规定作出的判决，不予撤销。但应当在判决中写明："被告人×××曾于×年×月×日被××人民检察院以××罪向××人民法院提起公诉。因证据不足，指控的犯罪不能成立，被××人民法院依法判决宣告无罪。"	**第二百四十四条** 对依照本解释**第一百八十一条第一款第四项**规定受理的案件，人民法院**应当在判决中写明被告人曾被人民检察院提起公诉，因证据不足，指控的犯罪不能成立，被人民法院依法判决宣告无罪的情况**；前案依照刑事诉讼法**第一百九十五条第三项**规定作出的判决不予撤销。
第一百八十条 合议庭成员应当在评议笔录上签名，在法律文书上署名。	**第二百四十五条** 合议庭成员应当在评议笔录上签名，在**判决书、裁定书等**法律文书上署名。
	第二百四十六条 裁判文书应当写明裁判依据，阐释裁判理由，反映控辩双方的意见并说明采纳或者不予采纳的理由。
第一百八十二条 当庭宣告判决的，应当宣布判决结果，并在五日内将判决书送达当事人、法定代理人、诉讼代理人、提起公诉的人民检察院、辩护人和被告人的近亲属。定期宣告判决的，合议庭应当在宣判前，先期公告宣判的时间和地点，传唤当事人并通知公诉人、法定代理人、诉讼代理人和辩护人；判决宣告后应当立即将判决书送达当事人、法定代理人、诉讼代理人、提起公诉的人民检察院、辩护人和被告人的近亲属。判决生效后还应当送达被告人的所在单位或者原户籍所在地的公安派出所。被告人是单位的，应当送达被告人注册登记的工商行政管理机关。	**第二百四十七条** 当庭宣告判决的，应当在五日内送达判决书。定期宣告判决的，应当在宣判前，先期公告宣判的时间和地点，传唤当事人并通知公诉人、法定代理人、辩护人和诉讼代理人；判决宣告后，应当立即送达判决书。 判决书应当送达人民检察院、当事人、法定代理人、辩护人、诉讼代理人，并可以送达被告人的近亲属。判决生效后，还应当送达被告人的所在单位或者原户籍地的公安派出所，**或者被告单位的注册登记机关**。
第一百八十三条 宣告判决，应当一律公开进行。 宣告判决时，法庭内全体人员应当起立。 宣判时，公诉人、辩护人、被害人、自诉人或	**第二百四十八条** 宣告判决，一律公开进行。公诉人、辩护人、**诉讼代理人**、被害人、自诉人或者附带民事诉讼原告人未到庭的，不影响宣判的进行。

《98 年解释》及其他解释、规范性文件	《刑事诉讼法解释》
者附带民事诉讼的原告人未到庭的,不影响宣判的进行。	宣告判决**结果**时,法庭内全体人员应当起立。
	第五节　法庭纪律与其他规定
《法庭规则》 **第七条**　诉讼参与人应当遵守法庭规则,维护法庭秩序,不得喧哗、吵闹;发言、陈述和辩论,须经审判长或者独任审判员许可。 **第九条**　旁听人员必须遵守下列纪律: (一)不得录音、录像和摄影; (二)不得随意走动和进入审判区; (三)不得发言、提问; (四)不得鼓掌、喧哗、哄闹和实施其他妨害审判活动的行为。 **第十条**　新闻记者旁听应遵守本规则。未经审判长或者独任审判员许可,不得在庭审过程中录音、录像和摄影。	**第二百四十九条**　**法庭审理过程中**,诉讼参与人、旁听人员应当遵守以下纪律: (一)**服从法庭指挥,遵守法庭礼仪;** (二)不得鼓掌、喧哗、哄闹、随意走动; (三)不得**对庭审活动进行**录音、录像、摄影,或者通过发送邮件、博客、微博客等方式传播庭审情况,但经人民法院许可的新闻记者除外; (四)旁听人员不得发言、提问; (五)不得实施其他**扰乱法庭秩序**的行为。
第一百八十四条　在法庭审判过程中,如果诉讼参与人或者旁听人员违反法庭秩序,合议庭应当按照下列情形分别处理: (一)对于违反法庭秩序情节较轻的,应当当庭警告制止并进行训诫; (二)对于不听警告制止的,可以指令法警强行带出法庭; (三)对于违反法庭秩序情节严重的,经报请院长批准后,对行为人处 1000 元以下的罚款或者十五日以下的拘留; (四)对于严重扰乱法庭秩序,构成犯罪的,应当依法追究刑事责任。 当事人对人民法院罚款、拘留的决定不服,可以向上一级人民法院申请复议。复议申请可以直接向上一级人民法院提出,也可以通过作出罚款、拘留决定的人民法院提出。通过作出罚款、拘留决定的人民法院向上一级人民法院申请复议的,该人民法院应当自收到复议申请之日起三日内,将申请人的复议申请、罚款或者拘留决定书和有关事实、证据材料一并报上一级人民法院复议。上一级人民法院复议期间,不停止决定的执行。	**第二百五十条**　法庭审理过程中,诉讼参与人或者旁听人员**扰乱**法庭秩序的,**审判长**应当按照下列情形分别处理: (一)情节较轻的,应当警告制止并进行训诫; (二)不听制止的,可以指令法警强行带出法庭; (三)情节严重的,**报经**院长批准后,**可以**对行为人处一千元以下的罚款或者十五日以下的拘留; (四)**未经许可录音、录像、摄影或者通过邮件、博客、微博客等方式传播庭审情况的,可以暂扣存储介质或者相关设备。** **诉讼参与人、旁听人员**对罚款、拘留的决定不服的,可以**直接**向上一级人民法院申请复议,也可以通过**决定**罚款、拘留的人民法院**向上一级人民法院申请复议**。通过**决定**罚款、拘留的人民法院申请复议的,该人民法院应当自收到复议申请之日起三日内,将复议申请、罚款或者拘留决定书和有关事实、证据材料一并报上一级人民法院复议。复议期间,不停止决定的执行。

《98 年解释》及其他解释、规范性文件	《刑事诉讼法解释》
	第二百五十一条 担任辩护人、诉讼代理人的律师严重扰乱法庭秩序，被强行带出法庭或者被处以罚款、拘留的，人民法院应当通报司法行政机关，并可以建议依法给予相应处罚。
	第二百五十二条 聚众哄闹、冲击法庭或者侮辱、诽谤、威胁、殴打司法工作人员或者诉讼参与人，严重扰乱法庭秩序，构成犯罪的，应当依法追究刑事责任。
	第二百五十三条 辩护人严重扰乱法庭秩序，被强行带出法庭或者被处以罚款、拘留，被告人自行辩护的，庭审继续进行；被告人要求另行委托辩护人，或者被告人属于应当提供法律援助情形的，应当宣布休庭。
第一百六十五条第一、二款 被告人当庭拒绝辩护人为其辩护，要求另行委托辩护人的，应当同意，并宣布延期审理。被告人要求人民法院另行指定辩护律师，合议庭同意的，应当宣布延期审理。 重新开庭后，被告人再次当庭拒绝重新委托的辩护人或者人民法院指定的辩护律师为其辩护的，合议庭应当分别情形作出处理： （一）被告人是成年人的，可以准许。但被告人不得再另行委托辩护人，人民法院也不再另行指定辩护律师，被告人可以自行辩护； （二）被告人具有本解释第三十六条规定情形之一的，不予准许。	**第二百五十四条** 被告人当庭拒绝辩护人辩护，要求另行委托辩护人或者指派律师的，合议庭应当准许。被告人拒绝辩护人辩护后，没有辩护人的，应当宣布休庭；仍有辩护人的，庭审可以继续进行。 有多名被告人的案件，部分被告人拒绝辩护人辩护后，没有辩护人的，根据案件情况，可以对该被告人另案处理，对其他被告人的庭审继续进行。 重新开庭后，被告人再次当庭拒绝辩护人辩护的，可以准许，但被告人不得再次另行委托辩护人或者要求另行指派律师，由其自行辩护。 被告人属于应当提供法律援助的情形，重新开庭后再次当庭拒绝辩护人辩护的，不予准许。
第一百六十四条 对于辩护人依照有关规定当庭拒绝继续为被告人进行辩护的，合议庭应当准许。如果被告人要求另行委托辩护人，合议庭应当宣布延期审理，由被告人另行委托辩护人或者由人民法院为其另行指定辩护律师。	**第二百五十五条** 法庭审理过程中，辩护人拒绝为被告人辩护的，应当准许；是否继续庭审，参照适用前条的规定。
第一百六十五条第三款 依照本解释第一百六十四条、本条第一、二款规定另行委托、指定	**第二百五十六条** 依照前两条规定另行委托辩护人或者指派律师的，自案件宣布休庭之

《98年解释》及其他解释、规范性文件	《刑事诉讼法解释》
辩护人或者辩护律师的，自案件宣布延期审理之日起至第十日止，准备辩护时间不计入审限。	日起至第十五日止，**由辩护人准备辩护，但被告人及其辩护人自愿缩短时间的除外。**
	第二百五十七条　有多名被告人的案件，部分被告人具有刑事诉讼法第二百条第一款规定情形的，人民法院可以对全案中止审理；根据案件情况，也可以对该部分被告人中止审理，对其他被告人继续审理。 **对中止审理的部分被告人，可以根据案件情况另案处理。**
第一百八十一条　在审判过程中，自诉人或者被告人患精神病或者其他严重疾病，以及案件起诉到人民法院后被告人脱逃，致使案件在较长时间内无法继续审理的，人民法院应当裁定中止审理。 由于其他不能抗拒的原因，使案件无法继续审理的，可以裁定中止审理。 中止审理的原因消失后，应当恢复审理。中止审理的期间不计入审理期限。 **第一百八十五条**　人民检察院认为人民法院审理案件过程中，有违反法律规定的诉讼程序的情况，在庭审后提出书面纠正意见的，人民法院认为正确的，应当采纳。	**第二百五十八条**　人民检察院认为人民法院审理案件违反**法定**程序，在庭审后提出书面纠正意见，人民法院认为正确的，应当采纳。
十、自诉案件第一审程序	**第十章　自诉案件第一审程序**
第一百八十六条　人民法院受理的自诉案件必须符合下列条件： （一）属于刑事诉讼法第一百七十条、本解释第一条规定的案件； （二）属于本院管辖的； （三）刑事案件的被害人告诉的； （四）有明确的被告人、具体的诉讼请求和能证明被告人犯罪事实的证据。 人民法院受理刑事诉讼法第一百七十条第（三）项规定的自诉案件，还应当符合刑事诉讼法第八十六条、第一百四十五条的规定。	**第二百五十九条**　人民法院受理自诉案件必须符合下列条件： （一）符合刑事诉讼法**第二百零四条**、本解释第一条的规定； （二）属于本院管辖； （三）被害人告诉； （四）有明确的被告人、具体的诉讼请求和证明被告人犯罪事实的证据。
第一百八十七条　本解释第一条规定的案	**第二百六十条**　本解释第一条规定的案

《98年解释》及其他解释、规范性文件	《刑事诉讼法解释》
件，如果被害人死亡、丧失行为能力或者因受强制、威吓等原因无法告诉，或者是限制行为能力人以及由于年老、患病、盲、聋、哑等原因不能亲自告诉，其法定代理人、近亲属代为告诉的，人民法院应当依法受理。 因前款规定的原因，被害人不能告诉，由其法定代理人、近亲属代为告诉的，代为告诉人应当提供与被害人关系的证明和被害人不能亲自告诉的原因的证明。	件，如果被害人死亡、丧失行为能力或者因受强制、威吓等无法告诉，或者是限制行为能力人以及**因**年老、患病、盲、聋、哑等不能亲自告诉，其法定代理人、近亲属**告诉或者**代为告诉的，人民法院应当依法受理。 被害人**的**法定代理人、近亲属**告诉或者**代为告诉，应当提供与被害人关系的证明和被害人不能亲自告诉的原因的证明。
第一百八十九条 自诉人应当向人民法院提交刑事自诉状；提起附带民事诉讼的，还应当提交刑事附带民事自诉状。 自诉人书写自诉状确有困难的，可以口头告诉，由人民法院工作人员作出告诉笔录，向自诉人宣读，自诉人确认无误后，应当签名或者盖章。	**第二百六十一条** **提起**自诉应当提交刑事自诉状；**同时**提起附带民事诉讼的，应当提交刑事附带民事自诉状。
第一百九十条 自诉状或者告诉笔录应当包括以下内容： （一）自诉人、被告人、代为告诉人的姓名、性别、年龄、民族、出生地、文化程度、职业、工作单位、住址； （二）被告人犯罪行为的时间、地点、手段、情节和危害后果等； （三）具体的诉讼请求； （四）致送人民法院的名称及具状时间； （五）证人的姓名、住址及其他证据的名称、来源等。 如果被告人是二人以上的，自诉人在告诉时需按被告人的人数提供自诉状副本。	**第二百六十二条** 自诉状应当包括以下内容： （一）自诉人（代为告诉人）、被告人的姓名、性别、年龄、民族、出生地、文化程度、职业、工作单位、住址、**联系方式**； （二）被告人**实施**犯罪的时间、地点、手段、情节和危害后果等； （三）具体的诉讼请求； （四）致送**的**人民法院**和**具状时间； （五）证据的名称、来源等； （六）证人的姓名、住址、**联系方式**等。 **对两名以上被告人提出告诉的，应当**按照被告人的人数提供自诉状副本。
第一百八十八条 对于自诉案件，人民法院经审查有下列情形之一的，应当说服自诉人撤回起诉，或者裁定驳回起诉： （一）不符合本解释第一百八十六条规定的条件的； （二）证据不充分的； （三）犯罪已过追诉时效期限的； （四）被告人死亡的； （五）被告人下落不明的；	**第二百六十三条** 对自诉案件，人民法院应当在十五日内**审查完毕**。经审查，**符合受理条件的，应当决定立案**，并书面通知自诉人或者代为告诉人。 **具**有下列情形之一的，应当说服自诉人撤回起诉；**自诉人不撤回起诉的，裁定不予受理**： **（一）不属于本解释第一条规定的案件的；** **（二）缺乏罪证的；** （三）犯罪已过追诉时效期限的；

《98 年解释》及其他解释、规范性文件	《刑事诉讼法解释》
（六）除因证据不足而撤诉的以外，自诉人撤诉后，就同一事实又告诉的； （七）经人民法院调解结案后，自诉人反悔，就同一事实再行告诉的。 **第一百九十一条**　人民法院应当在收到自诉状或者口头告诉第二日起十五日内作出是否立案的决定，并书面通知自诉人或者代为告诉人。	（四）被告人死亡的； （五）被告人下落不明的； （六）除因证据不足而撤诉的以外，自诉人撤诉后，就同一事实又告诉的； （七）经人民法院调解结案后，自诉人反悔，就同一事实再行告诉的。
第一百九十二条　对于已经立案，经审查缺乏罪证的自诉案件，如果自诉人提不出补充证据，应当说服自诉人撤回起诉或者裁定驳回起诉；自诉人经说服撤回起诉或者被驳回起诉后，又提出了新的足以证明被告人有罪的证据，再次提起自诉的，人民法院应当受理。	**第二百六十四条**　对已经立案，经审查缺乏罪证的自诉案件，自诉人提不出补充证据的，**人民法院**应当说服**其**撤回起诉或者裁定驳回起诉；自诉人撤回起诉或者被驳回起诉后，又提出了新的足以证明被告人有罪的证据，再次提起自诉的，人民法院应当受理。
	第二百六十五条　自诉人对不予受理或者驳回起诉的裁定不服的，可以提起上诉。 **第二审人民法院查明第一审人民法院作出的不予受理裁定有错误的，应当在撤销原裁定的同时，指令第一审人民法院立案受理；查明第一审人民法院驳回起诉裁定有错误的，应当在撤销原裁定的同时，指令第一审人民法院进行审理。**
第一百九十三条　自诉人明知有其他共同侵害人，但只对部分侵害人提起自诉的，人民法院应当受理，并视为自诉人对其他侵害人放弃告诉权利。判决宣告后自诉人又对其他共同侵害人就同一事实提起自诉的，人民法院不再受理。共同被害人中只有部分人告诉的，人民法院应当通知其他被害人参加诉讼。被通知人接到通知后表示不参加诉讼或者不出庭的，即视为放弃告诉权利。第一审宣判后，被通知人就同一事实又提起自诉的，人民法院不予受理。但当事人另行提起民事诉讼的，不受本解释限制。	**第二百六十六条**　自诉人明知有其他共同侵害人，但只对部分侵害人提起自诉的，人民法院应当受理，并**告知其放弃告诉的法律后果；自诉人放弃告诉**，判决宣告后又对其他共同侵害人就同一事实提起自诉的，人民法院**不予**受理。 共同被害人中只有部分人告诉的，人民法院应当通知其他被害人参加诉讼，**并告知其不参加诉讼的法律后果**。被通知人接到通知后表示不参加诉讼或者不出庭的，视为放弃告诉。第一审宣判后，被通知人就同一事实又提起自诉的，人民法院不予受理。但是，当事人另行提起民事诉讼的，不受本解释限制。
第一百九十四条　被告人实施的两个以上的犯罪行为，分别属于公诉案件和自诉案件的，	**第二百六十七条**　被告人实施两个以上犯罪行为，分别属于公诉案件和自诉案件，人民法

《98年解释》及其他解释、规范性文件	《刑事诉讼法解释》
人民法院可以在审理公诉案件时，对自诉案件一并审理。	院可以一并审理。**对自诉部分的审理，适用本章的规定。**
第一百九十五条 人民法院受理自诉案件后，对于当事人因客观原因不能取得并提供有关证据而申请人民法院调取证据，人民法院认为必要的，可以依法调取。	**第二百六十八条** **自诉案件**当事人因客观原因不能取得**的**证据，申请人民法院调取的，**应当说明理由，并提供相关线索或者材料。**人民法院认为有必要的，**应当及时**调取。
第一百九十六条第一款 人民法院对于决定受理的自诉案件，应当开庭审判。	**第二百六十九条** **对犯罪事实清楚，有足够证据**的自诉案件，应当开庭审理。
第一百九十六条第二句 不适用简易程序审理的，审判程序参照公诉案件第一审程序的规定进行。 **第二百一十九条** 告诉才处理的案件和被害人有证据证明的轻微刑事案件，人民法院可以适用简易程序。但刑事诉讼法第一百七十条第（三）项规定的案件除外。	**第二百七十条** **自诉案件，符合简易程序适用条件的，可以适用简易程序审理。** 不适用简易程序审理的**自诉案件**，参照适用公诉案件第一审**普通**程序的**有关**规定。
第一百九十七条 人民法院对告诉才处理和被害人有证据证明的轻微刑事案件，可以在查明事实、分清是非的基础上进行调解。自诉人在宣告判决前可以同被告人自行和解或者撤回起诉。 **第二百条** 调解应当在自愿、合法，不损害国家、集体和其他公民利益的前提下进行。调解达成协议的，人民法院应当制作刑事自诉案件调解书，由审判人员和书记员署名，并加盖人民法院印章。调解书经双方当事人签收后即发生法律效力。调解没有达成协议或者调解书签收前当事人反悔的，人民法院应当进行判决。 **第二百零三条** 对于刑事诉讼法第一百七十条第（三）项规定的案件，不适用调解。	**第二百七十一条** 人民法院**审理自诉案件**，可以在查明事实、分清是非的基础上，**根据自愿、合法的原则**进行调解。调解达成协议的，应当制作刑事调解书，由审判人员和书记员署名，并加盖人民法院印章。调解书经双方当事人签收后，即**具有**法律效力。调解没有达成协议，或者调解书签收前当事人反悔的，应当**及时作出判决**。 刑事诉讼法**第二百零四条第三项**规定的案件不适用调解。
第一百九十八条 对于自诉人要求撤诉的，经人民法院审查认为确属自愿的，应当准许；经审查认为自诉人系被强迫、威吓等，不是出于自愿的，应当不予准许。 **第一百九十九条** 对于已经审理的自诉案件，当事人自行和解的，应当记录在卷。	**第二百七十二条** **判决宣告前，自诉案件的当事人可以自行和解，自诉人可以撤回自诉。** 人民法院经审查，认为**和解、撤回自诉**确属自愿的，应当**裁定**准许；认为系被强迫、威吓等，**并非**出于自愿的，不予准许。

《98 年解释》及其他解释、规范性文件	《刑事诉讼法解释》
第二百零一条 人民法院裁定准许自诉人撤诉或者当事人自行和解的案件,被告人被采取强制措施的,应当立即予以解除。	**第二百七十三条** 裁定准许撤诉或者当事人自行和解的**自诉**案件,被告人被采取强制措施的,人民法院应当立即解除。
第二百零二条 自诉人经两次依法传唤,无正当理由拒不到庭的,或者未经法庭准许中途退庭的,人民法院应当决定按自诉人撤诉处理。 自诉人是二人以上,其中部分人撤诉的,不影响案件的继续审理。	**第二百七十四条** 自诉人经两次传唤,无正当理由拒不到庭,或者未经法庭准许中途退庭的,人民法院应当**裁定**按撤诉处理。 **部分自诉人撤诉或者被裁定按撤诉处理的**,不影响案件的继续审理。
第二百零四条 在自诉案件审理过程中,被告人下落不明的,应当中止审理。被告人归案后,应当恢复审理,必要时,应当对被告人依法采取强制措施。	**第二百七十五条** 被告人在自诉案件审**判期间**下落不明的,**人民法院**应当**裁定**中止审理。被告人**到**案后,应当恢复审理,必要时应当对被告人依法采取强制措施。
第二百零五条 审理自诉案件,应当参照刑事诉讼法第一百六十二条和本解释第一百七十六条的有关规定作出判决。对于依法宣告无罪的案件,其附带民事诉讼部分应当依法进行调解或者一并作出判决。	**第二百七十六条** **对**自诉案件,应当参照刑事诉讼法**第一百九十五条**和本解释**第二百四十一条**的有关规定作出判决;对依法宣告无罪的案件,其附带民事部分应当依法进行调解或者一并作出判决。
第二百零六条 告诉才处理和被害人有证据证明的轻微刑事案件的被告人或者其法定代理人在诉讼过程中,可以对自诉人提起反诉。反诉必须符合下列条件: (一)反诉的对象必须是本案自诉人; (二)反诉的内容必须是与本案有关的行为; (三)反诉的案件必须符合本解释第一条第(一)、(二)项的规定。 反诉案件适用自诉案件的规定,并应当与自诉案件一并审理。原自诉人撤诉的,不影响反诉案件的继续审理。	**第二百七十七条** 告诉才处理和被害人有证据证明的轻微刑事案件的被告人或者其法定代理人在诉讼过程中,可以对自诉人提起反诉。反诉必须符合下列条件: (一)反诉的对象必须是本案自诉人; (二)反诉的内容必须是与本案有关的行为; (三)反诉的案件必须符合本解释第一条第一项、第二项的规定。 反诉案件适用自诉案件的规定,应当与自诉案件一并审理。自诉人撤诉的,不影响反诉案件的继续审理。
十一、单位犯罪案件的审理程序	**第十一章 单位犯罪案件的审理**
第二百零七条 人民法院受理单位犯罪案件,除依照本解释第一百一十六条的有关规定进行审查外,还应当审查起诉书中是否列明被告单位的名称、住所地,以及代表被告单位出庭的诉	**第二百七十八条** 人民法院受理单位犯罪案件,除依照本解释**第一百八十条**的有关规定进行审查外,还应当审查起诉书是否列明被告单位的名称、住所地、**联系方式,法定代表人、主**

《98年解释》及其他解释、规范性文件	《刑事诉讼法解释》
讼代表人的姓名、职务、通讯处。未按规定列明的,应当按本解释第一百一十七条第(二)项的规定办理。	**要负责人**以及代表被告单位出庭的诉讼代表人的姓名、职务、**联系方式。需要人民检察院补充材料的,应当通知人民检察院在三日内补送。**
第二百零八条 代表被告单位出庭的诉讼代表人,应当是单位的法定代表人或者主要负责人;法定代表人或者主要负责人被指控为单位犯罪直接负责的主管人员的,应当由单位的其他负责人作为被告单位的诉讼代表人出庭。 被告单位的诉讼代表人与被指控为单位犯罪直接负责的主管人员是同一人的,人民法院应当要求人民检察院另行确定被告单位的诉讼代表人出庭。	**第二百七十九条** 被告单位的诉讼代表人,应当是法定代表人或者主要负责人;法定代表人或者主要负责人被指控为单位犯罪直接负责的主管人员**或者因客观原因无法出庭**的,应当由被告单位**委托**其他负责人**或者职工**作为诉讼代表人。**但是,有关人员被指控为单位犯罪的其他直接责任人员或者知道案件情况、负有作证义务的除外。**
第二百零九条 人民法院决定开庭审理单位犯罪案件,应当通知被告单位的诉讼代表人出庭。 **第二百一十条** 接到出庭通知的被告单位的诉讼代表人应当出庭。拒不出庭的,人民法院在必要的时候,可以拘传到庭。	**第二百八十条** 开庭审理单位犯罪案件,应当通知被告单位的诉讼代表人出庭;**没有诉讼代表人参与诉讼的,应当要求人民检察院确定。** 被告单位的诉讼代表人不出庭的,**应当按照下列情形分别处理:** **(一)诉讼代表人系被告单位的法定代表人或者主要负责人,无正当理由拒不出庭的,**可以拘传**其**到庭;**因客观原因无法出庭,或者下落不明的,应当要求人民检察院另行确定诉讼代表人;** **(二)诉讼代表人系被告单位的其他人员的,应当要求人民检察院另行确定诉讼代表人出庭。**
第二百一十一条 人民法院审理单位犯罪案件,被告单位的诉讼代表人享有刑事诉讼法规定的有关被告人的诉讼权利。开庭时,诉讼代表人席位置于审判台前左侧。	**第二百八十一条** 被告单位的诉讼代表人享有刑事诉讼法规定的有关被告人的诉讼权利。开庭时,诉讼代表人席位置于审判台前左侧,**与辩护人席并列。**
第二百一十二条 被告单位需要委托辩护人的,参照本解释有关辩护的规定办理。	**第二百八十二条** 被告单位委托辩护人,参照**适用**本解释的有关规定。
《全国法院审理金融犯罪案件座谈会纪要》 对于应当认定为单位犯罪的案件,检察机关只作为自然人犯罪案件起诉的,人民法院应及时	**第二百八十三条** 对应当认定为单位犯罪的案件,**人民检察院**只作为自然人犯罪起诉的,人民法院应当建议**人民检察院**对犯罪单位补充

《98年解释》及其他解释、规范性文件	《刑事诉讼法解释》
与检察机关协商，建议检察机关对犯罪单位补充起诉。如检察机关不补充起诉的，人民法院仍应依法审理，对被起诉的自然人根据指控的犯罪事实、证据及庭审查明的事实，依法按单位犯罪中的直接负责的主管人员或者其他直接责任人员追究刑事责任，并应引用刑法分则关于单位犯罪追究直接负责的主管人员和其他直接责任人负刑事责任的有关条款。	起诉。**人民检察院仍以自然人犯罪起诉的**，人民法院应当依法审理，按照单位犯罪中的直接负责的主管人员或者其他直接责任人员追究刑事责任，并**援引**刑法分则关于追究单位犯罪中直接负责的主管人员和其他直接责任人员刑事责任的条款。
第二百一十三条 被告单位的违法所得及其产生的收益，尚未依法追缴或者扣押、冻结的，人民法院应当根据案件具体情况，决定追缴或者扣押、冻结。	**第二百八十四条** 被告单位的违法所得及其**孳息**，尚未**被**依法追缴或者**查封**、扣押、冻结的，人民法院应当决定追缴或者**查封**、扣押、冻结。
第二百一十四条 人民法院为了保证判决的执行，根据案件具体情况，可以先行扣押、冻结被告单位的财产或者由被告单位提出担保。	**第二百八十五条** 为保证判决的执行，人民法院可以先行**查封**、扣押、冻结被告单位的财产，或者由被告单位提出担保。
第二百一十五条 人民法院审理单位犯罪案件，被告单位被注销或者宣告破产，但单位犯罪直接负责的主管人员和其他直接责任人员应当负刑事责任的，应当继续审理。	**第二百八十六条** **审判期间**，被告单位被**撤销**、注销、**吊销营业执照**或者宣告破产**的，对**单位犯罪直接负责的主管人员和其他直接责任人员应当继续审理。
	第二百八十七条 **审判期间，被告单位合并、分立的，应当将原单位列为被告单位，并注明合并、分立情况。对被告单位所判处的罚金以其在新单位的财产及收益为限。**
第二百一十六条 审理单位犯罪案件的其他程序，参照本解释的有关规定办理。	**第二百八十八条** 审理单位犯罪案件，**本章没有规定的**，参照**适用**本解释的有关规定。
十二、简易程序	**第十二章 简易程序**
第二百一十七条 基层人民法院受理的公诉案件，人民检察院在起诉时书面建议适用简易程序的，应当随案移送全案卷宗和证据材料。人民法院经审查认为符合刑事诉讼法第一百七十四条第(一)项规定的，可以适用简易程序；认为依法不应当适用简易程序的，应当书面通知人民检察院，并将全案卷宗和证据材料退回人民检	**第二百八十九条** 基层人民法院受理公诉案件后，**经审查认为案件事实清楚、证据充分的，在将起诉书副本送达被告人时，应当询问被告人对指控的犯罪事实的意见，告知其适用简易程序的法律规定。被告人对指控的犯罪事实没有异议并同意适用简易程序的**，可以**决定**适用简易程序，并在开庭前通知人民检察院和辩

《98 年解释》及其他解释、规范性文件	《刑事诉讼法解释》
察院。 **第二百一十八条** 对于公诉案件,人民检察院移送起诉时没有建议适用简易程序,人民法院经审查认为符合刑事诉讼法第一百七十四条第(一)项规定,拟适用简易程序审理的,应当书面征求人民检察院的意见。人民检察院同意并移送全案卷宗和证据材料后,应当适用简易程序。 **第二百二十条** 刑事诉讼法第一百七十四条第(一)项规定的可能判处三年以下有期徒刑、拘役、管制、单处罚金的公诉案件,是指被告人被指控的一罪或者数罪,可能被宣告判处的刑罚为三年以下有期徒刑、拘役、管制、单处罚金的案件。 **第二百二十一条** 人民法院对公诉案件的被告人可能判处免予刑事处分的,可以适用简易程序。 **第二百二十四条** 适用简易程序审理的案件,在开庭审判前,人民法院应当将开庭的时间、地点通知人民检察院、自诉人、被告人、辩护人,也可以通知其他诉讼参与人。 通知可以用简便方式,但应当记录在卷。 **《关于适用简易程序审理公诉案件的若干意见》**① 第五条 适用简易程序审理的公诉案件,人民法院应当在开庭前将开庭的时间、地点分别通知人民检察院、被告人、辩护人及其他诉讼参与人。通知可以使用简便方式,但应当记录在卷。	护人。 **对人民检察院建议适用简易程序审理的案件,依照前款的规定处理;**不**符合**简易程序**适用条件**的,应当通知人民检察院。
第二百二十二条 人民法院审理具有以下情形之一的案件,不应当适用简易程序: (一)公诉案件的被告人对于起诉指控的犯罪事实予以否认的; (二)比较复杂的共同犯罪案件; (三)被告人是盲、聋、哑人的; (四)辩护人作无罪辩护的; (五)其他不宜适用简易程序的。	**第二百九十条** 具有下列情形之一的,不适用简易程序: (一)被告人是盲、聋、哑人; (二)**被告人是尚未完全丧失辨认或者控制自己行为能力的精神病人;** (三)**有重大社会影响的;** (四)**共同犯罪案件中部分被告人不认罪或者对适用简易程序有异议的;**

① 关于适用简易程序审理公诉案件的若干意见;法发[2003]6 号;2003 年 3 月 14 日颁布,2003 年 3 月 14 日实施。

《98 年解释》及其他解释、规范性文件	《刑事诉讼法解释》
	（五）辩护人作无罪辩护的； **（六）被告人认罪但经审查认为可能不构成犯罪的；** **（七）** 不宜适用简易程序审理的其他情形。
	第二百九十一条　适用简易程序审理的案件，符合刑事诉讼法第三十四条第一款规定的，人民法院应当告知被告人及其近亲属可以申请法律援助。
第二百二十三条　人民法院决定适用简易程序审理案件，应当在向被告人送达起诉书副本的同时，告知该案适用简易程序审理。 适用简易程序审理的案件，送达起诉书至开庭审判的时间，不受刑事诉讼法第一百五十一条第（二）项规定的限制。 **第二百二十四条**　适用简易程序审理的案件，在开庭审判前，人民法院应当将开庭的时间、地点通知人民检察院、自诉人、被告人、辩护人，也可以通知其他诉讼参与人。 通知可以用简便方式，但应当记录在卷。	**第二百九十二条**　适用简易程序审理案件，人民法院应当在开庭**三日**前，将开庭的时间、地点通知人民检察院、自诉人、被告人、辩护人，也可以通知其他诉讼参与人。 通知可以**采**用简便方式，但应当记录在**案**。
第二百二十六条　适用简易程序审理的案件，被告人委托辩护人的，辩护人可以不出庭，但应当在开庭审判前将书面辩护意见送交人民法院。	**第二百九十三条**　适用简易程序审理案件，被告人**有**辩护人的，**应当通知其出庭。**
第二百二十五条第一、二、三款　适用简易程序审理的案件，审判员宣布开庭，传被告人到庭后，应当查明被告人的基本情况，然后依次宣布案由、独任审判员、书记员、公诉人、辩护人、诉讼代理人、鉴定人和翻译人员的名单，并告知各项诉讼权利。 被告人可以就起诉书指控的犯罪事实进行陈述和辩护。审判员可以出示、宣读主要证据，并听取被告人的意见。如果公诉人出庭支持公诉，在被告人陈述后，公诉人可以出示、宣读主要证据。经审判员准许，被告人及其辩护人可以同公诉人进行辩论。	**第二百九十四条**　适用简易程序审理案件，**审判长或者独任审判员应当当庭询问被告人对指控的犯罪事实的意见，告知被告人适用简易程序审理的法律规定，确认被告人是否同意适用简易程序。**

《98 年解释》及其他解释、规范性文件	《刑事诉讼法解释》
审判员在必要时,可以讯问被告人。	
第二百二十七条 被告人、自诉人要求证人出庭的,人民法院可以准许。 **第二百二十八条** 适用简易程序审理的自诉案件,自诉人宣读起诉书后,被告人可以就起诉书指控的犯罪事实进行陈述,并自行辩护。自诉人应当出示主要证据。被告人有证据出示的,审判员应当准许。经审判员准许,被告人及其辩护人可以同自诉人及其诉讼代理人进行辩论。 **《关于适用普通程序审理"被告人认罪案件"的若干意见(试行)》**① **第七条** 对适用本意见开庭审理的案件,合议庭应当在公诉人宣读起诉书后,询问被告人对被指控的犯罪事实及罪名的意见,核实其是否自愿认罪和同意适用本意见进行审理,是否知悉认罪可能导致的法律后果。对于被告人自愿认罪并同意适用本意见进行审理的,可以对具体审理方式作如下简化: (一) 被告人可以不再就起诉书指控的犯罪事实进行供述。 (二) 公诉人、辩护人、审判人员对被告人的讯问、发问可以简化或者省略。 (三) 控辩双方对无异议的证据,可以仅就证据的名称及所证明的事项作出说明。合议庭经确认公诉人、被告人、辩护人无异议的,可以当庭予以认证。 对于合议庭认为有必要调查核实的证据,控辩双方有异议的证据,或者控方、辩方要求出示、宣读的证据,应当出示、宣读,并进行质证。 (四) 控辩双方主要围绕确定罪名、量刑及其他有争议的问题进行辩论。	**第二百九十五条** 适用简易程序审理案**件**,可以对庭审作如下简化: (一) **公诉人可以摘要宣读起诉书;** (二) 公诉人、辩护人、审判人员对被告人的讯问、发问可以简化或者省略; (三) 对控辩双方无异议的证据,可以仅就证据的名称及所证明的事项作出说明;对控辩双方有异议,或者法庭认为有必要调查核实的证据,应当出示,并进行质证; (四) 控辩双方**对与定罪量刑有关的事实、证据没有异议的,法庭审理可以直接**围绕罪名确定和量刑问题进行。 **适用简易程序审理案件,判决宣告前应当听取被告人的最后陈述。**
	第二百九十六条 适用简易程序独任审判过程中,发现对被告人可能判处的有期徒刑超

① 关于适用普通程序审理被告人认罪案件的若干意见试行;法发[2003]6 号;2003 年 3 月 14 日公布,2003 年 3 月 14 日实施。

《98年解释》及其他解释、规范性文件	《刑事诉讼法解释》
	过三年的,应当转由合议庭审理。
第二百二十五条第四款 被告人作最后陈述后,人民法院一般应当当庭宣判。	**第二百九十七条 适用简易程序审理案件,**一般应当当庭宣判。
第二百二十九条 适用简易程序审理的案件,在法庭审理过程中,发现以下不宜适用简易程序情形的,应当决定中止审理,并按照公诉案件或者自诉案件的第一审普通程序重新审理: (一)公诉案件被告人的行为不构成犯罪的; (二)公诉案件被告人应当判处三年以上有期徒刑的; (三)公诉案件被告人当庭翻供,对于起诉指控的犯罪事实予以否认的; (四)事实不清或者证据不充分的; (五)其他依法不应当或者不宜适用简易程序的。 **第二百三十条** 转为普通程序审理的案件,审理期限应当从决定转为普通程序之日起计算。	**第二百九十八条** 适用简易程序审理案件,在法庭审理过程中,**有下列**情形之一的,应当**转为**普通程序审理: (一)被告人的行为**可能**不构成犯罪的; (二)**被告人可能不负刑事责任的;** (三)被告人当庭对起诉指控的犯罪事实予以否认的; (四)**案件**事实不清、证据不足的; (五)不应当或者不宜适用简易程序的其他情形。 转为普通程序审理的案件,审理期限应当从决定转为普通程序之日起计算。
十三、第二审程序	**第十三章 第二审程序**
第二百三十一条 第二审人民法院受理不服第一审人民法院判决或者裁定提出上诉的和人民检察院认为第一审人民法院判决或者裁定确有错误提出抗诉的案件。 **第二百三十二条** 地方各级人民法院在宣告第一审判决、裁定时,应当明确告知被告人、自诉人、附带民事诉讼的当事人和他们的法定代理人,如果不服判决或者裁定,有权在法定期限内以书状或者口头形式向上一级人民法院提出上诉;被告人的辩护人和近亲属,在法定期限内经被告人同意,也可以提出上诉;附带民事诉讼的当事人和他们的法定代理人,可以对判决或者裁定中的附带民事部分,提出上诉。 被告人、自诉人、附带民事诉讼的当事人和他们的法定代理人是否提出上诉,以他们在上诉	**第二百九十九条** 地方各级人民法院在宣告第一审判决、裁定时,应当告知被告人、自诉人**及其**法定代理人不服判决、裁定**的**,有权在法定期限内以**书面**或者口头形式,**通过本院或者直接**向上一级人民法院提出上诉;被告人的辩护人、近亲属经被告人同意,也可以提出上诉;附带民事诉讼当事人**及其**法定代理人,可以对判决、裁定中的附带民事部分提出上诉。 被告人、自诉人、附带民事诉讼当事人**及其**法定代理人是否提出上诉,以**其**在上诉期满前最后一次的意思表示为准。

《98年解释》及其他解释、规范性文件	《刑事诉讼法解释》
期满前最后一次的意思表示为准。	
第二百三十三条 人民法院受理的上诉案件，一般应当有上诉状正本及副本。 上诉状内容应当包括：第一审判决书、裁定书的文号和上诉人收到的时间；第一审法院的名称；上诉的请求和理由；提出上诉的时间；上诉人签名或者盖章。如果是被告人的辩护人、近亲属经被告人同意提出上诉的，还应当写明提出上诉的人与被告人的关系，并应当以被告人作为上诉人。 **第二百三十四条** 被告人、自诉人、附带民事诉讼原告人和被告人因书写上诉状确有困难而口头提出上诉的，第一审人民法院应当根据其所陈述的理由和请求制作笔录，由上诉人阅读或者向其宣读后，上诉人应当签名或者盖章。	**第三百条** 人民法院受理的上诉案件，一般应当有上诉状正本及副本。 上诉状内容应当包括：第一审判决书、裁定书的文号和上诉人收到的时间，第一审**人民**法院的名称，上诉的请求和理由，提出上诉的时间。被告人的辩护人、近亲属经被告人同意提出上诉的，还应当写明**其**与被告人的关系，并应当以被告人作为上诉人。
第二百三十五条 第二审人民法院受理的上诉和抗诉案件，必须是在法定期限内提出的。不服判决的上诉和抗诉的期限为十日；不服裁定的上诉和抗诉的期限为五日。上诉和抗诉的期限，从接到判决书、裁定书的第二日起计算。 **第二百四十二条** 对附带民事判决或者裁定的上诉、抗诉期限，应当按照刑事部分的上诉、抗诉期限确定。如果原审附带民事部分是另行审判的，上诉期限应当按照民事诉讼法规定的期限执行。	**第三百零一条** 上诉、抗诉必须在法定期限内提出。不服判决的上诉、抗诉的期限为十日；不服裁定的上诉、抗诉的期限为五日。上诉、抗诉的期限，从接到判决书、裁定书的第二日起计算。 对附带民事判决、裁定的上诉、抗诉期限，应当按照刑事部分的上诉、抗诉期限确定。附带民事部分另行审判的，上诉期限**也**应当按照**刑事**诉讼法规定的期限**确定**。
第二百三十六条 被告人、自诉人、附带民事诉讼的原告人和被告人通过第一审人民法院提出上诉的，第一审人民法院应当审查上诉是否符合法律规定。符合法律规定的，应当在上诉期满后三日内将上诉状连同案卷、证据移送上一级人民法院，同时将上诉状副本送交同级人民检察院和对方当事人。	**第三百零二条** **上诉人**通过第一审人民法院提出上诉的，第一审人民法院应当审查。**上诉**符合法律规定的，应当在上诉期满后三日内将上诉状连同案卷、证据移送上一级人民法院，**并**将上诉状副本送交同级人民检察院和对方当事人。
第二百三十七条 被告人、自诉人、附带民事诉讼的原告人和被告人直接向第二审人民法院提出上诉的，第二审人民法院应当在收到上诉状后三日以内将上诉状交第一审人民法院。第	**第三百零三条** **上诉人**直接向第二审人民法院提出上诉的，第二审人民法院应当在收到上诉状后三日内将上诉状交第一审人民法院。第一审人民法院应当审查上诉是否符合法律规

《98 年解释》及其他解释、规范性文件	《刑事诉讼法解释》
一审人民法院应当审查上诉是否符合法律规定。符合法律规定的，应当在接到上诉状后三日以内将上诉状连同案卷、证据移送上一级人民法院，同时将上诉状副本送交同级人民检察院和对方当事人。	定。符合法律规定的，应当在接到上诉状后三日内将上诉状连同案卷、证据移送上一级人民法院，**并**将上诉状副本送交同级人民检察院和对方当事人。
第二百三十八条　被告人、自诉人、附带民事诉讼的原告人和被告人及其法定代理人在上诉期限内要求撤回上诉的，应当准许。	**第三百零四条**　**上诉人**在上诉期限内要求撤回上诉的，**人民法院**应当准许。
第二百三十九条　被告人、自诉人、附带民事诉讼的原告人和被告人及其法定代理人在上诉期满后要求撤回上诉的，应当由第二审人民法院进行审查。如果认为原判决认定事实和适用法律正确，量刑适当，应当裁定准许被告人撤回上诉；如果认为原判决事实不清，证据不足或者将无罪判为有罪、轻罪重判等，应当不准许撤回上诉，并按照上诉程序进行审理。 **《最高人民法院、最高人民检察院关于对死刑判决提出上诉的被告人在上诉期满后宣判前提出撤回上诉人民法院是否准许的批复》**① 第一审被判处死刑立即执行的被告人提出上诉，在上诉期满后第二审开庭以前申请撤回上诉的，依照《最高人民法院 最高人民检察院关于死刑第二审案件开庭审理程序若干问题的规定（试行）》第四条的规定处理。在第二审开庭以后宣告裁判前申请撤回上诉的，第二审人民法院应当不准许撤回上诉，继续按照上诉程序审理。	**第三百零五条**　**上诉人**在上诉期满后要求撤回上诉的，第二审人民法院应当审查。**经审查**，认为原判认定事实和适用法律正确，量刑适当的，应当裁定准许撤回上诉；认为原判事实不清、证据不足或者将无罪判为有罪、轻罪重判等**的**，应当不**予**准许，继续按照上诉**案件**审理。 被判处死刑立即执行的被告人提出上诉，在第二审开庭后宣告裁判前申请撤回上诉的，应当不**予**准许，继续按照上诉**案件**审理。
第二百四十条　地方各级人民检察院对同级人民法院第一审判决、裁定的抗诉，通过第一审人民法院提交抗诉书。第一审人民法院应当在抗诉期满后三日内将抗诉书连同案卷、证据移送上一级人民法院，并且将抗诉书副本送交当事人。	**第三百零六条**　地方各级人民检察院对同级人民法院第一审判决、裁定的抗诉，**应当**通过第一审人民法院提交抗诉书。第一审人民法院应当在抗诉期满后三日内将抗诉书连同案卷、证据移送上一级人民法院，并将抗诉书副本送交当事人。
第二百四十一条　人民检察院在抗诉期限	**第三百零七条**　人民检察院在抗诉期限内

① 《最高人民法院最高人民检察院关于对死刑判决提出上诉的被告人在上诉期满后宣判前提出撤回上诉人民法院是否准许的批复》；法释〔2010〕10 号；2010 年 8 月 6 日公布，2010 年 9 月 1 日实施。

《98年解释》及其他解释、规范性文件	《刑事诉讼法解释》
内撤回抗诉的，第一审人民法院不再向上一级人民法院移送案件；如果是在抗诉期满后第二审人民法院宣告裁判前撤回抗诉的，第二审人民法院可以裁定准许，并通知第一审人民法院和当事人。	撤回抗诉的，第一审人民法院不再向上一级人民法院移送案件；在抗诉期满后第二审人民法院宣告裁判前撤回抗诉的，第二审人民法院可以裁定准许，并通知第一审人民法院和当事人。
第二百四十四条 对于在上诉、抗诉期满前撤回上诉、抗诉的案件，第一审判决、裁定在上诉、抗诉期满之日起生效；对于在上诉、抗诉期满后要求撤回上诉、抗诉，第二审人民法院裁定准许的，第一审判决、裁定应当自第二审人民法院裁定书送达原上诉人或者抗诉的检察机关之日起生效。	**第三百零八条** 在上诉、抗诉期满前撤回上诉、抗诉的，第一审判决、裁定在上诉、抗诉期满之日起生效。在上诉、抗诉期满后要求撤回上诉、抗诉，第二审人民法院裁定准许的，第一审判决、裁定应当自第二审裁定书送达上诉人或者抗诉机关之日起生效。
第二百四十五条 第二审人民法院对第一审人民法院移送上诉、抗诉的案卷，应当审查是否包括下列内容： （一）移送上诉、抗诉案件函； （二）上诉状或者抗诉书； （三）第一审判决书或者裁定书八份（每增加一名被告人增加一份）； （四）全部案卷材料和证据，包括案件审结报告和其他应当移送的材料。 前款所列材料齐备，第二审人民法院应当收案；材料不齐备的，应当通知第一审人民法院及时补送。	**第三百零九条** 第二审人民法院对第一审人民法院移送的上诉、抗诉案卷、**证据**，应当审查是否包括下列内容： （一）移送上诉、抗诉案件函； （二）上诉状或者抗诉书； （三）第一审判决书、裁定书八份（每增加一名被告人增加一份）**及其电子文本**； （四）全部案卷、证据，包括案件审理报告和其他应当移送的材料。 前款所列材料齐**全**，第二审人民法院应当收案；材料不**全**的，应当通知第一审人民法院及时补送。
第二百四十六条 第二审人民法院应当就第一审判决、裁定认定的事实和适用法律进行全面审查，不受上诉或者抗诉范围的限制。	**第三百一十条** 第二审人民法院**审理上诉、抗诉案件**，应当就第一审判决、裁定认定的事实和适用法律进行全面审查，不受上诉、抗诉范围的限制。
第二百四十七条 共同犯罪案件，只有部分被告人提出上诉的，或者人民检察院只就第一审人民法院对部分被告人的判决提出抗诉的，第二审人民法院应当对全案进行审查，一并处理。	**第三百一十一条** 共同犯罪案件，只有部分被告人提出上诉，**或者自诉人只对部分被告人的判决提出上诉**，或者人民检察院只对部分被告人的判决提出抗诉的，第二审人民法院应当对全案进行审查，一并处理。
第二百四十八条 共同犯罪案件，如果提出上诉的被告人死亡，其他被告人没有提出上诉，	**第三百一十二条** 共同犯罪案件，上诉的被告人死亡，其他被告人**未上诉的**，第二审人民

《98 年解释》及其他解释、规范性文件	《刑事诉讼法解释》
第二审人民法院仍应当对全案进行审查。死亡的被告人不构成犯罪的,应当宣告无罪;审查后认为构成犯罪的,应当宣布终止审理。对其他同案被告人仍应当作出判决或者裁定。	法院仍应对全案进行审查。**经审查**,死亡的被告人不构成犯罪的,应当宣告无罪;构成犯罪的,应当终止审理。对其他同案被告人仍应作出判决、裁定。
第二百四十九条 审理附带民事诉讼的上诉、抗诉案件,应当对全案进行审查。如果第一审判决的刑事部分并无不当,第二审人民法院只需就附带民事诉讼部分作出处理。如果第一审判决附带民事部分事实清楚,适用法律正确的,应当以刑事附带民事裁定维持原判,驳回上诉、抗诉。	**第三百一十三条** **刑事附带民事诉讼案件,只有附带民事诉讼当事人及其法定代理人上诉的,第二审人民法院**应当对全案进行审查。**经审查**,第一审判决的刑事部分并无不当的,第二审人民法院只需就附带民事部分作出处理;第一审判决**的**附带民事部分事实清楚,适用法律正确的,应当以刑事附带民事裁定维持原判,驳回上诉。
第二百五十条 附带民事诉讼案件,只有附带民事诉讼的当事人和他们的法定代理人提出上诉的,第一审刑事部分的判决,在上诉期满后即发生法律效力。 应当送监执行的第一审刑事被告人是第二审附带民事诉讼被告人的,在第二审附带民事诉讼案件审结前,可以暂缓送监执行。	**第三百一十四条** **刑事**附带民事诉讼案件,只有附带民事诉讼当事人**及其**法定代理人上诉的,第一审刑事部分的判决在上诉期满后即发生法律效力。 应当送监执行的第一审刑事被告人是第二审附带民事诉讼被告人的,在第二审附带民事诉讼案件审结前,可以暂缓送监执行。
第二百五十一条 对于上诉、抗诉案件应当审查下列主要内容: (一)第一审判决认定的事实是否清楚,证据是否确实、充分,证据之间有无矛盾; (二)第一审判决适用法律是否正确,量刑是否适当; (三)在侦查、起诉、第一审程序中,有无违反法律规定的诉讼程序的情形; (四)上诉、抗诉是否提出了新的事实和证据; (五)被告人供述、辩解的情况; (六)辩护人的辩护意见以及采纳的情况; (七)附带民事部分的判决、裁定是否适当; (八)第一审法院合议庭、审判委员会讨论的意见。 审查后写出审查报告。	**第三百一十五条** 对上诉、抗诉案件,应当**着重**审查下列内容: (一)第一审判决认定的事实是否清楚,证据是否确实、充分; (二)第一审判决适用法律是否正确,量刑是否适当; (三)在侦查、**审查**起诉、第一审程序中,有无违反法定诉讼程序的情形; (四)上诉、抗诉是否提出新的事实、证据; (五)被告人**的**供述**和**辩解情况; (六)辩护人的辩护意见及采纳情况; (七)附带民事部分的判决、裁定是否**合法**、适当; (八)第一审**人民**法院合议庭、审判委员会讨论的意见。
第二百五十二条 在第二审程序中,被告人	**第三百一十六条** 第二审**期间**,被告人除

《98年解释》及其他解释、规范性文件	《刑事诉讼法解释》
除自行辩护外，还可以继续委托第一审辩护人或者另行委托辩护人辩护。 共同犯罪案件，只有部分被告人提出上诉或者人民检察院只就第一审人民法院对部分被告人的判决提出抗诉的，其他同案被告人也可以委托辩护人辩护。	自行辩护外，还可以继续委托第一审辩护人或者另行委托辩护人辩护。 共同犯罪案件，只有部分被告人提出上诉，**或者自诉人只对部分被告人的判决提出上诉，**或者人民检察院只对部分被告人的判决提出抗诉的，其他同案被告人也可以委托辩护人辩护。
第二百五十三条 对上诉案件，应当组成合议庭，开庭审理。经过阅卷，讯问被告人，听取其他当事人、辩护人、诉讼代理人的意见后，合议庭认定的事实与第一审认定的没有变化，证据充分的，可以不开庭审理。 对人民检察院抗诉的案件，第二审人民法院应当开庭审理。 **第二百五十四条** 第二审人民法院开庭审理上诉、抗诉案件，可以到案件发生地或者原审人民法院所在地进行。 **《最高人民法院关于被判处死刑的被告人未提出上诉、共同犯罪的部分被告人或者附带民事诉讼原告人提出上诉的案件应适用何种程序审理的批复》**① 根据《中华人民共和国刑事诉讼法》第一百八十六条的规定，中级人民法院一审判处死刑的案件，被判处死刑的被告人未提出上诉，共同犯罪的其他被告人提出上诉的，高级人民法院应当适用第二审程序对全案进行审查，并对涉及死刑之罪的事实和适用法律依法开庭审理，一并处理。	**第三百一十七条 下列案件，根据刑事诉讼法第二百二十三条第一款的规定，应当开庭审理：** **（一）被告人、自诉人及其法定代理人对第一审认定的事实、证据提出异议，可能影响定罪量刑的上诉案件；** **（二）被告人被判处死刑立即执行的上诉案件；** **（三）人民检察院抗诉的案件；** **（四）应当开庭审理的其他案件。** 被判处死刑立即执行的被告人没有上诉，同案的其他被告人上诉的案件，第二审人民法院应当开庭审理。 **被告人被判处死刑缓期执行的上诉案件，虽不属于第一款第一项规定的情形，有条件的，也应当开庭审理。**
	第三百一十八条 对上诉、抗诉案件，第二审人民法院经审查，认为原判事实不清、证据不足，或者具有刑事诉讼法第二百二十七条规定的违反法定诉讼程序情形，需要发回重新审判的，可以不开庭审理。

① 最高人民法院关于对判处死刑的被告人未提出上诉、共同犯罪的部分被告人或者附带民事诉讼原告人提出上诉的案件应适用何种程序审理的批复；法释〔2010〕6号；2010年3月17日公布，2010年4月1日实施。

《98 年解释》及其他解释、规范性文件	《刑事诉讼法解释》
《死刑二审案件开庭规定》① **第十二条第一款第(八)项** 人民检察院向第二审人民法院提交新证据的,第二审人民法院应当通知被告人的辩护律师或者经许可的其他辩护人在开庭前到人民法院查阅;被告人及其辩护人向第二审人民法院提交新证据的,第二审人民法院应当通知人民检察院在开庭前到人民法院查阅。	**第三百一十九条** 第二审**期间**,人民检察院**或者被告人及其辩护人**提交新证据的,人民法院应当**及时**通知**对方**查阅、**摘抄或者复制**。
第二百六十七条 人民法院依法开庭审理第二审公诉案件,应当在开庭十日以前通知人民检察院查阅案卷。自通知后的第二日起,人民检察院查阅案卷超过七日后的期限,不计入第二审审理期限。	**第三百二十条** 开庭审理第二审公诉案件,应当在**决定开庭审理后及时**通知人民检察院查阅案卷。自通知后的第二日起,人民检察院查阅案卷**的时间**不计入审理期限。
第二百四十三条 人民法院审理人民检察院提出抗诉的案件,应当通知同级人民检察院派员出庭。对接到开庭通知后人民检察院不派员出庭的抗诉案件,人民法院应当裁定按人民检察院撤回抗诉处理,并通知第一审人民法院和当事人。	**第三百二十一条** **开庭**审理**上诉**、抗诉的**公诉**案件,应当通知同级人民检察院派员出庭。 抗诉案件,人民检察院接到开庭通知后不派员出庭,**且未说明原因的**,人民法院**可以**裁定按人民检察院撤回抗诉处理,并通知第一审人民法院和当事人。
第二百五十五条 第二审人民法院开庭审理上诉或者抗诉案件,除参照第一审程序的规定外,还应当依照下列规定进行: (一)法庭调查阶段,审判长或者审判员宣读第一审判决书、裁定书后,由上诉人陈述上诉理由或者由检察人员宣读抗诉书;如果是既有上诉又有抗诉的案件,先由检察人员宣读抗诉书,再由上诉人陈述上诉理由;法庭调查的重点要针对上诉或者抗诉的理由,全面查清事实,核实证据; (二)法庭调查阶段,如果检察人员或者辩护人申请出示、宣读、播放第一审审理期间已经移交给人民法院的证据的,法庭应当指令值庭法警出示、播放有关证据;需要宣读的证据,由法警	**第三百二十二条** 开庭审理上诉、抗诉案件,除参照**适用**第一审程序的**有关**规定外,应当**按**照下列规定进行: (一)法庭调查阶段,**审判人员**宣读第一审判决书、裁定书后,**上诉案件**由上诉人**或者辩护人先宣读上诉状或者**陈述上诉理由,**抗诉案件**由检察员**先**宣读抗诉书;既有上诉又有抗诉的案件,先由检察员宣读抗诉书,再由上诉人**或者辩护人宣读上诉状或者**陈述上诉理由; (二)法庭辩论阶段,上诉案件,先由上诉人、辩护人发言,**后**由检察员、**诉讼代理人**发言;抗诉案件,先由检察员、**诉讼代理人**发言,后由被告人、辩护人发言;既有上诉又有抗诉的案件,先由检察员、**诉讼代理人**发言,**后**由上诉人、

① 最高人民法院、最高人民检察院关于死刑第二审案件开庭审理程序若干问题的规定(试行);法释[2006]8 号;2006 年 9 月 21 日颁布,2006 年 9 月 25 日实施。

《98年解释》及其他解释、规范性文件	《刑事诉讼法解释》
交由申请人宣读； （三）法庭辩论阶段，上诉案件，应当先由上诉人、辩护人发言，再由检察人员发言；抗诉案件，应当先由检察人员发言，再由被告人、辩护人发言；既有上诉又有抗诉的案件，应当先由检察人员发言，再由上诉人、辩护人发言，并进行辩论。 **《死刑二审案件开庭规定》** **第十四条第（一项）** ……法庭调查时，上诉案件由上诉人或者辩护人先宣读上诉状或者陈述上诉理由，抗诉案件由检察人员先宣读抗诉书；对于既有上诉又有抗诉的案件，先由检察人员宣读抗诉书，后由上诉人或者辩护人宣读上诉状或者陈述上诉理由。	辩护人发言。
第二百五十六条 共同犯罪案件，没有提出上诉的和没有对其判决提出抗诉的第一审被告人，应当参加法庭调查，并可以参加法庭辩论。 **《死刑二审案件开庭规定》** **第十四条** 第二审人民法院应当全面审理死刑上诉、抗诉案件。但在开庭时，可以根据具体情况围绕人民检察院、被告人及其辩护人提出争议的问题和人民法院认为需要重点审查的问题进行； （一）审判长宣布开庭后，可以宣读原审判决书，也可以只宣读案由、主要事实、证据和判决主文等判决书的主要内容。法庭调查时，上诉案件由上诉人或者辩护人先宣读上诉状或者陈述上诉理由，抗诉案件由检察人员先宣读抗诉书；对于既有上诉又有抗诉的案件，先由检察人员宣读抗诉书，后由上诉人或者辩护人宣读上诉状或者陈述上诉理由。 （二）法庭调查的重点是，对原审判决提出异议的事实、证据以及提交的新的证据等。对于人民检察院、被告人及其辩护人没有异议的事实、证据和情节，可以不在庭审时调查。 （三）人民检察院、被告人及其辩护人对原审判决采纳的证据没有异议的，可以不再举证和质证。	**第三百二十三条** 开庭审理上诉、抗诉案件，可以**重点**围绕**对第一审判决、裁定有**争议的问题**或者有疑问**的**部分**进行。根据案件情况，可以按照下列方式审理： （一）宣读第一审判决书，可以只宣读案由、主要事实、证据**名称**和判决主文等； （二）法庭调查**应当**重点**围绕**对**第一**审判决提出异议的事实、证据以及提交的新的证据等**进行**；对没有异议的事实、证据和情节，可以直接确认； （三）对**同案审理案件**中**未**上诉的被告人，**未被申请出庭或者人民法院认为没有必要到庭的**，可以不再传唤到庭； （四）被告人犯**有**数罪的**案件，对其**中事实清楚且**无**异议的**犯罪**，可以不在庭审时审理。 **同案审理的**案件，**未**提出上诉、**人民检察院也未**对其判决提出抗诉的被告人**要求出庭的，应当准许。出庭的**被告人**可以**参加法庭调查和辩论。

《98 年解释》及其他解释、规范性文件	《刑事诉讼法解释》
（四）法庭辩论时，抗诉的案件，由检察人员先发言；上诉的案件，由上诉人、辩护人先发言；既有抗诉又有上诉的案件，由检察人员先发言，并依次进行辩论。 （五）对共同犯罪中没有判处死刑且没有提出上诉的被告人，人民检察院和辩护人在开庭前表示不需要进行讯问和质证的，可以不再传唤到庭。对没有被判处死刑的其他被告人的罪行，事实清楚的，可以不在庭审时审理。 （六）对被告人所犯数罪中判处其他刑罚的犯罪，事实清楚且人民检察院、被告人及其辩护人没有异议的，可以不在庭审时审理。	
《最高人民法院关于进一步加强合议庭职责的若干规定》① **第四条** 依法不开庭审理的案件，合议庭全体成员均应当阅卷，必要时提交书面阅卷意见。	**第三百二十四条** 第二审案件依法不开庭审理的，**应当讯问被告人，听取其他当事人、辩护人、诉讼代理人的意见。**合议庭全体成员应当阅卷，必要时应当提交书面阅卷意见。
第二百五十七条 第二审人民法院审理被告人或者其法定代理人、辩护人、近亲属提出上诉的案件，不得加重被告人的刑罚，并应当执行下列具体规定： （一）共同犯罪案件，只有部分被告人提出上诉的，既不能加重提出上诉的被告人的刑罚，也不能加重其他同案被告人的刑罚； （二）对原判认定事实清楚、证据充分，只是认定的罪名不当的，在不加重原判刑罚的情况下，可以改变罪名； （三）对被告人实行数罪并罚的，不得加重决定执行的刑罚，也不能在维持原判决决定执行的刑罚不变的情况下，加重数罪中某罪的刑罚； （四）对被告人判处拘役或者有期徒刑宣告缓刑的，不得撤销原判决宣告的缓刑或者延长缓刑考验期； （五）对事实清楚、证据充分，但判处的刑罚畸轻，或者应当适用附加刑而没有适用的案件，	**第三百二十五条** 审理被告人或者其法定代理人、辩护人、近亲属提出上诉的案件，不得加重被告人的刑罚，并应当执行下列规定： （一）**同案审理的**案件，只有部分被告人上诉的，既不**得**加重上诉人的刑罚，也不**得**加重其他同案被告人的刑罚； （二）原判事实清楚，证据**确实**、充分，只是认定的罪名不当的，可以改变罪名，**但不得加重刑罚**； （三）**原判**对被告人实行数罪并罚的，不得加重决定执行的刑罚，也不得加重数罪中某罪的刑罚； （四）**原判**对被告人宣告缓刑的，不得撤销缓刑或者延长缓刑考验期； （五）**原判没有宣告禁止令的，不得增加宣告；原判宣告禁止令的，不得增加内容、延长期限；** （六）**原判对被告人判处死刑缓期执行没有**

① 最高人民法院关于进一步加强合议庭职责的若干规定；法释〔2010〕1 号；2010 年 1 月 11 日公布，2010 年 2 月 1 日实施。

《98年解释》及其他解释、规范性文件	《刑事诉讼法解释》
不得撤销第一审判决，直接加重被告人的刑罚或者适用附加刑，也不得以事实不清或者证据不足发回第一审人民法院重新审理。必须依法改判的，应当在第二审判决、裁定生效后，按照审判监督程序重新审判。 人民检察院提出抗诉或者自诉人提出上诉的案件，不受前款规定的限制。但是人民检察院抗诉的案件，经第二审人民法院审理后，改判被告人死刑立即执行的，应当报请最高人民法院核准。	**限制减刑的，不得限制减刑；** （七）原判事实清楚，证据确实、充分，但判处的刑罚畸轻、应当适用附加刑而没有适用的，不得直接加重刑罚、适用附加刑，也不得以事实不清、证据不足**为由**发回第一审人民法院重新审判。必须依法改判的，应当在第二审判决、裁定生效后，**依**照审判监督程序重新审判。 人民检察院抗诉或者自诉人上诉的案件，不受前款规定的限制。
第二百五十八条　共同犯罪案件中，人民检察院只对部分被告人的判决提出抗诉的，第二审人民法院对其他第一审被告人不得加重刑罚。	**第三百二十六条**　人民检察院只对部分被告人的判决提出抗诉，**或者自诉人只对部分被告人的判决提出上诉**的，第二审人民法院不得对其他**同案**被告人加重刑罚。
	第三百二十七条　被告人或者其法定代理人、辩护人、近亲属提出上诉的案件，第二审人民法院发回重新审判后，除有新的犯罪事实，人民检察院补充起诉的以外，原审人民法院不得加重被告人的刑罚。
	第三百二十八条　原判事实不清、证据不足，第二审人民法院发回重新审判的案件，原审人民法院重新作出判决后，被告人上诉或者人民检察院抗诉的，第二审人民法院应当依法作出判决、裁定，不得再发回重新审判。
第二百五十九条　提出上诉或者抗诉的理由具有刑事诉讼法第一百九十一条规定的情形之一的，第二审人民法院应当裁定撤销原判，发回第一审人民法院重新审判。	**第三百二十九条**　第二审人民法院**发现原审人民法院在重新审判过程中，有刑事诉讼法第二百二十七条规定的情形之一，或者违反第二百二十八条规定的**，应当裁定撤销原判，发回重新审判。
第二百六十条　第二审人民法院审理刑事附带民事上诉、抗诉案件，如果发现刑事和附带民事部分均有错误需依法改判的，应当一并改判。 **第二百六十一条**　第二审人民法院审理对刑事部分提出上诉、抗诉，附带民事诉讼部分已	**第三百三十条**　第二审人民法院审理对刑事部分提出上诉、抗诉，附带民事部分已经发生法律效力的案件，发现第一审判决、裁定中的**附带民事部分确有错误的**，应当**依**照审判监督程序对**附带**民事部分予以纠正。

《98 年解释》及其他解释、规范性文件	《刑事诉讼法解释》
经发生法律效力的案件,如果发现第一审判决或者裁定中的民事部分确有错误,应当对民事部分按照审判监督程序予以纠正。	
第二百六十二条　第二审人民法院审理对附带民事诉讼部分提出上诉、抗诉,刑事部分已经发生法律效力的案件,如果发现第一审判决或者裁定中的刑事部分确有错误,应当对刑事部分按照审判监督程序进行再审,并将附带民事诉讼部分与刑事部分一并审理。	**第三百三十一条**　第二审人民法院审理对附带民事部分提出上诉,刑事部分已经发生法律效力的案件,发现第一审判决、裁定中的刑事部分确有错误**的**,应当**依**照审判监督程序对刑事部分进行再审,并将附带民事部分与刑事部分一并审理。
第二百六十六条　在第二审案件附带民事部分审理中,第一审民事原告人增加独立的诉讼请求或者第一审民事被告人提出反诉的,第二审人民法院可以根据当事人自愿的原则就新增加的诉讼请求或者反诉进行调解,调解不成的,告知当事人另行起诉。	**第三百三十二条**　第二审**期间**,第一审**附带民事诉讼**原告人增加独立的诉讼请求或者第一审**附带民事诉讼**被告人提出反诉的,第二审人民法院可以根据自愿、**合法**的原则进行调解;调解不成的,告知当事人另行起诉。
第二百六十三条　对第二审自诉案件,必要时可以进行调解,当事人也可以自行和解。调解结案的,应当制作调解书,第一审判决、裁定视为自动撤销;当事人自行和解的,由人民法院裁定准许撤回自诉,并撤销第一审判决或者裁定。 **第二百六十四条**　第二审人民法院对于调解结案或者当事人自行和解的自诉案件,被告人被采取强制措施的,应当立即予以解除。	**第三百三十三条**　对第二审自诉案件,必要时可以调解,当事人也可以自行和解。调解结案的,应当制作调解书,第一审判决、裁定视为自动撤销;当事人自行和解的,**应当**裁定准许撤回自诉,并撤销第一审判决、裁定。
第二百六十五条　在第二审程序中,自诉案件的当事人提出反诉的,第二审人民法院应当告知其另行起诉。	**第三百三十四条**　第二审**期间**,自诉案件的当事人提出反诉的,应当告知其另行起诉。
《死刑二审案件开庭规定》 **第十七条第二款**　第二审人民法院可以委托第一审人民法院代为宣判,并向当事人送达第二审判决书或者裁定书。	**第三百三十五条**　第二审人民法院可以委托第一审人民法院代为宣判,并向当事人送达第二审判决书、裁定书。**第一审人民法院应当在代为宣判后五日内将宣判笔录送交第二审人民法院,并在送达完毕后及时将送达回证送交第二审人民法院。** **委托宣判的,第二审人民法院应当直接向同级人民检察院送达第二审判决书、裁定书。**

《98 年解释》及其他解释、规范性文件	《刑事诉讼法解释》
十四、在法定刑以下判处刑罚和适用特殊情况假释的核准程序	**第十四章　在法定刑以下判处刑罚和特殊假释的核准**
第二百六十八条　根据刑法第六十三条第二款规定报请最高人民法院核准在法定刑以下判处刑罚的案件,按下列情形分别处理: (一)被告人不提出上诉、人民检察院不提出抗诉的,在上诉、抗诉期满后三日内报请上一级人民法院复核。上一级人民法院同意原判的,应当逐级报请最高人民法院核准;上一级人民法院不同意原判的,应当裁定发回重新审判或者改变管辖,按照第一审程序重新审理。原判是由基层人民法院作出的,高级人民法院可以指定中级人民法院按照第一审程序重新审理; (二)被告人提出上诉或者人民检察院提出抗诉的案件,应当按照第二审程序审理。上诉或者抗诉无理的,应当裁定驳回上诉或者抗诉,维持原判,并按照本条第(一)项规定的程序逐级报请最高人民法院核准。上诉或者抗诉有理的,应当依法改判。改判后仍判决在法定刑以下处以刑罚的,按照本条第(一)项规定的程序逐级报请最高人民法院核准。	**第三百三十六条**　报请最高人民法院核准在法定刑以下判处刑罚的案件,**应当**按照下列情形分别处理: (一)被告人**未**上诉、人民检察院**未**抗诉的,在上诉、抗诉期满后三日内报请上一级人民法院复核。上一级人民法院同意原判的,应当**书面层报**最高人民法院核准;不同意的,应当裁定发回重新审判,或者改变管辖按照第一审程序重新审理。原判是基层人民法院作出的,高级人民法院可以指定中级人民法院按照第一审程序重新审理; (二)被告人上诉或者人民检察院抗诉的,应当**依**照第二审程序审理。**第二审**维持原判,**或者**改判后仍在法定刑以下判处刑罚的,**应当依**照**前**项规定**层报**最高人民法院核准。
第二百六十九条　报请最高人民法院核准在法定刑以下判处刑罚的案件,应当报送报请核准案件的结案报告、判决书各十五份,以及全案诉讼卷宗和证据。	**第三百三十七条**　报请最高人民法院核准在法定刑以下判处刑罚的案件,应当报送**判决书**、报请核准的报告各**五**份,以及**全部案卷**、证据。
第二百七十条　最高人民法院复核在法定刑以下判处刑罚的案件,予以核准的,作出核准裁定书;不予核准的,应当撤销原判决、裁定,发回原审人民法院重新审判或者指定其他下级人民法院重新审判。	**第三百三十八条**　对在法定刑以下判处刑罚的案件,最高人民法院予以核准的,**应当**作出核准裁定书;不予核准的,应当**作出不核准裁定书,并**撤销原判决、裁定,发回原审人民法院重新审判或者指定其他下级人民法院重新审判。
	第三百三十九条　依照本解释第三百三十六条、第三百三十八条规定发回第二审人民法院重新审判的案件,第二审人民法院可以直接改判;必须通过开庭查清事实、核实证据或者纠正原审程序违法的,应当开庭审理。

《98 年解释》及其他解释、规范性文件	《刑事诉讼法解释》
	第三百四十条　最高人民法院和上级人民法院复核在法定刑以下判处刑罚案件的审理期限，参照适用刑事诉讼法第二百三十二条的规定。
第二百七十一条　根据刑法第八十一条第一款规定报请最高人民法院核准因犯罪分子具有特殊情况，不受执行刑期限制的假释案件，按下列情形分别处理： （一）中级人民法院依法作出假释裁定后，应即报请高级人民法院复核。高级人民法院同意假释的，应当报请最高人民法院核准；高级人民法院不同意假释的，应当裁定撤销中级人民法院的假释裁定； （二）高级人民法院依法作出假释裁定的，应当报请最高人民法院核准。	**第三百四十一条**　报请最高人民法院核准因**罪犯**具有特殊情况，不受执行刑期限制的假释案件，**应当**按照下列情形分别处理： （一）中级人民法院依法作出假释裁定后，应当报请高级人民法院复核。高级人民法院同意的，应当**书面**报请最高人民法院核准；不同意的，应当裁定撤销中级人民法院的假释裁定； （二）高级人民法院依法作出假释裁定的，应当报请最高人民法院核准。
第二百七十二条　报请最高人民法院核准因犯罪分子具有特殊情况，不受执行刑期限制的假释案件，应当报送报请核准假释案件的报告、罪犯具有特殊情况的报告、假释裁定书各十五份，以及全案卷宗。	**第三百四十二条**　报请最高人民法院核准因**罪犯**具有特殊情况，不受执行刑期限制的假释案件，应当报送报请核准的报告、罪犯具有特殊情况的报告、假释裁定书各五份，以及**全部案卷**。
第二百七十三条　最高人民法院核准因犯罪分子具有特殊情况，不受执行刑期限制的假释案件，予以核准的，作出核准裁定书；不予核准的，应当作出撤销原裁定，不准假释的裁定书。	**第三百四十三条**　对因罪犯具有特殊情况，不受执行刑期限制的假释案件，最高人民法院予以核准的，**应当**作出核准裁定书；不予核准的，应当作出**不核准**裁定书，**并**撤销原裁定。
十五、死刑复核程序	**第十五章　死刑复核程序**
第二百七十四条　死刑由最高人民法院核准，但依法授权高级人民法院核准的除外。因人民检察院提出抗诉而由人民法院按照第二审程序改判死刑的案件，应当报请最高人民法院核准。 **第二百七十五条**　报请最高人民法院核准的死刑案件，按照下列情形分别处理： （一）中级人民法院判处死刑的第一审案件，被告人不上诉、人民检察院不抗诉的，在上诉、抗诉期满后三日内报请高级人民法院复核。	**第三百四十四条**　报请最高人民法院核准死刑案件，**应当**按照下列情形分别处理： （一）中级人民法院判处死刑的第一审案件，被告人**未**上诉、人民检察院**未**抗诉的，在上诉、抗诉期满后**十日**内报请高级人民法院复核。高级人民法院同意判处死刑的，应当在作出裁定后**十日内**报请最高人民法院核准；不同意的，应当**依照第二审程序**提审或者发回重新审判； （二）中级人民法院判处死刑的第一审案件，被告人上诉或者人民检察院抗诉，高级人民

《98年解释》及其他解释、规范性文件	《刑事诉讼法解释》
高级人民法院同意判处死刑的，应当依法作出裁定后，报请最高人民法院核准；不同意判处死刑的，应当提审或者发回重新审判； （二）中级人民法院判处死刑的第一审案件，被告人提出上诉或者人民检察院提出抗诉，高级人民法院终审裁定维持死刑判决的，报请最高人民法院核准； （三）高级人民法院判处死刑的第一审案件，被告人不上诉、人民检察院不抗诉的，在上诉、抗诉期满后三日内报请最高人民法院核准； （四）依法应当由最高人民法院核准的死刑案件，判处死刑缓期二年执行的罪。 **第二百七十六条** 依授权可以由高级人民法院核准的死刑案件，中级人民法院判处死刑后，被告人不上诉、人民检察院不抗诉的，在上诉、抗诉期满后三日内报请高级人民法院核准。 高级人民法院同意判处死刑的，应当裁定核准死刑；不同意判处死刑的，应当依法改判；认为原判事实不清，证据不足的，应当发回中级人民法院重新审判。 **第二百七十七条** 依授权可以由高级人民法院核准的死刑案件，判处死刑缓期二年执行的罪犯，在死刑缓期执行期间，如果故意犯罪，查证属实，应当执行死刑的，报请高级人民法院核准。 **第二百八十二条** 高级人民法院复核或者核准死刑（死刑缓期二年执行）案件，必须提审被告人。	法院裁定维持的，**应当在作出裁定后十日内**报请最高人民法院核准； （三）高级人民法院判处死刑的第一审案件，被告人**未**上诉、人民检察院**未**抗诉的，**应当**在上诉、抗诉期满后**十日**内报请最高人民法院核准。 高级人民法院复核死刑案件，**应当讯问**被告人。
第二百七十八条第一款 中级人民法院判处死刑缓期二年执行的第一审案件，被告人不上诉、人民检察院不抗诉的，应当报请高级人民法院核准。 **第二百七十九条** 被告人被判处死刑的数罪中，如果有应当由最高人民法院核准的，或者共同犯罪案件部分被告人被判处死刑的罪中有应当由最高人民法院核准的，必须将全案报请最高人民法院核准。 **第二百八十二条** 高级人民法院复核或者核准死刑（死刑缓期二年执行）案件，必须	**第三百四十五条** 中级人民法院判处死刑缓期执行的第一审案件，被告人**未**上诉、人民检察院**未**抗诉的，应当报请高级人民法院核准。 高级人民法院复核死刑缓期执行案件，**应当讯问**被告人。

《98 年解释》及其他解释、规范性文件	《刑事诉讼法解释》
提审被告人。	
第二百八十条第一款 报请复核死刑(死刑缓期二年执行)案件,应当一案一报。报送的材料应当包括报请复核的报告、死刑(死刑缓期二年执行)案件综合报告和判决书各十五份,以及全部诉讼案卷和证据;共同犯罪的案件,应当报送全案的诉讼案卷和证据。	**第三百四十六条** 报请复核的死刑、死刑缓期执行案件,应当一案一报。报送的材料包括报请复核的报告,**第一、二审裁判文书**,死刑案件综合报告各五份以及全部案卷、证据。**死刑案件综合报告,第一、二审裁判文书和审理报告应当附送电子文本。** 同案审理的案件应当报送全案案卷、证据。 **曾经发回重新审判的案件,原第一、二审案卷应当一并报送。**
第二百八十条第二款 (一)报请复核的报告,应当载明案由、简要案情和审理过程及判决结果; (二)死刑(死刑缓期二年执行)案件综合报告应当包括以下主要内容: 1. 被告人的姓名、性别、出生年月日、民族、文化程度、职业、住址、简历以及拘留、逮捕、起诉的时间和现在被羁押的处所; 2. 被告人的犯罪事实,包括犯罪时间、地点、动机、目的、手段、危害后果以及从轻、从重处罚等情节,认定犯罪的证据,定罪量刑的法律依据; 3. 需要说明的其他问题。 **第二百八十一条** 报送死刑(死刑缓期二年执行)复核案件的诉讼案卷和证据,根据案件具体情况应当包括以下内容: (一)拘留证、逮捕证、搜查证的复印件; (二)扣押赃款、赃物和其他在案物证的清单; (三)公安机关、国家安全机关的起诉意见书,或者人民检察院的侦查终结报告; (四)人民检察院的起诉书; (五)案件的审查报告、法庭审理笔录、合议庭评议笔录和审判委员会讨论决定笔录; (六)被告人上诉状、人民检察院抗诉书; (七)人民法院的判决书、裁定书和宣判笔录、送达回证;	**第三百四十七条** 报请复核的报告,应当写明案由、简要案情、审理过程和判决结果。 死刑案件综合报告应当包括以下内容: **(一)被告人、被害人的基本情况。被告人有前科或者曾受过行政处罚的,应当写明;** **(二)案件的由来和审理经过。案件曾经发回重新审判的,应当写明发回重新审判的原因、时间、案号等;** **(三)案件侦破情况。通过技术侦查措施抓获被告人、侦破案件,以及与自首、立功认定有关的情况,应当写明;** **(四)第一审审理情况。包括控辩双方意见,第一审认定的犯罪事实,合议庭和审判委员会意见;** **(五)第二审审理或者高级人民法院复核情况。包括上诉理由、检察机关意见,第二审审理或者高级人民法院复核认定的事实,证据采信情况及理由,控辩双方意见及采纳情况;** **(六)需要说明的问题。包括共同犯罪案件中另案处理的同案犯的定罪量刑情况,案件有无重大社会影响,以及当事人的反应等情况;** **(七)处理意见。写明合议庭和审判委员会的意见。**

《98 年解释》及其他解释、规范性文件	《刑事诉讼法解释》
（八）能够证明案件具体情况并经过查证属实的各种肯定的和否定的证据，包括物证或者物证照片、书证、证人证言、被害人陈述、被告人供述和辩解。	
第二百八十三条 复核死刑（死刑缓期二年执行）案件，应当全面审查以下内容： （一）被告人的年龄，有无责任能力，是否正在怀孕的妇女； （二）原审判决认定的主要事实是否清楚，证据是否确实、充分； （三）犯罪情节、后果及危害程度； （四）原审判决适用法律是否正确，是否必须判处死刑，是否必须立即执行； （五）有无法定、酌定从轻或者减轻处罚的情节； （六）其他应当审查的情况。 **第二百八十四条** 对报请核准的死刑（死刑缓期二年执行）案件全面审查后，合议庭应当进行评议并写出复核审理报告。审核报告应当包括以下内容： （一）案件的由来和审理经过； （二）被告人和被害人简况； （三）案件的侦破情况； （四）原审判决要点和控辩双方意见； （五）对事实和证据复核后的分析与认定； （六）合议庭评议意见、审判委员会讨论决定意见； （七）需要说明的问题。	**第三百四十八条** 复核死刑、死刑缓期执行案件，应当全面审查以下内容： （一）被告人的年龄，**被告人**有无**刑事**责任能力、是否**系**怀孕的妇女； （二）原判认定的事实是否清楚，证据是否确实、充分； （三）犯罪情节、后果及危害程度； （四）原判适用法律是否正确，是否必须判处死刑，是否必须立即执行； （五）有无法定、酌定**从重**、从轻或者减轻处罚情节； （六）**诉讼程序是否合法**； （七）应当审查的其他情况。
第二百七十八条第二款 高级人民法院对于报请核准的死刑缓期二年执行的案件，按照下列情形分别处理： （一）同意判处死刑缓期二年执行的，应当裁定予以核准； （二）认为原判事实不清、证据不足的，应当裁定发回重新审判； （三）认为原判量刑过重的，应当依法改判。 高级人民法院核准死刑缓期二年执行的案	**第三百四十九条** 高级人民法院**复核**死刑缓期执行案件，**应当**按照下列情形分别处理： （一）**原判认定事实和适用法律正确、量刑适当、诉讼程序合法的**，应当裁定核准； （二）**原判认定的某一具体事实或者引用的法律条款等存在瑕疵，但判处被告人死刑缓期执行并无不当的，可以在纠正后作出核准的判决、裁定；** （三）**原判认定事实正确，但适用法律有错**

《98 年解释》及其他解释、规范性文件	《刑事诉讼法解释》
件，不得以提高审级等方式加重被告人的刑罚。	误，或者量刑过重的，应当改判； （四） 原判事实不清、证据不足的，可以裁定不予核准，并撤销原判，发回重新审判，或者依法改判； （五）复核期间出现新的影响定罪量刑的事实、证据的，可以裁定不予核准，并撤销原判，发回重新审判，或者依照本解释第二百二十条规定审理后依法改判； （六）原审违反法定诉讼程序，可能影响公正审判的，应当裁定不予核准，并撤销原判，发回重新审判。 高级人民法院复核死刑缓期执行案件，不得加重被告人的刑罚。
第二百八十五条 对判处死刑的案件，复核后应当根据案件情形分别作出裁判： （一）原审判决认定事实和适用法律正确、量刑适当的，裁定予以核准； （二）原审判决认定事实错误或者证据不足的，裁定撤销原判，发回重新审判； （三）原审判决认定的事实正确，但适用法律有错误，或者量刑不当，不同意判处死刑的，应当改判； （四）发现第一审人民法院或者第二审人民法院违反法律规定的诉讼程序，可能影响正确判决的，应当裁定撤销原判，发回第一审人民法院或者第二审人民法院重新审判。 **第二百八十六条** 高级人民法院复核后发回原审人民法院重新审判的案件，重新审判所作的判决、裁定，被告人可以提出上诉，人民检察院可以提出抗诉。 **第二百八十七条** 共同犯罪案件中，部分被告人被判处死刑的，最高人民法院或者高级人民法院复核时，应当对全案进行审查，但不影响对其他被告人已经发生法律效力的判决、裁定的执行；发现对其他被告人已经发生法律效力的判决、裁定确有错误时，可以指令原审人民法院再审。	**第三百五十条** 最高人民法院复核死刑案件，应当按照下列情形分别处理： （一）原判认定事实和适用法律正确、量刑适当、诉讼程序合法的，应当裁定核准； （二）原判认定的某一具体事实或者引用的法律条款等存在瑕疵，但判处被告人死刑并无不当的，可以在纠正后作出核准的判决、裁定； （三）原判事实不清、证据不足的，应当裁定不予核准，并撤销原判，发回重新审判； （四）复核期间出现新的影响定罪量刑的事实、证据的，应当裁定不予核准，并撤销原判，发回重新审判； （五）原判认定事实正确，但依法不应当判处死刑的，应当裁定不予核准，并撤销原判，发回重新审判； （六）原审违反法定诉讼程序，可能影响公正审判的，应当裁定不予核准，并撤销原判，发回重新审判。

《98年解释》及其他解释、规范性文件	《刑事诉讼法解释》
《复核死刑规定》① **第二条** 原判认定事实和适用法律正确、量刑适当、诉讼程序合法的，裁定予以核准。 原判判处被告人死刑并无不当，但具体认定的某一事实或者引用的法律条款等不完全准确、规范的，可以在纠正后作出核准死刑的判决或者裁定。 **第三条** 最高人民法院复核后认为原判认定事实不清、证据不足的，裁定不予核准，并撤销原判，发回重新审判。 **第四条** 最高人民法院复核后认为原判认定事实正确，但依法不应当判处死刑的，裁定不予核准，并撤销原判，发回重新审判。 **第五条** 最高人民法院复核后认为原审人民法院违反法定诉讼程序，可能影响公正审判的，裁定不予核准，并撤销原判，发回重新审判。	
《复核死刑规定》 **第六条** 数罪并罚案件，一人有两罪以上被判处死刑，最高人民法院复核后，认为其中部分犯罪的死刑裁判认定事实不清、证据不足的，对全案裁定不予核准，并撤销原判，发回重新审判；认为其中部分犯罪的死刑裁判认定事实正确，但依法不应当判处死刑的，可以改判并对其他应当判处死刑的犯罪作出核准死刑的判决。	**第三百五十一条** **对**一人有两罪以上被判处死刑的数罪并罚案件，最高人民法院复核后，认为其中部分犯罪的死刑**判决、裁定**事实不清、证据不足的，**应当**对全案裁定不予核准，并撤销原判，发回重新审判；认为其中部分犯罪的死刑**判决、裁定**认定事实正确，但依法不应当判处死刑的，可以改判，并对其他应当判处死刑的犯罪作出核准死刑的判决。
《复核死刑规定》 **第七条** 一案中两名以上被告人被判处死刑，最高人民法院复核后，认为其中部分被告人的死刑裁判认定事实不清、证据不足的，对全案裁定不予核准，并撤销原判，发回重新审判；认为其中部分被告人的死刑裁判认定事实正确，但依法不应当判处死刑的，可以改判并对其他应当判处死刑的被告人作出核准死刑的判决。	**第三百五十二条** **对有**两名以上被告人被判处死刑的案件，最高人民法院复核后，认为其中部分被告人的死刑**判决、裁定**事实不清、证据不足的，**应当**对全案裁定不予核准，并撤销原判，发回重新审判；认为其中部分被告人的死刑**判决、裁定**认定事实正确，但依法不应当判处死刑的，可以改判，并对其他应当判处死刑的被告人作出核准死刑的判决。

① 最高人民法院关于复核死刑案件若干问题的规定；法释[2007]4号；2007年2月27日颁布，2007年2月28日实施。

《98 年解释》及其他解释、规范性文件	《刑事诉讼法解释》
《复核死刑规定》 **第八条第一款** 最高人民法院裁定不予核准死刑的，根据案件具体情形可以发回第二审人民法院或者第一审人民法院重新审判。 **第九条** 发回第二审人民法院重新审判的案件，第二审人民法院可以直接改判；必须通过开庭审理查清事实、核实证据的，或者必须通过开庭审理纠正原审程序违法的，应当开庭审理。 **第十条** 发回第一审人民法院重新审判的案件，第一审人民法院应当开庭审理。	**第三百五十三条** 最高人民法院裁定不予核准死刑的，根据案件**情况**，可以发回第二审人民法院或者第一审人民法院重新审判。 第一审人民法院重新审判的，应当开庭审理。第二审人民法院重新审判的，可以直接改判；必须通过开庭查清事实、核实证据或者纠正原审程序违法的，应当开庭审理。
《复核死刑规定》 **第八条第二款** 高级人民法院依照复核程序审理后报请最高人民法院核准死刑的案件，最高人民法院裁定不予核准死刑，发回高级人民法院重新审判的，高级人民法院可以提审或者发回第一审人民法院重新审判。	**第三百五十四条** 高级人民法院依照复核程序审理后报请最高人民法院核准死刑，最高人民法院裁定不予核准，发回高级人民法院重新审判的，高级人民法院可以**依照第二审程序**提审或者发回重新审判。
《复核死刑规定》 **第十一条** 依照本规定第三条、第五条、第六条、第七条发回重新审判的案件，原审人民法院应当另行组成合议庭进行审理。	**第三百五十五条 最高人民法院裁定不予核准死刑**，发回重新审判的案件，原审人民法院应当另行组成合议庭审理，**但本解释第三百五十条第四项、第五项规定的案件除外。**
《关于充分保障律师依法履行辩护职责确保死刑案件办理质量的若干规定》① 十七、死刑案件复核期间，被告人的律师提出当面反映意见要求或者提交证据材料的，人民法院有关合议庭应当在工作时间和办公场所接待，并制作笔录附卷。律师提出的书面意见，应当附卷。	**第三百五十六条** 死刑复核期间，**辩护**律师要求当面反映意见的，**最高人民法院**有关合议庭应当在办公场所**听取其意见**，并制作笔录；**辩护**律师提出书面意见**的**，应当附卷。
	第三百五十七条 死刑复核期间，最高人民检察院提出意见的，最高人民法院应当审查，并将采纳情况及理由反馈最高人民检察院。
	第三百五十八条 最高人民法院应当根据有关规定向最高人民检察院通报死刑案件复核结果。

① 《关于充分保障律师依法履行辩护职责确保死刑案件办理质量的若干规定》，法发[2008]14号；2008 年 5 月 21 日颁布并实施。

《98 年解释》及其他解释、规范性文件	《刑事诉讼法解释》
十六、扣押、冻结在案财物的处理	**第十六章　查封、扣押、冻结财物及其处理**
第二百八十八条　人民法院对于扣押、冻结在案的被告人的财物及其孳息，应当妥善保管，以供核查。任何单位和个人不得挪用或者自行处理。 依法扣押的货币、有价证券，应当登记写明货币、有价证券的名称、数额、面额，货币应当存入银行专户，并登记银行存款凭证的名称、内容，入卷备查。 依法扣押的物品，应当登记写明物品名称、型号、规格、数量、重量、质量、成色、纯度、颜色、新旧程度、缺损特征和来源等，入卷备查。 依法扣押的文物、金银、珠宝、名贵字画等以及违禁品，应当及时鉴定。对扣押的物品应当及时依照有关规定作价。	**第三百五十九条**　人民法院对**查封**、扣押、冻结的被告人财物及其孳息，应当妥善保管，**并制作清单，附卷备查；对人民检察院随案移送的被告人财物及其孳息，应当根据清单核查后妥善保管**。任何单位和个人不得挪用或者自行处理。 **查封不动产、车辆、船舶、航空器等财物，应当扣押其权利证书，经拍照或者录像后原地封存，或者交持有人、被告人的近亲属保管，登记并写明财物的名称、型号、权属、地址等详细情况，并通知有关财物的登记、管理部门办理查封登记手续。** 扣押物品，应当登记**并**写明物品名称、型号、规格、数量、重量、质量、成色、纯度、颜色、新旧程度、缺损特征和来源等。扣押货币、有价证券，应当登记并写明货币、有价证券的名称、数额、面额等，货币应当存入银行专门账户，并登记银行存款凭证的名称、内容。扣押文物、金银、珠宝、名贵字画等**贵重物品**以及违禁品，应当**拍照，需要鉴定的**，应当及时鉴定。对扣押的物品应当**根据**有关规定及时**估价**。 **冻结存款、汇款、债券、股票、基金份额等财产，应当登记并写明编号、种类、面值、张数、金额等。**
第二百八十九条　对于被害人的合法财产，被害人明确的，扣押、冻结机关应当依法及时返还。但须经拍照、鉴定、作价，并在案卷中注明返还的理由，将原物照片、清单和被害人的领取手续入卷备查。 **《诈骗案件解释》**① **第九条**　案发后查封、扣押、冻结在案的诈骗财物及其孳息，权属明确的，应当发还被害人；	**第三百六十条**　对被害人的合法财产，**权属**明确的，应当依法及时返还，但须经拍照、鉴定、**估价**，并在案卷中注明返还的理由，将原物照片、清单和被害人的领取手续**附卷备查；权属不明的，应当在人民法院判决、裁定生效后，按比例返**还被害人，但已获退赔的**部分**应予扣除。

① “两高”关于办理诈骗刑事案件具体应用法律问题的解释；2011 年 2 月 21 日最高人民法院审判委员会第 1512 次会议、2010 年 11 月 24 日最高人民检察院第十一届检察委员会第 49 次会议通过；2011 年 4 月 7 日颁布，2011 年 4 月 8 日实施。

《98 年解释》及其他解释、规范性文件	《刑事诉讼法解释》
权属不明确的,可按被骗款物占查封、扣押、冻结在案的财物及其孳息总额的比例发还被害人,但已获退赔的应予扣除。	
《扣押、冻结款物规定》① **第三十二条**扣押、冻结的款物,除依法应当返还被害人或者经查明确实与案件无关的以外,不得在诉讼程序终结之前处理。法律和有关规定另有规定的除外。 权利人申请出售被扣押、冻结的股票、债券、基金、权证、期货、仓单、黄金等,不损害国家利益、被害人利益,不影响诉讼正常进行的,经检察长批准或者检察委员会决定,在案件终结前可以依法出售,所得价款由管理部门保管。 扣押、冻结汇票、本票、支票的,应当在有效期限内作出处理。经检察长批准或者检察委员会决定,在案件终结前依法变现的,所得价款由管理部门保管,并及时书面告知当事人或者其近亲属。	**第三百六十一条　审判期间**,权利人申请出**卖**被扣押、冻结的债券、股票、基金**份额**等**财产,人民法院经审查,认为**不损害国家利益、被害人利益,不影响诉讼正常进行的,**以及扣押、**冻结的汇票、本票、支票有效期**即将届满的,可以在判决、裁定生效**前依法**出卖**,所得价款由**人民法院**保管,并及时告知当事人或者其近亲属。
第二百九十条　对作为证据使用的实物,包括作为物证的货币、有价证券等,应当随案移送。开庭审判时,经向法庭出示、质证后移交法庭。休庭或者闭庭时办理证据交接手续,清点、核对无误的,由经手人在清单上分别签名后予以封存。对因上诉、抗诉引起第二审程序的,第一审人民法院应当将上述证据移送第二审人民法院,并办理证据交接手续。	**第三百六十二条**　对作为证据使用的实物,包括作为物证的货币、有价证券等,应当随案移送。**第一审判决、裁定宣告后,被告人上诉或者人民检察院抗诉的**,第一审人民法院应当将上述证据移送第二审人民法院。
第二百九十一条　下列不宜移送的实物,人民法院受理案件时,应当审查是否附有相关证据材料;需要鉴定(包括估价)的,应当附有鉴定结论: (一) 大宗的、不便搬运的物品,由扣押机关开列清单,并附原物照片和封存手续,注明存放地点; (二) 易腐烂、霉变和不易保管的物品,扣押	**第三百六十三条**　对不宜移送的实物,应**当根据情况,分别审查以下内容:** (一) 大宗的、不便搬运的物品,**查封、扣押机关是否随案移送查封、扣押清单**,并附原物照片和封存手续,注明存放地点**等**; (二) 易腐烂、霉变和不易保管的物品,**查封**、扣押机关变卖处理后,**是否**随案移送原物照片、清单、变价处理的凭证(复印件)**等**;

① 《人民检察院扣押、冻结涉案款物工作规定》;2010 年 5 月 9 日颁布并实施。

《98年解释》及其他解释、规范性文件	《刑事诉讼法解释》
机关变卖处理后，随案移送原物照片、清单、变价处理的凭证（复印件）； （三）违禁品、枪支弹药、易燃易爆物品、剧毒物品以及其他危险品，扣押机关依照国家有关规定处理后，随案移送原物照片和清单。 对于查封、扣押的货币、有价证券等依法不移送的，人民法院受理案件时，应当审查是否附有原物照片、清单或者其他证明文件。	（三）枪支弹药、剧毒物品、易燃易爆物品以及其他违禁品、危险物品，**查封**、扣押机关**根据**有关规定处理后，**是否**随案移送原物照片和清单**等**。 **上述不宜移送的实物，应当依法鉴定、估价的，还应当审查是否附有鉴定、估价意见。** 对查封、扣押的货币、有价证券等**未**移送的，应当审查是否附有原物照片、清单或者其他证明文件。
《财产刑执行规定》① **第五条**　执行财产刑时，案外人对被执行财产提出权属异议的，人民法院应当审查并参照民事诉讼法的有关规定处理。	**第三百六十四条　法庭审理过程中，对查封、扣押、冻结的财物及其孳息，应当调查其权属情况，是否属于违法所得或者依法应当追缴的其他涉案财物。** **案外人**对查封、扣押、冻结的财物及其孳息**提出权属异议的，人民法院应当审查并**依法处理。 经审查，不能确认查封、扣押、冻结的财物及其孳息属于违法所得或者依法应当追缴的其他涉案财物的，不得没收。
	第三百六十五条　对查封、扣押、冻结的财物及其孳息，应当在判决书中写明名称、金额、数量、存放地点及其处理方式等。涉案财物较多，不宜在判决主文中详细列明的，可以附清单。 **涉案财物未随案移送的，应当在判决书中写明，并写明由查封、扣押、冻结机关负责处理。**
第二百九十四条　对于人民法院扣押、冻结的赃款、赃物及其孳息，人民法院作出的判决生效后，由原审人民法院依照生效的法律文书进行处理。除依法返还被害人的以外，应当一律没收，上缴国库。法律另有规定的除外。 对人民检察院、公安机关因犯罪嫌疑人死亡，申请人民法院裁定通知冻结犯罪嫌疑人存款、汇款等的金融机构，将该犯罪嫌疑人的存款、	**第三百六十六条**　**查封**、扣押、冻结的财物及其孳息，**经审查，确属违法所得或者依法应当追缴的其他涉案财物的，应当判决返还被害人，或者**没收上缴国库，但法律另有规定的除外。 **判决返还被害人的涉案财物，应当通知被害人认领**；无人认领的，应当公告通知；公告满三个月无人认领的，**应当**上缴国库；上缴国库后有人认领，经查证属实的，应当申请退库**予以返**

① 最高人民法院关于财产刑执行问题的若干规定；2009年11月30日最高人民法院审判委员会第1478次会议通过；2010年2月10日公布，2010年6月1日实施。

《98年解释》及其他解释、规范性文件	《刑事诉讼法解释》
汇款等上缴国库或者返还被害人的案件，人民法院应当经过阅卷、审查有关证据材料后作出裁定。 《扣押、冻结款物规定》 **第四十一条** 对于应当返还被害人的扣押、冻结款物，无人认领的，应当公告通知。公告满一年无人认领的，依法上缴国库。 无人认领的款物在上缴国库后有人认领，经查证属实的，人民检察院应当向人民政府财政部门申请退库或者返还。原物已经拍卖、变卖的，应当退回价款。 **第四十二条** 对于贪污、挪用公款犯罪案件中扣押、冻结的涉案款物，除法院判决上缴国库的以外，应当归还原单位。原单位已不存在或者虽然存在但对被贪污、挪用的款项已经作为损失核销的，应当上缴国库。	还；原物已经拍卖、变卖的，应当返还价款。 对侵犯国有财产的案件，被害单位已经终止且没有权利义务继受人，或者损失已经被核销的，查封、扣押、冻结的财物及其孳息应当上缴国库。
第二百九十三条 对于查封、扣押的赃款、赃物依法不移送的，人民法院作出的判决生效后，由原审的人民法院通知查封、扣押机关上缴国库，同时将通知及判决书送达有关财政机关。查封、扣押机关应当在接到执行通知书后十五日内向人民法院送交执行回单。	**第三百六十七条** 随案移送的或者人民法院查封、扣押的财物及其孳息，由第一审人民法院在判决生效后负责处理。 涉案财物未随案移送的，人民法院应当在判决生效后十日内，将判决书、裁定书送达查封、扣押机关，并告知其在一个月内将执行回单送回。
第二百九十二条 人民法院受理案件时，对于侦查机关冻结在金融机构的存款，应当审查是否附有金融机构出具的证明文件原件。人民法院作出生效判决后，通知该金融机构上缴国库，同时将判决书送达有关财政机关。金融机构应当在接到执行通知书后十五日内向人民法院送交执行回单。	**第三百六十八条** 对冻结的存款、汇款、债券、股票、基金份额等财产判决没收的，第一审人民法院应当在判决生效后，将判决书、裁定书送达相关金融机构和财政部门，通知相关金融机构依法上缴国库并在接到执行通知书后十五日内，将上缴国库的凭证、执行回单送回。
第二百九十五条 对于扣押、冻结的与本案无关的财物，已列入清单的，人民法院应当通知扣押、冻结机关依法处理。被告人被判处财产刑的，人民法院应当通知扣押、冻结机关将拟返还被告人的财物移交人民法院执行刑罚。	**第三百六十九条** 查封、扣押、冻结的财物与本案无关但已列入清单的，应当由查封、扣押、冻结机关依法处理。 查封、扣押、冻结的财物属于被告人合法所有的，应当在赔偿被害人损失、执行财产刑后及时返还被告人；财物未随案移送的，应当通知查封、扣押、冻结机关将赔偿被害人损失、执行财

《98 年解释》及其他解释、规范性文件	《刑事诉讼法解释》
	产刑的部分移送人民法院。
	第三百七十条　查封、扣押、冻结财物及其处理，本解释没有规定的，参照适用法律、其他司法解释的有关规定。
十七、审判监督程序	**第十七章　审判监督程序**
第二百九十六条　各级人民法院对当事人及其法定代理人、近亲属对已经发生法律效力的判决、裁定提出的申诉，应当进行登记并认真审查处理。	**第三百七十一条**　当事人及其法定代理人、近亲属对已经发生法律效力的判决、裁定提出申诉的，**人民法院**应当审查处理。 **案外人认为已经发生法律效力的判决、裁定侵害其合法权益，提出申诉的，人民法院应当审查处理。** **申诉可以委托律师代为进行。**
第二百九十七条　人民法院经审查，对不符合刑事诉讼法第二百零三条规定的申诉，按来信、来访处理。 **《再审立案意见》**① **第五条**　再审申请人或申诉人向人民法院申请再审或申诉，应当提交以下材料： （一）再审申请书或申诉状，应当载明当事人的基本情况、申请再审或申诉的事实与理由； （二）原一、二审判决书、裁定书等法律文书，经过人民法院复查或再审的，应当附有驳回通知书、再审判决书或裁定书； （三）以有新的证据证明原裁判认定的事实确有错误为由申请再审或申诉的，应当同时附有证据目录、证人名单和主要证据复印件或者照片；需要人民法院调查取证的，应当附有证据线索。 申请再审或申诉不符合前款规定的，人民法院不予审查。	**第三百七十二条**　向人民法院申诉，应当提交以下材料： （一）申诉状。应当**写**明当事人的基本情况、**联系方式以及**申诉的事实与理由； （二）原一、二审判决书、裁定书等法律文书。经过人民法院复查或者再审的，应当附有驳回通知书、**再审决定书**、再审判决书、裁定书； （三）**其他相关材料**。以有新的证据证明原**判决、裁定**认定的事实确有错误为由申诉的，应当同时附有**相关证据材料**；**申请**人民法院调查取证的，应当附有**相关**线索**或者材料**。 申诉不符合前款规定的，人民法院**应当告知申诉人补充材料；申诉人对必要材料拒绝补充且无正当理由的，**不予审查。
第二百九十八条　受理、审查申诉一般由作出发生法律效力的判决、裁定的人民法院进行。	**第三百七十三条**　申诉由终审人民法院审查处理。**但是，第二审人民法院裁定准许撤回**

① 最高人民法院关于规范人民法院再审立案的若干意见（试行）；法发［2002］13 号；2002 年 9 月 10 日公布，2002 年 11 月 1 日实施。

《98年解释》及其他解释、规范性文件	《刑事诉讼法解释》
直接向上级人民法院申诉的，如果没有经作出发生法律效力的判决、裁定的人民法院审查处理，上级人民法院可以交该人民法院审查，并告知申诉人；如果属于案情疑难、复杂、重大的，或者已经由作出发生法律效力的判决、裁定的人民法院审查处理后仍坚持申诉的，上级人民法院可以直接受理、审查，下级人民法院也可以请求移送上一级人民法院审查处理。 **《再审立案意见》** **第六条** 申请再审或申诉一般由终审人民法院审查处理。 上一级人民法院对未经终审人民法院审查处理的申请再审或申诉，一般交终审人民法院审查；对经终审人民法院审查处理后仍坚持申请再审或申诉的，应当受理。 对未经终审人民法院及其上一级人民法院审查处理，直接向上级人民法院申请再审或申诉的，上级人民法院应当交下一级人民法院处理。 **第二百九十九条** 原审人民法院审查处理的申诉、上级人民法院直接处理的申诉和转交下级人民法院审查处理的申诉，应当立申诉卷。 **第三百条** 第二审人民法院对不服本院维持第一审人民法院裁判的申诉，可以交由第一审人民法院审查。第一审人民法院审查后，应当写出审查报告，提出处理意见，报第二审人民法院审定。	**上诉的案件，申诉人对第一审判决提出申诉的，可以由第一审人民法院审查处理。** 上一级人民法院对未经终审人民法院审查处理的申诉，**可以告知申诉人向终审人民法院提出申诉，或者直接**交终审人民法院审查**处理，并告知申诉人；案件疑难、复杂、重大的，也可以直接审查处理。** 对未经终审人民法院及其上一级人民法院审查处理，直接向上级人民法院申诉的，上级人民法院**可以告知申诉人向下级人民法院提出。**
第三百零一条 对最高人民法院核准死刑的案件或者授权高级人民法院核准死刑案件的申诉，可以由原核准的人民法院直接处理，也可以交由原审人民法院审查。原审人民法院应当写出审查报告，提出处理意见，逐级上报原核准的人民法院审定。	**第三百七十四条** 对死刑案件的申诉，可以由原核准的人民法院直接**审查**处理，也可以交由原审人民法院审查。原审人民法院应当写出审查报告，提出处理意见，**层报**原核准的人民法院**审查处理**。
第三百零二条 人民法院受理申诉后，应当在三个月内作出决定，至迟不得超过六个月。经审查，认为有刑事诉讼法第二百零四条规定的情形之一的，由院长提请审判委员会决定重新审	**第三百七十五条** **对立案审查的申诉案件**，应当在三个月内作出决定，至迟不得超过六个月。 经审查，**具有下列情形之一的，应当根据刑**

《98 年解释》及其他解释、规范性文件	《刑事诉讼法解释》
判;对不符合刑事诉讼法第二百零四条规定的申诉,应当说服申诉人撤回申诉;对仍然坚持申诉的,应当书面通知驳回。 **《再审立案意见》** **第七条** 对终审刑事裁判的申诉,具备下列情形之一的,人民法院应当决定再审: (一)有审判时未收集到的或者未被采信的证据,可能推翻原定罪量刑的; (二)主要证据不充分或者不具有证明力的; (三)原裁判的主要事实依据被依法变更或撤销的; (四)据以定罪量刑的主要证据自相矛盾的; (五)引用法律条文错误或者违反刑法第十二条的规定适用失效法律的; (六)违反法律关于溯及力规定的; (七)量刑明显不当的; (八)审判程序不合法,影响案件公正裁判的; (九)审判人员在审理案件时索贿受贿、徇私舞弊并导致枉法裁判的。	**事诉讼法第二百四十二条的规定,决定重新审判:** (一)**有新的证据证明原判决、裁定认定的事实确有错误**,可能**影响**定罪量刑的; (二)**据以定罪量刑的证据不确实**、不充分、**依法应当排除的;** (三)**证明案件事实的**主要证据**之间存在**矛盾的; (四)主要事实依据被依法变更或者撤销的; (五)**认定罪名错误的;** (六)量刑明显不当的; (七)违反法律关于溯及力规定的; (八)**违反法律规定的诉讼程序,可能**影响公正裁判的; (九)审判人员在审理**该**案件时**有贪污**受贿、徇私舞弊、枉法裁判行**为**的。 **申诉不具有上述情形的,**应当说服申诉人撤回申诉;对仍然坚持申诉的,应当书面通知驳回。
《抗诉案件再审规定》① **第三条**本规定所指的新证据,是指具有下列情形之一,指向原起诉事实并可能改变原判决、裁定据以定罪量刑的事实的证据: (一)原判决、裁定生效后新发现的证据; (二)原判决、裁定生效前已经发现,但由于客观原因未予收集的证据; (三)原判决、裁定生效前已经收集,但庭审中未予质证、认证的证据; (四)原生效判决、裁定所依据的鉴定结论,勘验、检查笔录或其他证据被改变或者否定的。	**第三百七十六条** 具有下列情形之一,可能改变原判决、裁定据以定罪量刑的事实的证据,**应当认定为刑事诉讼法第二百四十二条第一项规定的"新的证据":** (一)原判决、裁定生效后新发现的证据; (二)原判决、裁定生效前已经发现,但未予收集的证据; (三)原判决、裁定生效前已经收集,但未经质证的证据; (四)原判决、裁定所依据的鉴定**意见,**勘验、检查**等**笔录或者其他证据被改变或者否定的。

① 最高人民法院关于审理人民检察院按照审判监督程序提出的刑事抗诉案件若干问题的规定;2011 年 4 月 18 日最高人民法院审判委员会第 1518 次会议通过;2011 年 10 月 14 日公布,2012 年 1 月 1 日实施。

《98 年解释》及其他解释、规范性文件	《刑事诉讼法解释》
第三百零三条 申诉人对驳回申诉不服的，可以向上一级人民法院申诉。上一级人民法院经审查认为申诉不符合刑事诉讼法第二百零四条规定的，应当予以驳回。经两级人民法院处理后又提出申诉的，如果没有新的充分理由，人民法院可以不再受理。	**第三百七十七条** 申诉人对驳回申诉不服的，可以向上一级人民法院申诉。上一级人民法院经审查认为申诉不符合刑事诉讼法**第二百四十二条和本解释第三百七十五条第二款**规定的，**应当说服申诉人撤回申诉；对仍然坚持申诉的**，应当驳回**或者通知不予重新审判**。
第三百零四条 各级人民法院院长对本院已经发生法律效力的判决和裁定，如果发现在认定事实或者适用法律上确有错误，经提交审判委员会讨论决定再审的案件，应当另行组成合议庭进行再审。	**第三百七十八条** 各级人民法院院长**发现**本院已经发生法律效力的判决、裁定确有错误的，**应当**提交审判委员会讨论决定**是否再审**。
第三百零五条 最高人民法院对各级人民法院已经发生法律效力的判决、裁定，上级人民法院对下级人民法院已经发生法律效力的判决和裁定，如果发现确有错误，可以指令下级人民法院再审；对于原判决、裁定认定事实正确，但是在适用法律上有错误，或者案情疑难、复杂、重大的，或者有其他不宜由原审人民法院审理的情况的案件，也可以提审。	**第三百七十九条** 上级人民法院**发现**下级人民法院已经发生法律效力的判决、裁定确有错误的，可以指令下级人民法院再审；原判决、裁定认定事实正确但适用法律错误，或者案**件**疑难、复杂、重大，或者有不宜由原审人民法院审理**情形的**，也可以提审。 **上级人民法院指令下级人民法院再审的，一般应当指令原审人民法院以外的下级人民法院审理；由原审人民法院审理更有利于查明案件事实、纠正裁判错误的，可以指令原审人民法院审理。**
第三百零六条 最高人民检察院对各级人民法院已经发生法律效力的判决和裁定，上级人民检察院对下级人民法院已经发生法律效力的判决和裁定，如果发现确有错误，按照审判监督程序向同级人民法院提出抗诉的案件，接受抗诉的人民法院应当组成合议庭重新审理；对于原判决事实不清或者证据不足的，可以指令下级人民法院再审，并将指令再审的决定书抄送抗诉的人民检察院。 **《抗诉案件再审规定》** **第一条** 人民法院收到人民检察院的抗诉书后，应在一个月内立案。经审查，具有下列情形之一的，应当决定退回人民检察院： （一）不属于本院管辖的； （二）按照抗诉书提供的住址无法向被提出	**第三百八十条** 对人民检察院**依照审判监督程序提出抗诉的案件**，人民法院**应当**在收到抗诉书后一个月内立案。**但是**，有下列情形之一的，应当**区别情况予以处理**： （一）对不属于本院管辖的，**应当将案件退回人民检察院**； （二）按照抗诉书提供的住址无法向被抗诉的原审被告人送达抗诉书的，**应当通知人民检察院在三日内重新提供原审被告人的住址；逾期未提供的，将案件退回人民检察院**； （三）以有新的证据为由提出抗诉，**但未附相关证据材料或者有关证据不是指向原起诉事实的，应当通知人民检察院在三日内补送相关材料；逾期未补送的，将案件退回人民检察院。** 决定退回的抗诉案件，人民检察院经补充

《98 年解释》及其他解释、规范性文件	《刑事诉讼法解释》
抗诉的原审被告人送达抗诉书的； （三）以有新证据为由提出抗诉，抗诉书未附有新的证据目录、证人名单和主要证据复印件或者照片的； （四）以有新证据为由提出抗诉，但该证据并不是指向原起诉事实的。 人民法院决定退回的刑事抗诉案件，人民检察院经补充相关材料后再次提出抗诉，经审查符合受理条件的，人民法院应当予以受理。	相关材料后再次抗诉，经审查符合受理条件的，人民法院应当受理。
《抗诉案件再审规定》 **第二条** 人民检察院按照审判监督程序提出的刑事抗诉案件，接受抗诉的人民法院应当组成合议庭进行审理。涉及新证据需要指令下级人民法院再审的，接受抗诉的人民法院应当在接受抗诉之日起一个月以内作出决定，并将指令再审决定书送达提出抗诉的人民检察院。	**第三百八十一条** 对人民检察院**依**照审判监督程序提出抗诉**的**案件，接受抗诉的人民法院应当组成合议庭审理。**对原判事实不清、证据不足，包括有**新的证据**证明原判可能有错误，**需要指令下级人民法院再审的，应当在**立案**之日起一个月内作出决定，并将指令再审决定书送达抗诉的人民检察院。
第三百零七条 人民法院决定按照审判监督程序重新审判的案件，除人民检察院提起抗诉的外，应当制作再审决定书。再审期间不停止原判决、裁定的执行。	**第三百八十二条** 对决定**依**照审判监督程序重新审判的案件，除人民检察院抗诉的以外，**人民法院应**当制作再审决定书。再审期间不停止原判决、裁定的执行，**但被告人可能经再审改判无罪，或者可能经再审减轻原判刑罚而致刑期届满的，可以决定中止原判决、裁定的执行，必要时，可以对被告人采取取保候审、监视居住措施。**
第三百零八条 人民法院按照审判监督程序重新审判的案件，应当对原判决、裁定认定的事实、证据和适用法律进行全面审查。	**第三百八十三条** **依**照审判监督程序重新审判的案件，人民法院应当**重点针对申诉、抗诉和决定再审的理由进行审理。必要时，应当**对原判决、裁定认定的事实、证据和适用法律进行全面审查。
第三百零九条 人民法院按照审判监督程序重新审判的案件，如果原来是第一审案件，应当依照第一审程序进行审判，所作的判决、裁定，可以上诉、抗诉；如果原来是第二审案件，或者是上级人民法院提审的案件，应当依照第二审程序进行审判，所作的判决、裁定，是终审的判决、裁定。	**第三百八十四条** **原审**人民法院**审理依**照审判监督程序重新审判的案件，**应当另行组成合议庭。** 原来是第一审案件，应当依照第一审程序进行审判，所作的判决、裁定可以上诉、抗诉；原来是第二审案件，或者是上级人民法院提审的案件，应当依照第二审程序进行审判，所作的判

《98 年解释》及其他解释、规范性文件	《刑事诉讼法解释》
第三百一十条 按照审判监督程序进行再审的刑事自诉案件，应当依法作出判决、裁定；附带民事部分可以调解结案。 **第三百一十一条** 再审案件的审理期限，依照刑事诉讼法第二百零七条的规定执行。	决、裁定是终审的判决、裁定。 **对原审被告人、原审自诉人已经死亡或者丧失行为能力的再审案件，可以不开庭审理。**
《再审开庭规定》① **第七条** 人民法院审理共同犯罪再审案件，如果人民法院再审决定书或者人民检察院抗诉书只对部分同案原审被告人（同案原审上诉人）提起再审，其他未涉及的同案原审被告人（同案原审上诉人）不出庭不影响案件审理的，可以不出庭参与诉讼； 部分同案原审被告人（同案原审上诉人）具有本规定第六条第（三）、（四）项规定情形不能出庭的，不影响案件的开庭审理。	**第三百八十五条** **开庭审理的**再审案件，再审决定书或者抗诉书只**针**对部分原审被告人，其他同案原审被告人不出庭不影响审理的，可以不出庭参加诉讼。
《再审开庭规定》 **第八条** 除人民检察院抗诉的以外，再审一般不得加重原审被告人（原审上诉人）的刑罚。 根据本规定第六条第（二）、（三）、（四）、（五）、（六）项、第七条的规定，不具备开庭条件可以不开庭审理的，或者可以不出庭参加诉讼的，不得加重未出庭原审被告人（原审上诉人）、同案原审被告人（同案原审上诉人）的刑罚。	**第三百八十六条** 除人民检察院抗诉的以外，再审一般不得加重原审被告人的刑罚。**再审决定书或者抗诉书只针对部分原审被告人的**，不得加重**其他**同案原审被告人的刑罚。
《再审开庭规定》 **第十条** 人民法院审理人民检察院提出抗诉的再审案件，对人民检察院接到出庭通知后未出庭的，应当裁定按人民检察院撤回抗诉处理，并通知诉讼参与人。 **《抗诉案件再审规定》** **第六条** 在开庭审理前，人民检察院撤回抗诉的，人民法院应当裁定准许。	**第三百八十七条** 人民法院审理人民检察院抗诉的再审案件，人民检察院在开庭审理前撤回抗诉的，应当裁定准许；人民检察院接到出庭通知后**不派员**出庭，**且未说明原因的，可以**裁定按撤回抗诉处理，并通知诉讼参与人。 **人民法院审理申诉人申诉的再审案件，申诉人在再审期间撤回申诉的，应当裁定准许；申诉人经依法通知无正当理由拒不到庭，或者未经法庭许可中途退庭的，应当裁定按撤回申诉处理，但申诉人不是原审当事人的除外。**

① 最高人民法院关于刑事再审案件开庭审理程序的具体规定；2001 年 10 月 18 日最高人民法院审判委员会第 1196 次会议通过，2001 年 12 月 26 日公布，2002 年 1 月 1 日起施行。

《98 年解释》及其他解释、规范性文件	《刑事诉讼法解释》
《再审开庭规定》 **第十八条** 人民法院决定再审的，由合议庭组成人员宣读再审决定书。 根据人民检察院提出抗诉进行再审的，由公诉人宣读抗诉书。 当事人及其法定代理人、近亲属提出申诉的由原审被告人（原审上诉人）及其辩护人陈述申诉理由。	**第三百八十八条 开庭审理的再审案件，系**人民法院决定再审的，由合议庭组成人员宣读再审决定书；**系**人民检察院抗诉的，由**检察人员**宣读抗诉书；**系申诉人**申诉的，由**申诉人或者**其辩护人、**诉讼代理人**陈述申诉理由。
第三百一十二条 再审案件经过重新审理后，应当按照下列情形分别处理： （一）原判决、裁定认定事实和适用法律正确、量刑适当的，应当裁定驳回申诉或者抗诉； （二）原判决、裁定认定事实没有错误，但适用法律有错误，或者量刑不当的，应当改判。按照第二审程序审理的案件，认为必须判处被告人死刑立即执行的，直接改判后，应当报请最高人民法院核准； （三）应当对被告人实行数罪并罚的案件，原判决、裁定没有分别定罪量刑的，应当撤销原判决、裁定，重新定罪量刑，并决定执行的刑罚； （四）按照第二审程序审理的案件，原判决、裁定认定事实不清或者证据不足的，可以在查清事实后改判，也可以裁定撤销原判，发回原审人民法院重新审判。 原判决、裁定认定事实不清，证据不足，经再审仍无法查清，证据不足，不能认定原审被告人有罪的，应当参照本解释第一百七十六条第（四）项规定，判决宣告被告人无罪。 《抗诉案件再审规定》 **第四条** 对于原判决、裁定事实不清或者证据不足的案件，接受抗诉的人民法院进行重新审理后，应当按照下列情形分别处理： （一）经审理能够查清事实的，应当在查清事实后依法裁判； （二）经审理仍无法查清事实，证据不足，不能认定原审被告人有罪的，应当判决宣告原审被告人无罪； （三）经审理发现有新证据且超过刑事诉讼	**第三百八十九条** 再审案件经过重新审理后，应当按照下列情形分别处理： （一）原判决、裁定认定事实和适用法律正确、量刑适当的，应当裁定驳回申诉或者抗诉，**维持原判决、裁定；** （二）**原判决、裁定定罪准确、量刑适当，但在认定事实、适用法律等方面有瑕疵的，应当裁定纠正并维持原判决、裁定；** （三）原判决、裁定认定事实没有错误，但适用法律错误，或者量刑不当的，应当**撤销原判决、裁定，依法**改判； （四）**依**照第二审程序审理的案件，原判决、裁定事实不清或者证据不足的，可以在查清事实后改判，也可以裁定撤销原判，发回原审人民法院重新审判。 原判决、裁定事实不清**或者**证据不足，**经审理事实已经查清的，应当根据查清的事实依法裁判；**事实仍无法查清，证据不足，不能认定被告人有罪的，应当**撤销原判决、裁定，**判决宣告被告人无罪。

《98 年解释》及其他解释、规范性文件	《刑事诉讼法解释》
法规定的指令再审期限的，可以裁定撤销原判，发回原审人民法院重新审判。	
	第三百九十条　原判决、裁定认定被告人姓名等身份信息有误，但认定事实和适用法律正确、量刑适当的，作出生效判决、裁定的人民法院可以通过裁定对有关信息予以更正。
《再审开庭规定》 **第二十四条**　再审改判宣告无罪并依法享有申请国家赔偿权利的当事人，宣判时合议庭应当告知其该判决发生法律效力后即有申请国家赔偿的权利。	**第三百九十一条**　对再审改判宣告无罪并依法享有申请国家赔偿权利的当事人，**人民法院**宣判时，应当告知其在判决发生法律效力后**可以依法**申请国家赔偿。
十八、涉外刑事案件审理程序	**第十八章　涉外刑事案件的审理和司法协助**
第三百一十三条　本解释所称的涉外刑事案件是指： （一）在中华人民共和国领域内，外国人犯罪的或者我国公民侵犯外国人合法权利的刑事案件； （二）在中华人民共和国领域外，符合刑法第八条、第十条规定情形的外国人对中华人民共和国国家和公民犯罪和中国公民犯罪的案件； （三）符合刑法第九条规定的情形，中华人民共和国在所承担国际条约义务范围内行使管辖权的案件。	**第三百九十二条**　本解释所称的涉外刑事案件是指： （一）在中华人民共和国领域内，外国人犯罪的或者我国公民侵犯外国人合法权利的刑事案件； （二）**符合刑法第七条、第十条规定情形的我国公民在中华人民共和国领域外犯罪的案件；** （三）符合刑法第八条、第丨条规定情形的外国人对中华人民共和国国家或者公民犯罪的案件； **（四）**　符合刑法第九条规定情形的中华人民共和国在所承担国际条约义务范围内行使管辖权的案件。
	第三百九十三条　第一审涉外刑事案件，除刑事诉讼法第二十条至第二十二条规定的以外，由基层人民法院管辖。必要时，中级人民法院可以指定辖区内若干基层人民法院集中管辖第一审涉外刑事案件，也可以依照刑事诉讼法第二十三条的规定，审理基层人民法院管辖的第一审涉外刑事案件。
第三百一十四条　外国人的国籍以其入境时的有效证件予以确认；国籍不明的，以公安机	**第三百九十四条**　外国人的国籍，**根据**其入境时的有效证件确认；国籍不明的，**根据**公安

《98年解释》及其他解释、规范性文件	《刑事诉讼法解释》
关会同外事部门查明的为准。国籍确实无法查明的，以无国籍人对待，适用涉外刑事案件审理程序。 **第三百一十五条** 享有外交特权和豁免权的外国人的刑事责任问题，通过外交途径解决。	**机关或者有关国家驻华使、领馆出具的证明确认。** 国籍无法查明的，以无国籍人对待，适用**本章有关规定，在裁判文书中写明“国籍不明”**。
第三百一十六条 外国籍被告人在刑事诉讼中，享有我国法律规定的诉讼权利并承担义务。 **第三百一十七条** 中华人民共和国缔结或者参加的国际条约中有关于刑事诉讼程序具体规定的，适用该国际条约的规定。但是，我国声明保留的条款除外。	**第三百九十五条** 在刑事诉讼中，外国籍**当事人**享有我国法律规定的诉讼权利并承担**相应**义务。
第三百二十一条 人民法院审理涉外刑事案件及处理结果，应当及时通报当地外事部门。 **第三百三十四条** 外国籍被告人被逮捕、审判或者在案件审理中死亡，应当通知其所属国家的驻华使、领馆，并按照有关规定处理。 **《涉外案件规定》**① 三、关于通知外国驻华使、领馆问题 …… （二）通知内容 外国人的外文姓名、性别、入境时间、护照或证件号码、案件发生的时间、地点及有关情况，当事人违章违法犯罪的主要事实，已采取的法律措施及法律依据，各有关主管部门可根据需要制定固定的通知格式。 …… （四）通知机关 依照本规定应予通报并决定开庭审理的涉外案件，人民法院在一审开庭日期确定后，应即报告高级人民法院，由高级人民法院在开庭七日以前，将开庭审理日期通知有关外国驻华使、领馆。	**第三百九十六条** **涉外刑事案件审判期间，人民法院应当将下列事项及时通报同级人民政府外事主管部门，并通知有关国家驻华使、领馆：** **（一）人民法院决定对外国籍被告人采取强制措施的情况，包括外国籍当事人的**姓名（**包括译名**）、性别、入境时间、护照或者证件号码、**采取的强制措施及法律依据、羁押地点等；** **（二）开庭的时间、地点、是否公开审理等事项；** **（三）宣判的时间、地点。** **涉外刑事案件宣判后，应当及时将处理结果通报同级人民政府外事主管部门。** **对外国籍被告人执行死刑的，死刑裁决下达后执行前，应当通知其国籍国驻华使、领馆。** 外国籍被告人在案件审理中死亡的，应当**及时通报同级人民政府外事主管部门，并**通知有关国家驻华使、领馆。

① 外交部、最高人民法院、最高人民检察院、公安部、安全部、司法部关于处理涉外案件若干问题的规定；1995年6月20日颁布并实施。

《98 年解释》及其他解释、规范性文件	《刑事诉讼法解释》
《涉外案件规定》 三、关于通知外国驻华使、领馆问题 （一）凡与我国订有双边领事条约的，按条约的规定办理；未与我签订双边领事条约，但参加《维也纳领事关系公约》的，按照《维也纳领事关系公约》的规定办理；未与我国签订领事条约，也未参加《维也纳领事关系公约》，但与我国有外交关系的，可按互惠和对等原则，根据有关规定和国际惯例办理。 在外国驻华领事馆领区内发生的涉外案件，应通知有关外国驻该地区的领事馆；在外国领事馆领区外发生的涉外案件应通知有关外国驻华大使馆。与我国有外交关系，但未设使、领馆的国家，可通知其代管国家驻华使、领馆。无代管国家或代管国家不明的，可不通知。当事人本人要求不通知的，可不通知，但应当由其本人提出书面要求。 …… （三）通知时限 双边领事条约明确规定期限的（四天或七天），应当在条约规定的期限内通知；如无双边领事条约规定，也应当根据或者参照《维也纳领事关系公约》和国际惯例尽快通知，不应超过七天。	**第三百九十七条　需要向有关国家驻华使、领馆通知有关事项的，应当层报高级人民法院，由高级人民法院按照下列规定通知：** （一）**外国籍当事人国籍国**与我国签订有双边领事条约的，**根据**条约规定办理；未与我**国**签订双边领事条约，但参加《维也纳领事关系公约》的，**根据公约**规定办理；未与我国签订领事条约，也未参加《维也纳领事关系公约》，但与我国有外交关系的，可**以根据外事主管部门的意见**，按照互惠原则，根据有关规定和国际惯例办理； （二）在外国驻华领馆领区内发生的涉外**刑事**案件，通知有关外国驻该地区的领馆；在外国领馆领区外发生的涉外**刑事**案件，通知有关外国驻华使馆；与我国有外交关系，但未设使、领馆的国家，可以通知其代管国家驻华使、领馆；无代管国家或**者**代管国家不明的，可以不通知； （三）双边领事条约规定通知时限的，应当在规定的期限内通知；无双边领事条约规定的，应当根据或者参照《维也纳领事关系公约》和国际惯例尽快通知，**至迟不得超过七日**； **（四）双边领事条约没有规定必须通知，外国籍当事人要求不通知其国籍国驻华使、领馆的，可以不通知，但应当由其本人出具书面声明。** **高级人民法院向外国驻华使、领馆通知有关事项，必要时，可以请人民政府外事主管部门协助。**
	第三百九十八条　人民法院受理涉外刑事案件后，应当告知在押的外国籍被告人享有与其国籍国驻华使、领馆联系，与其监护人、近亲属会见、通信，以及请求人民法院提供翻译的权利。
《涉外案件规定》 五、关于探视被监视居住、拘留审查、拘留、逮捕或正在监狱服刑的外国公民以及与其通信问题 （一）外国驻华外交、领事官员要求探视被	**第三百九十九条　涉外刑事案件审判期间，外国籍被告人在押，其国籍国驻华使、领馆官员要求探视的，可以向受理案件的人民法院所在地的高级人民法院提出。人民法院应当根据我国与被告人国籍国签订的双边领事条约规**

《98 年解释》及其他解释、规范性文件	《刑事诉讼法解释》
监视居住、拘留、拘留审查、逮捕或正在服刑的本国公民,我主管部门应在双边领事条约规定的时限内予以安排,如无条约规定,亦应尽快安排。如当事人拒绝其所属国家驻华外交、领事官员探视的,我可拒绝安排,但应由其本人提出书面意见。探视要求可请其向省、自治区、直辖市高级人民法院、人民检察院、公安厅(局)、国家安全厅(局)、司法厅(局)提出。地方外事办公室或者外交部可予以协助。外国驻华外交、领事官员探视时应遵守我有关探视规定。 (二) 在侦查终结前的羁押期间,探视的有关事宜由立案侦查的公安机关、国家安全机关或者人民检察院安排;侦查终结后移送人民检察院审查起诉的羁押期间,探视的有关事宜由审查起诉的人民检察院安排;人民法院受理案件后在作出终审判决前的羁押期间,探视的有关事宜由审理案件的人民法院安排;人民法院将案件退回人民检察院,或者人民检察院将案件退回公安机关、国家安全机关补充侦查的羁押期间,探视的有关事宜由补充侦查的人民检察院、公安机关、国家安全机关安排;经人民法院判决后在监狱服刑期间,探视的有关事宜由司法行政机关安排。 (三) 主办机关需要就探视事宜同有关外国驻华使、领馆联系时,应当分别经过各省、自治区、直辖市高级人民法院、人民检察院、公安厅(局)、国家安全厅(局)、司法厅(局)进行。地方外事办公室或者外交部予以协助。 (四) 外国驻华外交、领事官员与其本国在华被监视居住、拘留审查、拘留、逮捕或者正在服刑的本国公民往来信件,我主管部门应按有关领事条约及《维也纳领事关系公约》的规定迅速转交。	**定的时限予以安排;没有条约规定的,应当尽快安排。必要时,可以请人民政府外事主管部门协助。** **涉外刑事案件审判期间,外国籍被告人在押,其监护人、近亲属申请会见的,可以向受理案件的人民法院所在地的高级人民法院提出,并依照本解释第四百零三条的规定提供与被告人关系的证明。人民法院经审查认为不妨碍案件审判的,可以批准。** **被告人拒绝接受探视、会见的,可以不予安排,但应当由其本人出具书面声明。** **探视、会见被告人应当遵守我国法律规定。**
第三百一十八条 人民法院审判涉外刑事案件,应当公开进行。但是涉及国家秘密或者个人隐私的案件,不公开审理。公开审理的案件,由人民法院发旁听证的,凭证入场旁听。 **《涉外案件规定》** 对于依法不公开审理的涉外案件,外国驻华	**第四百条** 人民法院审理涉外刑事案件,应当公开进行,**但依法不应公开审理的除外。** **公开审理的**涉外刑事案件,**外国籍当事人国籍国驻华使、领馆官员要求旁听的,可以向受理案件的人民法院所在地的高级人民法院提出申请,人民法院应当安排。**

《98年解释》及其他解释、规范性文件	《刑事诉讼法解释》
使、领馆官员要求旁听的,如有关国家与我国已签订的领事条约中明确承担有关义务的,应履行义务;未明确承担有关义务的,应根据我国法律规定,由主管部门商同级外事部门解决	
第三百一十九条 人民法院审判涉外刑事案件,使用中华人民共和国通用的语言、文字,应当为外国籍被告人提供翻译。如果外国籍被告人通晓中国语言、文字,拒绝他人翻译的,应当由本人出具书面声明,或者将他的口头声明记录在卷。诉讼文书为中文本,应当附有被告人通晓的外文译本,译本不加盖人民法院印章,以中文本为准。翻译费用由被告人承担。 如果外国籍被告人拒收诉讼文书的,应当依照本解释第一百零四条第三款的规定处理。	**第四百零一条** 人民法院审判涉外刑事案件,使用中华人民共和国通用的语言、文字,应当为外国籍**当事人**提供翻译。 **人民法院的**诉讼文书为中文本。**外国籍当事人不通晓中文的**,应当附有外文译本,译本不加盖人民法院印章,以中文本为准。 外国籍**当事人**通晓中国语言、文字,拒绝他人翻译,**或者不需要诉讼文书外文译本的**,应当由**其**本人出具书面声明。
第三百二十条第一款、第二款 外国籍被告人委托律师辩护的,以及附带民事诉讼的原告人、自诉人委托律师代理诉讼的,应当委托具有中华人民共和国律师资格并依法取得执业证书的律师。 外国籍被告人没有委托辩护人的,人民法院可以为其指定辩护人。被告人拒绝辩护人为其辩护的,应当由其提出书面声明,或者将其口头声明记录在卷后,人民法院予以准许。	**第四百零二条** 外国籍被告人委托律师辩护,**或者外国籍**附带民事诉讼原告人、自诉人委托律师代理诉讼的,应当委托具有中华人民共和国律师资格并依法取得执业证书的律师。 **外国籍被告人在押的,其监护人、近亲属或者其国籍国驻华使、领馆可以代为委托辩护人。其监护人、近亲属代为委托的,应当提供与被告人关系的有效证明。** **外国籍当事人委托其监护人、近亲属担任辩护人、诉讼代理人的,被委托人应当提供与当事人关系的有效证明。经审查,符合刑事诉讼法、有关司法解释规定的,人民法院应当准许。** 外国籍被告人没有委托辩护人的,人民法院可以**通知法律援助机构为其指派律师提供辩护**。被告人拒绝辩护人辩护的,应当由其**出具**书面声明,或者将其口头声明记录**在案**。**被告人属于应当提供法律援助情形的,依照本解释第四十五条规定处理。**
第三百二十条第三款 在中华人民共和国领域外居住的外国人寄给中国律师或者中国公民的授权委托书,必须经所在国公证机关证明、所在国外交部或者其授权机关认证,并经中国驻该国使、领馆认证,才具有法律效力。但中国与	**第四百零三条** **外国籍当事人从中华人民共和国领域外寄交或者托交给**中国律师或者中国公民的委托书,**以及外国籍当事人的监护人、近亲属提供的与当事人关系的证明**,必须经所在国公证机关证明,所在国**中央外交主管机关**

《98 年解释》及其他解释、规范性文件	《刑事诉讼法解释》
该国之间有互免认证协定的除外。	或者其授权机关认证，并经**我国**驻该国使、领馆认证，但**我国**与该国之间有互免认证协定的除外。
第三百二十二条　对涉外刑事案件的被告人及人民法院认定的其他相关犯罪嫌疑人，可以决定限制出境；对开庭审理案件时必须到庭的证人，可以要求暂缓出境。限制出境的决定应当通报同级公安机关或者国家安全机关。 **第三百二十三条**　人民法院决定限制外国人和中国公民出境的，应当口头或者书面通知被限制出境的人，也可以采取扣留其护照或者其他有效出入境证件的办法，在案件审理终结前不得离境。 **第三百二十四条**　对需要在边防检查站阻止外国人和中国公民出境的，人民法院应当填写口岸阻止人员出境通知书。控制口岸在本省、自治区、直辖市的，应当向本省、自治区、直辖市公安厅（局）办理交控手续。控制口岸不在本省、自治区、直辖市的，应当通过有关省、自治区、直辖市公安厅（局）办理交控手续。在紧急情况下，如确有必要，也可以先向边防检查站交控，然后补办交控手续。	**第四百零四条**　对涉外刑事案件的被告人，可以决定限制出境；对开庭审理案件时必须到庭的证人，可以要求暂缓出境。**作出**限制出境的决定，应当通报同级公安机关或者国家安全机关；**限制外国人出境的，应当同时通报同级人民政府外事主管部门和当事人国籍国驻华使、领馆。** 人民法院决定限制外国人和中国公民出境的，应当书面通知被限制出境的人在案件审理终结前不得离境，**并**可以采取扣留护照或者其他出入境证件的办法**限制其出境；扣留证件的，应当履行必要手续，并发给本人扣留证件的证明。** 对需要在边防检查站阻止外国人和中国公民出境的，**受理案件的人民法院应当层报高级人民法院，由高级人民法院**填写口岸阻止人员出境通知书，**向同级公安机关**办理交控手续。控制口岸不在本省、自治区、直辖市的，应当通过有关省、自治区、直辖市**公安机关**办理交控手续。紧急情况下，确有必要**的**，也可以先向边防检查站交控，**再**补办交控手续。
《海关总署缉私局、最高人民检察院侦查监督厅、最高人民法院公诉厅、最高人民法院刑二庭关于走私犯罪案件境外证据的认定与使用有关问题的联席会议纪要》 一、我国刑事诉讼法规定，证明案件真实情况的一切事实都是证据。来自境外的证据，只要能够证明案件的真实情况且符合法定要求的，应当作为证据在刑事诉讼活动中使用。 二、根据刑事诉讼法第四十二条的规定，证据必须经过查证属实，才能作为定案的根据。侦查机关在获取境外证据材料后，应当对其来源、提取人、提取时间及提供人和提供时间等作出书面说明，连同其他证据一并移送检察机关、审判	**第四百零五条**　**对来自境外的证据材料，人民法院应当对材料来源、提供人、提供时间以及提取人、提取时间等进行审查。经审查，**能够证明案件事实且符合**刑事诉讼法规定的，可以**作为证据使用，**但提供人或者我国与有关国家签订的双边条约对材料的使用范围有明确限制的除外；材料来源不明或者其真实性无法确认的，不得作为定案的根据。** **当事人及其辩护人、诉讼代理人提供来自境外的证据材料的，该证据材料应当经所在国公证机关证明，所在国中央外交主管机关或者其授权机关认证，并经我国驻该国使、领馆认证。**

《98 年解释》及其他解释、规范性文件	《刑事诉讼法解释》
机关审查,以保证境外证据的客观真实性。 三、对境外单位(含境外司法机构、政府机构、国际组织)或者个人提供的证据,境外提供者没有特殊限定的,可以直接作为办案的证据并在庭审时使用。如果境外提供者对所提供的证据的使用形式有所限定(如不得公开、不得作为庭审证据使用等),或者境外提供者对证据的使用有特殊要求的(如言词证据提供者要求不公开自己的姓名和身份),应对境外原始证据予以形式转换后使用。 四、境外原始证据的形式转换,应针对境外原始证据的限定条件和特殊要求,由侦查机关将境外原始证据的取证过程和具体内容转换为工作说明,在加盖侦查机关公章后供庭审使用。工作说明必须如实说明取证过程,客观转述境外原始证据的全部内容。移送案件时,工作说明所依据的境外原始证据要另外存档,一并移送,仅供检察机关和人民法院核查,不得在庭审过程中公开使用。	
	第四百零六条　涉外刑事案件,符合刑事诉讼法第二百零二条第一款、第二百三十二条规定的,经有关人民法院批准或者决定,可以延长审理期限。
《涉外案件规定》 如外国驻华使、领馆要一审和终审判决书副本,可请其向省、自治区、直辖市高级人民法院提出,我可以提供。	**第四百零七条**　**涉外刑事案件宣判后,外国籍当事人国籍国**驻华使、领馆**要求提供裁判文书的,可以向受理案件的人民法院所在地的**高级人民法院提出,**人民法院**可以提供。
第三百二十五条　根据中华人民共和国缔结或者参加的国际条约,或者按照对等互惠原则,我国法院和外国法院可以互相请求,代为一定的诉讼行为。 外国法院请求的事项同中华人民共和国的主权、安全或者社会公共利益不相容以及违反中国法律的,应当予以驳回;不属于我国法院职权范围的,应当予以退回,并说明理由。	**第四百零八条**　根据中华人民共和国缔结或者参加的国际条约,或者按照互惠原则,**人民**法院和外国法院可以相互请求**刑事司法协助**。 外国法院请求的事项**有损**中华人民共和国的主权、安全、社会公共利益的,**人民法院不予协助**。
	第四百零九条　请求和提供司法协助,应

《98年解释》及其他解释、规范性文件	《刑事诉讼法解释》
	当依照中华人民共和国缔结或者参加的国际条约规定的途径进行；没有条约关系的，通过外交途径进行。
第三百二十六条 请求与我国签订司法协助协定的国家的法院代为一定诉讼行为的，必须由所在省、自治区、直辖市高级人民法院报经最高人民法院审查同意。与我国签订司法协助协定的国家的法院请求我国法院代为一定诉讼行为的，应当由最高人民法院审查后转达。	**第四百一十条 人民法院请求外国提供司法协助的，应当经高级人民法院审查后报最高人民法院审核同意。** **外国法院请求我国提供司法协助，属于人民法院职权范围的，经最高人民法院审核同意后转有关人民法院办理。**
第三百三十五条 外国法院请求我国法院提供司法协助的请求书及所附文件，应当附有中文译本或者国际条约规定的其他文字文本。	**第四百一十一条 人民法院请求外国提供司法协助的请求书及其所附文件，应当附有该国文字译本或者国际条约规定的其他文字文本。** 外国法院请求我国提供司法协助的请求书及**其**所附文件，应当附有中文译本或者国际条约规定的其他文字文本。
第三百二十七条 向在中华人民共和国领域外居住的当事人送达诉讼文书，采用下列方式： （一）通过外交途径送达； （二）对中国籍当事人，可以委托我国使、领馆代为送达； （三）当事人所在国的法律允许邮寄送达的，可以邮寄送达； （四）当事人所在国与我国有刑事司法协助协定的，按照协定规定的方式送达； （五）当事人是自诉案件的自诉人或者是附带民事诉讼的原告人，有诉讼代理人的，可以由诉讼代理人送达。 **第三百二十八条** 人民法院与同我国建交国家的法院通过外交途径相互请求送达法律文书的，除该国同我国已有司法协助协定的依协定外，依据互惠原则办理。	**第四百一十二条 人民法院**向在中华人民共和国领域外居住的当事人送达**刑事**诉讼文书，**可以**采用下列方式： **（一）根据受送达人所在国与中华人民共和国缔结或者共同参加的国际条约规定的方式送达；** （二）通过外交途径送达； （三）对中国籍当事人，可以委托我国**驻受送达人所在国的**使、领馆代为送达； （四）当事人是自诉案件的自诉人或者附带民事诉讼原告人的，可以**向有权代其接受送达的**诉讼代理人送达； **（五）当事人是外国单位的，可以向其在中华人民共和国领域内设立的代表机构或者有权接受送达的分支机构、业务代办人送达；** **（六）受送达人**所在国法律允许的，可以邮寄送达；**自邮寄之日起满三个月，送达回证未退回，但根据各种情况足以认定已经送达的，视为**送达； **（七）受送达人所在国法律允许的，可以采用传真、电子邮件等能够确认受送达人收悉的方式送达。**

《98年解释》及其他解释、规范性文件	《刑事诉讼法解释》
第三百二十九条 外国法院通过外交途径请求我国法院向我国公民以及在华的第三国当事人送达有关刑事法律文书,除有司法协助协定的外,按照下列程序处理: (一)由该国驻华使、领馆将法律文书交外交部领事司转递有关高级人民法院。该高级人民法院经审查后,认为可以代为送达的,应当指定有关中级人民法院送达当事人。请求方附有送达回证的,当事人应当在送达回证上签字;未附送达回证的,由负责送达的中级人民法院出具送达证明。送达回证或者送达证明由高级人民法院通过外交部领事司转递请求方; (二)受送达的当事人享有外交特权与豁免权的,不予送达;不属于人民法院职权范围或者因地址不明及其他原因不能送达的,有关高级人民法院应当注明不能送达的原因,由外交部领事司向请求方说明,予以退回。 **第三百三十条** 外国驻华使、领馆通过外交途径请求我国法院向在华的该国国民送达法律文书,适用本解释第三百二十九条的规定。	**第四百一十三条** 人民法院通过外交途径向**在中华人民共和国领域外居住的受送达人**送达**刑事诉讼**文书**的**,**所**送达的文书**应当**经高级人民法院审查**后报最高人民法院审核。最高人民法院认为可以发出的,由最高人民法院交外交部主管部门转递。** 外国法院通过外交途径请求**人民**法院送达**刑事诉讼**文书**的**,由该国驻华使馆将法律文书交我国外交部**主管部门转最高人民法院。最高人民法院审核后认为属于人民法院职权范围,且可以代为送达的,应当转有关人民法院办理。**
第三百三十一条 人民法院通过外交途径向国外当事人送达法律文书,按照下列程序处理: (一)请求送达的法律文书必须经高级人民法院审查,由高级人民法院交外交部领事司转递; (二)必须准确注明受送达当事人的外文姓名、性别、年龄、国籍及详细地址,并将该案的基本情况函告外交部领事司; (三)必须附有注明被请求方法院名称的送达请求书。被请求方法院名称不明的,可以请求该当事人所在地区主管法院送达。所送法律文书必须附有被请求方官方通用文字或者该国同意使用的第三国文字译本。如果被请求方对请求书及法律文书有公证、认证等特殊要求,由外交部领事司通知高级人民法院。	
第三百三十二条 人民法院委托我使、领馆向在外国的中国籍当事人送达法律文书,按照下	

《98年解释》及其他解释、规范性文件	《刑事诉讼法解释》
列程序处理： （一）委托送达的法律文书必须经高级人民法院审查，由高级人民法院交外交部领事司转递； （二）必须准确注明受送达当事人的外文姓名、性别、年龄及详细地址，并将该案的基本情况函告外交部领事司。 **第三百三十三条** 我国法院和外国法院通过外交途径相互请求送达法律文书的收费，参照最高人民法院、外交部、司法部《关于我国法院和外国法院通过外交途径相互委托送达法律文书和调查取证费用收支办法的通知》办理。	
第三百三十六条 涉外刑事案件审理过程中的其他事宜，按照本解释的有关规定和其他有关规定办理。	**第四百一十四条** 涉外刑事案件审理过程中的其他事宜，**依照法律**、**司法解释**和其他有关规定办理。
十九、执行程序	**第十九章　执行程序**
	第一节　死刑的执行
第三百三十七条 判决和裁定在发生法律效力后执行。下列判决和裁定是发生法律效力的判决和裁定： （一）已过法定期限没有上诉、抗诉的判决和裁定； （二）终审的判决和裁定； （三）高级人民法院核准的死刑缓期二年执行的判决、裁定和依据最高人民法院的授权核准死刑的判决和裁定； （四）最高人民法院核准死刑的判决和裁定。	
第三百三十八条 最高人民法院判处和核准的死刑立即执行的判决、裁定，应当由最高人民法院院长签发执行死刑命令；最高人民法院授权高级人民法院核准的死刑立即执行的判决、裁定，应当由高级人民法院院长签发执行死刑命令。	
第三百三十九条 被判处死刑缓期二年执	**第四百一十五条** 被判处死刑缓期执行的

《98 年解释》及其他解释、规范性文件	《刑事诉讼法解释》
行的罪犯，在死刑缓期执行期间，如果故意犯罪的，应当由人民检察院提起公诉，罪犯服刑地的中级人民法院依法审判，所作的判决可以上诉、抗诉。 认定构成故意犯罪的判决、裁定发生法律效力后，由作出生效判决、裁定的人民法院，依照本解释第二百七十五条第(四)项或者第二百七十七条的规定报请上级人民法院或者由本院核准犯罪分子死刑立即执行。上级人民法院或者本院核准后，交罪犯服刑地的中级人民法院执行死刑。	罪犯，在死刑缓期执行期间故意犯罪的，应当由罪犯服刑地的中级人民法院依法审判，所作的判决可以上诉、抗诉。 认定构成故意犯罪的判决、裁定发生法律效力后，**应当层报最高人民法院核准执行死刑。**
第三百四十条 死刑缓期二年执行期满应当减刑的，人民法院应当及时减刑。死刑缓期二年执行期满减为有期徒刑的，刑期自死刑缓期二年执行期满之日起计算。 **《最高人民法院关于死刑缓期执行的期间如何确定问题的批复》**① ……死刑缓期执行的期间，从判决或者裁定核准死刑缓期二年执行的法律文书宣告或送达之日起计算。	**第四百一十六条** 死刑缓期执行的期间，从判决或者裁定核准死刑缓期执行的法律文书宣告或者送达之日起计算。 死刑缓期执行期满，依法应当减刑的，人民法院应当及时减刑。死刑缓期执行期满减为**无期徒刑**、有期徒刑的，刑期自死刑缓期执行期满之日起计算。
第三百四十一条 最高人民法院和高级人民法院的执行死刑命令，均由高级人民法院交付原审人民法院执行，原审人民法院接到执行死刑命令后，应当在七日内执行。	**第四百一十七条** 最高人民法院的执行死刑命令，由高级人民法院交付**第一审**人民法院执行。**第一审**人民法院接到执行死刑命令后，应当在七日内执行。 **在死刑缓期执行期间故意犯罪，最高人民法院核准执行死刑的，由罪犯服刑地的中级人民法院执行。**
第三百四十二条 下级人民法院在接到执行死刑命令后，发现有下列情形之一的，应当停止执行，并立即报告核准死刑的人民法院，由核准死刑的人民法院作出裁定： （一）在执行前发现裁判可能有错误的； （二）在执行前罪犯揭发重大犯罪事实或者	**第四百一十八条** **第一审**人民法院在接到执行死刑命令后、**执行前**，发现有下列情形之一的，应当**暂停**执行，并立即**将请求停止执行死刑的报告和相关材料层报最高人民法院：** （一）罪犯可能有其他犯罪的； （二）共同犯罪的其他犯罪嫌疑人**到案**，可

① 最高人民法院关于死刑缓期执行的期间如何确定问题的批复；法释[2002]34 号；2002 年 11 月 4 日最高人民法院审判委员会第 1254 次会议通过，自 2002 年 11 月 9 日起施行。

《98 年解释》及其他解释、规范性文件	《刑事诉讼法解释》
有其他重大立功表现,可能需要改判的; (三) 罪犯正在怀孕的。 前款第(一)项、第(二)项规定停止执行的原因消失后,必须报请核准死刑的人民法院院长再签发执行死刑命令才能执行;由于前款第(三)项规定的原因停止执行的,应当报请核准死刑的人民法院依法改判。 **《停止执行死刑规定》①** 第一条　刑事诉讼法第二百一十一条、第二百一十二条规定的判决"可能有错误"包括下列情形: (一) 发现罪犯可能有其他犯罪的; (二) 共同犯罪的其他犯罪嫌疑人归案,可能影响罪犯量刑的; (三) 共同犯罪的其他罪犯被暂停或者停止执行死刑,可能影响罪犯量刑的; (四) 判决可能有其他错误的。 **第二条**　下级人民法院在接到最高人民法院执行死刑命令后、执行前,发现有刑事诉讼法第二百一十一条第一款、第二百一十二条第四款规定的情形的,应当暂停执行死刑,并立即将请求停止执行死刑的报告及相关材料层报最高人民法院审批。 **第三条**　最高人民法院经审查,认为不影响罪犯定罪量刑的,应当裁定下级人民法院继续执行死刑;认为可能影响罪犯定罪量刑的,应当裁定下级人民法院停止执行死刑。下级人民法院停止执行后,应当会同有关部门调查核实,并及时将调查结果和意见层报最高人民法院审核。 ……	能影响罪犯量刑的; (三) 共同犯罪的其他罪犯被暂停或者停止执行死刑,可能影响罪犯量刑的; **(四)**　罪犯揭发重大犯罪事实或者有其他重大立功表现,可能需要改判的; **(五)**　罪犯怀孕的; (六) **判决、裁定**可能有**影响定罪量刑的**其他错误的。 最高人民法院经审查,认为可能影响罪犯定罪量刑的,应当裁定停止执行死刑;认为不影响的,应当**决**定继续执行死刑。
《停止执行死刑规定》 **第四条**　最高人民法院在执行死刑命令签发后、执行前,发现有刑事诉讼法第二百一十一条第一款、第二百一十二条第四款规定的情形的,应当立即裁定下级人民法院停止执行死刑,	**第四百一十九条**　最高人民法院在执行死刑命令签发后、执行前,发现有**前条第一款**规定情形的,应当立即裁定停止执行死刑,并将有关材料移交下级人民法院。

① 最高人民法院关于适用停止执行死刑程序有关问题的规定;法释[2008]16 号;2008 年 12 月 15 日颁布,2008 年 12 月 26 日实施。

《98 年解释》及其他解释、规范性文件	《刑事诉讼法解释》
并将有关材料移交下级人民法院。下级人民法院会同有关部门调查核实后，应当及时将调查结果和意见层报最高人民法院审核。 ……	
《停止执行死刑规定》 **第三条**　……下级人民法院停止执行后，应当会同有关部门调查核实，并及时将调查结果和意见层报最高人民法院审核。 **第四条**　……下级人民法院会同有关部门调查核实后，应当及时将调查结果和意见层报最高人民法院审核。	**第四百二十条**　下级人民法院**接到最高人民法院停止执行死刑的裁定**后，应当会同有关部门调查核实**停止执行死刑的事由**，并及时将调查结果和意见层报最高人民法院审核。
《停止执行死刑规定》 **第五条**　对于下级人民法院报送的请求停止执行死刑的报告及相关材料，由最高人民法院作出核准死刑裁判的原合议庭负责审查，必要时，依法另行组成合议庭进行审查。	**第四百二十一条**　对下级人民法院报送的停止执行死刑的**调查结果和意见**，由最高人民法院**原**作出核准死刑**判决、裁定**的合议庭负责审查，必要时，另行组成合议庭进行审查。
《停止执行死刑规定》 **第六条**　最高人民法院对于依法已停止执行死刑的案件，依照下列情形分别处理： （一）确认罪犯正在怀孕的，应当依法改判； （二）确认原裁判有错误，或者罪犯有重大立功表现需要依法改判的，应当裁定不予核准死刑，撤销原判，发回重新审判； （三）确认原裁判没有错误，或者罪犯没有重大立功表现，或者重大立功表现不影响原裁判执行的，应当裁定继续执行原核准死刑的裁判，并由院长再签发执行死刑的命令。	**第四百二十二条**　最高人民法院对停止执行死刑的案件，**应当按**照下列情形分别处理： （一）确认罪犯怀孕的，应当改判； （二）**确认罪犯有其他犯罪，依法应当追诉的，应当裁定不予核准死刑，撤销原判，发回重新审判；** （三）确认原**判决、裁定**有错误或者罪犯有重大立功表现，需要改判的，应当裁定不予核准死刑，撤销原判，发回重新审判； （四）确认原**判决、裁定**没有错误，罪犯没有重大立功表现，或者重大立功表现不影响原**判决、裁定**执行的，应当裁定继续执行死刑，并由院长**重新**签发执行死刑的命令。
第三百四十三条　执行死刑前，罪犯提出会见其近亲属或者其近亲属提出会见罪犯申请的，人民法院可以准许。 **《关于进一步严格依法办案确保办理死刑案件质量的意见》** 45. 人民法院向罪犯送达核准死刑的裁判文书时，应当告知罪犯有权申请会见其近亲属。	**第四百二十三条**　**第一审人民法院在**执行死刑前，**应当告知罪犯有权会见其近亲属。罪犯申请会见并提供具体联系方式的，人民法院应当通知其近亲属。罪犯近亲属申请会见的，人民法院应当准许，并及时安排会见。**

《98年解释》及其他解释、规范性文件	《刑事诉讼法解释》
罪犯提出会见申请并提供具体地址和联系方式的，人民法院应当准许；原审人民法院应当通知罪犯的近亲属。罪犯近亲属提出会见申请的，人民法院应当准许，并及时安排会见。	
第三百四十四条 人民法院将罪犯交付执行死刑，应当在交付执行三日前通知同级人民检察院派员临场监督。	**第四百二十四条** **第一审**人民法院在执行死刑三日前，应当通知同级人民检察院派员临场监督。
第三百四十五条 死刑采用枪决或者注射等方法执行。 采用注射方法执行死刑的，应当在指定的刑场或者羁押场所内执行。具体程序，依照有关规定。 采用枪决、注射以外的其他方法执行死刑的，应当事先报请最高人民法院批准。	**第四百二十五条** 死刑采用枪决或者注射等方法执行。 采用注射方法执行死刑的，应当在指定的刑场或者羁押场所内执行。 采用枪决、注射以外的其他方法执行死刑的，应当事先**层报**最高人民法院批准。
第三百四十六条 执行死刑前，指挥执行的审判人员对罪犯应当验明正身，询问有无遗言、信札，并制作笔录，然后交付执行人员执行死刑。 执行死刑应当公布，禁止游街示众或者其他有辱被执行人人格的行为。	**第四百二十六条** 执行死刑前，指挥执行的审判人员对罪犯应当验明正身，讯问有无遗言、信札，并制作笔录，**再**交执行人员执行死刑。 执行死刑应当公布，禁止游街示众或者其他有辱**罪犯**人格的行为。
第三百四十七条 执行死刑完毕，应当由法医验明罪犯确实死亡后，在场书记员制作笔录。交付执行的人民法院应当将执行死刑情况（包括执行死刑前后照片）及时逐级上报最高人民法院。	**第四百二十七条** 执行死刑**后**，应当由法医验明罪犯确实死亡，在场书记员制作笔录。**负责**执行的人民法院应当**在执行死刑后十五日内**将执行情况，包括**罪犯被**执行死刑前后的照片，上报最高人民法院。
第三百四十八条 执行死刑后，负责执行的人民法院应当办理以下事项： （一）对于死刑罪犯的遗书、遗言笔录，应当及时进行审查，涉及财产继承、债务清偿、家事嘱托等内容的，将遗书、遗言笔录交给家属，同时复制存卷备查；涉及案件线索等问题的，应当抄送有关机关； （二）通知罪犯家属在限期内领取罪犯尸体；有火化条件的，通知领取骨灰。过期不领取的，由人民法院通知有关单位处理。对于死刑罪犯的尸体或者骨灰的处理情况，应当记录在卷；	**第四百二十八条** 执行死刑后，负责执行的人民法院应当办理以下事项： （一）对罪犯的遗书、遗言笔录，应当及时审查；涉及财产继承、债务清偿、家事嘱托等内容的，将遗书、遗言笔录交给家属，同时复制**附卷**备查；涉及案件线索等问题的，抄送有关机关； （二）通知罪犯家属在限期内领取罪犯骨灰；**没有火化条件或者因民族、宗教等原因不宜火化的**，通知领取尸体；过期不领取的，由人民法院通知有关单位处理，**并要求有关单位出具处理情况的说明**；对罪犯骨灰或者尸体的处理

《98 年解释》及其他解释、规范性文件	《刑事诉讼法解释》
（三）对外国籍罪犯执行死刑后，通知外国驻华使、领馆的程序和时限，依照有关规定办理。	情况，应当记录在案； （三）对外国籍罪犯执行死刑后，通知外国驻华使、领馆的程序和时限，根据有关规定办理。
	第二节 死刑缓期执行、无期徒刑、有期徒刑、拘役的交付执行
第三百四十九条 对于判处死刑缓期二年执行、无期徒刑、有期徒刑的罪犯，交付执行的人民法院应当将判决书、裁定书、人民检察院的起诉书副本、自诉状复印件、人民法院的执行通知书、结案登记表及时送达看守所，由公安机关将罪犯交付监狱执行。 **第三百五十条** 收监执行决定书应当分别送达交付执行的公安机关和监狱。 罪犯需要羁押执行刑罚，而判决确定前罪犯没有被羁押的，人民法院应当根据生效的判决书或者裁定书将罪犯羁押，并送交公安机关。 **第三百五十一条** 对于判处拘役的罪犯，在判决、裁定生效后，由交付执行的人民法院将判决书、裁定书、人民检察院的起诉书副本、自诉状复印件、执行通知书、结案登记表及时送达公安机关。	**第四百二十九条** 被判处死刑缓期执行、无期徒刑、有期徒刑、**拘役的**罪犯，**交付执行时在押的，第一审**人民法院应当**在判决、裁定生效后十日内**，将判决书、裁定书、起诉书副本、自诉状复印件、执行通知书、结案登记表送达看守所，由公安机关将罪犯交付执行。 罪犯需要**收押**执行刑罚，而判决、**裁定生效前未**被羁押的，人民法院应当根据生效的判决书、裁定书将罪犯**送交看守所羁押，并依照前款的规定办理执行手续。**
	第四百三十条 同案审理的案件中，部分被告人被判处死刑，对未被判处死刑的同案被告人需要羁押执行刑罚的，应当在其判决、裁定生效后十日内交付执行。但是，该同案被告人参与实施有关死刑之罪的，应当在最高人民法院复核讯问被判处死刑的被告人后交付执行。
第三百五十二条 执行通知书回执经看守所盖章后，附入人民法院的诉讼案卷。	**第四百三十一条** 执行通知书回执经看守所盖章后，**应当附卷备查**。
第三百五十三条 被判处有期徒刑或者拘役的罪犯，有刑事诉讼法第二百一十四条第一、四款规定的情形之一，人民法院决定暂予监外执行的，应当制作《暂予监外执行决定书》，载明罪犯基本情况、判决确定的罪名和刑罚、决定暂予监外执行的原因、依据等内容，并抄送人民检察	**第四百三十二条** 被判处**无期徒刑**、有期徒刑或者拘役的罪犯，**符合**刑事诉讼法**第二百五十四条第一款、第二款的规定**，人民法院决定暂予监外执行的，应当制作暂予监外执行决定书，写明罪犯基本情况、判决确定的罪名和刑罚、决定暂予监外执行的原因、依据等，**通知罪**

《98 年解释》及其他解释、规范性文件	《刑事诉讼法解释》
院和罪犯居住地的公安机关。 《社区矫正办法》① 第六条第二款 ……人民法院决定暂予监外执行的，应当通知其居住地县级司法行政机关派员到庭办理交接手续。	**犯居住地的县级司法行政机关派员办理交接手续，并将暂予监外执行决定书**抄送罪犯居住地的县级人民检察院和公安机关。 **人民检察院认为人民法院的暂予监外执行决定不当，在法定期限内提出书面意见的，人民法院应当立即对该决定重新核查，并在一个月内作出决定。**
第三百五十四条 判决、裁定生效后，公安机关将罪犯交付执行，监狱不予收监的，监狱应当书面说明理由，由公安机关将执行通知书退回人民法院。人民法院经审查认为监狱不予收监的罪犯不符合刑事诉讼法第二百一十四条规定的暂予监外执行条件的，应当决定将罪犯交付监狱收监执行。收监执行决定书应当分别送达交付执行的公安机关和监狱。	
第三百五十五条 第一审人民法院判处拘役或者有期徒刑宣告缓刑的犯罪分子，判决尚未发生法律效力的，不能立即交付执行。如果被宣告缓刑的罪犯在押，第一审人民法院应当先行作出变更强制措施的决定，改为监视居住或者取保候审，并立即通知有关公安机关。判决发生法律效力后，应当将法律文书送达当地公安机关。	
《社区矫正办法》 **第二十六条** 暂予监外执行的社区矫正人员有下列情形之一的，由居住地县级司法行政机关向批准、决定机关提出收监执行的建议书并附相关证明材料，批准、决定机关应当自收到之日起十五日内依法作出决定： （一）发现不符合暂予监外执行条件的； （二）未经司法行政机关批准擅自离开居住的市、县（旗），经警告拒不改正，或者拒不报告行踪，脱离监管的； （三）因违反监督管理规定受到治安管理处	**第四百三十三条** 暂予监外执行的**罪犯具**有下列情形之一的，**原作出暂予监外执行决定的人民法院**，应当**在**收到**执行机关的收监执行建议书后**十五日内，作出**收监执行的**决定： （一）不符合暂予监外执行条件的； （二）未经批准离开所居住的市、县，经警告拒不改正，或者拒不报告行踪，脱离监管的； （三）因违反监督管理规定受到治安管理处罚，仍不改正的； （四）受到**执行**机关两次警告，仍不改正的； （五）保外就医期间不按规定提交病情复查

① 最高人民法院最高人民检察院公安部司法部《社区矫正实施办法》；2012 年 2 月 15 日颁布，2012 年 3 月 1 日实施。

《98 年解释》及其他解释、规范性文件	《刑事诉讼法解释》
罚,仍不改正的; （四）受到司法行政机关两次警告,仍不改正的; （五）保外就医期间不按规定提交病情复查情况,经警告拒不改正的; （六）暂予监外执行的情形消失后,刑期未满的; （七）保证人丧失保证条件或者因不履行义务被取消保证人资格,又不能在规定期限内提出新的保证人的; （八）其他违反有关法律、行政法规和监督管理规定,情节严重的。 司法行政机关的收监执行建议书和决定机关的决定书,应当同时抄送社区矫正人员居住地同级人民检察院和公安机关。	情况,经警告拒不改正的; （六）暂予监外执行的情形消失后,刑期未满的; （七）保证人丧失保证条件或者因不履行义务被取消保证人资格,不能在规定期限内提出新的保证人的; （八）违反法律、行政法规和监督管理规定,情节严重的其他情形。 **人民法院收监执行决定书,一经作出,立即生效。**
	第四百三十四条　人民法院应当将收监执行决定书送交罪犯居住地的县级司法行政机关,由其根据有关规定将罪犯交付执行。收监执行决定书应当同时抄送罪犯居住地的同级人民检察院和公安机关。
	第四百三十五条　被收监执行的罪犯有不计入执行刑期情形的,人民法院应当在作出收监决定时,确定不计入执行刑期的具体时间。
	第三节　管制、缓刑、剥夺政治权利的交付执行
《社区矫正办法》 **第五条**　对于适用社区矫正的罪犯,人民法院、公安机关、监狱应当核实其居住地,在向其宣判时或者在其离开监所之前,书面告知其到居住地县级司法行政机关报到的时间期限以及逾期报到的后果,并通知居住地县级司法行政机关;在判决、裁定生效起三个工作日内,送达判决书、裁定书、决定书、执行通知书、假释证明书副本等法律文书,同时抄送其居住地县级人民检察院和公安机关。……	**第四百三十六条　对被判处管制、宣告缓刑的罪犯,**人民法院应当核实其居住地。**宣判时,应当**书面告知**罪犯**到居住地县级司法行政机关报到的期限**和不按期**报到的后果。判决、裁定生效**后十日内,应当将**判决书、裁定书、执行通知书等法律文书送达**罪犯居住地的县级司法行政机关,**同时抄送**罪犯**居住地的县级人民检察院。

《98 年解释》及其他解释、规范性文件	《刑事诉讼法解释》
《关于加强和规范监外执行工作的意见》① 1. 人民法院对罪犯判处管制、单处剥夺政治权利、宣告缓刑的，应当在判决、裁定生效后五个工作日内，核实罪犯居住地后将判决书、裁定书、执行通知书送达罪犯居住地县级公安机关主管部门，并抄送罪犯居住地县级人民检察院监所检察部门。	**第四百三十七条** 对单处剥夺政治权利的罪犯，人民法院应当在判决、裁定生效后十日内，将判决书、裁定书、执行通知书**等法律文书**送达罪犯居住地的县级公安机关，并抄送罪犯居住地的县级人民检察院。
	第四节 财产刑和附带民事裁判的执行
第三百五十八条 发生法律效力的刑事判决、裁定和调解书中涉及财产内容需要执行的，由原审人民法院执行。 附带民事判决中财产的执行，依照民事诉讼法和最高人民法院的有关规定办理。 《财产刑执行规定》② **第一条第一款** 财产刑由第一审人民法院负责裁判执行的机构执行。	**第四百三十八条** 财产刑和附带民事裁判由**第一审**人民法院**负责裁判执行的机构**执行。
第三百五十九条 罚金在判决规定的期限内一次或者分期缴纳。期满无故不缴纳的，人民法院应当强制缴纳。经强制缴纳仍不能全部缴纳的，人民法院在任何时候，包括在判处的主刑执行完毕后，发现被执行人有可以执行的财产的，应当追缴。 如果由于遭遇不能抗拒的灾祸缴纳罚金确实有困难的，犯罪分子可以向人民法院申请减少或者免除。人民法院查证属实后，可以裁定对原判决确定的罚金数额予以减少或者免除。 行政机关对被告人就同一事实已经处以罚款的，人民法院判处罚金时应当予以折抵。 **《财产刑执行规定》** **第三条** 对罚金的执行，被执行人在判决、裁定确定的期限内未足额缴纳的，人民法院应当在期满后强制缴纳。	**第四百三十九条** 罚金在判决规定的期限内一次或者分期缴纳。期满无故不缴纳**或者未足额缴纳**的，人民法院应当强制缴纳。经强制缴纳仍不能全部缴纳的，在任何时候，包括主刑执行完毕后，发现被执行人有可**供**执行的财产的，应当追缴。 行政机关对被告人就同一事实已经处以罚款的，人民法院判处罚金时应当折抵，**扣除行政处罚已执行的部分。** **判处**没收财产的，**判决生效后**，应当立即执行。

① 《中央社会治安综合治理委员会办公室、最高人民法院、最高人民检察院、公安部、司法部关于加强和规范监外执行工作的意见》；2009 年 6 月 25 日颁布并实施。

② 最高人民法院关于财产刑执行问题的若干规定；法释〔2010〕4 号；2009 年 11 月 30 日最高人民法院审判委员会第 1478 次会议通过；2010 年 2 月 10 日公布，2010 年 6 月 1 日实施。

《98年解释》及其他解释、规范性文件	《刑事诉讼法解释》
对没收财产的执行，人民法院应当立即执行。	
《财产刑执行规定》 **第五条**　执行财产刑时，案外人对被执行财产提出权属异议的，人民法院应当审查并参照民事诉讼法的有关规定处理。	**第四百四十条**　执行财产刑**和附带民事裁判过程中**，案外人对被执行财产提出权属异议的，人民法院应当参照**民事诉讼有关执行异议的规定进行审查并作出**处理。
《财产刑执行规定》 **第六条**　被判处罚金或者没收财产，同时又承担刑事附带民事诉讼赔偿责任的被执行人，应当先履行对被害人的民事赔偿责任。 判处财产刑之前被执行人所负正当债务，应当偿还的，经债权人请求，先行予以偿还。	**第四百四十一条**　被判处**财产刑**，同时又承担附带民事赔偿责任的被执行人，应当先履行民事赔偿责任。 判处财产刑之前被执行人所负正当债务，**需要以被执行的财产**偿还的，经债权人请求，应当偿还。
第三百六十条　对判处财产刑的犯罪分子或者附带民事诉讼的判决、裁定有执行财产内容的被告人，在本地无财产可供执行的，原判人民法院可以委托其财产所在地人民法院代为执行。代为执行的人民法院执行后或者无法执行的，应当将有关情况及时通知委托的人民法院。代为执行的人民法院可以将执行财产刑的财产直接上缴国库；需要退赔的财产，应当由执行的人民法院移交委托人民法院依法退赔。 《财产刑执行规定》 **第一条第二款**　被执行的财产在异地的，第一审人民法院可以委托财产所在地的同级人民法院代为执行。 **第七条**　执行的财产应当全部上缴国库。 委托执行的，受托人民法院应当将执行情况连同上缴国库凭据送达委托人民法院；不能执行到位的，应当及时告知委托人民法院。	**第四百四十二条　被执行人或者被执行财产在外地的，可以委托当地人民法院执行。** **受托法院在执行财产刑后，应当及时将执行的财产上缴国库。**
《财产刑执行规定》 **第八条第一款**　具有下列情形之一的，人民法院应当裁定中止执行；中止执行的原因消除后，恢复执行： （一）执行标的物系人民法院或者仲裁机构正在审理的案件争议标的物，需等待该案件审理完毕确定权属的；	**第四百四十三条　执行财产刑过程中，**具有下列情形之一的，人民法院应当裁定中止执行： （一）执行标的物系人民法院或者仲裁机构正在审理**案件的**争议标的物，需等待该案件审理完毕确定权属的； （二）案外人对执行标的物提出异议的；

《98 年解释》及其他解释、规范性文件	《刑事诉讼法解释》
（二）案外人对执行标的物提出异议确有理由的； （三）其他应当中止执行的情形。	（三）应当中止执行的其他情形。 中止执行的原因消除后，**应当**恢复执行。
《财产刑执行规定》 **第九条** 具有下列情形之一的，人民法院应当裁定终结执行： （一）据以执行的刑事判决、裁定被撤销的； （二）被执行人死亡或者被执行死刑，且无财产可供执行的； （三）被判处罚金的单位终止，且无财产可供执行的； （四）依照刑法第五十三条规定免除罚金的； （五）其他应当终结执行的情形。 人民法院裁定终结执行后，发现被执行人有隐匿、转移财产情形的，应当追缴。	**第四百四十四条 执行财产刑过程中，**具有下列情形之一的，人民法院应当裁定终结执行： （一）据以执行的判决、裁定被撤销的； （二）被执行人死亡或者被执行死刑，且无财产可供执行的； （三）被判处罚金的单位终止，且无财产可供执行的； （四）依照刑法第五十三条规定免除罚金的； （五）应当终结执行的其他情形。 裁定终结执行后，发现被执行人的财产有被隐匿、转移**等**情形的，应当追缴。
《财产刑执行规定》 **第十条** 财产刑全部或者部分被撤销的，已经执行的财产应当全部或者部分返还被执行人；无法返还的，应予赔偿。	**第四百四十五条** 财产刑全部或者部分被撤销的，已经执行的财产应当全部或者部分返还被执行人；无法返还的，应当**依法**赔偿。
《财产刑执行规定》 **第十一条** 因遭遇不能抗拒的灾祸缴纳罚金确有困难，被执行人向执行法院申请减少或者免除的，执行法院经审查认为符合法定减免条件的，应当在收到申请后一个月内依法作出裁定准予减免；认为不符合法定减免条件的，裁定驳回申请。	**第四百四十六条** 因遭遇不能抗拒的灾祸缴纳罚金确有困难，被执行人申请减少或者免除**罚金**的，**应当提交相关证明材料。人民法院**应当在收到申请后一个月内作出裁定。符合法定减免条件的，应当准许；不符合条件的，驳回申请。
第十二条 人民法院办理财产刑执行案件，本规定没有规定的，参照适用民事执行的有关规定。	**第四百四十七条** 财产刑**和附带民事裁判的执行**，本**解释**没有规定的，参照适用民事执行的有关规定。
	第五节 减刑、假释案件的审理
第三百六十一条 被判处死刑缓期二年执行的罪犯，在死刑缓期二年执行期间，如果没有故意犯罪，死刑缓期二年执行期满后，即应当裁	**第四百四十八条** 被判处死刑缓期执行的罪犯，在死刑缓期执行期间，没有故意犯罪的，死刑缓期执行期满后，应当裁定减刑；死刑缓期

《98 年解释》及其他解释、规范性文件	《刑事诉讼法解释》
定减刑。如果死刑缓期二年执行期满后尚未裁定减刑前又犯新罪的，应当依法减刑后对其所犯新罪另行审判。	执行期满后，尚未裁定减刑前又犯罪的，应当依法减刑后对其所犯新罪另行审判。
第三百六十二条 减刑、假释案件按照下列情形分别处理： （一）对于被判处死刑缓期二年执行的罪犯的减刑，由罪犯服刑地的高级人民法院根据省、自治区、直辖市监狱管理机关审核同意的监狱减刑建议书裁定； （二）对于被判处无期徒刑的罪犯的减刑、假释，由罪犯服刑地的高级人民法院根据省、自治区、直辖市监狱管理机关审核同意的监狱减刑、假释建议书裁定。高级人民法院应当自收到减刑、假释建议书之日起一个月内依法裁定；案情复杂或者情况特殊的，可以延长一个月； （三）对于被判处有期徒刑（包括减为有期徒刑）的罪犯的减刑、假释，由罪犯服刑地的中级人民法院根据当地执行机关提出的减刑、假释建议书裁定。中级人民法院应当自收到减刑、假释建议书之日起一个月内依法裁定；案情复杂或者情况特殊的，可以延长一个月； （四）对于被判处拘役的罪犯的减刑，由罪犯服刑地的中级人民法院根据当地同级执行机关提出的减刑建议书裁定； （五）对于被判处管制的罪犯的减刑，由罪犯服刑地的中级人民法院根据当地同级执行机关提出的减刑建议书裁定； （六）被宣告缓刑的罪犯，在缓刑考验期限内确有重大立功表现，需要予以减刑，并相应缩短缓刑考验期限的，应当由负责考察的公安派出所会同罪犯的所在单位或者基层组织提出书面意见，由罪犯所在地的中级人民法院根据当地同级执行机关提出的减刑、假释建议书裁定； （七）对于公安机关看守所监管的罪犯的减刑、假释，由罪犯所在的看守所提出意见，由当地中级人民法院根据当地同级执行机关提出的减刑、假释建议书裁定。 前款第（四）至（七）项规定的减刑、假释，人	**第四百四十九条** 对减刑、假释案件，**应当**按照下列情形分别处理： （一）对被判处死刑缓期执行的罪犯的减刑，由罪犯服刑地的高级人民法院根据同级监狱管理机关审核同意的减刑建议书裁定； （二）对被判处无期徒刑的罪犯的减刑、假释，由罪犯服刑地的高级人民法院，**在收到同级**监狱管理机关审核同意的减刑、假释建议书**后一个月内作出**裁定，案情复杂或者情况特殊的，可以延长一个月； （三）对被判处有期徒刑和被减为有期徒刑的罪犯的减刑、假释，由罪犯服刑地的中级人民法院，**在收到**执行机关提出的减刑、假释建议书**后一个月内作出**裁定，案情复杂或者情况特殊的，可以延长一个月； （四）对被判处拘役、管制的罪犯的减刑，由罪犯服刑地中级人民法院，**在收到**同级执行机关审核同意的减刑、假释建议书**后一个月内作出**裁定。 **对暂予监外执行罪犯的减刑，应当根据情况，分别适用前款的有关规定。**

《98 年解释》及其他解释、规范性文件	《刑事诉讼法解释》
民法院应当自收到减刑、假释建议书之日起一个月内依法裁定。 **《社区矫正办法》** **第二十八条** 社区矫正人员符合法定减刑条件的，由居住地县级司法行政机关提出减刑建议书并附相关证明材料，经地（市）级司法行政机关审核同意后提请社区矫正人员居住地的中级人民法院裁定。人民法院应当自收到之日起一个月内依法裁定；暂予监外执行罪犯的减刑，案情复杂或者情况特殊的，可以延长一个月。……	
第三百六十三条 人民法院受理减刑、假释案件，应当审查执行机关移送的材料是否包括下列内容： （一）减刑、假释建议书； （二）终审法院的判决书、裁定书、历次减刑裁定书的复制件； （三）罪犯确有悔改或者立功、重大立功表现的具体事实的书面证明材料； （四）罪犯评审鉴定表、奖惩审批表等。 经审查，如果前款规定的材料齐备的，应当收案；材料不齐备的，应当通知提请减刑、假释的执行机关补送。 **《减刑假释规定》**① **第二十四条** 人民法院受理减刑、假释案件，应当审查执行机关是否移送下列材料： （一）减刑或者假释建议书； （二）终审法院的裁判文书、执行通知书、历次减刑裁定书的复制件； （三）罪犯确有悔改或者立功、重大立功表现的具体事实的书面证明材料； （四）罪犯评审鉴定表、奖惩审批表等； （五）其他根据案件的审理需要移送的材料。	**第四百五十条** 受理减刑、假释案件，应当审查执行机关移送的材料是否包括下列内容： （一）减刑、假释建议书； （二）终审法院的**裁判文书、执行通知书**、历次减刑裁定书的复制件； （三）**证明**罪犯确有悔改、立功**或者**重大立功表现具体事实的书面材料； （四）罪犯评审鉴定表、奖惩审批表等； **（五）罪犯假释后对所居住社区影响的调查评估报告；** **（六）根据案件情况需要移送的其他材料。** 经审查，材料不全的，应当通知提请减刑、假释的执行机关补送。

① 最高人民法院关于办理减刑、假释案件具体应用法律若干问题的规定；法释〔2012〕2 号；2011 年 11 月 21 日由最高人民法院审判委员会第 1532 次会议通过，2012 年 1 月 17 日公布，自 2012 年 7 月 1 日起施行。

《98 年解释》及其他解释、规范性文件	《刑事诉讼法解释》
提请假释的,应当附有社区矫正机构关于罪犯假释后对所居住社区影响的调查评估报告。 人民检察院对提请减刑、假释案件提出的检察意见,应当一并移送受理减刑、假释案件的人民法院。 经审查,如果前三款规定的材料齐备的,应当立案;材料不齐备的,应当通知提请减刑、假释的执行机关补送。	
	第四百五十一条　**审理减刑、假释案件,应当审查财产刑和附带民事裁判的执行情况,以及罪犯退赃、退赔情况。罪犯积极履行判决确定的义务的,可以认定有悔改表现,在减刑、假释时从宽掌握;确有履行能力而不履行的,在减刑、假释时从严掌握。**
《减刑假释规定》 **第二十五条**　人民法院审理减刑、假释案件,应当一律予以公示。公示地点为罪犯服刑场所的公共区域。有条件的地方,应面向社会公示,接受社会监督。公示应当包括下列内容: (一)罪犯的姓名; (二)原判认定的罪名和刑期; (三)罪犯历次减刑情况; (四)执行机关的减刑、假释建议和依据; (五)公示期限; (六)意见反馈方式等。	**第四百五十二条**　审理减刑、假释案件,应当对以下内容予以公示: (一)罪犯的姓名、**年龄等个人基本情况**; (二)原判认定的罪名和刑期; (三)罪犯历次减刑情况; (四)执行机关的减刑、假释建议和依据。 公示应当**写明**公示期限**和提出**意见的方式。公示地点为罪犯服刑场所的公共区域;有条件的地方,**可以**面向社会公示。
第三百六十四条　人民法院审理减刑、假释案件,应当依法组成合议庭。 《减刑假释规定》 **第二十六**　条人民法院审理减刑、假释案件,可以采用书面审理的方式。但下列案件,应当开庭审理: (一)因罪犯有重大立功表现提请减刑的; (二)提请减刑的起始时间、间隔时间或者减刑幅度不符合一般规定的; (三)在社会上有重大影响或社会关注度高的; (四)公示期间收到投诉意见的;	**第四百五十三条**　审理减刑、假释案件,应当组成合议庭,可以采用书面审理的方式,但下列案件应当开庭审理: (一)因罪犯有重大立功表现提请减刑的; (二)提请减刑的起始时间、间隔时间或者减刑幅度不符合一般规定的; (三)社会影响重大或者社会关注度高的; (四)公示期间收到投诉意见的; (五)人民检察院有异议的; (六)有必要开庭审理的其他案件。

《98 年解释》及其他解释、规范性文件	《刑事诉讼法解释》
（五）人民检察院有异议的； （六）人民法院认为有开庭审理必要的。	
第三百六十五条 减刑、假释的裁定，应当及时送达执行机关、同级人民检察院、负责监督假释罪犯的公安机关以及罪犯本人。人民检察院认为人民法院的减刑、假释裁定不当，应当在收到裁定书副本后二十日内，向人民法院提出书面纠正意见。人民法院收到书面纠正意见后，应当重新组成合议庭进行审理，并在一个月内作出最终裁定。 **《减刑假释规定》** **第二十八条** 减刑、假释的裁定，应当在裁定作出之日起七日内送达有关执行机关、人民检察院以及罪犯本人。	**第四百五十四条** 人民法院作出减刑、假释裁定后，应当在七日内送达**提请减刑、假释的**执行机关、同级人民检察院以及罪犯本人。人民检察院认为减刑、假释裁定不当，**在法定期限内**提出书面纠正意见的，人民法院**应当在**收到意见后**另行**组成合议庭审理，并在一个月内作出裁定。
《减刑假释规定》 **第二十七条** 在人民法院作出减刑、假释裁定前，执行机关书面提请撤回减刑、假释建议的，是否准许，由人民法院决定。	**第四百五十五条** 减刑、假释裁定作出前，执行机关书面提请撤回减刑、假释建议的，是否准许，由人民法院决定。
《减刑假释规定》 **第二十九条** 人民法院发现本院或者下级人民法院已经生效的减刑、假释裁定确有错误，应当依法重新组成合议庭进行审理并作出裁定。	**第四百五十六条** 人民法院发现本院已经生效的减刑、假释裁定确有错误**的**，应当**另行**组成合议庭审理；**发现下级人民法院已经生效的减刑、假释裁定确有错误的，可以指令下级人民法院另行组成合议庭审理。**
	第六节 缓刑、假释的撤销
第三百五十六条 被宣告缓刑、假释的犯罪分子，在缓刑、假释考验期限内再犯新罪或者被发现判决宣告以前还有其他罪没有判决，应当撤销缓刑、假释的，由审判新罪的人民法院在审判新罪时，对原判决、裁定宣告的缓刑、假释予以撤销；如果原来是上级人民法院判决、裁定宣告缓刑、假释的，审判新罪的下级人民法院也可以撤销原判决、裁定宣告的缓刑、假释。审判新罪的人民法院对原审判决、裁定宣告的缓刑、假释撤销后，应当通知原宣告缓刑、假释的人民法院和执行机关。	**第四百五十七条** 罪犯在缓刑、假释考验期限内犯新罪或者被发现在判决宣告前还有其他罪没有判决，应当撤销缓刑、假释的，由审判新罪的人民法院撤销原判决、裁定宣告的缓刑、假释，**并书面通知原审人民法院和执行机关。**

《98 年解释》及其他解释、规范性文件	《刑事诉讼法解释》
第三百五十七条　被宣告缓刑、假释的犯罪分子,在缓刑、假释考验期限内违反法律、行政法规或者国务院公安部门有关缓刑、假释的监督管理规定,应当依法撤销缓刑、假释的,原作出缓刑、假释裁判的人民法院应当自收到同级公安机关提出的撤销缓刑、假释建议书之日起一个月内依法作出裁定。 人民法院撤销缓刑、假释的裁定,一经作出,立即生效。	**第四百五十八条**　**罪犯**在缓刑、假释考验期限内,**有下列情形之一的**,原作出缓刑、假释**判决、裁定**的人民法院应当**在**收到**执行机关**的撤销缓刑、假释建议书后一个月内,作出撤销缓刑、假释的裁定: **(一)违反禁止令,情节严重的;** **(二)无正当理由不按规定时间报到或者接受社区矫正期间脱离监管,超过一个月的;** **(三)因违反监督管理规定受到治安管理处罚,仍不改正的;** **(四)受到执行机关三次警告仍不改正的;** **(五)**　违反有关法律、行政法规和监督管理规定,**情节严重的**其他情形。 人民法院撤销缓刑、假释的裁定,一经作出,立即生效。 **人民法院应当将撤销缓刑、假释裁定书送交罪犯居住地的县级司法行政机关,由其根据有关规定将罪犯交付执行。撤销缓刑、假释裁定书应当同时抄送罪犯居住地的同级人民检察院和公安机关。**
	第二十章　未成年人刑事案件诉讼程序
第一章　总　则	**第一节　一般规定**
《审理未成年人刑事案件规定》① **第三条**　审判未成年人刑事案件,必须以事实为根据,以法律为准绳,坚持教育为主、惩罚为辅的原则,执行教育、感化、挽救的方针,积极参与社会治安综合治理。	**第四百五十九条**　**人民法院**审理未成年人刑事案件,应当贯彻教育、感化、挽救的方针,坚持教育为主、惩罚为辅的原则,**加强对未成年人的特殊保护。**
《审理未成年人刑事案件规定》 **第五条**　人民法院要加强同政府有关部门、共青团、妇联、工会等人民团体以及未成年人保护组织等有关社会团体的联系,共同做好未成年罪犯的教育和挽救工作。	**第四百六十条**　人民法院应当加强同政府有关部门**以及**共青团、妇联、工会、未成年人保护组织等团体的联系,**推动未成年人刑事案件人民陪审、情况调查、安置帮教等工作的开展,充分保障未成年人的合法权益,积极参与社会**

① 最高人民法院关于审理未成年人刑事案件的若干规定;法释[2001]9 号;2000 年 11 月 15 日最高人民法院审判委员会第 1139 次会议通过,2001 年 4 月 4 日公布,自 2001 年 4 月 12 日起施行。

《98 年解释》及其他解释、规范性文件	《刑事诉讼法解释》
《最高人民法院关于进一步加强少年法庭工作的意见》① 23. 各级法院应当加强与有关职能部门、社会组织和团体的协调合作，积极建立和完善"社会一条龙"工作机制，努力调动社会力量，推动未成年罪犯的安置、帮教措施的落实，确保未成年人民事和行政案件得到妥善处理，推动涉诉未成年人救助制度的建立和完善。	**管理综合治理。**
《审理未成年人刑事案件规定》 **第八条** 审判未成年人刑事案件合议庭的审判长，应当由熟悉未成年人特点、善于做未成年人思想教育工作的审判员担任，并且应当保持其工作的相对稳定性。 审判未成年人刑事案件的人民陪审员，一般由熟悉未成年人特点，热心于教育、挽救失足未成年人工作，并经过必要培训的共青团、妇联、工会、学校的干部、教师或者离退休人员、未成年人保护组织的工作人员等担任。	**第四百六十一条** 审理未成年人刑事案件，应当由熟悉未成年人**身心**特点、善于做未成年人思想教育工作的审判人员**进行**，并应当保持**有关审判人员**工作的相对稳定性。 未成年人刑事案件的人民陪审员，一般由熟悉未成年人**身心**特点，热心教育、**感化**、挽救失足未成年人工作，并经过必要培训的共青团、妇联、工会、学校、未成年人保护组织**等单位的工作人员或者有关单位的退休人员**担任。
《审理未成年人刑事案件规定》 **第六条** 中级人民法院和基层人民法院可以建立未成年人刑事审判庭。条件尚不具备的地方，应当在刑事审判庭内设立未成年人刑事案件合议庭或者由专人负责办理未成年人刑事案件。高级人民法院可以在刑事审判庭内设立未成年人刑事案件合议庭。 未成年人刑事审判庭和未成年人刑事案件合议庭统称少年法庭。 最高人民法院和高级人民法院设立少年法庭指导小组，指导少年法庭的工作，总结和推广未成年人刑事审判工作的经验。少年法庭指导小组应当有专人或者设立办公室负责具体指导工作。	**第四百六十二条** 中级人民法院和基层人民法院可以**设立独立建制的**未成年人案件审判庭。尚不具备条件的，应当在刑事审判庭内设立未成年人刑事案件合议庭，或者由专人负责审理未成年人刑事案件。 高级人民法院**应当**在刑事审判庭内设立未成年人刑事案件合议庭。**具备条件的，可以设立独立建制的未成年人案件审判庭。** 未成年人**案件**审判庭和未成年人刑事案件合议庭统称少年法庭。
《审理未成年人刑事案件规定》 **第十条** 少年法庭受理案件的范围：	**第四百六十三条** 下列案件由少年法庭审理：

① 最高人民法院关于进一步加强少年法庭工作的意见；2010 年 12 月 31 日公布。

《98 年解释》及其他解释、规范性文件	《刑事诉讼法解释》
（一）被告人在实施被指控的犯罪时不满十八周岁的案件； （二）被告人在实施被指控的犯罪时不满十八周岁，并被指控为首要分子或者主犯的共同犯罪案件。 其他共同犯罪案件有未成年被告人的，或者其他涉及未成年人的刑事案件是否由少年法庭审理，由人民法院院长根据少年法庭工作的实际情况决定。	（一）被告人实施被指控的犯罪时不满十八周岁、**人民法院立案时不满二十周岁**的案件； （二）被告人实施被指控的犯罪时不满十八周岁、**人民法院立案时不满二十周岁**，并被指控为首要分子或者主犯的共同犯罪案件。 其他共同犯罪案件有未成年被告人的，或者其他涉及未成年人的刑事案件是否由少年法庭审理，由院长根据少年法庭工作的实际情况决定。
《未成年人刑事案件配套工作意见》① 二（一） 4. 未成年人与成年人共同犯罪的案件，一般应当分案起诉和审判；情况特殊不宜分案办理的案件，对未成年人应当采取适当的保护措施。	**第四百六十四条　对分案起诉至同一人民法院的未成年人与成年人共同犯罪案件，可以由同一个审判组织审理；不宜由同一个审判组织审理的，可以分别由少年法庭、刑事审判庭审理。** **未成年人与成年人共同犯罪案件，由不同人民法院或者不同审判组织分别审理的，有关人民法院或者审判组织应当互相了解共同犯罪被告人的审判情况，注意全案的量刑平衡。**
	第四百六十五条　对未成年人刑事案件，必要时，上级人民法院可以根据刑事诉讼法第二十六条的规定，指定下级人民法院将案件移送其他人民法院审判。
《审理未成年人刑事案件规定》 **第十九条**　开庭审理前，应当通知未成年被告人的法定代理人出庭。法定代理人无法出庭或者确实不适宜出庭的，应另行通知其他监护人或者其他成年近亲属出庭。经通知，其他监护人或者成年近亲属不到庭的，人民法院应当记录在卷。 **第三十六条**　适用简易程序审理的案件，应当通知未成年被告人的法定代理人、辩护人出庭。	**第四百六十六条　人民法院审理未成年人刑事案件，在讯问和开庭时，应当通知未成年被告人的法定代理人到场。法定代理人无法通知、不能到场或者是共犯的，也可以通知未成年被告人的其他成年亲属，所在学校、单位、居住地的基层组织或者未成年人保护组织的代表到场，并将有关情况记录在案。** **到场的其他人员，除依法行使刑事诉讼法第二百七十条第二款规定的权利外，经法庭同意，可以参与对未成年被告人的法庭教育等**

① 关于进一步建立和完善办理未成年人刑事案件配套工作体系的若干意见；中央综治委预防青少年违法犯罪工作领导小组、最高人民法院、最高人民检察院、公安部、司法部、共青团中央2010年8月14日公布。

《98 年解释》及其他解释、规范性文件	《刑事诉讼法解释》
	工作。 适用简易程序审理未成年人刑事案件，适用前两款的规定。 询问未成年被害人、证人，适用第一款、第二款的规定。
《审理未成年人刑事案件规定》 **第十一条**　对在开庭审理时不满十六周岁的未成年人刑事案件，一律不公开审理。 对在开庭审理时不满十八周岁的未成年人刑事案件，一般也不公开审理。如果有必要公开审理的，必须经过本院院长批准，并且应限制旁听人数和范围。	**第四百六十七条**　开庭审理时被告人不满十八周岁的案件，一律不公开审理。经未成年被告人及其法定代理人同意，未成年被告人所在学校和未成年人保护组织可以派代表到场。到场代表的人数和范围，由法庭决定。到场代表经法庭同意，可以参与对未成年被告人的法庭教育工作。 对依法公开审理，但可能需要封存犯罪记录的案件，不得组织人员旁听。
《审理未成年人刑事案件规定》 **第十二条**　未成年人刑事案件的证人是未成年人的，除法律规定外，经人民法院准许，可以不出庭。	**第四百六十八条**　确有必要通知未成年被害人、证人出庭作证的，人民法院应当根据案件情况采取相应的保护措施。有条件的，可以采取视频等方式对其陈述、证言进行质证。
第十三条　未成年人刑事案件判决前，审判人员不得向外界披露该未成年人的姓名、住所、照片及可能推断出该未成年人的资料。 未成年人刑事案件的诉讼案卷材料，除依法查阅、摘抄、复制以外，未经本院院长批准，不得查询和摘录，并不得公开和传播。	**第四百六十九条**　审理未成年人刑事案件，不得向外界披露该未成年人的姓名、住所、照片以及可能推断出该未成年人身份的其他资料。 查阅、摘抄、复制的未成年人刑事案件的案卷材料，不得公开和传播。 被害人是未成年人的刑事案件，适用前两款的规定。
	第四百七十条　审理未成年人刑事案件，本章没有规定的，适用本解释的有关规定。
第二章　开庭前的准备工作	**第二节　开庭准备**
《审理未成年人刑事案件规定》 **第十七条**　人民法院向未成年被告人送达起诉书副本时，应当向其讲明被指控的罪行和有关法律条款；并告知诉讼的程序及有关的诉讼权利、义务，消除未成年被告人的紧张情绪。	**第四百七十一条**　人民法院向未成年被告人送达起诉书副本时，应当向其讲明被指控的罪行和有关法律规定，并告知其审判程序和诉讼权利、义务。

《98 年解释》及其他解释、规范性文件	《刑事诉讼法解释》
《审理未成年人刑事案件规定》 **第十五条** 人民法院应当依法保证未成年被告人获得辩护。 开庭审理时不满十八周岁的未成年被告人没有委托辩护人的,人民法院应当指定承担法律援助义务的律师为其提供辩护。 在审判过程中,未成年被告人及其法定代理人可以拒绝辩护人为他辩护。	**第四百七十二条** **审判时**不满十八周岁的未成年被告人没有委托辩护人的,人民法院应当**通知**法律援助**机构指派**律师为其提供辩护。
《未成年人刑事案件配套工作意见》 **二(二)** 5. 对未成年被害人及其法定代理人提出委托诉讼代理人意向,但因经济困难或者其他原因没有委托的,公安机关、人民检察院、人民法院应当帮助其申请法律援助,法律援助机构应当依法为其提供法律援助。	**第四百七十三条** 未成年被害人及其法定代理人因经济困难或者其他原因没有委托诉讼代理人的,人民法院应当帮助其申请法律援助。
《审理未成年人刑事案件规定》 **第三十五条** 少年法庭应当根据刑事诉讼法第一百七十四条及《解释》的有关规定,确定未成年人刑事案件是否适用简易程序。	**第四百七十四条** **对未成年人刑事案件,人民法院决定适用简易程序审理的,应当征求未成年被告人及其法定代理人、辩护人的意见。上述人员提出异议的,不适用简易程序。**
《最高人民法院研究室关于未成年人犯罪案件法定代理人出庭及上诉问题的电话答复》① **一、**……对于被告人犯罪时不满 18 岁的案件,人民法院审理时,不论被告人是否已满 18 岁,法庭都应当通知被告人的法定代理人到庭;法定代理人不适宜出庭的,法庭可以通知其他监护人或者近亲属出庭。	**第四百七十五条** 被告人**实施被指控的**犯罪时不满十八周岁,**开庭时已满十八周岁、不满二十周岁的,人民法院开庭时,一般应当**通知其近亲属到庭。**经法庭同意,近亲属可以发表意见。近亲属无法通知、不能到场或者是共犯的,应当记录在案。**
《审理未成年人刑事案件规定》 **第二十一条** 开庭审理前,控辩双方可以分别就未成年被告人性格特点、家庭情况、社会交往、成长经历以及实施被指控的犯罪前后的表现等情况进行调查,并制作书面材料提交合议庭。必要时,人民法院也可以委托有关社会团体组织就上述情况进行调查或者自行进行调查。	**第四百七十六条** 对人民检察院移送的关于未成年被告人性格特点、家庭情况、社会交往、成长经历、**犯罪原因**、犯罪前后的表现、**监护教育**等情况的调查**报告**,以及辩护人提交的反映未成年被告人上述情况的书面材料,**法庭应当接受**。 必要时,人民法院可以委托**未成年被告人居住地的县级司法行政机关、共青团组织以及**

① 最高人民法院研究室关于未成年人犯罪案件法定代理人出庭及上诉问题的电话答复;1991 年 9 月 19 日公告并实施。

《98 年解释》及其他解释、规范性文件	《刑事诉讼法解释》
	其他社会团体组织对未成年被告人的上述情况进行调查，或者自行调查。
	第四百七十七条 对未成年人刑事案件，人民法院根据情况，可以对未成年被告人进行心理疏导；经未成年被告人及其法定代理人同意，也可以对未成年被告人进行心理测评。
《审理未成年人刑事案件规定》 **第二十条** 开庭审理前，审判未成年人刑事案件的审判长认为有必要的，可以安排法定代理人或者其他成年近亲属、教师等人员与未成年被告人会见。 **第三十条** 休庭时，可以允许法定代理人或者其他成年近亲属、教师等人员会见被告人。	**第四百七十八条** 开庭前和休庭时，法庭根据情况，可以安排未成年被告人与其法定代理人或者刑事诉讼法第二百七十条第一款规定的其他成年亲属、代表会见。
第三章 审 判	第三节 审 判
《审理未成年人刑事案件规定》 **第二十四条** 人民法院应当在辩护台靠近旁听区一侧为未成年被告人的法定代理人设置席位。 《最高人民法院关于进一步加强少年法庭工作的意见》 15. 人民法院根据未成年人身心特点，对未成年被告人轻微犯罪或者过失犯罪案件、未成年人为一方当事人的民事和行政案件，可以采取圆桌审判方式。	**第四百七十九条** 人民法院应当在辩护台靠近旁听区一侧为未成年被告人的法定代理人或者刑事诉讼法第二百七十条第一款规定的其他成年亲属、代表设置席位。 审理可能判处五年有期徒刑以下刑罚或者过失犯罪的未成年人刑事案件，可以采取适合未成年人特点的方式设置法庭席位。
《审理未成年人刑事案件规定》 **第二十五条** 在法庭上不得对未成年被告人使用戒具。未成年被告人在法庭上可以坐着接受法庭调查、询问，在回答审判人员的提问、宣判时应当起立。	**第四百八十条** 在法庭上不得对未成年被告人使用戒具，但被告人人身危险性大，可能妨碍庭审活动的除外。必须使用戒具的，在现实危险消除后，应当立即停止使用。
《审理未成年人刑事案件规定》 **第二十六条** 未成年被告人或者其法定代理人当庭拒绝委托的辩护人进行辩护，要求另行委托或者人民法院为其另行指定辩护人、辩护律师的，合议庭应当同意并宣布延期审理。 未成年被告人或者其法定代理人当庭拒绝	**第四百八十一条** 未成年被告人或者其法定代理人当庭拒绝辩护人辩护的，适用本解释第二百五十四条第一款、第二款的规定。 重新开庭后，未成年被告人或者其法定代理人再次当庭拒绝辩护人辩护的，不予准许。重新开庭时被告人已满十八周岁的，可以准许，

《98 年解释》及其他解释、规范性文件	《刑事诉讼法解释》
由人民法院指定的辩护律师进行辩护，要求另行委托辩护人的，合议庭应当同意并宣布延期审理。未成年被告人或者其法定代理人当庭拒绝人民法院指定的辩护律师为其辩护，如确有正当理由，合议庭应当同意并宣布延期审理，人民法院应当为未成年被告人另行指定辩护律师。 重新开庭后，未成年被告人或者其法定代理人再次当庭拒绝重新委托的辩护人或者由人民法院指定的辩护律师进行辩护的，一般不予准许。如果重新开庭时被告人已满十八周岁的，应当准许，但不得再行委托或者由人民法院再行指定辩护人、辩护律师。上述情况应当记录在卷。	但不得再另行委托辩护人**或者要求另行指派律师，由其自行辩护**。
《审理未成年人刑事案件规定》 **第二十七条**　法庭审理时，审判人员应当注意未成年被告人的智力发育程度和心理状态，要态度严肃、和蔼，用语准确、通俗易懂。发现有对未成年被告人诱供、训斥、讽刺或者威胁的情形时，应当及时制止。	**第四百八十二条**　**法庭**审理**过程中**，审判人员应当**根据**未成年被告人的智力发育程度和心理状态，**使用适合未成年人的语言表达方式。** 发现有对未成年被告人诱供、训斥、讽刺或者威胁等情形的，**审判长**应当制止。
《审理未成年人刑事案件规定》 **第二十九条**　法庭审理时，控辩双方向法庭提出从轻判处未成年被告人管制、拘役宣告缓刑或者有期徒刑宣告缓刑、免予刑事处罚等适用刑罚建议的，应当提供有关未成年被告人能够获得监护、帮教的书面材料。	**第四百八十三条**　控辩双方提出**对未成年被告人判处管制、宣告缓刑等量刑建议的**，应当向法庭提供有关未成年被告人能够获得监护、帮教**以及对所居住社区无重大不良影响的**书面材料。
《未成年人刑事案件配套工作意见》 三（一）**4.** 人民法院在办理未成年人刑事案件时，应当全面审查人民检察院移送的社会调查报告或无法进行社会调查的书面说明、办案期间表现等材料，并将社会调查报告作为教育和量刑的参考。……	**第四百八十四条**　**对未成年被告人情况的调查报告，以及辩护人提交的有关未成年被告人情况的书面材料，法庭应当审查并听取控辩双方意见。上述报告和材料可以**作为**法庭**教育和量刑的参考。
《审理未成年人刑事案件规定》 **第三十三条**　人民法院判决未成年被告人有罪的，宣判后，由合议庭组织到庭的诉讼参与人对未成年被告人进行教育。如果未成年被告人的法定代理人以外的其他成年近亲属或者教	**第四百八十五条**　**法庭辩论结束后，法庭可以根据案件情况，对未成年被告人进行教育；判决未成年被告人有罪的**，宣判后，**应当**对未成年被告人进行教育。 **对未成年被告人进行教育，可以邀请诉讼**

《98年解释》及其他解释、规范性文件	《刑事诉讼法解释》
师、公诉人等参加有利于教育、感化未成年被告人的,合议庭可以邀请其参加宣判后的教育。 对未成年被告人的教育可以围绕下列内容进行: (一)犯罪行为对社会的危害和应当受刑罚处罚的必要性; (二)导致犯罪行为发生的主观、客观原因及应当吸取的教训; (三)正确对待人民法院的裁判。 **第三十七条** 适用简易程序审理的案件,对未成年被告人进行法庭教育适用本《规定》第三十三条的规定。	**参与人、刑事诉讼法第二百七十条第一款规定的其他成年亲属、代表以及社会调查员、心理咨询师等参加。** 适用简易程序审理的案件,对未成年被告人进行法庭教育,适用**前两款**的规定。
	第四百八十六条 未成年被告人最后陈述后,法庭应当询问其法定代理人是否补充陈述。
《审理未成年人刑事案件规定》 **第三十一条** 对未成年人刑事案件宣告判决应当公开进行,但不得采取召开大会等形式。	**第四百八十七条** 对未成年人刑事案件宣告判决应当公开进行,但不得采取召开大会等形式。 **对依法应当封存犯罪记录的案件,宣判时,不得组织人员旁听;有旁听人员的,应当告知其不得传播案件信息。**
《审理未成年人刑事案件规定》 **第三十二条** 定期宣告判决的,合议庭应当通知公诉人、未成年被告人的法定代理人及其他诉讼参与人到庭。 法定代理人不到庭或者确实无法到庭的,也可以通知其他成年近亲属到庭,并在宣判后向其送达判决书副本。	**第四百八十八条** 定期宣告判决的**未成年人刑事案件**,未成年被告人的法定代理人**无法通知、不能到庭或者是共犯的**,法庭可以通知**刑事诉讼法第二百七十条第一款规定的**其他成年**亲属、代表**到庭,并在宣判后向**未成年被告人的成年亲属**送达判决书。
第五章 执 行	**第四节 执 行**
《审理未成年人刑事案件规定》 **第三十八条** 对于判决、裁定已经发生法律效力并应当收监服刑的未成年罪犯,少年法庭应当填写结案登记表并附送有关未成年罪犯的调查材料及其在案件审理中的表现材料,连同起诉书副本、判决书或者裁定书副本、执行通知书,一并送达执行机关。	**第四百八十九条 将未成年罪犯送监执行刑罚或者送交社区矫正时,人民法院应当将有关未成年罪犯的调查报告**及其在案件审理中的表现材料,连同**有关法律文书**,一并送达执行机关。

《98年解释》及其他解释、规范性文件	《刑事诉讼法解释》
	第四百九十条　犯罪时不满十八周岁，被判处五年有期徒刑以下刑罚以及免除刑事处罚的未成年人的犯罪记录，应当封存。 **2012年12月31日以前审结的案件符合前款规定的，相关犯罪记录也应当封存。** **司法机关或者有关单位向人民法院申请查询封存的犯罪记录的，应当提供查询的理由和依据。对查询申请，人民法院应当及时作出是否同意的决定。**
《审理未成年人刑事案件规定》 **第三十九条**　少年法庭可以通过多种形式与未成年犯管教所等未成年罪犯服刑场所建立联系，了解未成年罪犯的改造情况，协助做好帮教、改造工作；并可以对正在服刑的未成年罪犯进行回访考察。	**第四百九十一条　人民法院**可以与未成年罪犯管教所等服刑场所建立联系，了解未成年罪犯的改造情况，协助做好帮教、改造工作，并可以对正在服刑的未成年罪犯进行回访考察。
《审理未成年人刑事案件规定》 **第四十条**　少年法庭认为有必要时，可以敦促被收监服刑的未成年罪犯的父母或者其他监护人及时探视，以使未成年罪犯获得家庭和社会的关怀，增强改造的信心。	**第四百九十二条　人民法院**认为必要时，可以**督促**被收监服刑的未成年罪犯的父母或者其他监护人及时探视。
《审理未成年人刑事案件规定》 **第四十一条**　对于判处管制、拘役宣告缓刑或者有期徒刑宣告缓刑、免予刑事处罚等的未成年罪犯，少年法庭可以协助公安机关同其所在学校、单位、街道、居民委员会、村民委员会、监护人等制定帮教措施。	**第四百九十三条**　对被判处管制、宣告缓刑、**裁定假释、决定暂予监外执行**的未成年罪犯，**人民法院**可以协助**社区矫正机构**制定帮教措施。
《审理未成年人刑事案件规定》 **第四十二条**　少年法庭可以适时走访被判处管制、拘役宣告缓刑或者有期徒刑宣告缓刑、免予刑事处罚等的未成年罪犯及其家庭，了解对未成年罪犯的管理和教育情况，以引导未成年罪犯的家庭正确地承担管教责任，为未成年罪犯改过自新创造良好的环境。	**第四百九十四条　人民法院**可以适时走访被判处管制、宣告缓刑、免除刑事处罚、**裁定假释、决定暂予监外执行**等的未成年罪犯及其家庭，了解未成年罪犯的管理和教育情况，引导未成年罪犯的家庭承担管教责任，为未成年罪犯改过自新创造良好环境。
《审理未成年人刑事案件规定》 **第四十三条**　对于判处管制、拘役宣告缓刑	**第四百九十五条**　被判处管制、宣告缓刑、免除刑事处罚、**裁定假释、决定暂予监外执行**等

《98 年解释》及其他解释、规范性文件	《刑事诉讼法解释》
或者有期徒刑宣告缓刑、免予刑事处罚等的未成年罪犯具备就学就业条件的，人民法院可以就其安置问题向有关部门提出司法建议，并且附送必要的材料。	的未成年罪犯，具备就学、就业条件的，人民法院可以就其安置问题向有关部门提出司法建议，并附送必要的材料。
	第二十一章　当事人和解的公诉案件诉讼程序
	第四百九十六条　对符合刑事诉讼法第二百七十七条规定的公诉案件，事实清楚、证据充分的，人民法院应当告知当事人可以自行和解；当事人提出申请的，人民法院可以主持双方当事人协商以达成和解。 **根据案件情况，人民法院可以邀请人民调解员、辩护人、诉讼代理人、当事人亲友等参与促成双方当事人和解。**
	第四百九十七条　符合刑事诉讼法第二百七十七条规定的公诉案件，被害人死亡的，其近亲属可以与被告人和解。近亲属有多人的，达成和解协议，应当经处于同一继承顺序的所有近亲属同意。 **被害人系无行为能力或者限制行为能力人的，其法定代理人、近亲属可以代为和解。**
	第四百九十八条　被告人的近亲属经被告人同意，可以代为和解。 **被告人系限制行为能力人的，其法定代理人可以代为和解。** **被告人的法定代理人、近亲属依照前两款规定代为和解的，和解协议约定的赔礼道歉等事项，应当由被告人本人履行。**
	第四百九十九条　对公安机关、人民检察院主持制作的和解协议书，当事人提出异议的，人民法院应当审查。经审查，和解自愿、合法的，予以确认，无需重新制作和解协议书；和解不具有自愿性、合法性的，应当认定无效。和解协议被认定无效后，双方当事人重新达成和解的，人民法院应当主持制作新的和解协议书。

《98年解释》及其他解释、规范性文件	《刑事诉讼法解释》
	第五百条　审判期间，双方当事人和解的，人民法院应当听取当事人及其法定代理人等有关人员的意见。双方当事人在庭外达成和解的，人民法院应当通知人民检察院，并听取其意见。经审查，和解自愿、合法的，应当主持制作和解协议书。
	第五百零一条　和解协议书应当包括以下内容： （一）被告人承认自己所犯罪行，对犯罪事实没有异议，并真诚悔罪； （二）被告人通过向被害人赔礼道歉、赔偿损失等方式获得被害人谅解；涉及赔偿损失的，应当写明赔偿的数额、方式等；提起附带民事诉讼的，由附带民事诉讼原告人撤回附带民事诉讼； （三）被害人自愿和解，请求或者同意对被告人依法从宽处罚。 和解协议书应当由双方当事人和审判人员签名，但不加盖人民法院印章。 和解协议书一式三份，双方当事人各持一份，另一份交人民法院附卷备查。 对和解协议中的赔偿损失内容，双方当事人要求保密的，人民法院应当准许，并采取相应的保密措施。
	第五百零二条　和解协议约定的赔偿损失内容，被告人应当在协议签署后即时履行。 和解协议已经全部履行，当事人反悔的，人民法院不予支持，但有证据证明和解违反自愿、合法原则的除外。
	第五百零三条　双方当事人在侦查、审查起诉期间已经达成和解协议并全部履行，被害人或者其法定代理人、近亲属又提起附带民事诉讼的，人民法院不予受理，但有证据证明和解违反自愿、合法原则的除外。
	第五百零四条　被害人或者其法定代理人、近亲属提起附带民事诉讼后，双方愿意和

《98 年解释》及其他解释、规范性文件	《刑事诉讼法解释》
	解,但被告人不能即时履行全部赔偿义务的,人民法院应当制作附带民事调解书。
	第五百零五条　对达成和解协议的案件,人民法院应当对被告人从轻处罚;符合非监禁刑适用条件的,应当适用非监禁刑;判处法定最低刑仍然过重的,可以减轻处罚;综合全案认为犯罪情节轻微不需要判处刑罚的,可以免除刑事处罚。 共同犯罪案件,部分被告人与被害人达成和解协议的,可以依法对该部分被告人从宽处罚,但应当注意全案的量刑平衡。
	第五百零六条　达成和解协议的,裁判文书应当作出叙述,并援引刑事诉讼法的相关条文。
	第二十二章　犯罪嫌疑人、被告人逃匿、死亡案件违法所得的没收程序
	第五百零七条　依照刑法规定应当追缴违法所得及其他涉案财产,且符合下列情形之一的,人民检察院可以向人民法院提出没收违法所得的申请: (一)犯罪嫌疑人、被告人实施了贪污贿赂犯罪、恐怖活动犯罪等重大犯罪后逃匿,在通缉一年后不能到案的; (二)犯罪嫌疑人、被告人死亡的。
	第五百零八条　具有下列情形之一的,应当认定为刑事诉讼法第二百八十条第一款规定的"重大犯罪案件": (一)犯罪嫌疑人、被告人可能被判处无期徒刑以上刑罚的; (二)案件在本省、自治区、直辖市或者全国范围内有较大影响的; (三)其他重大犯罪案件。
	第五百零九条　实施犯罪行为所取得的财物及其孳息,以及被告人非法持有的违禁品、供

《98 年解释》及其他解释、规范性文件	《刑事诉讼法解释》
	犯罪所用的本人财物,应当认定为刑事诉讼法第二百八十条第一款规定的“违法所得及其他涉案财产”。
	第五百一十条　对人民检察院提出的没收违法所得申请,人民法院应当审查以下内容: (一)是否属于本院管辖; (二)是否写明犯罪嫌疑人、被告人涉嫌有关犯罪的情况,并附相关证据材料; (三)是否附有通缉令或者死亡证明; (四)是否列明违法所得及其他涉案财产的种类、数量、所在地,并附相关证据材料; (五)是否附有查封、扣押、冻结违法所得及其他涉案财产的清单和相关法律手续; (六)是否写明犯罪嫌疑人、被告人的近亲属和其他利害关系人的姓名、住址、联系方式及其要求等情况; (七)是否写明申请没收的理由和法律依据。
	第五百一十一条　对没收违法所得的申请,人民法院应当在七日内审查完毕,并按照下列情形分别处理: (一)不属于本院管辖的,应当退回人民检察院; (二)材料不全的,应当通知人民检察院在三日内补送; (三)属于违法所得没收程序受案范围和本院管辖,且材料齐全的,应当受理。 人民检察院尚未查封、扣押、冻结申请没收的财产或者查封、扣押、冻结期限即将届满,涉案财产有被隐匿、转移或者毁损、灭失危险的,人民法院可以查封、扣押、冻结申请没收的财产。
	第五百一十二条　人民法院决定受理没收违法所得的申请后,应当在十五日内发出公告,公告期为六个月。公告应当写明以下内容: (一)案由; (二)犯罪嫌疑人、被告人通缉在逃或者死亡等基本情况;

《98 年解释》及其他解释、规范性文件	《刑事诉讼法解释》
	（三）申请没收财产的种类、数量、所在地； （四）犯罪嫌疑人、被告人的近亲属和其他利害关系人申请参加诉讼的期限、方式； （五）应当公告的其他情况。 公告应当在全国公开发行的报纸或者人民法院的官方网站刊登，并在人民法院公告栏张贴、发布；必要时，可以在犯罪地、犯罪嫌疑人、被告人居住地、申请没收的不动产所在地张贴、发布。 人民法院已经掌握犯罪嫌疑人、被告人的近亲属和其他利害关系人的联系方式的，应当采取电话、传真、邮件等方式直接告知其公告内容，并记录在案。
	第五百一十三条　对申请没收的财产主张所有权的人，应当认定为刑事诉讼法第二百八十一条第二款规定的“其他利害关系人”。 犯罪嫌疑人、被告人的近亲属和其他利害关系人申请参加诉讼的，应当在公告期间提出。犯罪嫌疑人、被告人的近亲属应当提供其与犯罪嫌疑人、被告人关系的证明材料，其他利害关系人应当提供申请没收的财产系其所有的证据材料。 犯罪嫌疑人、被告人的近亲属和其他利害关系人在公告期满后申请参加诉讼，能够合理说明原因，并提供证明申请没收的财产系其所有的证据材料的，人民法院应当准许。
	第五百一十四条　公告期满后，人民法院应当组成合议庭对申请没收违法所得的案件进行审理。 利害关系人申请参加诉讼的，人民法院应当开庭审理。没有利害关系人申请参加诉讼的，可以不开庭审理。
	第五百一十五条　开庭审理申请没收违法所得的案件，按照下列程序进行： （一）审判长宣布法庭调查开始后，先由检察员宣读申请书，后由利害关系人、诉讼代理人发表意见；

《98年解释》及其他解释、规范性文件	《刑事诉讼法解释》
	（二）法庭应当依次就犯罪嫌疑人、被告人是否实施了贪污贿赂犯罪、恐怖活动犯罪等重大犯罪并已经通缉一年不能到案，或者是否已经死亡，以及申请没收的财产是否依法应当追缴进行调查；调查时，先由检察员出示有关证据，后由利害关系人发表意见、出示有关证据，并进行质证； （三）法庭辩论阶段，先由检察员发言，后由利害关系人及其诉讼代理人发言，并进行辩论。 利害关系人接到通知后无正当理由拒不到庭，或者未经法庭许可中途退庭的，可以转为不开庭审理，但还有其他利害关系人参加诉讼的除外。
	第五百一十六条　对申请没收违法所得的案件，人民法院审理后，应当按照下列情形分别处理： （一）案件事实清楚，证据确实、充分，申请没收的财产确属违法所得及其他涉案财产的，除依法返还被害人的以外，应当裁定没收； （二）不符合本解释第五百零七条规定的条件的，应当裁定驳回申请。
	第五百一十七条　对没收违法所得或者驳回申请的裁定，犯罪嫌疑人、被告人的近亲属和其他利害关系人或者人民检察院可以在五日内提出上诉、抗诉。
	第五百一十八条　对不服第一审没收违法所得或者驳回申请裁定的上诉、抗诉案件，第二审人民法院经审理，应当按照下列情形分别作出裁定： （一）原裁定正确的，应当驳回上诉或者抗诉，维持原裁定； （二）原裁定确有错误的，可以在查清事实后改变原裁定；也可以撤销原裁定，发回重新审判； （三）原审违反法定诉讼程序，可能影响公正审判的，应当撤销原裁定，发回重新审判。
	第五百一十九条　在审理申请没收违法所

《98 年解释》及其他解释、规范性文件	《刑事诉讼法解释》
	得的案件过程中，在逃的犯罪嫌疑人、被告人到案的，人民法院应当裁定终止审理。人民检察院向原受理申请的人民法院提起公诉的，可以由同一审判组织审理。
	第五百二十条　在审理案件过程中，被告人死亡或者脱逃，符合刑事诉讼法第二百八十条第一款规定的，人民检察院可以向人民法院提出没收违法所得的申请。 人民检察院向原受理案件的人民法院提出申请的，可以由同一审判组织依照本章规定的程序审理。
	第五百二十一条　审理申请没收违法所得案件的期限，参照公诉案件第一审普通程序和第二审程序的审理期限执行。 公告期间和请求刑事司法协助的时间不计入审理期限。
	第五百二十二条　没收违法所得裁定生效后，犯罪嫌疑人、被告人到案并对没收裁定提出异议，人民检察院向原作出裁定的人民法院提起公诉的，可以由同一审判组织审理。 人民法院经审理，应当按照下列情形分别处理： （一）原裁定正确的，予以维持，不再对涉案财产作出判决； （二）原裁定确有错误的，应当撤销原裁定，并在判决中对有关涉案财产一并作出处理。 人民法院生效的没收裁定确有错误的，除第一款规定的情形外，应当依照审判监督程序予以纠正。已经没收的财产，应当及时返还；财产已经上缴国库的，由原没收机关从财政机关申请退库，予以返还；原物已经出卖、拍卖的，应当退还价款；造成犯罪嫌疑人、被告人以及利害关系人财产损失的，应当依法赔偿。
	第五百二十三条　人民法院审理申请没收违法所得的案件，本章没有规定的，参照适用本解释的有关规定。

《98 年解释》及其他解释、规范性文件	《刑事诉讼法解释》
	第二十三章 依法不负刑事责任的精神病人的强制医疗程序
	第五百二十四条 实施暴力行为,危害公共安全或者严重危害公民人身安全,社会危害性已经达到犯罪程度,但经法定程序鉴定依法不负刑事责任的精神病人,有继续危害社会可能的,可以予以强制医疗。
	第五百二十五条 人民检察院申请对依法不负刑事责任的精神病人强制医疗的案件,由被申请人实施暴力行为所在地的基层人民法院管辖;由被申请人居住地的人民法院审判更为适宜的,可以由被申请人居住地的基层人民法院管辖。
	第五百二十六条 对人民检察院提出的强制医疗申请,人民法院应当审查以下内容: (一)是否属于本院管辖; (二)是否写明被申请人的身份,实施暴力行为的时间、地点、手段、所造成的损害等情况,并附相关证据材料; (三)是否附有法医精神病鉴定意见和其他证明被申请人属于依法不负刑事责任的精神病人的证据材料; (四)是否列明被申请人的法定代理人的姓名、住址、联系方式; (五)需要审查的其他事项。
	第五百二十七条 对人民检察院提出的强制医疗申请,人民法院应当在七日内审查完毕,并按照下列情形分别处理: (一)不属于本院管辖的,应当退回人民检察院; (二)材料不全的,应当通知人民检察院在三日内补送; (三)属于强制医疗程序受案范围和本院管辖,且材料齐全的,应当受理。
	第五百二十八条 审理强制医疗案件,应

《98 年解释》及其他解释、规范性文件	《刑事诉讼法解释》
	当通知被申请人或者被告人的法定代理人到场。被申请人或者被告人没有委托诉讼代理人的,应当通知法律援助机构指派律师担任其诉讼代理人,为其提供法律帮助。
	第五百二十九条　审理强制医疗案件,应当组成合议庭,开庭审理。但是,被申请人、被告人的法定代理人请求不开庭审理,并经人民法院审查同意的除外。 审理人民检察院申请强制医疗的案件,应当会见被申请人。
	第五百三十条　开庭审理申请强制医疗的案件,按照下列程序进行: (一) 审判长宣布法庭调查开始后,先由检察员宣读申请书,后由被申请人的法定代理人、诉讼代理人发表意见; (二) 法庭依次就被申请人是否实施了危害公共安全或者严重危害公民人身安全的暴力行为、是否属于依法不负刑事责任的精神病人、是否有继续危害社会的可能进行调查;调查时,先由检察员出示有关证据,后由被申请人的法定代理人、诉讼代理人发表意见、出示有关证据,并进行质证; (三) 法庭辩论阶段,先由检察员发言,后由被申请人的法定代理人、诉讼代理人发言,并进行辩论。 被申请人要求出庭,人民法院经审查其身体和精神状态,认为可以出庭的,应当准许。出庭的被申请人,在法庭调查、辩论阶段,可以发表意见。 检察员宣读申请书后,被申请人的法定代理人、诉讼代理人无异议的,法庭调查可以简化。
	第五百三十一条　对申请强制医疗的案件,人民法院审理后,应当按照下列情形分别处理: (一) 符合刑事诉讼法第二百八十四条规定的强制医疗条件的,应当作出对被申请人强制医疗的决定;

《98 年解释》及其他解释、规范性文件	《刑事诉讼法解释》
	（二）被申请人属于依法不负刑事责任的精神病人，但不符合强制医疗条件的，应当作出驳回强制医疗申请的决定；被申请人已经造成危害结果的，应当同时责令其家属或者监护人严加看管和医疗； （三）被申请人具有完全或者部分刑事责任能力，依法应当追究刑事责任的，应当作出驳回强制医疗申请的决定，并退回人民检察院依法处理。
	第五百三十二条　第一审人民法院在审理案件过程中发现被告人可能符合强制医疗条件的，应当依照法定程序对被告人进行法医精神病鉴定。经鉴定，被告人属于依法不负刑事责任的精神病人的，应当适用强制医疗程序，对案件进行审理。 开庭审理前款规定的案件，应当先由合议庭组成人员宣读对被告人的法医精神病鉴定意见，说明被告人可能符合强制医疗的条件，后依次由公诉人和被告人的法定代理人、诉讼代理人发表意见。经审判长许可，公诉人和被告人的法定代理人、诉讼代理人可以进行辩论。
	第五百三十三条　对前条规定的案件，人民法院审理后，应当按照下列情形分别处理： （一）被告人符合强制医疗条件的，应当判决宣告被告人不负刑事责任，同时作出对被告人强制医疗的决定； （二）被告人属于依法不负刑事责任的精神病人，但不符合强制医疗条件的，应当判决宣告被告人无罪或者不负刑事责任；被告人已经造成危害结果的，应当同时责令其家属或者监护人严加看管和医疗； （三）被告人具有完全或者部分刑事责任能力，依法应当追究刑事责任的，应当依照普通程序继续审理。
	第五百三十四条　人民法院在审理第二审刑事案件过程中，发现被告人可能符合强制医疗条件的，可以依照强制医疗程序对案件作出

《98 年解释》及其他解释、规范性文件	《刑事诉讼法解释》
	处理，也可以裁定发回原审人民法院重新审判。
	第五百三十五条　人民法院决定强制医疗的，应当在作出决定后五日内，向公安机关送达强制医疗决定书和强制医疗执行通知书，由公安机关将被决定强制医疗的人送交强制医疗。
	第五百三十六条　被决定强制医疗的人、被害人及其法定代理人、近亲属对强制医疗决定不服的，可以自收到决定书之日起五日内向上一级人民法院申请复议。复议期间不停止执行强制医疗的决定。
	第五百三十七条　对不服强制医疗决定的复议申请，上一级人民法院应当组成合议庭审理，并在一个月内，按照下列情形分别作出复议决定： （一）被决定强制医疗的人符合强制医疗条件的，应当驳回复议申请，维持原决定； （二）被决定强制医疗的人不符合强制医疗条件的，应当撤销原决定； （三）原审违反法定诉讼程序，可能影响公正审判的，应当撤销原决定，发回原审人民法院重新审判。
	第五百三十八条　对本解释第五百三十三条第一项规定的判决、决定，人民检察院提出抗诉，同时被决定强制医疗的人、被害人及其法定代理人、近亲属申请复议的，上一级人民法院应当依照第二审程序一并处理。
	第五百三十九条　审理强制医疗案件，本章没有规定的，参照适用公诉案件第一审普通程序和第二审程序的有关规定。
	第五百四十条　被强制医疗的人及其近亲属申请解除强制医疗的，应当向决定强制医疗的人民法院提出。 被强制医疗的人及其近亲属提出的解除强制医疗申请被人民法院驳回，六个月后再次提出申请的，人民法院应当受理。

《98 年解释》及其他解释、规范性文件	《刑事诉讼法解释》
	第五百四十一条　强制医疗机构提出解除强制医疗意见,或者被强制医疗的人及其近亲属申请解除强制医疗的,人民法院应当审查是否附有对被强制医疗的人的诊断评估报告。 强制医疗机构提出解除强制医疗意见,未附诊断评估报告的,人民法院应当要求其提供。 被强制医疗的人及其近亲属向人民法院申请解除强制医疗,强制医疗机构未提供诊断评估报告的,申请人可以申请人民法院调取。必要时,人民法院可以委托鉴定机构对被强制医疗的人进行鉴定。
	第五百四十二条　强制医疗机构提出解除强制医疗意见,或者被强制医疗的人及其近亲属申请解除强制医疗的,人民法院应当组成合议庭进行审查,并在一个月内,按照下列情形分别处理: (一)被强制医疗的人已不具有人身危险性,不需要继续强制医疗的,应当作出解除强制医疗的决定,并可责令被强制医疗的人的家属严加看管和医疗; (二)被强制医疗的人仍具有人身危险性,需要继续强制医疗的,应当作出继续强制医疗的决定。 人民法院应当在作出决定后五日内,将决定书送达强制医疗机构、申请解除强制医疗的人、被决定强制医疗的人和人民检察院。决定解除强制医疗的,应当通知强制医疗机构在收到决定书的当日解除强制医疗。
	第五百四十三条　人民检察院认为强制医疗决定或者解除强制医疗决定不当,在收到决定书后二十日内提出书面纠正意见的,人民法院应当另行组成合议庭审理,并在一个月内作出决定。
	第二十四章　附　则
	第五百四十四条　人民法院讯问被告人,宣告判决,审理减刑、假释案件,根据案件情况,

《98 年解释》及其他解释、规范性文件	《刑事诉讼法解释》
	可以采取视频方式进行。
	第五百四十五条 向人民法院提出自诉、上诉、申诉、申请等的，应当以书面形式提出。书写有困难的，除另有规定的以外，可以口头提出，由人民法院工作人员制作笔录或者记录在案，并向口述人宣读或者交其阅读。
	第五百四十六条 诉讼期间制作、形成的工作记录、告知笔录等材料，应当由制作人员和其他有关人员签名、盖章。宣告或者送达判决书、裁定书、决定书、通知书等诉讼文书的，应当由接受宣告或者送达的人在诉讼文书、送达回证上签名、盖章。 诉讼参与人未签名、盖章的，应当捺指印；刑事被告人除签名、盖章外，还应当捺指印。 当事人拒绝签名、盖章、捺指印的，办案人员应当在诉讼文书或者笔录材料中注明情况，有相关见证人见证，或者有录音录像证明的，不影响相关诉讼文书或者笔录材料的效力。
第三百六十六条 本解释的有关规定适用于军事法院、铁路运输法院等专门人民法院。	**第五百四十七条** 本解释的有关规定适用于军事法院、铁路运输法院等专门人民法院。
第三百六十七条 本解释发布前有关刑事诉讼程序的司法解释，与本解释重复或者抵触的，以本解释为准。	**第五百四十八条** 本解释自 2013 年 1 月 1 日起施行，最高人民法院 1998 年 9 月 2 日公布的《关于执行〈中华人民共和国刑事诉讼法〉若干问题的解释》同时废止；最高人民法院以前发布的司法解释和规范性文件，与本解释不一致的，以本解释为准。

《人民检察院刑事诉讼规则》修订前后对照表

（修订后条文中黑体字部分是对原规则条文所作的修改或者补充）

修订前①	修订后②
第一章　通　则	**第一章　通　则**
第一条　为保证人民检察院在刑事诉讼中严格执法，正确履行职权，根据《中华人民共和国刑事诉讼法》、《中华人民共和国人民检察院组织法》和有关法律，结合人民检察院工作实际，制定本规则。	**第一条**　为保证人民检察院在刑事诉讼中严格**依照法定程序办案**，正确履行职权，**实现惩罚犯罪与保障人权的统一**，根据《中华人民共和国刑事诉讼法》、《中华人民共和国人民检察院组织法》和有关法律**规定**，结合人民检察院工作实际，制定本规则。
第二条　人民检察院在刑事诉讼中的任务，是侦查直接受理的案件、批准或者决定逮捕、提起公诉、对刑事诉讼实行法律监督，保证准确、及时地查明犯罪事实，正确应用法律，惩罚犯罪分子，保障无罪的人不受刑事追究，保障国家刑事法律的统一正确实施，以维护社会主义法制，保护公民的人身权利、财产权利、民主权利和其他权利，保障社会主义建设事业的顺利进行。	**第二条**　人民检察院在刑事诉讼中的任务，是**立案**侦查直接受理的案件、批准或者决定逮捕、**审查起诉和**提起公诉、对刑事诉讼实行法律监督，保证准确、及时地查明犯罪事实，正确应用法律，惩罚犯罪分子，保障无罪的人不受刑事追究，保障国家刑事法律的统一正确实施，维护社会主义法制，**尊重和保障人权**，保护公民的人身权利、财产权利、民主权利和其他权利，保障社会主义建设事业的顺利进行。
第三条　人民检察院办理刑事案件，应当严格遵守《中华人民共和国刑事诉讼法》规定的各项基本原则和程序以及其他有关法律的规定。	**第三条**　人民检察院办理刑事案件，应当严格遵守《中华人民共和国刑事诉讼法》规定的各项基本原则和程序以及其他法律的有关规定。
第四条　人民检察院办理刑事案件，由检察人员承办，办案部门负责人审核，检察长或者检察委员会决定。	**第四条**　人民检察院办理刑事案件，由检察人员承办，办案部门负责人审核，检察长或者检察委员会决定。
第五条　人民检察院按照法律规定设置内部机构，在刑事诉讼中实行侦查、审查逮捕、审查起诉等业务分工，各司其职，互相制约，保证办案质量。	**第五条**　人民检察院按照法律规定设置内部机构，在刑事诉讼中实行**案件受理、立案**侦查、**侦查监督、公诉、控告、申诉、监所检察**等业务分工，各司其职，互相制约，保证办案质量。

① 1998年12月16日修正，1999.1.18高检发释字[1999]1号公布，自1999年1月18日起施行。
② 2012年10月16日修正，2012.11.22高检发释字[2012]2号公布，自2013年1月1日起施行。

修订前	修订后
第六条 在刑事诉讼中，最高人民检察院领导地方各级人民检察院和专门人民检察院的工作，上级人民检察院领导下级人民检察院的工作。检察长统一领导检察院的工作。	**第六条** 在刑事诉讼中，最高人民检察院领导地方各级人民检察院和专门人民检察院的工作，上级人民检察院领导下级人民检察院的工作。检察长统一领导检察院的工作。
第七条 在刑事诉讼中，上级人民检察院对下级人民检察院作出的决定，有权予以撤销或者变更；发现下级人民检察院已办结的案件有错误的，有权指令下级人民检察院纠正。 下级人民检察院对上级人民检察院的决定应当执行，如果认为有错误的，应当在执行的同时向上级人民检察院报告。	**第七条** 在刑事诉讼中，上级人民检察院对下级人民检察院作出的决定，有权予以撤销或者变更；发现下级人民检察院**办理**的案件有错误的，有权指令下级人民检察院予以纠正。 下级人民检察院对上级人民检察院的决定应当执行，如果认为有错误的，应当在执行的同时向上级人民检察院报告。
第二章　管　辖	**第二章　管　辖**
第八条 人民检察院立案侦查贪污贿赂犯罪、国家工作人员的渎职犯罪、国家机关工作人员利用职权实施的非法拘禁、刑讯逼供、报复陷害、非法搜查的侵犯公民人身权利的犯罪以及侵犯公民民主权利的犯罪案件。 贪污贿赂犯罪是指刑法分则第八章规定的贪污贿赂犯罪及其他章中明确规定依照第八章相关条文定罪处罚的犯罪案件。 国家工作人员的渎职犯罪是指刑法分则第九章规定的渎职犯罪案件。 国家机关工作人员利用职权实施的侵犯公民人身权利和民主权利的犯罪案件包括： 1. 非法拘禁案（刑法第 238 条）； 2. 非法搜查案（刑法第 245 条）； 3. 刑讯逼供案（刑法第 247 条）； 4. 暴力取证案（刑法第 247 条）； 5. 体罚、虐待被监管人案（刑法第 248 条）； 6. 报复陷害案（刑法第 254 条）； 7. 破坏选举案（刑法第 256 条）。	**第八条** 人民检察院立案侦查贪污贿赂犯罪、国家工作人员的渎职犯罪、国家机关工作人员利用职权实施的非法拘禁、刑讯逼供、报复陷害、非法搜查的侵犯公民人身权利的犯罪以及侵犯公民民主权利的犯罪案件。 贪污贿赂犯罪是指刑法分则第八章规定的贪污贿赂犯罪及其他章中明确规定依照第八章相关条文定罪处罚的犯罪案件。 国家工作人员的渎职犯罪是指刑法分则第九章规定的渎职犯罪案件。 国家机关工作人员利用职权实施的侵犯公民人身权利和民主权利的犯罪案件包括： **（一）** 非法拘禁案（刑法第二百三十八条）； **（二）** 非法搜查案（刑法第二百四十五条）； **（三）** 刑讯逼供案（刑法第二百四十七条）； **（四）** 暴力取证案（刑法第二百四十七条）； **（五）** 虐待被监管人案（刑法第二百四十八条）； **（六）** 报复陷害案（刑法第二百五十四条）； **（七）** 破坏选举案（刑法第二百五十六条）。
第九条 国家机关工作人员利用职权实施的其他重大犯罪案件，需要由人民检察院直接受理的时候，经省级以上人民检察院决定，可以由人民检察院立案侦查。	**第九条** 国家机关工作人员利用职权实施的其他重大犯罪案件，需要由人民检察院直接受理的时候，经省级以上人民检察院决定，可以由人民检察院立案侦查。

修订前	修订后
第十条 对本规则第九条规定的案件，基层人民检察院或者分、州、市人民检察院需要直接立案侦查时，应当层报所在的省级人民检察院决定。分、州、市人民检察院对基层人民检察院层报省级人民检察院的案件，应当进行审查，提出是否需要立案侦查的意见，报送省级人民检察院。 报请省级人民检察院决定立案侦查的案件，应当经检察委员会讨论决定，制作提请批准直接受理书，写明已经查明的案件情况以及需要由人民检察院立案侦查的理由，并附有关材料。 省级人民检察院应当在收到提请批准直接受理书后的十日以内，由检察委员会讨论作出是否立案侦查的决定。 省级人民检察院可以决定由下级人民检察院直接立案侦查，也可以决定直接立案侦查。	**第十条** 对本规则第九条规定的案件，基层人民检察院或者分、州、市人民检察院需要直接立案侦查**的**，应当层报省级人民检察院决定。分、州、市人民检察院对于基层人民检察院层报省级人民检察院的案件，应当进行审查，提出是否需要立案侦查的意见，报**请**省级人民检察院**决定**。 报请省级人民检察院决定立案侦查的案件，应当制作提请批准直接受理书，写明案件情况以及需要由人民检察院立案侦查的理由，并附有关材料。 省级人民检察院应当在收到提请批准直接受理书后的十日以内作出是否立案侦查的决定。省级人民检察院可以决定由下级人民检察院直接立案侦查，也可以决定直接立案侦查。
第十一条 对于根据本规则第九条规定立案侦查的案件，应当根据案件性质，由人民检察院负责侦查的部门进行侦查。 报送案件的具体手续由发现案件线索的业务部门办理。	**第十一条** 对于根据本规则第九条规定立案侦查的案件，应当根据案件性质，由人民检察院负责侦查的部门进行侦查。 报送案件的具体手续由发现案件线索的业务部门办理。
第十二条 人民检察院侦查贪污贿赂案件涉及公安机关管辖的刑事案件，应当将属于公安机关管辖的刑事案件移送公安机关。在上述情况中，如果涉嫌主罪属于公安机关管辖，由公安机关为主侦查，人民检察院予以配合；如果涉嫌主罪属于人民检察院管辖，由人民检察院为主侦查，公安机关予以配合。	**第十二条** 人民检察院侦查**直接受理的刑事案件**涉及公安机关管辖的刑事案件，应当将属于公安机关管辖的刑事案件移送公安机关。在上述情况中，如果涉嫌主罪属于公安机关管辖，由公安机关为主侦查，人民检察院予以配合；如果涉嫌主罪属于人民检察院管辖，由人民检察院为主侦查，公安机关予以配合。 **对于一人犯数罪、共同犯罪、多个犯罪嫌疑人实施的犯罪相互关联，并案处理有利于查明案件事实和诉讼进行的，人民检察院可以对相关犯罪案件并案处理。**
第十三条 人民检察院对直接受理的案件实行分级立案侦查的制度。 最高人民检察院立案侦查全国性的重大犯罪案件；省、自治区、直辖市人民检察院立案侦查全省（自治区、直辖市）性的重大犯罪案件；分、	**第十三条** 人民检察院对直接受理的案件实行分级立案侦查的制度。 最高人民检察院立案侦查全国性的重大犯罪案件；省、自治区、直辖市人民检察院立案侦查全省（自治区、直辖市）性的重大犯罪案件；

修订前	修订后
州、市人民检察院立案侦查本辖区的重大犯罪案件；基层人民检察院立案侦查本辖区的犯罪案件。	分、州、市人民检察院立案侦查本辖区的重大犯罪案件；基层人民检察院立案侦查本辖区的犯罪案件。
第十四条 上级人民检察院在必要的时候，可以直接侦查或者组织、指挥、参与侦查下级人民检察院管辖的案件，也可以将本院管辖的案件交由下级人民检察院侦查；下级人民检察院认为案情重大、复杂，需要由上级人民检察院侦查的案件，可以请求移送上级人民检察院侦查。 （最后一款修改后并入第三十七条）	**第十四条** 上级人民检察院在必要的时候，可以直接**立案**侦查或者组织、指挥、参与侦查下级人民检察院管辖的案件，也可以将本院管辖的案件**指定**下级人民检察院立案侦查；下级人民检察院认为案情重大、复杂，需要由上级人民检察院立案侦查的案件，可以请求移送上级人民检察院**立案**侦查。
第十五条 国家工作人员职务犯罪案件，由犯罪嫌疑人工作单位所在地的人民检察院管辖；如果由其他人民检察院管辖更为适宜的，可以由其他人民检察院管辖。	**第十五条** 国家工作人员职务犯罪案件，由犯罪嫌疑人工作单位所在地的人民检察院管辖；如果由其他人民检察院管辖更为适宜的，可以由其他人民检察院管辖。
第十六条 对管辖不明确的案件，可以由有关人民检察院协商确定管辖。对管辖权有争议的或者情况特殊的案件，由共同的上级人民检察院指定管辖。	**第十六条** 对管辖不明确的案件，可以由有关人民检察院协商确定管辖。对管辖有争议的或者情况特殊的案件，由共同的上级人民检察院指定管辖。
第十七条 几个人民检察院都有权管辖的案件，由最初受理的人民检察院管辖。必要时，可以由主要犯罪地的人民检察院管辖。	**第十七条** 几个人民检察院都有权管辖的案件，由最初受理的人民检察院管辖。必要时，可以由主要犯罪地的人民检察院管辖。
第十八条 上级人民检察院可以指定下级人民检察院立案侦查管辖不明或者需要改变管辖的案件。	**第十八条** 上级人民检察院可以指定下级人民检察院立案侦查管辖不明或者需要改变管辖的案件。 **人民检察院在立案侦查中指定异地管辖，需要在异地起诉、审判的，应当在移送审查起诉前与人民法院协商指定管辖的相关事宜。** **分、州、市人民检察院办理直接立案侦查的案件，需要将属于本院管辖的案件指定下级人民检察院管辖的，应当报请上一级人民检察院批准。**
第十九条 军事检察院、铁路运输检察院等专门人民检察院的管辖以及军队、武装警察与地方互涉刑事案件的管辖，按照有关规定执行。	**第十九条** 军事检察院、铁路运输检察院等专门人民检察院的管辖以及军队、武装警察与地方互涉刑事案件的管辖，按照有关规定执行。

修订前	修订后
第三章 回 避	**第三章 回 避**
第二十条 检察人员在受理举报和办理案件过程中,发现有刑事诉讼法第二十八条或者第二十九条规定的情形之一的,应当自行提出回避;没有自行提出回避的,人民检察院应当按照本规则第二十三条的规定决定其回避,当事人及其法定代理人有权要求其回避。	**第二十条** 检察人员在受理举报和办理案件过程中,发现有刑事诉讼法第二十八条或者第二十九条规定的情形之一的,应当自行提出回避;没有自行提出回避的,人民检察院应当按照本规则**第二十四条**的规定决定其回避,当事人及其法定代理人有权要求其回避。
第二十一条 检察人员自行回避的,可以口头或者书面提出,并说明理由。口头提出申请的,应当记录在案。	**第二十一条** 检察人员自行回避的,可以口头或者书面提出,并说明理由。口头提出申请的,应当记录在案。
	第二十二条 人民检察院应当告知当事人及其法定代理人有依法申请回避的权利,并告知办理相关案件检察人员、书记员等的姓名、职务等有关情况。
第二十二条 当事人及其法定代理人的回避要求,应当书面或者口头向人民检察院提出,并说明理由;根据刑事诉讼法第二十九条的规定提出回避申请的,应当提供有关证明材料。人民检察院经过审查或者调查,符合回避条件的,应当作出回避决定;不符合回避条件的,应当驳回申请。	**第二十三条** 当事人及其法定代理人的回避要求,应当书面或者口头向人民检察院提出,并说明理由;根据刑事诉讼法第二十九条的规定提出回避申请的,应当提供有关证明材料。人民检察院经过审查或者调查,符合回避条件的,应当作出回避决定;不符合回避条件的,应当驳回申请。
第二十三条 检察长的回避,由检察委员会讨论决定。检察委员会讨论检察长回避问题时,由副检察长主持,检察长不得参加。其他检察人员的回避,由检察长决定。	**第二十四条** 检察长的回避,由检察委员会讨论决定。检察委员会讨论检察长回避问题时,由副检察长主持,检察长不得参加。其他检察人员的回避,由检察长决定。
第二十四条 当事人及其法定代理人要求公安机关负责人回避,应当向公安机关同级的人民检察院提出,由检察长提交检察委员会讨论决定。	**第二十五条** 当事人及其法定代理人要求公安机关负责人回避,应当向公安机关同级的人民检察院提出,由检察长提交检察委员会讨论决定。
第二十五条 应当回避的人员,本人没有自行回避,当事人和他们的法定代理人也没有申请其回避的,检察长或者检察委员会应当决定其回避。	**第二十六条** 应当回避的人员,本人没有自行回避,当事人**及其**法定代理人也没有申请其回避的,检察长或者检察委员会应当决定其回避。

修订前	修订后
第二十六条 人民检察院作出驳回申请回避的决定后，应当告知当事人及其法定代理人如不服本决定，有权在收到驳回申请回避的决定书后五日内向原决定机关申请复议一次。	**第二十七条** 人民检察院作出驳回申请回避的决定后，应当告知当事人及其法定代理人如不服本决定，有权在收到驳回申请回避的决定书后五日**以**内向原决定机关申请复议一次。
第二十七条 当事人及其法定代理人对驳回申请回避的决定不服申请复议的，决定机关应当在三日内作出复议决定并书面通知申请人。	**第二十八条** 当事人及其法定代理人对驳回申请回避的决定不服申请复议的，决定机关应当在三日**以**内作出复议决定并书面通知申请人。
第二十八条 人民检察院直接受理案件的侦查人员或者进行补充侦查的人员在回避决定作出前，不能停止对案件的侦查。	**第二十九条** 人民检察院直接受理案件的侦查人员或者进行补充侦查的人员在回避决定作出**以前或者复议期间**，不得停止对案件的侦查。
第二十九条 参加过本案侦查的侦查人员，如果调至人民检察院工作，不得担任本案的检察人员。	**第三十条** 参加过本案侦查的侦查人员，不得**承办本案的审查逮捕、起诉和诉讼监督工作**。
第三十条 因符合刑事诉讼法第二十八条或者第二十九条规定的情形之一而回避的检察人员，在回避决定作出以前所取得的证据和进行的诉讼行为是否有效，由检察委员会或者检察长根据案件具体情况决定。	**第三十一条** 因符合刑事诉讼法第二十八条或者第二十九条规定的情形之一而回避的检察人员，在回避决定作出以前所取得的证据和进行的诉讼行为是否有效，由检察委员会或者检察长根据案件具体情况决定。
	第三十二条 本章所称检察人员，包括人民检察院检察长、副检察长、检察委员会委员、检察员和助理检察员。
第三十一条 本规则关于回避的规定，适用于书记员、司法警察和人民检察院聘请或者指派的翻译人员、鉴定人。 书记员、司法警察和人民检察院聘请或者指派的翻译人员、鉴定人的回避由检察长决定。	**第三十三条** 本规则关于回避的规定，适用于书记员、司法警察和人民检察院聘请或者指派的翻译人员、鉴定人。 书记员、司法警察和人民检察院聘请或者指派的翻译人员、鉴定人的回避由检察长决定。 **辩护人、诉讼代理人可以依照刑事诉讼法及本规则关于回避的规定要求回避、申请复议。**
	第四章 辩护与代理
	第三十四条 人民检察院在办案过程中，应当依法保障犯罪嫌疑人行使辩护权利。

修订前	修订后
	第三十五条 辩护人、诉讼代理人向人民检察院提出有关申请、要求或者提交有关书面材料的，案件管理部门应当接收并及时移送相关办案部门或者与相关办案部门协调、联系，具体业务由办案部门负责办理，本规则另有规定的除外。
第一百四十五条 检察人员第一次讯问犯罪嫌疑人后或者对其采取强制措施之日起，应当告知犯罪嫌疑人可以聘请律师为其提供法律咨询、代理申诉、控告或者为其申请取保候审，并将告知情况记明笔录。 **第三百一十五条** 人民检察院自收到移送审查起诉的案件材料之日起三日内，应当告知犯罪嫌疑人有权委托辩护人。 告知可以采取口头或者书面方式。口头告知的，应当记明笔录，由被告知人签名；书面告知的，应当将送达回执入卷。 在押的犯罪嫌疑人要求委托辩护人的，应当由犯罪嫌疑人指定的人办理委托事宜，人民检察院应当通知犯罪嫌疑人指定的人办理。 （最后一款修改后并入第三十七条）	**第三十六条** 人民检察院侦查部门在第一次开始讯问犯罪嫌疑人或者对其采取强制措施的时候，应当告知犯罪嫌疑人有权委托辩护人，并告知其如果经济困难或者其他原因没有聘请辩护人的，可以申请法律援助。对于属于刑事诉讼法第三十四条规定情形的，应当告知犯罪嫌疑人有权获得法律援助。 人民检察院自收到移送审查起诉的案件材料之日起三日以内，公诉部门应当告知犯罪嫌疑人有权委托辩护人，并告知其如果经济困难或者其他原因没有聘请辩护人的，可以申请法律援助。对于属于刑事诉讼法第三十四条规定情形的，应当告知犯罪嫌疑人有权获得法律援助。 告知可以采取口头或者书面方式。口头告知的，应当记入笔录，由被告知人签名；书面告知的，应当将送达回执入卷。
第一百四十七条 在押的犯罪嫌疑人聘请律师，如果提出明确的律师事务所名称或者律师姓名直接委托的，人民检察院应当将犯罪嫌疑人的委托意见及时转递到该律师事务所；如果提出由亲友代为聘请的，人民检察院应当将聘请意见及时转递到该亲友；如果犯罪嫌疑人提出聘请律师，但没有具体聘请对象和代为聘请的人的，人民检察院应当通知当地律师协会或者司法行政机关为其推荐律师。 聘请意见可以书面提出，也可以口头提出。口头提出的，应当记明笔录，由犯罪嫌疑人签名或者盖章。	**第三十七条** 人民检察院办理直接受理立案侦查案件、审查逮捕案件和审查起诉案件，在押或者被指定居所监视居住的犯罪嫌疑人提出委托辩护人要求的，侦查部门、侦查监督部门和公诉部门应当及时向其监护人、近亲属或者其指定的人员转达其要求，并记录在案。
第三百一十六条 人民检察院审理案件过程中，应当保证犯罪嫌疑人行使刑事诉讼法第三	**第三十八条** 在侦查期间，犯罪嫌疑人只能委托律师作为辩护人。在审查起诉期间，犯

修订前	修订后
十二条规定的辩护权利。但下列人员不得被委托担任辩护人: (一)在缓刑考验期限内或者刑罚尚未执行完毕的人; (二)依法被剥夺、限制人身自由的人; (三)无行为能力或者限制行为能力的人; (四)与本案有直接利害关系的人; (五)人民法院、人民检察院、公安机关、国家安全机关、监狱的现职工作人员; (六)外国人或者无国籍人。 前款第(四)、(五)、(六)项的人员,如果是犯罪嫌疑人的近亲属或者监护人,并且不属于前款第(一)、(二)、(三)项情形,犯罪嫌疑人委托其担任辩护人的,人民检察院可以准许。 律师、人民团体或者犯罪嫌疑人所在单位推荐的公民,以及犯罪嫌疑人的监护人、亲友被委托担任辩护人的,人民检察院应当分别核实辩护人身份证明和辩护委托书。	**罪嫌疑人可以委托律师作为辩护人,也可以委托人民团体或者所在单位推荐的人以及监护人、亲友作为辩护人。**但下列人员不得被委托担任辩护人: (一)人民法院、人民检察院、公安机关、国家安全机关、监狱的现职人员; **(二)人民陪审员;** (三)外国人或者无国籍人; (四)与本案有利害关系的人; (五)依法被剥夺、限制人身自由的人; (六)处于缓刑、**假释考验期间**或者刑罚尚未执行完毕的人; (七)无行为能力或者限制行为能力的人。 一名辩护人不得为**两名**以上的同案犯罪嫌疑人辩护,**不得为两名以上的未同案处理但实施的犯罪相互关联的犯罪嫌疑人辩护。** **本条第一款**第一至四项规定的人员,如果是犯罪嫌疑人的近亲属或者监护人,并且不属于**第一款**第五至七项情形的,犯罪嫌疑人**可以**委托其担任辩护人。
	第三十九条　审判人员、检察人员从人民法院、人民检察院离任后二年以内,不得以律师身份担任辩护人。 **检察人员从人民检察院离任后,不得担任原任职检察院办理案件的辩护人。但作为犯罪嫌疑人的监护人、近亲属进行辩护的除外。** **检察人员的配偶、子女不得担任该检察人员所任职检察院办理案件的辩护人。**
第三百一十七条　一名犯罪嫌疑人可以委托一至二人作为辩护人。 共同犯罪的案件,一名辩护人不得为二名以上的同案犯罪嫌疑人辩护。 律师担任诉讼代理人的,不得同时接受同一案件二名以上被害人的委托,参与刑事诉讼活动。	**第四十条**　一名犯罪嫌疑人可以委托一至二人作为辩护人。 律师担任诉讼代理人的,不得同时接受同一案件二名以上被害人的委托,参与刑事诉讼活动。
	第四十一条　人民检察院办理直接受理立案侦查案件和审查起诉案件,发现犯罪嫌疑人

修订前	修订后
	是盲、聋、哑人或者是尚未完全丧失辨认或者控制自己行为能力的精神病人，或者可能被判处无期徒刑、死刑，没有委托辩护人的，应当及时书面通知法律援助机构指派律师为其提供辩护。
	第四十二条　人民检察院收到在押或者被指定居所监视居住的犯罪嫌疑人提出的法律援助申请，应当在三日以内将其申请材料转交法律援助机构，并通知犯罪嫌疑人的监护人、近亲属或者其委托的其他人员协助提供有关证件、证明等相关材料。
	第四十三条　犯罪嫌疑人拒绝法律援助机构指派的律师作为辩护人的，人民检察院应当查明拒绝的原因，有正当理由的，予以准许，但犯罪嫌疑人需另行委托辩护人；犯罪嫌疑人未另行委托辩护人的，应当书面通知法律援助机构另行指派律师为其提供辩护。
	第四十四条　辩护人接受委托后告知人民检察院或者法律援助机构指派律师后通知人民检察院的，人民检察院案件管理部门应当及时登记辩护人的相关信息，并将有关情况和材料及时通知、移交相关办案部门。 人民检察院案件管理部门对办理业务的辩护人，应当查验其律师执业证书、律师事务所证明和授权委托书或者法律援助公函。对其他辩护人、诉讼代理人，应当查验其身份证明和授权委托书。
	第四十五条　对于特别重大贿赂犯罪案件，犯罪嫌疑人被羁押或者监视居住的，人民检察院侦查部门应当在将犯罪嫌疑人送交看守所或者送交公安机关执行时书面通知看守所或者公安机关，在侦查期间辩护律师会见犯罪嫌疑人的，应当经人民检察院许可。 有下列情形之一的，属于特别重大贿赂犯罪： （一）涉嫌贿赂犯罪数额在五十万元以上，犯罪情节恶劣的；

修订前	修订后
	（二）有重大社会影响的； （三）涉及国家重大利益的。
	第四十六条　对于特别重大贿赂犯罪案件，辩护律师在侦查期间提出会见在押或者被监视居住的犯罪嫌疑人的，人民检察院侦查部门应当提出是否许可的意见，在三日以内报检察长决定并答复辩护律师。 **人民检察院办理特别重大贿赂犯罪案件，在有碍侦查的情形消失后，应当通知看守所或者执行监视居住的公安机关和辩护律师，辩护律师可以不经许可会见犯罪嫌疑人。** **对于特别重大贿赂犯罪案件，人民检察院在侦查终结前应当许可辩护律师会见犯罪嫌疑人。**
第三百一十九条　在审查起诉中，人民检察院应当允许被委托的辩护律师查阅、摘抄、复制本案的诉讼文书、技术性鉴定材料。 诉讼文书包括立案决定书、拘留证、批准逮捕决定书、逮捕决定书、逮捕证、搜查证、起诉意见书等为立案、采取强制措施和侦查措施以及提请审查起诉而制作的程序性文书。 技术性鉴定材料包括法医鉴定、司法精神病鉴定、物证技术鉴定等由有鉴定资格的人员对人身、物品及其他有关证据材料进行鉴定所形成的记载鉴定情况和鉴定结论的文书。	**第四十七条　自案件移送**审查起诉**之日起，**人民检察院应当允许辩护律师查阅、摘抄、复制本案的**案卷**材料。 **案卷材料**包括**案件的诉讼文书和证据材料。**
第三百二十条　律师以外的辩护人向人民检察院申请查阅、摘抄、复制本案的诉讼文书、技术性鉴定材料，或者同在押的犯罪嫌疑人会见和通信的，人民检察院应当在接到申请后的三日以内对申请人是否具备辩护人资格进行审查并作出是否许可的决定，书面通知申请人。 申请人不具备辩护人资格的，人民检察院应当不予许可。 具有下列情形之一的，人民检察院可以不予许可： （一）同案犯罪嫌疑人在逃的； （二）案件事实不清，证据不足，或者遗漏罪	**第四十八条　自案件移送审查起诉之日起，**律师以外的辩护人向人民检察院申请查阅、摘抄、复制本案的**案卷**材料或者**申请**同在押、**被监视居住**的犯罪嫌疑人会见和通信的，人民检察院**公诉部门**应当对申请人是否具备辩护人资格进行审查**并提出是否许可的意见**，在三日以内**报检察长决定**并书面通知申请人。 **人民检察院许可律师以外的辩护人同在押或者被监视居住的犯罪嫌疑人通信的，可以要求看守所或者公安机关将书信送交人民检察院进行检查。** 对于律师以外的辩护人**申请查阅、摘抄、复**

修订前	修订后
行、遗漏同案犯罪嫌疑人需要补充侦查的； （三）涉及国家秘密的； （四）有事实表明存在串供、毁灭、伪造证据或者危害证人人身安全可能的。 **第三百二十一条** 律师以外的辩护人同在押的犯罪嫌疑人通信，人民检察院可以要求羁押机关将书信送交人民检察院进行检查。	**制案卷材料或者**申请同在押、**被监视居住**的犯罪嫌疑人**会见和**通信，具有下列情形之一的，人民检察院可以不予许可： （一）同案犯罪嫌疑人在逃的； （二）案件事实不清，证据不足，或者遗漏罪行、遗漏同案犯罪嫌疑人需要补充侦查的； （三）涉及国家秘密**或者商业秘密的**； （四）有事实表明存在串供、毁灭、伪造证据或者危害证人人身安全可能的。
第三百二十二条 辩护律师或者经过许可的其他辩护人查阅、摘抄和复制本案的诉讼文书、技术性鉴定材料，应当向审查起诉部门提出书面申请，审查起诉部门应当要求提出申请的辩护律师或者其他辩护人提供表明自己身份和诉讼委托关系的证明材料。 审查起诉部门接受申请后应当安排办理；不能当日办理的，应当向申请人说明理由，并在三日内择定办理日期，告知申请人。 查阅、摘抄和复制本案的诉讼文书、技术性鉴定材料应当在文书室内进行。	**第四十九条** 辩护律师或者经过许可的其他辩护人**到人民检察院**查阅、摘抄、复制本案的**案卷材料，由案件管理部门及时安排，由公诉部门提供案卷材料。因公诉部门工作等原因无法及时安排的，应当向辩护人说明，并安排辩护人自即日起三个工作日以内阅卷，公诉部门应当予以配合。** 查阅、摘抄、复制**案卷材料**，应当**在人民检察院设置的专门场所**进行。**必要时，人民检察院可以派员在场协助。** **辩护人复制案卷材料可以采取复印、拍照等方式，人民检察院只收取必需的工本费用。对于承办法律援助案件的辩护律师复制必要的案卷材料的费用，人民检察院应当根据具体情况予以减收或者免收。**
	第五十条　案件移送审查逮捕或者审查起诉后，辩护人认为在侦查期间公安机关收集的证明犯罪嫌疑人无罪或者罪轻的证据材料未提交，申请人民检察院向公安机关调取的，人民检察院案件管理部门应当及时将申请材料送侦查监督部门或者公诉部门办理。经审查，认为辩护人申请调取的证据已收集并且与案件事实有联系的，应当予以调取；认为辩护人申请调取的证据未收集或者与案件事实没有联系的，应当决定不予调取并向辩护人说明理由。公安机关移送相关证据材料的，人民检察院应当在三日以内告知辩护人。 **人民检察院办理直接立案侦查的案件，按**

修订前	修订后
	照本条规定办理。
	第五十一条　在人民检察院侦查、审查逮捕、审查起诉过程中，辩护人收集到有关犯罪嫌疑人不在犯罪现场、未达到刑事责任年龄、属于依法不负刑事责任的精神病人的证据，告知人民检察院的，人民检察院相关办案部门应当及时进行审查。
第三百二十三条　辩护律师申请人民检察院向被告人提供的证人，或者其他有关单位和个人收集、调取证据的，人民检察院认为需要调查取证时，可以收集、调取。 人民检察院根据辩护律师的申请收集、调取证据时，申请人可以在场。	**第五十二条　案件移送审查起诉后，**辩护律师**依据刑事诉讼法第四十一条第一款的规定**申请人民检察院收集、调取证据的，**人民检察院案件管理部门应当及时将申请材料移送公诉部门办理。** **人民检察院认为需要收集、调取证据的，应当决定收集、调取并制作笔录附卷；决定不予收集、调取的，应当书面说明理由。** 人民检察院根据辩护律师的申请收集、调取证据时，**辩护律师**可以在场。
第三百二十四条　辩护律师向人民检察院提出申请要求向被害人或者其近亲属、被害人提供的证人收集与本案有关的材料的，人民检察院应当在接到申请后七日内作出是否许可的决定，通知申请人。	**第五十三条**　辩护律师向被害人或者其近亲属、被害人提供的证人收集与本案有关的材料，**向人民检察院提出申请的，参照本规则第五十二条第一款的规定办理，**人民检察院应当在七日以内作出是否许可的决定，通知**辩护律师。人民检察院没有许可的，应当书面说明理由。**
	第五十四条　在人民检察院侦查、审查逮捕、审查起诉过程中，辩护人提出要求听取其意见的，案件管理部门应当及时联系侦查部门、侦查监督部门或者公诉部门对听取意见作出安排。辩护人提出书面意见的，案件管理部门应当及时移送侦查部门、侦查监督部门或者公诉部门。
第三百一十八条　人民检察院自收到移送审查起诉的案件材料之日起三日内，应当告知被害人及其法定代理人或者其近亲属、附带民事诉讼的当事人及其法定代理人有权委托诉讼代理人。	**第五十五条**　人民检察院自收到移送审查起诉的案件材料之日起三日以内，应当告知被害人及其法定代理人或者其近亲属、附带民事诉讼的当事人及其法定代理人有权委托诉讼代理人。

修订前	修订后
告知可以采取口头或者书面方式。口头告知的,应当记明笔录,由被告知人签名;书面告知的,应当将送达回执入卷;无法告知的,应当记明笔录。 被害人有法定代理人的,应当告知其法定代理人;没有法定代理人的,应当告知其近亲属。 法定代理人或者近亲属为二人以上的,可以只告知其中一人,告知时应当按照刑事诉讼法第八十二条第(三)、(六)项列举的顺序择先进行。	告知可以采取口头或者书面方式。口头告知的,应当制作笔录,由被告知人签名;书面告知的,应当将送达回执入卷;无法告知的,应当**记录在案**。 被害人有法定代理人的,应当告知其法定代理人;没有法定代理人的,应当告知其近亲属。 法定代理人或者近亲属为二人以上的,可以只告知其中一人,告知时应当按照**刑事诉讼法第一百零六条第三项、第六项**列举的顺序择先进行。 **当事人及其法定代理人、近亲属委托诉讼代理人的,参照刑事诉讼法第三十二条和本规则第三十八条、第三十九条、第四十四条的规定执行。**
第三百二十五条 律师担任诉讼代理人经人民检察院许可,可以查阅、摘抄、复制本案的诉讼文书、技术性鉴定材料。需要收集、调取与本案有关的材料的,参照本规则第三百二十三条、第三百二十四条的规定办理。 **第三百二十六条 诉讼代理人查阅、摘抄、复制本案诉讼文书、技术性鉴定材料,收集、调取与本案有关的材料,应当向人民检察院提交由被代理人签名或者盖章的委托书。** **诉讼代理人查阅、摘抄、复制本案诉讼文书、技术性鉴定材料,适用本规则第三百一十九条、第三百二十条的规定。**	**第五十六条** 经人民检察院许可,**诉讼代理人**查阅、摘抄、复制本案的**案卷材料的,参照本规则第四十七条至第四十九条的规定办理。** **律师担任诉讼代理人,需要申请人民检察院**收集、调取**证据的,**参照本规则**第五十二条**的规定办理。
第三百二十七条 人民检察院审查起诉部门受理本院侦查部门移送审查起诉的案件,按照本章规定的程序办理。	**被修改后规则删除**
	第五十七条 辩护人、诉讼代理人认为公安机关、人民检察院、人民法院及其工作人员具有下列阻碍其依法行使诉讼权利的行为之一的,可以向同级或者上一级人民检察院申诉或者控告,控告检察部门应当接受并依法办理,相关办案部门应当予以配合: **(一)对辩护人、诉讼代理人提出的回避要求不予受理或者对不予回避决定不服的复议申**

修订前	修订后
	请不予受理的； （二）未依法告知犯罪嫌疑人、被告人有权委托辩护人的； （三）未转达在押的或者被监视居住的犯罪嫌疑人、被告人委托辩护人的要求的； （四）应当通知而不通知法律援助机构为符合条件的犯罪嫌疑人、被告人或者被申请强制医疗的人指派律师提供辩护或者法律援助的； （五）在规定时间内不受理、不答复辩护人提出的变更强制措施申请或者解除强制措施要求的； （六）未依法告知辩护律师犯罪嫌疑人涉嫌的罪名和案件有关情况的； （七）违法限制辩护律师同在押、被监视居住的犯罪嫌疑人、被告人会见和通信的； （八）违法不允许辩护律师查阅、摘抄、复制本案的案卷材料的； （九）违法限制辩护律师收集、核实有关证据材料的； （十）没有正当理由不同意辩护律师提出的收集、调取证据或者通知证人出庭作证的申请，或者不答复、不说明理由的； （十一）未依法提交证明犯罪嫌疑人、被告人无罪或者罪轻的证据材料的； （十二）未依法听取辩护人、诉讼代理人的意见的； （十三）未依法将开庭的时间、地点及时通知辩护人、诉讼代理人的； （十四）未依法向辩护人、诉讼代理人及时送达本案的法律文书或者及时告知案件移送情况的； （十五）阻碍辩护人、诉讼代理人在法庭审理过程中依法行使诉讼权利的； （十六）其他阻碍辩护人、诉讼代理人依法行使诉讼权利的。 辩护人、诉讼代理人认为看守所及其工作人员有阻碍其依法行使诉讼权利的行为，向人民检察院申诉或者控告的，监所检察部门应当接收并依法办理；控告检察部门收到申诉或者

修订前	修订后
	控告的，应当及时移送监所检察部门办理。
	第五十八条　辩护人、诉讼代理人认为其依法行使诉讼权利受到阻碍向人民检察院申诉或者控告的，人民检察院应当在受理后十日以内进行审查，情况属实的，经检察长决定，通知有关机关或者本院有关部门、下级人民检察院予以纠正，并将处理情况书面答复提出申诉或者控告的辩护人、诉讼代理人。
	第五十九条　辩护律师告知人民检察院其委托人或者其他人员准备实施、正在实施危害国家安全、公共安全以及严重危及他人人身安全犯罪的，人民检察院应当接受并立即移送有关机关依法处理。 人民检察院应当为反映有关情况的辩护律师保密。
	第六十条　人民检察院发现辩护人有帮助犯罪嫌疑人、被告人隐匿、毁灭、伪造证据或者串供，或者威胁、引诱证人作伪证以及其他干扰司法机关诉讼活动的行为，可能涉嫌犯罪的，经检察长批准，应当按照下列规定办理： （一）涉嫌犯罪属于公安机关管辖的，应当将辩护人涉嫌犯罪的线索或者证据材料移送同级公安机关按照有关规定处理； （二）涉嫌犯罪属于人民检察院管辖的，应当报请上一级人民检察院立案侦查或者由上一级人民检察院指定其他人民检察院立案侦查。上一级人民检察院不得指定办理辩护人所承办案件的人民检察院的下级人民检察院立案侦查。 辩护人是律师的，被指定管辖的人民检察院应当在立案侦查的同时书面通知其所在的律师事务所或者所属的律师协会。
	第五章　证　据
	第六十一条　人民检察院在立案侦查、审查逮捕、审查起诉等办案活动中认定案件事实，应当以证据为根据。

修订前	修订后
	公诉案件中被告人有罪的举证责任由人民检察院承担。人民检察院在提起公诉指控犯罪时,应当提出确实、充分的证据,并运用证据加以证明。 人民检察院提起公诉,应当遵循客观公正原则,对被告人有罪、罪重、罪轻的证据都应当向人民法院提出。
	第六十二条　证据的审查认定,应当结合案件的具体情况,从证据与待证事实的关联程度、各证据之间的联系、是否依照法定程序收集等方面进行综合审查判断。
	第六十三条　人民检察院侦查终结或者提起公诉的案件,证据应当确实、充分。证据确实、充分,应当符合以下条件: (一)定罪量刑的事实都有证据证明; (二)据以定案的证据均经法定程序查证属实; (三)综合全案证据,对所认定事实已排除合理怀疑。
	第六十四条　行政机关在行政执法和查办案件过程中收集的物证、书证、视听资料、电子数据等证据材料,应当以该机关的名义移送,经人民检察院审查符合法定要求的,可以作为证据使用。 行政机关在行政执法和查办案件过程中收集的鉴定意见、勘验、检查笔录,经人民检察院审查符合法定要求的,可以作为证据使用。 人民检察院办理直接受理立案侦查的案件,对于有关机关在行政执法和查办案件过程中收集的涉案人员供述或者相关人员的证言、陈述,应当重新收集;确有证据证实涉案人员或者相关人员因路途遥远、死亡、失踪或者丧失作证能力,无法重新收集,但供述、证言或者陈述的来源、收集程序合法,并有其他证据相印证,经人民检察院审查符合法定要求的,可以作为证据使用。 根据法律、法规赋予的职责查处行政违法、

修订前	修订后
	违纪案件的组织属于本条规定的行政机关。
	第六十五条　对采用刑讯逼供等非法方法收集的犯罪嫌疑人供述和采用暴力、威胁等非法方法收集的证人证言、被害人陈述，应当依法排除，不得作为报请逮捕、批准或者决定逮捕、移送审查起诉以及提起公诉的依据。 刑讯逼供是指使用肉刑或者变相使用肉刑，使犯罪嫌疑人在肉体或者精神上遭受剧烈疼痛或者痛苦以逼取供述的行为。 其他非法方法是指违法程度和对犯罪嫌疑人的强迫程度与刑讯逼供或者暴力、威胁相当而迫使其违背意愿供述的方法。
	第六十六条　收集物证、书证不符合法定程序，可能严重影响司法公正的，人民检察院应当及时要求侦查机关补正或者作出书面解释；不能补正或者无法作出合理解释的，对该证据应当予以排除。 对侦查机关的补正或者解释，人民检察院应当予以审查。经侦查机关补正或者作出合理解释的，可以作为批准或者决定逮捕、提起公诉的依据。 本条第一款中的可能严重影响司法公正是指收集物证、书证不符合法定程序的行为明显违法或者情节严重，可能对司法机关办理案件的公正性造成严重损害；补正是指对取证程序上的非实质性瑕疵进行补救；合理解释是指对取证程序的瑕疵作出符合常理及逻辑的解释。
	第六十七条　人民检察院经审查发现存在刑事诉讼法第五十四条规定的非法取证行为，依法对该证据予以排除后，其他证据不能证明犯罪嫌疑人实施犯罪行为的，应当不批准或者决定逮捕，已经移送审查起诉的，可以将案件退回侦查机关补充侦查或者作出不起诉决定。
	第六十八条　在侦查、审查起诉和审判阶段，人民检察院发现侦查人员以非法方法收集证据的，应当报经检察长批准，及时进行调查

修订前	修订后
	核实。 当事人及其辩护人、诉讼代理人报案、控告、举报侦查人员采用刑讯逼供等非法方法收集证据并提供涉嫌非法取证的人员、时间、地点、方式和内容等材料或者线索的，人民检察院应当受理并进行审查，对于根据现有材料无法证明证据收集合法性的，应当报经检察长批准，及时进行调查核实。 上一级人民检察院接到对侦查人员采用刑讯逼供等非法方法收集证据的报案、控告、举报的，可以直接进行调查核实，也可以交由下级人民检察院调查核实。交由下级人民检察院调查核实的，下级人民检察院应当及时将调查结果报告上一级人民检察院。 人民检察院决定调查核实的，应当及时通知办案机关。
	第六十九条　对于非法证据的调查核实，在侦查阶段由侦查监督部门负责；在审查起诉、审判阶段由公诉部门负责。必要时，渎职侵权检察部门可以派员参加。
	第七十条　人民检察院可以采取以下方式对非法取证行为进行调查核实： （一）讯问犯罪嫌疑人； （二）询问办案人员； （三）询问在场人员及证人； （四）听取辩护律师意见； （五）调取讯问笔录、讯问录音、录像； （六）调取、查询犯罪嫌疑人出入看守所的身体检查记录及相关材料； （七）进行伤情、病情检查或者鉴定； （八）其他调查核实方式。
	第七十一条　人民检察院调查完毕后，应当制作调查报告，根据查明的情况提出处理意见，报请检察长决定后依法处理。 办案人员在审查逮捕、审查起诉中经调查核实依法排除非法证据的，应当在调查报告中予以说明。被排除的非法证据应当随案移送。

修订前	修订后
	对于确有以非法方法收集证据情形，尚未构成犯罪的，应当依法向被调查人所在机关提出纠正意见。对于需要补正或者作出合理解释的，应当提出明确要求。 经审查，认为非法取证行为构成犯罪需要追究刑事责任的，应当依法移送立案侦查。
	第七十二条　人民检察院认为存在以非法方法收集证据情形的，可以书面要求侦查机关对证据收集的合法性进行说明。说明应当加盖单位公章，并由侦查人员签名。
	第七十三条　对于公安机关立案侦查的案件，存在下列情形之一的，人民检察院在审查逮捕、审查起诉和审判阶段，可以调取公安机关讯问犯罪嫌疑人的录音、录像，对证据收集的合法性以及犯罪嫌疑人、被告人供述的真实性进行审查： （一）认为讯问活动可能存在刑讯逼供等非法取证行为的； （二）犯罪嫌疑人、被告人或者辩护人提出犯罪嫌疑人、被告人供述系非法取得，并提供相关线索或者材料的； （三）犯罪嫌疑人、被告人对讯问活动合法性提出异议或者翻供，并提供相关线索或者材料的； （四）案情重大、疑难、复杂的。 人民检察院直接受理立案侦查的案件，侦查部门移送审查逮捕、审查起诉时，应当将讯问录音、录像连同案卷材料一并移送审查。
	第七十四条　对于提起公诉的案件，被告人及其辩护人提出审前供述系非法取得，并提供相关线索或者材料的，人民检察院可以将讯问录音、录像连同案卷材料一并移送人民法院。
	第七十五条　在法庭审理过程中，被告人或者辩护人对讯问活动合法性提出异议，公诉人可以要求被告人及其辩护人提供相关线索或者材料。必要时，公诉人可以提请法庭当庭播

修订前	修订后
	放相关时段的讯问录音、录像，对有关异议或者事实进行质证。 需要播放的讯问录音、录像中涉及国家秘密、商业秘密、个人隐私或者含有其他不宜公开的内容的，公诉人应当建议在法庭组成人员、公诉人、侦查人员、被告人及其辩护人范围内播放。因涉及国家秘密、商业秘密、个人隐私或者其他犯罪线索等内容，人民检察院对讯问录音、录像的相关内容作技术处理的，公诉人应当向法庭作出说明。
	第七十六条　对于危害国家安全犯罪、恐怖活动犯罪、黑社会性质的组织犯罪、毒品犯罪等案件，人民检察院在办理案件过程中，证人、鉴定人、被害人因在诉讼中作证，本人或者其近亲属人身安全面临危险，向人民检察院请求保护的，人民检察院应当受理并及时进行审查，对于确实存在人身安全危险的，应当立即采取必要的保护措施。人民检察院发现存在上述情形的，可以主动采取保护措施。 人民检察院可以采取以下一项或者多项保护措施： （一）不公开真实姓名、住址和工作单位等个人信息； （二）建议法庭采取不暴露外貌、真实声音等出庭作证措施； （三）禁止特定的人员接触证人、鉴定人、被害人及其近亲属； （四）对人身和住宅采取专门性保护措施； （五）其他必要的保护措施。 人民检察院依法决定不公开证人、鉴定人、被害人的真实姓名、住址和工作单位等个人信息的，可以在起诉书、询问笔录等法律文书、证据材料中使用化名代替证人、鉴定人、被害人的个人信息。但是应当另行书面说明使用化名的情况并标明密级。 人民检察院依法采取保护措施，可以要求有关单位和个人予以配合。 对证人及其近亲属进行威胁、侮辱、殴打或

修订前	修订后
	者打击报复，构成犯罪或者应当给予治安管理处罚的，人民检察院应当移送公安机关处理；情节轻微的，予以批评教育、训诫。
	第七十七条　证人在人民检察院侦查、审查起诉阶段因履行作证义务而支出的交通、住宿、就餐等费用，人民检察院应当给予补助。
第四章　强制措施	**第六章　强制措施**
第一节　拘　传	第一节　拘　传
第三十二条　人民检察院根据案件情况，对犯罪嫌疑人可以拘传。 拘传应当经检察长批准，签发拘传证。	**第七十八条**　人民检察院根据案件情况，对犯罪嫌疑人可以拘传。 拘传应当经检察长批准，签发拘传证。
第三十三条　拘传时，应当向被拘传的犯罪嫌疑人出示拘传证。对抗拒拘传的，可以使用戒具，强制到案。 执行拘传的人员不得少于二人。	**第七十九条**　拘传时，应当向被拘传的犯罪嫌疑人出示拘传证。对抗拒拘传的，可以使用**械**具，强制到案。 执行拘传的人员不得少于二人。
第三十四条　拘传持续的时间从犯罪嫌疑人到案时开始计算。犯罪嫌疑人到案后，应当责令其在《拘传证》上填写到案时间，并在拘传证上签名或者盖章，然后立即讯问。讯问结束后，应当责令犯罪嫌疑人在拘传证上填写讯问结束时间。犯罪嫌疑人拒绝填写的，检察人员应当在《拘传证》上注明。 一次拘传持续的时间最长不得超过十二小时，不得以连续拘传的方式变相拘禁犯罪嫌疑人。	**第八十条**　拘传持续的时间从犯罪嫌疑人到案时开始计算。犯罪嫌疑人到案后，应当责令其在拘传证上填写到案时间，并在拘传证上签名、**捺指印**或者盖章，然后立即讯问。讯问结束后，应当责令犯罪嫌疑人在拘传证上填写讯问结束时间。犯罪嫌疑人拒绝填写的，检察人员应当在拘传证上注明。 一次拘传持续的时间不得超过十二小时；**案情特别重大、复杂，需要采取拘留、逮捕措施的，拘传持续的时间不得超过二十四小时。两次拘传间隔的时间一般不得少于十二小时，**不得以连续拘传的方式变相拘禁犯罪嫌疑人。 **拘传犯罪嫌疑人，应当保证犯罪嫌疑人的饮食和必要的休息时间。**
第三十五条　人民检察院拘传犯罪嫌疑人，应当在犯罪嫌疑人所在市、县内的地点进行。 犯罪嫌疑人的工作单位、户籍地与居住地不在同一市、县的，拘传应当在犯罪嫌疑人的工作	**第八十一条**　人民检察院拘传犯罪嫌疑人，应当在犯罪嫌疑人所在市、县内的地点进行。 犯罪嫌疑人的工作单位与居住地不在同一市、县的，拘传应当在犯罪嫌疑人的工作单位所

修订前	修订后
单位所在的市、县进行；特殊情况下，也可以在犯罪嫌疑人户籍地或者居住地所在的市、县内进行。	在的市、县进行；特殊情况下，也可以在犯罪嫌疑人居住地所在的市、县内进行。
第三十六条 需要对被拘传的犯罪嫌疑人变更强制措施的，应当经检察长或者检察委员会决定，在拘传期限内办理变更手续。 在拘传期间内决定不采取其他强制措施的，拘传期限届满，应当结束拘传。	**第八十二条** 需要对被拘传的犯罪嫌疑人变更强制措施的，应当经检察长或者检察委员会决定，在拘传期限内办理变更手续。 在拘传期间内决定不采取其他强制措施的，拘传期限届满，应当结束拘传。
第二节 取保候审	第二节 取保候审
第三十七条 人民检察院对于有下列情形之一的犯罪嫌疑人，可以取保候审： （一）可能判处管制、拘役或者独立适用附加刑的； （二）可能判处有期徒刑以上刑罚，不予逮捕不致发生社会危险性的； （三）对被拘留的人，需要逮捕而证据尚不符合逮捕条件的； （四）应当逮捕但患有严重疾病的； （五）应当逮捕但正在怀孕或者哺乳自己婴儿的； （六）被羁押的犯罪嫌疑人不能在法定侦查羁押、审查起诉期限内结案，需要继续侦查或者审查起诉的； （七）持有有效护照或者其他有效出境证件，可能出境逃避侦查，但不需要逮捕的。	**第八十三条** 人民检察院对于有下列情形之一的犯罪嫌疑人，可以取保候审： （一）可能判处管制、拘役或者独立适用附加刑的； （二）可能判处有期徒刑以上刑罚，**采取取保候审**不致发生社会危险性的； **（三）患有严重疾病、生活不能自理，怀孕或者正在哺乳自己婴儿的妇女，采取取保候审不致发生社会危险性的；** **（四）犯罪嫌疑人羁押期限届满，案件尚未办结，需要取保候审的。**
第三十八条 人民检察院对于严重危害社会治安的犯罪嫌疑人，以及其他犯罪性质恶劣、情节严重的犯罪嫌疑人不得取保候审。	**第八十四条** 人民检察院对于严重危害社会治安的犯罪嫌疑人，以及其他犯罪性质恶劣、情节严重的犯罪嫌疑人不得取保候审。
第三十九条 被羁押的犯罪嫌疑人及其法定代理人、近亲属和委托的律师申请取保候审，经审查具有本规则第三十七条规定情形之一的，经检察长决定，可以对犯罪嫌疑人取保候审。	**第八十五条** 被羁押**或者监视居住**的犯罪嫌疑人及其法定代理人、近亲属**或者辩护人**申请取保候审，经审查具有本规则**第八十三条**规定情形之一的，经检察长决定，可以对犯罪嫌疑人取保候审。
第四十条 被羁押的犯罪嫌疑人及其法定	**第八十六条** **被羁押或者监视居住**的犯罪

修订前	修订后
代理人、近亲属和聘请的律师向人民检察院申请取保候审，人民检察院应当在七日内作出是否同意的答复。经审查符合本规则第三十七条规定情形之一的，对被羁押的犯罪嫌疑人依法办理取保候审手续；经审查不符合取保候审条件的，应当告知申请人，并说明不同意取保候审的理由。	嫌疑人及其法定代理人、近亲属**或者辩护人**向人民检察院申请取保候审，人民检察院应当在**三日以**内作出是否同意的答复。经审查符合本规则**第八十三条**规定情形之一的，对被羁押的犯罪嫌疑人依法办理取保候审手续；经审查不符合取保候审条件的，应当告知申请人，并说明不同意取保候审的理由。
第四十一条 人民检察院决定对犯罪嫌疑人取保候审，应当责令犯罪嫌疑人提出保证人或者交纳保证金。	**第八十七条** 人民检察院决定对犯罪嫌疑人取保候审，应当责令犯罪嫌疑人提出保证人或者交纳保证金。 **对同一犯罪嫌疑人决定取保候审，不得同时使用保证人保证和保证金保证方式。** **对符合取保候审条件，具有下列情形之一的犯罪嫌疑人，人民检察院决定取保候审时，可以责令其提供一至二名保证人：** **（一）无力交纳保证金的；** **（二）系未成年人或者已满七十五周岁的人；** **（三）其他不宜收取保证金的。**
第四十二条 采取保证人担保方式的，保证人必须符合刑事诉讼法第五十四条的规定，并经人民检察院审查同意。	**第八十八条** 采取保证人担保方式的，保证人**应当**符合刑事诉讼法**第六十七条规定**的条件，并经人民检察院审查同意。
第四十三条 人民检察院应当告知保证人履行以下义务： （一）监督被保证人遵守刑事诉讼法第五十六条的规定； （二）发现被保证人可能发生或者已经发生违反刑事诉讼法第五十六条规定的行为的，及时向执行机关报告。 保证人保证承担上述义务后，应当在取保候审保证书上签名或者盖章。	**第八十九条** 人民检察院应当告知保证人履行以下义务： （一）监督被保证人遵守刑事诉讼法**第六十九条**的规定； （二）发现被保证人可能发生或者已经发生违反刑事诉讼法**第六十九条**规定的行为的，及时向执行机关报告。 保证人保证承担上述义务后，应当在取保候审保证书上签名或者盖章。
第四十四条 采取保证金担保方式的，人民检察院可以根据犯罪的性质和情节、犯罪嫌疑人的人身危险性、经济状况和涉嫌犯罪数额，责令犯罪嫌疑人交纳一千元以上的保证金。	**第九十条** 采取保证金担保方式的，人民检察院可以根据犯罪**嫌疑人**的**社会**危险性，**案件**的性质、情节、**危害后果，可能判处刑罚的轻重，犯罪嫌疑人**的经济状况**等**，责令犯罪嫌疑人交纳一千元以上的保证金，**对于未成年犯罪嫌**

修订前	修订后
	疑人可以责令交纳五百元以上的保证金。
第四十五条 对犯罪嫌疑人取保候审，应当由办案人员提出意见，部门负责人审核，检察长决定。	**第九十一条** 对犯罪嫌疑人取保候审，应当由办案人员提出意见，部门负责人审核，检察长决定。
	第九十二条 人民检察院决定对犯罪嫌疑人取保候审的，应当制作取保候审决定书，载明取保候审的期间、担保方式、被取保候审人应当履行的义务和应当遵守的规定。 **人民检察院作出取保候审决定时，可以根据犯罪嫌疑人涉嫌犯罪性质、危害后果、社会影响，犯罪嫌疑人、被害人的具体情况等，有针对性地责令其遵守以下一项或者多项规定：** **（一）不得进入特定的场所；** **（二）不得与特定的人员会见或者通信；** **（三）不得从事特定的活动；** **（四）将护照等出入境证件、驾驶证件交执行机关保存。**
第四十六条 人民检察院应当向取保候审的犯罪嫌疑人宣读取保候审决定书，由犯罪嫌疑人签名或者盖章，并责令犯罪嫌疑人遵守刑事诉讼法第五十六条的规定，告知其违反规定应负的法律责任；以保证金方式担保的，应当同时告知犯罪嫌疑人到指定的公安机关交纳保证金。	**第九十三条** 人民检察院应当向取保候审的犯罪嫌疑人宣读取保候审决定书，由犯罪嫌疑人签名、**捺指印**或者盖章，并责令犯罪嫌疑人遵守刑事诉讼法**第六十九条**的规定，告知其违反规定应负的法律责任；以保证金方式担保的，应当同时告知犯罪嫌疑人**一次性将保证金存入公安机关指定银行的专门账户**。
第四十七条 向犯罪嫌疑人宣布取保候审决定后，人民检察院应当将执行取保候审通知书送达公安机关执行，并告知公安机关在执行期间拟批准犯罪嫌疑人离开所居住的市、县的，应当征得人民检察院同意。以保证人方式担保的，应当将取保候审保证书同时送达公安机关。	**第九十四条** 向犯罪嫌疑人宣布取保候审决定后，人民检察院应当将执行取保候审通知书送达公安机关执行，并告知公安机关在执行期间拟批准犯罪嫌疑人离开所居住的市、县的，应当征得人民检察院同意。以保证人方式担保的，应当将取保候审保证书同时送达公安机关。 **人民检察院核实保证金已经交纳到公安机关指定银行的凭证后，应当将银行出具的凭证及其他有关材料与执行取保候审通知书一并送交公安机关。**
第四十八条 采取保证人保证方式的，如果	**第九十五条** 采取保证人保证方式的，如

修订前	修订后
保证人在取保候审期间不愿继续担保或者丧失担保条件的，应当责令犯罪嫌疑人重新提出保证人或者变更为保证金担保方式，并将变更情况通知公安机关。	果保证人在取保候审期间不愿继续担保或者丧失担保条件的，**人民检察院应当在收到保证人不愿继续担保的申请或者发现其丧失担保条件后的三日以内**，责令犯罪嫌疑人重新提出保证人或者**交纳**保证金，并将变更情况通知公安机关。
第四十九条　采取保证金担保方式的，被取保候审人拒绝交纳保证金或者交纳保证金不足决定数额时，人民检察院应当作出变更取保候审措施、变更保证方式或者变更保证金数额的决定，并将变更情况通知公安机关。	**第九十六条**　采取保证金担保方式的，被取保候审人拒绝交纳保证金或者交纳保证金不足决定数额时，人民检察院应当作出变更取保候审措施、变更保证方式或者变更保证金数额的决定，并将变更情况通知公安机关。
第五十条　公安机关在执行取保候审期间向人民检察院征询是否同意批准犯罪嫌疑人离开所居住的市、县时，人民检察院应当根据案件的具体情况决定。	**第九十七条**　公安机关在执行取保候审期间向人民检察院征询是否同意批准犯罪嫌疑人离开所居住的市、县时，人民检察院应当根据案件的具体情况**及时作出**决定，**并通知公安机关**。
第五十一条　人民检察院发现保证人没有履行刑事诉讼法第五十五条规定的义务，对被保证人违反刑事诉讼法第五十六条规定的行为未及时报告的，应当通知公安机关，要求公安机关对保证人作出罚款决定。构成犯罪的，依法追究保证人的刑事责任。	**第九十八条**　人民检察院发现保证人没有履行刑事诉讼法**第六十八条**规定的义务，应当通知公安机关，要求公安机关对保证人作出罚款决定。构成犯罪的，依法追究保证人的刑事责任。
第五十二条　人民检察院对违反刑事诉讼法第五十六条规定的犯罪嫌疑人，已交纳保证金的，应当通知收取保证金的公安机关予以没收，并且根据案件的具体情况，责令犯罪嫌疑人具结悔过，重新交纳保证金、提出保证人或者监视居住、予以逮捕。 重新交纳保证金的程序适用本规则第四十四条、第四十五条的规定。 对犯罪嫌疑人继续取保候审的，取保候审的时间应当累计计算。	**第九十九条**　人民检察院**发现犯**罪嫌疑人违反刑事诉讼法**第六十九条的**规定，已交纳保证金的，应当**书面**通知公安机关**没收部分或者全部保证金**，并且根据案件的具体情况，责令犯罪嫌疑人具结悔过，重新交纳保证金、提出保证人或者**决定**监视居住、予以逮捕。 **公安机关发现犯罪嫌疑人违反刑事诉讼法第六十九条的规定，提出没收保证金或者变更强制措施意见的，人民检察院应当在收到意见后五日以内作出决定，并通知公安机关。** 重新交纳保证金的程序适用本规则**第九十条、第九十一条**的规定；**提出保证人的程序适用本规则第八十八条、第八十九条的规定**。对犯罪嫌疑人继续取保候审的，取保候审的时间应当累计计算。

修订前	修订后
	对犯罪嫌疑人决定监视居住的，应当办理监视居住手续，监视居住的期限应当重新计算并告知犯罪嫌疑人。
第五十三条 对下列违反取保候审规定的犯罪嫌疑人，应当予以逮捕： （一）企图自杀、逃跑，逃避侦查、审查起诉的； （二）实施毁灭、伪造证据或者串供、干扰证人作证行为，足以影响侦查、审查起诉工作正常进行的； （三）未经批准，擅自离开所居住的市、县，造成严重后果，或者两次未经批准，擅自离开所居住的市、县的； （四）经传讯不到案，造成严重后果，或者两次经传讯不到案的。 **第五十四条** 对在取保候审期间故意实施新的犯罪行为的犯罪嫌疑人，予以逮捕；已交纳保证金的，同时通知公安机关没收保证金。	**第一百条** 犯罪嫌疑人**有**下列违反取保候审规定的**行为，人民检察院应当对**犯罪嫌疑人予以逮捕： **（一）故意实施新的犯罪的；** **（二）**企图自杀、逃跑，逃避侦查、审查起诉的； **（三）**实施毁灭、伪造证据，串供或者干扰证人作证，足以影响侦查、审查起诉工作正常进行的； **（四）对被害人、证人、举报人、控告人及其他人员实施打击报复的。** **犯罪嫌疑人有下列违反取保候审规定的行为，人民检察院可以对犯罪嫌疑人予以逮捕：** **（一）**未经批准，擅自离开所居住的市、县，造成严重后果，或者两次未经批准，擅自离开所居住的市、县的； **（二）**经传讯不到案，造成严重后果，或者经两次传讯不到案的； **（三）住址、工作单位和联系方式发生变动，未在二十四小时以内向公安机关报告，造成严重后果的；** **（四）违反规定进入特定场所、与特定人员会见或者通信、从事特定活动，严重妨碍诉讼程序正常进行的。** **需要对上述犯罪嫌疑人予以逮捕的，可以先行拘留；**已交纳保证金的，同时**书面**通知公安机关没收保证金。
第五十五条 人民检察院决定对犯罪嫌疑人取保候审，最长不得超过十二个月。	**第一百零一条** 人民检察院决定对犯罪嫌疑人取保候审，最长不得超过十二个月。
第五十六条 公安机关决定对犯罪嫌疑人取保候审，案件移送人民检察院审查起诉后，对于需要继续取保候审的，人民检察院应当依法对犯罪嫌疑人办理取保候审手续。取保候审的期限应当重新计算并告知犯罪嫌疑人。	**第一百零二条** 公安机关决定对犯罪嫌疑人取保候审，案件移送人民检察院审查起诉后，对于需要继续取保候审的，人民检察院应当依法**重新作出取保候审决定，并**对犯罪嫌疑人办理取保候审手续。取保候审的期限应当重新计

修订前	修订后
	算并告知犯罪嫌疑人。**对继续采取保证金方式取保候审的,被取保候审人没有违反刑事诉讼法第六十九条规定的,不变更保证金数额,不再重新收取保证金。**
第五十七条 在取保候审期间,不得中断对案件的侦查、审查起诉。	**第一百零三条** 在取保候审期间,不得中断对案件的侦查、审查起诉。
第五十八条 取保候审期限届满或者发现不应当追究犯罪嫌疑人的刑事责任的,应当及时解除或者撤销取保候审。	**第一百零四条** 取保候审期限届满或者发现不应当追究犯罪嫌疑人的刑事责任的,应当及时解除或者撤销取保候审。
第五十九条 解除或者撤销取保候审,应当由办案人员提出意见,部门负责人审核,检察长决定。	**第一百零五条** 解除或者撤销取保候审,应当由办案人员提出意见,部门负责人审核,检察长决定。
第六十条 解除或者撤销取保候审的决定,应当及时通知执行机关,并将解除或者撤销取保候审的决定书送达犯罪嫌疑人;有保证人的,还应当通知保证人解除担保义务。	**第一百零六条** 解除或者撤销取保候审的决定,应当及时通知执行机关,并将解除或者撤销取保候审的决定书送达犯罪嫌疑人;有保证人的,应当通知保证人解除**保证**义务。
第六十一条 犯罪嫌疑人在取保候审期间没有违反刑事诉讼法第五十六条的规定,或者发现不应当追究犯罪嫌疑人刑事责任的,变更、解除或者撤销取保候审时,应当通知公安机关退还保证金。	**第一百零七条** 犯罪嫌疑人在取保候审期间没有违反刑事诉讼法**第六十九条**的规定,或者发现不应当追究犯罪嫌疑人刑事责任的,变更、解除或者撤销取保候审时,**应当告知犯罪嫌疑人可以凭变更、解除或者撤销取保候审的通知或者有关法律文书到银行领取退还的**保证金。
第六十二条 犯罪嫌疑人及其法定代理人、近亲属或者犯罪嫌疑人委托的律师及其他辩护人认为取保候审超过法定期限,向人民检察院提出解除取保候审要求的,人民检察院应当在七日以内审查决定。经审查认为超过法定期限的,经检察长批准后,解除取保候审;经审查未超过法定期限的,书面答复申请人。	**第一百零八条** 犯罪嫌疑人及其法定代理人、近亲属或者**辩护人**认为取保候审期限**届满**,向人民检察院提出解除取保候审要求的,人民检察院应当在**三**日以内审查决定。经审查认为法定期限届满的,经检察长批准后,解除取保候审;经审查未超过法定期限的,书面答复申请人。
第三节 监视居住	第三节 监视居住
第六十三条 人民检察院对于有本规则第三十七条规定情形之一的犯罪嫌疑人,可以监视居住。	**第一百零九条** 人民检察院对于**符合逮捕条件,有下列**情形之一的犯罪嫌疑人,可以监视居住:

修订前	修订后
	（一）患有严重疾病、生活不能自理的； （二）怀孕或者正在哺乳自己婴儿的妇女； （三）系生活不能自理的人的唯一扶养人； （四）因为案件的特殊情况或者办理案件的需要，采取监视居住措施更为适宜的； （五）羁押期限届满，案件尚未办结，需要采取监视居住措施的。 前款第三项中的扶养包括父母、祖父母、外祖父母对子女、孙子女、外孙子女的抚养和子女、孙子女、外孙子女对父母、祖父母、外祖父母的赡养以及配偶、兄弟姐妹之间的相互扶养。 对符合取保候审条件，但犯罪嫌疑人不能提出保证人，也不交纳保证金的，可以监视居住。
	第一百一十条　监视居住应当在犯罪嫌疑人的住处执行。对于犯罪嫌疑人无固定住处或者涉嫌特别重大贿赂犯罪在住处执行可能有碍侦查的，可以在指定的居所执行。 固定住处是指犯罪嫌疑人在办案机关所在地的市、县内工作、生活的合法居所。 本条第一款规定的特别重大贿赂犯罪依照本规则第四十五条第二款规定的条件予以认定。 有下列情形之一的，属于有碍侦查： （一）可能毁灭、伪造证据，干扰证人作证或者串供的； （二）可能自杀或者逃跑的； （三）可能导致同案犯逃避侦查的； （四）在住处执行监视居住可能导致犯罪嫌疑人面临人身危险的； （五）犯罪嫌疑人的家属或者其所在单位的人员与犯罪有牵连的； （六）可能对举报人、控告人、证人及其他人员等实施打击报复的。 指定的居所应当符合下列条件： （一）具备正常的生活、休息条件； （二）便于监视、管理； （三）能够保证办案安全。 采取指定居所监视居住的，不得在看守所、拘留所、监狱等羁押、监管场所以及留置室、讯

修订前	修订后
	问室等专门的办案场所、办公区域执行。
第六十四条 对犯罪嫌疑人采取监视居住，应当由办案人员提出意见，部门负责人审核，检察长决定。	**第一百一十一条** 对犯罪嫌疑人采取监视居住，应当由办案人员提出意见，部门负责人审核，检察长决定。 需要对涉嫌特别重大贿赂犯罪的犯罪嫌疑人采取指定居所监视居住的，由办案人员提出意见，经部门负责人审核，报检察长审批后，连同案卷材料一并报上一级人民检察院侦查部门审查。 对于下级人民检察院报请指定居所监视居住的案件，上一级人民检察院应当在收到案卷材料后及时作出是否批准的决定。 上一级人民检察院批准指定居所监视居住的，应当将指定居所监视居住决定书连同案卷材料一并交由下级人民检察院通知同级公安机关执行。下级人民检察院应当将执行回执报上一级人民检察院。 上一级人民检察院不予批准指定居所监视居住的，应当将不予批准指定监视居住决定书送达下级人民检察院，并说明不予批准的理由。
	第一百一十二条 对于特别重大贿赂犯罪案件决定指定居所监视居住的，人民检察院侦查部门应当自决定指定居所监视居住之日起每二个月对指定居所监视居住的必要性进行审查，没有必要继续指定居所监视居住或者案件已经办结的，应当解除指定居所监视居住或者变更强制措施。 犯罪嫌疑人及其法定代理人、近亲属或者辩护人认为不再具备指定居所监视居住条件的，有权向人民检察院申请变更强制措施。人民检察院应当在三日以内作出决定，经审查认为不需要继续指定居所监视居住的，应当解除指定居所监视居住或者变更强制措施；认为需要继续指定居所监视居住的，应当答复申请人并说明理由。 解除指定居所监视居住或者变更强制措施的，下级人民检察院侦查部门应当报送上一级

修订前	修订后
	人民检察院备案。
第六十五条 人民检察院应当向监视居住的犯罪嫌疑人宣读监视居住决定书，由犯罪嫌疑人签名或者盖章，并责令犯罪嫌疑人遵守刑事诉讼法第五十七条的规定，告知其违反规定应负的法律责任。	**第一百一十三条** 人民检察院应当向监视居住的犯罪嫌疑人宣读监视居住决定书，由犯罪嫌疑人签名、**捺指印**或者盖章，并责令犯罪嫌疑人遵守刑事诉讼法**第七十五条**的规定，告知其违反规定应负的法律责任。 **指定居所监视居住的，不得要求被监视居住人支付费用。**
	第一百一十四条 对犯罪嫌疑人决定在指定的居所执行监视居住，除无法通知的以外，人民检察院应当在执行监视居住后二十四小时以内，将指定居所监视居住的原因通知被监视居住人的家属。无法通知的，应当向检察长报告，并将原因写明附卷。无法通知的情形消除后，应当立即通知其家属。 **无法通知包括以下情形：** **（一）被监视居住人无家属的；** **（二）与其家属无法取得联系的；** **（三）受自然灾害等不可抗力阻碍的。**
第六十六条 人民检察院应当将监视居住执行通知书送达公安机关执行，并告知公安机关在执行期间拟批准犯罪嫌疑人离开住处、居所或者会见其他人员的，批准前应当征得人民检察院同意。	**第一百一十五条** 人民检察院**核实犯罪嫌疑人住处或者为其指定居所后**，应当**制作**监视居住执行通知书，**将有关法律文书和案由、犯罪嫌疑人基本情况材料，送交监视居住地的公安机关执行，必要时人民检察院可以协助公安机关执行。** **人民检察院应当**告知公安机关在执行期间拟批准犯罪嫌疑人离开**执行监视居住的处所**、会见他人**或者通信**的，批准前应当征得人民检察院同意。
第六十七条 公安机关在执行监视居住期间向人民检察院征询是否同意批准犯罪嫌疑人离开住处、居所或者会见其他人员时，人民检察院应当根据案件的具体情况决定是否同意。	**第一百一十六条** 公安机关在执行监视居住期间向人民检察院征询是否同意批准犯罪嫌疑人离开**执行监视居住的处所**、会见他人**或者通信**时，人民检察院应当根据案件的具体情况决定是否同意。
	第一百一十七条 人民检察院可以根据案

修订前	修订后
	件的具体情况，商请公安机关对被监视居住的犯罪嫌疑人采取电子监控、不定期检查等监视方法，对其遵守监视居住规定的情况进行监督。 人民检察院办理直接受理立案侦查的案件对犯罪嫌疑人采取监视居住的，在侦查期间可以商请公安机关对其通信进行监控。
	第一百一十八条　人民检察院应当依法对指定居所监视居住的决定是否合法实行监督。 对于下级人民检察院报请指定居所监视居住的案件，由上一级人民检察院侦查监督部门依法对决定是否合法进行监督。 对于公安机关决定的指定居所监视居住的案件，由作出批准决定公安机关的同级人民检察院侦查监督部门依法对决定是否合法进行监督。 对于人民法院因被告人无固定住处而指定居所监视居住的，由同级人民检察院公诉部门依法对决定是否合法进行监督。
	第一百一十九条　被指定居所监视居住人及其法定代理人、近亲属或者辩护人认为侦查机关、人民法院的指定居所监视居住决定存在违法情形，提出控告或者举报的，人民检察院应当受理，并报送或者移送本规则第一百一十八条规定的承担监督职责的部门办理。 人民检察院可以要求侦查机关、人民法院提供指定居所监视居住决定书和相关案件材料。经审查，发现存在下列违法情形的，应当及时通知有关机关纠正： （一）不符合指定居所监视居住的适用条件的； （二）未按法定程序履行批准手续的； （三）在决定过程中有其他违反刑事诉讼法规定的行为的。
	第一百二十条　人民检察院监所检察部门依法对指定居所监视居住的执行活动是否合法实行监督。发现下列违法情形的，应当及时提出纠正意见：

修订前	修订后
	（一）在执行指定居所监视居住后二十四小时以内没有通知被监视居住人的家属的； **（二）在羁押场所、专门的办案场所执行监视居住的；** **（三）为被监视居住人通风报信、私自传递信件、物品的；** **（四）对被监视居住人刑讯逼供、体罚、虐待或者变相体罚、虐待的；** **（五）有其他侵犯被监视居住人合法权利或者其他违法行为的。** **被监视居住人及其法定代理人、近亲属或者辩护人对于公安机关、本院侦查部门或者侦查人员存在上述违法情形提出控告的，人民检察院控告检察部门应当受理并及时移送监所检察部门处理。**
第六十八条　人民检察院对违反刑事诉讼法第五十七条规定的犯罪嫌疑人，情节严重的，予以逮捕；情节较轻的，可以予以训诫、责令具结悔过。 下列违反监视居住规定的行为，属于情节严重，对犯罪嫌疑人应当予以逮捕： （一）故意实施新的犯罪行为的； （二）企图自杀、逃跑，逃避侦查、审查起诉的； （三）实施毁灭、伪造证据或者串供、干扰证人作证行为，足以影响侦查、审查起诉工作正常进行的； （四）未经批准，擅自离开住处或者指定的居所，造成严重后果，或者两次未经批准，擅自离开住处或者指定的居所的； （五）未经批准，擅自会见他人，造成严重后果，或者两次未经批准，擅自会见他人的； （六）经传讯不到案，造成严重后果，或者两次经传讯不到案的。	**第一百二十一条**　**犯罪嫌疑人有**下列违反监视居住规定的行为，人民检察院**应当**对犯罪嫌疑人予以逮捕： （一）故意实施新的犯罪行为的； （二）企图自杀、逃跑，逃避侦查、审查起诉的； （三）实施毁灭、伪造证据或者串供、干扰证人作证行为，足以影响侦查、审查起诉工作正常进行的； **（四）对被害人、证人、举报人、控告人及其他人员实施打击报复的。** **犯罪嫌疑人有**下列违反监视居住规定的行为，人民检察院**可以**对犯罪嫌疑人予以逮捕： （一）未经批准，擅自离开**执行监视居住的处所**，造成严重后果，或者两次未经批准，擅自**离开执行监视居住的处所**的； （二）未经批准，擅自会见他人**或者通信**，造成严重后果，或者两次未经批准，擅自会见他人**或者通信**的； **（三）**经传讯不到案，造成严重后果，或者**经**两次传讯不到案的。 **需要对上述犯罪嫌疑人予以逮捕的，可以先行拘留。**

修订前	修订后
第六十九条 人民检察院决定对犯罪嫌疑人监视居住，最长不得超过六个月。	**第一百二十二条** 人民检察院决定对犯罪嫌疑人监视居住，最长不得超过六个月。
第七十条 公安机关决定对犯罪嫌疑人监视居住，案件移送人民检察院审查起诉后，对于需要继续监视居住的，人民检察院应当依法对犯罪嫌疑人办理监视居住手续。监视居住的期限应当重新计算并告知犯罪嫌疑人。	**第一百二十三条** 公安机关决定对犯罪嫌疑人监视居住，案件移送人民检察院审查起诉后，对于需要继续监视居住的，人民检察院应当依法**重新作出监视居住决定，并**对犯罪嫌疑人办理监视居住手续。监视居住的期限应当重新计算并告知犯罪嫌疑人。
第七十一条 在监视居住期间，不得中断对案件的侦查、审查起诉。	**第一百二十四条** 在监视居住期间，不得中断对案件的侦查、审查起诉。
第七十二条 监视居住期限届满或者发现不应当追究犯罪嫌疑人刑事责任的，应当解除或者撤销监视居住。	**第一百二十五条** 监视居住期限届满或者发现不应当追究犯罪嫌疑人刑事责任的，应当解除或者撤销监视居住。
第七十三条 解除或者撤销监视居住，应当由办案人员提出意见，部门负责人审核，检察长决定。	**第一百二十六条** 解除或者撤销监视居住，应当由办案人员提出意见，部门负责人审核，检察长决定。
第七十四条 解除或者撤销监视居住的决定应当通知执行机关，并将解除或者撤销监视居住的决定书送达犯罪嫌疑人。	**第一百二十七条** 解除或者撤销监视居住的决定应当通知执行机关，并将解除或者撤销监视居住的决定书送达犯罪嫌疑人。
第七十五条 犯罪嫌疑人及其法定代理人、近亲属或者犯罪嫌疑人委托的律师及其他辩护人认为监视居住超过法定期限，向人民检察院提出解除监视居住要求的，人民检察院应当在七日以内审查决定。经审查认为超过法定期限的，经检察长批准后，解除监视居住；经审查未超过法定期限的，书面答复申请人。	**第一百二十八条** 犯罪嫌疑人及其法定代理人、近亲属或者辩护人认为监视居住法定期限**届满**，向人民检察院提出解除监视居住要求的，人民检察院应当在三日以内审查决定。经审查认为法定期限**届满**的，经检察长批准后，解除监视居住；经审查未超过法定期限的，书面答复申请人。
第四节 拘 留	第四节 拘 留
第七十六条 人民检察院对于有下列情形之一的犯罪嫌疑人，可以决定拘留： （一）犯罪后企图自杀、逃跑或者在逃的； （二）有毁灭、伪造证据或者串供可能的。	**第一百二十九条** 人民检察院对于有下列情形之一的犯罪嫌疑人，可以决定拘留： （一）犯罪后企图自杀、逃跑或者在逃的； （二）有毁灭、伪造证据或者串供可能的。
第七十七条 拘留犯罪嫌疑人，应当由办案	**第一百三十条** **人民检察院拘留犯罪嫌疑**

修订前	修订后
人员提出意见，部门负责人审核，检察长决定。	**人的时候，必须出示拘留证。** 拘留犯罪嫌疑人，应当由办案人员提出意见，部门负责人审核，检察长决定。
第七十八条 人民检察院作出拘留决定后，应当送达公安机关执行。必要的时候，人民检察院可以协助公安机关执行。	**第一百三十一条** 人民检察院作出拘留决定后，应当**将有关法律文书和案由、犯罪嫌疑人基本情况的材料送交同级**公安机关执行。必要时人民检察院可以协助公安机关执行。 **拘留后，应当立即将被拘留人送看守所羁押，至迟不得超过二十四小时。**
第七十九条 担任县级以上人民代表大会代表的犯罪嫌疑人因现行犯被拘留的，人民检察院应当立即向该代表所属的人民代表大会主席团或者常务委员会报告；因为其他情形需要拘留的，人民检察院应当报请该代表所属的人民代表大会主席团或者常务委员会许可。 人民检察院拘留担任本级人民代表大会代表的犯罪嫌疑人，直接向本级人民代表大会主席团或常务委员会报告或者报请许可。 拘留担任上级人民代表大会代表的犯罪嫌疑人，应当立即层报该代表所属的人民代表大会同级的人民检察院报告或者报请许可。 拘留担任下级人民代表大会代表的犯罪嫌疑人，可以直接向该代表所属的人民代表大会主席团或者常务委员会报告或者报请许可，也可以委托该代表所属的人民代表大会同级的人民检察院报告或者报请许可；拘留担任乡、民族乡、镇的人民代表大会代表的犯罪嫌疑人，由县级人民检察院报告乡、民族乡、镇的人民代表大会。 拘留担任两级以上人民代表大会代表的犯罪嫌疑人，分别按照本条第二、三、四款的规定报告或者报请许可。 拘留担任办案单位所在省、市、县（区）以外的其他地区人民代表大会代表的犯罪嫌疑人，应当委托该代表所属的人民代表大会同级的人民检察院报告或者报请许可；担任两级以上人民代表大会代表的，应当分别委托该代表所属的人民代表大会同级的人民检察院报告或者报请许可。	**第一百三十二条** 担任县级以上人民代表大会代表的犯罪嫌疑人因现行犯被拘留的，人民检察院应当立即向该代表所属的人民代表大会主席团或者常务委员会报告；因为其他情形需要拘留的，人民检察院应当报请该代表所属的人民代表大会主席团或者常务委员会许可。 人民检察院拘留担任本级人民代表大会代表的犯罪嫌疑人，直接向本级人民代表大会主席团或常务委员会报告或者报请许可。 拘留担任上级人民代表大会代表的犯罪嫌疑人，应当立即层报该代表所属的人民代表大会同级的人民检察院报告或者报请许可。 拘留担任下级人民代表大会代表的犯罪嫌疑人，可以直接向该代表所属的人民代表大会主席团或者常务委员会报告或者报请许可，也可以委托该代表所属的人民代表大会同级的人民检察院报告或者报请许可；拘留担任乡、民族乡、镇的人民代表大会代表的犯罪嫌疑人，由县级人民检察院报告乡、民族乡、镇的人民代表大会。 拘留担任两级以上人民代表大会代表的犯罪嫌疑人，分别按照本条第二、三、四款的规定报告或者报请许可。 拘留担任办案单位所在省、市、县（区）以外的其他地区人民代表大会代表的犯罪嫌疑人，应当委托该代表所属的人民代表大会同级的人民检察院报告或者报请许可；担任两级以上人民代表大会代表的，应当分别委托该代表所属

修订前	修订后
	的人民代表大会同级的人民检察院报告或者报请许可。
第八十条 对犯罪嫌疑人拘留后,人民检察院应当把拘留的原因和羁押的处所,在二十四小时以内,通知被拘留人的家属或者他的所在单位。 因有碍侦查,不能在二十四小时以内通知的,应当经检察长批准,并将原因写明附卷;无法通知的,应当向检察长报告,并将原因写明附卷。	**第一百三十三条** 对犯罪嫌疑人拘留后,**除无法通知的以外,**人民检察院应当在二十四小时以内,通知被拘留人的家属。 无法通知的,应当向检察长报告,并将原因写明附卷。**无法通知的情形消除后,应当立即通知其家属。** **无法通知包括以下情形:** **(一)被拘留人无家属的;** **(二)与其家属无法取得联系的;** **(三)受自然灾害等不可抗力阻碍的。**
第八十一条 对被拘留的犯罪嫌疑人,应当在拘留后的二十四小时以内进行讯问。	**第一百三十四条** 对被拘留的犯罪嫌疑人,应当在拘留后的二十四小时以内进行讯问。
第八十二条 对被拘留的犯罪嫌疑人,发现不应当拘留的,应当立即释放;依法可以取保候审或者监视居住的,按照本规则的规定办理取保候审或者监视居住手续。 对被拘留的犯罪嫌疑人,需要逮捕的,按照本规则的规定办理逮捕手续。	**第一百三十五条** 对被拘留的犯罪嫌疑人,发现不应当拘留的,应当立即释放;依法可以取保候审或者监视居住的,按照本规则的有关规定办理取保候审或者监视居住手续。 对被拘留的犯罪嫌疑人,需要逮捕的,按照本规则的**有关**规定办理逮捕手续;**决定不予逮捕的,应当及时变更强制措施。**
第八十三条 人民检察院拘留犯罪嫌疑人的羁押期限为十日,特殊情况下可以延长一日至四日。	**第一百三十六条** 人民检察院拘留犯罪嫌疑人的羁押期限为十四日,特殊情况下可以延长一日至三日。
第八十四条 公民将正在实行犯罪或者在犯罪后即被发觉的、通缉在案的、越狱逃跑的、正在被追捕的犯罪嫌疑人或者犯罪人扭送到人民检察院的,人民检察院应当予以接受,并且根据具体情况决定是否采取相应的紧急措施。对于不属于自己管辖的,应当移送主管机关处理。	**第一百三十七条** 公民将正在实行犯罪或者在犯罪后即被发觉的、通缉在案的、越狱逃跑的、正在被追捕的犯罪嫌疑人或者犯罪人扭送到人民检察院的,人民检察院应当予以接受,并且根据具体情况决定是否采取相应的紧急措施。对于不属于自己管辖的,应当移送主管机关处理。
第八十五条 犯罪嫌疑人及其法定代理人、近亲属或者犯罪嫌疑人委托的律师及其他辩护人认为人民检察院对拘留的犯罪嫌疑人羁押超	**第一百三十八条** 犯罪嫌疑人及其法定代理人、近亲属或者辩护人认为人民检察院对拘留的犯罪嫌疑人法定羁押期限**届满**,向人民检

修订前	修订后
过法定期限，向人民检察院提出释放犯罪嫌疑人或者变更拘留措施要求的，由人民检察院侦查部门审查，侦查部门应当在三日内审查完毕。 侦查部门经审查认为超过法定期限的，应当提出释放犯罪嫌疑人或者变更拘留措施的意见，经检察长批准后，通知公安机关执行；经审查认为未超过法定期限的，书面答复申诉人。 侦查部门应当将审查结果同时书面通知本院监所检察部门。	察院提出释放犯罪嫌疑人或者变更拘留措施要求的，人民检察院侦查部门应当在三日**以**内审查完毕。 侦查部门经审查认为法定期限**届满**的，应当提出释放犯罪嫌疑人或者变更**强制**措施的意见，经检察长批准后，通知公安机关执行；经审查认为未**满**法定期限的，书面答复申诉人。 侦查部门应当将审查结果同时书面通知本院监所检察部门。
第五节　逮　捕	第五节　逮　捕
第八十六条　人民检察院对有证据证明有犯罪事实，可能判处徒刑以上刑罚的犯罪嫌疑人，采取取保候审、监视居住等方法，尚不足以防止发生社会危险性，而有逮捕必要的，应当批准或者决定逮捕。 "有证据证明有犯罪事实"是指同时具备下列情形： （一）有证据证明发生了犯罪事实； （二）有证据证明该犯罪事实是犯罪嫌疑人实施的； （三）证明犯罪嫌疑人实施犯罪行为的证据已有查证属实的。 "犯罪事实"既可以是单一犯罪行为的事实，也可以是数个犯罪行为中任何一个犯罪行为的事实。	**第一百三十九条**　人民检察院对有证据证明有犯罪事实，可能判处徒刑以上刑罚的犯罪嫌疑人，采取取保候审尚不足以防止发生**下列**社会危险性的，应当**予以**逮捕： **（一）可能实施新的犯罪的，即犯罪嫌疑人多次作案、连续作案、流窜作案，其主观恶性、犯罪习性表明其可能实施新的犯罪，以及有一定证据证明犯罪嫌疑人已经开始策划、预备实施犯罪的；** **（二）有危害国家安全、公共安全或者社会秩序的现实危险的，即有一定证据证明或者有迹象表明犯罪嫌疑人在案发前或者案发后正在积极策划、组织或者预备实施危害国家安全、公共安全或者社会秩序的重大违法犯罪行为的；** **（三）可能毁灭、伪造证据，干扰证人作证或者串供的，即有一定证据证明或者有迹象表明犯罪嫌疑人在归案前或者归案后已经着手实施或者企图实施毁灭、伪造证据，干扰证人作证或者串供行为的；** **（四）有一定证据证明或者有迹象表明犯罪嫌疑人可能对被害人、举报人、控告人实施打击报复的；** **（五）企图自杀或者逃跑的，即犯罪嫌疑人归案前或者归案后曾经自杀，或者有一定证据证明或者有迹象表明犯罪嫌疑人试图自杀或者逃跑的。** 有证据证明有犯罪事实是指同时具备下列

修订前	修订后
	情形： （一）有证据证明发生了犯罪事实； （二）有证据证明该犯罪事实是犯罪嫌疑人实施的； （三）证明犯罪嫌疑人实施犯罪行为的证据已经查证属实的。 犯罪事实既可以是单一犯罪行为的事实，也可以是数个犯罪行为中任何一个犯罪行为的事实。
第八十七条	**移至修改后规则第一百四十二条**
第八十八条 对于犯罪嫌疑人不讲真实姓名、住址，身份不明的案件，人民检察院经审查认为符合本规则第八十六条、第八十七条规定的，应当批准或者决定逮捕。	**第一百四十条 对有证据证明有犯罪事实，可能判处十年有期徒刑以上刑罚的犯罪嫌疑人，应当批准或者决定逮捕。** **对有证据证明有犯罪事实，可能判处徒刑以上刑罚，**犯罪嫌疑人**曾经故意犯罪或者**不讲真实姓名、住址，身份不明的，应当批准或者决定逮捕。
	第一百四十一条 人民检察院经审查认为被取保候审、监视居住的犯罪嫌疑人违反取保候审、监视居住规定的，依照本规则第一百条、第一百二十一条的规定办理。
第八十七条 对实施多个犯罪行为或者共同犯罪案件的犯罪嫌疑人，符合本规则第八十六条的规定，具有下列情形之一的，应当批准或者决定逮捕： （一）有证据证明犯有数罪中的一罪的； （二）有证据证明实施多次犯罪中的一次犯罪的； （三）共同犯罪中，已有证据证明有犯罪事实的犯罪嫌疑人。	**第一百四十二条** 对实施多个犯罪行为或者共同犯罪案件的犯罪嫌疑人，符合本规则**第一百三十九条**的规定，具有下列情形之一的，应当批准或者决定逮捕： （一）有证据证明犯有数罪中的一罪的； （二）有证据证明实施多次犯罪中的一次犯罪的； （三）共同犯罪中，已有证据证明有犯罪事实的犯罪嫌疑人。
第八十九条 对具有下列情形之一的犯罪嫌疑人，人民检察院应当作出不批准逮捕的决定或者不予逮捕： （一）不符合本规则第八十六条、第八十七条规定的逮捕条件的；	**第一百四十三条** 对具有下列情形之一的犯罪嫌疑人，人民检察院应当作出不批准逮捕的决定或者不予逮捕： （一）不符合本规则**第一百三十九条至第一百四十二条**规定的逮捕条件的；

修订前	修订后
（二）具有刑事诉讼法第十五条规定的情形之一的。	（二）具有刑事诉讼法第十五条规定的情形之一的。
第九十条 对应当逮捕的犯罪嫌疑人，如果患有严重疾病，或者是正在怀孕、哺乳自己婴儿的妇女，人民检察院可以作出不批准逮捕的决定或者不予逮捕。	**第一百四十四条 犯罪嫌疑人涉嫌的罪行较轻，且没有其他重大犯罪嫌疑，具有以下情形之一的，可以作出不批准逮捕的决定或者不予逮捕：** **（一）属于预备犯、中止犯，或者防卫过当、避险过当的；** **（二）主观恶性较小的初犯，共同犯罪中的从犯、胁从犯，犯罪后自首、有立功表现或者积极退赃、赔偿损失、确有悔罪表现的；** **（三）过失犯罪的犯罪嫌疑人，犯罪后有悔罪表现，有效控制损失或者积极赔偿损失的；** **（四）犯罪嫌疑人与被害人双方根据刑事诉讼法的有关规定达成和解协议，经审查，认为和解系自愿、合法且已经履行或者提供担保的；** **（五）犯罪嫌疑人系已满十四周岁未满十八周岁的未成年人或者在校学生，本人有悔罪表现，其家庭、学校或者所在社区、居民委员会、村民委员会具备监护、帮教条件的；** **（六）年满七十五周岁以上的老年人。**
	第一百四十五条 对符合刑事诉讼法第七十二条第一款规定的犯罪嫌疑人，人民检察院经审查认为不需要逮捕的，可以在作出不批准逮捕或者不予逮捕决定的同时，向侦查机关提出监视居住的建议。
第九十一条 **第九十二条**	**移至修改后规则第三百零三条、第三百零四条**
第九十三条 人民检察院对担任本级人民代表大会代表的犯罪嫌疑人批准或者决定逮捕，应当报请本级人民代表大会主席团或者常务委员会许可。 对担任上级人民代表大会代表的犯罪嫌疑人批准或者决定逮捕，应当层报该代表所属的人民代表大会同级的人民检察院报请许可。 对担任下级人民代表大会代表的犯罪嫌疑	**第一百四十六条** 人民检察院对担任本级人民代表大会代表的犯罪嫌疑人批准或者决定逮捕，应当报请本级人民代表大会主席团或者常务委员会许可。**报请许可手续的办理由侦查机关负责。** 对担任上级人民代表大会代表的犯罪嫌疑人批准或者决定逮捕，应当层报该代表所属的人民代表大会同级的人民检察院报请许可。

修订前	修订后
人批准或者决定逮捕，可以直接报请该代表所属的人民代表大会主席团或者常务委员会许可，也可以委托该代表所属的人民代表大会同级的人民检察院报请许可；对担任乡、民族乡、镇的人民代表大会代表的犯罪嫌疑人批准或者决定逮捕，由县级人民检察院报告乡、民族乡、镇的人民代表大会。 对担任两级以上的人民代表大会代表的犯罪嫌疑人批准或者决定逮捕，分别依照本条第一、二、三款的规定报请许可。 对担任办案单位所在省、市、县（区）以外的其他地区人民代表大会代表的犯罪嫌疑人批准或者决定逮捕，应当委托该代表所属的人民代表大会同级的人民检察院报请许可；担任两级以上人民代表大会代表的，应当分别委托该代表所属的人民代表大会同级的人民检察院报请许可。	对担任下级人民代表大会代表的犯罪嫌疑人批准或者决定逮捕，可以直接报请该代表所属的人民代表大会主席团或者常务委员会许可，也可以委托该代表所属的人民代表大会同级的人民检察院报请许可；对担任乡、民族乡、镇的人民代表大会代表的犯罪嫌疑人批准或者决定逮捕，由县级人民检察院报告乡、民族乡、镇的人民代表大会。 对担任两级以上的人民代表大会代表的犯罪嫌疑人批准或者决定逮捕，分别依照本条第一、二、三款的规定报请许可。 对担任办案单位所在省、市、县（区）以外的其他地区人民代表大会代表的犯罪嫌疑人批准或者决定逮捕，应当委托该代表所属的人民代表大会同级的人民检察院报请许可；担任两级以上人民代表大会代表的，应当分别委托该代表所属的人民代表大会同级的人民检察院报请许可。
第九十四条、第九十五条	**移至修改后规则第三百一十二条、第三百一十三条**
第九十六条	**被修改后规则第三百一十四条、第一百四十七条吸收**
第九十七条	**被修改后规则第三百零四条第二款和第三百零五条吸收**
	第六节　强制措施解除与变更
	第一百四十七条　犯罪嫌疑人及其法定代理人、近亲属或者辩护人认为人民检察院采取强制措施法定期限届满，要求解除强制措施的，由人民检察院侦查部门或者公诉部门审查后报请检察长决定。人民检察院应当在收到申请后三日以内作出决定。 **经审查，认为法定期限届满的，应当决定解除或者依法变更强制措施，并通知公安机关执行；认为未满法定期限的，书面答复申请人。** **对于被羁押的犯罪嫌疑人解除或者变更强**

修订前	修订后
	制措施的，侦查部门或者公诉部门应当及时通报本院监所检察部门和案件管理部门。
	第一百四十八条　犯罪嫌疑人及其法定代理人、近亲属或者辩护人向人民检察院提出变更强制措施申请的，由人民检察院侦查部门或者公诉部门审查后报请检察长决定。人民检察院应当在收到申请后三日内作出决定。 经审查同意变更强制措施的，在作出决定的同时通知公安机关执行；不同意变更强制措施的，应当书面告知申请人，并说明不同意的理由。 对于被羁押的犯罪嫌疑人变更强制措施的，侦查部门或者公诉部门应当及时通报本院监所检察部门和案件管理部门。 犯罪嫌疑人及其法定代理人、近亲属或者辩护人提出变更强制措施申请的，应当说明理由，有证据和其他材料的，应当附上相关材料。
	第一百四十九条　取保候审变更为监视居住，或者取保候审、监视居住变更为拘留、逮捕的，在变更的同时原强制措施自动解除，不再办理解除法律手续。
	第一百五十条　人民检察院已经对犯罪嫌疑人取保候审、监视居住，案件起诉至人民法院后，人民法院决定取保候审、监视居住或者变更强制措施的，原强制措施自动解除，不再办理解除法律手续。
	第一百五十一条　人民检察院提出抗诉的再审案件，需要对被告人采取强制措施的，适用本章及本规则第十章的规定。
第五章　审查逮捕	本章内容移至修改后规则第十章
第六章　立　案	第七章　案件受理
第一节　受　案	
	第一百五十二条　对于侦查机关、下级人

修订前	修订后
	民检察院移送的审查逮捕、审查起诉、延长侦查羁押期限、申请强制医疗、申请没收违法所得、提出或者提请抗诉、报请指定管辖等案件，由人民检察院案件管理部门统一受理。对人民检察院管辖的其他案件，需要由案件管理部门受理的，可以由案件管理部门受理。
	第一百五十三条　人民检察院案件管理部门受理案件时，应当接收案卷材料，并立即审查下列内容： （一）依据移送的法律文书载明的内容确定案件是否属于本院管辖； （二）案卷材料是否齐备、规范，符合有关规定的要求； （三）移送的款项或者物品与移送清单是否相符； （四）犯罪嫌疑人是否在案以及采取强制措施的情况。
	第一百五十四条　案件管理部门对接收的案卷材料审查后，认为具备受理条件的，应当及时进行登记，并立即将案卷材料和案件受理登记表移送相关办案部门办理。 经审查，认为案卷材料不齐备的，应当及时要求移送案件的单位补送相关材料。对于案卷装订不符合要求的，应当要求移送案件的单位重新装订后移送。 对于移送审查起诉的案件，如果犯罪嫌疑人在逃的，应当要求公安机关采取措施保证犯罪嫌疑人到案后再移送审查起诉。共同犯罪案件中部分犯罪嫌疑人在逃的，对在案的犯罪嫌疑人的审查起诉应当依法进行。
	第一百五十五条　侦查机关送达的执行情况回执和人民法院送达的判决书、裁定书等法律文书，由案件管理部门负责接收。案件管理部门应当即时登记，并及时移送相关办案部门。
	第一百五十六条　人民检察院办理直接立案侦查的案件，移送审查逮捕、审查起诉的，按

修订前	修订后
	照本规则第一百五十二条至第一百五十四条的规定办理。
第一百二十条 人民检察院直接受理依照本规则第二章的规定由本院管辖的报案、控告、举报和犯罪嫌疑人的自首。对于不属于本院管辖的有关犯罪的报案、控告、举报和自首，也应当接受。 **第一百二十四条** 举报中心对于所收到的举报线索，应当及时审查，并根据举报线索的不同情况和管辖规定，在七日以内分别作出如下处理： （一）不属于人民检察院管辖的，移送有关主管机关处理，并且通知报案人、控告人、举报人、自首人。对于不属于人民检察院管辖又必须采取紧急措施的，应当先采取紧急措施，然后移送主管机关； （二）属于人民检察院管辖的，按照《最高人民检察院关于完善人民检察院侦查工作内部制约机制的若干规定》第二条的规定，集体研究举报线索的分流。属于本院管辖的，由举报中心按照职能分工移交本院有关部门办理；属于下级人民检察院或者其他人民检察院管辖的，由举报中心移送有管辖权的人民检察院。 移送举报线索，应当移送举报材料原件。 移送重要举报线索，应当经检察长批准。	**第一百五十七条** 人民检察院控告检察部门或者举报中心统一受理报案、控告、举报、申诉和犯罪嫌疑人投案自首，并根据具体情况和管辖规定，在七日以内作出以下处理： （一）属于人民检察院管辖的，按照相关规定移送本院有关部门或者其他人民检察院办理； （二）不属于人民检察院管辖的，移送有管辖权的机关处理，并且通知报案人、控告人、举报人、自首人。对于不属于人民检察院管辖又必须采取紧急措施的，应当先采取紧急措施，然后移送主管机关； （三）对案件事实或者线索不明的，应当进行必要的调查核实，收集相关材料，查明情况后及时移送有管辖权的机关或者部门办理。 控告检察部门或者举报中心可以向下级人民检察院交办控告、申诉、举报案件，交办举报线索前应当向有关侦查部门通报，交办函及有关材料复印件应当转送本院有关侦查部门。控告检察部门或者举报中心对移送本院有关部门和向下级人民检察院交办的案件，应当依照有关规定进行督办。
第一百二十二条 举报中心对于所接受的举报线索，应当逐件登记举报人和被举报人的基本情况、举报的主要内容和办理情况。对于当面举报和电话举报，应当制作举报笔录，必要时可以录音。 对于自首，应当制作自首笔录，由自首人在笔录上逐页签名或者盖章。	**第一百五十八条** 控告检察部门或者举报中心对于以走访形式的报案、控告、举报和犯罪嫌疑人投案自首，应当指派两名以上工作人员接待，问明情况，并制作笔录，经核对无误后，由报案人、控告人、举报人、自首人签名、捺指印，必要时可以录音、录像；对报案人、控告人、举报人、自首人提供的有关证据材料、物品等应当登记，制作接受证据（物品）清单，并由报案人、控告人、举报人、自首人签名，必要时予以拍照，并妥善保管。
	第一百五十九条 接受控告、举报的检察人员，应当告知控告人、举报人如实控告、举报和捏造、歪曲事实应当承担的法律责任。

修订前	修订后
	第一百六十条　办案部门应当在规定期限内办理案件，并向控告检察部门或者举报中心书面回复办理结果。回复办理结果应当包括控告、申诉或举报事项、办理过程、认定的事实和证据、处理情况和法律依据以及执法办案风险评估情况等。
第一百二十一条　人民检察院举报中心负责统一受理、管理举报线索。本院检察长和其他部门或者人员对所接受的犯罪案件线索，应当及时批交或者移送举报中心。 有关机关或者部门移送人民检察院审查是否立案的案件线索和人民检察院侦查部门查办案件发现的案件线索，由侦查部门自行审查。	**第一百六十一条**　人民检察院举报中心负责统一管理举报线索。本院其他部门或者人员对所接受的犯罪案件线索，应当**在七日以内**移送举报中心。 有关机关或者部门移送人民检察院审查是否立案的案件线索和人民检察院侦查部门发现的案件线索，由侦查部门自行审查。
第一百二十三条　举报中心对于不愿公开姓名和举报行为的举报人，应当为其保密。严禁将举报材料转给被举报单位和被举报人。	**第一百六十二条　控告检察部门或者举报中心对于不愿公开姓名和举报行为的举报人，应当为其保密。**
第一百二十五条　人民检察院对于直接受理的要案线索实行分级备案的管理制度。县、处级干部的要案线索一律报省级人民检察院备案，其中涉嫌犯罪数额特别巨大或者犯罪后果特别严重的，层报最高人民检察院备案；厅、局级以上干部的要案线索一律报最高人民检察院备案。 要案线索是指依法由人民检察院直接立案侦查的县、处级以上干部犯罪的案件线索。	**第一百六十三条**　人民检察院对于直接受理的要案线索实行分级备案的管理制度。县、处级干部的要案线索一律报省级人民检察院**举报中心**备案，其中涉嫌犯罪数额特别巨大或者犯罪后果特别严重的，层报最高人民检察院**举报中心**备案；厅、局级以上干部的要案线索一律报最高人民检察院**举报中心**备案。 要案线索是指依法由人民检察院直接立案侦查的县、处级以上干部犯罪的案件线索。
第一百二十六条　要案线索的备案，应当逐案填写要案线索备案表。备案应当在受理后七日以内办理；情况紧急的，应当在备案之前及时报告。 接到备案的上级人民检察院对于备案材料应当及时审查，如果有不同意见，应当在十日以内将审查意见通知报送备案的下级人民检察院。	**第一百六十四条**　要案线索的备案，应当逐案填写要案线索备案表。备案应当在受理后七日以内办理；情况紧急的，应当在备案之前及时报告。 接到备案的上级人民检察院**举报中心**对于备案材料应当及时审查，如果有不同意见，应当在十日以内将审查意见通知报送备案的下级人民检察院。
第一百三十一条　侦查部门接到举报中心移送的举报材料后，应当在一个月内将处理情况	**第一百六十五条　侦查部门收到举报中心移送的举报线索，应当在三个月以内将处理情**

修订前	修订后
回复举报中心；下级人民检察院接到上级人民检察院移送的举报材料后，应当在三个月内将处理情况回复上级人民检察院举报中心，逾期未回复的，举报中心应当进行催办。	况回复举报中心；下级人民检察院接到上级人民检察院移送的举报材料后，应当在三个月以内将处理情况回复上级人民检察院举报中心。**情况复杂逾期不能办结的，报检察长批准，可以适当延长办理期限。**
	第一百六十六条　举报中心应当对作出不立案决定的举报线索进行审查，认为不立案决定错误的，应当提出意见报检察长决定。如果符合立案条件的，应当立案侦查。 **举报中心审查不立案举报线索，应当在收到侦查部门决定不予立案回复文书之日起一个月以内办结；情况复杂，逾期不能办结的，经举报中心负责人批准，可以延长二个月。** **侦查部门对决定不予立案的举报线索，应当在一个月以内退回举报中心。**
	第一百六十七条　举报中心对性质不明难以归口、检察长批交的举报线索应当进行初核。对群众多次举报未查处的举报线索，可以要求侦查部门说明理由，认为理由不充分的，报检察长决定。
	第八章　初查和立案
第二节　初　查	第一节　初　查
第一百二十七条　侦查部门对举报中心移交举报的线索进行审查后，认为需要初查的，应当报检察长或者检察委员会决定。举报线索的初查由侦查部门进行，但性质不明、难以归口处理的案件线索可以由举报中心进行初查。	**第一百六十八条**　侦查部门对举报中心移交的举报线索进行审查后，认为**有犯罪事实需要初查的**，应当报检察长或者检察委员会决定。
	第一百六十九条　初查由侦查部门负责，在刑罚执行和监管活动中发现的应当由人民检察院直接立案侦查的案件线索，由监所检察部门负责初查。 **对于重大、复杂的案件线索，监所检察部门可以商请侦查部门协助初查；必要时也可以报检察长批准后，移送侦查部门初查，监所检察部**

修订前	修订后
	门予以配合。
	第一百七十条 各级人民检察院初查的分工,按照检察机关直接立案侦查案件分级管辖的规定确定。 上级人民检察院在必要时,可以直接初查或者组织、指挥、参与下级人民检察院的初查,可以将下级人民检察院管辖的案件线索指定辖区内其他人民检察院初查,也可以将本院管辖的案件线索交由下级人民检察院初查;下级人民检察院认为案情重大、复杂,需要由上级人民检察院初查的案件线索,可以提请移送上级人民检察院初查。
	第一百七十一条 检察长或者检察委员会决定初查的,承办人员应当制作初查工作方案,经侦查部门负责人审核后,报检察长审批。
	第一百七十二条 初查一般应当秘密进行,不得擅自接触初查对象。公开进行初查或者接触初查对象,应当经检察长批准。
第一百二十八条 在举报线索的初查过程中,可以进行询问、查询、勘验、鉴定、调取证据材料等不限制被查对象人身、财产权利的措施。不得对被查对象采取强制措施,不得查封、扣押、冻结被查对象的财产。	第一百七十三条 在初查过程中,可以采取询问、查询、勘验、检查、鉴定、调取证据材料等不限制初查对象人身、财产权利的措施。不得对初查对象采取强制措施,不得查封、扣押、冻结初查对象的财产,不得采取技术侦查措施。
	第一百七十四条 根据初查工作需要,人民检察院可以商请有关部门配合调查。
	第一百七十五条 对案件进行初查的人民检察院可以委托其他人民检察院协助调查有关事项,委托协助调查应当提供初查审批表,并列明协助调查事项及有关要求。接受委托的人民检察院应当按照协助调查请求提供协助;对协助调查事项有争议的,应当提请双方共同的上级人民检察院协调解决。
第一百二十九条 侦查部门对举报线索初	第一百七十六条 侦查部门对举报线索初

修订前	修订后
查后，应当制作审查结论报告，提出处理意见，报检察长决定： （一）认为有犯罪事实需要追究刑事责任的，提请批准立案侦查； （二）对具有下列情形之一的，提请批准不予立案： 1. 认为没有犯罪事实的； 2. 事实不清，证据不足的； 3. 具有刑事诉讼法第十五条规定情形之一的。	查后，**认为有犯罪事实需要追究刑事责任的**，应当制作审查报告，**提请批准立案侦查**，报检察长决定。 对具有下列情形之一的，提请批准不予立案： （一）具有刑事诉讼法第十五条规定情形之一的； （二）认为没有犯罪事实的； **（三）事实或者证据尚不符合立案条件的。**
第一百三十条　人民检察院对要案线索初查后的处理情况，应当在作出决定后十日以内按照备案的范围报上级人民检察院备案。上级人民检察院认为处理不当的，应当在收到备案材料后十日以内通知下级人民检察院纠正。	**第一百七十七条　对上级人民检察院交办、指定管辖或者按照规定应当向上级人民检察院备案的案件线索，应当在初查终结后十日以内向上级人民检察院报告初查结论。** **上级人民检察院认为处理不当的，应当在收到备案材料后十日以内通知下级人民检察院纠正。**
第一百三十一条	**移至修改后规则第一百六十五条**
	第一百七十八条　对于实名举报，经初查决定不立案的，侦查部门应当制作不立案通知书，写明案由和案件来源、决定不立案的理由和法律依据，连同举报材料和调查材料，自作出不立案决定之日起十日以内移送本院举报中心，由举报中心答复举报人。必要时可以由举报中心与侦查部门共同答复。
	第一百七十九条　对于其他机关或者部门移送的案件线索，经初查决定不立案的，侦查部门应当制作不立案通知书，写明案由和案件来源、决定不立案的理由和法律依据，自作出不立案决定之日起十日以内送达移送案件线索的单位。
第一百三十二条　对于属于错告的，如果对被控告人、被举报人造成不良影响的，应当向有关部门澄清事实。 对于属于诬告陷害的，应当依法追究其责任。	**第一百八十条**　对于属于错告的，如果对被控告人、被举报人造成不良影响的，应当**自作出决定之日起一个月以内向其所在单位或者有关部门通报初查结论**，澄清事实。

修订前	修订后
	对于属于诬告陷害的，应当**移送有关部门处理**。
	第一百八十一条　初查终结后，相关材料应当立卷归档。立案进入侦查程序的，对于作为诉讼证据以外的其他材料应当归入侦查内卷。
	第一百八十二条　刑事诉讼法以及本规则关于回避的规定，适用于初查。
第三节　立　案	第二节　立　案
第一百三十三条　人民检察院决定对案件立案侦查的，应当制作立案决定书。	**第一百八十三条**　人民检察院**对于直接受理的案件，经审查认为有犯罪事实需要追究刑事责任的，**应当制作立案**报告书，经检察长批准后予以立案。在决定立案之日起三日以内，将立案备案登记表、提请立案报告和立案决定书一并报送上一级人民检察院备案。** **上一级人民检察院应当审查下级人民检察院报送的备案材料，并在收到备案材料之日起三十日以内，提出是否同意下级人民检察院立案的审查意见。认为下级人民检察院的立案决定错误的，应当在报经检察长或者检察委员会决定后，书面通知下级人民检察院纠正。上一级人民检察院也可以直接作出决定，通知下级人民检察院执行。** **下级人民检察院应当执行上一级人民检察院的决定，并在收到上一级人民检察院的书面通知或者决定之日起十日以内将执行情况向上一级人民检察院报告。下级人民检察院对上一级人民检察院的决定有异议的，可以在执行的同时向上一级人民检察院报告。**
第一百三十四条　人民检察院决定不予立案的，如果是被害人控告的，应当制作不立案通知书，写明案由和案件来源、决定不立案的原因和法律依据，由侦查部门在十五日以内送达控告人，同时告知本院控告申诉检察部门。控告人如果不服，可以在收到不立案通知书后十日以内申请复议。	**第一百八十四条**　人民检察院决定不予立案的，如果是被害人控告的，应当制作不立案通知书，写明案由和案件来源、决定不立案的原因和法律依据，由侦查部门在十五日以内送达控告人，同时告知本院控告检察部门。控告人如果不服，可以在收到不立案通知书后十日以内申请复议。

修订前	修订后
对不立案的复议，由人民检察院控告申诉检察部门办理，并在收到复议申请的三十日以内作出复议决定。 人民检察院对于未构成犯罪，决定不予立案，但需要追究党纪、政纪责任的被举报人，应当移送有关主管机关处理。	对不立案的复议，由人民检察院控告检察部门**受理。控告检察部门应当根据事实和法律进行审查，并可以要求控告人、申诉人提供有关材料，认为需要侦查部门说明不立案理由的，应当及时将案件移送侦查监督部门办理。** 人民检察院认为**被举报人的行为**未构成犯罪，决定不予立案，但需要追究**其**党纪、政纪责任的，应当移送有**管辖权的**主管机关处理。
第一百三十五条　人民检察院决定对人民代表大会代表立案，应当按照本规则第七十九条规定的程序向该代表所属的人民代表大会主席团或者常务委员会通报。	**第一百八十五条**　人民检察院决定对人民代表大会代表立案，应当按照本规则**第一百三十二条**规定的程序向该代表所属的人民代表大会主席团或者常务委员会**进行**通报。
第七章　侦　查	**第九章　侦　查**
	第一节　一般规定
	第一百八十六条　人民检察院办理直接受理立案侦查的案件，应当全面、客观地收集、调取犯罪嫌疑人有罪或者无罪、罪轻或者罪重的证据材料，并依法进行审查、核实。
	第一百八十七条　人民检察院办理直接受理立案侦查的案件，必须重证据，重调查研究，不轻信口供。严禁刑讯逼供和以威胁、引诱、欺骗以及其他非法方法收集证据，不得强迫任何人证实自己有罪。
	第一百八十八条　人民检察院办理直接受理立案侦查的案件，应当保障犯罪嫌疑人和其他诉讼参与人依法享有的辩护权和其他各项诉讼权利。
	第一百八十九条　人民检察院办理直接受理立案侦查的案件，应当严格依照刑事诉讼法规定的条件和程序采取强制措施，严格遵守刑事案件办案期限的规定，依法提请批准逮捕、移送起诉、不起诉或撤销案件。
	第一百九十条　人民检察院办理直接受理

修订前	修订后
	立案侦查的案件，应当对侦查过程中知悉的国家秘密、商业秘密及个人隐私保密。
	第一百九十一条 人民检察院对于直接受理案件的侦查，可以适用刑事诉讼法第二编第二章规定的各项侦查措施。
第一节 讯问犯罪嫌疑人	第二节 讯问犯罪嫌疑人
第一百三十六条 讯问犯罪嫌疑人，由检察人员负责进行。讯问的时候，检察人员不得少于二人。	**第一百九十二条** 讯问犯罪嫌疑人，由检察人员负责进行。讯问的时候，检察人员不得少于二人。 讯问同案的犯罪嫌疑人，应当分别进行。
第一百三十七条 对于不需要逮捕、拘留的犯罪嫌疑人，经检察长批准，可以传唤到犯罪嫌疑人所在市、县内的指定地点或者到他的住处进行讯问。 传唤犯罪嫌疑人，应当向犯罪嫌疑人出示传唤通知书和有关证件，并责令犯罪嫌疑人在传唤通知书上签名或者盖章。 本规则第三十五条第二款的规定适用于传唤犯罪嫌疑人。	**第一百九十三条** 对于不需要逮捕、拘留的犯罪嫌疑人，经检察长批准，可以传唤到犯罪嫌疑人所在市、县内的指定地点或者到他的住处进行讯问。 传唤犯罪嫌疑人，应当向犯罪嫌疑人出示传唤**证**和**侦查人员的工作**证件，并责令犯罪嫌疑人在传唤**证**上签名、**捺指印**。 **犯罪嫌疑人到案后，应当由其在传唤证上填写到案时间。传唤结束时，应当由其在传唤证上填写传唤结束时间。拒绝填写的，侦查人员应当在传唤证上注明。** **对在现场发现的犯罪嫌疑人，经出示工作证件，可以口头传唤，并将传唤的原因和依据告知被传唤人。在讯问笔录中应当注明犯罪嫌疑人到案经过、到案时间和传唤结束时间。** 本规则第**八十一**条第二款的规定适用于传唤犯罪嫌疑人。
	第一百九十四条 传唤犯罪嫌疑人时，其家属在场的，应当当场将传唤的原因和处所口头告知其家属，并在讯问笔录中注明。其家属不在场的，侦查人员应当及时将传唤的原因和处所通知被传唤人家属。无法通知的，应当在讯问笔录中注明。
第一百三十八条 一次传唤持续的时间最	**第一百九十五条** 传唤持续的时间不得超

修订前	修订后
长不得超过十二小时。不得以连续传唤的形式变相拘禁犯罪嫌疑人。	过十二小时;案情特别重大、复杂,需要采取拘留、逮捕措施的,传唤持续的时间不得超过二十四小时。两次传唤间隔的时间一般不得少于十二小时,不得以连续传唤的方式变相拘禁犯罪嫌疑人。 传唤犯罪嫌疑人,应当保证犯罪嫌疑人的饮食和必要的休息时间。
第一百三十九条　提讯在押的犯罪嫌疑人,应当填写提押证,在看守所进行讯问。因侦查工作需要,需要提押犯罪嫌疑人出所辩认罪犯、罪证或者追缴犯罪有关财物的,可以提押犯罪嫌疑人到人民检察院接受讯问。 提押犯罪嫌疑人到人民检察院讯问的,应当经检察长批准,由二名以上司法警察押解。	**第一百九十六条**　犯罪嫌疑人被送交看守所羁押后,检察人员对其进行讯问,应当填写提讯、提解证,在看守所讯问室进行。 因侦查工作需要,需要提押犯罪嫌疑人出所辨认或者追缴犯罪有关财物的,经检察长批准,可以提押犯罪嫌疑人出所,并应当由二名以上司法警察押解。不得以讯问为目的将犯罪嫌疑人提押出所进行讯问。
第一百四十条　讯问犯罪嫌疑人的时候,应当首先查明他的基本情况,讯问其是否有犯罪行为,让其陈述有罪的事实或者作无罪的辩解,然后向他提出问题。对提出的反证要认真查核。严禁刑讯逼供和以威胁、引诱、欺骗以及其他非法的方法获取供述。	**第一百九十七条**　讯问犯罪嫌疑人一般按照下列顺序进行: 查明犯罪嫌疑人的基本情况,包括姓名、出生年月日、户籍地、身份证号码、民族、职业、文化程度、工作单位及职务、住所、家庭情况、社会经历、是否属于人大代表、政协委员等; 告知犯罪嫌疑人在侦查阶段的诉讼权利,有权自行辩护或委托律师辩护,告知其如实供述自己罪行可以依法从宽处理的法律规定; 讯问犯罪嫌疑人是否有犯罪行为,让他陈述有罪的事实或者无罪的辩解,应当允许其连贯陈述。 犯罪嫌疑人对侦查人员的提问,应当如实回答。但是对与本案无关的问题,有拒绝回答的权利。 讯问犯罪嫌疑人时,应当告知犯罪嫌疑人将对讯问进行全程同步录音、录像,告知情况应当在录音、录像中予以反映,并记明笔录。 讯问时,对犯罪嫌疑人提出的辩解要认真查核。严禁刑讯逼供和以威胁、引诱、欺骗以及其他非法的方法获取供述。
第一百四十一条　讯问聋、哑的犯罪嫌疑	**第一百九十八条**　讯问聋、哑或者不通晓

修订前	修订后
人,应当有通晓聋、哑手势的人在场,并且将这种情况记明笔录。	**当地通用语言文字的人,人民检察院应当为其聘请通晓聋、哑手势或者当地通用语言文字且与本案无利害关系的人员进行翻译。翻译人员的姓名、性别、工作单位和职业应当记录在案。翻译人员应当在讯问笔录上签字。**
第一百四十二条 讯问犯罪嫌疑人,应当制作讯问笔录。讯问笔录应当字迹清楚,详细具体,忠实原话,并交犯罪嫌疑人核对。对于没有阅读能力的,应当向他宣读。如果记载有遗漏或者差错,应当补充或者改正。犯罪嫌疑人认为讯问笔录没有错误的,由犯罪嫌疑人在笔录上逐页签名或者盖章。如果犯罪嫌疑人拒绝签名或盖章的,应当在笔录上注明。检察人员也应当在笔录上签名。	**第一百九十九条** 讯问犯罪嫌疑人,应当制作讯问笔录。讯问笔录应当忠实于原话,字迹清楚,详细具体,并交犯罪嫌疑人核对。**犯罪嫌疑人**没有阅读能力的,应当向他宣读。如果记载有遗漏或者差错,应当补充或者改正。犯罪嫌疑人认为讯问笔录没有错误的,由犯罪嫌疑人在笔录上逐页签名、**盖章或者捺指印,并在末页写明"以上笔录我看过(向我宣读过),和我说的相符",同时签名、盖章、捺指印并注明日期**。如果犯罪嫌疑人拒绝签名、**盖章、捺指印**的,**检察人员**应当在笔录上注明。**讯问的检察**人员也应当在笔录上签名。
第一百四十三条 犯罪嫌疑人请求自行书写供述的,检察人员应当准许。必要的时候,检察人员也可以要犯罪嫌疑人亲笔书写供词。	**第二百条** 犯罪嫌疑人请求自行书写供述的,检察人员应当准许。必要的时候,检察人员也可以要**求**犯罪嫌疑人亲笔书写供**述**。**犯罪嫌疑人应当在亲笔供述的末页签名、捺指印,并注明书写日期。检察人员收到后,应当在首页右上方写明"于某年某月某日收到",并签名。**
	第二百零一条 人民检察院立案侦查职务犯罪案件,在每次讯问犯罪嫌疑人的时候,应当对讯问过程实行全程录音、录像,并在讯问笔录中注明。 **录音、录像应当由检察技术人员负责。特殊情况下,经检察长批准也可以由讯问人员以外的其他检察人员负责。**
	第二百零二条 人民检察院讯问犯罪嫌疑人实行全程同步录音、录像,应当按照最高人民检察院的有关规定办理。
第一百四十四条 讯问犯罪嫌疑人,可以同时采用录音、录像的记录方式。	**被修改后规则删除**

修订前	修订后
第一百四十五条	被修改后规则第三十六条吸收
第一百四十六条 在押的犯罪嫌疑人提出聘请律师要求的，人民检察院应当记明笔录。对于不涉及国家秘密的案件，应当按照本规则第一百四十七条的规定办理。对于涉及国家秘密的案件，人民检察院应当在三日以内作出是否批准的决定。人民检察院作出不批准决定的，应当向犯罪嫌疑人说明理由。 在侦查期间，犯罪嫌疑人可以聘请一至二名律师提供法律帮助。	被修改后规则删除
第一百四十七条	被修改后规则第三十七条吸收
第一百四十八条 犯罪嫌疑人已经聘请律师，但人民检察院在侦查过程中发现案件涉及国家秘密的，应当及时告知犯罪嫌疑人所聘请的律师暂时停止参与诉讼活动，并且通知犯罪嫌疑人。 是否批准犯罪嫌疑人继续聘请律师，适用本规则第一百四十六条第一款的规定。	被修改后规则删除
第一百四十九条 在侦查期间，律师同时接受两个或者两个以上同案犯罪嫌疑人委托提供法律帮助的，人民检察院不得安排律师会见在押犯罪嫌疑人。	被修改后规则第四十条吸收
第一百五十条 受委托的律师会见在押的犯罪嫌疑人，应当提前告知人民检察院，并且向人民检察院提供犯罪嫌疑人的授权委托书、律师执业证明和律师事务所介绍信。 在侦查期间，受委托律师会见在押的犯罪嫌疑人的有关事宜，由人民检察院侦查部门办理。	被修改后规则第四十五条、第四十六条吸收
第一百五十一条 对于不涉及国家秘密的案件，律师提出会见在押的犯罪嫌疑人的，人民检察院应当在四十八小时以内安排会见的具体时间；对于贪污贿赂犯罪等重大复杂的两人以上的共同犯罪案件，可以在五日以内安排会见的具体时间。	第一款被修改后规则第四十五条、第四十六条吸收；第二款被修改后规则删除

修订前	修订后
人民检察院安排会见时间时，应当根据案件的情况和需要决定是否派员在场。决定不派员在场的，应当出具同意会见证明。受委托的律师凭人民检察院的同意会见证明或者由人民检察院派员陪同会见在押的犯罪嫌疑人。	
第一百五十二条 对于涉及国家秘密的案件，律师提出会见在押的犯罪嫌疑人的，人民检察院应当根据案件的情况和需要在五日以内作出是否批准受委托的律师会见在押犯罪嫌疑人的决定。批准受委托的律师会见在押犯罪嫌疑人的，依照本规则第一百五十一条的规定办理。	**被修改后规则删除**
第一百五十三条 受委托的律师会见在押犯罪嫌疑人时，在场的检察机关的工作人员应当告知其遵守监管场所和有关机关关于会见的规定。 受委托的律师会见在押犯罪嫌疑人的情况，在场的检察机关的工作人员可以记明笔录。	**被修改后规则删除**
第一百五十四条 律师询问在押犯罪嫌疑人的内容超越刑事诉讼法第九十六条规定的授权范围，或者违反监管场所和有关机关关于会见的规定的，在场的检察机关的工作人员有权制止，或者中止会见。	**被修改后规则删除**
第一百五十五条 人民检察院发现律师在刑事诉讼中有违反法律或者有关规定的行为的，应当及时制止并向有关律师管理部门通报情况。	**被修改后规则删除**
第一百五十六条 本节所称的“涉及国家秘密的案件”，是指案情或者案件性质涉及国家秘密的案件。	**被修改后规则删除**
第二节　询问证人、被害人	第三节　询问证人、被害人
第一百五十七条 人民检察院在侦查过程中，应当及时询问证人，并且告知证人履行作证的权利和义务。	**第二百零三条** 人民检察院在侦查过程中，应当及时询问证人，并且告知证人履行作证的权利和义务。

修订前	修订后
人民检察院应当保证一切与案件有关或者了解案情的公民,有客观地充分地提供证据的条件,并为他们保守秘密。除特殊情况外,人民检察院可以吸收证人协助调查。	人民检察院应当保证一切与案件有关或者了解案情的公民,有客观充分地提供证据的条件,并为他们保守秘密。除特殊情况外,人民检察院可以吸收证人协助调查。
第一百五十八条 询问证人,应当由检察人员进行。询问的时候,检察人员不得少于二人。	**第二百零四条** 询问证人,应当由检察人员进行。询问的时候,检察人员不得少于二人。
第一百五十九条 询问证人,可以到证人的所在单位、住处进行,检察人员应当出示人民检察院的询问证人通知书和工作证。必要时,也可以通知证人到人民检察院提供证言。 询问证人应当个别进行。	**第二百零五条** 询问证人,可以**在现场**进行,**也**可以到证人所在单位、住处**或者证人提出的地点**进行。必要时,也可以通知证人到人民检察院提供证言。**到证人提出的地点进行询问的,应当在笔录中记明。** 询问证人应当个别进行。 **在现场询问证人,应当出示工作证件。到证人所在单位、住处或者证人提出的地点询问证人,应当出示人民检察院的证明文件。**
第一百六十条 询问证人,应当问明证人的基本情况以及与当事人的关系,并且告知证人应当如实地提供证据、证言和有意作伪证或者隐匿罪证要负的法律责任,但是不得向证人泄露案情,不得采用羁押、刑讯、威胁、引诱、欺骗以及其他非法方法获取证言。	**第二百零六条** 询问证人,应当问明证人的基本情况以及与当事人的关系,并且告知证人应当如实提供证据、证言和故意作伪证或者隐匿罪证**应当承担**的法律责任,但是不得向证人泄露案情,不得采用羁押、暴力、威胁、引诱、欺骗以及其他非法方法获取证言。
第一百六十一条 询问不满十八岁的证人,可以通知其法定代理人到场。	**被修改后规则第四百九十条吸收**
第一百六十二条 本规则第一百四十一条至第一百四十二条的规定,适用于询问证人。	**第二百零七条** 本规则**第一百九十八条、第一百九十九条**的规定,适用于询问证人。
第一百六十三条 人民检察院应当保障证人及其近亲属的安全。 询问中涉及证人隐私的,应当保守秘密。 对证人及其亲属进行威胁、侮辱、殴打或者打击报复,构成犯罪或者应当给予治安管理处罚的,应当移送公安机关处理;情节轻微的,予以批评教育、训诫。	**被修改后规则第七十六条吸收**
第一百六十四条 询问被害人,适用询问证	**第二百零八条** 询问被害人,适用询问证

修订前	修订后
人的规定。	人的规定。
第三节 勘验、检查	第四节 勘验、检查
第一百六十五条 检察人员对于与犯罪有关的场所、物品、人身、尸体应当进行勘验或者检查。在必要的时候，可以指派检察技术人员或者聘请其他具有专门知识的人，在检察人员的主持下进行勘验、检查。	**第二百零九条** 检察人员对于与犯罪有关的场所、物品、人身、尸体应当进行勘验或者检查。在必要的时候，可以指派检察技术人员或者聘请其他具有专门知识的人，在检察人员的主持下进行勘验、检查。
第一百六十六条 进行勘验、检查，应当持有检察长签发的勘查证。	**第二百一十条** 进行勘验、检查，应当持有检察长签发的勘查证。 **勘查现场，应当拍摄现场照片，勘查的情况应当写明笔录并制作现场图，由参加勘查的人和见证人签名。对重大案件的现场，应当录像。**
第一百六十七条 勘验时，人民检察院应当邀请二名与案件无关的见证人在场。	**第二百一十一条** 勘验时，人民检察院应当邀请二名与案件无关的见证人在场。
第一百六十八条 人民检察院决定解剖死因不明的尸体时，应当通知死者家属到场，并让其在解剖通知书上签名或者盖章。 死者家属无正当理由拒不到场或者拒绝签名、盖章的，不影响解剖的进行，但是应当在解剖通知书上记明。对于身份不明的尸体，无法通知死者家属的，应当记明笔录。	**第二百一十二条** 人民检察院解剖死因不明的尸体，应当通知死者家属到场，并让其在解剖通知书上签名或者盖章。 死者家属无正当理由拒不到场或者拒绝签名、盖章的，不影响解剖的进行，但是应当在解剖通知书上记明。对于身份不明的尸体，无法通知死者家属的，应当记明笔录。
第一百六十九条 为了确定被害人、犯罪嫌疑人的某些特征、伤害情况或者生理状态，检察人员可以对人身进行检查。 犯罪嫌疑人如果拒绝检查，检察人员认为必要的时候，可以强制检查。 检查妇女的身体，应当由女工作人员或者医师进行。	**第二百一十三条** 为了确定被害人、犯罪嫌疑人的某些特征、伤害情况或者生理状态，人民检察院可以对人身进行检查，**可以提取指纹信息，采集血液、尿液等生物样本。** **必要时，可以指派、聘请法医或者医师进行人身检查。采集血液等生物样本应当由医师进行。** 犯罪嫌疑人如果拒绝检查，检察人员认为必要的时候，可以强制检查。 检查妇女的身体，应当由女工作人员或者医师进行。
	第二百一十四条 人身检查不得采用损害

修订前	修订后
	被检查人生命、健康或贬低其名誉或人格的方法。 在人身检查过程中知悉的被检查人的个人隐私，检察人员应当保密。
第一百七十条 勘验、检查的情况应当制作笔录，由参加勘验、检查的人和见证人签名或者盖章。	**第二百一十五条** 勘验、检查的情况应当制作笔录，由参加勘验、检查的人员和见证人签名或者盖章。
第一百七十一条 为了查明案情，在必要的时候，经检察长批准，可以进行侦查实验。 侦查实验，禁止一切足以造成危险、侮辱人格或者有伤风化的行为。	**第二百一十六条** 为了查明案情，在必要的时候，经检察长批准，可以进行侦查实验。 侦查实验，禁止一切足以造成危险、侮辱人格或者有伤风化的行为。
第一百七十二条 侦查实验，在必要的时候可以聘请有关人员参加，也可以要求犯罪嫌疑人、被害人、证人参加。	**第二百一十七条** 侦查实验，在必要的时候可以聘请有关专业人员参加，也可以要求犯罪嫌疑人、被害人、证人参加。
第一百七十三条 侦查实验，应当制作笔录，记明侦查实验的条件、经过和结果，由参加侦查实验的人员签名或者盖章。	**第二百一十八条** 侦查实验，应当制作笔录，记明侦查实验的条件、经过和结果，由参加侦查实验的人员签名。**必要时可以对侦查实验录音、录像。**
第四节 搜 查	第五节 搜 查
第一百七十四条 人民检察院有权要求有关单位和个人，交出能够证明犯罪嫌疑人有罪或者无罪的证据。	**第二百一十九条** 人民检察院有权要求有关单位和个人，交出能够证明犯罪嫌疑人有罪或者无罪**以及犯罪情节轻重**的证据。
第一百七十五条 为了收集犯罪证据，查获犯罪人，侦查人员可以对犯罪嫌疑人以及可能隐藏罪犯或者犯罪证据的人的身体、物品、住处、工作地点和其他有关的地方进行搜查。	**第二百二十条** 为了收集犯罪证据，查获犯罪人，**经检察长批准，检察**人员可以对犯罪嫌疑人以及可能隐藏罪犯或者犯罪证据的人的身体、物品、住处、工作地点和其他有关的地方进行搜查。
第一百七十八条 进行搜查，应当向被搜查人或者他的家属出示搜查证。 搜查证由检察长签发。	**第二百二十一条** 进行搜查，应当向被搜查人或者他的家属出示搜查证。 搜查证由检察长签发。
第一百七十六条 人民检察院在搜查前，应当了解被搜查对象的基本情况，搜查现场及周围	**第二百二十二条** 人民检察院在搜查前，应当了解被搜查对象的基本情况、搜查现场及

修订前	修订后
环境，确定搜查的范围和重点，明确搜查人员的分工和责任。	周围环境，确定搜查的范围和重点，明确搜查人员的分工和责任。
第一百七十七条 搜查应当在检察人员的主持下进行，可以有司法警察参加。必要的时候，可以指派检察技术人员参加或者邀请当地公安机关、有关单位协助进行。	**第二百二十三条** 搜查应当在检察人员的主持下进行，可以有司法警察参加。必要的时候，可以指派检察技术人员参加或者邀请当地公安机关、有关单位协助进行。 **执行搜查的检察人员不得少于二人。**
第一百七十九条 在执行逮捕、拘留的时候，遇有紧急情况，不另用搜查证也可以进行搜查。但搜查结束后，搜查人员应当及时向检察长报告，及时补办有关手续。	**第二百二十四条** 在执行逮捕、拘留的时候，遇有**下列**紧急情况**之一**，不另用搜查证也可以进行搜查： **（一）可能随身携带凶器的；** **（二）可能隐藏爆炸、剧毒等危险物品的；** **（三）可能隐匿、毁弃、转移犯罪证据的；** **（四）可能隐匿其他犯罪嫌疑人的；** **（五）其他紧急情况。** 搜查结束后，搜查人员应当**在二十四小时内**向检察长报告，及时补办有关手续。
第一百八十条 搜查时，应当有被搜查人或者他的家属、邻居或者其他见证人在场，并且对被搜查人或者其家属说明阻碍搜查、妨碍公务应负的法律责任。 搜查妇女的身体，应当由女工作人员进行。	**第二百二十五条** 搜查时，应当有被搜查人或者他的家属、邻居或者其他见证人在场，并且对被搜查人或者其家属说明阻碍搜查、妨碍公务应负的法律责任。 搜查妇女的身体，应当由女工作人员进行。
第一百八十一条 搜查时，如果遇到阻碍，可以强制进行搜查。对以暴力、威胁方法阻碍搜查的，应当予以制止，或者由司法警察将其带离现场；对于构成犯罪的，应当依法追究刑事责任。	**第二百二十六条** 搜查时，如果遇到阻碍，可以强制进行搜查。对以暴力、威胁方法阻碍搜查的，应当予以制止，或者由司法警察将其带离现场；**阻碍搜查**构成犯罪的，应当依法追究刑事责任。
第一百八十二条 搜查应当全面、细致、及时，并且指派专人严密注视搜查现场的动向。	**第二百二十七条** 搜查应当全面、细致、及时，并且指派专人严密注视搜查现场的动向。
第一百八十三条 进行搜查的人员，应当遵守纪律，服从指挥，文明执法，不得无故损坏搜查现场的物品。对于查获的重要书证、物证、视听资料及其放置地点应当拍照，并且用文字说明有关情况，必要的时候，可以录像。	**第二百二十八条** 进行搜查的人员，应当遵守纪律，服从指挥，文明执法，不得无故损坏搜查现场的物品，**不得擅自扩大搜查对象和范围**。对于查获的重要书证、物证、视听资料、**电子数据**及其放置、**存储地点**应当拍照，并且用文

修订前	修订后
	字说明有关情况，必要的时候可以录像。
第一百八十四条 搜查情况应当制作笔录，由检察人员和被搜查人或者他的家属、邻居或者其他见证人签名或者盖章。如果被搜查人或者他的家属在逃，或者拒绝签名、盖章的，应当记明笔录。	**第二百二十九条** 搜查情况应当制作笔录，由检察人员和被搜查人或者**其**家属、邻居或者其他见证人签名或者盖章。被搜查人**在逃，其家属拒不到场**，或者拒绝签名、盖章的，应当记明笔录。
第一百八十五条 人民检察院到本辖区以外执行搜查任务，办案人员应当携带搜查证、工作证以及写有主要案情、搜查目的、要求等内容的公函，与当地人民检察院联系。当地人民检察院应当配合、协助执行搜查。	**第二百三十条** 人民检察院到本辖区以外**进行**搜查，**检察**人员应当携带搜查证、工作证以及**载**有主要案情、搜查目的、要求等内容的公函，与当地人民检察院联系，当地人民检察院应当协助搜查。
第五节 调取、扣押物证、书证和视听资料	第六节 调取、**查封**、扣押物证、书证和视听资料**、电子数据**
第一百八十六条 检察人员可以凭人民检察院的证明文件，向有关单位和个人调取能够证实犯罪嫌疑人有罪或者无罪的证据材料，并且可以根据需要拍照、录像、复印和复制。对于涉及国家秘密的证据，应当严格保守秘密。	**第二百三十一条** 检察人员可以凭人民检察院的证明文件，向有关单位和个人调取能够证明犯罪嫌疑人有罪或者无罪**以及犯罪情节轻重**的证据材料，并且可以根据需要拍照、录像、复印和复制。
第一百八十七条 人民检察院办理案件，需要向本辖区以外的有关单位和个人调取物证、书证的，办案人员应当携带工作证、单位办案证明信和有关法律文书，及时同当地人民检察院联系，当地人民检察院应当配合、协助执行任务。 如果需要调取的证据是比较简单的，可以向证据所在地的人民检察院函调。函调证据应当注明取证对象的具体内容和确切地址。协助函调的人民检察院应当及时派员按调查内容进行调查取证，并且在收到函件一个月内将调查结果送达请调的人民检察院。	**第二百三十二条** 人民检察院办理案件，需要向本辖区以外的有关单位和个人调取物证、书证**等证据材料**的，办案人员应当携带工作证、**人民检察院的证明文件**和有关法律文书，与当地人民检察院联系，当地人民检察院应当**予以**协助。 **必要时**，可以向证据所在地的人民检察院**发**函**调取证据**。**调取证据的函件**应当注明取证对象的具体内容和确切地址。协助的人民检察院应当**在**收到函件后一个月内将调查结果送达**请求**的人民检察院。
第一百八十八条 调取书证、视听资料应当调取原件。取得原件确有困难或者因保密需要不能调取原件的，可以调取副本或者复制件。 调取物证应当调取原物。原物不便搬运、保存，或者依法应当返还被害人，或者因保密工作	**第二百三十三条** 调取物证应当调取原物。原物不便搬运、保存，或者依法应当返还被害人，或者因保密工作需要不能调取原物的，可以将原**物封存，并**拍照、录像。对原物拍照或者录像应当足以反映原物的外形、内容。

修订前	修订后
需要不能调取原物的,可以将原物拍照、录像。对原物拍照或者录像应当足以反映原物的外形、内容。 调取书证、视听资料的副本、复制件和物证的照片、录像的,应当附有不能调取原件、原物的原因、制作过程和原件、原物存放地点的说明,并由制作人员和原书证、视听资料、物证持有人签名或者盖章。	调取书证、视听资料应当调取原件。取得原件确有困难或者因保密需要不能调取原件的,可以调取副本或者复制件。 调取书证、视听资料的副本、复制件和物证的照片、录像的,应当**书面记明**不能调取原件、原物的原因,制作过程和原件、原物存放地点,并由制作人员和原书证、视听资料、物证持有人签名或者盖章。
第一百八十九条　在勘验、搜查中发现的可以证明犯罪嫌疑人有罪或者无罪的各种文件、资料和其他物品,应当扣押;与案件无关的,不得扣押。 不能立即查明是否与案件有关的可疑的文件、资料和其他物品,也可以扣押,但是应当及时审查。经查明确实与案件无关的,应当在三日以内退还。 持有人拒绝交出应当扣押的文件、资料和其他物品的,可以强制扣押。	**第二百三十四条**　在**侦查活动**中发现的可以证明犯罪嫌疑人有罪、无罪或者**犯罪情节轻重**的各种**财物和文件**,应当**查封或者**扣押;与案件无关的,不得**查封或者**扣押。 不能立即查明是否与案件有关的可疑的**财物和文件**,也可以**查封或者**扣押,但应当及时审查。经查明确实与案件无关的,应当在三日以内**解除查封或者予以**退还。 持有人拒绝交出应当**查封**、扣押的**财物和文件**的,可以强制**查封**、扣押。 **对于犯罪嫌疑人、被告人到案时随身携带的物品需要扣押的,可以依照前款规定办理。对于与案件无关的个人用品,应当逐件登记,并随案移交或者退还其家属。**
	第二百三十五条　人民检察院查封、扣押财物和文件,应当经检察长批准,由两名以上检察人员执行。 **需要查封、扣押的财物和文件不在本辖区的,办理案件的人民检察院应当依照有关法律及有关规定,持相关法律文书及简要案情等说明材料,商请被查封、扣押财物和文件所在地的人民检察院协助执行。** **被请求协助的人民检察院有异议的,可以与办理案件的人民检察院进行协商,必要时,报请共同的上级人民检察院决定。**
第一百九十条　对于扣押的文件、资料和其他物品,侦查人员应当会同在场见证人和被扣押物品持有人查点清楚,当场开列扣押物品清单一式二份,写明文件、资料和其他物品的名称、型	**第二百三十六条**　对于**查封**、扣押的**财物和文件**,**检察**人员应当会同在场见证人和被**查封**、扣押物品持有人查点清楚,当场开列**查封**、扣押清单一式**四**份,**注明查封、扣押**物品的名

修订前	修订后
号、规格、数量、重量、质量、颜色、新旧程度和缺损特征等,由检察人员、见证人和持有人签名或者盖章,一份交给持有人,另一份附卷备查。如果持有人拒绝签名或者盖章的,应当在扣押物品清单上记明。 对于扣押的金银珠宝、文物、名贵字画、违禁品以及其他不易辨别真伪的贵重物品,应当当场密封,并由扣押人员、见证人和被扣押物品持有人在密封材料上签名或者盖章。	称、型号、规格、数量、质量、颜色、新旧程度、**包装等主要**特征,由检察人员、见证人和持有人签名或者盖章,一份交给**文件、资料和其他物品**持有人,一份交**被查封、扣押文件、资料和其他物品保管人,**一份附卷,**一份保存**。持有人拒绝签名、盖章**或者不在场的**,应当在清单上记明。 **查封**、扣押**外币**、金银珠宝、文物、名贵字画以及其他不易辨别真伪的贵重物品,应当**在拍照或者录像后**当场密封,由**检察人员**、见证人和被扣押物品持有人在密封材料上签名或者盖章,**根据办案需要及时委托具有资质的部门出具鉴定报告。启封时应当有见证人或者持有人在场并且签名或者盖章。** **查封、扣押存折、信用卡、有价证券等支付凭证和具有一定特征能够证明案情的现金,应当注明特征、编号、种类、面值、张数、金额等,由检察人员、见证人和被扣押物品持有人在密封材料上签名或者盖章。启封时应当有见证人或者持有人在场并签名或者盖章。** **查封、扣押易损毁、灭失、变质以及其他不宜长期保存的物品,应当用笔录、绘图、拍照、录像等方法加以保全后进行封存,或者经检察长批准后委托有关部门变卖、拍卖。变卖、拍卖的价款暂予保存,待诉讼终结后一并处理。**
第一百九十一条 对于应当扣押但是不便提取的物品,经拍照或者录像后,可以交被扣押物品持有人保管,并且单独开具扣押物品清单一式二份,在清单上注明该物品已经拍照或者录像,物品持有人应当妥善保管,不得转移、变卖、损毁,由检察人员、见证人和持有人签名或者盖章,一份交给物品持有人,另一份连同照片或者录像带附卷备查。	**第二百三十七条** **对于应当查封的不动产和置于该不动产上不宜移动的设施、家具和其他相关财物,以及涉案的车辆、船舶、航空器和大型机械、设备等财物,必要时可以扣押其权利证书,经拍照或者录像后原地封存,并开具查封清单一式四份,注明相关财物的详细地址和相关特征,同时注明已经拍照或者录像及其权利证书已被扣押,由检察人员、见证人和持有人签名或者盖章。持有人拒绝签名、盖章或者不在场的,应当在清单上注明。** **人民检察院查封不动产和置于该不动产上不宜移动的设施、家具和其他相关财物,以及涉案的车辆、船舶、航空器和大型机械、设备等财物,应当在保证侦查活动正常进行的同时,尽量**

修订前	修订后
	不影响有关当事人的正常生活和生产经营活动。必要时,可以将被查封的财物交持有人或者其近亲属保管,并书面告知保管人对被查封的财物应当妥善保管,不得转移、变卖、毁损、出租、抵押、赠予等。 人民检察院应当将查封决定书副本送达不动产、生产设备或者车辆、船舶、航空器等财物的登记、管理部门,告知其在查封期间禁止办理抵押、转让、出售等权属关系变更、转移登记手续。
第一百九十二条 扣押犯罪嫌疑人的邮件、电报或者电子邮件,应当经检察长批准,通知邮电机关或者网络服务机构将有关的邮件、电报或者电子邮件检交扣押。 不需要继续扣押的时候,应当立即通知邮电机关或者网络服务机构。	**第二百三十八条** 扣押犯罪嫌疑人的邮件、电报或者电子邮件,应当经检察长批准,通知邮电部门或者网络服务**单位**将有关的邮件、电报或者电子邮件检交扣押。 不需要继续扣押的时候,应当立即通知邮电部门或者网络服务单位。 **对于可以作为证据使用的录音、录像带、电子数据存储介质,应当记明案由、对象、内容,录取、复制的时间、地点、规格、类别、应用长度、文件格式及长度等,妥为保管,并制作清单,随案移送。**
	第二百三十九条 查封单位的涉密电子设备、文件等物品,应当在拍照或者录像后当场密封,由检察人员、见证人、单位有关负责人签名或者盖章。启封时应当有见证人、单位有关负责人在场并签名或者盖章。 **对于有关人员拒绝按照前款有关规定签名或者盖章的,人民检察院应当在相关文书上注明。** **对犯罪嫌疑人使用违法所得与合法收入共同购置的不可分割的财产,可以先行查封、扣押、冻结。对无法分割退还的财产,应当在结案后予以拍卖、变卖,对不属于违法所得的部分予以退还。**
第一百九十三条 对于扣押在人民检察院的物品、文件、邮件、电报,应当指派人员妥善保管,不得使用、调换、损毁或者自行处理。经查明确实与案件无关的,应当在三日以内解除扣押,	**第二百四十条** 对于**查封**、扣押在人民检察院的物品、文件、邮件、电报,应当妥善保管,不得使用、调换、损毁或者自行处理。经查明确实与案件无关的,应当在三日以内作出解除或

修订前	修订后
退还原主或者原邮电机关。	者退还决定，并通知有关单位、当事人办理相关手续。
第六节　查询、冻结存款、汇款	第七节　查询、冻结
第一百九十四条　人民检察院根据侦查犯罪的需要，可以依照规定查询、冻结犯罪嫌疑人的存款、汇款。	**第二百四十一条**　人民检察院根据侦查犯罪的需要，可以依照规定查询、冻结犯罪嫌疑人的存款、汇款、**债券、股票、基金份额等财产，并可以要求有关单位和个人配合。**
第一百九十五条　向银行或者其他金融机构、邮电机关查询或者要求冻结犯罪嫌疑人的存款、汇款，应当经检察长批准，通知银行或者其他金融机构、邮电机关执行。	**第二百四十二条**　查询、冻结犯罪嫌疑人的存款、汇款、**债券、股票、基金份额等财产**，应当经检察长批准，**制作查询、冻结财产通知书**，通知银行或者其他金融机构、邮电**部门**执行。
第一百九十六条　犯罪嫌疑人的存款、汇款已经被冻结的，人民检察院不得重复冻结，但是应当要求有关银行或者其他金融机构、邮电机关在解除冻结或者作出处理前通知人民检察院。	**第二百四十三条**　犯罪嫌疑人的存款、汇款、**债券、股票、基金份额等财产**已冻结的，人民检察院不得重复冻结，但是应当要求有关银行或者其他金融机构、邮电**部门**在解除冻结或者作出处理前通知人民检察院。
	第二百四十四条　扣押、冻结债券、股票、基金份额等财产，应当书面告知当事人或者其法定代理人、委托代理人有权申请出售。 **对于被扣押、冻结的债券、股票、基金份额等财产，在扣押、冻结期间权利人申请出售，经审查认为不损害国家利益、被害人利益，不影响诉讼正常进行的，以及扣押、冻结的汇票、本票、支票的有效期即将届满的，经检察长批准，可以在案件办结前依法出售或者变现，所得价款由检察机关指定专门的银行账户保管，并及时告知当事人或者其近亲属。**
第一百九十七条　对于冻结的存款、汇款，经查明确实与案件无关的，应当在三日以内解除冻结。	**第二百四十五条**　对于冻结的存款、汇款、**债券、股票、基金份额等财产**，经查明确实与案件无关的，应当在三日以内解除冻结，**并通知被冻结存款、汇款、债券、股票、基金份额等财产的所有人。**
第一百九十八条　查询、冻结与案件有关的	**第二百四十六条**　查询、冻结与案件有关

修订前	修订后
单位的存款、汇款的办法适用本规则第一百九十四条至第一百九十七条的规定。	的单位的存款、汇款、**债券、股票、基金份额等财产**的办法适用本规则**第二百四十一条**至**第二百四十五条**的规定。
第七节 鉴 定	第八节 鉴 定
第一百九十九条 人民检察院为了查明案情,解决案件中某些专门性的问题,应当进行鉴定。	**第二百四十七条** 人民检察院为了查明案情,解决案件中某些专门性的问题,**可以**进行鉴定。
第二百条 鉴定由检察长批准,由人民检察院技术部门有鉴定资格的人员进行。必要的时候,也可以聘请其他有鉴定资格的人员进行,但是应当征得鉴定人所在单位的同意。 具有刑事诉讼法第二十八条、第二十九条规定的应当回避的情形的,不能担任鉴定人。	**第二百四十八条** 鉴定由检察长批准,由人民检察院技术部门有鉴定资格的人员进行。必要的时候,也可以聘请其他有鉴定资格的人员进行,但是应当征得鉴定人所在单位的同意。 具有刑事诉讼法第二十八条、第二十九条规定的应当回避的情形的,不能担任鉴定人。
第二百零一条 人民检察院应当为鉴定人进行鉴定提供必要条件,及时向鉴定人送交有关检材和对比样本等原始材料,介绍与鉴定有关的情况,并且明确提出要求鉴定解决的问题,但是不得暗示或者强迫鉴定人作出某种鉴定结论。	**第二百四十九条** 人民检察院应当为鉴定人进行鉴定提供必要条件,及时向鉴定人送交有关检材和对比样本等原始材料,介绍与鉴定有关的情况,并明确提出要求鉴定解决的问题,但是不得暗示或者强迫鉴定人作出某种鉴定**意见**。
第二百零二条 鉴定人进行鉴定后,应当出具鉴定结论、检验报告,并且签名或者盖章。 几个鉴定人意见有分歧的,应当在鉴定结论上写明分歧的内容和理由,并且分别签名或者盖章。	**第二百五十条** 鉴定人进行鉴定后,应当出具鉴定**意见**、检验报告,**同时附上鉴定机构和鉴定人的资质证明**,并且签名或者盖章。 **多**个鉴定人的**鉴定**意见**不一致**的,应当在鉴定**意见**上写明分歧的内容和理由,并且分别签名或者盖章。
第二百零三条 鉴定人故意作虚假鉴定的,应当承担法律责任。	**第二百五十一条** 鉴定人故意作虚假鉴定的,应当承担法律责任。
第二百零四条 对于鉴定结论,检察人员应当进行审查,必要的时候,可以提出补充鉴定或者重新鉴定的意见,报检察长批准后进行补充鉴定或者重新鉴定。检察长也可以直接决定进行补充鉴定或者重新鉴定。	**第二百五十二条** 对于鉴定**意见**,检察人员应当进行审查,必要的时候,可以提出补充鉴定或者重新鉴定的意见,报检察长批准后进行补充鉴定或者重新鉴定。检察长也可以直接决定进行补充鉴定或者重新鉴定。
第二百零五条 用作证据的鉴定结论,人民	**第二百五十三条** 用作证据的鉴定意见,

修订前	修订后
检察院办案部门应当告知犯罪嫌疑人、被害人；被害人死亡或者没有诉讼行为能力的，应当告知其法定代理人、近亲属或诉讼代理人。如果犯罪嫌疑人、被害人或被害人的法定代理人、近亲属、诉讼代理人提出申请，经检察长批准，可以补充鉴定或者重新鉴定，但应由请求方承担鉴定费用。 告知犯罪嫌疑人、被害人或被害人的法定代理人、近亲属、诉讼代理人鉴定结论，可以只告知其结论部分，不告知鉴定过程等其他内容。	人民检察院办案部门应当告知犯罪嫌疑人、被害人；被害人死亡或者没有诉讼行为能力的，应当告知其法定代理人、近亲属或诉讼代理人。 犯罪嫌疑人、被害人或被害人的法定代理人、近亲属、诉讼代理人提出申请，经检察长批准，可以补充鉴定或者重新鉴定，**鉴定费用由请求方承担，但原鉴定违反法定程序的，由人民检察院承担。** **犯罪嫌疑人的辩护人或者近亲属以犯罪嫌疑人有患精神病可能而申请对犯罪嫌疑人进行鉴定的，鉴定费用由请求方承担。**
第二百零六条 人民检察院决定重新鉴定的，应当另行指派或者聘请鉴定人。	**第二百五十四条** 人民检察院决定重新鉴定的，应当另行指派或者聘请鉴定人。
第二百零七条 对人身伤害的医学鉴定有争议需要重新鉴定或者对精神病的医学鉴定，由省级人民政府指定的医院进行。鉴定人进行鉴定后，应当写出鉴定结论，并且由鉴定人签名，医院加盖公章。 对人身伤害的医学鉴定有争议需要重新鉴定的情形包括： （一）对同一人身伤害已存在两个以上的不同鉴定结论，人民检察院与公安机关、犯罪嫌疑人、被害人之间或者被害人与犯罪嫌疑人之间不能形成一致认识，人民检察院认为需要重新鉴定的； （二）人民检察院认为公安机关的人身伤害医学鉴定不能作为定案依据，需要重新鉴定的； （三）人民检察院与公安机关、被害人、犯罪嫌疑人之间或者被害人与犯罪嫌疑人之间对同一人身伤害的医学鉴定有不同认识，人民检察院认为需要重新鉴定的。	**被修改后规则删除**
第二百零八条 人民检察院认为省级人民政府指定的医院作出的鉴定结论不能作为定案依据的，应当另行委托省级人民政府指定的其他医院重新鉴定或者补充鉴定。	**被修改后规则删除**
第二百零九条 对犯罪嫌疑人作精神病鉴	**第二百五十五条** 对犯罪嫌疑人作精神病

修订前	修订后
定的时间不计入羁押期限和办案期限。	鉴定的**期间**不计入羁押期限和办案期限。
	第二百五十六条　对于因鉴定时间较长、办案期限届满仍不能终结的案件，自期限届满之日起，应当依法释放被羁押的犯罪嫌疑人或者变更强制措施。
第八节　辨　认	第九节　辨　认
第二百一十条　为了查明案件，在必要的时候，检察人员可以让被害人、证人和犯罪嫌疑人对与犯罪有关的物品、文件、尸体进行辨认；也可以让被害人、证人对犯罪嫌疑人进行辨认，或者让犯罪嫌疑人对其他犯罪嫌疑人进行辨认。 对犯罪嫌疑人进行辨认，应当经检察长批准。	**第二百五十七条**　为了查明案情，在必要的时候，检察人员可以让被害人、证人和犯罪嫌疑人对与犯罪有关的物品、文件、尸体**或场所**进行辨认；也可以让被害人、证人对犯罪嫌疑人进行辨认，或者让犯罪嫌疑人对其他犯罪嫌疑人进行辨认。 对犯罪嫌疑人进行辨认，应当经检察长批准。
第二百一十一条　辨认应当在检察人员的主持下进行。在辨认前，应当向辨认人详细询问被辨认人或者被辨认物的具体特征，禁止辨认人见到被辨认人或者被辨认物，并应当告知辨认人有意作假辨认应负的法律责任。	**第二百五十八条**　辨认应当在检察人员的主持下进行，**主持辨认的检察人员不得少于二人**。在辨认前，应当向辨认人详细询问被辨认**对象**的具体特征，**避免**辨认人见到被辨认**对象**，并应当告知辨认人有意作虚假辨认应负的法律责任。
第二百一十二条　几名辨认人对同一被辨认人或者同一物品进行辨认时，应当由每名辨认人单独进行。必要的时候，可以有见证人在场。	**第二百五十九条**　几名辨认人对同一被辨认**对象**进行辨认时，应当由每名辨认人单独进行。必要的时候，可以有见证人在场。
第二百一十三条　辨认时，应当将辨认对象混杂在其他人员或者物品之中，不得给予辨认人任何暗示。 辨认犯罪嫌疑人时，受辨认人的人数不得少于五人，照片不得少于五张。 辨认物品时，同类物品不得少于五件，照片不得少于五张。	**第二百六十条**　辨认时，应当将辨认对象混杂在其他**对象**中，不得给辨认人任何暗示。 辨认犯罪嫌疑人、**被害人**时，**被**辨认的人数**为五到十人，照片五到十张**。 辨认物品时，同类物品不得少于五件，照片不得少于五张。 **对犯罪嫌疑人的辨认，辨认人不愿公开进行时，可以在不暴露辨认人的情况下进行，并应当为其保守秘密。**
第二百一十四条　辨认的情况，应当制作笔	**第二百六十一条**　辨认的情况，应当制作

修订前	修订后
录，由参加辨认的有关人员签名或者盖章。	笔录，由检察人员、辨认人、见证人签字。对辨认对象应当拍照，必要时可以对辨认过程进行录音、录像。
第二百一十五条　人民检察院主持进行辨认，可以商请公安机关参加或者协助。	第二百六十二条　人民检察院主持进行辨认，可以商请公安机关参加或者协助。
	第十节　技术侦查措施
	第二百六十三条　人民检察院在立案后，对于涉案数额在十万元以上、采取其他方法难以收集证据的重大贪污、贿赂犯罪案件以及利用职权实施的严重侵犯公民人身权利的重大犯罪案件，经过严格的批准手续，可以采取技术侦查措施，交有关机关执行。 本条规定的贪污、贿赂犯罪包括刑法分则第八章规定的贪污罪、受贿罪、单位受贿罪、行贿罪、对单位行贿罪、介绍贿赂罪、单位行贿罪、利用影响力受贿罪。 本条规定的利用职权实施的严重侵犯公民人身权利的重大犯罪案件包括有重大社会影响的、造成严重后果的或者情节特别严重的非法拘禁、非法搜查、刑讯逼供、暴力取证、虐待被监管人、报复陷害等案件。
	第二百六十四条　人民检察院办理直接受理立案侦查的案件，需要追捕被通缉或者批准、决定逮捕的在逃的犯罪嫌疑人、被告人的，经过批准，可以采取追捕所必需的技术侦查措施，不受本规则第二百六十三条规定的案件范围的限制。
	第二百六十五条　人民检察院采取技术侦查措施应当根据侦查犯罪的需要，确定采取技术侦查措施的种类和适用对象，按照有关规定报请批准。批准决定自签发之日起三个月以内有效。对于不需要继续采取技术侦查措施的，应当及时解除；对于复杂、疑难案件，期限届满仍有必要继续采取技术侦查措施的，应当在期限届满前十日以内制作呈请延长技术侦查措施

修订前	修订后
	期限报告书，写明延长的期限及理由，经过原批准机关批准，有效期可以延长，每次不得超过三个月。 采取技术侦查措施收集的材料作为证据使用的，批准采取技术侦查措施的法律决定文书应当附卷，辩护律师可以依法查阅、摘抄、复制。
	第二百六十六条 采取技术侦查措施收集的物证、书证及其他证据材料，侦查人员应当制作相应的说明材料，写明获取证据的时间、地点、数量、特征以及采取技术侦查措施的批准机关、种类等，并签名和盖章。 对于使用技术侦查措施获取的证据材料，如果可能危及特定人员的人身安全、涉及国家秘密或者公开后可能暴露侦查秘密或者严重损害商业秘密、个人隐私的，应当采取不暴露有关人员身份、技术方法等保护措施。在必要的时候，可以建议不在法庭上质证，由审判人员在庭外对证据进行核实。
	第二百六十七条 检察人员对采取技术侦查措施过程中知悉的国家秘密、商业秘密和个人隐私，应当保密；对采取技术侦查措施获取的与案件无关的材料，应当及时销毁，并对销毁情况制作记录。 采取技术侦查措施获取的证据、线索及其他有关材料，只能用于对犯罪的侦查、起诉和审判，不得用于其他用途。
第九节 通 缉	第十一节 通 缉
第二百一十六条 人民检察院侦查直接受理的案件，应当逮捕的犯罪嫌疑人如果在逃，或者已被逮捕的犯罪嫌疑人脱逃的，经检察长批准，可以作出通缉的决定。	**第二百六十八条** 人民检察院办理直接受理立案侦查的案件，应当逮捕的犯罪嫌疑人如果在逃，或者已被逮捕的犯罪嫌疑人脱逃的，经检察长批准，可以通缉。
第二百一十七条 各级人民检察院需要在本辖区内通缉犯罪嫌疑人的，可以直接决定通缉；需要在本辖区外通缉犯罪嫌疑人的，由有决定权的上级人民检察院决定。	**第二百六十九条** 各级人民检察院需要在本辖区内通缉犯罪嫌疑人的，可以直接决定通缉；需要在本辖区外通缉犯罪嫌疑人的，由有决定权的上级人民检察院决定。

修订前	修订后
第二百一十八条 人民检察院应当将通缉通知书和通缉犯的照片、身份、特征、案情简况送达公安机关，由公安机关发布通缉令，追捕归案。	**第二百七十条** 人民检察院应当将通缉通知书和通缉**对象**的照片、身份、特征、案情简况送达公安机关，由公安机关发布通缉令，追捕归案。
	第二百七十一条 为防止犯罪嫌疑人等涉案人员逃往境外，需要在边防口岸采取边控措施的，人民检察院应当按照有关规定制作边控对象通知书，商请公安机关办理边控手续。
第二百一十九条 人民检察院应当与公安机关积极配合，及时检查监督通缉的执行情况。	**第二百七十二条** 人民检察院应当及时了**解**通缉的执行情况。
第二百二十条 对于应当逮捕的犯罪嫌疑人，如果潜逃出境，可以报告最高人民检察院商请国际刑事警察组织中国国家中心局，请求有关方面协助，或者通过其他法律规定的途径追捕归案。	**第二百七十三条** 对于应当逮捕的犯罪嫌疑人，如果潜逃出境，可以**按照有关规定层报**最高人民检察院商请国际刑警组织中国国家中心局，请求有关方面协助，或者通过其他法律规定的途径**进行**追捕。
第十节 侦查终结	第十二节 侦查终结
第二百二十一条 对犯罪嫌疑人逮捕后的侦查羁押期限不得超过二个月。基层人民检察院，分、州、市人民检察院和省级人民检察院直接立案侦查的案件，案情复杂、期限届满不能终结的案件，可以经上一级人民检察院批准延长一个月。	**第二百七十四条** 对犯罪嫌疑人逮捕后的侦查羁押期限不得超过二个月。基层人民检察院，分、州、市人民检察院和省级人民检察院直接**受理**立案侦查的案件，案情复杂、期限届满不能终结的案件，可以经上一级人民检察院批准延长一个月。
第二百二十二条 基层人民检察院和分、州、市人民检察院直接立案侦查的案件，属于交通十分不便的边远地区的重大复杂案件、重大的犯罪集团案件、流窜作案的重大复杂案件和犯罪涉及面广、取证困难的重大复杂案件，在依照本规则第二百二十一条规定的期限届满前不能侦查终结的，经省、自治区、直辖市人民检察院批准，可以延长二个月。 省级人民检察院直接立案侦查的案件，属于上述情形的，可以直接决定延长二个月。	**第二百七十五条** 基层人民检察院和分、州、市人民检察院直接**受理**立案侦查的案件，属于交通十分不便的边远地区的重大复杂案件、重大的犯罪集团案件、流窜作案的重大复杂案件和犯罪涉及面广、取证困难的重大复杂案件，在依照本规则**第二百七十四条**规定的期限届满前不能侦查终结的，经省、自治区、直辖市人民检察院批准，可以延长二个月。 省级人民检察院直接**受理**立案侦查的案件，属于上述情形的，可以直接决定延长二个月。
第二百二十三条 基层人民检察院和分、	**第二百七十六条** 基层人民检察院和分、

修订前	修订后
州、市人民检察院直接立案侦查的案件，对犯罪嫌疑人可能判处十年有期徒刑以上刑罚，依照本规则第二百二十二条的规定依法延长羁押期限届满，仍不能侦查终结的，经省、自治区、直辖市人民检察院批准，可以再延长二个月。 省级人民检察院直接立案侦查的案件，属于上述情形的，可以直接决定再延长二个月。	州、市人民检察院直接**受理**立案侦查的案件，对犯罪嫌疑人可能判处十年有期徒刑以上刑罚，依照本规则**第二百七十五条**的规定依法延长羁押期限届满，仍不能侦查终结的，经省、自治区、直辖市人民检察院批准，可以再延长二个月。 省级人民检察院直接**受理**立案侦查的案件，属于上述情形的，可以直接决定再延长二个月。
第二百二十四条 最高人民检察院直接立案侦查的案件，依照刑事诉讼法的规定需要延长侦查羁押期限的，直接决定延长侦查羁押期限。	**第二百七十七条** 最高人民检察院直接**受理**立案侦查的案件，依照刑事诉讼法的规定需要延长侦查羁押期限的，直接决定延长侦查羁押期限。
第二百二十五条 公安机关需要延长侦查羁押期限的，应当在侦查羁押期限届满七日前，向同级人民检察院移送延长侦查羁押期限意见书，写明案件的主要案情和延长侦查羁押期限的具体理由。 人民检察院直接立案侦查的案件，侦查部门认为需要延长侦查羁押期限的，应当按照本条第一款的规定向本院审查逮捕部门移送延长侦查羁押期限的意见及有关材料。	**第二百七十八条** 公安机关需要延长侦查羁押期限的，应当在侦查羁押期限届满七日前，向同级人民检察院移送延长侦查羁押期限意见书，写明案件的主要案情和延长侦查羁押期限的具体理由。 人民检察院直接立案侦查的案件，侦查部门认为需要延长侦查羁押期限的，应当按照本条第一款的规定向本院**侦查监督**部门移送延长侦查羁押期限的意见及有关材料。
第二百二十六条 人民检察院审查批准或者决定延长侦查羁押期限，由审查逮捕部门办理。 受理案件的人民检察院审查逮捕部门对延长侦查羁押期限的意见审查后，应当提出是否同意延长侦查羁押期限的意见，报检察长决定后，将侦查机关延长侦查羁押期限的理由和本院的审查意见层报有决定权的人民检察院审查决定。有决定权的人民检察院应当在侦查羁押期限届满前作出是否批准延长侦查羁押期限的决定，并交由受理案件的人民检察院审查逮捕部门送达公安机关或者本院侦查部门。	**第二百七十九条** 人民检察院审查批准或者决定延长侦查羁押期限，由**侦查监督**部门办理。 受理案件的人民检察院**侦查监督**部门对延长侦查羁押期限的意见审查后，应当提出是否同意延长侦查羁押期限的意见，报检察长决定后，将侦查机关延长侦查羁押期限的**意见**和本院的审查意见层报有决定权的人民检察院审查决定。有决定权的人民检察院应当在侦查羁押期限届满前作出是否批准延长侦查羁押期限的决定，并交由受理案件的人民检察院**侦查监督**部门送达公安机关或者本院侦查部门。
第二百二十七条 因为特殊原因，在较长时间内不宜交付审判的特别重大复杂的案件，由最高人民检察院报请全国人民代表大会常务委员会批准延期审理。	**第二百八十条** 因为特殊原因，在较长时间内不宜交付审判的特别重大复杂的案件，由最高人民检察院报请全国人民代表大会常务委员会批准延期审理。

修订前	修订后
第二百二十八条 人民检察院在侦查期间发现犯罪嫌疑人另有重要罪行的，自发现之日起依照本规则第二百二十一条的规定重新计算侦查羁押期限。 另有重要罪行是指与逮捕时的罪行不同种的重大犯罪和同种的将影响罪名认定、量刑档次的重大犯罪。	**第二百八十一条** 人民检察院在侦查期间发现犯罪嫌疑人另有重要罪行的，自发现之日起依照本规则**第二百七十四条**的规定重新计算侦查羁押期限。 另有重要罪行是指与逮捕时的罪行不同种的重大犯罪和同种的影响罪名认定、量刑档次的重大犯罪。
第二百二十九条 人民检察院重新计算侦查羁押期限，应当由侦查部门提出重新计算侦查羁押期限的意见移送本院审查逮捕部门审查。审查逮捕部门审查后应当提出是否同意重新计算侦查羁押期限的意见，报检察长决定。	**第二百八十二条** 人民检察院重新计算侦查羁押期限，应当由侦查部门提出重新计算侦查羁押期限的意见，移送本院**侦查监督**部门审查。**侦查监督**部门审查后应当提出是否同意重新计算侦查羁押期限的意见，报检察长决定。
第二百三十条 对公安机关重新计算侦查羁押期限的备案，由审查逮捕部门审查。审查逮捕部门认为公安机关重新计算侦查羁押期限不当的，应当提出纠正意见，报检察长决定后，通知公安机关纠正。	**第二百八十三条** 对公安机关重新计算侦查羁押期限的备案，由**侦查监督**部门审查。**侦查监督**部门认为公安机关重新计算侦查羁押期限不当的，应当提出纠正意见，报检察长决定后，通知公安机关纠正。
第二百三十一条 人民检察院直接立案侦查的案件，不能在法定侦查羁押期限内侦查终结的，应当依法释放犯罪嫌疑人或者变更强制措施。	**第二百八十四条** 人民检察院直接**受理**立案侦查的案件，不能在法定侦查羁押期限内侦查终结的，应当依法释放犯罪嫌疑人或者变更强制措施。
第二百三十二条 人民检察院监所检察部门对于本院直接立案侦查的案件，发现超过侦查羁押期限的，应当提出纠正意见，报告检察长。	**被修改后规则第六百二十八条吸收**
第二百三十三条 人民检察院批准、决定延长侦查羁押期限或者决定重新计算侦查羁押期限的，审查逮捕部门应当同时书面告知本院监所检察部门。	**被修改后规则第六百二十二条吸收**
	第二百八十五条 侦查监督部门审查延长侦查羁押期限、审查重新计算侦查羁押期限案件，可以讯问犯罪嫌疑人，听取律师意见，调取案卷及相关材料等。
第二百三十四条 经过侦查，认为犯罪事实	**第二百八十六条** **人民检察院**经过侦查，

修订前	修订后
清楚，证据确实、充分，依法应当追究刑事责任的案件，侦查人员应当写出侦查终结报告，并且制作起诉意见书。 对于犯罪情节轻微，依照刑法规定不需要判处刑罚或者免除刑罚的案件，侦查人员应当写出侦查终结报告，并且制作不起诉意见书。 侦查终结报告和起诉意见书或者不起诉意见书由侦查部门负责人审核，检察长批准。	认为犯罪事实清楚，证据确实、充分，依法应当追究刑事责任的案件，应当写出侦查终结报告，并且制作起诉意见书。 对于犯罪情节轻微，依照刑法规定不需要判处刑罚或者免除刑罚的案件，应当写出侦查终结报告，并且制作不起诉意见书。 侦查终结报告和起诉意见书或者不起诉意见书由侦查部门负责人审核，检察长批准。
第二百三十五条 提出起诉意见或者不起诉意见的，侦查部门应当将起诉意见书或者不起诉意见书以及其他案卷材料，一并移送本院审查起诉部门审查。国家或者集体财产遭受损失的，在提出提起公诉意见的同时，可以提出提起附带民事诉讼的意见。	**第二百八十七条** 提出起诉意见或者不起诉意见的，侦查部门应当将起诉意见书或者不起诉意见书，**查封、扣押、冻结的犯罪嫌疑人的财物及其孳息、文件清单以及对查封、扣押、冻结的涉案款物的处理意见**和其他案卷材料，一并移送本院**公诉**部门审查。国家或者集体财产遭受损失的，在提出提起公诉意见的同时，可以提出提起附带民事诉讼的意见。
	第二百八十八条　在案件侦查过程中，犯罪嫌疑人委托辩护律师的，检察人员可以听取辩护律师的意见。 **辩护律师要求当面提出意见的，检察人员应当听取意见，并制作笔录附卷。辩护律师提出书面意见的，应当附卷。** **案件侦查终结移送审查起诉时，人民检察院应当同时将案件移送情况告知犯罪嫌疑人及其辩护律师。**
第二百三十六条 上级人民检察院侦查终结的案件，依照刑事诉讼法的规定应当由下级人民检察院提起公诉或者不起诉的，应当将检察委员会的决定、侦查终结报告连同案卷材料、证据移送下级人民检察院，由下级人民检察院按照上级人民检察院检察委员会的决定交侦查部门制作起诉意见书或者不起诉意见书，移送本院审查起诉部门审查。 下级人民检察院审查起诉部门认为应当对案件补充侦查的，可以退回本院侦查部门补充侦查，同时，上级人民检察院侦查部门应当协助进行。	**第二百八十九条** 上级人民检察院侦查终结的案件，依照刑事诉讼法的规定应当由下级人民检察院提起公诉或者不起诉的，应当将**有关**决定、侦查终结报告连同案卷材料、证据移送下级人民检察院，由下级人民检察院按照上级人民检察院**有关**决定交侦查部门制作起诉意见书或者不起诉意见书，移送本院**公诉**部门审查。 下级人民检察院**公诉**部门认为应当对案件补充侦查的，可以退回本院侦查部门补充侦查，上级人民检察院侦查部门应当协助。 下级人民检察院认为上级人民检察院的决定有错误的，可以向上级人民检察院提请复议，

修订前	修订后
下级人民检察院认为上级人民检察院的决定有错误的，可以向上级人民检察院提请复议，上级人民检察院维持原决定的，下级人民检察院应当执行。	上级人民检察院维持原决定的，下级人民检察院应当执行。
第二百三十七条 侦查过程中，发现具有下列情形之一的，应当由检察人员写出撤销案件意见书，经侦查部门负责人审核后，报请检察长或者检察委员会决定撤销案件： （一）具有刑事诉讼法第十五条规定情形之一的； （二）没有犯罪事实的，或者依照刑法规定不负刑事责任和不是犯罪的； （三）虽有犯罪事实，但不是犯罪嫌疑人所为的。 对于共同犯罪的案件，如有符合本条规定情形的犯罪嫌疑人，应当撤销对该犯罪嫌疑人的立案。	**第二百九十条** **人民检察院在**侦查过程中**或者侦查终结后**，发现具有下列情形之一的，**侦查部门应当制作拟撤销案件意见书**，报请检察长或者检察委员会决定： （一）具有刑事诉讼法第十五条规定情形之一的； （二）没有犯罪事实的，或者依照刑法规定不负刑事责任**或者**不是犯罪的； （三）虽有犯罪事实，但不是犯罪嫌疑人所为的。 对于共同犯罪的案件，如有符合本条规定情形的犯罪嫌疑人，应当撤销对该犯罪嫌疑人的立案。
	第二百九十一条　检察长或者检察委员会决定撤销案件的，侦查部门应当将撤销案件意见书连同本案全部案卷材料，在法定期限届满七日前报上一级人民检察院审查；重大、复杂案件在法定期限届满十日前报上一级人民检察院审查。 **对于共同犯罪案件，应当将处理同案犯罪嫌疑人的有关法律文书以及案件事实、证据材料复印件等，一并报送上一级人民检察院。** **上一级人民检察院侦查部门应当对案件事实、证据和适用法律进行全面审查，必要时可以讯问犯罪嫌疑人。** **上一级人民检察院侦查部门经审查后，应当提出是否同意撤销案件的意见，报请检察长或者检察委员会决定。** **人民检察院决定撤销案件的，应当告知控告人、举报人，听取其意见并记明笔录。**
	第二百九十二条　上一级人民检察院审查下级人民检察院报送的拟撤销案件，应当于收到案件后七日以内批复；重大、复杂案件，应当

修订前	修订后
	于收到案件后十日以内批复下级人民检察院。情况紧急或者因其他特殊原因不能按时送达的，可以先行通知下级人民检察院执行。
	第二百九十三条 上一级人民检察院同意撤销案件的，下级人民检察院应当作出撤销案件决定，并制作撤销案件决定书。上一级人民检察院不同意撤销案件的，下级人民检察院应当执行上一级人民检察院的决定。 报请上一级人民检察院审查期间，犯罪嫌疑人羁押期限届满的，应当依法释放犯罪嫌疑人或者变更强制措施。
第二百三十八条 撤销案件的决定，应当分别送达犯罪嫌疑人所在单位和犯罪嫌疑人。犯罪嫌疑人死亡的，应当送达犯罪嫌疑人原所在单位。如果犯罪嫌疑人在押，应当制作决定释放通知书，通知公安机关依法释放。	**第二百九十四条** 撤销案件的决定，应当分别送达犯罪嫌疑人所在单位和犯罪嫌疑人。犯罪嫌疑人死亡的，应当送达犯罪嫌疑人原所在单位。如果犯罪嫌疑人在押，应当制作决定释放通知书，通知公安机关依法释放。
	第二百九十五条 人民检察院作出撤销案件决定的，侦查部门应当在三十日以内对犯罪嫌疑人的违法所得作出处理，并制作查封、扣押、冻结款物的处理报告，详细列明每一项款物的来源、去向并附有关法律文书复印件，报检察长审核后存入案卷，并在撤销案件决定书中写明对查封、扣押、冻结的涉案款物的处理结果。情况特殊的，经检察长决定，可以延长三十日。
第二百三十九条 人民检察院撤销案件时，对犯罪嫌疑人的违法所得应当区分不同情形，作出相应处理： （一）因犯罪嫌疑人死亡而撤销案件的，如果被冻结的犯罪嫌疑人的存款、汇款应当予以没收或者返还被害人，可以申请人民法院裁定，通知冻结机关上缴国库或者返还被害人；因其他原因撤销案件的，直接通知冻结机关上缴国库或者返还被害人。 （二）对扣押在人民检察院的犯罪嫌疑人的违法所得需要没收的，应当提出检察建议，移送有关主管机关处理；需要返还被害人的，直接决	**第二百九十六条** 人民检察院撤销案件时，对犯罪嫌疑人的违法所得**及其他涉案财产**应当区分不同情形，作出相应处理： **因犯罪嫌疑人死亡而撤销案件，依照刑法规定应当追缴其违法所得及其他涉案财产的，按照本规则第十三章第三节的规定办理。** **因其他原因撤销案件，对于查封、扣押、冻结的犯罪嫌疑人违法所得及其他涉案财产需要没收的，应当提出检察建议，移送有关主管机关处理。** **对于冻结的犯罪嫌疑人存款、汇款、债券、股票、基金份额等财产需要返还被害人的，可以**

修订前	修订后
定返还被害人。	通知金融机构返还被害人；对于查封、扣押的犯罪嫌疑人的违法所得及其他涉案财产需要返还被害人的，直接决定返还被害人。 人民检察院申请人民法院裁定处理犯罪嫌疑人涉案财产的，应当向人民法院移送有关案件材料。
	第二百九十七条　人民检察院撤销案件时，对查封、扣押、冻结的犯罪嫌疑人的涉案财产需要返还犯罪嫌疑人的，应当解除查封、扣押或者书面通知有关金融机构解除冻结，返还犯罪嫌疑人或者其合法继承人。
	第二百九十八条　查封、扣押、冻结的款物，除依法应当返还被害人或者经查明确实与案件无关的以外，不得在诉讼程序终结之前处理。法律和有关规定另有规定的除外。
	第二百九十九条　处理查封、扣押、冻结的涉案款物，应当由办案部门提出意见，报请检察长决定。负责保管涉案款物的管理部门会同办案部门办理相关的处理手续。 人民检察院向其他机关移送的案件需要随案移送扣押、冻结的涉案款物的，按照前款的规定办理。
第二百四十条　人民检察院直接立案侦查的共同犯罪案件，如果同案犯罪嫌疑人在逃，但在案犯罪嫌疑人犯罪事实清楚、证据确实、充分的，对本案犯罪嫌疑人应当根据本规则第二百三十四条的规定分别移送审查起诉或者移送审查不起诉。 由于同案犯罪嫌疑人在逃，在案犯罪嫌疑人的犯罪事实无法查清的，对在案犯罪嫌疑人应当根据案件的不同情况分别报请延长侦查羁押期限、变更强制措施或者解除强制措施。	第三百条　人民检察院直接受理立案侦查的共同犯罪案件，如果同案犯罪嫌疑人在逃，但在案犯罪嫌疑人犯罪事实清楚，证据确实、充分的，对在案犯罪嫌疑人应当根据本规则第二百八十六条的规定分别移送审查起诉或者移送审查不起诉。 由于同案犯罪嫌疑人在逃，在案犯罪嫌疑人的犯罪事实无法查清的，对在案犯罪嫌疑人应当根据案件的不同情况分别报请延长侦查羁押期限、变更强制措施或者解除强制措施。
第二百四十一条　侦查过程中，犯罪嫌疑人长期潜逃，采取有效追捕措施仍不能缉拿归案的，或者犯罪嫌疑人患有精神病及其他严重疾病	被修改后规则删除

修订前	修订后
不能接受讯问,丧失诉讼行为能力的,经检察长决定,中止侦查。中止侦查的理由和条件消失后,经检察长决定,应当恢复侦查。 中止侦查期间,如果犯罪嫌疑人在押,对符合延长侦查羁押期限条件的,应当依法延长侦查羁押期限;对侦查羁押期限届满的,应当依法变更为取保候审或者监视居住措施。	
第二百四十二条 人民检察院直接立案侦查的案件,对犯罪嫌疑人没有采取取保候审、监视居住、拘留或者逮捕措施的,侦查部门应当在立案后二年以内提出移送审查起诉、移送审查不起诉或者撤销案件的意见;对犯罪嫌疑人采取取保候审、监视居住、拘留或者逮捕措施的,侦查部门应当在解除或者撤销强制措施后一年以内提出移送审查起诉、移送审查不起诉或者撤销案件的意见。	**第三百零一条** 人民检察院直接**受理**立案侦查的案件,对犯罪嫌疑人没有采取取保候审、监视居住、拘留或者逮捕措施的,侦查部门应当在立案后二年以内提出移送审查起诉、移送审查不起诉或者撤销案件的意见;对犯罪嫌疑人采取取保候审、监视居住、拘留或者逮捕措施的,侦查部门应当在解除或者撤销强制措施后一年以内提出移送审查起诉、移送审查不起诉或者撤销案件的意见。
第二百四十三条 人民检察院直接立案侦查的案件,撤销案件以后,又发现新的事实或者证据,认为有犯罪事实需要追究刑事责任的,可以重新立案侦查。	**第三百零二条** 人民检察院直接**受理**立案侦查的案件,撤销案件以后,又发现新的事实或者证据,认为有犯罪事实需要追究刑事责任的,可以重新立案侦查。
第五章 审查逮捕	**第十章 审查逮捕**
	第一节 一般规定
第九十一条 人民检察院审查批准或者决定逮捕犯罪嫌疑人,由审查逮捕部门办理。	**第三百零三条** 人民检察院审查批准或者决定逮捕犯罪嫌疑人,由**侦查监督**部门办理。
第九十二条 审查逮捕部门办理审查逮捕的案件,应当指定办案人员进行审查。办案人员应当审阅案卷材料,制作阅卷笔录,提出批准或者决定逮捕、不批准或者不予逮捕的意见,经部门负责人审核后,报请检察长批准或者决定;重大案件应当经检察委员会讨论决定。 审查逮捕部门办理审查逮捕案件,不能直接提出采取取保候审、监视居住措施的意见。	**第三百零四条** **侦查监督**部门办理审查逮捕案件,应当指定办案人员进行审查。办案人员应当审阅案卷材料**和证据,依法讯问犯罪嫌疑人、询问证人等诉讼参与人、听取辩护律师意见**,制作**审查逮捕意见书**,提出批准或者决定逮捕、不批准或者不予逮捕的意见,经部门负责人审核后,报请检察长批准或者决定;重大案件应当经检察委员会讨论决定。 **侦查监督**部门办理审查逮捕案件,**不另行侦查,不得**直接提出采取取保候审措施的意见。

修订前	修订后
第九十三条	移至修改后规则第一百四十六条
	第三百零五条　侦查监督部门办理审查逮捕案件，可以讯问犯罪嫌疑人；有下列情形之一的，应当讯问犯罪嫌疑人： （一）对是否符合逮捕条件有疑问的； （二）犯罪嫌疑人要求向检察人员当面陈述的； （三）侦查活动可能有重大违法行为的； （四）案情重大疑难复杂的； （五）犯罪嫌疑人系未成年人的； （六）犯罪嫌疑人是盲、聋、哑人或者是尚未完全丧失辨认或者控制自己行为能力的精神病人的。 讯问未被拘留的犯罪嫌疑人，讯问前应当征求侦查机关的意见，并做好办案安全风险评估预警工作。 是否符合逮捕条件有疑问主要包括罪与非罪界限不清的，据以定罪的证据之间存在矛盾的，犯罪嫌疑人的供述前后矛盾或者违背常理的，有无社会危险性难以把握的，以及犯罪嫌疑人是否达到刑事责任年龄需要确认等情形。 重大违法行为是指办案严重违反法律规定的程序，或者存在刑讯逼供等严重侵犯犯罪嫌疑人人身权利和其他诉讼权利等情形。
	第三百零六条　在审查逮捕中对被拘留的犯罪嫌疑人不予讯问的，应当送达听取犯罪嫌疑人意见书，由犯罪嫌疑人填写后及时收回审查并附卷。经审查发现应当讯问犯罪嫌疑人的，应当及时讯问。
	第三百零七条　讯问犯罪嫌疑人时，检察人员不得少于二人。 犯罪嫌疑人被送交看守所羁押后，讯问应当在看守所内进行。 讯问时，应当首先查明犯罪嫌疑人的基本情况，依法告知犯罪嫌疑人的诉讼权利和义务，听取其供述和辩解，有检举揭发他人犯罪线索的，应当予以记录，并依照有关规定移送有关部

修订前	修订后
	门处理。 讯问犯罪嫌疑人应当制作讯问笔录，并交犯罪嫌疑人核对或者向其宣读，经核对无误后逐页签名、盖章或者捺指印并附卷。犯罪嫌疑人请求自行书写供述的，应当准许，但不得以自行书写的供述代替讯问笔录。
	第三百零八条　侦查监督部门办理审查逮捕案件，必要时，可以询问证人、被害人、鉴定人等诉讼参与人，并制作笔录附卷。
	第三百零九条　在审查逮捕过程中，犯罪嫌疑人已经委托辩护律师的，侦查监督部门可以听取辩护律师的意见。辩护律师提出要求的，应当听取辩护律师的意见。对辩护律师的意见应当制作笔录附卷。 辩护律师提出不构成犯罪、无社会危险性、不适宜羁押、侦查活动有违法犯罪情形等书面意见的，办案人员应当审查，并在审查逮捕意见书中说明是否采纳的情况和理由。
	第三百一十条　对于公安机关立案侦查的案件，侦查监督部门审查逮捕时发现存在本规则第七十三条第一款规定情形的，可以调取公安机关讯问犯罪嫌疑人的录音、录像并审查相关的录音、录像，对于重大、疑难、复杂的案件，必要时可以审查全部录音、录像。 人民检察院直接受理立案侦查的案件，侦查部门在移送或者报请审查逮捕时，应当向侦查监督部门移送全部讯问犯罪嫌疑人录音、录像，未移送或移送不全的，侦查监督部门应当要求侦查部门补充移送。经要求仍未移送或者未全部移送的，应当将案件退回侦查部门。侦查监督部门审查逮捕时对取证合法性或者讯问笔录真实性等产生疑问的，可以审查相关的录音、录像；对于重大、疑难、复杂的案件，必要时可以审查全部录音、录像。
	第三百一十一条　经审查讯问犯罪嫌疑人录音、录像，发现侦查机关讯问不规范，讯问过

修订前	修订后
	程存在违法行为，录音、录像内容与讯问笔录不一致等情形的，应当逐一列明并向侦查机关书面提出，要求侦查机关予以纠正、补正或者书面作出合理解释。发现讯问笔录与讯问犯罪嫌疑人录音、录像内容有重大实质性差异的，或者侦查机关不能补正或者作出合理解释的，该讯问笔录不能作为批准逮捕或者决定逮捕的依据。
第九十四条 外国人、无国籍人涉嫌危害国家安全犯罪的案件或者涉及国与国之间政治、外交关系的案件以及在适用法律上确有疑难的案件，需要逮捕犯罪嫌疑人的，由分、州、市人民检察院审查并提出意见，层报最高人民检察院审查。最高人民检察院经征求外交部的意见后，决定批准逮捕。经审查认为不需要逮捕的，可以直接作出不批准逮捕的决定。 外国人、无国籍人涉嫌本条第一款规定以外的其他犯罪的案件，由分、州、市人民检察院审查并提出意见，报省级人民检察院审查。省级人民检察院经征求同级政府外事部门的意见后，决定批准逮捕，同时报最高人民检察院备案。经审查认为不需要逮捕的，可以直接作出不批准逮捕的决定。	**第三百一十二条** 外国人、无国籍人涉嫌危害国家安全犯罪的案件或者涉及国与国之间政治、外交关系的案件以及在适用法律上确有疑难的案件，认为需要逮捕犯罪嫌疑人的，**按照刑事诉讼法第十九条、第二十条的规定，分别由基层人民检察院或者**分、州、市人民检察院审查并提出意见，层报最高人民检察院审查。最高人民检察院经**审查认为需要逮捕的，经**征求外交部的意见后，**作出**批准逮捕**的批复**，经审查认为不需要逮捕的，作出不批准逮捕**的批复。基层人民检察院或者分、州、市人民检察院根据最高人民检察院的批复，依法作出批准或者不批准逮捕的决定。层报过程中，上级人民检察院经审查认为不需要逮捕的，应当作出不批准逮捕的批复，报送的人民检察院根据批复依法作出不批准逮捕的决定。** **基层人民检察院或者分、州、市人民检察院经审查认为不需要逮捕的，可以直接依法作出不批准逮捕的决定。** 外国人、无国籍人涉嫌本条第一款规定以外的其他犯罪案件，**决定批准逮捕的人民检察院应当在作出批准逮捕决定后四十八小时以内报上一级人民检察院备案，同时向同级人民政府外事部门通报。上一级人民检察院对备案材料经审查发现错误的，应当依法及时纠正。**
第九十五条 人民检察院办理下列审查逮捕案件，应当报上一级人民检察院备案： （一）批准逮捕的危害国家安全的案件、涉外案件； （二）检察机关直接立案侦查的案件。	**第三百一十三条** 人民检察院办理审查逮捕的危害国家安全的案件，应当报上一级人民检察院备案。 上一级人民检察院对报送的备案材料**经审查**发现错误的，应当**依法及时**纠正。

修订前	修订后
上级人民检察院对报送的备案材料应当进行审查，发现错误的，应当在十日以内将审查意见通知报送备案的下级人民检察院或者直接予以纠正。	
第九十六条 犯罪嫌疑人及其法定代理人、近亲属或者犯罪嫌疑人委托的律师及其他辩护人认为人民检察院批准或者决定逮捕的犯罪嫌疑人羁押超过法定期限，向人民检察院提出释放犯罪嫌疑人或者变更逮捕措施要求的，由人民检察院审查逮捕部门审查，审查逮捕部门应当向侦查机关或者本院侦查部门了解有关情况，并在七日以内审查完毕。 审查逮捕部门经审查认为超过法定期限的，应当提出释放犯罪嫌疑人或者变更逮捕措施的意见，经检察长批准后，通知公安机关执行；经审查认为未超过法定期限的，书面答复申诉人。 审查逮捕部门应当将审查结果同时书面通知本院监所检察部门。	**第三百一十四条** 对于人民检察院正在侦查或者审查起诉的案件，被逮捕的犯罪嫌疑人及其法定代理人、近亲属或者辩护人认为羁押期限届满，向人民检察院提出释放犯罪嫌疑人或者变更逮捕措施要求的，人民检察院应当在三日以内审查决定。经审查，认为法定期限届满的，应当决定释放或者依法变更逮捕措施，并通知公安机关执行；认为未满法定期限的，书面答复申请人。
	第三百一十五条 被害人对人民检察院以没有犯罪事实为由作出的不批准逮捕决定不服提出申诉的，由作出不批准逮捕决定的人民检察院刑事申诉检察部门审查处理。对以其他理由作出的不批准逮捕决定不服提出申诉的，由侦查监督部门办理。
第九十七条 审查逮捕部门办理审查逮捕案件，不另行侦查。在审查批捕中如果认为报请批准逮捕的证据存有疑问的，可以复核有关证据，讯问犯罪嫌疑人、询问证人。但讯问未被采取强制措施的犯罪嫌疑人的，讯问前应当征求公安机关或者本院侦查部门的意见。	**被修改后规则第三百零五条、第三百零六条吸收**
第一节 审查批准逮捕	第二节 审查批准逮捕
第九十八条 人民检察院审查逮捕部门受理同级公安机关提请批准逮捕的案件，应当查明提请批准逮捕书及案卷材料是否齐备。	**被修改后规则第一百五十三条吸收**
第九十九条 对公安机关提请批准逮捕的	**第三百一十六条** 对公安机关提请批准逮

修订前	修订后
犯罪嫌疑人,已被拘留的,人民检察院应当在接到提请批准逮捕书后的七日以内作出是否批准逮捕的决定;未被拘留的,应当在接到提请批准逮捕书后的十五日以内作出是否批准逮捕的决定,重大、复杂的案件,不得超过二十日。	捕的犯罪嫌疑人,已被拘留的,人民检察院应当在收到提请批准逮捕书后的七日以内作出是否批准逮捕的决定;未被拘留的,应当在收到提请批准逮捕书后的十五日以内作出是否批准逮捕的决定,重大、复杂的案件,不得超过二十日。
	第三百一十七条　上级公安机关指定犯罪地或者犯罪嫌疑人居住地以外的下级公安机关立案侦查的案件,需要逮捕犯罪嫌疑人的,由侦查该案件的公安机关提请同级人民检察院审查批准逮捕,人民检察院应当依法作出批准或者不批准逮捕的决定。
第一百条　对公安机关提请批准逮捕的犯罪嫌疑人,人民检察院经审查认为符合本规则第八十六条、第八十七条规定的,应当作出批准逮捕的决定,连同案卷材料送达公安机关执行。	**第三百一十八条**　对公安机关提请批准逮捕的犯罪嫌疑人,人民检察院经审查认为符合本规则**第一百三十九条、第一百四十条、第一百四十二条**规定**情形**的,应当作出批准逮捕的决定,连同案卷材料送达公安机关执行,**并可以对收集证据、适用法律提出意见。**
第一百零一条　对公安机关提请批准逮捕的犯罪嫌疑人,具有本规则第八十九条或者第九十条规定情形,人民检察院作出不批准逮捕决定的,应当说明理由,连同案卷材料送达公安机关执行。需要补充侦查的,应当同时通知公安机关。	**第三百一十九条**　对公安机关提请批准逮捕的犯罪嫌疑人,具有本规则**第一百四十三条**至**第一百四十四条**规定情形,人民检察院作出不批准逮捕决定的,应当说明理由,连同案卷材料送达公安机关执行。需要补充侦查的,应当同时通知公安机关。
第一百零二条　对于人民检察院批准逮捕的决定,公安机关应当立即执行,并将执行回执及时送达作出批准决定的人民检察院;如果未能执行,也应当将回执送达人民检察院,并写明未能执行的原因。对于人民检察院决定不批准逮捕的,公安机关在收到不批准逮捕决定书后,应当立即释放在押的犯罪嫌疑人或者变更强制措施,并将执行回执在收到不批准逮捕决定书后的三日内送达作出不批准逮捕决定的人民检察院。	**第三百二十条**　对于人民检察院批准逮捕的决定,公安机关应当立即执行,并将执行回执及时送达作出批准决定的人民检察院;如果未能执行,也应当将回执送达人民检察院,并写明未能执行的原因。对于人民检察院决定不批准逮捕的,公安机关在收到不批准逮捕决定书后,应当立即释放在押的犯罪嫌疑人或者变更强制措施,并将执行回执在收到不批准逮捕决定书后的三日**以内**送达作出不批准逮捕决定的人民检察院。
第一百零三条　人民检察院办理审查逮捕案件,发现应当逮捕而公安机关未提请批准逮捕	**第三百二十一条**　人民检察院办理审查逮捕案件,发现应当逮捕而公安机关未提请批准

修订前	修订后
的犯罪嫌疑人的，应当建议公安机关提请批准逮捕。如果公安机关不提请批准逮捕的理由不能成立的，人民检察院也可以直接作出逮捕决定，送达公安机关执行。	逮捕的犯罪嫌疑人的，应当建议公安机关提请批准逮捕。如果公安机关**仍不提请批准逮捕或者**不提请批准逮捕的理由不能成立的，人民检察院也可以直接作出逮捕决定，送达公安机关执行。
第一百零四条 对已作出的批准逮捕决定发现确有错误的，人民检察院应当撤销原批准逮捕决定，送达公安机关执行。 对已作出的不批准逮捕决定发现确有错误，需要批准逮捕的，人民检察院应当撤销原不批准逮捕决定，并重新作出批准逮捕决定，送达公安机关执行。 对因撤销原批准逮捕决定而被释放的犯罪嫌疑人或者逮捕后公安机关变更为取保候审、监视居住的犯罪嫌疑人，又发现需要逮捕的，人民检察院应当重新办理逮捕手续。	**第三百二十二条** 对已作出的批准逮捕决定发现确有错误的，人民检察院应当撤销原批准逮捕决定，送达公安机关执行。 对已作出的不批准逮捕决定发现确有错误，需要批准逮捕的，人民检察院应当撤销原不批准逮捕决定，并重新作出批准逮捕决定，送达公安机关执行。 对因撤销原批准逮捕决定而被释放的犯罪嫌疑人或者逮捕后公安机关变更为取保候审、监视居住的犯罪嫌疑人，又发现需要逮捕的，人民检察院应当重新**作出逮捕决定**。
第一百零五条 对公安机关要求复议的不批准逮捕的案件，人民检察院应当另行指派审查逮捕部门办案人员复议，并在收到提请复议书和案卷材料后的七日以内作出是否变更的决定，通知公安机关。	**第三百二十三条** 对公安机关要求复议的不批准逮捕的案件，人民检察院**侦查监督部门**应当另行指派办案人员复议，并在收到提请复议书和案卷材料后的七日以内作出是否变更的决定，通知公安机关。
第一百零六条 对公安机关提请上一级人民检察院复核的不批准逮捕的案件，上一级人民检察院应当在收到提请复核意见书和案卷材料后的十五日以内由检察长或者检察委员会作出是否变更的决定，通知下级人民检察院和公安机关执行。如果需要改变原决定，应当通知作出不批准逮捕决定的人民检察院撤销原决定，另行制作批准逮捕决定书。必要时，上级人民检察院也可以直接作出批准逮捕决定，通知下级人民检察院送达公安机关执行。 对不批准逮捕案件的复核，由人民检察院审查逮捕部门办理。	**第三百二十四条** 对公安机关提请上一级人民检察院复核的不批准逮捕的案件，上一级人民检察院**侦查监督部门**应当在收到提请复核意见书和案卷材料后的十五日以内由检察长或者检察委员会作出是否变更的决定，通知下级人民检察院和公安机关执行。如果需要改变原决定，应当通知作出不批准逮捕决定的人民检察院撤销**原不批准逮捕**决定，另行制作批准逮捕决定书。必要时，上级人民检察院也可以直接作出批准逮捕决定，通知下级人民检察院送达公安机关执行。
第一百零七条 人民检察院作出不批准逮捕决定，并且通知公安机关补充侦查的案件，公安机关在补充侦查后又提请复议的，人民检察院	**第三百二十五条** 人民检察院作出不批准逮捕决定，并且通知公安机关补充侦查的案件，公安机关在补充侦查后又提请复议的，人民检

修订前	修订后
应当建议公安机关重新提请批准逮捕。公安机关坚持复议的，人民检察院不予受理。	察院应当告知公安机关重新提请批准逮捕。公安机关坚持复议的，人民检察院不予受理。 **公安机关补充侦查后应当提请批准逮捕而不提请批准逮捕的，按照本规则第三百二十一条的规定办理。**
第一百零八条 对公安机关提请批准逮捕的案件，审查逮捕部门应当将批准、变更、撤销逮捕措施的情况书面通知本院监所检察部门。	**第三百二十六条** 对公安机关提请批准逮捕的案件，**侦查监督**部门应当将批准、变更、撤销逮捕措施的情况书面通知本院监所检察部门。
第二节 审查决定逮捕	第三节 审查决定逮捕
	第三百二十七条 省级以下（不含省级）人民检察院直接受理立案侦查的案件，需要逮捕犯罪嫌疑人的，应当报请上一级人民检察院审查决定。 **监所、林业等派出人民检察院立案侦查的案件，需要逮捕犯罪嫌疑人的，应当报请上一级人民检察院审查决定。**
	第三百二十八条 下级人民检察院报请审查逮捕的案件，由侦查部门制作报请逮捕书，报检察长或者检察委员会审批后，连同案卷材料、讯问犯罪嫌疑人录音、录像一并报上一级人民检察院审查，报请逮捕时应当说明犯罪嫌疑人的社会危险性并附相关证据材料。 **侦查部门报请审查逮捕时，应当同时将报请情况告知犯罪嫌疑人及其辩护律师。**
	第三百二十九条 犯罪嫌疑人已被拘留的，下级人民检察院侦查部门应当在拘留后七日以内报上一级人民检察院审查逮捕。上一级人民检察院应当在收到报请逮捕书后七日以内作出是否逮捕的决定，特殊情况下，决定逮捕的时间可以延长一日至三日。犯罪嫌疑人未被拘留的，上一级人民检察院应当在收到报请逮捕书后十五日以内作出是否逮捕的决定，重大、复杂的案件，不得超过二十日。 **报送案卷材料、送达法律文书的路途时间计算在上一级人民检察院审查逮捕期限以内。**

修订前	修订后
	第三百三十条　对于重大、疑难、复杂的案件,下级人民检察院侦查部门可以提请上一级人民检察院侦查监督部门和本院侦查监督部门派员介入侦查,参加案件讨论。上一级人民检察院侦查监督部门和下级人民检察院侦查监督部门认为必要时,可以报经检察长批准,派员介入侦查,对收集证据、适用法律提出意见,监督侦查活动是否合法。
	第三百三十一条　上一级人民检察院经审查,对符合本规则第三百零五条规定情形的,应当讯问犯罪嫌疑人。讯问时,按照本规则第三百零七条的规定进行。 对未被拘留的犯罪嫌疑人,讯问前应当征求下级人民检察院侦查部门的意见。 讯问犯罪嫌疑人,可以当面讯问,也可以通过视频讯问。通过视频讯问的,上一级人民检察院应当制作笔录附卷。下级人民检察院应当协助做好提押、讯问笔录核对、签字等工作。 因交通、通讯不便等原因,不能当面讯问或者视频讯问的,上一级人民检察院可以拟定讯问提纲,委托下级人民检察院侦查监督部门进行讯问。下级人民检察院应当及时将讯问笔录报送上一级人民检察院。
	第三百三十二条　对已被拘留的犯罪嫌疑人,上一级人民检察院拟不讯问的,应当向犯罪嫌疑人送达听取犯罪嫌疑人意见书。因交通不便等原因不能及时送达的,可以委托下级人民检察院侦查监督部门代为送达。下级人民检察院应当及时回收意见书,并报上一级人民检察院。经审查发现应当讯问犯罪嫌疑人的,应当及时讯问。
	第三百三十三条　上一级人民检察院决定逮捕的,应当将逮捕决定书连同案卷材料一并交下级人民检察院,由下级人民检察院通知同级公安机关执行。必要时,下级人民检察院可以协助执行。 下级人民检察院应当在公安机关执行逮捕三日以内,将执行回执报上一级人民检察院。

修订前	修订后
	上一级人民检察院作出逮捕决定的，可以对收集证据、适用法律提出意见。
	第三百三十四条　上一级人民检察院决定不予逮捕的，应当将不予逮捕决定书连同案卷材料一并交下级人民检察院，同时书面说明不予逮捕的理由。犯罪嫌疑人已被拘留的，下级人民检察院应当通知公安机关立即释放，并报上一级人民检察院；案件需要继续侦查，犯罪嫌疑人符合取保候审、监视居住条件的，由下级人民检察院依法决定取保候审或者监视居住。 上一级人民检察院作出不予逮捕决定，认为需要补充侦查的，应当制作补充侦查提纲，送达下级人民检察院侦查部门。
	第三百三十五条　对应当逮捕而下级人民检察院未报请逮捕的犯罪嫌疑人，上一级人民检察院应当通知下级人民检察院报请逮捕犯罪嫌疑人。下级人民检察院不同意报请逮捕犯罪嫌疑人的，应当说明理由。经审查理由不成立的，上一级人民检察院可以依法作出逮捕决定。
	第三百三十六条　决定逮捕后，应当立即将被逮捕人送看守所羁押。除无法通知的以外，下级人民检察院侦查部门应当把逮捕的原因和羁押的处所，在二十四小时以内通知被逮捕人的家属。对于无法通知的，在无法通知的情形消除后，应当立即通知其家属。
	第三百三十七条　对被逮捕的犯罪嫌疑人，下级人民检察院侦查部门应当在逮捕后二十四小时以内进行讯问。 下级人民检察院在发现不应当逮捕的时候，应当立即释放犯罪嫌疑人或者变更强制措施，并向上一级人民检察院报告。 对已被释放或者变更为其他强制措施的犯罪嫌疑人，又发现需要逮捕的，应当重新报请审查逮捕。
	第三百三十八条　对被逮捕的犯罪嫌疑

修订前	修订后
	人,作出逮捕决定的人民检察院发现不应当逮捕的,应当撤销逮捕决定,并通知下级人民检察院送达同级公安机关执行,同时向下级人民检察院说明撤销逮捕的理由。
	第三百三十九条　下级人民检察院认为上一级人民检察院作出的不予逮捕决定有错误的,应当在收到不予逮捕决定书后五日以内报请上一级人民检察院重新审查,但是必须将已被拘留的犯罪嫌疑人立即释放或者变更为其他强制措施。 **上一级人民检察院侦查监督部门在收到报请重新审查逮捕意见书和案卷材料后,应当另行指派办案人员审查,在七日以内作出是否变更的决定。**
	第三百四十条　基层人民检察院,分、州、市人民检察院对直接受理立案侦查的案件进行审查起诉时,发现需要逮捕犯罪嫌疑人的,应当报请上一级人民检察院审查决定逮捕。 **报请工作由公诉部门负责。**
	第三百四十一条　需要逮捕担任各级人民代表大会代表的犯罪嫌疑人的,下级人民检察院侦查部门应当按照本规则第一百四十六条的规定报请许可,在获得许可后,向上一级人民检察院报请逮捕。
第一百零九条　人民检察院办理直接立案侦查的案件,需要逮捕犯罪嫌疑人的,由侦查部门填写逮捕犯罪嫌疑人意见书,连同案卷材料一并送交本院审查逮捕部门审查。犯罪嫌疑人已被拘留的,侦查部门应当在拘留后三日以内将案件送交本院审查逮捕部门审查。特殊情况下,移送审查的时间可以延长一日至四日。	**第三百四十二条　最高人民检察院、省级**人民检察院办理直接受理立案侦查的案件,需要逮捕犯罪嫌疑人的,由侦查部门填写逮捕犯罪嫌疑人意见书,**连同案卷材料、讯问犯罪嫌疑人录音、录像一并移送本院侦查监督部门审查。**犯罪嫌疑人已被拘留的,侦查部门应当在拘留后**七**日以内将案件移送本院**侦查监督**部门审查。
第一百一十条　人民检察院审查逮捕部门受理本院侦查部门移送审查逮捕的案件,应当查明逮捕犯罪嫌疑人意见书及案卷材料是否齐备。	**被修改后规则第一百五十三条吸收**

修订前	修订后
第一百一十一条 对本院侦查部门移送审查逮捕的案件,犯罪嫌疑人已被拘留的,应当在审查逮捕部门接到逮捕犯罪嫌疑人意见书后的七日以内,由检察长或者检察委员会决定是否逮捕;犯罪嫌疑人未被拘留的,应当在审查逮捕部门接到逮捕犯罪嫌疑人意见书后的十五日以内由检察长或者检察委员会决定是否逮捕,重大、复杂的案件,不得超过二十日。	**第三百四十三条** 对本院侦查部门移送审查逮捕的案件,犯罪嫌疑人已被拘留的,应当在**侦查监督**部门收到逮捕犯罪嫌疑人意见书后的七日以内,由检察长或者检察委员会决定是否逮捕,**特殊情况下,决定逮捕的时间可以延长一日至三日**;犯罪嫌疑人未被拘留的,应当在**侦查监督部门**收到逮捕犯罪嫌疑人意见书后的十五日以内由检察长或者检察委员会决定是否逮捕,重大、复杂的案件,不得超过二十日。
第一百一十二条 对本院侦查部门移送审查逮捕的犯罪嫌疑人,符合本规则第八十六条、第八十七条规定,经检察长或者检察委员会决定逮捕的,审查逮捕部门应当将逮捕决定书连同案卷材料送交侦查部门,由侦查部门通知公安机关执行,必要时人民检察院可以协助执行。	**第三百四十四条** 对本院侦查部门移送审查逮捕的犯罪嫌疑人,经检察长或者检察委员会决定逮捕的,**侦查监督**部门应当将逮捕决定书连同案卷材料、**讯问犯罪嫌疑人录音、录像**送交侦查部门,由侦查部门通知公安机关执行,必要时人民检察院可以协助执行,**并可以对收集证据、适用法律提出意见。**
第一百一十三条 对本院侦查部门移送审查逮捕的犯罪嫌疑人,具有本规则第八十九条、第九十条规定的情形,经检察长或者检察委员会决定不予逮捕的,审查逮捕部门应当将不予逮捕的决定连同案件材料移交侦查部门。犯罪嫌疑人已被拘留的,侦查部门应当通知公安机关立即释放。	**第三百四十五条** 对本院侦查部门移送审查逮捕的犯罪嫌疑人,经检察长或者检察委员会决定不予逮捕的,**侦查监督**部门应当将不予逮捕的决定连同案卷材料、**讯问犯罪嫌疑人录音、录像**移交侦查部门。犯罪嫌疑人已被拘留的,侦查部门应当通知公安机关立即释放。
第一百一十四条 对应当逮捕而本院侦查部门未移送审查逮捕的犯罪嫌疑人,审查逮捕部门应当向侦查部门提出移送审查逮捕犯罪嫌疑人的建议。如果建议不被采纳,审查逮捕部门可以报请检察长提交检察委员会决定。	**第三百四十六条** 对应当逮捕而本院侦查部门未移送审查逮捕的犯罪嫌疑人,**侦查监督**部门应当向侦查部门提出移送审查逮捕犯罪嫌疑人的建议。如果建议不被采纳,**侦查监督**部门可以报请检察长提交检察委员会决定。
第一百一十五条 人民检察院办理直接立案侦查的案件,逮捕犯罪嫌疑人后,侦查部门应当把逮捕的原因和羁押的处所,在二十四小时以内通知被逮捕人的家属或者他的所在单位。 因有碍侦查,不能在二十四小时以内通知的,应当经检察长批准,并将原因写明附卷;无法通知的,应当报告检察长,并将原因写明附卷。	**第三百四十七条** **最高人民检察院、省级**人民检察院办理直接受理立案侦查的案件,逮捕犯罪嫌疑人后,应当**立即将被逮捕人送看守所羁押。除无法通知的以外,侦查部门应当**把逮捕的原因和羁押的处所,在二十四小时以内通知被逮捕人的家属。**对于无法通知的,在无法通知的情形消除后,应当立即通知其家属。**

修订前	修订后
第一百一十六条 对被逮捕的犯罪嫌疑人，人民检察院侦查部门应当在逮捕后的二十四小时以内进行讯问。 发现不应当逮捕的，应当经检察长批准，撤销逮捕决定或者变更为其他强制措施，并通知公安机关执行。 对按照本条第二款的规定释放犯罪嫌疑人和变更逮捕措施的，侦查部门应当通知审查逮捕部门。 对按照本条第二款的规定被释放的犯罪嫌疑人和被变更逮捕措施的犯罪嫌疑人，又发现需要逮捕的，应当重新办理逮捕手续。	**第三百四十八条　最高人民检察院、省级人民检察院办理直接受理立案侦查的案件**，对被逮捕的犯罪嫌疑人，侦查部门应当在逮捕后二十四小时以内进行讯问。 发现不应当逮捕的，应当经检察长批准，撤销逮捕决定或者变更为其他强制措施，并通知公安机关执行，**同时通知侦查监督部门。** 对按照**前款**规定被释放或者被变更逮捕措施的犯罪嫌疑人，又发现需要逮捕的，应当重新**移送审查逮捕。**
第一百一十七条 人民检察院办理直接立案侦查的案件，已经作出不予逮捕的决定，又发现需要逮捕犯罪嫌疑人的，应当重新办理逮捕手续。	**第三百四十九条　最高人民检察院、省级**人民检察院办理直接立案侦查的案件，已经作出不予逮捕的决定，又发现需要逮捕犯罪嫌疑人的，应当重新办理逮捕手续。
第一百一十八条 变更或者撤销由上级人民检察院决定的逮捕措施时，应当报请原决定逮捕的人民检察院同意。	**被修改后规则删除**
第一百一十九条 人民检察院办理直接立案侦查的案件，侦查部门应当将决定、变更、撤销逮捕措施的情况书面通知本院监所检察部门。	**第三百五十条** 人民检察院办理直接受理立案侦查的案件，侦查部门应当将决定、变更、撤销逮捕措施的情况书面通知本院监所检察部门。
	第四节　核准追诉
	第三百五十一条　法定最高刑为无期徒刑、死刑的犯罪，已过二十年追诉期限的，不再追诉。如果认为必须追诉的，须报请最高人民检察院核准。
	第三百五十二条　须报请最高人民检察院核准追诉的案件，侦查机关在核准之前可以依法对犯罪嫌疑人采取强制措施。 **侦查机关报请核准追诉并提请逮捕犯罪嫌疑人，人民检察院经审查认为必须追诉而且符合法定逮捕条件的，可以依法批准逮捕，同时要**

修订前	修订后
	求侦查机关在报请核准追诉期间不得停止对案件的侦查。 未经最高人民检察院核准，不得对案件提起公诉。
	第三百五十三条　报请核准追诉的案件应当同时符合下列条件： （一）有证据证明存在犯罪事实，且犯罪事实是犯罪嫌疑人实施的； （二）涉嫌犯罪的行为应当适用的法定量刑幅度的最高刑为无期徒刑或者死刑的； （三）涉嫌犯罪的性质、情节和后果特别严重，虽然已过二十年追诉期限，但社会危害性和影响依然存在，不追诉会严重影响社会稳定或者产生其他严重后果，而必须追诉的； （四）犯罪嫌疑人能够及时到案接受追诉的。
	第三百五十四条　侦查机关报请核准追诉的案件，由同级人民检察院受理并层报最高人民检察院审查决定。
	第三百五十五条　地方各级人民检察院对侦查机关报请核准追诉的案件，应当及时进行审查并开展必要的调查，经检察委员会审议提出是否同意核准追诉的意见，在受理案件后十日以内制作报请核准追诉案件报告书，连同案件材料一并层报最高人民检察院。
	第三百五十六条　最高人民检察院收到省级人民检察院报送的报请核准追诉案件报告书及案件材料后，应当及时审查，必要时派人到案发地了解案件有关情况。经检察长批准或者检察委员会审议，应当在受理案件后一个月以内作出是否核准追诉的决定，特殊情况下可以延长十五日，并制作核准追诉决定书或者不予核准追诉决定书，逐级下达最初受理案件的人民检察院，送达报请核准追诉的侦查机关。
	第三百五十七条　对已经批准逮捕的案

修订前	修订后
	件，侦查羁押期限届满不能做出是否核准追诉决定的，应当对犯罪嫌疑人变更强制措施或者延长侦查羁押期限。
	第三百五十八条 最高人民检察院决定核准追诉的案件，最初受理案件的人民检察院应当监督侦查机关的侦查工作。 最高人民检察院决定不予核准追诉，侦查机关未及时撤销案件的，同级人民检察院应当予以监督纠正。犯罪嫌疑人在押的，应当立即释放。
	第三百五十九条 人民检察院直接受理立案侦查的案件报请最高人民检察院核准追诉的，参照本节规定办理。
第八章 审查起诉	第十一章 审查起诉
第一节 受 理	
第二百四十四条 人民检察院对于公安机关移送审查起诉的案件，应当在七日内进行审查。 人民检察院对公安机关移送审查起诉的案件进行审查的期限，计入人民检察院审查起诉期限。	被修改后规则第一百五十二条、第一百五十三条吸收
第二百四十五条 人民检察院对于公安机关移送审查起诉的案件，应当在收到起诉意见书后，指定检察人员审查以下内容： （一）案件是否属于本院管辖； （二）起诉意见书以及案卷材料是否齐备；案卷装订、移送是否符合有关要求和规定，诉讼文书、技术性鉴定材料是否单独装订成卷等； （三）对作为证据使用的实物是否随案移送，移送的实物与物品清单是否相符； （四）犯罪嫌疑人是否在案以及采取强制措施的情况。	被修改后规则第一百五十三条吸收
第二百四十六条 经审查后，对具备受理条	被修改后规则第一百五十三条、第一百五

修订前	修订后
件的，填写受理审查起诉案件登记表。 对起诉意见书、案卷材料不齐备，对作为证据使用的实物未移送的，或者移送的实物与物品清单不相符的，应当要求公安机关在三日内补送。对于案卷装订不符合要求的，应当要求公安机关重新分类装订后移送审查起诉。 对于犯罪嫌疑人在逃的，应当要求公安机关在采取必要措施保证犯罪嫌疑人到案后移送审查起诉。 共同犯罪的部分犯罪嫌疑人在逃的，应当要求公安机关在采取必要措施保证在逃的犯罪嫌疑人到案后另案移送审查起诉，对在案的犯罪嫌疑人的审查起诉应当照常进行。	**十四条、第一百五十五条吸收**
第二百四十七条 人民检察院审查起诉部门受理本院侦查部门移送审查起诉的案件，按照第二百四十四条至第二百四十六条的规定办理。	**被修改后规则第一百五十六条吸收**
第二节 审 查	第一节 审 查
第二百四十九条 人民检察院受理移送审查起诉案件，应当指定检察员或者经检察长批准代行检察员职务的助理检察员办理，也可以由检察长办理。 办案人员接到案件后，应当阅卷审查，制作阅卷笔录。	**第三百六十条** 人民检察院受理移送审查起诉案件，应当指定检察员或者经检察长批准代行检察员职务的助理检察员办理，也可以由检察长办理。 办案人员**应当全面审阅案卷材料，必要时**制作阅卷笔录。
	第三百六十一条 对于重大、疑难、复杂的案件，人民检察院认为确有必要时，可以派员适时介入侦查活动，对收集证据、适用法律提出意见，监督侦查活动是否合法。
第二百四十八条 各级人民检察院提起公诉的案件，应当与人民法院审判管辖相适应。 人民检察院受理同级公安机关移送审查起诉的案件，经审查认为属于上级人民法院管辖的第一审案件时，应当写出审查报告，连同案卷材料报送上一级人民检察院，同时通知移送审查起诉的公安机关；认为属于同级其他人民法院管辖的第一审案件时，应当写出审查报告，连同案卷	**第三百六十二条** 各级人民检察院提起公诉，应当与人民法院审判管辖相适应。**公诉部门收到移送审查起诉的案件后，经审查认为不属于本院管辖的，应当在五日以内经由案件管理部门移送有管辖权的人民检察院。** 认为属于上级人民法院管辖的第一审案件的，应当报送上一级人民检察院，同时通知移送审查起诉的公安机关；认为属于同级其他人民

修订前	修订后
材料移送有管辖权的人民检察院或者报送共同的上级人民检察院指定管辖，同时通知移送审查起诉的公安机关。 上级人民检察院受理同级公安机关移送审查起诉案件，认为属于下级人民法院管辖时，可以直接交下级人民检察院审查，由下级人民检察院向同级人民法院提起公诉，同时通知移送审查起诉的公安机关。 一人犯数罪，共同犯罪和其他需要并案审理的案件，只要其中一人或一罪属于上级人民检察院管辖的，全案由上级人民检察院审查起诉。	法院管辖的第一审案件的，应当移送有管辖权的人民检察院或者报送共同的上级人民检察院指定管辖，同时通知移送审查起诉的公安机关。 上级人民检察院受理同级公安机关移送审查起诉案件，认为属于下级人民法院管辖的，可以交下级人民检察院审查，由下级人民检察院向同级人民法院提起公诉，同时通知移送审查起诉的公安机关。 一人犯数罪、共同犯罪和其他需要并案审理的案件，只要其中一人或者一罪属于上级人民检察院管辖的，全案由上级人民检察院审查起诉。 **需要依照刑事诉讼法的规定指定审判管辖的，人民检察院应当在侦查机关移送审查起诉前协商同级人民法院办理指定管辖有关事宜。**
第二百五十条 人民检察院审查移送起诉的案件，必须查明： （一）犯罪嫌疑人身份状况是否清楚，包括姓名、性别、国籍、出生年月日、职业和单位等； （二）犯罪事实、情节是否清楚，认定犯罪性质和罪名的意见是否正确；有无法定的从重、从轻、减轻或者免除处罚的情节；共同犯罪案件的犯罪嫌疑人在犯罪活动中的责任的认定是否恰当； （三）证据材料是否随案移送，不宜移送的证据的清单、复制件、照片或者其他证明文件是否随案移送； （四）证据是否确实、充分； （五）有无遗漏罪行和其他应当追究刑事责任的人； （六）是否属于不应当追究刑事责任的； （七）有无附带民事诉讼；对于国家财产、集体财产遭受损失的，是否需要由人民检察院提起附带民事诉讼； （八）采取的强制措施是否适当； （九）侦查活动是否合法； （十）与犯罪有关的财物及其孳息是否扣押、冻结并妥善保管，以供核查。对被害人合法	**第三百六十三条** 人民检察院审查移送起诉的案件，**应当**查明： （一）犯罪嫌疑人身份状况是否清楚，包括姓名、性别、国籍、出生年月日、职业和单位等；**单位犯罪的，单位的相关情况是否清楚；** （二）犯罪事实、情节是否清楚；**实施犯罪的时间、地点、手段、犯罪事实、危害后果是否明确；** （三）认定犯罪性质和罪名的意见是否正确；有无法定的从重、从轻、减轻或者免除处罚的情节**及酌定从重、从轻情节**；共同犯罪案件的犯罪嫌疑人在犯罪活动中的责任的认定是否恰当； （四）**证明犯罪事实的证据材料包括采取技术侦查措施的决定书及证据材料是否随案移送；证明相关财产系违法所得的证据材料是否随案移送；**不宜移送的证据的清单、复制件、照片或者其他证明文件是否随案移送； （五）证据是否确实、充分，**是否依法收集，有无应当排除非法证据的情形；** （六）**侦查的各种法律手续和诉讼文书是否完备；** （七）有无遗漏罪行和其他应当追究刑事责任的人；

修订前	修订后
财产的返还和对违禁品或者不宜长期保存的物品的处理是否妥当，移送的证明文件是否完备。	（八）是否属于不应当追究刑事责任的； （九）有无附带民事诉讼；对于国家财产、集体财产遭受损失的，是否需要由人民检察院提起附带民事诉讼； （十）采取的强制措施是否适当，**对于已经逮捕的犯罪嫌疑人，有无继续羁押的必要；** （十一）侦查活动是否合法； （十二）**涉案款物是否查封**、扣押、冻结并妥善保管，**清单是否齐备**；对被害人合法财产的返还和对违禁品或者不宜长期保存的物品的处理是否妥当，移送的证明文件是否完备。
第二百五十一条 人民检察院审查案件，应当讯问犯罪嫌疑人，听取被害人和犯罪嫌疑人、被害人委托的人的意见。 讯问、听取意见应由二名以上办案人员进行，并制作笔录。	**第三百六十四条** 人民检察院审查案件，应当讯问犯罪嫌疑人，听取**辩护人、被害人及其诉讼代理人**的意见，**并制作笔录附卷**。 **辩护人、被害人及其诉讼代理人提出书面意见的，应当附卷。**
第二百五十二条 直接听取被害人和犯罪嫌疑人、被害人委托的人的意见有困难的，可以向被害人和犯罪嫌疑人、被害人委托的人发出书面通知，由其提出书面意见，在指定期限内未提出意见的，应当记明笔录。	**第三百六十五条** **直接听取辩护人**、被害人**及其诉讼代理人**的意见有困难的，可以**通知辩护人**、被害人**及其诉讼代理人**提出书面意见，在指定期限内未提出意见的，应当**记录在案**。
第二百五十三条	**移至修改后规则第三百七十二条**
第二百五十四条 人民检察院认为对犯罪嫌疑人或被害人需要进行医学鉴定的，应当要求公安机关进行；必要时也可以由人民检察院进行或者由人民检察院送交有鉴定资格的医学机构进行。 人民检察院自行对犯罪嫌疑人或者被害人进行医学鉴定的，可以商请公安机关派员参加，必要时还可以聘请医学机构或者专门鉴定机构有鉴定资格的人员参加。	**第三百六十六条** 人民检察院认为**需要**对**案件中某些专门性问题**进行鉴定**而侦查机关没有鉴定的**，应当要求**侦查**机关进行**鉴定**；必要时也可以由人民检察院进行**鉴定**或者由人民检察院送交有鉴定资格的**人**进行。 人民检察院自行进行鉴定的，可以商请**侦查**机关派员参加，必要时可以聘请有鉴定资格的人参加。
第二百五十五条 在审查起诉中，发现犯罪嫌疑人有患精神病可能的，人民检察院应当依照本规则的有关规定对犯罪嫌疑人进行鉴定。 犯罪嫌疑人的辩护人或者近亲属以犯罪嫌	**第三百六十七条** 在审查起诉中，发现犯罪嫌疑人**可能患有**精神病的，人民检察院应当依照本规则的有关规定对犯罪嫌疑人进行鉴定。 犯罪嫌疑人的辩护人或者近亲属以犯罪嫌

修订前	修订后
疑人有患精神病可能而申请对犯罪嫌疑人进行鉴定的,人民检察院也可以依照本规则的有关规定对犯罪嫌疑人进行鉴定,并由申请方承担鉴定费用。	疑人**可能患有**精神病而申请对犯罪嫌疑人进行鉴定的,人民检察院也可以依照本规则的有关规定对犯罪嫌疑人进行鉴定,鉴定费用由申请方承担。
第二百五十六条	**移至修改后规则第三百六十九条**
第二百五十七条 人民检察院对鉴定结论有疑问的,可以指派或者聘请有专门知识的人或者鉴定机构,对案件中的某些专门性问题进行补充鉴定或者重新鉴定。 审查起诉部门对审查起诉案件中涉及专门技术问题的证据材料需要进行审查的,可以送交检察技术人员或者其他具有专门知识的人员审查。检察技术人员或者其他具有专门知识的人员审查后应当出具审查意见。	**第三百六十八条** 人民检察院对鉴定**意见**有疑问的,可以**询问鉴定人并制作笔录附卷,也**可以指派**检察技术人员**或者聘请有**鉴定资格**的人对案件中的某些专门性问题进行补充鉴定或者重新鉴定。 **公诉**部门对审查起诉案件中涉及专门技术问题的证据材料需要进行审查的,可以送交检察技术人员或者其他有专门知识的人审查,审查后应当出具审查意见。
第二百五十六条 人民检察院审查案件的时候,对公安机关的勘验、检查,认为需要复验、复查的,应当要求公安机关复验、复查,人民检察院可以派员参加;也可以自行复验、复查,商请公安机关派员参加,必要时也可以聘请专门技术人员参加。	**第三百六十九条** 人民检察院审查案件的时候,对公安机关的勘验、检查,认为需要复验、复查的,应当要求公安机关复验、复查,人民检察院可以派员参加;也可以自行复验、复查,商请公安机关派员参加,必要时也可以聘请专门技术人员参加。
第二百五十八条 人民检察院对物证、书证、视听资料、勘验、检查笔录存在疑问的,可以要求侦查人员提供物证、书证、视听资料、勘验、检查笔录获取、制作的有关情况。必要时也可以询问提供物证、书证、视听资料的人员并制作笔录,对物证、书证、视听资料进行技术鉴定。	**第三百七十条** 人民检察院对物证、书证、视听资料、**电子数据及**勘验、检查、**辨认、侦查实验等**笔录存在疑问的,可以要求侦查人员提供获取、制作的有关情况。必要时也可以询问提供物证、书证、视听资料、**电子数据及勘验、检查、辨认、侦查实验等笔录**的人员**和见证人**并制作笔录**附卷**,对物证、书证、视听资料、**电子数据**进行技术鉴定。
第二百五十九条 人民检察院对证人证言笔录存在疑问或者认为对证人的询问不具体或者有遗漏的,可以对证人进行询问并制作笔录。	**第三百七十一条** 人民检察院对证人证言笔录存在疑问或者认为对证人的询问不具体或者有遗漏的,可以对证人进行询问并制作笔录**附卷**。
第二百五十三条 讯问犯罪嫌疑人或者询问被害人、证人时,应当分别告知其在审查起诉	**第三百七十二条** 讯问犯罪嫌疑人或者询问被害人、证人、**鉴定人**时,应当分别告知其在

修订前	修订后
阶段所享有的诉讼权利。	审查起诉阶段所享有的诉讼权利。
	第三百七十三条 **讯问犯罪嫌疑人,询问被害人、证人、鉴定人,听取辩护人、被害人及其诉讼代理人的意见,应当由二名以上办案人员进行。** **讯问犯罪嫌疑人,询问证人、鉴定人、被害人,应当个别进行。** **询问证人、被害人的地点按照刑事诉讼法第一百二十二条的规定执行。**
	第三百七十四条 **对于随案移送的讯问犯罪嫌疑人录音、录像或者人民检察院调取的录音、录像,人民检察院应当审查相关的录音、录像;对于重大、疑难、复杂的案件,必要时可以审查全部录音、录像。**
第二百六十条 审查起诉部门经审查认为需要逮捕犯罪嫌疑人的,应当参照本规则第五章第二节的规定移送审查逮捕部门办理。	**第三百七十五条** **公诉**部门经审查认为需要逮捕犯罪嫌疑人的,应当**按照**本规则**第十章**的规定移送**侦查监督**部门办理。
第二百六十一条 办案人员对案件进行审查后,应当制作案件审查意见书,提出起诉或者不起诉以及是否需要提起附带民事诉讼的意见,经审查起诉部门负责人审核,报请检察长或者检察委员会决定。 检察长承办的审查起诉案件,除本规则规定应当由检察委员会讨论决定的以外,可以直接作出起诉或者不起诉的决定。	**第三百七十六条** 办案人员对案件进行审查后,应当制作案件审查**报告**,提出起诉或者不起诉以及是否需要提起附带民事诉讼的意见,经**公诉**部门负责人审核,报请检察长或者检察委员会决定。 **办案人员认为应当向人民法院提出量刑建议的,可以在审查报告或者量刑建议书中提出量刑的意见,一并报请决定。** 检察长承办的审查起诉案件,除本规则规定应当由检察委员会讨论决定的以外,可以直接作出起诉或者不起诉的决定。
第二百六十二条 对于公安机关移送审查起诉的案件,发现犯罪嫌疑人没有违法犯罪行为的,应当书面说明理由将案卷退回公安机关处理;发现犯罪事实并非犯罪嫌疑人所为的,应当书面说明理由将案卷退回公安机关并建议公安机关重新侦查。如果犯罪嫌疑人已经被逮捕,应当撤销逮捕决定,通知公安机关立即释放。	**被修改后规则第四百零一条、第四百一十二条第三款吸收**

修订前	修订后
第二百六十三条	**移至修改后规则第四百零二条**
第二百六十四条 人民检察院对公安机关移送的案件进行审查后，在法院作出判决之前，认为需要补充提供法庭审判所必需的证据的，可以书面要求公安机关提供。	**第三百七十七条** 人民检察院对**侦查**机关移送的案件进行审查后，在法院作出**生效**判决之前，认为需要补充提供法庭审判所必需的证据的，可以书面要求**侦查**机关提供。
	第三百七十八条 人民检察院在审查起诉中，发现可能存在刑事诉讼法第五十四条规定的以非法方法收集证据情形的，可以要求侦查机关对证据收集的合法性作出书面说明或者提供相关证明材料。
第二百六十五条 严禁以非法的方法收集证据。以刑讯逼供或者威胁、引诱、欺骗等非法的方法收集的犯罪嫌疑人供述、被害人陈述、证人证言，不能作为指控犯罪的根据。 人民检察院审查起诉部门在审查中发现侦查人员以非法方法收集犯罪嫌疑人供述、被害人陈述、证人证言的，应当提出纠正意见，同时应当要求侦查机关另行指派侦查人员重新调查取证，必要时人民检察院也可以自行调查取证。 侦查机关未另行指派侦查人员重新调查取证的，可以依法退回侦查机关补充侦查。	**第三百七十九条** 人民检察院**公诉**部门在审查中发现侦查人员以非法方法收集犯罪嫌疑人供述、被害人陈述、证人证言**等证据材料**的，应当**依法排除非法证据并**提出纠正意见，同时**可以**要求侦查机关另行指派侦查人员重新调查取证，必要时人民检察院也可以自行调查取证。
第二百六十六条 人民检察院认为犯罪事实不清、证据不足或者遗漏罪行、遗漏同案犯罪嫌疑人等情形，认为需要补充侦查的，应当提出具体的书面意见，连同案卷材料一并退回公安机关补充侦查；人民检察院也可以自行侦查，必要时可以要求公安机关提供协助。	**第三百八十条** 人民检察院认为犯罪事实不清、证据不足或者遗漏罪行、遗漏同案犯罪嫌疑人等情形需要补充侦查的，应当提出具体的书面意见，连同案卷材料一并退回公安机关补充侦查；人民检察院也可以自行侦查，必要时可以要求公安机关提供协助。
第二百六十七条 人民检察院审查起诉部门对本院侦查部门移送审查起诉的案件审查后，认为犯罪事实不清、证据不足或者遗漏罪行、遗漏同案犯罪嫌疑人等情形，认为需要补充侦查的，应当向侦查部门提出补充侦查的书面意见，连同案卷材料一并退回侦查部门补充侦查。	**第三百八十一条** 人民检察院**公诉**部门对本院侦查部门移送审查起诉的案件审查后，认为犯罪事实不清、证据不足或者遗漏罪行、遗漏同案犯罪嫌疑人等情形需要补充侦查的，应当向侦查部门提出补充侦查的书面意见，连同案卷材料一并退回侦查部门补充侦查；**必要时也可以自行侦查，可以要求侦查部门予以协助。**

修订前	修订后
第二百六十八条 对于退回公安机关补充侦查的案件,应当在一个月以内补充侦查完毕。 补充侦查以二次为限。 补充侦查完毕移送审查起诉后,人民检察院重新计算审查起诉期限。 人民检察院审查起诉部门退回本院侦查部门补充侦查的期限、次数参照前款规定执行。	**第三百八十二条** 对于退回公安机关补充侦查的案件,应当在一个月以内补充侦查完毕。 补充侦查以二次为限。 补充侦查完毕移送审查起诉后,人民检察院重新计算审查起诉期限。 人民检察院**公诉**部门退回本院侦查部门补充侦查的期限、次数**按照本条第一款至第三款**的规定执行。
第二百六十九条 人民检察院在审查起诉中决定自行侦查的,应当在审查起诉期限内侦查完毕。	**第三百八十三条 人民检察院在审查起诉中决定自行侦查的,应当在审查起诉期限内侦查完毕。**
第二百七十条 人民检察院对已经退回公安机关二次补充侦查的案件,在审查起诉中又发现新的犯罪事实,应当移送公安机关立案侦查;对已经查清的犯罪事实,应当依法提起公诉。	**第三百八十四条** 人民检察院对已经退回**侦查**机关二次补充侦查的案件,在审查起诉中又发现新的犯罪事实**的**,应当移送**侦查**机关立案侦查;对已经查清的犯罪事实,应当依法提起公诉。
第二百七十一条 对于在审查起诉期间改变管辖的案件,改变后的人民检察院对于符合刑事诉讼法第一百四十条第二款规定的案件,可以通过原受理案件的人民检察院退回原侦查的公安机关补充侦查,也可以自行侦查。改变管辖前后退回补充侦查的次数总共不得超过两次。	**第三百八十五条** 对于在审查起诉期间改变管辖的案件,改变后的人民检察院对于符合刑事诉讼法**第一百七十一条**第二款规定的案件,可以通过原受理案件的人民检察院退回原侦查的公安机关补充侦查,也可以自行侦查。改变管辖前后退回补充侦查的次数总共不得超过二次。
第二百七十二条 人民检察院对于移送审查起诉的案件,应当在一个月内作出决定;重大、复杂的案件,一个月内不能作出决定的,审查起诉部门报经检察长批准,可以延长十五日。 人民检察院审查起诉的案件,改变管辖的,从改变后的人民检察院收到案件之日起计算审查起诉期限。 人民检察院监所检察部门对于本院审查起诉的案件,发现超过审查起诉期限的,应当提出纠正意见,报告检察长。	**第三百八十六条** 人民检察院对于移送审查起诉的案件,应当在一个月以内作出决定;重大、复杂的案件,一个月以内不能作出决定的,报经检察长批准,可以延长十五日。 人民检察院审查起诉的案件,改变管辖的,从改变后的人民检察院收到案件之日起计算审查起诉期限。
第二百七十三条 在审查起诉过程中犯罪嫌疑人潜逃或者患有精神病及其他严重疾病不	**被修改后规则删除**

修订前	修订后
能接受讯问，丧失诉讼行为能力的，人民检察院可以中止审查。 共同犯罪中的部分犯罪嫌疑人潜逃的，对潜逃犯罪嫌疑人可以中止审查；对其他犯罪嫌疑人的审查起诉应当照常进行。 中止审查应当由办案人员提出意见，部门负责人审核，报请检察长决定。 需要撤销中止审查决定的，参照前款规定办理。	
第二百七十四条 人民检察院在审查起诉期间，对于扣押、冻结的犯罪嫌疑人的财物及其孳息，应当妥善保管，以供查核。	**被修改后规则第六百七十五条吸收**
第二百七十五条 追缴的财物中，属于被害人的合法财产，不需要在法庭出示的，应当及时返还被害人，并由被害人在发还款物清单上签名或者盖章，注明返还的理由，并将清单、照片附入卷宗。	**第三百八十七条** 追缴的财物中，属于被害人的合法财产，不需要在法庭出示的，应当及时返还被害人，并由被害人在发还款物清单上签名或者盖章，注明返还的理由，并将清单、照片附卷。
第二百七十六条 追缴的财物中，属于违禁品或者不宜长期保存的物品，应当依照国家有关规定处理，并将清单、照片、处理结果附卷。	**第三百八十八条** 追缴的财物中，属于违禁品或者不宜长期保存的物品，应当依照国家有关规定处理，并将清单、照片、处理结果附卷。
第二百七十七条 在审查起诉中犯罪嫌疑人死亡，对犯罪嫌疑人的存款、汇款应当依法予以没收或者返还被害人的，可以申请人民法院裁定通知冻结犯罪嫌疑人存款、汇款的金融机构上缴国库或者返还被害人。 人民检察院申请人民法院裁定处理犯罪嫌疑人存款、汇款的，应当向人民法院移送有关案件材料。	**被修改后规则第二百九十六条吸收**
第二百七十八条 审查起诉部门办理案件时，可以适用本规则规定的侦查措施和程序。	**第三百八十九条** **公诉**部门办理案件，可以适用本规则规定的侦查措施和程序。
第三节 起 诉	第二节 起 诉
第二百七十九条 人民检察院对案件进行审查后，认为犯罪嫌疑人的犯罪事实已经查清，	**第三百九十条** 人民检察院对案件进行审查后，认为犯罪嫌疑人的犯罪事实已经查清，证

修订前	修订后
证据确实、充分，依法应当追究刑事责任的，应当作出起诉决定。 具有下列情形之一的，可以确认犯罪事实已经查清： （一）属于单一罪行的案件，查清的事实足以定罪量刑或者与定罪量刑有关的事实已经查清，不影响定罪量刑的事实无法查清的； （二）属于数个罪行的案件，部分罪行已经查清并符合起诉条件，其他罪行无法查清的； （三）无法查清作案工具、赃物去向，但有其他证据足以对被告人定罪量刑的； （四）证人证言、犯罪嫌疑人供述和辩解、被害人陈述的内容中主要情节一致，只有个别情节不一致且不影响定罪的。 对于符合第（二）项情形的，应当以已经查清的罪行起诉。	据确实、充分，依法应当追究刑事责任的，应当作出起诉决定。 具有下列情形之一的，可以确认犯罪事实已经查清： （一）属于单一罪行的案件，查清的事实足以定罪量刑或者与定罪量刑有关的事实已经查清，不影响定罪量刑的事实无法查清的； （二）属于数个罪行的案件，部分罪行已经查清并符合起诉条件，其他罪行无法查清的； （三）无法查清作案工具、赃物去向，但有其他证据足以对被告人定罪量刑的； （四）证人证言、犯罪嫌疑人供述和辩解、被害人陈述的内容中主要情节一致，只有个别情节不一致且不影响定罪的。 对于符合第二项情形的，应当以已经查清的罪行起诉。
第二百八十条　人民检察院在办理公安机关移送起诉的案件中，发现遗漏依法应当移送审查起诉同案犯罪嫌疑人的，应当建议公安机关补充移送审查起诉；对于犯罪事实清楚，证据确实、充分的，人民检察院也可以直接提起公诉。	**第三百九十一条**　人民检察院在办理公安机关移送起诉的案件中，发现遗漏**罪行或者**依法应当移送审查起诉同案犯罪嫌疑人的，应当**要求**公安机关补充移送审查起诉；对于犯罪事实清楚，证据确实、充分的，人民检察院也可以直接提起公诉。
	第三百九十二条　人民检察院立案侦查时认为属于直接立案侦查的案件，在审查起诉阶段发现不属于人民检察院管辖，案件事实清楚、证据确实充分，符合起诉条件的，可以直接起诉；事实不清、证据不足的，应当及时移送有管辖权的机关办理。
第二百八十一条　人民检察院作出起诉决定后，应当制作起诉书。 起诉书的主要内容包括： （一）被告人的基本情况，包括姓名、性别、出生年月日、出生地、身份证号码、民族、文化程度、职业、工作单位及职务、住址，是否受过刑事处罚，采取强制措施的情况及在押被告人的关押处所等；如果是单位犯罪，应写明犯罪单位的名称，所在地址，法定代表人或代表的姓名、职务；	**第三百九十三条**　人民检察院**决定**起诉**的**，应当制作起诉书。 起诉书的主要内容包括： （一）被告人的基本情况，包括姓名、性别、出生年月日、出生地**和户籍地**、身份证号码、民族、文化程度、职业、工作单位及职务、住址，是否受过刑事**处分及处分的种类和时间**，采取强制措施的情况等；如果是单位犯罪，应当写明犯罪单位的名称**和组织机构代码**、所在地址、**联系**

修订前	修订后
如果还有应当负刑事责任的“直接负责的主管人员或其他直接责任人员”应当按上述被告人基本情况内容叙写。 （二）案由和案件来源。 （三）案件事实，包括犯罪的时间、地点、经过、手段、动机、目的、危害后果等与定罪量刑有关的事实要素。起诉书叙述的指控犯罪事实的必备要素应当明晰、准确。被告人被控有多项犯罪事实的，应当逐一列举，对于犯罪手段相同的同一犯罪可以概括叙写。 （四）起诉的根据和理由，包括被告人触犯的刑法条款、犯罪的性质、法定从轻、减轻或者从重处罚的条件，共同犯罪各被告人应负的罪责等。 被告人真实姓名、住址无法查清的，应当按其绰号或者自报的姓名、自报的年龄制作起诉书，并在起诉书中注明。被告人自报的姓名可能造成损害他人名誉、败坏道德风俗等不良影响的，可以对被告人编号并按编号制作起诉书，并在起诉书中附具被告人的照片。	**方式**，法定代表人和**诉讼代表人**的姓名、职务、**联系方式**；如果还有应当负刑事责任的直接负责的主管人员或其他直接责任人员，应当按上述被告人基本情况的内容叙写。 （二）案由和案件来源。 （三）案件事实，包括犯罪的时间、地点、经过、手段、动机、目的、危害后果等与定罪量刑有关的事实要素。起诉书叙述的指控犯罪事实的必备要素应当明晰、准确。被告人被控有多项犯罪事实的，应当逐一列举，对于犯罪手段相同的同一犯罪可以概括叙写。 （四）起诉的根据和理由，包括被告人触犯的刑法条款、犯罪的性质**及认定的罪名、处罚条款**、法定从轻、减轻或者从重处罚的情节，共同犯罪各被告人应负的罪责等。 被告人真实姓名、住址无法查清的，应当按其绰号或者自报的姓名、**住址**制作起诉书，并在起诉书中注明。被告人自报的姓名可能造成损害他人名誉、败坏道德风俗等不良影响的，可以对被告人编号并按编号制作起诉书，并附具被告人的照片，**记明足以确定被告人面貌、体格、指纹以及其他反映被告人特征的事项。** **起诉书应当附有被告人现在处所，证人、鉴定人、需要出庭的有专门知识的人的名单，需要保护的被害人、证人、鉴定人的名单，涉案款物情况，附带民事诉讼情况以及其他需要附注的情况。** **证人、鉴定人、有专门知识的人的名单应当列明姓名、性别、年龄、职业、住址、联系方式，并注明证人、鉴定人是否出庭。**
第二百八十二条　人民检察院提起公诉的案件，应当向人民法院移送起诉书、证据目录、证人名单和主要证据复印件或者照片。 起诉书应当一式八份，每增加一名被告人增加起诉书五份。 证人名单应当包括在起诉前提供了证言的证人名单，证人名单应当列明证人的姓名、年龄、性别、职业、住址、通讯处。人民检察院对于拟不	**第三百九十四条**　人民检察院提起公诉的案件，应当向人民法院移送起诉书、**案卷材料和证据**。 起诉书应当一式八份，每增加一名被告人增加起诉书五份。 关于被害人姓名、住址、**联系方式**、被告人被采取强制措施的种类、是否在案及羁押**处所**等问题，人民检察院应当在起诉书中列明，不再

修订前	修订后
出庭的证人，可以不说明不出庭的理由。 证据目录应当是起诉前收集的证据材料目录。 关于被害人姓名、住址、通讯处，有无扣押、冻结在案的被告人的财物及存放地点，被告人被采取强制措施的种类、是否在案及羁押地点等问题，人民检察院应当在起诉书中列明，不再单独移送材料，其中对于涉及被害人隐私或者为保护被害人人身安全，而不宜在起诉书中列明被害人姓名、住址、通讯处的，单独移送人民法院。 鉴定结论、勘验检查笔录已经作为主要证据移送复印件的，鉴定人、勘验检查笔录制作人姓名已载明，不再另行移送。	单独移送材料；对于涉及被害人隐私或者为保护**证人、鉴定人**、被害人人身安全，而**不宜公开证人、鉴定人**、被害人姓名、住址、**工作单位和联系方式等个人信息，可以在起诉书中使用化名替代证人、鉴定人、被害人的个人信息，但是应当另行书面说明使用化名等情况，并标明密级。**
第二百八十三条 人民检察院针对具体案件移送起诉时，“主要证据”的范围由办案人员根据本条规定的范围和各个证据在具体案件中的实际证明作用加以确定。 主要证据是对认定犯罪构成要件的事实起主要作用，对案件定罪量刑有重要影响的证据。 主要证据包括： （一）起诉书中涉及的各种证据种类中的主要证据； （二）多个同种类证据中被确定为“主要证据”的； （三）作为法定量刑情节的自首、立功、累犯、中止、未遂、正当防卫的证据。 对于主要证据为书证、证人证言笔录、被害人陈述笔录、被告人供述与辩解笔录或者勘验、检查笔录的，可以只复印其中与证明被告人构成犯罪有关的部分，鉴定书可以只复印鉴定结论部分。	**被修改后规则删除**
	第三百九十五条 人民检察院对于犯罪嫌疑人、被告人或者证人等翻供、翻证的材料以及对于犯罪嫌疑人、被告人有利的其他证据材料，应当移送人民法院。
第二百八十四条 人民法院认为人民检察院起诉移送的有关材料不符合刑事诉讼法第一	**第三百九十六条** 人民法院向人民检察院提出书面意见要求补充**移送材料，人民检察院**

修订前	修订后
百五十条规定的条件，向人民检察院提出书面意见要求补充提供的，人民检察院应当自收到通知之日起三日内补送。 对于人民法院要求补充提供的材料超越刑事诉讼法第一百五十条规定的范围或者要求补充提供材料的意见有其他不当情况的，人民检察院应当向人民法院说明理由，要求人民法院开庭审判，必要时人民检察院应当根据刑事诉讼法第一百六十九条的规定向人民法院提出纠正意见。	**认为有必要移送的，**应当自收到通知之日起三日**以**内补送。
第二百八十五条 对提起公诉后，在人民法院开庭审判前，人民检察院自行补充收集的证据材料，应当根据刑事诉讼法第一百五十条的规定向人民法院移送有关的证人名单、证据目录和主要证据的复印件或者照片。	**第三百九十七条** 对提起公诉后，在人民法院**宣告判决**前补充收集的证据材料，**人民检察院应当及时移送人民法院。**
	第三百九十八条 在审查起诉期间，人民检察院可以根据辩护人的申请，向公安机关调取在侦查期间收集的证明犯罪嫌疑人、被告人无罪或者罪轻的证据材料。
	第三百九十九条 人民检察院对提起公诉的案件，可以向人民法院提出量刑建议。除有减轻处罚或者免除处罚情节外，量刑建议应当在法定量刑幅度内提出。建议判处有期徒刑、管制、拘役的，可以具有一定的幅度，也可以提出具体确定的建议。
	第四百条 对提起公诉的案件提出量刑建议的，可以制作量刑建议书，与起诉书一并移送人民法院。 **量刑建议书的主要内容应当包括被告人所犯罪行的法定刑、量刑情节、人民检察院建议人民法院对被告人处以刑罚的种类、刑罚幅度、可以适用的刑罚执行方式以及提出量刑建议的依据和理由等。**
第四节 不起诉	第三节 不起诉
第二百八十八条 人民检察院对于符合刑	第四百零一条 人民检察院对于**公安机关**

修订前	修订后
事诉讼法第十五条规定的情形之一的案件，经检察长决定，应当作出不起诉决定。 **第二百六十二条** 对于公安机关移送审查起诉的案件，发现犯罪嫌疑人没有违法犯罪行为的，应当书面说明理由将案卷退回公安机关处理；发现犯罪事实并非犯罪嫌疑人所为的，应当书面说明理由将案卷退回公安机关并建议公安机关重新侦查。如果犯罪嫌疑人已经被逮捕，应当撤销逮捕决定，通知公安机关立即释放。	**移送审查起诉的案件，发现犯罪嫌疑人没有犯罪事实，或者**符合刑事诉讼法第十五条规定的情形之一的，经检察长**或者检察委员会**决定，应当作出不起诉决定。 **对于犯罪事实并非犯罪嫌疑人所为，需要重新侦查的，应当在作出不起诉决定后书面说明理由，将案卷材料退回公安机关并建议公安机关重新侦查。**
第二百六十三条 审查起诉部门对于本院侦查部门移送审查起诉的案件，发现具有本规则第二百六十二条规定的情形之一的，应当退回本院侦查部门建议作出撤销案件的处理。	**第四百零二条** **公诉部门**对于本院侦查部门移送审查起诉的案件，发现具有本规则**第四百零一条第一款**规定情形的，应当退回本院侦查部门，建议作出撤销案件的处理。
第二百八十六条 人民检察院对于退回补充侦查的案件，仍然认为证据不足，不符合起诉条件的，经检察委员会讨论决定，可以作出不起诉决定。 作出不起诉决定前应当根据案件情况在法律规定的范围内确定补充侦查的次数。 具有下列情形之一，不能确定犯罪嫌疑人构成犯罪和需要追究刑事责任的，属于证据不足，不符合起诉条件： （一）据以定罪的证据存在疑问，无法查证属实的； （二）犯罪构成要件事实缺乏必要的证据予以证明的； （三）据以定罪的证据之间的矛盾不能合理排除的； （四）根据证据得出的结论具有其他可能性的。	**第四百零三条** 人民检察院对于**二次**退回补充侦查的案件，仍然认为证据不足，不符合起诉条件的，经**检察长或者**检察委员会决定，**应当**作出不起诉决定。 **人民检察院对于经过一次退回补充侦查的案件，认为证据不足，不符合起诉条件，且没有退回补充侦查必要的，可以作出不起诉决定。** **第四百零四条** 具有下列情形之一，不能确定犯罪嫌疑人构成犯罪和需要追究刑事责任的，属于证据不足，不符合起诉条件： （一）犯罪构成要件事实缺乏必要的证据予以证明的； （二）据以定罪的证据存在疑问，无法查证属实的； （三）据以定罪的证据之间、**证据与案件事实之间**的矛盾不能合理排除的； （四）根据证据得出的结论具有其他可能性，**不能排除合理怀疑的；** **（五）根据证据认定案件事实不符合逻辑和经验法则，得出的结论明显不符合常理的。**
第二百八十七条 人民检察院根据刑事诉讼法第一百四十条第四款规定决定不起诉的，在发现新的证据，符合起诉条件时，可以提起公诉。	**第四百零五条** 人民检察院根据刑事诉讼法**第一百七十一条**第四款规定决定不起诉的，在发现新的证据，符合起诉条件时，可以提起公诉。

修订前	修订后
第二百八十八条 人民检察院对于符合刑事诉讼法第十五条规定的情形之一的案件,经检察长决定,应当作出不起诉决定。	**移至修改后规则第四百零一条**
第二百八十九条 人民检察院对于犯罪情节轻微,依照刑法规定不需要判处刑罚或者免除刑罚的,经检察委员会讨论决定,可以作出不起诉决定。	**第四百零六条** 人民检察院对于犯罪情节轻微,依照刑法规定不需要判处刑罚或者免除刑罚的,**经检察长或者**检察委员会决定,可以作出不起诉决定。
	第四百零七条 省级以下人民检察院办理直接受理立案侦查的案件,拟作不起诉决定的,应当报请上一级人民检察院批准。
第二百九十条 人民检察院作出不起诉决定后,应当制作不起诉决定书。 不起诉决定书的主要内容包括: (一)被不起诉人的基本情况,包括姓名、出生年月日、出生地、民族、文化程度、职业、住址、身份证号码,是否受过刑事处罚,拘留、逮捕的年月日和关押处所等; (二)案由和案件来源; (三)案件事实,包括否定或者指控被不起诉人构成犯罪的事实以及作为不起诉决定根据的事实; (四)不起诉的根据和理由,写明作出不起诉决定适用的法律条款; (五)有关告知事项。	**第四百零八条** 人民检察院**决定不起诉的**,应当制作不起诉决定书。 不起诉决定书的主要内容包括: (一)被不起诉人的基本情况,包括姓名、**性别**、出生年月日、出生地**和户籍地**、民族、文化程度、职业、**工作单位及职务**、住址、身份证号码,是否受过刑事**处分,采取强制措施的情况以及羁押**处所等;**如果是单位犯罪,应当写明犯罪单位的名称和组织机构代码、所在地址、联系方式,法定代表人和诉讼代表人的姓名、职务、联系方式;** (二)案由和案件来源; (三)案件事实,包括否定或者指控被不起诉人构成犯罪的事实以及作为不起诉决定根据的事实; (四)不起诉的法律根据和理由,写明作出不起诉决定适用的法律条款; (五)**查封、扣押、冻结的涉案款物的处理情况;** **(六)**有关告知事项。
第二百九十一条 人民检察院决定不起诉的案件,可以根据案件的不同情况,对被不起诉人予以训诫或者责令具结悔过、赔礼道歉、赔偿损失。 对被不起诉人需要给予行政处罚、行政处分或者需要没收其违法所得的,人民检察院应当提	**第四百零九条** 人民检察院决定不起诉的案件,可以根据案件的不同情况,对被不起诉人予以训诫或者责令具结悔过、赔礼道歉、赔偿损失。 对被不起诉人需要给予行政处罚、行政处分的,人民检察院应当提出检察意见,连同不起

修订前	修订后
出检察意见,连同不起诉决定书一并移送有关主管机关处理。	诉决定书一并移送有关主管机关处理,**并要求有关主管机关及时通报处理情况。**
	第四百一十条　人民检察院决定不起诉的案件,对犯罪嫌疑人违法所得及其他涉案财产的处理,参照本规则第二百九十六条的规定办理。
第二百九十二条　人民检察院根据刑事诉讼法第一百四十条第四款、第一百四十二条第二款对直接立案侦查的案件决定不起诉后,审查起诉部门应当将不起诉决定书副本以及案件审查报告报送上一级人民检察院备案。	**被修改后规则删除**
第二百九十三条　人民检察院决定不起诉的案件,需要对侦查中扣押、冻结的财物解除扣押、冻结的,应当书面通知作出扣押、冻结决定的机关或者执行扣押、冻结决定的机关解除扣押、冻结。	**第四百一十一条**　人民检察院决定不起诉的案件,需要对侦查中**查封**、扣押、冻结的财物解除**查封**、扣押、冻结的,应当书面通知作出**查封**、扣押、冻结决定的机关或者执行**查封**、扣押、冻结决定的机关解除**查封**、扣押、冻结。
第二百九十四条　不起诉的决定,由人民检察院公开宣布。公开宣布不起诉决定的活动应当记明笔录。 不起诉决定书自公开宣布之日起生效。	**第四百一十二条**　不起诉的决定,由人民检察院公开宣布。公开宣布不起诉决定的活动应当**记录在案**。 不起诉决定书自公开宣布之日起生效。 **被不起诉人在押的,应当立即释放;被采取其他强制措施的,应当通知执行机关解除。**
第二百九十五条　不起诉决定书应当送达被害人或者其近亲属及其诉讼代理人、被不起诉人以及被不起诉人的所在单位。送达时,应当告知被害人或者其近亲属及其诉讼代理人,如果对不起诉决定不服,可以自收到不起诉决定书后七日以内向上一级人民检察院申诉,也可以不经申诉,直接向人民法院起诉;告知依照刑事诉讼法第一百四十二条第二款规定被不起诉的人,如果对不起诉决定不服,可以自收到不起诉决定书后七日以内向人民检察院申诉。	**第四百一十三条**　不起诉决定书应当送达被害人或者其近亲属及其诉讼代理人、被不起诉人**及其辩护人以及**被不起诉人的所在单位。送达时,应当告知被害人或者其近亲属及其诉讼代理人,如果对不起诉决定不服,可以自收到不起诉决定书后七日以内向上一级人民检察院申诉,也可以不经申诉,直接向人民法院起诉;告知被不起诉人,如果对不起诉决定不服,可以自收到不起诉决定书后七日以内向人民检察院申诉。
第二百九十六条　对于公安机关移送起诉的案件,人民检察院决定不起诉的,应当将不起	**第四百一十四条**　对于公安机关移送起诉的案件,人民检察院决定不起诉的,应当将不起

修订前	修订后
诉决定书送达公安机关。	诉决定书送达公安机关。
第二百九十七条 公安机关认为不起诉决定有错误,要求复议的,人民检察院审查起诉部门应当另行指定检察人员进行审查并提出审查意见,经审查起诉部门负责人审核,报请检察长或者检察委员会决定。 人民检察院应当在收到要求复议意见书后的三十日内作出复议决定,通知公安机关。	**第四百一十五条** 公安机关认为不起诉决定有错误,要求复议的,人民检察院**公诉**部门应当另行指定检察人员进行审查并提出审查意见,经**公诉**部门负责人审核,报请检察长或者检察委员会决定。 人民检察院应当在收到要求复议意见书后的三十日**以**内作出复议决定,通知公安机关。
第二百九十八条 上一级人民检察院收到公安机关对不起诉决定提请复核的意见书后,应当交由审查起诉部门办理。审查起诉部门指定检察人员进行审查并提出审查意见,经审查起诉部门负责人审核,报请检察长或者检察委员会决定。 上一级人民检察院应当在收到提请复核意见书后的三十日内作出决定,制作复核决定书送交提请复核的公安机关和下级人民检察院。经复核改变下级人民检察院不起诉决定的,应当撤销下级人民检察院作出的不起诉决定,交由下级人民检察院执行。	**第四百一十六条** 上一级人民检察院收到公安机关对不起诉决定提请复核的意见书后,应当交由**公诉**部门办理。**公诉**部门指定检察人员进行审查并提出审查意见,经**公诉**部门负责人审核,报请检察长或者检察委员会决定。 上一级人民检察院应当在收到提请复核意见书后的三十日**以**内作出决定,制作复核决定书送交提请复核的公安机关和下级人民检察院。经复核改变下级人民检察院不起诉决定的,应当撤销或者变更下级人民检察院作出的不起诉决定,交由下级人民检察院执行。
第二百九十九条 被害人对人民检察院作出的不起诉决定不服的,可以自收到决定书后七日以内向作出不起诉决定的人民检察院的上一级人民检察院申诉,上一级人民检察院控告申诉部门应当立案复查。 被害人向作出不起诉决定的人民检察院提出申诉的,作出决定的人民检察院应当将申诉材料连同案卷一并报送上一级人民检察院受理。	**第四百一十七条** **被害人不服不起诉决定**的,**在**收到不起诉决定书后七日以内申诉**的,由**作出不起诉决定的人民检察院的上一级人民检察院**刑事申诉检察**部门立案复查。 被害人向作出不起诉决定的人民检察院提出申诉的,作出决定的人民检察院应当将申诉材料连同案卷一并报送上一级人民检察院。
第三百条 被害人对人民检察院不起诉的决定不服,收到不起诉决定书超过七日后提出申诉的,由作出不起诉决定的人民检察院控告申诉部门受理,经审查后决定是否立案复查。	**第四百一十八条** 被害人**不服不起诉决定,在**收到不起诉决定书七日后提出申诉的,由作出不起诉决定的人民检察院**刑事申诉检察**部门审查后决定是否立案复查。
第三百零一条 上一级人民检察院对被害人不服不起诉决定的申诉进行复查后,应当在三个月内作出复查决定,案情复杂的,最长不得超	**第四百一十九条** **刑事申诉检察部门复查后**应当提出复查意见,报请检察长作出复查决定。

修订前	修订后
过六个月。 控告申诉部门应当提出复查意见，报请检察长作出复查决定。 复查决定书应当送达被害人和作出不起诉决定的人民检察院。 上级人民检察院经复查作出起诉决定的，应当撤销下级人民检察院的不起诉决定，交由下级人民检察院提起公诉，并将复查决定抄送移送审查起诉的公安机关。出庭支持公诉由审查起诉部门办理。	复查决定书应当送达被害人、**被不起诉人**和作出不起诉决定的人民检察院。 上级人民检察院经复查作出起诉决定的，应当撤销下级人民检察院的不起诉决定，交由下级人民检察院提起公诉，并将复查决定抄送移送审查起诉的公安机关。出庭支持公诉由**公诉**部门办理。
第三百零二条　人民检察院收到人民法院受理被害人对被不起诉人起诉的通知后，人民检察院应当终止复查，将作出不起诉决定所依据的有关案件材料移送人民法院。	**第四百二十条**　人民检察院收到人民法院受理被害人对被不起诉人起诉的通知后，人民检察院应当终止复查，将作出不起诉决定所依据的有关案件材料移送人民法院。
第三百零三条　被不起诉人对人民检察院依照刑事诉讼法第一百四十二条第二款规定作出的不起诉决定不服，自收到不起诉决定书后七日以内提出申诉的，应当由作出决定的人民检察院立案复查，由控告申诉部门办理。被不起诉人自收到不起诉决定书后七日以外提出申诉的，由控告申诉部门审查是否立案复查。 人民检察院控告申诉部门复查后应当提出复查意见，认为应当维持不起诉决定的，报请检察长作出复查决定；认为应当撤销不起诉决定提起公诉的，报请检察长提交检察委员会讨论决定。 复查决定书应当送达被不起诉人，撤销不起诉决定或者变更不起诉的事实或者法律根据的，应当同时抄送移送审查起诉的公安机关和本院有关部门。 人民检察院作出撤销不起诉决定提起公诉的复查决定后，应当将案件交由审查起诉部门提起公诉。	**第四百二十一条**　被不起诉人对不起诉决定不服，**在**收到不起诉决定书后七日以内提出申诉的，应当由作出决定的人民检察院**刑事申诉检察部门**立案复查。被不起诉人在收到不起诉决定书七日**后**提出申诉的，由**刑事申诉检察**部门审查后决定是否立案复查。 人民检察院**刑事申诉检察**部门复查后应当提出复查意见，认为应当维持不起诉决定的，报请检察长作出复查决定；**认为应当变更不起诉决定的，报请检察长或者检察委员会决定**；认为应当撤销不起诉决定提起公诉的，报请**检察长或者检察委员会**决定。 **复查决定书中应当写明复查认定的事实，说明作出决定的理由。** 复查决定书应当送达被不起诉人、**被害人**，撤销不起诉决定或者变更不起诉的事实或者法律根据的，应当同时**将复查决定书**抄送移送审查起诉的公安机关和本院有关部门。 人民检察院作出撤销不起诉决定提起公诉的复查决定后，应当将案件交由**公诉**部门提起公诉。
	第四百二十二条　人民检察院复查不服不起诉决定的申诉，应当在立案三个月以内作出

修订前	修订后
	复查决定,案情复杂的,不得超过六个月。
第三百零四条 被害人、被不起诉人对不起诉决定不服,提出申诉的,应当递交申诉书,写明申诉理由。被害人、被不起诉人没有书写能力的,也可以口头提出申诉,人民检察院应当根据其口头提出的申诉制作笔录。	**第四百二十三条** 被害人、被不起诉人对不起诉决定不服,提出申诉的,应当递交申诉书,写明申诉理由。被害人、被不起诉人没有书写能力的,也可以口头提出申诉,人民检察院应当根据其口头提出的申诉制作笔录。
第三百零五条 人民检察院如果发现不起诉决定确有错误,符合起诉条件的,应当撤销不起诉决定,提起公诉。	**第四百二十四条** 人民检察院发现不起诉决定确有错误,符合起诉条件的,应当撤销不起诉决定,提起公诉。
第三百零六条 最高人民检察院对地方各级人民检察院的起诉、不起诉决定,上级人民检察院对下级人民检察院的起诉、不起诉决定,如果发现确有错误的,应当予以撤销或者指令下级人民检察院纠正。	**第四百二十五条** 最高人民检察院对地方各级人民检察院的起诉、不起诉决定,上级人民检察院对下级人民检察院的起诉、不起诉决定,发现确有错误的,应当予以撤销或者指令下级人民检察院纠正。
第五节 简易程序的提起	
第三百零七条至第三百一十四条	**移至修改后规则第十二章第二节简易程序**
第六节 辩护与代理	
第三百一十五条至第三百二十七条	**移至修改后规则第四章辩护与代理**
第九章 出席法庭	**第十二章 出席法庭**
第一节 出席第一审法庭	第一节 出席第一审法庭
第三百二十八条 提起公诉的案件,除适用简易程序决定不派员出庭的以外,人民检察院应当派员以国家公诉人的身份出席第一审法庭,支持公诉。 公诉人应当由检察长、检察员或者经检察长批准代行检察员职务的助理检察员一人至数人担任,并配备书记员担任记录。	**第四百二十六条** 提起公诉的案件,人民检察院应当派员以国家公诉人的身份出席第一审法庭,支持公诉。 公诉人应当由检察长、检察员或者经检察长批准代行检察员职务的助理检察员一人至数人担任,并配备书记员担任记录。 **适用简易程序审理的公诉案件,可以不配备书记员担任记录。**
第三百二十九条 对于提起公诉后改变管辖的案件,原提起公诉的人民检察院参照本规则	**第四百二十七条** 对于提起公诉后改变管辖的案件,原提起公诉的人民检察院参照本规

修订前	修订后
第二百四十八条的规定将案件移送与审判管辖相对应的人民检察院。 　　接受移送的人民检察院重新对案件进行审查的，根据刑事诉讼法第一百三十八条第二款的规定自收到案件之日起计算审查起诉期限。	则**第三百六十二条**的规定将案件移送与审判管辖相对应的人民检察院。 　　接受移送的人民检察院重新对案件进行审查的，根据刑事诉讼法**第一百六十九条**第二款的规定自收到案件之日起计算审查起诉期限。
第三百三十条　公诉人在人民法院决定开庭审判后，应当做好如下准备工作： 　　（一）进一步熟悉案情，掌握证据情况； 　　（二）深入研究与本案有关的法律政策问题； 　　（三）充实审判中可能涉及的专业知识； 　　（四）拟定讯问被告人、询问证人、鉴定人和宣读、出示、播放证据的计划并制定质证方案； 　　（五）拟定公诉意见，准备辩论提纲。	**第四百二十八条**　公诉人在人民法院决定开庭审判后，应当做好如下准备工作： 　　（一）进一步熟悉案情，掌握证据情况； 　　（二）深入研究与本案有关的法律政策问题； 　　（三）充实审判中可能涉及的专业知识； 　　（四）拟定讯问被告人、询问证人、鉴定人、**有专门知识的人**和宣读、出示、播放证据的计划并制定质证方案； 　　**（五）对可能出现证据合法性争议的，拟定证明证据合法性的提纲并准备相关材料；** 　　（六）拟定公诉意见，准备辩论提纲； 　　**（七）需要对出庭证人等的保护向人民法院提出建议或者配合做好工作的，做好相关准备。**
	第四百二十九条　人民检察院在开庭审理前收到人民法院或者被告人及其辩护人、被害人、证人等送交的反映证据系非法取得的书面材料的，应当进行审查。对于审查逮捕、审查起诉期间已经提出并经查证不存在非法取证行为的，应当通知人民法院、有关当事人和辩护人，并按照查证的情况做好庭审准备。对于新的材料或者线索，可以要求侦查机关对证据收集的合法性进行说明或者提供相关证明材料，必要时可以自行调查核实。
	第四百三十条　人民法院通知人民检察院派员参加庭前会议的，由出席法庭的公诉人参加，必要时配备书记员担任记录。
	第四百三十一条　在庭前会议中，公诉人可以对案件管辖、回避、出庭证人、鉴定人、有专门知识的人的名单、辩护人提供的无罪证据、非法证据排除、不公开审理、延期审理、适用简易

修订前	修订后
	程序、庭审方案等与审判相关的问题提出和交换意见，了解辩护人收集的证据等情况。 **对辩护人收集的证据有异议的，应当提出。** **公诉人通过参加庭前会议，了解案件事实、证据和法律适用的争议和不同意见，解决有关程序问题，为参加法庭审理做好准备。**
	第四百三十二条　当事人、辩护人、诉讼代理人在庭前会议中提出证据系非法取得，人民法院认为可能存在以非法方法收集证据情形的，人民检察院可以对证据收集的合法性进行证明。需要调查核实的，在开庭审理前进行。
	第四百三十三条　人民检察院提起公诉向人民法院移送全部案卷材料、证据后，在法庭审理过程中，公诉人需要出示、宣读、播放有关证据的，可以申请法庭出示、宣读、播放。 **人民检察院基于出庭准备和庭审举证工作的需要，可以至迟在人民法院送达出庭通知书时取回有关案卷材料和证据。** **取回案卷材料和证据后，辩护律师要求查阅案卷材料的，应当允许辩护律师在人民检察院查阅、摘抄、复制案卷材料。**
第三百三十一条　公诉人在法庭上应当依法进行下列活动： （一）宣读起诉书，代表国家指控犯罪，提请人民法院对被告人依法审判； （二）讯问被告人； （三）询问证人、被害人、鉴定人； （四）出示物证，宣读书证、未到庭证人的证言笔录、鉴定人的鉴定结论、勘验、检查笔录和其他作为证据的文书，向法庭提供作为证据的视听资料； （五）对证据和案件情况发表意见，针对被告人、辩护人的辩护意见进行答辩，全面阐述公诉意见，反驳不正确的辩护意见； （六）维护诉讼参与人的合法权利； （七）对法庭审理案件有无违反法律规定的诉讼程序的情况记明笔录；	**第四百三十四条**　公诉人在法庭上应当依法进行下列活动： （一）宣读起诉书，代表国家指控犯罪，提请人民法院对被告人依法审判； （二）讯问被告人； （三）询问证人、被害人、鉴定人； **（四）申请法庭**出示物证，宣读书证、未到庭证人的证言笔录、鉴定人的鉴定**意见**、勘验、检查、**辨认、侦查实验等笔录**和其他作为证据的文书，**播放**作为证据的视听资料、**电子数据等**； （五）对证据**采信、法律适用**和案件情况发表意见，**提出量刑建议及理由**，针对被告人、辩护人的辩护意见进行答辩，全面阐述公诉意见； （六）维护诉讼参与人的合法权利； （七）对法庭审理案件有无违反法律规定的诉讼程序的情况记明笔录；

修订前	修订后
（八）依法从事其他诉讼活动。	（八）依法从事其他诉讼活动。
第三百三十二条 在法庭审理中，公诉人应当客观、全面、公正地向法庭提供证明被告人有罪、罪重或者罪轻的证据。	**第四百三十五条** 在法庭审理中，公诉人应当客观、全面、公正地向法庭**出示与定罪、量刑有关的**证明被告人有罪、罪重或者罪轻的证据。 **定罪证据与量刑证据需要分开的，应当分别出示。**
第三百三十三条 公诉人讯问被告人，询问证人、被害人、鉴定人，出示物证，宣读书证、未出庭证人的证言笔录等应当围绕下列事实进行： （一）被告人的身份； （二）指控的犯罪事实是否存在，是否为被告人所实施； （三）实施犯罪行为的时间、地点、方法、手段、结果，被告人犯罪后的表现等； （四）犯罪集团或者其他共同犯罪案件中参与犯罪人员的各自地位和应负的责任； （五）被告人有无责任能力，有无故意或者过失，行为的动机、目的； （六）有无依法不应当追究刑事责任的情况，有无法定的从重或者从轻、减轻以及免除处罚的情节； （七）犯罪对象、作案工具的主要特征，与犯罪有关的财物的来源、数量以及去向； （八）被告人全部或者部分否认起诉书指控的犯罪事实的，否认的根据和理由能否成立； （九）与定罪量刑有关的其他事实。	**第四百三十六条** 公诉人讯问被告人，询问证人、被害人、鉴定人，出示物证，宣读书证、未出庭证人的证言笔录等应当围绕下列事实进行： （一）被告人的身份； （二）指控的犯罪事实是否存在，是否为被告人所实施； （三）实施犯罪行为的时间、地点、方法、手段、结果，被告人犯罪后的表现等； （四）犯罪集团或者其他共同犯罪案件中参与犯罪人员的各自地位和应负的责任； （五）被告人有无**刑事**责任能力，有无故意或者过失，行为的动机、目的； （六）有无依法不应当追究刑事责任的情况，有无法定的从重或者从轻、减轻以及免除处罚的情节； （七）犯罪对象、作案工具的主要特征，与犯罪有关的财物的来源、数量以及去向； （八）被告人全部或者部分否认起诉书指控的犯罪事实的，否认的根据和理由能否成立； （九）与定罪、量刑有关的其他事实。
第三百三十四条 在法庭审理中，下列事实不必提出证据进行证明： （一）为一般人共同知晓的常识性事实； （二）人民法院生效裁判所确认的并且未依审判监督程序重新审理的事实； （三）法律、法规的内容以及适用等属于审判人员履行职务所应当知晓的事实； （四）在法庭审理中不存在异议的程序事实；	**第四百三十七条** 在法庭审理中，下列事实不必提出证据进行证明： （一）为一般人共同知晓的常识性事实； （二）人民法院生效裁判所确认的并且未依审判监督程序重新审理的事实； （三）法律、法规的内容以及适用等属于审判人员履行职务所应当知晓的事实； （四）在法庭审理中不存在异议的程序事实；

修订前	修订后
（五）法律规定的推定事实。	（五）法律规定的推定事实； **（六）自然规律或者定律。**
第三百三十五条 讯问被告人、询问证人应当避免可能影响陈述或者证言客观真实的诱导性讯问、询问以及其他不当讯问、询问。 辩护人对被告人或者证人进行诱导性讯问、询问以及其他不当讯问、询问可能影响陈述或者证言的客观真实的，公诉人可以要求审判长制止或者要求对该项陈述或者证言不予采纳。 讯问共同犯罪案件的被告人、询问证人应当分别进行。 被告人、证人对同一事实的陈述存在矛盾需要对质的，公诉人可以建议法庭传唤有关被告人、证人同时到庭对质。 讯问未成年的被告人、询问未成年的证人应当根据未成年人的特点进行。	**第四百三十八条** 讯问被告人、询问证人应当避免可能影响陈述或者证言客观真实的诱导性讯问、询问以及其他不当讯问、询问。 辩护人对被告人或者证人进行诱导性询问以及其他不当询问可能影响陈述或者证言的客观真实的，公诉人可以要求审判长制止或者要求对该项陈述或者证言不予采纳。 讯问共同犯罪案件的被告人、询问证人应当个别进行。 被告人、证人对同一事实的陈述存在矛盾需要对质的，公诉人可以建议法庭传唤有关被告人、证人同时到庭对质。
第三百三十六条 被告人在庭审中的陈述与在侦查、审查起诉中的供述一致或者不一致的内容不影响定罪量刑的，可以不宣读被告人供述笔录。 被告人在庭审中的陈述与在侦查、审查起诉中的供述不一致，足以影响定罪量刑的，可以宣读被告人供述笔录，并针对笔录中被告人的供述内容对被告人进行讯问，或者提出其他证据进行证明。	**第四百三十九条** 被告人在庭审中的陈述与在侦查、审查起诉中的供述一致或者不一致的内容不影响定罪量刑的，可以不宣读被告人供述笔录。 被告人在庭审中的陈述与在侦查、审查起诉中的供述不一致，足以影响定罪量刑的，可以宣读被告人供述笔录，并针对笔录中被告人的供述内容对被告人进行讯问，或者提出其他证据进行证明。
	第四百四十条 公诉人对证人证言有异议，且该证人证言对案件定罪量刑有重大影响的，可以申请人民法院通知证人出庭作证。 **人民警察就其执行职务时目击的犯罪情况作为证人出庭作证，适用前款规定。** **公诉人对鉴定意见有异议的，可以申请人民法院通知鉴定人出庭作证。经人民法院通知，鉴定人拒不出庭作证的，公诉人可以建议法庭不得采纳该鉴定意见作为定案的根据，也可以申请法庭重新通知鉴定人出庭作证或者申请重新鉴定。** **必要时公诉人可以申请法庭通知有专门知**

修订前	修订后
	识的人出庭,就鉴定人作出的鉴定意见提出意见。 当事人或者辩护人、诉讼代理人对证人证言、鉴定意见有异议的,公诉人认为必要时,可以申请人民法院通知证人、鉴定人出庭作证。
第三百三十七条 证人应当由人民法院通知并负责安排出庭作证。 对于经人民法院通知而未到庭的证人的证言笔录,公诉人应当当庭宣读。对证人证言笔录存在疑问、确实需要证人出庭陈述的,公诉人应当要求延期审理,由人民法院再次通知证人到庭提供证言和接受质证。	**第四百四十一条** 证人应当由人民法院通知并负责安排出庭作证。 对于经人民法院通知而未到庭的证人**或者出庭后拒绝作证的证人**的证言笔录,公诉人应当当庭宣读。 对于经人民法院通知而未到庭的证人的证言笔录存在疑问、确实需要证人出庭**作证,且可以强制其到庭的**,公诉人应当**建议**人民法院**强制**证人到庭**作证**和接受质证。
第三百三十八条 证人在法庭上提供证言,公诉人应当按照审判长确定的顺序向证人发问。公诉人应当首先要求证人就其所了解的与案件有关的事实进行连贯陈述。证人连贯陈述后,公诉人经审判长许可,可以对证人发问。 证人不能连贯陈述的,公诉人也可以直接发问。 对证人发问,应当针对证言中有遗漏、矛盾、模糊不清和有争议的内容,并着重围绕与定罪量刑紧密相关的事实进行。 发问应当采取一问一答形式,提问应当简洁、清楚。 证人进行虚假陈述的,应当通过发问澄清事实,必要时还应当宣读证人在侦查、审查起诉阶段提供的证言笔录或者出示、宣读其他证据对证人进行询问。 当事人和辩护人、诉讼代理人对证人发问后,公诉人可以根据证人回答的情况,经审判长许可,再次对证人发问。 询问鉴定人参照上述规定进行。	**第四百四十二条** 证人在法庭上提供证言,公诉人应当按照审判长确定的顺序向证人发问。公诉人**可以**要求证人就其所了解的与案件有关的事实进行陈述,**也可以直接**发问。 证人不能连贯陈述的,公诉人也可以直接发问。 对证人发问,应当针对证言中有遗漏、矛盾、模糊不清和有争议的内容,并着重围绕与定罪量刑紧密相关的事实进行。 发问应当采取一问一答形式,提问应当简洁、清楚。 证人进行虚假陈述的,应当通过发问澄清事实,必要时还应当宣读证人在侦查、审查起诉阶段提供的证言笔录或者出示、宣读其他证据对证人进行询问。 当事人和辩护人、诉讼代理人对证人发问后,公诉人可以根据证人回答的情况,经审判长许可,再次对证人发问。 询问鉴定人、**有专门知识的**人参照上述规定进行。
	第四百四十三条 必要时公诉人可以建议法庭采取不暴露证人、鉴定人、被害人外貌、真实声音等出庭作证措施,或者建议法庭根据刑

修订前	修订后
	事诉讼法第一百五十二条的规定在庭外对证据进行核实。
第三百三十九条 对于经法院通知未到庭的被害人的陈述笔录、鉴定人的鉴定结论、勘验笔录和其他作为证据的文书,公诉人应当当庭宣读。	**第四百四十四条** 对于鉴定**意见**、勘验、**检查、辨认、侦查实验等**笔录和其他作为证据的文书**以及**经法院通知未到庭的被害人的陈述笔录,公诉人应当当庭宣读。
第三百四十条 公诉人向法庭出示物证,应当对该物证所要证明的内容、获取情况作概括的说明,并向当事人、证人等问明物证的主要特征,让其辨认。 宣读书证应当对书证所要证明的内容、获取情况作概括的说明,向当事人、证人问明书证的主要特征,并让其辨认。对该书证进行技术鉴定的,应当宣读鉴定书。	**第四百四十五条** 公诉人向法庭出示物证,应当对该物证所要证明的内容、获取情况作概括的说明,并向当事人、证人等问明物证的主要特征,让其辨认。 宣读书证应当对书证所要证明的内容、获取情况作概括的说明,向当事人、证人问明书证的主要特征,并让其辨认。对该书证进行鉴定的,应当宣读鉴定意见。
	第四百四十六条 在法庭审理过程中,被告人及其辩护人提出被告人庭前供述系非法取得,审判人员认为需要进行法庭调查的,公诉人可以根据讯问笔录、羁押记录、出入看守所的健康检查记录、看守管教人员的谈话记录以及侦查机关对讯问过程合法性的说明等,对庭前讯问被告人的合法性进行证明,可以要求法庭播放讯问录音、录像,必要时可以申请法庭通知侦查人员或者其他人员出庭说明情况。 **审判人员认为可能存在刑事诉讼法第五十四条规定的以非法方法收集其他证据的情形,需要进行法庭调查的,公诉人可以参照前款规定对证据收集的合法性进行证明。** **公诉人不能当庭证明证据收集的合法性,需要调查核实的,可以建议法庭休庭或者延期审理。** **在法庭审理期间,人民检察院可以要求侦查机关对证据收集的合法性进行说明或者提供相关证明材料,必要时可以自行调查核实。**
	第四百四十七条 公诉人对证据收集的合法性进行证明后,法庭仍有疑问的,可以建议法庭休庭,由人民法院对相关证据进行调查核实。

修订前	修订后
	人民法院调查核实证据，通知人民检察院派员到场的，人民检察院可以派员到场。
第三百四十一条 在法庭审理中，对案件的程序事实存在争议的，应当出示、宣读有关诉讼文书、侦查或者审查起诉活动笔录。	**第四百四十八条** 在法庭审理**过程**中，对**证据合法性以外的其他**程序事实存在争议的，**公诉人**应当出示、宣读有关诉讼文书、侦查或者审查起诉活动笔录。
第三百四十二条 公诉人可以根据庭审情况和需要，出示、宣读开庭前送交人民法院的证据目录以外的证据。需要给予被告人、辩护人必要时间进行辩护准备的，公诉人可以建议合议庭延期审理。	**被修改后规则第三百九十五条吸收**
第三百四十三条 公诉人对于搜查、勘验、检查等侦查活动中形成的笔录存在争议，需要负责侦查的人员以及搜查、勘验、检查等活动的见证人出庭陈述有关情况的，可以建议合议庭通知其出庭。	**第四百四十九条** 对于搜查、**查封、扣押、冻结**、勘验、检查、**辨认、侦查实验**等侦查活动中形成的笔录存在争议，需要负责侦查的人员以及搜查、**查封、扣押、冻结**、勘验、检查、**辨认、侦查实验**等活动的见证人出庭陈述有关情况的，**公诉人**可以建议合议庭通知其出庭。
第三百四十四条 在法庭审理过程中，合议庭对证据有疑问或人民法院根据辩护人、被告人的申请，向人民检察院调取在侦查、审查起诉中收集的有关被告人无罪或者罪轻的证据材料时，人民检察院应当自收到人民法院要求调取证据材料决定书后三日内移交。如果没有此材料，应当向人民法院说明情况。	**第四百五十条** 在法庭审理过程中，合议庭对证据有疑问或者人民法院根据辩护人、被告人的申请，向人民检察院调取在侦查、审查起诉中收集的有关被告人无罪或者罪轻的证据材料**的**，人民检察院应当自收到人民法院要求调取证据材料决定书后三日**以**内移交。没有**上述**材料**的**，应当向人民法院说明情况。
第三百四十五条 法庭审理过程中，合议庭对证据有疑问并在休庭后进行勘验、检查、扣押、鉴定和查询、冻结的，人民检察院应当依法进行监督，发现上述活动有违法情况的应当提出纠正意见。	**第四百五十一条** **在**法庭审理过程中，合议庭对证据有疑问并在休庭后进行勘验、检查、**查封**、扣押、鉴定和查询、冻结的，人民检察院应当依法进行监督，发现上述活动有违法情况的，应当提出纠正意见。
第三百四十六条 人民法院根据律师申请收集、调取的证据或者合议庭休庭后自行调查取得的证据，必须经过庭审辨认、质证才能决定是否作为判决的依据。未经庭审辨认、质证直接采纳为判决依据的，人民检察院应当提出纠正意	**第四百五十二条** 人民法院根据申请收集、调取的证据或者合议庭休庭后自行调查取得的证据，**应当**经过庭审**出示**、质证才能决定是否作为判决的依据。未经庭审**出示**、质证直接采纳为判决依据的，人民检察院应当提出纠正

修订前	修订后
见;作出判决的,应当依法提出抗诉。	意见;作出的判决**确有错误**的,应当依法提出抗诉。
第三百四十七条 在法庭审理中,经审判长许可,公诉人可以逐一对正在调查的证据和案件情况发表意见,并同被告人、辩护人进行辩论。证据调查结束时,公诉人应当发表总结性意见。 法庭辩论中,公诉人与被害人、诉讼代理人意见不一致的,公诉人应当认真听取被害人、诉讼代理人的意见,阐明自己的意见和理由。	**第四百五十三条** 在法庭审理**过程**中,经审判长许可,公诉人可以逐一对正在调查的证据和案件情况发表意见,并同被告人、辩护人进行辩论。证据调查结束时,公诉人应当发表总结性意见。 在法庭辩论中,公诉人与被害人、诉讼代理人意见不一致的,公诉人应当认真听取被害人、诉讼代理人的意见,阐明自己的意见和理由。
	第四百五十四条 人民检察院向人民法院提出量刑建议的,公诉人应当在发表公诉意见时提出。
第三百四十八条 法庭审理过程中遇有下列情形之一的,公诉人应当要求法庭延期审理: (一)发现事实不清、证据不足,或者遗漏罪行、遗漏同案犯罪嫌疑人,需要补充侦查或者补充提供证据的; (二)发现遗漏罪行或者遗漏同案犯罪嫌疑人,虽不需要补充侦查和补充提供证据,但需要提出追加或者变更起诉的; (三)需要通知开庭前未向人民法院提供名单的证人、鉴定人或者经人民法院通知而未到庭的证人出庭陈述的。	**第四百五十五条** 法庭审判过程中遇有下列情形之一的,公诉人**可以建议**法庭延期审理: (一)发现事实不清、证据不足,或者遗漏罪行、遗漏同案犯罪嫌疑人,需要补充侦查或者补充提供证据的; **(二)被告人揭发他人犯罪行为或者提供重要线索,需要补充侦查进行查证的;** (三)发现遗漏罪行或者遗漏同案犯罪嫌疑人,虽不需要补充侦查和补充提供证据,但需要补充、追加或者变更起诉的; **(四)申请人民法院通知证人、鉴定人出庭作证或者有专门知识的人出庭提出意见的;** **(五)需要调取新的证据,重新鉴定或者勘验的;** **(六)公诉人出示、宣读开庭前移送人民法院的证据以外的证据,或者补充、变更起诉,需要给予被告人、辩护人必要时间进行辩护准备的;** **(七)被告人、辩护人向法庭出示公诉人不掌握的与定罪量刑有关的证据,需要调查核实的;** **(八)公诉人对证据收集的合法性进行证明,需要调查核实的。** **在人民法院开庭审理前发现具有上述情形**

修订前	修订后
	之一的，人民检察院可以建议人民法院延期审理。
第三百四十九条 法庭宣布延期审理后，人民检察院应当在补充侦查的期限内提请人民法院恢复法庭审理或者撤回起诉。 公诉人在法庭审理过程中建议延期审理的次数不得超过两次，每次不得超过一个月。	**第四百五十六条** 法庭宣布延期审理后，人民检察院应当在补充侦查的期限内提请人民法院恢复法庭审理或者撤回起诉。 公诉人在法庭审理过程中建议延期审理的次数不得超过两次，每次不得超过一个月。
第三百五十条 在审判过程中，对于需要补充提供法庭审判所必需的证据或者补充侦查的，人民检察院应当自行收集证据和进行侦查；必要时可以要求公安机关提供协助。 人民检察院补充侦查，适用本规则第四章、第五章、第七章的规定。 补充侦查不得超过一个月。	**第四百五十七条** 在审判过程中，对于需要补充提供法庭审判所必需的证据或者补充侦查的，人民检察院应当自行收集证据和进行侦查，必要时可以要求**侦查机关**提供协助；**也可以书面要求侦查机关补充提供证据**。 人民检察院补充侦查，适用本规则**第六章、第九章、第十章**的规定。 补充侦查不得超过一个月。
第三百五十一条 在人民法院宣告判决前，人民检察院发现被告人的真实身份或者犯罪事实与起诉书中叙述的身份或者指控犯罪事实不符的，可以要求变更起诉；发现遗漏的同案犯罪嫌疑人或者罪行可以一并起诉和审理的，可以要求追加起诉；发现不存在犯罪事实、犯罪事实并非被告人所为或者不应当追究被告人刑事责任的，可以要求撤回起诉。	**第四百五十八条** 在人民法院宣告判决前，人民检察院发现被告人的真实身份或者犯罪事实与起诉书中叙述的身份或者指控犯罪事实不符的，**或者事实、证据没有变化，但罪名、适用法律与起诉书不一致的**，可以变更起诉；发现遗漏的同案犯罪嫌疑人或者罪行可以一并起诉和审理的，可以追加、**补充**起诉。
	第四百五十九条 在人民法院宣告判决前，人民检察院发现具有下列情形之一的，可以撤回起诉： **（一）不存在犯罪事实的；** **（二）犯罪事实并非被告人所为的；** **（三）情节显著轻微、危害不大，不认为是犯罪的；** **（四）证据不足或证据发生变化，不符合起诉条件的；** **（五）被告人因未达到刑事责任年龄，不负刑事责任的；** **（六）法律、司法解释发生变化导致不应当追究被告人刑事责任的；**

修订前	修订后
	（七）其他不应当追究被告人刑事责任的。 对于撤回起诉的案件，人民检察院应当在撤回起诉后三十日以内作出不起诉决定。需要重新侦查的，应当在作出不起诉决定后将案卷材料退回公安机关，建议公安机关重新侦查并书面说明理由。 对于撤回起诉的案件，没有新的事实或者新的证据，人民检察院不得再行起诉。 新的事实是指原起诉书中未指控的犯罪事实。该犯罪事实触犯的罪名既可以是原指控罪名的同一罪名，也可以是其他罪名。 新的证据是指撤回起诉后收集、调取的足以证明原指控犯罪事实的证据。
第三百五十二条 在法庭审理过程中，人民法院建议人民检察院补充侦查、补充或者变更起诉的，人民检察院应当审查有关理由，并作出是否退回补充侦查、补充或者变更起诉的决定。人民检察院不同意的，可以要求人民法院就起诉指控的犯罪事实依法作出裁判。	**第四百六十条** 在法庭审理过程中，人民法院建议人民检察院补充侦查、**补充起诉、追加起诉**或者变更起诉的，人民检察院应当审查有关理由，并作出是否补充侦查、补充**起诉、追加起诉**或者变更起诉的决定。人民检察院不同意的，可以要求人民法院就起诉指控的犯罪事实依法作出裁判。
第三百五十三条 变更、追加或者撤回起诉应当报经检察长或者检察委员会决定，并以书面方式在人民法院宣告判决前向人民法院提出。 在法庭审理过程中，公诉人认为需要变更、追加或者撤回起诉的，应当要求休庭，并记明笔录。 变更、追加起诉需要给予被告人、辩护人必要时间进行辩护准备的，公诉人可以建议合议庭延期审理。 撤回起诉后，没有新的事实或者新的证据不得再行起诉。	**第四百六十一条** **变更、追加、补充**或者撤回起诉应当报经检察长或者检察委员会决定，并以书面方式在人民法院宣告判决前向人民法院提出。
第三百五十四条 在人民法院作出判决前，人民检察院发现已经决定适用简易程序审理的案件具有下列情形之一的，应当要求人民法院按照普通第一审程序审理： （一）发现依法应当判处三年以上有期徒刑的；	**被修改后规则删除**

修订前	修订后
（二）案件事实、证据存在较大争议的； （三）被告人是否犯罪，犯有何罪存在疑问的； （四）人民检察院发现被告人有新的犯罪事实需要追加起诉一并审理的。	
第三百五十五条 出庭的书记员应当将庭审情况写成笔录，详细记载庭审的时间、地点、参加人员、公诉人出庭执行任务情况和法庭调查、法庭辩论的主要内容以及法庭判决结果，由公诉人和书记员签名。	**第四百六十二条** 出庭的书记员应当**制作出庭**笔录，详细记载庭审的时间、地点、参加人员、公诉人出庭执行任务情况和法庭调查、法庭辩论的主要内容以及法庭判决结果，由公诉人和书记员签名。
第三百五十六条 人民检察院对于在法庭上出示、宣读、播放的证据材料应当当庭移交人民法院，确实无法当庭移交的，应当在休庭后三日内移交。对于在法庭上出示、宣读、播放未到庭证人的证言的，如果该证人提供过不同的证言，人民检察院应当将该证人的全部证言在休庭后三日内移交。	**第四百六十三条** 人民检察院应当当庭**向人民法院移交取回的案卷材料和证据。在审判长宣布休庭后，公诉人应当与审判人员办理交接手续。**无法当庭移交的，应当在休庭后三日以内移交。
第三百五十七条 对于当庭出示、宣读、播放的证据材料，在审判长宣布休庭后，公诉人应当与合议庭办理交接手续。休庭后向法院移交有关证据材料的，即时办理交接手续。	**被修改后规则删除**
第三百五十八条 人民检察院对封存保管的扣押、冻结的被告人财物及其孳息，应当根据不同情况作以下处理： （一）对作为证据使用的实物，应当依法随案移送。对不宜移送的，应当将其清单、照片或者其他证明文件随案移送。 （二）冻结在金融机构的赃款，应当向人民法院随案移送该金融机构出具的证明文件，待人民法院作出生效判决后，由人民法院通知该金融机构上缴国库。 （三）查封、扣押的赃款、赃物，对依法不移送的，应当随案移送证据清单、照片或者其他证明文件，待人民法院作出生效判决后，由人民检察院根据人民法院的通知上缴国库，并向人民法院送交执行回单。	**第四百六十四条** 人民检察院对**查封**、扣押、冻结的被告人财物及其孳息，应当根据不同情况作以下处理： （一）对作为证据使用的实物，应当依法随案移送；对不宜移送的，应当将其清单、照片或者其他证明文件随案移送。 （二）冻结在金融机构的**违法所得及其他涉案财产**，应当向人民法院随案移送该金融机构出具的证明文件，待人民法院作出生效判决、**裁定**后，由人民法院通知该金融机构上缴国库。 （三）查封、扣押的**涉案财产**，对依法不移送的，应当随案移送清单、照片或者其他证明文件，待人民法院作出生效判决、**裁定**后，由人民检察院根据人民法院的通知上缴国库，并向人民法院送交执行回单。

修订前	修订后
	（四）对于被扣押、冻结的债券、股票、基金份额等财产，在扣押、冻结期间权利人申请出售的，参照本规则第二百四十四条的规定办理。
	第二节　简易程序
第三百零七条　对依法可能判处三年以下有期徒刑、拘役、管制、单处罚金的公诉案件，事实清楚、证据充分，经检察长决定，适用简易程序的，应当向人民法院提出建议。	**第四百六十五条**　人民检察院对于基层人民法院管辖的案件，符合下列条件的，可以建议人民法院适用简易程序审理： （一）案件事实清楚、证据充分的； （二）犯罪嫌疑人承认自己所犯罪行，对指控的犯罪事实没有异议的； （三）犯罪嫌疑人对适用简易程序没有异议的。 办案人员认为可以建议适用简易程序的，应当在审查报告中提出适用简易程序的意见，按照提起公诉的审批程序报请决定。
第三百一十二条　具有下列情形之一的，人民检察院应当不建议或者不同意适用简易程序： （一）依法可能判处三年以上有期徒刑的； （二）对于案件事实、证据存在较大争议的； （三）比较复杂的共同犯罪案件； （四）被告人是否犯罪、犯有何罪存在争议的； （五）被告人要求适用普通程序的； （六）被告人是盲、聋、哑人的； （七）辩护人作无罪辩护的； （八）其他不宜适用简易程序的。	**第四百六十六条**　具有下列情形之一的，人民检察院不应当建议人民法院适用简易程序： （一）犯罪嫌疑人是盲、聋、哑人，或者是尚未完全丧失辨认或者控制自己行为能力的精神病人的； （二）有重大社会影响的； （三）共同犯罪案件中部分犯罪嫌疑人不认罪或者对适用简易程序有异议的； （四）比较复杂的共同犯罪案件； （五）辩护人作无罪辩护或者对主要犯罪事实有异议的； （六）其他不宜适用简易程序的。 人民法院决定适用简易程序审理的案件，人民检察院认为具有刑事诉讼法第二百零九条规定情形之一的，应当向人民法院提出纠正意见；具有其他不宜适用简易程序情形的，人民检察院可以建议人民法院不适用简易程序。
第三百零八条　人民法院认为案件需要适用简易程序，向人民检察院提出书面建议的，人民检察院应当在十日内答复是否同意。	被修改后规则删除
	第四百六十七条　基层人民检察院审查案

修订前	修订后
	件，认为案件事实清楚、证据充分的，应当在讯问犯罪嫌疑人时，了解其是否承认自己所犯罪行，对指控的犯罪事实有无异议，告知其适用简易程序的法律规定，确认其是否同意适用简易程序。
第三百零九条　人民检察院和人民法院有一方认为不宜适用简易程序的，应当适用普通程序。	**被修改后规则删除**
第三百一十条　适用简易程序，人民检察院可以不派员出席法庭。	**第四百六十八条　适用简易程序审理的公诉案件**，人民检察院**应当**派员出席法庭。 **人民检察院可以对适用简易程序的案件相对集中提起公诉，建议人民法院相对集中审理。**
第三百一十一条　人民检察院对于建议或者同意适用简易程序审理的公诉案件，应当向人民法院移送全部案卷和证据材料。	**被修改后规则删除**
第三百一十二条	**移至修改后规则第四百六十六条**
	第四百六十九条　公诉人出席简易程序法庭时，应当主要围绕量刑以及其他有争议的问题进行法庭调查和法庭辩论。在确认被告人庭前收到起诉书并对起诉书指控的犯罪事实没有异议后，可以简化宣读起诉书，根据案件情况决定是否讯问被告人，是否询问证人、鉴定人，是否需要出示证据。 **根据案件情况，公诉人可以建议法庭简化法庭调查和法庭辩论程序。**
第三百一十三条　适用简易程序审理的公诉案件，人民法院发现不宜适用简易程序，决定按照公诉案件第一审普通程序重新审理的，人民检察院应当派员出席法庭。	**第四百七十条**　适用简易程序审理的公诉案件，**公诉人**发现不宜适用简易程序**审理的，应当建议**法庭按照第一审普通程序重新审理。
第三百一十四条　转为普通程序审理的案件，人民法院应当将全案卷宗和证据材料退回人民检察院。人民检察院审查起诉的期限应当从收到人民法院有关案件材料之日起计算。	**第四百七十一条　转为普通程序审理的案件，公诉人需要为出席法庭进行准备的，可以建议人民法院延期审理。**

修订前	修订后
第二节　出席第二审法庭	第三节　出席第二审法庭
第三百五十九条　对提出抗诉的案件或者公诉案件中人民法院决定开庭审理的上诉案件，同级人民检察院应当派员出席第二审法庭。	**第四百七十二条**　对提出抗诉的案件或者公诉案件中人民法院决定开庭审理的上诉案件，同级人民检察院应当派员出席第二审法庭。
第三百六十条　检察长、检察员或者经检察长批准代行检察员职务的助理检察员出席第二审法庭的任务是： （一）支持抗诉或者听取上诉人的上诉意见，对原审法院作出的错误判决或者裁定提出纠正意见； （二）维护原审人民法院正确的判决或者裁定，反驳无理上诉，建议法庭维持原判； （三）维护诉讼参与人的合法权利； （四）对法庭审理案件有无违反法律规定的诉讼程序的情况记明笔录； （五）依法从事其他诉讼活动。	**第四百七十三条**　**检察人员**出席第二审法庭的任务是： （一）支持抗诉或者听取上诉意见，对原审**人民**法院作出的错误判决或者裁定提出纠正意见； （二）维护原审人民法院正确的判决或者裁定，建议法庭维持原判； （三）维护诉讼参与人的合法权利； （四）对法庭审理案件有无违反法律规定的诉讼程序的情况**制作**笔录； （五）依法从事其他诉讼活动。
第三百六十一条　对抗诉和上诉案件，与第二审人民法院相对应的人民检察院应当调取下级人民检察院的案卷材料。 出席第二审法庭的检察人员在接到第二审人民法院查阅案卷通知后，应当到第二审人民法院查阅第一审人民法院的案卷。	**第四百七十四条**　对抗诉和上诉案件，与第二审人民法院**同级**的人民检察院**可以**调取下级人民检察院**与案件有关**的材料。 **人民检察院在接到**第二审人民法院**决定开**庭、查阅案卷通知后，**可以查阅或者调阅案卷材料，查阅或者调阅案卷材料应当在接到人民法院的通知之日起一个月以内完成。在一个月以内无法完成的，可以商请人民法院延期审理。**
第三百六十二条　检察人员应当客观全面地审查原审案卷材料，不受上诉或者抗诉范围的限制，重点审查原审判决认定案件事实、适用法律是否正确，证据是否确实、充分，量刑是否适当，审判活动是否合法，并应当审查下级人民检察院的抗诉书或者上诉人的上诉书，了解抗诉或者上诉的理由是否正确、充分。	**第四百七十五条**　检察人员应当客观全面地审查原审案卷材料，不受上诉或者抗诉范围的限制，审查原审判决认定案件事实、适用法律是否正确，证据是否确实、充分，量刑是否适当，审判活动是否合法，并应当审查下级人民检察院的抗诉书或者上诉人的上诉书，了解抗诉或者上诉的理由是否正确、充分，**重点审查有争议的案件事实、证据和法律适用问题，有针对性地做好庭审准备工作。**
第三百六十三条　检察人员在审查第一审案卷材料时，应当提讯原审被告人，复核主要证据。	**第四百七十六条**　检察人员在审查第一审案卷材料时，应当复核主要证据，**可以讯问原审**

修订前	修订后
	被告人，必要时可以补充收集证据、重新鉴定或者补充鉴定。需要原侦查机关补充收集证据的，可以要求原侦查机关补充收集。被告人、辩护人提出被告人自首、立功等可能影响定罪量刑的材料和线索的，人民检察院可以依照管辖规定交侦查机关调查核实，也可以自行调查核实。发现遗漏罪行或者同案犯罪嫌疑人的，应当建议侦查机关侦查。 对于下列原审被告人，应当进行讯问： （一）提出上诉的； （二）人民检察院提出抗诉的； （三）被判处无期徒刑以上刑罚的。
	第四百七十七条　人民检察院办理死刑上诉、抗诉案件，应当进行下列工作： （一）讯问原审被告人，听取原审被告人的上诉理由或者辩解； （二）必要时听取辩护人的意见； （三）复核主要证据，必要时询问证人； （四）必要时补充收集证据； （五）对鉴定意见有疑问的，可以重新鉴定或者补充鉴定； （六）根据案件情况，可以听取被害人的意见。
第三百六十四条　检察人员出席第二审法庭，应当制作讯问被告人，询问被害人、证人、鉴定人和出示、宣读、播放证据计划，并拟写答辩提纲。对上诉案件，出庭前应当制作出庭意见。	**第四百七十八条**　检察人员出席第二审法庭**前**，应当制作讯问被告人、询问被害人、证人、鉴定人和出示、宣读、播放证据计划，拟写答辩提纲，**并**制作出庭意见。
第三百六十五条　在法庭审理中，检察人员应当针对原审判决或者裁定认定事实或适用法律、量刑等方面的问题，以及上诉人的上诉意见、辩护人的辩护意见，讯问被告人，询问被害人、证人、鉴定人，出示和宣读证据，并提出意见和进行辩论。	**第四百七十九条**　在法庭审理中，检察人员应当针对原审判决或者裁定认定事实或适用法律、量刑等方面的问题，围绕抗诉或者上诉理由以及辩护人的辩护意见，讯问被告人，询问被害人、证人、鉴定人，出示和宣读证据，并提出意见和进行辩论。
第三百六十六条　出庭的检察人员需要出示、宣读、播放一审中已移交人民法院的证据的，出庭的检察人员可以申请法庭出示、宣读、播放。	**第四百八十条**　需要出示、宣读、播放第一审**期间**已移交人民法院的证据的，出庭的检察人员可以申请法庭出示、宣读、播放。

修订前	修订后
在第二审法庭中出示、宣读、播放的证据材料的移送参照本规则第三百五十六条的规定办理。	在第二审法庭中**需要移送证据材料的**，参照本规则**第四百六十三条**的规定办理。
第三节　出席再审法庭	第四节　出席再审法庭
第三百六十七条　人民法院通知人民检察院出席再审法庭的，人民检察院应当派员出席。	**第四百八十一条　人民法院开庭审理再审案件，同级**人民检察院应当派员出席**法庭**。
第三百六十八条　人民检察院派员出席再审法庭，应当与人民法院的审级相适应。	**被修改后规则删除**
第三百六十九条　人民检察院对于人民法院按照审判监督程序重新审判的案件，应当对原判决、裁定认定的事实、证据和适用法律进行全面审查。	**第四百八十二条**　人民检察院对于人民法院按照审判监督程序重新审判的案件，应当对原判决、裁定认定的事实、证据、适用法律进行全面审查，**重点审查有争议的案件事实、证据和法律适用问题。**
第三百七十条　人民检察院派员出席再审法庭，如果再审案件按照第一审程序审理，参照本章第一节有关规定执行；如果再审案件按照第二审程序审理，参照本章第二节有关规定执行。	**第四百八十三条**　人民检察院派员出席再审法庭，如果再审案件按照第一审程序审理，参照本章第一节有关规定执行；如果再审案件按照第二审程序审理，参照本章第**三**节有关规定执行。
	第十三章　特别程序
	第一节　未成年人刑事案件诉讼程序
	第四百八十四条　人民检察院应当指定熟悉未成年人身心特点的检察人员办理未成年人刑事案件。
	第四百八十五条　人民检察院受理案件后，应当向未成年犯罪嫌疑人及其法定代理人了解其委托辩护人的情况，并告知其有权委托辩护人。 **未成年犯罪嫌疑人没有委托辩护人的，人民检察院应当书面通知法律援助机构指派律师为其提供辩护。**
	第四百八十六条　人民检察院根据情况可

修订前	修订后
	以对未成年犯罪嫌疑人的成长经历、犯罪原因、监护教育等情况进行调查，并制作社会调查报告，作为办案和教育的参考。 人民检察院开展社会调查，可以委托有关组织和机构进行。 人民检察院应当对公安机关移送的社会调查报告进行审查，必要时可以进行补充调查。 人民检察院制作的社会调查报告应当随案移送人民法院。
	第四百八十七条　人民检察院办理未成年犯罪嫌疑人审查逮捕案件，应当根据未成年犯罪嫌疑人涉嫌犯罪的事实、主观恶性、有无监护与社会帮教条件等，综合衡量其社会危险性，严格限制适用逮捕措施。
	第四百八十八条　对于罪行较轻，具备有效监护条件或者社会帮教措施，没有社会危险性或者社会危险性较小，不逮捕不致妨害诉讼正常进行的未成年犯罪嫌疑人，应当不批准逮捕。 对于罪行比较严重，但主观恶性不大，有悔罪表现，具备有效监护条件或者社会帮教措施，具有下列情形之一，不逮捕不致妨害诉讼正常进行的未成年犯罪嫌疑人，可以不批准逮捕： （一）初次犯罪、过失犯罪的； （二）犯罪预备、中止、未遂的； （三）有自首或者立功表现的； （四）犯罪后如实交代罪行，真诚悔罪，积极退赃，尽力减少和赔偿损失，被害人谅解的； （五）不属于共同犯罪的主犯或者集团犯罪中的首要分子的； （六）属于已满十四周岁不满十六周岁的未成年人或者系在校学生的； （七）其他可以不批准逮捕的情形。
	第四百八十九条　审查逮捕未成年犯罪嫌疑人，应当重点查清其是否已满十四、十六、十八周岁。 对犯罪嫌疑人实际年龄难以判断，影响对

修订前	修订后
	该犯罪嫌疑人是否应当负刑事责任认定的，应当不批准逮捕。需要补充侦查的，同时通知公安机关。
	第四百九十条　在审查逮捕、审查起诉中，人民检察院应当讯问未成年犯罪嫌疑人，听取辩护人的意见，并制作笔录附卷。 讯问未成年犯罪嫌疑人，应当通知其法定代理人到场，告知法定代理人依法享有的诉讼权利和应当履行的义务。无法通知、法定代理人不能到场或者法定代理人是共犯的，也可以通知未成年犯罪嫌疑人的其他成年亲属，所在学校、单位或者居住地的村民委员会、居民委员会、未成年人保护组织的代表到场，并将有关情况记录在案。到场的法定代理人可以代为行使未成年犯罪嫌疑人的诉讼权利，行使时不得侵犯未成年犯罪嫌疑人的合法权益。 到场的法定代理人或者其他人员认为办案人员在讯问中侵犯未成年犯罪嫌疑人合法权益的，可以提出意见。讯问笔录应当交由到场的法定代理人或者其他人员阅读或者向其宣读，并由其在笔录上签字、盖章或者捺指印确认。 讯问女性未成年犯罪嫌疑人，应当有女性检察人员参加。 询问未成年被害人、证人，适用本条第二款至第四款的规定。
	第四百九十一条　讯问未成年犯罪嫌疑人一般不得使用械具。对于确有人身危险性，必须使用械具的，在现实危险消除后，应当立即停止使用。
	第四百九十二条　对于符合刑事诉讼法第二百七十一条第一款规定条件的未成年人刑事案件，人民检察院可以作出附条件不起诉的决定。 人民检察院在作出附条件不起诉的决定以前，应当听取公安机关、被害人、未成年犯罪嫌疑人的法定代理人、辩护人的意见，并制作笔录附卷。

修订前	修订后
	第四百九十三条　人民检察院作出附条件不起诉的决定后，应当制作附条件不起诉决定书，并在三日以内送达公安机关、被害人或者其近亲属及其诉讼代理人、未成年犯罪嫌疑人及其法定代理人、辩护人。 人民检察院应当当面向未成年犯罪嫌疑人及其法定代理人宣布附条件不起诉决定，告知考验期限、在考验期内应当遵守的规定以及违反规定应负的法律责任，并制作笔录附卷。
	第四百九十四条　对附条件不起诉的决定，公安机关要求复议、提请复核或者被害人申诉的，具体程序参照本规则第四百一十五条至第四百二十条的规定办理。 上述复议、复核、申诉的审查由公诉部门或者未成年人犯罪检察工作机构负责。 未成年犯罪嫌疑人及其法定代理人对人民检察院决定附条件不起诉有异议的，人民检察院应当作出起诉的决定。
	第四百九十五条　人民检察院作出附条件不起诉决定的，应当确定考验期。考验期为六个月以上一年以下，从人民检察院作出附条件不起诉的决定之日起计算。
	第四百九十六条　在附条件不起诉的考验期内，由人民检察院对被附条件不起诉的未成年犯罪嫌疑人进行监督考察。未成年犯罪嫌疑人的监护人，应当对未成年犯罪嫌疑人加强管教，配合人民检察院做好监督考察工作。 人民检察院可以会同未成年犯罪嫌疑人的监护人、所在学校、单位、居住地的村民委员会、居民委员会、未成年人保护组织等的有关人员，定期对未成年犯罪嫌疑人进行考察、教育，实施跟踪帮教。
	第四百九十七条　被附条件不起诉的未成年犯罪嫌疑人，应当遵守下列规定： （一）遵守法律法规，服从监督； （二）按照考察机关的规定报告自己的活动

修订前	修订后
	情况； （三）离开所居住的市、县或者迁居，应当报经考察机关批准； （四）按照考察机关的要求接受矫治和教育。
	第四百九十八条　人民检察院可以要求被附条件不起诉的未成年犯罪嫌疑人接受下列矫治和教育： （一）完成戒瘾治疗、心理辅导或者其他适当的处遇措施； （二）向社区或者公益团体提供公益劳动； （三）不得进入特定场所，与特定的人员会见或者通信，从事特定的活动； （四）向被害人赔偿损失、赔礼道歉等； （五）接受相关教育； （六）遵守其他保护被害人安全以及预防再犯的禁止性规定。
	第四百九十九条　考验期届满，办案人员应当制作附条件不起诉考察意见书，提出起诉或者不起诉的意见，经部门负责人审核，报请检察长决定。
	第五百条　被附条件不起诉的未成年犯罪嫌疑人，在考验期内有下列情形之一的，人民检察院应当撤销附条件不起诉的决定，提起公诉： （一）实施新的犯罪的； （二）发现决定附条件不起诉以前还有其他犯罪需要追诉的； （三）违反治安管理规定，造成严重后果，或者多次违反治安管理规定的； （四）违反考察机关有关附条件不起诉的监督管理规定，造成严重后果，或者多次违反考察机关有关附条件不起诉的监督管理规定的。
	第五百零一条　被附条件不起诉的未成年犯罪嫌疑人，在考验期内没有本规则第五百条规定的情形，考验期满的，人民检察院应当作出不起诉的决定。

修订前	修订后
	第五百零二条　人民检察院办理未成年人刑事案件过程中，应当对涉案未成年人的资料予以保密，不得公开或者传播涉案未成年人的姓名、住所、照片、图像及可能推断出该未成年人的其他资料。
	第五百零三条　犯罪的时候不满十八周岁，被判处五年有期徒刑以下刑罚的，人民检察院应当在收到人民法院生效判决后，对犯罪记录予以封存。
	第五百零四条　人民检察院应当将拟封存的未成年人犯罪记录、卷宗等相关材料装订成册，加密保存，不予公开，并建立专门的未成年人犯罪档案库，执行严格的保管制度。
	第五百零五条　除司法机关为办案需要或者有关单位根据国家规定进行查询的以外，人民检察院不得向任何单位和个人提供封存的犯罪记录，并不得提供未成年人有犯罪记录的证明。 司法机关或者有关单位需要查询犯罪记录的，应当向封存犯罪记录的人民检察院提出书面申请，人民检察院应当在七日以内作出是否许可的决定。
	第五百零六条　被封存犯罪记录的未成年人，如果发现漏罪，且漏罪与封存记录之罪数罪并罚后被决定执行五年有期徒刑以上刑罚的，应当对其犯罪记录解除封存。
	第五百零七条　人民检察院对未成年犯罪嫌疑人作出不起诉决定后，应当对相关记录予以封存。具体程序参照本规则第五百零四条至第五百零六条的规定。
	第五百零八条　本节所称未成年人刑事案件，是指犯罪嫌疑人实施涉嫌犯罪行为时已满十四周岁、未满十八周岁的刑事案件。 本节第四百八十五条、第四百九十条、第四

修订前	修订后
	百九十一条所称的未成年犯罪嫌疑人，是指在诉讼过程中未满十八周岁的人。犯罪嫌疑人实施涉嫌犯罪行为时未满十八周岁，在诉讼过程中已满十八周岁的，人民检察院可以根据案件的具体情况适用上述规定。
	第五百零九条　办理未成年人刑事案件，除本节已有规定的以外，按照刑事诉讼法和其他有关规定进行。
	第二节　当事人和解的公诉案件诉讼程序
	第五百一十条　下列公诉案件，双方当事人可以和解： （一）因民间纠纷引起，涉嫌刑法分则第四章、第五章规定的犯罪案件，可能判处三年有期徒刑以下刑罚的； （二）除渎职犯罪以外的可能判处七年有期徒刑以下刑罚的过失犯罪案件。 上述公诉案件应当同时符合下列条件： （一）犯罪嫌疑人真诚悔罪，向被害人赔偿损失、赔礼道歉等； （二）被害人明确表示对犯罪嫌疑人予以谅解； （三）双方当事人自愿和解，符合有关法律规定； （四）属于侵害特定被害人的故意犯罪或者有直接被害人的过失犯罪； （五）案件事实清楚，证据确实、充分。 犯罪嫌疑人在五年以内曾经故意犯罪的，不适用本节规定的程序。 犯罪嫌疑人在犯刑事诉讼法第二百七十七条第一款规定的犯罪前五年内曾故意犯罪，无论该故意犯罪是否已经追究，均应当认定为前款规定的五年以内曾经故意犯罪。
	第五百一十一条　被害人死亡的，其法定代理人、近亲属可以与犯罪嫌疑人和解。 被害人系无行为能力或者限制行为能力人的，其法定代理人可以代为和解。

修订前	修订后
	第五百一十二条　犯罪嫌疑人系限制行为能力人的，其法定代理人可以代为和解。 犯罪嫌疑人在押的，经犯罪嫌疑人同意，其法定代理人、近亲属可以代为和解。
	第五百一十三条　双方当事人可以就赔偿损失、赔礼道歉等民事责任事项进行和解，并且可以就被害人及其法定代理人或者近亲属是否要求或者同意公安机关、人民检察院、人民法院对犯罪嫌疑人依法从宽处理进行协商，但不得对案件的事实认定、证据采信、法律适用和定罪量刑等依法属于公安机关、人民检察院、人民法院职权范围的事宜进行协商。
	第五百一十四条　双方当事人可以自行达成和解，也可以经人民调解委员会、村民委员会、居民委员会、当事人所在单位或者同事、亲友等组织或者个人调解后达成和解。 人民检察院对于本规则第五百一十条规定的公诉案件，可以建议当事人进行和解，并告知相应的权利义务，必要时可以提供法律咨询。
	第五百一十五条　人民检察院应当对和解的自愿性、合法性进行审查，重点审查以下内容： （一）双方当事人是否自愿和解； （二）犯罪嫌疑人是否真诚悔罪，是否向被害人赔礼道歉，经济赔偿数额与其所造成的损害和赔偿能力是否相适应； （三）被害人及其法定代理人或者近亲属是否明确表示对犯罪嫌疑人予以谅解； （四）是否符合法律规定； （五）是否损害国家、集体和社会公共利益或者他人的合法权益； （六）是否符合社会公德。 审查时，应当听取双方当事人和其他有关人员对和解的意见，告知刑事案件可能从宽处理的法律后果和双方的权利义务，并制作笔录附卷。
	第五百一十六条　经审查认为双方自愿和

修订前	修订后
	解,内容合法,且符合本规则第五百一十条规定的范围和条件的,人民检察院应当主持制作和解协议书。 和解协议书的主要内容包括: (一)双方当事人的基本情况; (二)案件的主要事实; (三)犯罪嫌疑人真诚悔罪,承认自己所犯罪行,对指控的犯罪没有异议,向被害人赔偿损失、赔礼道歉等;赔偿损失的,应当写明赔偿的数额、履行的方式、期限等; (四)被害人及其法定代理人或者近亲属对犯罪嫌疑人予以谅解,并要求或者同意公安机关、人民检察院、人民法院对犯罪嫌疑人依法从宽处理。 和解协议书应当由双方当事人签字,可以写明和解协议书系在人民检察院主持下制作。检察人员不在当事人和解协议书上签字,也不加盖人民检察院印章。 和解协议书一式三份,双方当事人各持一份,另一份交人民检察院附卷备查。
	第五百一十七条　和解协议书约定的赔偿损失内容,应当在双方签署协议后立即履行,至迟在人民检察院作出从宽处理决定前履行。确实难以一次性履行的,在被害人同意并提供有效担保的情况下,也可以分期履行。
	第五百一十八条　双方当事人在侦查阶段达成和解协议,公安机关向人民检察院提出从宽处理建议的,人民检察院在审查逮捕和审查起诉时应当充分考虑公安机关的建议。
	第五百一十九条　人民检察院对于公安机关提请批准逮捕的案件,双方当事人达成和解协议的,可以作为有无社会危险性或者社会危险性大小的因素予以考虑,经审查认为不需要逮捕的,可以作出不批准逮捕的决定;在审查起诉阶段可以依法变更强制措施。
	第五百二十条　人民检察院对于公安机关

修订前	修订后
	移送审查起诉的案件，双方当事人达成和解协议的，可以作为是否需要判处刑罚或者免除刑罚的因素予以考虑，符合法律规定的不起诉条件的，可以决定不起诉。 对于依法应当提起公诉的，人民检察院可以向人民法院提出从宽处罚的量刑建议。
	第五百二十一条　人民检察院拟对当事人达成和解的公诉案件作出不起诉决定的，应当听取双方当事人对和解的意见，并且查明犯罪嫌疑人是否已经切实履行和解协议、不能即时履行的是否已经提供有效担保，将其作为是否决定不起诉的因素予以考虑。 当事人在不起诉决定作出之前反悔的，可以另行达成和解。不能另行达成和解的，人民检察院应当依法作出起诉或者不起诉决定。 当事人在不起诉决定作出之后反悔的，人民检察院不撤销原决定，但有证据证明和解违反自愿、合法原则的除外。
	第五百二十二条　犯罪嫌疑人或者其亲友等以暴力、威胁、欺骗或者其他非法方法强迫、引诱被害人和解，或者在协议履行完毕之后威胁、报复被害人的，应当认定和解协议无效。已经作出不批准逮捕或者不起诉决定的，人民检察院根据案件情况可以撤销原决定，对犯罪嫌疑人批准逮捕或者提起公诉。
	第三节　犯罪嫌疑人、被告人逃匿、死亡案件违法所得的没收程序
	第五百二十三条　对于贪污贿赂犯罪、恐怖活动犯罪等重大犯罪案件，犯罪嫌疑人、被告人逃匿，在通缉一年后不能到案，依照刑法规定应当追缴其违法所得及其他涉案财产的，人民检察院可以向人民法院提出没收违法所得的申请。 对于犯罪嫌疑人、被告人死亡，依照刑法规定应当追缴其违法所得及其他涉案财产的，人民检察院也可以向人民法院提出没收违法所得

修订前	修订后
	的申请。 犯罪嫌疑人实施犯罪行为所取得的财物及其孳息以及犯罪嫌疑人非法持有的违禁品、供犯罪所用的本人财物，应当认定为前两款规定的违法所得及其他涉案财产。
	第五百二十四条　人民检察院审查侦查机关移送的没收违法所得意见书，向人民法院提出没收违法所得的申请以及对违法所得没收程序中调查活动、审判活动的监督，由公诉部门办理。
	第五百二十五条　没收违法所得的申请，应当由与有管辖权的中级人民法院相对应的人民检察院提出。
	第五百二十六条　人民检察院向人民法院提出没收违法所得的申请，应当制作没收违法所得申请书。没收违法所得申请书的主要内容包括： （一）犯罪嫌疑人、被告人的基本情况，包括姓名、性别、出生年月日、出生地、户籍地、身份证号码、民族、文化程度、职业、工作单位及职务、住址等； （二）案由及案件来源； （三）犯罪嫌疑人、被告人的犯罪事实； （四）犯罪嫌疑人、被告人逃匿、被通缉或者死亡的情况； （五）犯罪嫌疑人、被告人的违法所得及其他涉案财产的种类、数量、所在地及查封、扣押、冻结的情况； （六）犯罪嫌疑人、被告人近亲属和其他利害关系人的姓名、住址、联系方式及其要求等情况； （七）提出没收违法所得申请的理由和法律依据。
	第五百二十七条　公安机关向人民检察院移送没收违法所得意见书，应当由有管辖权的人民检察院的同级公安机关移送。

修订前	修订后
	第五百二十八条　人民检察院审查公安机关移送的没收违法所得意见书，应当查明： （一）是否属于本院管辖； （二）是否符合刑事诉讼法第二百八十条第一款规定的条件； （三）犯罪嫌疑人身份状况，包括姓名、性别、国籍、出生年月日、职业和单位等； （四）犯罪嫌疑人涉嫌犯罪的情况； （五）犯罪嫌疑人逃匿、被通缉或者死亡的情况； （六）违法所得及其他涉案财产的种类、数量、所在地，以及查封、扣押、冻结的情况； （七）与犯罪事实、违法所得相关的证据材料是否随案移送，不宜移送的证据的清单、复制件、照片或者其他证明文件是否随案移送； （八）证据是否确实、充分； （九）相关利害关系人的情况。
	第五百二十九条　人民检察院应当在接到公安机关移送的没收违法所得意见书后三十日以内作出是否提出没收违法所得申请的决定。三十日以内不能作出决定的，经检察长批准，可以延长十五日。 对于公安机关移送的没收违法所得案件，经审查认为不符合刑事诉讼法第二百八十条第一款规定条件的，应当作出不提出没收违法所得申请的决定，并向公安机关书面说明理由；认为需要补充证据的，应当书面要求公安机关补充证据，必要时也可以自行调查。 公安机关补充证据的时间不计入人民检察院办案期限。
	第五百三十条　人民检察院发现公安机关应当启动违法所得没收程序而不启动的，可以要求公安机关在七日以内书面说明不启动的理由。 经审查，认为公安机关不启动理由不能成立的，应当通知公安机关启动程序。
	第五百三十一条　人民检察院发现公安机

修订前	修订后
	关在违法所得没收程序的调查活动中有违法情形的，应当向公安机关提出纠正意见。
	第五百三十二条　在审查公安机关移送的没收违法所得意见书的过程中，在逃的犯罪嫌疑人、被告人自动投案或者被抓获的，人民检察院应当终止审查，并将案卷退回公安机关处理。
	第五百三十三条　人民检察院直接受理立案侦查的案件，犯罪嫌疑人逃匿或者犯罪嫌疑人死亡而撤销案件，符合刑事诉讼法第二百八十条第一款规定条件的，侦查部门应当启动违法所得没收程序进行调查。 侦查部门进行调查应当查明犯罪嫌疑人涉嫌的犯罪事实，犯罪嫌疑人逃匿、被通缉或者死亡的情况，以及犯罪嫌疑人的违法所得及其他涉案财产的情况，并可以对违法所得及其他涉案财产依法进行查封、扣押、查询、冻结。 侦查部门认为符合刑事诉讼法第二百八十条第一款规定条件的，应当写出没收违法所得意见书，连同案卷材料一并移送有管辖权的人民检察院侦查部门，并由有管辖权的人民检察院侦查部门移送本院公诉部门。 公诉部门对没收违法所得意见书进行审查，作出是否提出没收违法所得申请的决定，具体程序按照本规则第五百二十八条、第五百二十九条的规定办理。
	第五百三十四条　在人民检察院审查起诉过程中，犯罪嫌疑人死亡，或者贪污贿赂犯罪、恐怖活动犯罪等重大犯罪案件的犯罪嫌疑人逃匿，在通缉一年后不能到案，依照刑法规定应当追缴其违法所得及其他涉案财产的，人民检察院可以直接提出没收违法所得的申请。 人民法院在审理案件过程中，被告人死亡而裁定终止审理，或者被告人脱逃而裁定中止审理，人民检察院可以依法另行向人民法院提出没收违法所得的申请。
	第五百三十五条　人民法院对没收违法所

修订前	修订后
	得的申请进行审理，人民检察院应当承担举证责任。 人民法院对没收违法所得的申请开庭审理的，人民检察院应当派员出席法庭。
	第五百三十六条　人民检察院发现人民法院或者审判人员审理没收违法所得案件违反法律规定的诉讼程序，应当向人民法院提出纠正意见。 人民检察院认为同级人民法院按照违法所得没收程序所作的第一审裁定确有错误的，应当在五日以内向上一级人民法院提出抗诉。 最高人民检察院、省级人民检察院认为下级人民法院按照违法所得没收程序所作的已经发生法律效力的裁定确有错误的，应当按照审判监督程序向同级人民法院提出抗诉。
	第五百三十七条　在审理案件过程中，在逃的犯罪嫌疑人、被告人自动投案或者被抓获，人民法院按照刑事诉讼法第二百八十三条第一款的规定终止审理的，人民检察院应当将案卷退回侦查机关处理。
	第五百三十八条　对于刑事诉讼法第二百八十条第一款规定以外需要没收违法所得的，按照有关规定执行。
	第四节　依法不负刑事责任的精神病人的强制医疗程序
	第五百三十九条　对于实施暴力行为，危害公共安全或者严重危害公民人身安全，已经达到犯罪程度，经法定程序鉴定依法不负刑事责任的精神病人，有继续危害社会可能的，人民检察院应当向人民法院提出强制医疗的申请。
	第五百四十条　人民检察院审查公安机关移送的强制医疗意见书，向人民法院提出强制医疗的申请以及对强制医疗决定的监督，由公诉部门办理。

修订前	修订后
	第五百四十一条　强制医疗的申请由被申请人实施暴力行为所在地的基层人民检察院提出；由被申请人居住地的人民检察院提出更为适宜的，可以由被申请人居住地的基层人民检察院提出。
	第五百四十二条　人民检察院向人民法院提出强制医疗的申请，应当制作强制医疗申请书。强制医疗申请书的主要内容包括： （一）涉案精神病人的基本情况，包括姓名、性别、出生年月日、出生地、户籍地、身份证号码、民族、文化程度、职业、工作单位及职务、住址，采取临时保护性约束措施的情况及处所等； （二）涉案精神病人的法定代理人的基本情况，包括姓名、住址、联系方式等； （三）案由及案件来源； （四）涉案精神病人实施危害公共安全或者严重危害公民人身安全的暴力行为的事实，包括实施暴力行为的时间、地点、手段、后果等及相关证据情况； （五）涉案精神病人不负刑事责任的依据，包括有关鉴定意见和其他证据材料； （六）涉案精神病人继续危害社会的可能； （七）提出强制医疗申请的理由和法律依据。
	第五百四十三条　人民检察院审查公安机关移送的强制医疗意见书，应当查明： （一）是否属于本院管辖； （二）涉案精神病人身份状况是否清楚，包括姓名、性别、国籍、出生年月日、职业和单位等； （三）涉案精神病人实施危害公共安全或者严重危害公民人身安全的暴力行为的事实； （四）公安机关对涉案精神病人进行鉴定的程序是否合法，涉案精神病人是否依法不负刑事责任； （五）涉案精神病人是否有继续危害社会的可能； （六）证据材料是否随案移送，不宜移送的

修订前	修订后
	证据的清单、复制件、照片或者其他证明文件是否随案移送； （七）证据是否确实、充分； （八）采取的临时保护性约束措施是否适当。
	第五百四十四条　人民检察院应当在接到公安机关移送的强制医疗意见书后三十日以内作出是否提出强制医疗申请的决定。 对于公安机关移送的强制医疗案件，经审查认为不符合刑事诉讼法第二百八十四条规定条件的，应当作出不提出强制医疗申请的决定，并向公安机关书面说明理由；认为需要补充证据的，应当书面要求公安机关补充证据，必要时也可以自行调查。 公安机关补充证据的时间不计入人民检察院办案期限。
	第五百四十五条　人民检察院发现公安机关应当启动强制医疗程序而不启动的，可以要求公安机关在七日以内书面说明不启动的理由。 经审查，认为公安机关不启动理由不能成立的，应当通知公安机关启动程序。
	第五百四十六条　人民检察院发现公安机关对涉案精神病人进行鉴定的程序违反法律或者采取临时保护性约束措施不当的，应当提出纠正意见。 公安机关应当采取临时保护性约束措施而尚未采取的，人民检察院应当建议公安机关采取临时保护性约束措施。
	第五百四十七条　人民检察院发现公安机关对涉案精神病人采取临时保护性约束措施时有体罚、虐待等违法情形的，应当提出纠正意见。 前款规定的工作由监所检察部门负责。
	第五百四十八条　在审查起诉中，犯罪嫌疑人经鉴定系依法不负刑事责任的精神病人的，人民检察院应当作出不起诉决定。认为符

修订前	修订后
	合刑事诉讼法第二百八十四条规定条件的，应当向人民法院提出强制医疗的申请。
	第五百四十九条　人民法院对强制医疗案件开庭审理的，人民检察院应当派员出席法庭。
	第五百五十条　人民检察院发现人民法院或者审判人员审理强制医疗案件违反法律规定的诉讼程序，应当向人民法院提出纠正意见。 人民检察院认为人民法院作出的强制医疗决定或者驳回强制医疗申请的决定不当，应当在收到决定书副本后二十日以内向人民法院提出书面纠正意见。
	第五百五十一条　人民法院在审理案件过程中发现被告人符合强制医疗条件，作出被告人不负刑事责任的判决后，拟作出强制医疗决定的，人民检察院应当在庭审中发表意见。
第十章　刑事诉讼法律监督	第十四章　刑事诉讼法律监督
第一节　立案监督	第一节　刑事立案监督
第三百七十一条　人民检察院依法对公安机关的立案活动实行监督。	第五百五十二条　人民检察院依法对公安机关的刑事立案活动实行监督。
	第五百五十三条　被害人及其法定代理人、近亲属或者行政执法机关，认为公安机关对其控告或者移送的案件应当立案侦查而不立案侦查，或者当事人认为公安机关不应当立案而立案，向人民检察院提出的，人民检察院应当受理并进行审查。 人民检察院发现公安机关可能存在应当立案侦查而不立案侦查情形的，应当依法进行审查。 人民检察院接到控告、举报或者发现行政执法机关不移送涉嫌犯罪案件的，应当向行政执法机关提出检察意见，要求其按照管辖规定向公安机关或者人民检察院移送涉嫌犯罪案件。
	第五百五十四条　人民检察院控告检察部

修订前	修订后
	门受理对公安机关应当立案而不立案或者不应当立案而立案的控告、申诉，应当根据事实和法律进行审查，并可以要求控告人、申诉人提供有关材料，认为需要公安机关说明不立案或者立案理由的，应当及时将案件移送侦查监督部门办理。
第三百七十二条 人民检察院发现公安机关对应当立案侦查的案件不立案侦查的，由审查逮捕部门审查；审查逮捕部门经过调查、核实有关证据材料，认为需要公安机关说明不立案理由的，经检察长批准，可以要求公安机关在七日内书面说明不立案的理由。 经人民检察院审查逮捕部门审查，认为公安机关不立案理由不能成立的，经检察长或者检察委员会讨论决定，应当通知公安机关立案。	**第五百五十五条** 人民检察院**侦查监督部门经过调查、核实有关证据材料，**认为需要公安机关说明不立案理由的，经检察长批准，**应当**要求公安机关书面说明不立案的理由。 **有证据证明公安机关可能存在违法动用刑事手段插手民事、经济纠纷，或者利用立案实施报复陷害、敲诈勒索以及谋取其他非法利益等违法立案情形，尚未提请批准逮捕或者移送审查起诉的，**经检察长批准，**应当要求**公安机关书面说明**立**案理由。
	第五百五十六条 人民检察院进行调查核实，可以询问办案人员和有关当事人，查阅、复制公安机关刑事受案、立案、破案等登记表册和立案、不立案、撤销案件、治安处罚、劳动教养等相关法律文书及案卷材料。
第三百七十三条 被害人认为公安机关对应当立案侦查的案件不立案侦查，向人民检察院提出的，人民检察院控告申诉部门应当受理，并根据事实和法律进行审查。审查中，可以要求被害人提供有关材料，进行必要的调查，认为需要公安机关说明不立案理由的，应当将案件移送审查逮捕部门办理。 公安机关说明不立案的理由后，审查逮捕部门认为公安机关不立案理由成立的，应当通知控告申诉部门，由控告申诉部门在十日内将不立案的理由和根据告知被害人；认为公安机关不立案的理由不能成立的，应当按照本规则第三百七十二条第二款的规定办理。	**被修改后规则第五百五十三条至第五百五十五条吸收**
	第五百五十七条 人民检察院要求公安机关说明不立案或者立案理由，应当制作要求说

修订前	修订后
	明不立案理由通知书或者要求说明立案理由通知书，及时送达公安机关，并且告知公安机关在收到要求说明不立案理由通知书或者要求说明立案理由通知书后七日以内，书面说明不立案或者立案的情况、依据和理由，连同有关证据材料回复人民检察院。
	第五百五十八条 公安机关说明不立案或者立案的理由后，人民检察院侦查监督部门应当进行审查，认为公安机关不立案或者立案理由不能成立的，经检察长或者检察委员会讨论决定，应当通知公安机关立案或者撤销案件。 侦查监督部门认为公安机关不立案或者立案理由成立的，应当通知控告检察部门，由其在十日以内将不立案或者立案的理由和根据告知被害人及其法定代理人、近亲属或者行政执法机关。
第三百七十四条 人民检察院通知公安机关立案，应当由检察长决定；重大或者疑难、复杂的案件，由检察长提交检察委员会讨论决定。	被修改后规则第五百五十八条吸收
第三百七十五条 人民检察院通知公安机关立案，应当制作通知立案书，送达公安机关，同时抄报上一级人民检察院备案。 人民检察院送达通知立案书时，应当将有关证明应该立案的材料同时移送公安机关，并且告知公安机关应当在十五日以内立案，将立案决定书送达人民检察院。	**第五百五十九条** 人民检察院通知公安机关立案或者撤销案件，应当制作通知立案书或者通知撤销案件书，说明依据和理由，连同证据材料送达公安机关，并且告知公安机关应当在收到通知立案书后十五日以内立案，对通知撤销案件书没有异议的应当立即撤销案件，并将立案决定书或者撤销案件决定书及时送达人民检察院。
第三百七十六条 人民检察院通知公安机关立案的，应当依法对通知立案的执行情况进行监督。	**第五百六十条** 人民检察院通知公安机关立案或者撤销案件的，应当依法对执行情况进行监督。 公安机关在收到通知立案书或者通知撤销案件书后超过十五日不予立案或者既不提出复议、复核也不撤销案件的，人民检察院应当发出纠正违法通知书予以纠正。公安机关仍不纠正的，报上一级人民检察院协商同级公安机关处理。

修订前	修订后
	公安机关立案后三个月以内未侦查终结的，人民检察院可以向公安机关发出立案监督案件催办函，要求公安机关及时向人民检察院反馈侦查工作进展情况。
第三百七十七条 对于由公安机关管辖的国家机关工作人员利用职权实施的重大犯罪案件，人民检察院通知公安机关立案，公安机关不予立案的，经省级以上人民检察院决定，人民检察院可以直接立案侦查。	**第五百六十一条** 对于由公安机关管辖的国家机关工作人员利用职权实施的重大犯罪案件，人民检察院通知公安机关立案，公安机关不予立案的，经省级以上人民检察院决定，人民检察院可以直接立案侦查。
	第五百六十二条 对于公安机关认为人民检察院撤销案件通知有错误要求同级人民检察院复议的，人民检察院应当重新审查，在收到要求复议意见书和案卷材料后七日以内作出是否变更的决定，并通知公安机关。 **对于公安机关不接受人民检察院复议决定提请上一级人民检察院复核的，上级人民检察院应当在收到提请复核意见书和案卷材料后十五日以内作出是否变更的决定，通知下级人民检察院和公安机关执行。** **上级人民检察院复核认为撤销案件通知有错误的，下级人民检察院应当立即纠正；上级人民检察院复核认为撤销案件通知正确的，应当作出复核决定并送达下级公安机关。**
第三百七十八条 对于公安机关不应当立案而立案侦查的，人民检察院应当向公安机关提出纠正违法意见。	**被修改后规则第五百五十三条吸收**
第三百七十九条 人民检察院审查逮捕部门或者审查起诉部门发现本院侦查部门对应当立案侦查的案件不报请立案侦查的，应当建议侦查部门报请立案侦查；建议不被采纳的，应当报请检察长决定。	**第五百六十三条** 人民检察院**侦查监督**部门或者**公诉**部门发现本院侦查部门对应当立案侦查的案件不报请立案侦查**或者对不应当立案侦查的案件进行立案侦查**的，应当建议侦查部门报请立案侦查**或者撤销案件**；建议不被采纳的，应当报请检察长决定。
第二节 侦查监督	第二节 侦查**活动**监督
第三百八十条 人民检察院依法对公安机	**第五百六十四条** 人民检察院依法对公安

修订前	修订后
关的侦查活动是否合法实行监督。	机关的侦查活动是否合法实行监督。
第三百八十一条 侦查监督主要发现和纠正以下违法行为： （一）对犯罪嫌疑人刑讯逼供、诱供的； （二）对被害人、证人以体罚、威胁、诱骗等非法手段收集证据的； （三）伪造、隐匿、销毁、调换或者私自涂改证据的； （四）徇私舞弊，放纵、包庇犯罪分子的； （五）故意制造冤、假、错案的； （六）在侦查活动中利用职务之便谋取非法利益的； （七）在侦查过程中不应当撤案而撤案的； （八）贪污、挪用、调换所扣押、冻结的款物及其孳息的； （九）违反刑事诉讼法关于决定、执行、变更、撤销强制措施规定的； （十）违反羁押和办案期限规定的； （十一）在侦查中有其他违反刑事诉讼法有关规定的行为的。	**第五百六十五条** 侦查**活动**监督主要发现和纠正以下违法行为： **（一）采用刑讯逼供以及其他非法方法收集犯罪嫌疑人供述的；** **（二）采用暴力、威胁等非法方法收集证人证言、被害人陈述，或者以暴力、威胁等方法阻止证人作证或者指使他人作伪证的；** （三）伪造、隐匿、销毁、调换、私自涂改证据，**或者帮助当事人毁灭、伪造证据的；** （四）徇私舞弊，放纵、包庇犯罪分子的； （五）故意制造冤、假、错案的； （六）在侦查活动中利用职务之便谋取非法利益的； **（七）非法拘禁他人或者以其他方法非法剥夺他人人身自由的；** **（八）非法搜查他人身体、住宅，或者非法侵入他人住宅的；** **（九）非法采取技术侦查措施的；** （十）在侦查过程中不应当撤案而撤案的； **（十一）对与案件无关的财物采取查封、扣押、冻结措施，或者应当解除查封、扣押、冻结不解除的；** **（十二）**贪污、挪用、**私分**、调换、**违反规定使用查封、扣押、冻结的财物**及其孳息的； **（十三）应当退还取保候审保证金不退还的；** **（十四）**违反刑事诉讼法关于决定、执行、变更、撤销强制措施规定的； **（十五）侦查人员应当回避而不回避的；** **（十六）应当依法告知犯罪嫌疑人诉讼权利而不告知，影响犯罪嫌疑人行使诉讼权利的；** **（十七）阻碍当事人、辩护人、诉讼代理人依法行使诉讼权利的；** **（十八）讯问犯罪嫌疑人依法应当录音或者录像而没有录音或者录像的；** **（十九）对犯罪嫌疑人拘留、逮捕、指定居所监视居住后依法应当通知家属而未通知的；**

修订前	修订后
	（二十）在侦查中有其他违反刑事诉讼法有关规定的行为的。
第三百八十二条 人民检察院审查逮捕部门、审查起诉部门在审查逮捕、审查起诉中，应当审查公安机关的侦查活动是否合法。发现违法情况，应当提出意见通知公安机关纠正。构成犯罪的，移送有关部门依法追究刑事责任。 监所检察部门发现侦查中违反法律规定的羁押和办案期限规定的，应当依法提出纠正违法意见。	**第五百六十六条** 人民检察院**发现公安机关侦查活动中的违法行为，对于情节较轻的，可以由检察人员以口头方式向侦查人员或者公安机关负责人提出纠正意见，并及时向本部门负责人汇报；必要的时候，由部门负责人提出。对于情节较重的违法情形，应当报请检察长批准后，向公安机关发出纠正违法通知书。**构成犯罪的，移送有关部门依法追究刑事责任。 监所检察部门发现侦查中违反法律规定的羁押和办案期限规定的，应当依法提出纠正违法意见**，并通报侦查监督部门**。
第三百八十三条 人民检察院根据需要可以派员参加公安机关对于重大案件的讨论和其他侦查活动，发现违法行为，应当及时通知纠正。	**第五百六十七条** 人民检察院根据需要可以派员参加公安机关对于重大案件的讨论和其他侦查活动，发现违法行为，**情节较轻的可以口头纠正，情节较重的**应当**报请检察长批准后，向公安机关发出纠正违法**通知**书**。
第三百八十四条 诉讼参与人对于侦查机关或者侦查人员侵犯其诉讼权利和人身侮辱的行为提出控告的，人民检察院应当受理，并及时审查，依法处理。	**被修改后规则删除**
第三百八十五条 对于公安机关执行人民检察院批准或者不批准逮捕决定的情况，以及释放被逮捕的犯罪嫌疑人或者变更逮捕措施的情况，人民检察院发现有违法情形的，应当通知纠正。	**第五百六十八条** 对于公安机关执行人民检察院批准或者不批准逮捕决定的情况，以及释放被逮捕的犯罪嫌疑人或者变更逮捕措施的情况，人民检察院发现有违法情形的，应当通知纠正。
第三百八十六条 人民检察院发现公安机关或者公安人员在侦查或者决定、执行、变更、撤销强制措施等活动中有违法情形的，应当及时提出纠正意见。 对于情节较轻的违法情形，由检察人员以口头方式向侦查人员或者公安机关负责人提出纠正，并及时向本部门负责人汇报；必要的时候，由部门负责人提出。	**第五百六十九条** 人民检察院发现侦查机关或者侦查人员决定、执行、变更、撤销强制措施等活动中有违法情形的，应当及时提出纠正意见。 对于情节较轻的违法情形，由检察人员以口头方式向侦查人员或者公安机关负责人提出纠正意见，并及时向本部门负责人汇报；必要的时候，由部门负责人提出。

修订前	修订后
对于情节较重的违法情形，应当报请检察长批准后，向公安机关发出纠正违法通知书。	对于情节较重的违法情形，应当报请检察长批准后，向公安机关发出纠正违法通知书。
第三百八十七条 人民检察院发出纠正违法通知书的，应当根据公安机关的回复，监督落实情况；没有回复的，应当督促公安机关回复。	**第五百七十条** 人民检察院发出纠正违法通知书的，应当根据公安机关的回复，监督落实情况；没有回复的，应当督促公安机关回复。
第三百八十八条 人民检察院提出的纠正意见不被接受的，应当向上一级人民检察院报告，并抄报上一级公安机关。上级人民检察院认为下级人民检察院意见正确的，应当通知同级公安机关督促下级公安机关纠正；上级人民检察院认为下级人民检察院纠正违法的意见错误的，应当通知下级人民检察院撤销纠正违法通知书，并通知同级公安机关。	**第五百七十一条** 人民检察院提出的纠正意见不被接受，**公安机关要求复查的，**应当**在收到公安机关的书面意见后七日以内进行复查。经过复查，认为纠正违法意见正确的，应当及时向上一级人民检察院报告；认为纠正违法意见错误的，应当及时撤销。** 上一级人民检察院**经审查，**认为下级人民检察院的纠正意见正确的，应当**及时**通知同级公安机关督促下级公安机关纠正；认为下级人民检察院**的**纠正意见**不正确**的，应当**书面**通知下级人民检察院**予以**撤销，**下级人民检察院应当执行，并及时向公安机关及有关侦查人员说明情况。同时，将调查结果及时回复申诉人、控告人。**
第三百八十九条 人民检察院审查逮捕部门、审查起诉部门发现侦查人员在侦查活动中的违法行为情节严重，构成犯罪的，应当移送本院侦查部门审查，并报告检察长。侦查部门审查后应当提出是否立案侦查的意见，报请检察长决定。对于不属于人民检察院管辖的，应当移送有管辖权的机关处理。	**第五百七十二条** 人民检察院**侦查监督**部门、**公诉**部门发现侦查人员在侦查活动中的违法行为情节严重，构成犯罪的，应当移送本院侦查部门审查，并报告检察长。侦查部门审查后应当提出是否立案侦查的意见，报请检察长决定。对于不属于**本院**管辖的，应当移送有管辖权的**人民检察院或者其他**机关处理。
第三百九十条 人民检察院审查逮捕部门或者审查起诉部门对本院侦查部门侦查或者决定、执行、变更、撤销强制措施等活动中的违法行为，应当根据情节分别处理。情节较轻的，可以直接向侦查部门提出纠正意见；情节较重或者需要追究刑事责任的，应当报告检察长决定。	**第五百七十三条** 人民检察院侦查监督部门或者公诉部门对本院侦查部门侦查活动中的违法行为，应当根据情节分别处理。情节较轻的，可以直接向侦查部门提出纠正意见；情节较重或者需要追究刑事责任的，应当报请检察长决定。 **上级人民检察院发现下级人民检察院在侦查活动中有违法情形的，应当通知其纠正。下级人民检察院应当及时纠正，并将纠正情况报告上级人民检察院。**

修订前	修订后
	第五百七十四条　当事人和辩护人、诉讼代理人、利害关系人对于办理案件的机关及其工作人员有刑事诉讼法第一百一十五条规定的行为，向该机关申诉或者控告，对该机关作出的处理不服，或者该机关未在规定时间内作出答复，向人民检察院申诉的，办理案件的机关的同级人民检察院应当及时受理。 人民检察院直接受理的案件，对办理案件的人民检察院的处理不服的，可以向上一级人民检察院申诉，上一级人民检察院应当受理。 未向办理案件的机关申诉或者控告，或者办理案件的机关在规定时间内尚未作出处理决定，直接向人民检察院申诉的，人民检察院应当告知其向办理案件的机关申诉或者控告。人民检察院在审查逮捕、审查起诉中发现有刑事诉讼法第一百一十五条规定的违法情形的，可以直接监督纠正。 对当事人和辩护人、诉讼代理人、利害关系人提出的刑事诉讼法第一百一十五条规定情形之外的申诉或者控告，人民检察院应当受理，并及时审查，依法处理。
	第五百七十五条　对人民检察院办理案件中的违法行为的控告、申诉，以及对其他司法机关对控告、申诉的处理不服向人民检察院提出的申诉，由人民检察院控告检察部门受理。 控告检察部门对本院办理案件中的违法行为的控告，应当及时审查办理；对下级人民检察院和其他司法机关的处理不服向人民检察院提出的申诉，应当根据案件的具体情况，及时移送侦查监督部门、公诉部门或者监所检察部门审查办理。审查办理的部门应当在收到案件材料之日起十五日以内提出审查意见。人民检察院对刑事诉讼法第一百一十五条第一款第三至五项的申诉，经审查认为需要侦查机关说明理由的，应当要求侦查机关说明理由，并在收到理由说明后十五日以内提出审查意见。 认为本院办理案件中存在的违法情形属实的，应当报请检察长决定予以纠正。认为有关

修订前	修订后
	司法机关或者下级人民检察院对控告、申诉的处理不正确的,应当报请检察长批准后,通知有关司法机关或者下级人民检察院予以纠正。认为本院办理案件中不存在控告反映的违法行为,或者下级人民检察院和其他司法机关对控告、申诉的处理正确的,应当报请检察长批准后,书面提出答复意见及其理由,答复控告人、申诉人。控告检察部门应当在收到通知后五日以内答复。
第三节　审判监督	第三节　审判活动监督
第三百九十一条　人民检察院依法对人民法院的审判活动是否合法实行监督。	**第五百七十六条**　人民检察院依法对人民法院的审判活动是否合法实行监督。
第三百九十二条　审判活动监督主要发现和纠正以下违法行为: (一)人民法院对刑事案件的受理违反管辖规定的; (二)人民法院审理案件违反法定审理和送达期限的; (三)法庭组成人员不符合法律规定的; (四)法庭审理案件违反法定程序的; (五)侵犯当事人和其他诉讼参与人的诉讼权利和其他合法权利的; (六)法庭审理时对有关程序问题所作的决定违反法律规定的; (七)其他违反法律规定的审理程序的行为。	**第五百七十七条**　审判活动监督主要发现和纠正以下违法行为: (一)人民法院对刑事案件的受理违反管辖规定的; (二)人民法院审理案件违反法定审理和送达期限的; (三)法庭组成人员不符合法律规定,**或者违反规定应当回避而不回避的**; (四)法庭审理案件违反法定程序的; (五)侵犯当事人和其他诉讼参与人的诉讼权利和其他合法权利的; (六)法庭审理时对有关程序问题所作的决定违反法律规定的; **(七)二审法院违反法律规定裁定发回重审的;** **(八)故意毁弃、篡改、隐匿、伪造、偷换证据或者其他诉讼材料,或者依据未经法定程序调查、质证的证据定案的;** **(九)依法应当调查收集相关证据而不收集的;** **(十)徇私枉法,故意违背事实和法律作枉法裁判的;** **(十一)收受、索取当事人及其近亲属或者其委托的律师等人财物或者其他利益的;** **(十二)违反法律规定采取强制措施或者采**

修订前	修订后
	取强制措施法定期限届满,不予释放、解除或者变更的; **(十三)应当退还取保候审保证金不退还的;** **(十四)对与案件无关的财物采取查封、扣押、冻结措施,或者应当解除查封、扣押、冻结不解除的;** **(十五)贪污、挪用、私分、调换、违反规定使用查封、扣押、冻结的财物及其孳息的;** **(十六)**其他违反法律规定的审理程序的行为。
第三百九十三条 审判监督由审查起诉部门承办,对于人民法院审理案件违反法定期限的,由监所检察部门承办。 人民检察院可以通过调查、审阅案卷、受理申诉等活动,监督审判活动是否合法。	**第五百七十八条** 审判**活动**监督由**公诉部门和刑事申诉检察部门**承办,对于人民法院审理案件违反法定期限的,由监所检察部门承办。 人民检察院可以通过调查、审阅案卷、受理申诉、**控告**等活动,监督审判活动是否合法。
	第五百七十九条 人民检察院检察长可以列席人民法院审判委员会会议,对审判委员会讨论的案件等议题发表意见,依法履行法律监督职责。
第三百九十四条 人民检察院在审判活动监督中,如果发现人民法院或者审判人员审理案件违反法律规定的诉讼程序,应当向人民法院提出纠正意见。 出席法庭的检察人员发现法庭审判违反法律规定的诉讼程序,应当在休庭后及时向本院检察长报告。 人民检察院对违反程序的庭审活动提出纠正意见,应当由人民检察院在庭审后提出。	**第五百八十条** 人民检察院在审判活动监督中,如果发现人民法院或者审判人员审理案件违反法律规定的诉讼程序,应当向人民法院提出纠正意见。 出席法庭的检察人员发现法庭审判违反法律规定的诉讼程序,应当在休庭后及时向检察长报告。 人民检察院对违反程序的庭审活动提出纠正意见,应当由人民检察院在庭审后提出。
第三百九十五条 人民检察院对人民法院审判活动中违法行为的监督,可以参照本规则有关人民检察院对公安机关侦查活动中违法行为监督的规定办理。	**第五百八十一条** 人民检察院对人民法院审判活动中违法行为的监督,可以参照本规则有关人民检察院对公安机关侦查活动中违法行为监督的规定办理。
第四节 刑事判决、裁定监督	第四节 刑事判决、裁定监督
第三百九十六条 人民检察院依法对人民	**第五百八十二条** 人民检察院依法对人民

修订前	修订后
法院的判决、裁定是否正确实行监督，对人民法院确有错误的判决、裁定，应当依法提出抗诉。	法院的判决、裁定是否正确实行监督，对人民法院确有错误的判决、裁定，应当依法提出抗诉。
第三百九十八条 对刑事判决、裁定的监督由审查起诉部门承办。 人民检察院通过受理申诉、对人民法院判决、裁定的审查等活动，监督人民法院的判决、裁定是否正确。	**第五百八十三条** 对刑事判决、裁定的监督由**公诉**部门**和刑事申诉检察部门**承办。**当事人及其法定代理人、近亲属认为人民法院已经发生法律效力的判决、裁定确有错误，向人民检察院申诉的，由刑事申诉检察部门依法办理。** 人民检察院通过受理申诉、**审查**人民法院的判决、裁定等活动，监督人民法院的判决、裁定是否正确。
第三百九十七条 人民检察院认为同级人民法院第一审判决、裁定有下列情形之一的，应当提出抗诉： （一）认定事实不清、证据不足的； （二）有确实、充分证据证明有罪而判无罪，或者无罪判有罪的； （三）重罪轻判，轻罪重判，适用刑罚明显不当的； （四）认定罪名不正确，一罪判数罪、数罪判一罪，影响量刑或者造成严重的社会影响的； （五）免除刑事处罚或者适用缓刑错误的； （六）人民法院在审理过程中严重违反法律规定的诉讼程序的。	**第五百八十四条** 人民检察院认为同级人民法院第一审判决、裁定有下列情形之一的，应当提出抗诉： （一）认定事实不清、证据不足的； （二）有确实、充分证据证明有罪而判无罪，或者无罪判有罪的； （三）重罪轻判，轻罪重判，适用刑罚明显不当的； （四）认定罪名不正确，一罪判数罪、数罪判一罪，影响量刑或者造成严重社会影响的； （五）免除刑事处罚或者适用缓刑、**禁止令、限制减刑**错误的； （六）人民法院在审理过程中严重违反法律规定的诉讼程序的。
第三百九十九条 人民检察院在收到人民法院第一审判决书或者裁定书后，应当及时审查，承办人员应当填写刑事判决、裁定审查表，提出处理意见，报审查起诉部门负责人审核。对需要提出抗诉的案件，审查起诉部门应当报请检察长决定；案情疑难或者重大复杂的案件，由检察长提交检察委员会讨论决定。	**第五百八十五条** 人民检察院在收到人民法院第一审判决书或者裁定书后，应当及时审查，承办人员应当填写刑事判决、裁定审查表，提出处理意见，报**公诉**部门负责人审核。对于需要提出抗诉的案件，**公诉**部门应当报请检察长决定；案情重大、疑难、复杂的案件，由检察长提交检察委员会讨论决定。
第四百条 人民检察院对同级人民法院第一审判决的抗诉，应当在接到判决书的第二日起十日内提出；对裁定的抗诉，应当在接到裁定书后的第二日起五日内提出。	**第五百八十六条** 人民检察院对同级人民法院第一审判决的抗诉，应当在接到判决书的第二日起十日以内提出；对裁定的抗诉，应当在接到裁定书后的第二日起五日以内提出。

修订前	修订后
第四百零一条 人民检察院对同级人民法院第一审判决、裁定的抗诉,应当制作抗诉书通过原审人民法院向上一级人民法院提出,并将抗诉书副本连同案件材料报送上一级人民检察院。	**第五百八十七条** 人民检察院对同级人民法院第一审判决、裁定的抗诉,应当制作抗诉书通过原审人民法院向上一级人民法院提出,并将抗诉书副本连同案件材料报送上一级人民检察院。
第四百零二条 被害人及其法定代理人不服地方各级人民法院第一审的判决的,在收到判决书后五日内请求人民检察院提出抗诉的,人民检察院应当立即进行审查,在收到被害人及其法定代理人的请求后五日内作出是否抗诉的决定,并且答复请求人。经审查认为应当抗诉的,适用本规则第三百九十七条至第四百零一条的规定办理。 被害人及其法定代理人在收到判决书五日以后请求人民检察院提出抗诉的,由人民检察院决定是否受理。	**第五百八十八条** 被害人及其法定代理人不服地方各级人民法院第一审的判决,在收到判决书后五日以内请求人民检察院提出抗诉的,人民检察院应当立即进行审查,在收到被害人及其法定代理人的请求后五日以内作出是否抗诉的决定,并且答复请求人。经审查认为应当抗诉的,适用本规则**第五百八十四条**至**第五百八十七条**的规定办理。 被害人及其法定代理人在收到判决书五日以后请求人民检察院提出抗诉的,由人民检察院决定是否受理。
第四百零三条 上一级人民检察院对下级人民检察院按照第二审程序提出抗诉的案件,认为抗诉正确的,应当支持抗诉;认为抗诉不当的,应当向同级人民法院撤回抗诉,并且通知下级人民检察院。下级人民检察院如果认为上一级人民检察院撤回抗诉不当的,可以提请复议。上一级人民检察院应当复议,并将复议结果通知下级人民检察院。 上一级人民检察院在上诉、抗诉期限内,发现下级人民检察院应当提出抗诉而没有提出抗诉的案件,可以指令下级人民检察院依法提出抗诉。	**第五百八十九条** 上一级人民检察院对下级人民检察院按照第二审程序提出抗诉的案件,认为抗诉正确的,应当支持抗诉;认为抗诉不当的,应当向同级人民法院撤回抗诉,并且通知下级人民检察院。下级人民检察院如果认为上一级人民检察院撤回抗诉不当的,可以提请复议。上一级人民检察院应当复议,并将复议结果通知下级人民检察院。 上一级人民检察院在上诉、抗诉期限内,发现下级人民检察院应当提出抗诉而没有提出抗诉的案件,可以指令下级人民检察院依法提出抗诉。
第四百零四条 第二审人民法院发回原审人民法院重新按照第一审程序审判的案件,如果人民检察院认为重新审判的判决、裁定确有错误的,仍然可以按照第二审程序提出抗诉。	**第五百九十条** 第二审人民法院发回原审人民法院重新按照第一审程序审判的案件,如果人民检察院认为重新审判的判决、裁定确有错误的,可以按照第二审程序提出抗诉。
第四百零五条	**移至修改后规则第五百九十三条**
第四百零六条 人民检察院认为人民法院已经发生法律效力的判决、裁定确有错误,具有	**第五百九十一条** 人民检察院认为人民法院已经发生法律效力的判决、裁定确有错误,具

修订前	修订后
下列情形之一的，应当按照审判监督程序向人民法院提出抗诉： （一）有新的证据证明原判决、裁定认定的事实确有错误的； （二）据以定罪量刑的证据不确实、不充分或者证明案件事实的主要证据之间存在矛盾的； （三）原判决、裁定适用法律确有错误的； （四）审判人员在审理该案件的时候，有贪污受贿、徇私舞弊、枉法裁判行为的。	有下列情形之一的，应当按照审判监督程序向人民法院提出抗诉： （一）有新的证据证明原判决、裁定认定的事实确有错误，**可能影响定罪量刑的**； （二）据以定罪量刑的证据不确实、不充分的； （三）**据以定罪量刑的证据依法应当予以排除的**； （四）**据以定罪量刑的**主要证据之间存在矛盾的； **（五）原判决、裁定的主要事实依据被依法变更或者撤销的；** **（六）认定罪名错误且明显影响量刑的；** **（七）违反法律关于追诉时效期限的规定的；** **（八）量刑明显不当的；** **（九）违反法律规定的诉讼程序，可能影响公正审判的；** **（十）**审判人员在审理案件的时候有贪污受贿，徇私舞弊，枉法裁判行为的。 **对已经发生法律效力的判决、裁定的审查，参照本规则第五百八十五条的规定办理。**
	第五百九十二条　对于高级人民法院判处死刑缓期二年执行的案件，省级人民检察院认为确有错误提请抗诉的，一般应当在收到生效判决、裁定后三个月以内提出，至迟不得超过六个月。
第四百零五条　当事人及其法定代理人、近亲属认为人民法院已经发生法律效力的刑事判决、裁定确有错误，向人民检察院申诉的，人民检察院控告申诉检察部门、监所检察部门和审查起诉部门应当依法办理。 （一）不服人民法院已经执行完毕的刑事判决、裁定的申诉和不服人民法院缓刑决定、假释裁定的申诉，以及被害人不服人民法院已经发生法律效力且尚在执行中的刑事判决、裁定的申诉，由控告申诉检察部门办理；	**第五百九十三条**　当事人及其法定代理人、近亲属认为人民法院已经发生法律效力的刑事判决、裁定确有错误，向人民检察院申诉的，**由作出生效判决、裁定的人民法院的同级人民检察院刑事**申诉检察部门依法办理。 **当事人及其法定代理人、近亲属直接向上级人民检察院申诉的，上级人民检察院可以交由作出生效判决、裁定的人民法院的同级人民检察院受理；案情重大、疑难、复杂的，上级人民检察院可以直接受理。**

修订前	修订后
（二）被告人及其法定代理人、近亲属不服人民法院已经发生法律效力且尚在执行中的刑事判决、裁定的申诉，由监所检察部门办理； （三）不服人民法院死刑终审判决、裁定尚未执行的申诉，由审查起诉部门办理。审查起诉部门接受申诉后，应当将当事人申诉情况及时通知作出终审判决、裁定的人民法院。 人民检察院控告申诉检察部门、监所检察部门和审查起诉部门办理申诉案件，应当依法审查，并将结果告知申诉人。	当事人及其法定代理人、近亲属**对人民法院已经发生法律效力的判决、裁定提出申诉，经人民检察院复查决定不予抗诉后继续提出申诉的，上一级人民检察院应当受理。** **不服人民法院死刑终审判决、裁定尚未执行的申诉，由监所检察部门办理。**
	第五百九十四条　对不服人民法院已经发生法律效力的刑事判决、裁定的申诉，经两级人民检察院办理且省级人民检察院已经复查的，如果没有新的事实和理由，人民检察院不再立案复查，但原审被告人可能被宣告无罪或者判决、裁定有其他重大错误可能的除外。
	第五百九十五条　人民检察院刑事申诉检察部门对已经发生法律效力的刑事判决、裁定的申诉复查后，认为需要提出抗诉的，报请检察长或者检察委员会讨论决定。 **地方各级人民检察院刑事申诉检察部门对不服同级人民法院已经发生法律效力的刑事判决、裁定的申诉复查后，认为需要提出抗诉的，报请检察长或者检察委员会讨论决定。认为需要提出抗诉的，应当提请上一级人民检察院抗诉。** **上级人民检察院刑事申诉检察部门对下一级人民检察院提请抗诉的申诉案件审查后，认为需要提出抗诉的，报请检察长或者检察委员会决定。** **人民法院开庭审理时，由同级人民检察院刑事申诉检察部门派员出席法庭。**
	第五百九十六条　人民检察院刑事申诉检察部门对不服人民法院已经发生法律效力的刑事判决、裁定的申诉案件复查终结后，应当制作刑事申诉复查通知书，并在十日以内通知申诉人。

修订前	修订后
	经复查向上一级人民检察院提请抗诉的，应当在上一级人民检察院作出是否抗诉的决定后制作刑事申诉复查通知书。
第四百零七条 控告申诉检察部门、监所检察部门对已经发生法律效力的判决或者裁定的申诉初审后，认为需要提出抗诉的，应当提出抗诉意见，连同案卷一并移送审查起诉部门审查。审查起诉部门经审查认为需要提出抗诉的，报请检察长提交检察委员会讨论决定。检察委员会决定抗诉后，由审查起诉部门出庭支持抗诉。	被修改后规则删除
第四百零八条 最高人民检察院发现各级人民法院已经发生法律效力的判决或者裁定，上级人民检察院发现下级人民法院已经发生法律效力的判决或者裁定确有错误时，可以直接向同级人民法院提出抗诉，或者指令作出生效判决、裁定人民法院的上一级人民检察院向同级人民法院提出抗诉。	**第五百九十七条** 最高人民检察院发现各级人民法院已经发生法律效力的判决或者裁定，上级人民检察院发现下级人民法院已经发生法律效力的判决或者裁定确有错误时，可以直接向同级人民法院提出抗诉，或者指令作出生效判决、裁定人民法院的上一级人民检察院向同级人民法院提出抗诉。
第四百零九条 人民检察院按照审判监督程序向人民法院提出抗诉的，应当将抗诉书副本报送上一级人民检察院。	**第五百九十八条** 人民检察院按照审判监督程序向人民法院提出抗诉的，应当将抗诉书副本报送上 级人民检察院。
第四百一十条 对按照审判监督程序提出抗诉的案件，人民检察院认为人民法院作出的判决、裁定仍然确有错误的，如果案件是依照第一审程序审判的，同级人民检察院应当向上一级人民法院提出抗诉；如果案件是依照第二审程序审判的，上一级人民检察院应当按照审判监督程序向同级人民法院提出抗诉。	**第五百九十九条** 对按照审判监督程序提出抗诉的案件，人民检察院认为人民法院作出的判决、裁定仍然确有错误的，如果案件是依照第一审程序审判的，同级人民检察院应当向上一级人民法院提出抗诉；如果案件是依照第二审程序审判的，上一级人民检察院应当按照审判监督程序向同级人民法院提出抗诉。 对按照审判监督程序提出抗诉的申诉案件，人民检察院认为人民法院作出的判决、裁定仍然确有错误的，由派员出席法庭的人民检察院刑事申诉检察部门适用本条第一款的规定办理。
	第六百条 人民检察院公诉部门、刑事申诉检察部门办理按照审判监督程序抗诉案件，认为需要对被告人采取逮捕措施的，应当提出

修订前	修订后
	意见，参照本规则第十章的规定移送侦查监督部门办理；认为需要对被告人采取取保候审、监视居住措施的，由办案人员提出意见，部门负责人审核后，报检察长决定。
第四百一十一条 人民检察院对自诉案件和没有公诉人出庭的适用简易程序审理案件的判决、裁定的监督，适用本节的规定。	**第六百零一条** 人民检察院对自诉案件的判决、裁定的监督，适用本节的规定。
	第五节 死刑复核法律监督
	第六百零二条 最高人民检察院依法对最高人民法院的死刑复核活动实行法律监督。
	第六百零三条 最高人民检察院死刑复核法律监督部门负责承办死刑复核检察工作。
	第六百零四条 最高人民检察院发现在死刑复核期间的案件具有下列情形之一，经审查认为确有必要的，应当向最高人民法院提出意见： （一）认为死刑二审裁判确有错误，依法不应当核准死刑的； （二）发现新情况、新证据，可能影响被告人定罪量刑的； （三）严重违反法律规定的诉讼程序，可能影响公正审判的； （四）司法工作人员在办理案件时，有贪污受贿，徇私舞弊，枉法裁判等行为的； （五）其他需要提出意见的。
	第六百零五条 最高人民检察院对于最高人民法院通报的死刑复核案件，认为确有必要的，应当在最高人民法院裁判文书下发前提出意见。
	第六百零六条 省级人民检察院对于进入最高人民法院死刑复核程序的下列案件，应当制作提请监督报告并连同案件有关材料及时报送最高人民检察院：

修订前	修订后
	（一）案件事实不清、证据不足，依法应当发回重新审判，高级人民法院二审裁定维持死刑立即执行确有错误的； （二）被告人具有从轻、减轻处罚情节，依法不应当判处死刑，高级人民法院二审裁定维持死刑立即执行确有错误的； （三）严重违反法律规定的诉讼程序，可能影响公正审判的； （四）最高人民法院受理案件后一年以内未能审结的； （五）最高人民法院不核准死刑发回重审不当的； （六）其他需要监督的情形。
	第六百零七条　省级人民检察院发现死刑复核案件被告人自首、立功、达成赔偿协议取得被害方谅解等新的证据材料和有关情况，可能影响死刑适用的，应当及时向最高人民检察院报告。
	第六百零八条　死刑复核期间当事人及其近亲属或者受委托的律师向最高人民检察院提出的不服死刑裁判的申诉，由最高人民检察院死刑复核检察部门审查。
	第六百零九条　最高人民检察院死刑复核检察部门对死刑复核监督案件的审查可以采取下列方式进行： （一）书面审查最高人民法院移送的材料、省级人民检察院报送的相关案件材料、当事人及其近亲属或者受委托的律师提交的申诉材料； （二）听取原承办案件的省级人民检察院的意见，也可以要求省级人民检察院报送相关案件材料； （三）必要时可以审阅案卷、讯问被告人、复核主要证据。
	第六百一十条　最高人民检察院对于受理的死刑复核监督案件，应当在一个月以内作出决定；因案件重大、疑难、复杂，需要延长审查期

修订前	修订后
	限的，应当报请检察长批准，适当延长办理期限。
	第六百一十一条　最高人民检察院死刑复核检察部门拟就死刑复核案件提出检察意见的，应当报请检察长或者检察委员会决定。 检察委员会讨论死刑复核案件，可以通知原承办案件的省级人民检察院有关检察人员列席。
	第六百一十二条　最高人民检察院对于死刑复核监督案件，经审查认为确有必要向最高人民法院提出意见的，应当以死刑复核案件意见书的形式提出。死刑复核案件意见书应当提出明确的意见或者建议，并说明理由和法律依据。
	第六百一十三条　对于最高人民检察院提出应当核准死刑意见的案件，最高人民法院经审查仍拟不核准死刑，决定将案件提交审判委员会会议讨论并通知最高人民检察院派员列席的，最高人民检察院检察长或者受检察长委托的副检察长应当列席审判委员会会议。
	第六节　羁押和办案期限监督
	第六百一十四条　人民检察院依法对羁押期限和办案期限是否合法实行监督。
	第六百一十五条　对公安机关、人民法院办理案件的羁押期限和办案期限的监督，犯罪嫌疑人、被告人被羁押的，由人民检察院监所检察部门负责；犯罪嫌疑人、被告人未被羁押的，由人民检察院侦查监督部门或者公诉部门负责。对人民检察院办理案件的羁押期限和办案期限的监督，由本院案件管理部门负责。
	第六百一十六条　犯罪嫌疑人、被告人被逮捕后，人民检察院仍应当对羁押的必要性进行审查。 人民检察院发现或者根据犯罪嫌疑人、被

修订前	修订后
	告人及其法定代理人、近亲属或者辩护人的申请，经审查认为不需要继续羁押的，应当建议有关机关予以释放或者变更强制措施。
	第六百一十七条　侦查阶段的羁押必要性审查由侦查监督部门负责；审判阶段的羁押必要性审查由公诉部门负责。监所检察部门在监所检察工作中发现不需要继续羁押的，可以提出释放犯罪嫌疑人、被告人或者变更强制措施的建议。
	第六百一十八条　犯罪嫌疑人、被告人及其法定代理人、近亲属或者辩护人可以申请人民检察院进行羁押必要性审查，申请时应当说明不需要继续羁押的理由，有相关证据或者其他材料的，应当提供。
	第六百一十九条　人民检察院发现有下列情形之一的，可以向有关机关提出予以释放或者变更强制措施的书面建议： （一）案件证据发生重大变化，不足以证明有犯罪事实或者犯罪行为系犯罪嫌疑人、被告人所为的； （二）案件事实或者情节发生变化，犯罪嫌疑人、被告人可能被判处管制、拘役、独立适用附加刑、免予刑事处罚或者判决无罪的； （三）犯罪嫌疑人、被告人实施新的犯罪，毁灭、伪造证据，干扰证人作证，串供，对被害人、举报人、控告人实施打击报复，自杀或者逃跑等的可能性已被排除的； （四）案件事实基本查清，证据已经收集固定，符合取保候审或者监视居住条件的； （五）继续羁押犯罪嫌疑人、被告人，羁押期限将超过依法可能判处的刑期的； （六）羁押期限届满的； （七）因为案件的特殊情况或者办理案件的需要，变更强制措施更为适宜的； （八）其他不需要继续羁押犯罪嫌疑人、被告人的情形。 释放或者变更强制措施的建议书应当说明

修订前	修订后
	不需要继续羁押犯罪嫌疑人、被告人的理由及法律依据。
	第六百二十条　人民检察院可以采取以下方式进行羁押必要性审查： （一）对犯罪嫌疑人、被告人进行羁押必要性评估； （二）向侦查机关了解侦查取证的进展情况； （三）听取有关办案机关、办案人员的意见； （四）听取犯罪嫌疑人、被告人及其法定代理人、近亲属、辩护人，被害人及其诉讼代理人或者其他有关人员的意见； （五）调查核实犯罪嫌疑人、被告人的身体健康状况； （六）查阅有关案卷材料，审查有关人员提供的证明不需要继续羁押犯罪嫌疑人、被告人的有关证明材料； （七）其他方式。
	第六百二十一条　人民检察院向有关办案机关提出对犯罪嫌疑人、被告人予以释放或者变更强制措施的建议的，应当要求有关办案机关在十日以内将处理情况通知本院。有关办案机关没有采纳人民检察院建议的，应当要求其说明理由和依据。 对人民检察院办理的案件，经审查认为不需要继续羁押犯罪嫌疑人的，应当建议办案部门予以释放或者变更强制措施。具体程序按照前款规定办理。
	第六百二十二条　人民检察院侦查部门、侦查监督部门、公诉部门在办理案件过程中，犯罪嫌疑人、被告人被羁押的，具有下列情形之一的，应当在作出决定或者收到决定书、裁定书后十日以内通知负有监督职责的人民检察院监所检察部门或者案件管理部门以及看守所： （一）批准或者决定延长侦查羁押期限的； （二）对于人民检察院直接受理立案侦查的案件，决定重新计算侦查羁押期限、变更或者解

修订前	修订后
	除强制措施的； （三）对犯罪嫌疑人、被告人进行精神病鉴定的； （四）审查起诉期间改变管辖、延长审查起诉期限的； （五）案件退回补充侦查，或者补充侦查完毕移送审查起诉后重新计算审查起诉期限的； （六）人民法院决定适用简易程序审理第一审案件，或者将案件由简易程序转为普通程序重新审理的； （七）人民法院改变管辖，决定延期审理、中止审理，或者同意人民检察院撤回起诉的。
	第六百二十三条　人民检察院发现看守所的羁押期限管理活动有下列情形之一的，应当依法提出纠正意见： （一）未及时督促办案机关办理换押手续的； （二）未在犯罪嫌疑人、被告人羁押期限届满前七日以内向办案机关发出羁押期限即将届满通知书的； （三）犯罪嫌疑人、被告人被超期羁押后，没有立即书面报告人民检察院并通知办案机关的； （四）收到犯罪嫌疑人、被告人及其法定代理人、近亲属或者辩护人提出的变更强制措施、羁押必要性审查、羁押期限届满要求释放或者变更强制措施的申请、申诉、控告后，没有及时转送有关办案机关或者人民检察院的； （五）其他违法情形。
	第六百二十四条　人民检察院发现公安机关的侦查羁押期限执行情况有下列情形之一的，应当依法提出纠正意见： （一）未按规定办理换押手续的； （二）决定重新计算侦查羁押期限、经批准延长侦查羁押期限，未书面通知人民检察院和看守所的； （三）对犯罪嫌疑人进行精神病鉴定，没有书面通知人民检察院和看守所的；

修订前	修订后
	（四）其他违法情形。
	第六百二十五条　人民检察院发现人民法院的审理期限执行情况有下列情形之一的，应当依法提出纠正意见： （一）在一审、二审和死刑复核阶段未按规定办理换押手续的； （二）违反刑事诉讼法的规定重新计算审理期限、批准延长审理期限、改变管辖、延期审理、中止审理或者发回重审的； （三）决定重新计算审理期限、批准延长审理期限、改变管辖、延期审理、中止审理、对被告人进行精神病鉴定，没有书面通知人民检察院和看守所的； （四）其他违法情形。
	第六百二十六条　人民检察院发现同级或者下级公安机关、人民法院超期羁押的，应当报经本院检察长批准，向该办案机关发出纠正违法通知书。 发现上级公安机关、人民法院超期羁押的，应当及时层报该办案机关的同级人民检察院，由同级人民检察院向该办案机关发出纠正违法通知书。 对异地羁押的案件，发现办案机关超期羁押的，应当通报该办案机关的同级人民检察院，由其依法向办案机关发出纠正违法通知书。
	第六百二十七条　人民检察院发出纠正违法通知书后，有关办案机关未回复意见或者继续超期羁押的，应当及时报告上一级人民检察院处理。 对于造成超期羁押的直接责任人员，可以书面建议其所在单位或者有关主管机关依照法律或者有关规定予以行政或者纪律处分；对于造成超期羁押情节严重，涉嫌犯罪的，应当依法追究其刑事责任。
	第六百二十八条　对人民检察院办理的直接受理立案侦查案件或者审查逮捕、审查起诉

修订前	修订后
	案件,在犯罪嫌疑人侦查羁押期限、办案期限届满前,案件管理部门应当依照有关规定向本院侦查部门、侦查监督部门或者公诉部门进行期限届满提示。发现办案部门办理案件超过规定期限的,应当依照有关规定提出纠正意见。
	第七节　看守所执法活动监督
	第六百二十九条　人民检察院依法对看守所收押、监管、释放犯罪嫌疑人、被告人以及对留所服刑罪犯执行刑罚等执法活动实行监督。 对看守所执法活动的监督由人民检察院监所检察部门负责。
	第六百三十条　人民检察院发现看守所有下列违法情形之一的,应当提出纠正意见: (一)监管人员殴打、体罚、虐待或者变相体罚、虐待在押人员的; (二)监管人员为在押人员通风报信,私自传递信件、物品,帮助伪造、毁灭、隐匿证据或者干扰证人作证、串供的; (三)违法对在押人员使用械具或者禁闭的; (四)没有将未成年人与成年人分别关押、分别管理、分别教育的; (五)违反规定同意侦查人员将犯罪嫌疑人提出看守所讯问的; (六)收到在押犯罪嫌疑人、被告人及其法定代理人、近亲属或者辩护人的变更强制措施申请或者其他申请、申诉、控告、举报,不及时转交、转告人民检察院或者有关办案机关的; (七)应当安排辩护律师依法会见在押的犯罪嫌疑人、被告人而没有安排的; (八)违法安排辩护律师或者其他人员会见在押的犯罪嫌疑人、被告人的; (九)辩护律师会见犯罪嫌疑人、被告人时予以监听的; (十)其他违法情形。
	第六百三十一条　人民检察院发现看守所

修订前	修订后
	代为执行刑罚的活动有下列情形之一的，应当依法提出纠正意见： （一）将被判处有期徒刑剩余刑期在三个月以上的罪犯留所服刑的； （二）将未成年罪犯留所执行刑罚的； （三）将留所服刑罪犯与犯罪嫌疑人、被告人混押、混管、混教的； （四）其他违法情形。
	第六百三十二条　对于看守所违法行为情节轻微的，检察人员可以口头提出纠正意见；发现严重违法行为，或者提出口头纠正意见后看守所在七日以内未予以纠正的，应当报经检察长批准，向看守所发出纠正违法通知书，同时将纠正违法通知书副本抄报上一级人民检察院并抄送看守所所属公安机关的上一级公安机关。 **人民检察院发出纠正违法通知书十五日后，看守所仍未纠正或者回复意见的，应当及时向上一级人民检察院报告。上一级人民检察院应当通报同级公安机关并建议其督促看守所予以纠正。**
第五节　执行监督	第八节　刑事判决、裁定执行监督
第四百一十二条　人民检察院依法对执行刑事判决、裁定的活动实行监督，保障刑事判决、裁定的正确执行。	**第六百三十三条**　人民检察院依法对执行刑事判决、裁定的活动实行监督。 **对刑事判决、裁定执行活动的监督由人民检察院监所检察部门负责。**
第四百一十三条　人民法院判决被告人无罪、免除刑事处罚的，人民检察院应当监督在押被告人是否被立即释放。	**第六百三十四条**　人民法院判决被告人无罪，免予刑事处罚，**判处管制，宣告缓刑，单处罚金或者剥夺政治权利，被告人被羁押的**，人民检察院应当监督被告人是否被立即释放。**发现被告人没有被立即释放的，应当立即向人民法院或者看守所提出纠正意见。**
第四百一十四条　被判处死刑的罪犯在被执行死刑时，人民检察院应当派员临场监督。 执行死刑临场监督，由检察人员担任，并配备书记员担任记录。	**第六百三十五条**　被判处死刑的罪犯在被执行死刑时，人民检察院应当派员临场监督。 **死刑执行临场监督由人民检察院监所检察部门负责；必要时，监所检察部门应当在执行前**

修订前	修订后
	向公诉部门了解案件有关情况，公诉部门应当提供有关情况。 执行死刑临场监督，由检察人员担任，并配备书记员担任记录。
第四百一十五条 人民检察院收到同级人民法院执行死刑临场监督通知后，应当查明同级人民法院是否收到最高人民法院或者高级人民法院核准死刑的判决或者裁定和执行死刑的命令。	**第六百三十六条** 人民检察院收到同级人民法院执行死刑临场监督通知后，应当查明同级人民法院是否收到最高人民法院核准死刑的裁定或者作出的死刑判决、裁定和执行死刑的命令。
第四百一十六条 临场监督执行死刑的检察人员应当依法监督执行死刑的场所、方法和执行死刑的活动是否合法。在执行死刑前，发现有下列情形之一的，应当建议人民法院停止执行： （一）被执行人并非应当执行死刑的罪犯的； （二）罪犯犯罪时不满十八岁的； （三）判决可能有错误的； （四）在执行前罪犯检举揭发重大犯罪事实或者有其他重大立功表现，可能需要改判的； （五）罪犯正在怀孕的。	**第六百三十七条** 临场监督执行死刑的检察人员应当依法监督执行死刑的场所、方法和执行死刑的活动是否合法。在执行死刑前，发现有下列情形之一的，应当建议人民法院**立即**停止执行： （一）被执行人并非应当执行死刑的罪犯的； （二）罪犯犯罪时不满十八周岁，**或者审判的时候已满七十五周岁，依法不应当适用死刑的**； （三）判决可能有错误的； （四）在执行前罪犯**有**检举揭发**他人**重大犯**罪行为等**重大立功表现，可能需要改判的； （五）罪犯正在怀孕的。
第四百一十七条 在执行死刑过程中，人民检察院临场监督人员根据需要可以进行拍照、摄像；执行死刑后，人民检察院临场监督人员应当检查罪犯是否确已死亡，并填写死刑临场监督笔录，签名后入卷归档。	**第六百三十八条** 在执行死刑过程中，人民检察院临场监督人员根据需要可以进行拍照、**录**像；执行死刑后，人民检察院临场监督人员应当检查罪犯是否确已死亡，并填写死刑**执行**临场监督笔录，签名后入卷归档。 **人民检察院发现人民法院在执行死刑活动中有侵犯被执行死刑罪犯的人身权、财产权或者其近亲属、继承人合法权利等违法情形的，应当依法向人民法院提出纠正意见。**
第四百一十八条 判处被告人死刑缓期二年执行的判决、裁定在执行过程中，人民检察院进行监督的内容主要包括： （一）死刑缓期执行期满，符合法律规定应	**第六百三十九条** 判处被告人死刑缓期二年执行的判决、裁定在执行过程中，人民检察院监督的内容主要包括： （一）死刑缓期执行期满，符合法律规定应

修订前	修订后
当减为无期徒刑、有期徒刑条件的,监狱是否及时提出减刑建议提请人民法院裁定,人民法院是否依法裁定; （二）罪犯在缓期执行期间故意犯罪,监狱是否依法侦查和移送起诉;罪犯确系故意犯罪的,人民法院是否依法核准或者裁定执行死刑。 被判处死刑缓期二年执行的罪犯在死刑缓期执行期间故意犯罪,执行机关移送人民检察院受理的,由服刑所在地的分、州、市人民检察院审查决定是否提起公诉。 人民检察院发现人民法院对被判处死刑缓期二年执行的罪犯减刑不当的,应当依照本规则第四百二十九条至第四百三十一条的规定,向人民法院提出纠正意见;如果罪犯在死刑缓期执行期间又故意犯罪,经人民检察院起诉后,人民法院仍然予以减刑的,人民检察院应当依照本规则第十章第四节的规定,向人民法院提出抗诉。	当减为无期徒刑、有期徒刑条件的,监狱是否及时提出减刑建议提请人民法院裁定,人民法院是否依法裁定; （二）罪犯在缓期执行期间故意犯罪,监狱是否依法侦查和移送起诉;罪犯确系故意犯罪的,人民法院是否依法核准或者裁定执行死刑。 被判处死刑缓期二年执行的罪犯在死刑缓期执行期间故意犯罪,执行机关移送人民检察院受理的,由罪犯服刑所在地的分、州、市人民检察院审查决定是否提起公诉。 人民检察院发现人民法院对被判处死刑缓期二年执行的罪犯减刑不当的,应当依照本规则**第六百五十三条、第六百五十四条**的规定,向人民法院提出纠正意见。罪犯在死刑缓期执行期间又故意犯罪,经人民检察院起诉后,人民法院仍然予以减刑的,人民检察院应当依照本规则第十**四**章第四节的规定,向人民法院提出抗诉。
第四百一十九条　人民检察院对看守所收押、监管、释放犯罪嫌疑人、被告人的活动,依法实行监督,发现违法行为,应当通知看守所纠正。 人民检察院发现看守所在罪犯送交执行活动中有下列违法情形之一的,应当依法通知纠正: （一）对判处死刑缓期二年执行、无期徒刑或者有期徒刑余刑在一年以上的罪犯,自接到人民法院执行通知书、判决书或者裁定书之日起三十日以内未送交执行机关执行的; （二）对判处拘役的罪犯未依法送交拘役所执行刑罚的; （三）对判处管制、剥夺政治权利或者适用缓刑的罪犯,在判决或者裁定生效后未依法移送罪犯居住地公安机关执行的。	**第六百四十条**　人民检察院发现**人民法院、公安机关**、看守所的交付执行活动有下列违法情形之一的,应当**依法提出**纠正**意见**: **（一）交付执行的第一审人民法院没有在判决、裁定生效十日以内将判决书、裁定书、人民检察院的起诉书副本、自诉状复印件、执行通知书、结案登记表等法律文书送达公安机关、监狱或者其他执行机关的;** （二）对被判处死刑缓期二年执行、无期徒刑或者有期徒刑余刑在**三个月**以上的罪犯,**公安机关、看守所**自接到人民法院执行通知书**等法律文书**后三十日以内,**没有将成年罪犯送交监狱执行刑罚,或者没有将未成年罪犯送交未成年犯管教所执行刑罚的;** **（三）对需要收押执行刑罚而判决、裁定生效前未被羁押的罪犯,第一审人民法院没有及时将罪犯收押送交公安机关,并将判决书、裁定书、执行通知书等法律文书送达公安机关的;** **（四）公安机关对需要收押执行刑罚但下落不明的罪犯,在收到人民法院的判决书、裁定**

修订前	修订后
	书、执行通知书等法律文书后，没有及时抓捕、通缉的； （五）对被判处管制、宣告缓刑或者人民法院决定暂予监外执行的罪犯，在判决、裁定生效后或者收到人民法院暂予监外执行决定后，未依法交付罪犯居住地社区矫正机构执行，或者对被单处剥夺政治权利的罪犯，在判决、裁定生效后，未依法交付罪犯居住地公安机关执行的； （六）其他违法情形。
第四百二十条 人民检察院发现监狱、未成年犯管教所、拘役所在收押罪犯活动中有下列违法情形之一的，应当依法通知纠正： （一）没有已经发生法律效力的刑事判决书或者裁定书、执行通知书等有关法律文书而收押的； （二）收押罪犯与收押凭证不符的； （三）应当收押而拒绝收押的； （四）收押依法不应当关押的罪犯的； （五）其他违反收押规定的。	**第六百四十一条** 人民检察院发现监狱在收押罪犯活动中有下列情形之一的，应当依法提出纠正意见： （一）对公安机关、看守所依照刑事诉讼法第二百五十三条的规定送交监狱执行刑罚的罪犯，应当收押而拒绝收押的； （二）没有已经发生法律效力的刑事判决书或者裁定书、执行通知书等有关法律文书而收押的； （三）收押罪犯与收押凭证不符的； （四）收押依法不应当关押的罪犯的； （五）其他违反收押规定的情形。 对监狱依法应当收监执行而拒绝收押罪犯的，送交执行的公安机关、看守所所在地的人民检察院应当及时建议承担监督该监狱职责的人民检察院向监狱提出书面纠正意见。
第四百二十一条 人民检察院发现执行机关在狱政管理教育改造等活动中有违法行为的，应当依法提出纠正。	**第六百四十二条** 人民检察院发现监狱、看守所等执行机关在管理、教育改造罪犯等活动中有违法行为的，应当依法提出纠正意见。
第四百二十二条 人民检察院对监狱、看守所、拘役所暂予监外执行的执法活动实行监督，发现有下列违法情况的，应当提出纠正意见： （一）将不具备法定条件的罪犯报请暂予监外执行的； （二）对罪犯报请暂予监外执行没有完备的合法手续的； （三）对决定暂予监外执行的罪犯未依法予以监外执行的，或者罪犯被批准暂予监外执行后	**第六百四十三条** 人民检察院发现监狱、看守所、公安机关暂予监外执行的执法活动有下列情形之一的，应当依法提出纠正意见： （一）将不符合法定条件的罪犯提请暂予监外执行的； （二）提请暂予监外执行的程序违反法律规定或者没有完备的合法手续，或者对于需要保外就医的罪犯没有省级人民政府指定医院的诊断证明和开具的证明文件的；

修订前	修订后
未依法交付监外执行的； （四）罪犯在暂予监外执行期间有违法行为，应当收监执行未收监的； （五）暂予监外执行的条件消失后，未及时收监执行的； （六）暂予监外执行的罪犯刑期届满，未及时办理释放手续的。	**（三）监狱、看守所提出暂予监外执行书面意见，没有同时将书面意见副本抄送人民检察院的；** **（四）罪犯被决定或者批准暂予监外执行后，未依法交付罪犯居住地社区矫正机构实行社区矫正的；** （五）对符合暂予监外执行条件的罪犯没有依法提请暂予监外执行的； **（六）发现罪犯不符合暂予监外执行条件，或者在暂予监外执行期间严重违反暂予监外执行监督管理规定，或者暂予监外执行的条件消失且刑期未满，应当收监执行而未及时收监执行或者未提出收监执行建议的；** **（七）**人民法院决定将暂予监外执行的罪犯收监执行，并将有关法律文书送达公安机关、监狱、看守所后，监狱、看守所未及时收监执行的； **（八）对不符合暂予监外执行条件的罪犯通过贿赂等非法手段被暂予监外执行以及在暂予监外执行期间脱逃的罪犯，监狱、看守所未建议人民法院将其监外执行期间、脱逃期间不计入执行刑期或者对罪犯执行刑期计算的建议违法、不当的；** **（九）**暂予监外执行的罪犯刑期届满，未及时办理释放手续的； **（十）其他违法情形。**
	第六百四十四条　人民检察院收到监狱、看守所抄送的暂予监外执行书面意见副本后，应当逐案进行审查，发现罪犯不符合暂予监外执行法定条件或者提请暂予监外执行违反法定程序的，应当在十日以内向决定或者批准机关提出书面检察意见，同时也可以向监狱、看守所提出书面纠正意见。
第四百二十三条　人民检察院接到批准或者决定对罪犯暂予监外执行的通知后，应当进行审查。审查的内容包括： （一）是否属于被判处有期徒刑或者拘役的罪犯；	**第六百四十五条**　人民检察院接到**决定或者批准机关抄送的**暂予监外执行**决定书**后，应当进行审查。审查的内容包括： （一）是否属于被判处有期徒刑或者拘役的罪犯；

修订前	修订后
（二）是否属于有严重疾病需要保外就医的罪犯； （三）是否属于正在怀孕或者正在哺乳自己婴儿的妇女； （四）是否属于自伤自残的罪犯； （五）是否属于生活不能自理，适用暂予监外执行不致危害社会的罪犯； （六）办理暂予监外执行是否符合法定程序。 检察人员可以向罪犯所在单位和有关人员调查，可以向有关机关调阅有关材料。 经审查认为暂予监外执行不当，应当向批准或者决定暂予监外执行的机关提出纠正意见的，由检察长决定。	（二）是否属于有严重疾病需要保外就医的罪犯； （三）是否属于怀孕或者正在哺乳自己婴儿的妇女； （四）是否属于生活不能自理，适用暂予监外执行不致危害社会的罪犯； **（五）是否属于适用保外就医可能有社会危险性的罪犯，或者**自伤自残的罪犯； **（六）决定或者批准机关是否符合刑事诉讼法第二百五十四条第五款的规定；** **（七）办理暂予监外执行是否符合法定程序。** 检察人员**审查暂予监外执行决定，**可以向罪犯所在单位和有关人员调查、向有关机关调阅有关材料。
第四百二十四条　人民检察院认为暂予监外执行不当的，应当自接到通知之日起一个月内提出书面纠正意见呈报批准或者决定暂予监外执行机关的同级人民检察院送交批准或者决定暂予监外执行的机关。	**第六百四十六条**　人民检察院**经审查**认为暂予监外执行不当的，应当自接到通知之日起一个月以内，**报经检察长批准，向决定或者批准暂予监外执行的机关**提出书面纠正意见。**下级人民检察院认为暂予监外执行不当的，应当立即层报**决定或者批准暂予监外执行的机关的同级人民检察院，**由其决定是否向**决定或者批准暂予监外执行的机关**提出书面纠正意见。**
第四百二十五条　人民检察院向批准或者决定暂予监外执行的机关送交不同意暂予监外执行的书面意见后，应当监督其立即对批准或者决定暂予监外执行的结果进行重新核查，并监督重新核查的结果是否符合法律规定。对核查不符合法律规定的，应当依法提出纠正意见。	**第六百四十七条**　人民检察院向决定或者批准暂予监外执行的机关**提出**不同意暂予监外执行的书面意见后，应当监督其对决定或者批准暂予监外执行的结果进行重新核查，并监督重新核查的结果是否符合法律规定。对核查不符合法律规定的，应当依法提出纠正意见，**并向上一级人民检察院报告。**
第四百二十六条　对于暂予监外执行的罪犯，人民检察院发现暂予监外执行的情形消失，应当通知执行机关收监执行。	**第六百四十八条**　对于暂予监外执行的罪犯，人民检察院发现**罪犯不符合暂予监外执行条件、严重违反有关暂予监外执行的监督管理规定或者暂予监外执行的情形消失而罪犯刑期未满的，**应当通知执行机关收监执行，**或者建议决定或者批准暂予监外执行的机关作出收监执行决定。**

修订前	修订后
	第六百四十九条　人民检察院收到执行机关抄送的减刑、假释建议书副本后，应当逐案进行审查，发现减刑、假释建议不当或者提请减刑、假释违反法定程序的，应当在十日以内向审理减刑、假释案件的人民法院提出书面检察意见，同时也可以向执行机关提出书面纠正意见。
第四百二十七条　人民检察院对执行机关报请人民法院裁定减刑、假释的活动实行监督，发现有下列违法情况，应当提出纠正意见： （一）将不具备法定条件的罪犯报请人民法院裁定减刑、假释的； （二）对依法应当减刑、假释的罪犯不报请人民法院裁定减刑、假释的，或者罪犯被裁定假释后，应当交付监外执行而不交付监外执行的； （三）报请人民法院裁定对罪犯减刑、假释没有完备的合法手续的。	**第六百五十条**　人民检察院**发现监狱等执行机关提请**人民法院裁定减刑、假释的活动有下列情形**之一的**，应当**依法**提出纠正意见： （一）将**不符合减刑、假释法定条件的罪犯，提请**人民法院裁定减刑、假释的； （二）对依法应当减刑、假释的罪犯，不提请人民法院裁定减刑、假释的； **（三）提请对罪犯减刑、假释违反法定程序，或者没有完备的合法手续的；** **（四）提请对罪犯减刑的减刑幅度、起始时间、间隔时间或者减刑后又假释的间隔时间不符合有关规定的；** **（五）被提请减刑、假释的罪犯被减刑后实际执行的刑期或者假释考验期不符合有关法律规定的；** **（六）其他违法情形。**
	第六百五十一条　人民法院开庭审理减刑、假释案件，人民检察院应当指派检察人员出席法庭，发表意见。
第四百二十八条　人民检察院接到人民法院减刑、假释的裁定书副本后，应当进行审查。审查的内容包括： （一）被减刑、假释的罪犯是否符合法定条件； （二）执行机关呈报减刑、假释的程序是否合法； （三）人民法院裁定减刑、假释的程序是否合法。 检察人员可以向罪犯所在单位和有关人员调查，可以向有关机关调阅有关材料。 经审查认为人民法院减刑、假释的裁定不	**第六百五十二条**　人民检察院**收**到人民法院减刑、假释的裁定书副本后，应当**及时**进行审查。审查的内容包括： （一）被减刑、假释的罪犯是否符合法定条件，**对罪犯减刑的减刑幅度、起始时间、间隔时间或者减刑后又假释的间隔时间、罪犯被减刑后实际执行的刑期或者假释考验期是否符合有关规定；** （二）执行机关**提请**减刑、假释的程序是否合法； （三）人民法院**审理**、裁定减刑、假释的程序是否合法；

修订前	修订后
当，应当提出纠正意见的，由检察长决定。	**(四) 按照有关规定应当开庭审理的减刑、假释案件，人民法院是否开庭审理。** **检察人员审查人民法院减刑、假释裁定，**可以向罪犯所在单位和有关人员进行调查，可以向有关机关调阅有关材料。
第四百二十九条 人民检察院认为人民法院减刑、假释的裁定不当，应当在收到裁定书副本后二十日内，向作出减刑、假释裁定的人民法院提出书面纠正意见。	**第六百五十三条** 人民检察院**经审查**认为人民法院减刑、假释的裁定不当，应当在收到裁定书副本后二十日**以**内，**报经检察长批准，**向作出减刑、假释裁定的人民法院提出书面纠正意见。
第四百三十条 对人民法院减刑、假释裁定的纠正意见，由作出减刑、假释裁定的人民法院的同级人民检察院书面提出。 下级人民检察院发现人民法院减刑、假释裁定不当的，应当立即向作出减刑、假释裁定的人民法院的同级人民检察院报告。	**第六百五十四条** 对人民法院减刑、假释裁定的纠正意见，由作出减刑、假释裁定的人民法院的同级人民检察院书面提出。 下级人民检察院发现人民法院减刑、假释裁定不当的，应当向作出减刑、假释裁定的人民法院的同级人民检察院报告。
第四百三十一条 人民检察院对人民法院减刑、假释的裁定提出纠正意见后，应当监督人民法院是否在收到纠正意见后一个月内重新组成合议庭进行审理，并监督重新作出的最终裁定是否符合法律规定。对最终裁定不符合法律规定的，应当向同级人民法院提出纠正意见。	**第六百五十五条** 人民检察院对人民法院减刑、假释的裁定提出纠正意见后，应当监督人民法院是否在收到纠正意见后一个月以内重新组成合议庭进行审理，并监督重新作出的裁定是否符合法律规定。对最终裁定不符合法律规定的，应当向同级人民法院提出纠正意见。
第四百三十二条 人民检察院发现监狱、未成年犯管教所、拘役所、看守所对服刑期满或依法应当予以释放的人员没有按期释放，或者对服刑未满又无合法释放根据的罪犯予以释放等违法行为的，应当依法通知纠正。	**第六百五十六条** 人民检察院发现监狱、看守所对服刑期满或者依法应当予以释放的人员没有按期释放，**对被裁定假释的罪犯依法应当交付罪犯居住地社区矫正机构实行社区矫正而不交付，对主刑执行完毕仍然需要执行附加剥夺政治权利的罪犯依法应当交付罪犯居住地公安机关执行而不交付，**或者对服刑期未满又无合法释放根据的罪犯予以释放等违法行为的，应当依法**提出纠正意见**。
第四百三十三条 人民检察院发现对被判处管制、剥夺政治权利的罪犯，公安机关监督管理措施没有落实或者监督管理措施不当，执行期满没有通知本人并公开宣布解除管制或者恢复	**第六百五十七条** 人民检察院**依法对公安机关执行**剥夺政治权利的**活动实行监督，发现公安机关未依法执行或者剥夺政治权利执行期满未书面通知本人及其所在单位、居住地基层**

修订前	修订后
政治权利等违法行为的，应当依法通知纠正。	组织等违法情形的，应当依法提出纠正意见。
第四百三十四条 人民检察院发现人民法院对被判处罚金、没收财产的罪犯没有依法予以执行，或者执行不当，或者罚没的财物未及时上缴国库的，应当及时通知纠正。	**第六百五十八条 人民检察院依法对人民法院执行罚金刑、没收财产刑以及执行生效判决、裁定中没收违法所得及其他涉案财产的活动实行监督，发现人民法院有依法应当执行而不执行，执行不当，罚没的财物未及时上缴国库，或者执行活动中其他违法情形的，应当依法提出纠正意见。**
第四百三十五条 对于被判处拘役、有期徒刑适用缓刑的罪犯、被假释的罪犯和暂予监外执行的罪犯，人民检察院应当监督有关单位对罪犯的监督管理和考察措施是否落实。	**第六百五十九条 人民检察院依法对社区矫正执法活动进行监督，发现有下列情形之一的，应当依法向社区矫正机构提出纠正意见：** **（一）没有依法接收交付执行的社区矫正人员的；** **（二）违反法律规定批准社区矫正人员离开所居住的市、县，或者违反人民法院禁止令的内容批准社区矫正人员进入特定区域或者场所的；** **（三）没有依法监督管理而导致社区矫正人员脱管的；** **（四）社区矫正人员违反监督管理规定或者人民法院的禁止令，依法应予治安管理处罚，没有及时提请公安机关依法给予处罚的；** **（五）缓刑、假释罪犯在考验期内违反法律、行政法规或者有关缓刑、假释的监督管理规定，或者违反人民法院的禁止令，依法应当撤销缓刑、假释，没有及时向人民法院提出撤销缓刑、假释建议的；** **（六）对具有刑事诉讼法第二百五十七条第一款规定情形之一的暂予监外执行的罪犯，没有及时向决定或者批准暂予监外执行的机关提出收监执行建议的；** **（七）对符合法定减刑条件的社区矫正人员，没有依法及时向人民法院提出减刑建议的；** **（八）对社区矫正人员有殴打、体罚、虐待、侮辱人格、强迫其参加超时间或者超体力社区服务等侵犯其合法权利行为的；** **（九）其他违法情形。** **人民检察院发现人民法院对依法应当撤销**

修订前	修订后
	缓刑、假释的罪犯没有依法、及时作出撤销缓刑、假释裁定，对不符合暂予监外执行条件的罪犯通过贿赂等非法手段被暂予监外执行以及在暂予监外执行期间脱逃的罪犯的执行刑期计算错误，或者有权决定、批准暂予监外执行的机关对依法应当收监执行的罪犯没有及时依法作出收监执行决定的，应当依法提出纠正意见。
第四百三十六条　对人民法院的交付执行活动、执行机关的执行活动以及其他机关有关执行刑事判决、裁定的活动中的违法行为的监督，可以参照本规则有关人民检察院对公安机关侦查活动中违法行为监督的规定办理。	第六百六十条　对人民法院、公安机关、看守所、监狱、社区矫正机构等的交付执行活动、刑罚执行活动以及其他有关执行刑事判决、裁定活动中违法行为的监督，参照本规则第六百三十二条的规定办理。
	第九节　强制医疗执行监督
	第六百六十一条　人民检察院对强制医疗执行活动是否合法实行监督。 强制医疗执行监督由人民检察院监所检察部门负责。
	第六百六十二条　人民检察院对强制医疗的交付执行活动实行监督。发现交付执行机关未及时交付执行等违法情形的，应当依法提出纠正意见。
	第六百六十三条　人民检察院在强制医疗执行监督中发现被强制医疗的人不符合强制医疗条件或者需要依法追究刑事责任，人民法院作出的强制医疗决定可能错误的，应当在五日以内报经检察长批准，将有关材料转交作出强制医疗决定的人民法院的同级人民检察院。收到材料的人民检察院公诉部门应当在二十日以内进行审查，并将审查情况和处理意见反馈负责强制医疗执行监督的人民检察院。
	第六百六十四条　人民检察院发现强制医疗机构有下列情形之一的，应当依法提出纠正意见： （一）对被决定强制医疗的人应当收治而拒

修订前	修订后
	绝收治的； （二）收治的法律文书及其他手续不完备的； （三）没有依照法律、行政法规等规定对被决定强制医疗的人实施必要的医疗的； （四）殴打、体罚、虐待或者变相体罚、虐待被强制医疗的人，违反规定对被强制医疗的人使用械具、约束措施，以及其他侵犯被强制医疗的人合法权利的； （五）没有依照规定定期对被强制医疗的人进行诊断评估的； （六）对于被强制医疗的人不需要继续强制医疗的，没有及时提出解除意见报请决定强制医疗的人民法院批准的； （七）对被强制医疗的人及其近亲属、法定代理人提出的解除强制医疗的申请没有及时进行审查处理，或者没有及时转送决定强制医疗的人民法院的； （八）人民法院作出解除强制医疗决定后，不立即办理解除手续的； （九）其他违法情形。 对强制医疗机构违法行为的监督，参照本规则第六百三十二条的规定办理。
	第六百六十五条　人民检察院应当受理被强制医疗的人及其近亲属、法定代理人的控告、举报和申诉，并及时审查处理。对控告人、举报人、申诉人要求回复处理结果的，人民检察院监所检察部门应当在十五日以内将调查处理情况书面反馈控告人、举报人、申诉人。 人民检察院监所检察部门审查不服强制医疗决定的申诉，认为原决定正确、申诉理由不成立的，可以直接将审查结果答复申诉人；认为原决定可能错误，需要复查的，应当移送作出强制医疗决定的人民法院的同级人民检察院公诉部门办理。
	第六百六十六条　人民检察院监所检察部门收到被强制医疗的人及其近亲属、法定代理

修订前	修订后
	人解除强制医疗决定的申请后，应当及时转交强制医疗机构审查，并监督强制医疗机构是否及时审查、审查处理活动是否合法。
	第六百六十七条　人民检察院对于人民法院批准解除强制医疗的决定实行监督，发现人民法院解除强制医疗的决定不当的，应当依法向人民法院提出纠正意见。
	第十五章　案件管理
	第六百六十八条　人民检察院案件管理部门对检察机关办理的案件实行统一受理、流程监控、案后评查、统计分析、信息查询、综合考评等，对办案期限、办案程序、办案质量等进行管理、监督、预警。
	第六百六十九条　人民检察院案件管理部门发现本院办案部门或者办案人员有下列情形之一的，应当及时提出纠正意见： （一）查封、扣押、冻结、保管、处理涉案财物不符合有关法律和规定的； （二）法律文书使用不当或者有明显错漏的； （三）超过法定的办案期限仍未办结案件的； （四）侵害当事人、辩护人、诉讼代理人的诉讼权利的； （五）未依法对立案、侦查、审查逮捕、公诉、审判等诉讼活动以及执行活动中的违法行为履行法律监督职责的； （六）其他违法办理案件的情形。 对于情节轻微的，可以向办案部门或者办案人员进行口头提示；对于情节较重的，应当向办案部门发送案件流程监控通知书，提示办案部门及时查明情况并予以纠正；情节严重的，应当向办案部门发送案件流程监控通知书，并向检察长报告。 办案部门收到案件流程监控通知书后，应当在十日以内将核查情况书面回复案件管理部门。

修订前	修订后
	第六百七十条　人民检察院案件管理部门对以本院名义制发的法律文书实施监督管理。
	第六百七十一条　人民检察院办理的案件,办结后需要向其他单位移送案卷材料的,统一由案件管理部门审核移送材料是否规范、齐备。案件管理部门认为材料规范、齐备,符合移送条件的,应当立即由有关部门按照相关规定移送;认为材料不符合要求的,应当及时通知办案部门补送、更正。
	第六百七十二条　公安机关等侦查机关移送审查起诉时随案移送涉案财物及其孳息的,人民检察院案件管理部门应当在受理案件时进行审查,并及时办理入库保管手续。
	第六百七十三条　人民检察院办案部门查封、扣押、冻结涉案财物及其孳息后,应当立即将扣押的款项存入专门账户,将扣押的物品送案件管理部门办理入库保管手续,并将查封、扣押、冻结涉案财物的清单送案件管理部门登记,至迟不得超过三日。法律和有关规定另有规定的除外。
	第六百七十四条　人民检察院案件管理部门负责对扣押的涉案财物进行保管,并对查封、扣押、冻结、处理涉案财物工作进行监督管理,对违反规定的行为提出纠正意见;对构成违法或者严重违纪的行为,移送纪检监察部门处理。
	第六百七十五条　人民检察院办案部门需要调用、移送、处理查封、扣押、冻结的涉案财物的,应当按照规定办理审批手续。案件管理部门对于审批手续齐全的,应当办理出库手续。
第十一章　刑事司法协助	第十六章　刑事司法协助
第一节　一般规定	第一节　一般规定
第四百三十七条　人民检察院进行司法协助,有我国参加或者缔结的国际条约规定的,适	第六百七十六条　人民检察院进行司法协助,有我国参加或者缔结的国际条约规定的,适

修订前	修订后
用该条约规定，但是我国声明保留的条款除外；无相应条约规定的，按照互惠原则通过外交途径办理。	**用该条约规定，但是我国声明保留的条款除外；无相应条约规定的，按照互惠原则通过外交途径办理。**
第四百三十八条 人民检察院应当在相互尊重国家主权和平等互利的基础上，与有关国家的主管机关相互提供司法协助。	**第六百七十七条** 人民检察院应当在相互尊重国家主权和平等互利的基础上，与有关国家的主管机关相互提供司法协助。
第四百三十九条 享有外交特权和豁免权的外国人的刑事责任问题，通过外交途径解决。	**第六百七十八条** 享有外交特权和豁免权的外国人的刑事责任问题，通过外交途径解决。
第四百四十条 人民检察院司法协助的范围主要包括刑事方面的调查取证，送达刑事诉讼文书，通报刑事诉讼结果，移交物证、书证和视听资料，扣押、移交赃款、赃物以及法律和国际条约规定的其他司法协助事宜。	**第六百七十九条** 人民检察院司法协助的范围主要包括刑事方面的调查取证，送达刑事诉讼文书，通报刑事诉讼结果，移交物证、书证和视听资料，扣押、移交赃款、赃物以及法律和国际条约规定的其他司法协助事宜。
第四百四十一条 办理引渡案件，按照国家关于引渡的法律和规定执行。	**第六百八十条** 办理引渡案件，按照国家关于引渡的法律和规定执行。
第四百四十二条 人民检察院对外进行司法协助，应当根据我国有关法律规定的程序向外国提供司法协助和办理司法协助事务。依照国际条约规定，在不违背我国法律规定的前提下，也可以按照请求方的要求适用请求书中所示的程序。	**第六百八十一条** 人民检察院对外进行司法协助，应当根据我国有关法律规定的程序向外国提供司法协助和办理司法协助事务。依照国际条约规定，在不违背我国法律规定的前提下，也可以按照请求方的要求适用请求书中所示的程序。
第四百四十三条 外国有关机关请求的事项有损中华人民共和国的主权、安全或者社会公共利益以及违反中国法律的，应当不予协助；不属于人民检察院职权范围的，应当予以退回或者移送有关机关，并说明理由。	**第六百八十二条** 外国有关机关请求的事项有损中华人民共和国的主权、安全或者社会公共利益以及违反中国法律的，应当不予协助；不属于人民检察院职权范围的，应当予以退回或者移送有关机关，并说明理由。
第四百四十四条 最高人民检察院是检察机关办理司法协助事务的最高主管机关，依照国际条约规定是人民检察院司法协助的中方中央机关。 地方各级人民检察院是执行司法协助的主管机关，依照职责分工办理司法协助事务。	**第六百八十三条** 最高人民检察院是检察机关办理司法协助事务的最高主管机关，依照国际条约规定是人民检察院司法协助的中方中央机关。 地方各级人民检察院是执行司法协助的主管机关，依照职责分工办理司法协助事务。
第四百四十五条 人民检察院与有关国家	**第六百八十四条** 人民检察院与有关国家

修订前	修订后
相互提供司法协助,应当按照我国与有关国家缔结的司法协助条约规定的联系途径或者外交途径进行。	相互提供司法协助,应当按照我国与有关国家缔结的司法协助条约规定的联系途径或者外交途径进行。
第四百四十六条 有关司法协助条约规定最高人民检察院为司法协助的中方中央机关的,由最高人民检察院直接与有关国家对应的中央机关联系和转递司法协助文件及其他材料。 有关司法协助条约规定其他机关为中方中央机关的,地方各级人民检察院通过最高人民检察院与中方中央机关联系和转递司法协助文件。	**第六百八十五条** 有关司法协助条约规定最高人民检察院为司法协助的中方中央机关的,由最高人民检察院直接与有关国家对应的中央机关联系和转递司法协助文件及其他材料。 有关司法协助条约规定其他机关为中方中央机关的,地方各级人民检察院通过最高人民检察院与中方中央机关联系和转递司法协助文件。
第四百四十七条 其他机关需要通过最高人民检察院对外办理司法协助的,应当通过其最高主管机关与最高人民检察院联系。	**第六百八十六条** 其他机关需要通过最高人民检察院对外办理司法协助的,应当通过其最高主管机关与最高人民检察院联系。
第四百四十八条 对尚未与我国缔结司法协助条约的国家,相互之间需要提供司法协助的,应当根据互惠原则,通过外交途径办理,也可以按照惯例进行。 具体程序参照本章规定。	**第六百八十七条** 对尚未与我国缔结司法协助条约的国家,相互之间需要提供司法协助的,应当根据互惠原则,通过外交途径办理,也可以按照惯例进行。 具体程序参照本章规定。
第四百四十九条 人民检察院需要通过国际刑事警察组织缉捕人犯、查询资料的,由有关人民检察院提出申请,层报最高人民检察院审查后与有关部门联系办理。	**第六百八十八条** 人民检察院需要通过国际刑事警察组织缉捕人犯、查询资料的,由有关人民检察院提出申请,层报最高人民检察院审查后与有关部门联系办理。
第四百五十条 我国边境地区人民检察院与相邻国家的司法机关相互进行司法合作,在不违背有关条约、协议和我国法律的前提下,可以按惯例或者遵照有关规定进行,但应当报最高人民检察院备案。	**第六百八十九条** 我国边境地区人民检察院与相邻国家的司法机关相互进行司法合作,在不违背有关条约、协议和我国法律的前提下,可以按惯例或者遵照有关规定进行,但应当报最高人民检察院备案。
第四百五十一条 我国边境地区人民检察院与相邻国家的司法机关相互进行司法合作,可以视情况就双方之间办案过程中的具体事务作出安排,开展友好往来活动。	**第六百九十条** 我国边境地区人民检察院与相邻国家的司法机关相互进行司法合作,可以视情况就双方之间办案过程中的具体事务作出安排,开展友好往来活动。
第二节 人民检察院提供司法协助	第二节 人民检察院提供司法协助
第四百五十二条 最高人民检察院通过有	**第六百九十一条** 最高人民检察院通过有

修订前	修订后
关国际条约规定的联系途径或外交途径，接收外国提出的司法协助请求。	关国际条约规定的联系途径或外交途径，接收外国提出的司法协助请求。
第四百五十三条 外国有关机关请求人民检察院提供司法协助的请求书及所附文件，应当附有中文译本或者国际条约规定的其他文字文本。	**第六百九十二条** 外国有关机关请求人民检察院提供司法协助的请求书及所附文件，应当附有中文译本或者国际条约规定的其他文字文本。
第四百五十四条 最高人民检察院收到缔约的外国一方提出的司法协助请求后，应当依据我国法律和有关司法协助条约进行审查。对符合条约规定并且所附材料齐全的，交由有关省、自治区、直辖市人民检察院办理或者指定有关人民检察院办理，或者交由其他有关最高主管机关指定有关机关办理。对不符合条约或者有关法律规定的，应当通过接收请求的途径退回请求方不予执行；对所附材料不齐全的，应当要求请求方予以补充。	**第六百九十三条** 最高人民检察院收到缔约的外国一方提出的司法协助请求后，应当依据我国法律和有关司法协助条约进行审查。对符合条约规定并且所附材料齐全的，交由有关省、自治区、直辖市人民检察院办理或者指定有关人民检察院办理，或者交由其他有关最高主管机关指定有关机关办理。对不符合条约或者有关法律规定的，应当通过接收请求的途径退回请求方不予执行；对所附材料不齐全的，应当要求请求方予以补充。
第四百五十五条 有关省、自治区、直辖市人民检察院收到最高人民检察院转交的司法协助请求书和所附材料后，可以直接办理，也可以指定有关的人民检察院办理。	**第六百九十四条** 有关省、自治区、直辖市人民检察院收到最高人民检察院转交的司法协助请求书和所附材料后，可以直接办理，也可以指定有关的人民检察院办理。
第四百五十六条 负责执行司法协助请求的人民检察院收到司法协助请求书和所附材料后，应即安排执行，并按条约规定的格式和语言文字将执行结果及有关材料报经省、自治区、直辖市人民检察院审查后，报送最高人民检察院。 对于不能执行的，应当将司法协助请求书和所附材料，连同不能执行的理由通过省、自治区、直辖市人民检察院报送最高人民检察院。 人民检察院因请求书提供的地址不详或材料不齐全难以执行该项请求的，应当立即通过最高人民检察院要求请求方补充提供材料。	**第六百九十五条** 负责执行司法协助请求的人民检察院收到司法协助请求书和所附材料后，应即安排执行，并按条约规定的格式和语言文字将执行结果及有关材料报经省、自治区、直辖市人民检察院审查后，报送最高人民检察院。 对于不能执行的，应当将司法协助请求书和所附材料，连同不能执行的理由通过省、自治区、直辖市人民检察院报送最高人民检察院。 人民检察院因请求书提供的地址不详或材料不齐全难以执行该项请求的，应当立即通过最高人民检察院要求请求方补充提供材料。
第四百五十七条 最高人民检察院应当对执行结果进行审查。凡符合请求要求的，由最高人民检察院转递请求协助的缔约外国一方。	**第六百九十六条** 最高人民检察院应当对执行结果进行审查。**对于**符合请求要求**和有关规定**的，由最高人民检察院转递请求协助的缔约外国一方。

修订前	修订后
第四百五十八条　缔约的外国一方通过其他中方中央机关请求检察机关提供司法协助的，由其他中方中央机关将请求书及所附文件转递最高人民检察院，按本节规定办理。	**第六百九十七条**　缔约的外国一方通过其他中方中央机关请求检察机关提供司法协助的，由其他中方中央机关将请求书及所附文件转递最高人民检察院，按本节规定办理。
第三节　人民检察院向外国提出司法协助请求	第三节　人民检察院向外国提出司法协助请求
第四百五十九条　地方各级人民检察院需要向缔约的外国一方请求提供司法协助，应当按有关条约的规定提出司法协助请求书、调查提纲及所附文件和相应的译文，经省级人民检察院审核后，报送最高人民检察院。	**第六百九十八条**　地方各级人民检察院需要向缔约的外国一方请求提供司法协助，应当按有关条约的规定提出司法协助请求书、调查提纲及所附文件和相应的译文，经省级人民检察院审核后，报送最高人民检察院。 **请求书及其附件应当提供具体、准确的线索、证据和其他材料。我国与被请求国有条约的，请求书及所附材料按条约规定的语言译制文本；我国与被请求国没有签订条约的，按被请求国官方语言或者可以接受的语言译制文本。**
第四百六十条　最高人民检察院收到地方各级人民检察院请求缔约的外国一方提供司法协助的材料后，应当依照有关条约进行审查。对符合条约有关规定、所附材料齐全的，应当连同上述材料一并转递缔约另一方的中央机关，或者交由其他中方中央机关办理。对不符合条约规定或者材料不齐全的，应当退回提出请求的人民检察院补充或者修正。	**第六百九十九条**　最高人民检察院收到地方各级人民检察院请求缔约的外国一方提供司法协助的材料后，应当依照有关条约进行审查。对符合条约有关规定、所附材料齐全的，应当连同上述材料一并转递缔约另一方的中央机关，或者交由其他中方中央机关办理。对不符合条约规定或者材料不齐全的，应当退回提出请求的人民检察院补充或者修正。
	第七百条　需要派员赴国外调查取证的，承办案件的人民检察院应当查明在国外证人、犯罪嫌疑人的具体居住地点或者地址、通讯方式等基本情况，制作调查提纲，层报省级人民检察院审核后报送最高人民检察院，通过司法协助或者外交途径向被请求国发出请求书，在被请求国同意后按照有关程序办理赴国外取证事宜。
第四节　期限和费用	第四节　期限和费用
第四百六十一条　人民检察院提供司法协助，请求书中附有办理期限的，应当按期完成。	**第七百零一条**　人民检察院提供司法协助，请求书中附有办理期限的，应当按期完成。

修订前	修订后
未附办理期限的，调查取证一般应当在三个月内完成；送达刑事诉讼文书一般应当在十五日内完成。 不能按期完成的，应当说明情况和理由，层报最高人民检察院，以便转告请求方。	未附办理期限的，调查取证一般应当在三个月以内完成；送达刑事诉讼文书一般应当在**三十日以内**完成。 不能按期完成的，应当说明情况和理由，层报最高人民检察院，以便转告请求方。
第四百六十二条 人民检察院提供刑事司法协助，根据有关条约规定需要向请求方收取费用的，应当将费用和账单连同执行司法协助的结果一并报送最高人民检察院转递请求方。最高人民检察院收到上述费用后应当立即转交有关人民检察院。	**第七百零二条** 人民检察院提供刑事司法协助，根据有关条约规定需要向请求方收取费用的，应当将费用和账单连同执行司法协助的结果一并报送最高人民检察院转递请求方。最高人民检察院收到上述费用后应当立即转交有关人民检察院。
第四百六十三条 人民检察院请求外国提供司法协助，根据条约规定应当支付费用的，最高人民检察院收到被请求方开具的收费账单后，应当立即转交有关人民检察院支付。	**第七百零三条** 人民检察院请求外国提供司法协助，根据条约规定应当支付费用的，最高人民检察院收到被请求方开具的收费账单后，应当立即转交有关人民检察院支付。
第十二章 附 则	**第十七章 附 则**
第四百六十四条 人民检察院办理国家安全机关、走私犯罪侦查机关、监狱移送的刑事案件以及对国家安全机关、走私犯罪侦查机关、监狱立案、侦查活动的监督，适用本规则的有关规定。	**第七百零四条** 人民检察院办理国家安全机关、走私犯罪侦查机关、监狱移送的刑事案件以及对国家安全机关、走私犯罪侦查机关、监狱立案、侦查活动的监督，适用本规则的有关规定。
第四百六十五条 军事检察院等专门人民检察院办理刑事案件，适用本规则和其他有关规定。	**第七百零五条** 军事检察院等专门人民检察院办理刑事案件，适用本规则和其他有关规定。
	第七百零六条 人民检察院办理直接立案侦查的案件接受人民监督员的监督，具体程序依照有关规定办理。
第四百六十六条 本规则具有司法解释效力。本规则发布前有关人民检察院刑事诉讼的解释和规定与本规则重复或者不一致的，适用本规则。	**第七百零七条** 本规则具有司法解释效力，由最高人民检察院负责解释。
第四百六十七条 本规则由最高人民检察院负责解释。	**被修改后规则第七百零七条吸收**

修订前	修订后
第四百六十八条 本规则自发布之日起施行。最高人民检察院 1997 年 1 月 15 日发布的《人民检察院实施〈中华人民共和国刑事诉讼法〉规则(试行)》同时废止。	**第七百零八条 本规则自 2013 年 1 月 1 日起施行。最高人民检察院 1999 年 1 月 18 日发布的《人民检察院刑事诉讼规则》同时废止;最高人民检察院以前发布的司法解释和规范性文件与本规则不一致的,以本规则为准。**

《公安机关办理刑事案件程序规定》修正前后对照表

（修正后条文中黑体字部分是对原条文所作的修改或者补充）

修正前①	修正后②
第一章　任务和基本原则	**第一章　任务和基本原则**
第一条　为了保障《中华人民共和国刑事诉讼法》的贯彻实施，保证公安机关在刑事诉讼中正确履行职权，统一办案程序，确保办案质量，提高办案效率，制定本规定。	**第一条**　为了保障《中华人民共和国刑事诉讼法》的贯彻实施，保证公安机关在刑事诉讼中正确履行职权，**规范**办案程序，确保办案质量，提高办案效率，制定本规定。
第二条　公安机关在刑事诉讼中的任务，是保证准确、及时地查明犯罪事实，正确应用法律，惩罚犯罪分子，保障无罪的人不受刑事追究，教育公民自觉遵守法律，积极同犯罪行为作斗争，以维护社会主义法制，保护公民人身权利、财产权利、民主权利和其他权利，保障社会主义建设事业的顺利进行。	**第二条**　公安机关在刑事诉讼中的任务，是保证准确、及时地查明犯罪事实，正确应用法律，惩罚犯罪分子，保障无罪的人不受刑事追究，教育公民自觉遵守法律，积极同犯罪行为作斗争，维护社会主义法制，**尊重和保障人权，**保护公民的人身权利、财产权利、民主权利和其他权利，保障社会主义建设事业的顺利进行。
第三条　公安机关在刑事诉讼中的基本职权，是依照法律对刑事案件立案、侦查、预审；决定、执行强制措施；对依法不追究刑事责任的不予立案，已经追究的撤销案件；对侦查终结应当起诉的案件，移送人民检察院审查决定；对不够刑事处罚的犯罪嫌疑人需要行政处理的，依法给予处理；对被判处一年以下有期徒刑或者剩余刑期在一年以下的罪犯，代为执行刑罚；执行管制、拘役、剥夺政治权利、驱逐出境、暂予监外执行；对假释和判处拘役缓刑、有期徒刑缓刑的罪犯执行监督、考察。	**第三条**　公安机关在刑事诉讼中的基本职权，是依照法律对刑事案件立案、侦查、预审；决定、执行强制措施；对依法不追究刑事责任的不予立案，已经追究的撤销案件；对侦查终结应当起诉的案件，移送人民检察院审查决定；对不够刑事处罚的犯罪嫌疑人需要行政处理的，依法予以处理**或者移送有关部门**；对被判处有期徒刑的罪犯，在被交付执行刑罚前，剩余刑期在**三个月以下**的，代为执行刑罚；执行拘役、剥夺政治权利、驱逐出境。
第四条　公安机关进行刑事诉讼，必须依靠群众，以事实为根据，以法律为准绳。对于一切公民，在适用法律上一律平等，在法律面前，不允许有任何特权。	**第四条**　公安机关进行刑事诉讼，必须依靠群众，以事实为根据，以法律为准绳。对于一切公民，在适用法律上一律平等，在法律面前，不允许有任何特权。

① 1998年5月14日修正，1988年5月14日公安部第35号令公布，自1998年5月14日起施行。

② 2012年12月3日修正，2013年12月13日公安部第127号令公布，自2013年1月1日起施行。

修正前	修正后
第五条 公安机关进行刑事诉讼,必须同人民法院、人民检察院分工负责,互相配合,互相制约,以保证准确有效地执行法律。	**第五条** 公安机关进行刑事诉讼,同人民法院、人民检察院分工负责,互相配合,互相制约,以保证准确有效地执行法律。
第六条 公安机关进行刑事诉讼,接受人民检察院的法律监督。	**第六条** 公安机关进行刑事诉讼,**依法**接受人民检察院的法律监督。
第七条 公安机关进行刑事诉讼,应当建立和完善办案责任制度、错案责任追究制度等内部监督制度。 在刑事诉讼中,上级公安机关发现下级公安机关作出的决定或者办理的案件有错误的,有权予以撤销或者变更,也可以指令下级公安机关予以纠正。 下级公安机关对上级公安机关的决定必须执行,如果认为有错误,可以在执行的同时向上级公安机关报告。	**第七条** 公安机关进行刑事诉讼,应当建立、完善和**严格**执行办案责任制度、**执法过错**责任追究制度等内部执法监督制度。 在刑事诉讼中,上级公安机关发现下级公安机关作出的决定或者办理的案件有错误的,有权予以撤销或者变更,也可以指令下级公安机关予以纠正。 下级公安机关对上级公安机关的决定必须执行,如果认为有错误,可以在执行的同时向上级公安机关报告。
第八条 公安机关办理刑事案件,必须重证据,重调查研究,不轻信口供,严禁刑讯逼供。	**第八条** 公安机关办理刑事案件,应当重证据,重调查研究,不轻信口供。**严禁刑讯逼供和以威胁、引诱、欺骗以及其他非法方法收集证据,不得强迫任何人证实自己有罪。**
第九条 公安机关办理刑事案件,应当保障诉讼参与人依法享有的各项诉讼权利。 公安机关办理未成年人犯罪案件,应当由专门机构或者专职人员负责,贯彻教育、感化、挽救的方针,照顾未成年人的身心特点,保障他们的合法权益。 **(第二款移至第十章第一节未成年人刑事案件诉讼程序)**	**第九条** 公安机关在刑事诉讼中,应当保障**犯罪嫌疑人、被告人**和**其他**诉讼参与人依法享有的辩护权和其他诉讼权利。
第十条 各级公安机关办理刑事案件,应当依法向同级人民检察院提请逮捕、移送起诉,严格遵守刑事案件办案期限的规定。	**第十条** 公安机关办理刑事案件,应当向同级人民检察院提请批准逮捕、移送**审查**起诉。
第十一条 公安机关办理刑事案件,对于不通晓当地通用的语言文字的诉讼参与人,应当为他们翻译。 在少数民族聚居或者多民族杂居的地区,应	**第十一条** 公安机关办理刑事案件,对不通晓当地通用的语言文字的诉讼参与人,应当为他们翻译。 在少数民族聚居或者多民族杂居的地区,

修正前	修正后
当使用当地通用的语言进行讯问。对外公布的诉讼文书,应当使用当地通用的文字。	应当使用当地通用的语言进行讯问。对外公布的诉讼文书,应当使用当地通用的文字。
第十二条 公安机关办理刑事案件,各地区之间应当加强相互协作和配合,严格履行协查、协办职责。	**第十二条** 公安机关办理刑事案件,各地区、**各部门**之间应当加强协作和配合,依法履行协查、协办职责。 **上级公安机关应当加强监督、协调和指导。**
第十三条 根据中华人民共和国缔结或者参加的国际条约和公安部签订的双边合作协议,或者按照互惠原则,我国公安机关和外国警察机关可以相互请求刑事司法协助和警务合作。	**第十三条** 根据中华人民共和国缔结或者参加的国际条约和公安部签订的双边、**多边合作协议**,或者按照互惠原则,我国公安机关可以和外国警察机关开展刑事司法协助和警务合作。
第二章 管 辖	**第二章 管 辖**
第十四条 按照刑事诉讼法对刑事案件管辖分工的规定,除贪污贿赂犯罪,国家机关工作人员的渎职犯罪,国家机关工作人员利用职权实施的非法拘禁、刑讯逼供、暴力取证、报复陷害、非法搜查的侵犯公民人身权利的犯罪以及侵犯公民民主权利的犯罪,监管人员殴打、体罚虐待被监管人的犯罪、军人违反职责的犯罪,经省级以上人民检察院批准的国家机关工作人员利用职权实施的其他重大的犯罪案件,以及自诉案件以外,其他刑事案件由公安机关管辖。 对人民法院直接受理的被害人有证据证明的刑事案件,因证据不足驳回自诉,可以由公安机关受理并移交的,公安机关应当受理。	**第十四条** **根据**刑事诉讼法的规定,刑事案件由公安机关管辖,**但下列刑事案件除外:** (一)贪污贿赂犯罪,国家工作人员的渎职犯罪,国家机关工作人员利用职权实施的非法拘禁、刑讯逼供、报复陷害、非法搜查的侵犯公民人身权利的犯罪以及侵犯公民民主权利的犯罪案件,经省级以上人民检察院决定立案侦查的国家机关工作人员利用职权实施的其他重大的犯罪案件; **(二)自诉案件,但对人民法院直接受理的被害人有证据证明的轻微刑事案件,因证据不足驳回起诉,人民法院移送公安机关或者被害人向公安机关控告的,公安机关应当受理;被害人直接向公安机关控告的,公安机关应当受理;** (三)军人违反职责的犯罪**和军队内部发生的刑事案件;** **(四)罪犯在监狱内犯罪的刑事案件;** **(五)其他依照法律和规定应当由其他机关管辖的刑事案件。**
第十五条 刑事案件由犯罪地的公安机关管辖。如果由犯罪嫌疑人居住地的公安机关管辖更为适宜的,可以由犯罪嫌疑人居住地的公安机关管辖。	**第十五条** 刑事案件由犯罪地的公安机关管辖。如果由犯罪嫌疑人居住地的公安机关管辖更为适宜的,可以由犯罪嫌疑人居住地的公安机关管辖。 **犯罪地包括犯罪行为发生地和犯罪结果发**

修正前	修正后
	生地。犯罪行为发生地，包括犯罪行为的实施地以及预备地、开始地、途经地、结束地等与犯罪行为有关的地点；犯罪行为有连续、持续或者继续状态的，犯罪行为连续、持续或者继续实施的地方都属于犯罪行为发生地。犯罪结果发生地，包括犯罪对象被侵害地、犯罪所得的实际取得地、藏匿地、转移地、使用地、销售地。 **居住地包括户籍所在地、经常居住地。经常居住地是指公民离开户籍所在地最后连续居住一年以上的地方。** **法律、司法解释或者其他规范性文件对有关犯罪案件的管辖作出特别规定的，从其规定。**
	第十六条　针对或者利用计算机网络实施的犯罪，用于实施犯罪行为的网站服务器所在地、网络接入地以及网站建立者或者管理者所在地，被侵害的计算机信息系统及其管理者所在地，以及犯罪过程中犯罪分子、被害人使用的计算机信息系统所在地公安机关可以管辖。
	第十七条　行驶中的交通工具上发生的刑事案件，由交通工具最初停靠地公安机关管辖；必要时，交通工具始发地、途经地、到达地公安机关也可以管辖。
第十六条　几个公安机关都有权管辖的刑事案件，由最初受理的公安机关管辖。必要时，可以由主要犯罪地的公安机关管辖。	**第十八条**　几个公安机关都有权管辖的刑事案件，由最初受理的公安机关管辖。必要时，可以由主要犯罪地的公安机关管辖。 **具有下列情形之一的，公安机关可以在职责范围内并案侦查：** **（一）一人犯数罪的；** **（二）共同犯罪的；** **（三）共同犯罪的犯罪嫌疑人还实施其他犯罪的；** **（四）多个犯罪嫌疑人实施的犯罪存在关联，并案处理有利于查明犯罪事实的。**
第十七条　对管辖不明确的刑事案件，可以由有关公安机关协商确定管辖。 对管辖有争议或者情况特殊的刑事案件，可	**第十九条**　对管辖不明确或者有争议的刑事案件，可以由有关公安机关协商。**协商不成的，由共同的上级公安机关指定管辖。**

修正前	修正后
以由共同的上级公安机关指定管辖。	对情况特殊的刑事案件，可以由共同的上级公安机关指定管辖。
	第二十条　上级公安机关指定管辖的，应当将指定管辖决定书分别送达被指定管辖的公安机关和其他有关的公安机关。 **原受理案件的公安机关，在收到上级公安机关指定其他公安机关管辖的决定书后，不再行使管辖权，同时应当将案卷材料移送被指定管辖的公安机关。** 对指定管辖的案件，需要逮捕犯罪嫌疑人的，由被指定管辖的公安机关提请同级人民检察院审查批准；需要提起公诉的，由该公安机关移送同级人民检察院审查决定。
第十八条　县级公安机关负责侦查发生在本辖区内的刑事案件；地（市）级以上公安机关负责重大涉外犯罪、重大经济犯罪、重大集团犯罪和下级公安机关侦破有困难的重大刑事案件的侦查。	**第二十一条**　县级公安机关负责侦查发生在本辖区内的刑事案件。 **设区的市一级以上**公安机关负责重大的危害国家安全犯罪、恐怖活动犯罪、涉外犯罪、经济犯罪、集团犯罪案件的侦查。 **上级公安机关认为有必要的，可以侦查下级公安机关管辖的刑事案件；下级公安机关认为案情重大需要上级公安机关侦查的刑事案件，可以请求上一级公安机关管辖。**
第十九条　公安机关内部对刑事案件的管辖，按照刑事侦查机构的设置及其职责分工确定。	**第二十二条**　公安机关内部对刑事案件的管辖，按照刑事侦查机构的设置及其职责分工确定。
第二十条　铁路、交通、民航系统的机关、厂、段、院、校、所、队、工区等单位发生的刑事案件，车站、港口、码头、机场工作区域内和列车、轮船、民航飞机内发生的刑事案件，铁路建设施工工地发生的刑事案件，铁路沿线、水运航线发生的盗窃或者破坏铁路、水运、通讯、电力线路和其他重要设施的刑事案件，以及内部职工在铁路、交通线上执行任务中发生的案件，分别由发案地铁路、交通、民航公安机关管辖。 林业系统的公安机关负责其辖区内的盗伐、滥伐林木、危害陆生野生动物和珍稀植物等刑事	**第二十三条**　铁路公安机关管辖铁路系统的机关、厂、段、院、校、所、队、工区等单位发生的刑事案件，车站工作区域内、列车内发生的刑事案件，铁路沿线发生的盗窃或者破坏铁路、通信、电力线路和其他重要设施的刑事案件，以及内部职工在铁路线上工作时发生的刑事案件。 **铁路系统的计算机信息系统延伸到地方涉及铁路业务的网点，其计算机信息系统发生的刑事案件由铁路公安机关管辖。** **对倒卖、伪造、变造火车票的案件，由最初受理案件的铁路公安机关或者地方公安机关管**

修正前	修正后
案件的侦查;大面积林区的林业公安机关还负责辖区内其他刑事案件的侦查。未建立专门林业公安机关的,由所在地公安机关管辖。	**辖。必要时,可以移送主要犯罪地的铁路公安机关或者地方公安机关管辖。** **铁路建设施工工地发生的刑事案件由地方公安机关管辖。**
	第二十四条 交通公安机关管辖交通系统的机关、厂、段、院、校、所、队、工区等单位发生的刑事案件,港口、码头工作区域内、轮船内发生的刑事案件,水运航线发生的盗窃或者破坏水运、通信、电力线路和其他重要设施的刑事案件,以及内部职工在交通线上工作时发生的刑事案件。
	第二十五条 民航公安机关管辖民航系统的机关、厂、段、院、校、所、队、工区等单位、机场工作区域内、民航飞机内发生的刑事案件。 **重大飞行事故刑事案件由犯罪结果发生地机场公安机关管辖。犯罪结果发生地未设机场公安机关或者不在机场公安机关管辖范围内的,由地方公安机关管辖,有关机场公安机关予以协助。**
	第二十六条 森林公安机关管辖破坏森林和野生动植物资源等刑事案件,大面积林区的森林公安机关还负责辖区内其他刑事案件的侦查。未建立专门森林公安机关的,由所在地公安机关管辖。
	第二十七条 海关走私犯罪侦查机构管辖中华人民共和国海关关境内发生的涉税走私犯罪案件和发生在海关监管区内的非涉税走私犯罪案件。
第二十一条 公安机关侦查的刑事案件涉及人民检察院管辖的案件时,应当将属于人民检察院管辖的刑事案件移送人民检察院。涉嫌主罪属于公安机关管辖的,由公安机关为主侦查;涉嫌主罪属于人民检察院管辖的,公安机关予以配合。	**第二十八条** 公安机关侦查的刑事案件涉及人民检察院管辖的案件时,应当将属于人民检察院管辖的刑事案件移送人民检察院。涉嫌主罪属于公安机关管辖的,由公安机关为主侦查;涉嫌主罪属于人民检察院管辖的,公安机关予以配合。 **公安机关侦查的刑事案件涉及其他侦查机**

修正前	修正后
	关管辖的案件时，参照前款规定办理。
第二十二条 公安机关和军队互涉刑事案件的管辖分工如下： （一）军人在地方作案的，当地公安机关应当及时移交军队保卫部门侦查。 （二）地方人员在军队营区作案的，由军队保卫部门移交公安机关侦查。 （三）军人与地方人员共同在军队营区作案的，以军队保卫部门为主组织侦查，公安机关配合；共同在地方作案的，以公安机关为主组织侦查，军队保卫部门配合。 （四）现役军人入伍前在地方作案，依法应当追究刑事责任的，由公安机关侦查，军队保卫部门配合。 （五）军人退出现役后，发现其在服役期间在军队营区作案，依法应当追究刑事责任的，由军队保卫部门侦查，公安机关配合。 （六）军人退出现役后，在离队途中作案的，以及已经批准入伍尚未与军队办理交接手续的新兵犯罪的，由公安机关侦查。 （七）属于地方人武部门管理的民兵武器仓库和军队移交或者出租、出借给地方单位使用的军队营房、营院、仓库、机场、码头，以及军队和地方人员混居的军队宿舍区发生的非侵害军事利益和军人权益的案件，由公安机关侦查，军队保卫部门配合。 （八）军队在工商行政管理部门登记注册，实行企业化经营管理的公司、厂矿、宾馆、饭店、影剧院，以及军队和地方合资经营的企业发生的案件，由公安机关侦查，军队保卫部门配合。 办理公安机关和军队互涉的刑事案件，公安机关和有关军队保卫部门应当及时互通情况，加强协作、密切配合；对管辖有争议的案件，应当共同研究协商，必要时可由双方的上级机关协调解决。 本条所称的“军人”，是指现役军人、军队在编职工以及由军队管理的离、退休人员。	**第二十九条** 公安机关和军队互涉刑事案件的管辖分工**按照有关规定办理。** 公安机关和武装警察部队互涉刑事案件的管辖分工依照公安机关和军队互涉刑事案件的管辖分工的原则办理。列入武装警察部队序列的公安边防、消防、警卫部门人员的犯罪案件，由公安机关管辖。
第二十三条 公安机关和武装警察部队互	

修正前	修正后
涉刑事案件的管辖分工依照公安机关和军队互涉刑事案件的管辖分工的原则办理。 列入武装警察部队序列的公安边防、消防、警卫部门,以及武警黄金、交通、水电、森林部队人员的犯罪案件,由公安机关管辖。	
第三章 回 避	**第三章 回 避**
第二十四条 公安机关负责人、侦查人员有下列情形之一的,应当自行回避,当事人及其法定代理人也有权要求他们回避: (一)是本案的当事人或者是当事人的近亲属的; (二)本人或者他的近亲属和本案有利害关系的; (三)担任过本案的证人、鉴定人、辩护人、诉讼代理人的; (四)与本案当事人有其他关系,可能影响公正处理案件的。	**第三十条** 公安机关负责人、侦查人员有下列情形之一的,应当自行提出回避申请,**没有自行提出回避申请的,应当责令其回避,**当事人及其法定代理人也有权要求他们回避: (一)是本案的当事人或者是当事人的近亲属的; (二)本人或者他的近亲属和本案有利害关系的; (三)担任过本案的证人、鉴定人、辩护人、诉讼代理人的; (四)与本案当事人有其他关系,可能影响公正处理案件的。
第二十五条移至第二十六条之后	
第二十六条 公安机关负责人、侦查人员不得接受当事人及其委托人的请客送礼,不得违反规定会见当事人及其委托人。违反规定的,应当依法追究法律责任。当事人及其法定代理人有权要求他们回避。	**第三十一条** 公安机关负责人、侦查人员不得有下列行为: (一)违反规定会见本案当事人及其委托人; **(二)索取、接受本案当事人及其委托人的财物或者其他利益;** **(三)接受本案当事人及其委托人的宴请,或者参加由其支付费用的活动;** **(四)有其他不正当行为,可能影响案件公正办理。** 违反前款规定的,应当责令其回避并依法追究法律责任。当事人及其法定代理人有权要求其回避。
第二十五条 公安机关负责人、侦查人员自行提出回避申请的,应当说明回避的理由;口头提出申请的,应当记录在案。	**第三十二条** 公安机关负责人、侦查人员自行提出回避申请的,应当说明回避的理由;口头提出申请的,公安机关应当记录在案。

修正前	修正后
	当事人及其法定代理人要求公安机关负责人、侦查人员回避，应当提出申请，并说明理由；口头提出申请的，公安机关应当记录在案。
第二十七条移至第二十八条之后	
第二十八条　侦查人员的回避，由县级以上公安机关负责人决定；县级以上公安机关负责人的回避，由同级人民检察院检察委员会决定。	**第三十三条**　侦查人员的回避，由县级以上公安机关负责人决定；县级以上公安机关负责人的回避，由同级人民检察院检察委员会决定。
第二十七条　当事人及其法定代理人要求公安机关负责人、侦查人员回避，应当提出申请，并说明理由。口头提出申请的，公安机关应当记录在案。	**第三十四条**　当事人及其法定代理人对侦查人员提出回避申请的，**公安机关应当在收到回避申请后二日以内作出决定并通知申请人；情况复杂的，经县级以上公安机关负责人批准，可以在收到回避申请后五日以内作出决定。**
第二十九条　公安机关负责人、侦查人员具有应当回避的情形之一，本人没有自行回避，当事人及其法定代理人也没有申请他们回避的，应当由同级人民检察院检察委员会或者县级以上公安机关负责人决定他们回避。	
第三十条　公安机关作出驳回申请回避的决定后，应当告知当事人及其法定代理人，如不服本决定，可以在收到《驳回申请回避决定书》后五日内向原决定机关申请复议一次。	**第三十五条**　**当事人及其法定代理人**对驳回申请回避的决定不服的，可以在收到驳回申请回避决定书后五日以内向作出决定的公安机关申请复议。 **公安机关**应当在收到复议申请后**五日**以内作出复议决定并书面通知申请人。
第三十一条　当事人及其法定代理人对驳回申请回避的决定不服申请复议的，决定机关应当在三日以内作出复议决定并书面通知申请人。	
第三十二条、第三十三条被修改后移至第三十七条至第三十九条	
第三十四条　在作出回避决定前或者复议期间，公安机关负责人、侦查人员不得停止对案件的侦查。	**第三十六条**　在作出回避决定前，申请或者被申请回避的公安机关负责人、侦查人员不得停止对案件的侦查。 **作出回避决定后**，申请或者被申请回避的公安机关负责人、侦查人员不得再参与本案的侦查工作。

修正前	修正后
第三十三条 被决定回避的公安机关负责人、侦查人员、鉴定人、记录人和翻译人员，在回避决定作出以前所进行的诉讼活动是否有效，由作出决定的机关根据案件情况决定。	**第三十七条** 被决定回避的公安机关负责人、侦查人员在回避决定作出以前所进行的诉讼活动是否有效，由作出决定的机关根据案件情况决定。
第三十二条 在侦查过程中，鉴定人、记录人和翻译人员需要回避的，由县级以上公安机关负责人决定。 鉴定人、记录人和翻译人员的回避适用本章的规定。	**第三十八条** 本章关于回避的规定适用于记录人、翻译人员和鉴定人。 记录人、翻译人员和鉴定人需要回避的，由县级以上公安机关负责人决定。 **第三十九条 辩护人、诉讼代理人可以依照本章的规定要求回避、申请复议。**
第四章 律师参与刑事诉讼	**第四章 律师参与刑事诉讼**
第三十五条 公安机关应当依法保障律师的执业活动，保障律师在侦查阶段依法从事下列业务： （一）向公安机关了解犯罪嫌疑人涉嫌的罪名； （二）会见犯罪嫌疑人，向犯罪嫌疑人了解有关案件的情况； （三）为犯罪嫌疑人提供法律咨询、代理申诉、控告； （四）为被逮捕的犯罪嫌疑人申请取保候审。	**第四十条** 公安机关应当保障**辩护**律师在侦查阶段依法从事下列执业活动： （一）向公安机关了解犯罪嫌疑人涉嫌的罪名和案件有关情况，**提出意见；** **（二）与犯罪嫌疑人会见和通信，向犯罪嫌疑人了解案件有关情况；** （三）为犯罪嫌疑人提供法律帮助、代理申诉、控告； **（四）为犯罪嫌疑人申请变更强制措施。**
第三十六条 公安机关在对犯罪嫌疑人依法进行第一次讯问后或者采取强制措施之日起，应当告知犯罪嫌疑人有权聘请律师为其提供法律咨询、代理申诉、控告，并记录在案。 **第三十七条至第三十九条移至第四十条之后** **第四十条** 同案的犯罪嫌疑人不得聘请同一名律师。	**第四十一条** 公安机关在第一次讯问犯罪嫌疑人或者对犯罪嫌疑人采取强制措施的时候，应当告知犯罪嫌疑人有权委托律师作为**辩护人，并告知其如果因经济困难或者其他原因没有委托辩护律师的，可以向法律援助机构申请法律援助。告知的情形应当记录在案。** **对于同案的犯罪嫌疑人委托同一名辩护律师的，或者两名以上未同案处理但实施的犯罪存在关联的犯罪嫌疑人委托同一名辩护律师的，公安机关应当要求其更换辩护律师。**
第三十七条 对于涉及国家秘密的案件，公安机关应当告知犯罪嫌疑人聘请律师须经公安	

修正前	修正后
机关批准。 涉及国家秘密的案件，是指案情或者案件性质涉及国家秘密的案件，不能因刑事案件侦查过程中的有关材料和处理意见需要保守秘密而作为涉及国家秘密的案件。	
第三十八条 犯罪嫌疑人可以自己聘请律师，其亲属也可以代为聘请。 犯罪嫌疑人聘请律师的请求可以书面提出，也可以口头提出。口头提出的，公安机关应当制作笔录，由犯罪嫌疑人签名（盖章）、捺指印。	**第四十二条** 犯罪嫌疑人可以自己委托辩护律师。**犯罪嫌疑人在押的，**也可以由**其监护人、近亲属**代为委托辩护律师。 犯罪嫌疑人委托辩护律师的请求可以书面提出，也可以口头提出。口头提出的，公安机关应当制作笔录，由犯罪嫌疑人签名、捺指印。
第三十九条 在押的犯罪嫌疑人提出聘请律师的，看守所应当及时将其请求转达办理案件的侦查机关，侦查机关应当及时向其所委托的人员或者所在的律师事务所转达该项请求。犯罪嫌疑人仅提出聘请律师的要求，但提不出具体对象的，侦查机关应当及时通知当地律师协会或者司法行政机关为其推荐律师。	**第四十三条** 在押的犯罪嫌疑人**向看守所**提出**委托辩护律师**要求的，看守所应当及时将其请求转达给**办案部门**，办案部门应当及时向犯罪嫌疑人委托的辩护律师或者律师事务所转达该项请求。 **在押的**犯罪嫌疑人仅提出委托辩护律师的要求，但提不出具体对象的，**办案部门应当及时通知犯罪嫌疑人的监护人、近亲属代为委托辩护律师。犯罪嫌疑人无监护人或者近亲属的，**办案部门应当及时通知当地律师协会或者司法行政机关为其推荐辩护律师。
第四十一条 对于涉及国家秘密的案件，犯罪嫌疑人或者其亲属提出聘请律师的，县级以上公安机关应当在收到申请后的三日内作出批准或者不批准的决定，并通知犯罪嫌疑人或者其亲属。	
第四十二条 公安机关发现涉及国家秘密的案件，犯罪嫌疑人已聘请律师的，应当及时告知所聘请的律师不得参与侦查阶段的诉讼活动，同时通知犯罪嫌疑人。犯罪嫌疑人仍坚持聘请的，应当经公安机关批准。	
	第四十四条 符合下列情形之一，犯罪嫌疑人没有委托辩护人的，公安机关应当及时通知法律援助机构为犯罪嫌疑人指派辩护律师：

修正前	修正后
	（一）犯罪嫌疑人是盲、聋、哑人，或者是尚未完全丧失辨认或者控制自己行为能力的精神病人； （二）犯罪嫌疑人可能被判处无期徒刑、死刑。
	第四十五条　公安机关收到在押的犯罪嫌疑人提出的法律援助申请后，应当在二十四小时以内将其申请转交所在地的法律援助机构，并通知申请人的监护人、近亲属或者其委托的其他人员协助提供有关证件、证明等相关材料。犯罪嫌疑人的监护人、近亲属或者其委托的其他人员地址不详无法通知的，应当在转交申请时一并告知法律援助机构。 **犯罪嫌疑人拒绝法律援助机构指派的律师作为辩护人或者自行委托辩护人的，公安机关应当在三日以内通知法律援助机构。**
	第四十六条　辩护律师接受犯罪嫌疑人委托或者法律援助机构的指派后，应当及时告知公安机关并出示律师执业证书、律师事务所证明和委托书或者法律援助公函。
	第四十七条　辩护律师向公安机关了解案件有关情况的，公安机关应当依法将犯罪嫌疑人涉嫌的罪名以及当时已查明的该罪的主要事实，犯罪嫌疑人被采取、变更、解除强制措施，延长侦查羁押期限等案件有关情况，告知接受委托或者指派的辩护律师，并记录在案。
第四十三条　对于不涉及国家秘密的案件，律师会见犯罪嫌疑人不需要经过批准，公安机关不应以侦查过程需要保守秘密作为涉及国家秘密的案件不予批准。 对于涉及国家秘密的案件，律师要求会见犯罪嫌疑人的，应当填写《会见犯罪嫌疑人申请表》，经县级以上公安机关批准。公安机关不批准会见的，应当向律师说明理由。	**第四十八条**　**辩护律师可以同在押或者被**监视居住的犯罪嫌疑人会见、通信。
第四十四条　律师提出会见犯罪嫌疑人的，	**第四十九条　对危害国家安全犯罪案件、**

修正前	修正后
公安机关应当在四十八小时内安排会见；对于组织、领导、参加黑社会性质组织罪、组织、领导、参加恐怖活动组织罪或者走私犯罪、毒品犯罪、贪污贿赂犯罪等重大复杂的共同犯罪案件，律师提出会见犯罪嫌疑人的，应当在五日内安排会见。	**恐怖活动犯罪案件，办案部门应当在将犯罪嫌疑人送看守所羁押时书面通知看守所；犯罪嫌疑人被监视居住的，应当在送交执行时书面通知执行机关。** 辩护律师在侦查期间要求会见前款规定案件的在押或者被监视居住的犯罪嫌疑人，应当提出申请。 对辩护律师提出的会见申请，应当在收到申请后四十八小时以内，**报经县级以上公安机关负责人批准，作出许可或者不许可的决定。**除有碍侦查或者可能泄露国家秘密的情形外，应当作出许可的决定。 **公安机关不许可会见的，应当书面通知辩护律师，并说明理由。有碍侦查或者可能泄露国家秘密的情形消失后，公安机关应当许可会见。** **有下列情形之一的，属于本条规定的“有碍侦查”：** **（一）可能毁灭、伪造证据，干扰证人作证或者串供的；** **（二）可能引起犯罪嫌疑人自残、自杀或者逃跑的；** **（三）可能引起同案犯逃避、妨碍侦查的；** **（四）犯罪嫌疑人的家属与犯罪有牵连的。**
第四十五条、第四十六条移至第四十七条之后	
第四十七条　律师会见在押的犯罪嫌疑人，公安机关应当查验律师执业证、律师事务所介绍信、聘请书、公安机关会见通知和准许翻译人员参加会见的证明。对于涉及国家秘密的案件，还应当查验公安机关《批准会见犯罪嫌疑人决定书》。 律师会见在押犯罪嫌疑人时，公安机关应当告知其遵守会见场所的规定。	**第五十条**　辩护律师要求会见在押的犯罪嫌疑人，看守所应当在查验其律师执业证书、**律师事务所证明和委托书或者法律援助公函后，在四十八小时以内安排律师会见到犯罪嫌疑人，同时通知办案部门。** 侦查期间，辩护律师**会见危害国家安全犯罪案件、恐怖活动犯罪案件、特别重大贿赂犯罪案件在押或者被监视居住的**犯罪嫌疑人时，**看守所或者监视居住执行机关还应当查验侦查机关的许可决定文书。**
第四十五条　律师会见在押犯罪嫌疑人需要聘请翻译人员的，应当经公安机关准许。	**第五十一条**　辩护律师会见在押或者被监视居住的犯罪嫌疑人需要聘请翻译人员的，应

修正前	修正后
	当经公安机关审查。对于符合相关规定的，应当许可；对于不符合规定的，及时通知其更换。 **翻译人员参与会见的，看守所或者监视居住执行机关应当查验公安机关的许可决定文书。**
第四十六条 律师会见在押的犯罪嫌疑人时，公安机关根据案件情况和需要可以派员在场。 **第四十八条** 律师会见在押犯罪嫌疑人，违反法律规定或者会见场所的规定时，在场民警应当制止，必要时，可以决定停止本次会见。 **第四十九条** 律师在刑事诉讼中有违反有关规定行为的，公安机关应当及时制止并通知律师管理部门。	**第五十二条** 辩护律师会见在押或者被监视居住的犯罪嫌疑人时，看守所或者监视居住执行机关应当采取必要的管理措施，保障会见顺利进行，并告知其遵守会见的有关规定。辩护律师会见犯罪嫌疑人时，**公安机关不得监听，不得派员在场。** 辩护律师会见在押或者被监视居住的犯罪嫌疑人时，违反法律规定或者会见的规定的，**看守所或者监视居住执行机关**应当制止。对于严重违反规定或者不听劝阻的，可以决定停止本次会见，**并及时通报其所在的律师事务所或者所属的律师协会。**
	第五十三条 辩护人或者其他任何人在刑事诉讼中，违反法律规定，实施干扰诉讼活动行为的，应当依法追究法律责任。 **辩护人实施干扰诉讼活动行为，涉嫌犯罪，属于公安机关管辖的，应当由办理辩护人所承办案件的公安机关报请上一级公安机关指定其他公安机关立案侦查，或者由上一级公安机关立案侦查。不得指定原承办案件公安机关的下级公安机关立案侦查。辩护人是律师的，立案侦查的公安机关应当及时通知其所在的律师事务所或者所属的律师协会。**
	第五十四条 辩护律师对在执业活动中知悉的委托人的有关情况和信息，有权予以保密。但是，辩护律师在执业活动中知悉委托人或者其他人，准备或者正在实施危害国家安全、公共安全以及严重危害他人人身安全的犯罪的，应当及时告知司法机关。
	第五十五条 案件侦查终结前，辩护律师提出要求的，公安机关应当听取辩护律师的意见，根据情况进行核实，并记录在案。辩护律师

修正前	修正后
	提出书面意见的,应当附卷。 对辩护律师收集的犯罪嫌疑人不在犯罪现场、未达到刑事责任年龄、属于依法不负刑事责任的精神病人的证据,公安机关应当进行核实并将有关情况记录在案,有关证据应当附卷。
第五章　证　据	第五章　证　据
第五十条　证据是指证明案件真实情况的一切事实。 证据有下列七种: (一)物证、书证; (二)证人证言; (三)被害人陈述; (四)犯罪嫌疑人供述和辩解; (五)鉴定结论; (六)勘验、检查笔录; (七)视听资料。 证据必须经过查证属实,才能作为定案的根据。	第五十六条　可以用于证明案件事实的材料,都是证据。 证据包括: (一)物证; (二)书证; (三)证人证言; (四)被害人陈述; (五)犯罪嫌疑人供述和辩解; (六)鉴定意见; (七)勘验、检查、侦查实验、搜查、查封、扣押、提取、辨认等笔录; (八)视听资料、电子数据。 证据必须经过查证属实,才能作为认定案件事实的根据。
第五十一条　公安机关必须依照法定程序,收集能够证实犯罪嫌疑人有罪或者无罪、犯罪情节轻重的各种证据。严禁刑讯逼供和以威胁、引诱、欺骗或者其他非法的方法收集证据。必须保证一切与案件有关或者了解案情的公民,有客观充分地提供证据的条件,除特殊情况外,并且可以吸收他们协助调查。	第五十七条　公安机关必须依照法定程序,收集能够证实犯罪嫌疑人有罪或者无罪、犯罪情节轻重的各种证据。必须保证一切与案件有关或者了解案情的公民,有客观地充分地提供证据的条件,除特殊情况外,可以吸收他们协助调查。
第五十二条　公安机关向有关单位和个人收集、调取证据时,应当告知其必须如实提供证据。 对于涉及国家秘密的证据以及获取犯罪证据的技术侦查措施,应当保守秘密。 凡是伪造证据、隐匿证据或者毁灭证据的,都必须受法律追究。	第五十八条　公安机关向有关单位和个人收集、调取证据时,应当告知其必须如实提供证据。 对涉及国家秘密、商业秘密、个人隐私的证据,应当保密。 对于伪造证据、隐匿证据或者毁灭证据的,应当追究其法律责任。
第五十三条　公安机关向有关单位和个人	第五十九条　公安机关向有关单位和个人

修正前	修正后
调取实物证据,应当经县级以上公安机关负责人批准,开具《调取证据通知书》。被调取单位、个人应当在通知书上盖章或者签名,拒绝盖章或者签名的,公安机关应当注明。 公安机关向有关单位收集、调取的书面证据材料,必须由提供人签名,并加盖单位印章;公安机关向个人收集、调取的书面证据材料,必须由本人确认无误后签名或者盖章。	调取证据,应当经办案部门负责人批准,开具调取证据通知书。被调取单位、个人应当在通知书上盖章或者签名,拒绝盖章或者签名的,公安机关应当注明。**必要时,应当采用录音或者录像等方式固定证据内容及取证过程。**
第五十四条至第五十六条移至第五十九条之后	
	第六十条　公安机关接受或者依法调取的行政机关在行政执法和查办案件过程中收集的物证、书证、视听资料、电子数据、检验报告、鉴定意见、勘验笔录、检查笔录等证据材料,可以作为证据使用。
	第六十一条　收集、调取的物证应当是原物。只有在原物不便搬运、不易保存或者依法应当由有关部门保管、处理或者依法应当返还时,才可以拍摄或者制作足以反映原物外形或者内容的照片、录像或者复制品。 **物证的照片、录像或者复制品经与原物核实无误或者经鉴定证明为真实的,或者以其他方式确能证明其真实的,可以作为证据使用。原物的照片、录像或者复制品,不能反映原物的外形和特征的,不能作为证据使用。**
第五十七条　收集、调取的书证应当是原件。取得原件有困难或者因保密工作需要的,可以是副本或者复制件。 收集、调取的物证应当是原物。原物不便搬运、保存或者依法应当返还被害人的,可以拍摄足以反映原物外形或者内容的照片、录像。	**第六十二条**　收集、调取的书证应当是原件。只有在取得原件确有困难时,才可以使用副本或者复制件。 书证的副本、复制件,经与原件核实无误或者经鉴定证明为真实的,或者以其他方式确能证明其真实的,可以作为证据使用。**书证有更改或者更改迹象不能作出合理解释的,或者书证的副本、复制件不能反映书证原件及其内容的,不能作为证据使用。**
第五十八条　书证的副本、复制件,视听资	**第六十三条**　物证的照片、录像或者复制

修正前	修正后
料的复制件,物证的照片、录像,应当附有关制作过程的文字说明及原件、原物存放处的说明,并由制作人签名或者盖章。	品,书证的副本、复制件,视听资料、**电子数据**的复制件,应当附有关制作过程及原件、原物存放处的文字说明,并由制作人**和物品持有人或者物品持有单位有关人员**签名。
第五十九条 公安机关提请批准逮捕书、起诉意见书必须忠实于事实真相。故意隐瞒事实真相的,应当追究责任。	**第六十四条** 公安机关提请批准逮捕书、起诉意见书必须忠实于事实真象。故意隐瞒事实真象的,应当**依法**追究责任。
第五十六条 需要查明的案件事实包括: (一)犯罪嫌疑人的身份; (二)立案侦查的犯罪行为是否存在; (三)立案侦查的犯罪行为是否为犯罪嫌疑人实施; (四)犯罪嫌疑人实施犯罪行为的动机、目的; (五)实施犯罪行为的时间、地点、手段、后果以及其他情节; (六)犯罪嫌疑人的责任以及与其他同案人的关系; (七)犯罪嫌疑人有无法定从重、从轻、减轻处罚以及免除处罚的情节; (八)其他与案件有关的事实。	**第六十五条** 需要查明的案件事实包括: (一)**犯罪行为**是否存在; (二)实施犯罪行为的时间、地点、手段、后果以及其他情节; (三)**犯罪行为**是否为犯罪嫌疑人实施; (四)犯罪嫌疑人的身份; (五)犯罪嫌疑人实施犯罪行为的动机、目的; (六)犯罪嫌疑人的责任以及与其他同案人的关系; (七)犯罪嫌疑人有无法定从重、从轻、减轻处罚以及免除处罚的情节; (八)其他与案件有关的事实。
	第六十六条 公安机关移送审查起诉的案件,应当做到犯罪事实清楚,证据确实、充分。 **证据确实、充分,应当符合以下条件:** **(一)认定的案件事实都有证据证明;** **(二)认定案件事实的证据均经法定程序查证属实;** **(三)综合全案证据,对所认定事实已排除合理怀疑。** **对证据的审查,应当结合案件的具体情况,从各证据与待证事实的关联程度、各证据之间的联系等方面进行审查判断。** **只有犯罪嫌疑人供述,没有其他证据的,不能认定案件事实;没有犯罪嫌疑人供述,证据确实、充分的,可以认定案件事实。**
	第六十七条 采用刑讯逼供等非法方法收

修正前	修正后
	集的犯罪嫌疑人供述和采用暴力、威胁等非法方法收集的证人证言、被害人陈述,应当予以排除。 收集物证、书证违反法定程序,可能严重影响司法公正的,应当予以补正或者作出合理解释;不能补正或者作出合理解释的,对该证据应当予以排除。 在侦查阶段发现有应当排除的证据的,经县级以上公安机关负责人批准,应当依法予以排除,不得作为提请批准逮捕、移送审查起诉的依据。 人民检察院认为可能存在以非法方法收集证据情形,要求公安机关进行说明的,公安机关应当及时进行调查,并向人民检察院作出书面说明。
	第六十八条 人民法院认为现有证据材料不能证明证据收集的合法性,通知有关侦查人员或者其他人员出庭说明情况的,有关侦查人员或者其他人员应当出庭。必要时,有关侦查人员或者其他人员也可以要求出庭说明情况。 经人民法院通知,人民警察应当就其执行职务时目击的犯罪情况出庭作证。
第五十四条 凡是知道案件情况的人,都有作证的义务。 生理上、精神上有缺陷或者年幼,不能辨别是非,不能正确表达的人,不能作证人。 对于证人能否辨别是非,能否正确表达,必要时可以进行审查或者鉴别。	**第六十九条** 凡是知道案件情况的人,都有作证的义务。 生理上、精神上有缺陷或者年幼,不能辨别是非,不能正确表达的人,不能作证人。 对于证人能否辨别是非,能否正确表达,必要时可以进行审查或者鉴别。
第五十五条 公安机关应当保障证人及其近亲属的安全。 对证人及其近亲属进行威胁、侮辱、殴打或者打击报复,构成犯罪的,依法追究刑事责任;尚不够刑事处罚的,依法给予治安管理处罚。	**第七十条** 公安机关应当保障证人及其近亲属的安全。 对证人及其近亲属进行威胁、侮辱、殴打或者打击报复,构成犯罪的,依法追究刑事责任;尚不够刑事处罚的,依法给予治安管理处罚。
	第七十一条 对危害国家安全犯罪、恐怖活动犯罪、黑社会性质的组织犯罪、毒品犯罪等案件,证人、鉴定人、被害人因在侦查过程中作

修正前	修正后
	证,本人或者其近亲属的人身安全面临危险的,公安机关应当采取以下一项或者多项保护措施: (一)不公开真实姓名、住址和工作单位等个人信息; (二)禁止特定的人员接触证人、鉴定人、被害人及其近亲属; (三)对人身和住宅采取专门性保护措施; (四)其他必要的保护措施。 证人、鉴定人、被害人认为因在侦查过程中作证,本人或者其近亲属的人身安全面临危险,向公安机关请求予以保护,公安机关经审查认为符合前款规定的条件,确有必要采取保护措施的,应当采取上述一项或者多项保护措施。 公安机关依法采取保护措施,可以要求有关单位和个人配合。 案件移送审查起诉时,应当将采取保护措施的相关情况一并移交人民检察院。
	第七十二条 公安机关依法决定不公开证人、鉴定人、被害人的真实姓名、住址和工作单位等个人信息的,可以在起诉意见书、询问笔录等法律文书、证据材料中使用化名等代替证人、鉴定人、被害人的个人信息。但是,应当另行书面说明使用化名的情况并标明密级,单独成卷。
	第七十三条 证人保护工作所必需的人员、经费、装备等,应当予以保障。 证人因履行作证义务而支出的交通、住宿、就餐等费用,应当给予补助。证人作证的补助列入公安机关业务经费。
第六章 强制措施	**第六章 强制措施**
第一节 拘 传	**第一节 拘 传**
第六十条 公安机关根据案件情况对需要拘传的犯罪嫌疑人,或者经过传唤没有正当理由不到案的犯罪嫌疑人,可以拘传到其所在市、县内的指定地点进行讯问。 需要拘传的,应当填写《呈请拘传报告书》,	**第七十四条** 公安机关根据案件情况对需要拘传的犯罪嫌疑人,或者经过传唤没有正当理由不到案的犯罪嫌疑人,可以拘传到其所在市、县内的指定地点进行讯问。 需要拘传的,应当填写呈请拘传报告书,并

修正前	修正后
并附有关材料，报县级以上公安机关负责人批准。	附有关材料，报县级以上公安机关负责人批准。
第六十一条 公安机关拘传犯罪嫌疑人应当出示《拘传证》，并责令其在《拘传证》上签名（盖章）、捺指印。 犯罪嫌疑人到案后，应当责令其在《拘传证》上填写到案时间。讯问结束后，应当由其在《拘传证》上填写讯问结束时间。犯罪嫌疑人拒绝填写的，侦查人员应当在《拘传证》上注明。	**第七十五条** 公安机关拘传犯罪嫌疑人应当出示拘传证，并责令其在拘传证上签名、捺指印。 犯罪嫌疑人到案后，应当责令其在拘传证上填写到案时间；**拘传**结束后，应当由其在**拘传**证上填写拘传结束时间。犯罪嫌疑人拒绝填写的，侦查人员应当在拘传证上注明。
第六十二条 拘传持续的时间不得超过十二小时，不得以连续拘传的形式变相拘禁犯罪嫌疑人。 需要对被拘传人变更为其他强制措施的，应当在拘传期间内作出批准或者不批准的决定；对于不批准的，应当立即结束拘传。	**第七十六条** 拘传持续的时间不得超过十二小时；**案情特别重大、复杂，需要采取拘留、逮捕措施的，经县级以上公安机关负责人批准，拘传持续的时间不得超过二十四小时。**不得以连续拘传的形式变相拘禁犯罪嫌疑人。 **拘传期限届满，**未作出采取其他强制措施决定的，应当立即结束拘传。
第二节　取保候审	**第二节　取保候审**
第六十三条 公安机关对具有下列情形之一的犯罪嫌疑人，可以取保候审： （一）可能判处管制、拘役或者独立适用附加刑的； （二）可能判处有期徒刑以上刑罚，采取取保候审，不致发生社会危险性的； （三）应当逮捕的犯罪嫌疑人患有严重疾病，或者是正在怀孕、哺乳自己未满一周岁的婴儿的妇女； （四）对拘留的犯罪嫌疑人，证据不符合逮捕条件的； （五）提请逮捕后，检察机关不批准逮捕，需要复议、复核的； （六）犯罪嫌疑人被羁押的案件，不能在法定期限内办结，需要继续侦查的； （七）移送起诉后，检察机关决定不起诉，需要复议、复核的。	**第七十七条** 公安机关对具有下列情形之一的犯罪嫌疑人，可以取保候审： （一）可能判处管制、拘役或者独立适用附加刑的； （二）可能判处有期徒刑以上刑罚，采取取保候审不致发生社会危险性的； **（三）患有严重疾病、生活不能自理，怀孕或者正在哺乳自己婴儿的妇女，采取取保候审不致发生社会危险性的；** **（四）羁押期限届满，案件尚未办结，需要继续侦查的。** **对拘留的犯罪嫌疑人，证据不符合逮捕条件，以及提请逮捕后，人民检察院不批准逮捕，需要继续侦查，并且符合取保候审条件的，可以依法取保候审。**
第六十四条 对累犯、犯罪集团的主犯，以	**第七十八条** 对累犯，犯罪集团的主犯，以

修正前	修正后
自伤、自残办法逃避侦查的犯罪嫌疑人,危害国家安全的犯罪、暴力犯罪,以及其他严重犯罪的犯罪嫌疑人,不得取保候审。	自伤、自残办法逃避侦查的犯罪嫌疑人,严重暴力犯罪以及其他严重犯罪的犯罪嫌疑人不得取保候审,**但犯罪嫌疑人具有本规定第七十七条第一款第三项、第四项规定情形的除外。**
第六十五条移至第一百三十四条之后	
第六十六条 需要对犯罪嫌疑人取保候审的,应当制作《呈请取保候审报告书》,说明取保候审的理由及采取的保证方式,经县级以上公安机关负责人批准,并签发《取保候审决定书》。《取保候审决定书》应当向犯罪嫌疑人宣读,由犯罪嫌疑人签名(盖章)、捺指印。	**第七十九条** 需要对犯罪嫌疑人取保候审的,应当制作呈请取保候审报告书,说明取保候审的理由、采取的保证方式**以及应当遵守的规定**,经县级以上公安机关负责人批准,制作取保候审决定书。取保候审决定书应当向犯罪嫌疑人宣读,由犯罪嫌疑人签名、捺指印。
第六十七条 公安机关决定对犯罪嫌疑人取保候审的,应当责令犯罪嫌疑人提出保证人或者交纳保证金。 对同一犯罪嫌疑人,不得同时责令其提出保证人和交纳保证金。	**第八十条** 公安机关决定对犯罪嫌疑人取保候审的,应当责令犯罪嫌疑人提出保证人或者交纳保证金。 对同一犯罪嫌疑人,不得同时责令其提出保证人和交纳保证金。
第六十八条移至第九十四条之后	
第六十九条 采取保证人保证的,保证人必须符合以下条件,并经公安机关审查同意: (一)与本案无牵连; (二)有能力履行保证义务; (三)享有政治权利,人身自由未受到限制; (四)有固定的住处和收入。	**第八十一条** 采取保证人保证的,保证人必须符合以下条件,并经公安机关审查同意: (一)与本案无牵连; (二)有能力履行保证义务; (三)享有政治权利,人身自由未受到限制; (四)有固定的住处和收入。
第七十条 保证人应当履行下列义务: (一)监督被保证人遵守本规定第八十六条的规定; (二)发现被保证人可能发生或者已经发生违反本规定第八十六条规定的行为的,应当及时向执行取保候审的公安机关报告。	**第八十二条** 保证人应当履行以下义务: (一)监督被保证人遵守本规定**第八十五条**、第八十六条的规定; (二)发现被保证人可能发生或者已经发生违反本规定**第八十五条**、第八十六条规定的行为的,应当及时向执行机关报告。 **保证人应当填写保证书,并在保证书上签名、捺指印。**
第七十一条至第七十四条移至第八十五条之后	

修正前	修正后
第七十五条 保证金的数额应当根据当地的经济发展水平、犯罪嫌疑人的经济状况、案件的性质、情节、社会危害性以及可能判处刑罚的轻重等情况,综合考虑确定。 保证金应当以人民币或者可以在中国金融机构兑换的货币的形式交纳。	**第八十三条 犯罪嫌疑人的保证金起点数额为人民币一千元。**具体数额应当综合考虑**保证诉讼活动正常进行的需要**、犯罪嫌疑人的社会危险性、案件的性质、情节、可能判处刑罚的轻重以及犯罪嫌疑人的经济状况等情况确定。
第七十六条 保证金由犯罪嫌疑人或者其亲友、法定代理人、单位向公安机关指定的银行专户交纳。 严禁截留、坐支、挪用或者以其他任何形式侵吞保证金。	**第八十四条** 县级以上公安机关应当在其指定的银行设立取保候审保证金专门账户,委托银行代为收取和保管保证金。 **提供保证金的人,应当一次性将保证金存入取保候审保证金专门账户。保证金应当以人民币交纳。** **保证金应当由办案部门以外的部门管理。**严禁截留、坐支、挪用或者以其他任何形式侵吞保证金。
第七十七条 公安机关在通知犯罪嫌疑人交纳保证金时,应当告知其必须遵守的规定以及违反规定应当承担的后果。	
第七十八条至第八十五条移至第九十一条之后	
第八十六条 公安机关应当向被取保候审的犯罪嫌疑人宣布必须遵守下列规定: (一)未经执行机关批准不得离开所居住的市、县; (二)在传讯的时候及时到案; (三)不得以任何形式干扰证人作证; (四)不得毁灭、伪造证据或者串供。	**第八十五条** 公安机关在宣布取保候审决定时,应当**告知**被取保候审人遵守以下规定: (一)未经执行机关批准不得离开所居住的市、县; **(二)住址、工作单位和联系方式发生变动的,在二十四小时以内向执行机关报告;** (三)在传讯的时候及时到案; (四)不得以任何形式干扰证人作证; (五)不得毁灭、伪造证据或者串供。
	第八十六条 公安机关在决定取保候审时,还可以根据案件情况,责令被取保候审人遵守以下一项或者多项规定: **(一)不得进入与其犯罪活动等相关联的特定场所;** **(二)不得与证人、被害人及其近亲属、同案**

修正前	修正后
	犯以及与案件有关联的其他特定人员会见或者以任何方式通信； **（三）不得从事与其犯罪行为等相关联的特定活动；** **（四）将护照等出入境证件、驾驶证件交执行机关保存。** **公安机关应当综合考虑案件的性质、情节、社会影响、犯罪嫌疑人的社会关系等因素，确定特定场所、特定人员和特定活动的范围。**
第八十七条 公安机关决定取保候审的，应当及时通知犯罪嫌疑人居住地派出所执行。	**第八十七条** 公安机关决定取保候审的，应当及时通知**被取保候审人**居住地的派出所执行。**必要时，办案部门可以协助执行。** **采取保证人担保形式的，应当同时送交有关法律文书、被取保候审人基本情况、保证人基本情况等材料。采取保证金担保形式的，应当同时送交有关法律文书、被取保候审人基本情况和保证金交纳情况等材料。**
第八十八条 人民法院、人民检察院决定取保候审的，应当区别情形办理：采取保证人保证的，负责执行的县级公安机关应当在收到法律文书和有关材料后，核实被取保候审人后，及时指定犯罪嫌疑人、被告人居住地派出所执行；采取保证金保证的，负责执行的县级公安机关收到法律文书和有关材料后，应当及时通知被取保候审人交纳保证金，并指定犯罪嫌疑人、被告人居住地派出所执行。 被取保候审人、保证人违反应当遵守的规定的，由县级以上公安机关决定没收保证金或者对保证人罚款，并将执行情况及时通知原决定取保候审的机关。 人民法院、人民检察院作出解除、变更取保候审决定的，公安机关应当根据人民法院、人民检察院的决定书解除取保候审，并退还保证金。	**第八十八条** 人民法院、人民检察院决定取保候审的，负责执行的县级公安机关应当在收到法律文书和有关材料后**二十四小时以内**，指定被取保候审人居住地派出所**核实情况后**执行。
第八十九条移至第九十一条之后	
第九十条 执行取保候审的派出所应当履行下列职责：	**第八十九条** 执行取保候审的派出所应当履行下列职责：

修正前	修正后
（一）监督、考察犯罪嫌疑人、被告人遵守有关规定； （二）监督保证人履行保证义务； （三）犯罪嫌疑人、被告人违反应当遵守的规定及保证人未履行保证义务的，及时告知决定机关； （四）取保候审期限届满十日前，通知原决定机关。	（一）**告知被取保候审人必须遵守的规定，及其违反规定或者在取保候审期间重新犯罪应当承担的法律后果；** （二）监督、考察**被取保候审人**遵守有关规定，**及时掌握其活动、住址、工作单位、联系方式及变动情况；** （三）监督保证人履行保证义务； （四）**被取保候审人**违反应当遵守的规定以及保证人未履行保证义务的，**应当及时制止、采取紧急措施，**同时告知决定机关。
第九十一条　执行取保候审的派出所应当责令被取保候审的犯罪嫌疑人、被告人定期报告有关情况并制作笔录。	**第九十条**　执行取保候审的派出所可以责令被取保候审人定期报告有关情况并制作笔录。
第八十九条　被取保候审的犯罪嫌疑人、被告人无正当理由不得离开所居住的市、县或者住处，有正当理由需要离开所居住的市、县的，应当报经执行取保候审的县级公安机关批准。人民法院、人民检察院决定取保候审的，公安机关在作出决定前，应当征得原决定机关同意。	**第九十一条**　被取保候审人无正当理由不得离开所居住的市、县。有正当理由需要离开所居住的市、县的，应当经负责执行的**派出所负责人**批准。 人民法院、人民检察院决定取保候审的，**负责执行的派出所在批准被取保候审人离开所居住的市、县前，**应当征得决定机关同意。
第七十八条　犯罪嫌疑人在取保候审期间违反有关规定的，公安机关应当根据其违法行为的情节，决定没收部分或者全部保证金，并且区别情形，责令其具结悔过、重新交纳保证金、提出保证人，或者变更为监视居住，或者提请人民检察院批准予以逮捕。	**第九十二条**　**被取保候审人**在取保候审期间违反本规定**第八十五条、第八十六条**规定，**已交纳保证金的，**公安机关应当根据其违反规定的情节，决定没收部分或者全部保证金，并且区别情形，责令其具结悔过、重新交纳保证金、提出保证人，**变更强制措施或者给予治安管理处罚；需要予以逮捕的，可以对其先行拘留。** **人民法院、人民检察院决定取保候审的，被取保候审人违反应当遵守的规定，执行取保候审的县级公安机关应当及时告知决定机关。**
第七十九条　需要没收保证金的，应当经过严格审核后，报县级以上公安机关负责人批准，签发《没收保证金决定书》。 决定没收较高数额保证金的，应当经地（市）级以上公安机关负责人批准。	**第九十三条**　需要没收保证金的，应当经过严格审核后，报县级以上公安机关负责人批准，**制作**没收保证金决定书。 决定没收**五万元以上**保证金的，应当经**设区的市一级**以上公安机关负责人批准。

修正前	修正后
第八十条　没收保证金的决定，公安机关应当在七日以内向犯罪嫌疑人宣读，并责令其在《没收保证金决定书》上签名（盖章）、捺指印；犯罪嫌疑人在逃的，应当向犯罪嫌疑人的家属、法定代理人或者单位宣布，并要求其家属、法定代理人或者单位的负责人在《没收保证金决定书》上签名或者盖章。 犯罪嫌疑人或者其家属、法定代理人、单位负责人拒绝签名或者盖章的，公安机关应当在《没收保证金决定书》上注明。	**第九十四条**　没收保证金的决定，公安机关应当在**三日以内**向被取保候审人宣读，并责令其在没收保证金决定书上签名、捺指印；被取保候审人在逃或**者具有其他情形不能到场的**，应当向其**成年**家属、法定代理人、**辩护人**或者单位、**居住地的居民委员会、村民委员会**宣布，由其成年家属、法定代理人、辩护人或者单位、居住地的居民委员会或者村民委员会的负责人在没收保证金决定书上签名。 被取保候审人或者其**成年**家属、法定代理人、辩护人、单位、居民委员会、村民委员会负责人拒绝签名的，公安机关应当在没收保证金决定书上注明。
第八十一条　公安机关向犯罪嫌疑人宣读《没收保证金决定书》的同时，应当告知其对没收保证金的决定不服的，可以在五日以内向上一级公安机关申请复核一次。 上一级公安机关应当在收到复核申请书之日起的七日以内作出决定。对上级公安机关撤销或者变更没收保证金决定的，下级公安机关应当执行。	**第九十五条**　公安机关在宣读没收保证金决定书时，应当告知如果对没收保证金的决定不服，**被取保候审人或者其法定代理人**可以在五日以内向作出决定的公安机关申请复议。**公安机关应当在收到复议申请后七日以内作出决定。** 被取保候审人或者其法定代理人对复议决定不服的，**可以在收到复议决定书后五日以内向上一级公安机关申请复核一次。**上一级公安机关应当在收到复核申请后七日以内作出决定。对上级公安机关撤销或者变更没收保证金决定的，下级公安机关应当执行。
第八十二条　没收犯罪嫌疑人保证金的决定已过复核期限或者经复核后，公安机关应当及时通知指定的银行将没收的保证金，按照国家的有关规定上缴国库。	**第九十六条**　没收保证金的决定已过复议期限，或者经上级公安机关复核后**维持原决定**的，公安机关应当及时通知指定的银行将没收的保证金按照国家的有关规定上缴国库，**并在三日以内通知决定取保候审的机关。**
第八十三条　犯罪嫌疑人在取保候审期间，没有违反本规定第八十六条有关规定的，或者具有本规定第一百六十八条规定的情形之一的，在解除取保候审的同时，公安机关应当将保证金如数退还给犯罪嫌疑人。 **第八十五条**　公安机关决定退还犯罪嫌疑	**第九十七条**　**被取保候审人**在取保候审期间，没有违反**本规定第八十五条、第八十六条**有关规定，**也没有重新故意犯罪的，或者具有本规定第一百八十三条规定的情形之一的**，在解除取保候审、变更强制措施的同时，公安机关应当**制作退还保证金决定书，通知银行**如数退还保证金。

修正前	修正后
人的保证金后，应当在解除对犯罪嫌疑人取保候审的同时，通知指定的银行将保证金如数退还给犯罪嫌疑人，并由犯罪嫌疑人在《退还保证金决定书》上签名（盖章）、捺指印。	被取保候审人或者其法定代理人可以凭退还保证金决定书到银行领取退还的保证金。
第八十四条 决定退还保证金的，应当经过严格审核后，报县级以上公安机关负责人批准，签发《退还保证金决定书》。	
	第九十八条 被取保候审人没有违反本规定第八十五条、第八十六条规定，但在取保候审期间涉嫌重新故意犯罪被立案侦查的，负责执行的公安机关应当暂扣其交纳的保证金，待人民法院判决生效后，根据有关判决作出处理。
第七十一条 保证人应当填写《保证书》，并在《保证书》上签名或者盖章。被保证人违反应当遵守的规定，保证人未及时报告的，公安机关查证属实后，经县级以上公安机关负责人批准，签发《对保证人罚款决定书》，对保证人处以罚款；构成犯罪的，依法追究刑事责任。	**第九十九条** 被保证人违反应当遵守的规定，保证人未履行保证义务的，查证属实后，经县级以上公安机关负责人批准，对保证人**处一千元以上二万元以下罚款**；构成犯罪的，依法追究刑事责任。
第七十二条 对保证人的罚款决定，公安机关应当向保证人宣布，并告知其如果对罚款决定不服，可以在收到《对保证人罚款决定书》之日起的五日以内向上一级公安机关申请复核一次。 上一级公安机关应当在收到复核申请书之日起的七日内作出决定。对上级公安机关撤销或者变更罚款决定的，下级公安机关应当执行。	**第一百条** 决定对保证人罚款的，应当报经县级以上公安机关负责人批准，**制作对保证人罚款决定书，在三日以内**向保证人宣布，告知其如果对罚款决定不服，可以在五日以内向作出决定的公安机关申请复议。**公安机关应当在收到复议申请后七日以内作出决定。** 保证人对复议决定不服的，可以在收到复议决定书后五日以内向上一级公安机关申请复核一次。上一级公安机关应当在收到复核申请后七日以内作出决定。对上级公安机关撤销或者变更罚款决定的，下级公安机关应当执行。
	第一百〇一条 对于保证人罚款的决定已过复议期限，或者经上级公安机关复核后维持原决定的，公安机关应当及时通知指定的银行将保证人罚款按照国家的有关规定上缴国库，并在三日以内通知决定取保候审的机关。

修正前	修正后
第七十三条 对犯罪嫌疑人采取保证人保证的，如果保证人在取保候审期间情况发生变化，不愿继续担保或者丧失担保条件，应当责令犯罪嫌疑人重新提出保证人或者交纳保证金。	**第一百〇二条** 对于犯罪嫌疑人采取保证人保证的，如果保证人在取保候审期间情况发生变化，不愿继续担保或者丧失担保条件，应当责令**被取保候审人**重新提出保证人或者交纳保证金，**或者作出变更强制措施的决定。** **负责执行的公安机关应当自发现保证人不愿继续担保或者丧失担保条件之日起三日以内通知决定取保候审的机关。**
第七十四条 责令犯罪嫌疑人交纳保证金的，应当经过严格审核后，报县级以上公安机关负责人批准。 责令犯罪嫌疑人交纳较高数额保证金的，应当经地（市）级以上公安机关负责人批准。	
第九十二条 公安机关在取保候审期间不得中断对案件的侦查，对取保候审的犯罪嫌疑人，根据案情变化，应当及时变更强制措施或者解除取保候审。 取保候审最长不得超过十二个月。	**第一百〇三条** 公安机关在取保候审期间不得中断对案件的侦查，对取保候审的犯罪嫌疑人，根据案情变化，应当及时变更强制措施或者解除取保候审。 取保候审最长不得超过十二个月。
第九十三条 需要解除取保候审的，由原决定机关制作解除取保候审决定书、通知书，送达执行机关。执行机关应当及时通知被取保候审人、保证人。	**第一百〇四条** 需要解除取保候审的，由决定取保候审的机关制作解除取保候审决定书、通知书，送达负责执行的公安机关。负责执行的公安机关应当**根据决定书及时解除取保候审，并**通知被取保候审人、保证人**和有关单位。**
第三节 监视居住	**第三节 监视居住**
第九十四条 公安机关对具有下列情形之一的犯罪嫌疑人，可以监视居住： （一）可能判处管制、拘役或者独立适用附加刑的； （二）可能判处有期徒刑以上刑罚，采取监视居住，不致发生社会危险性的； （三）应当逮捕的犯罪嫌疑人患有严重疾病，或者是正在怀孕、哺乳自己未满一周岁的婴儿的妇女； （四）对拘留的犯罪嫌疑人，证据不符合逮捕条件的；	**第一百〇五条** 公安机关对**符合逮捕条件**，有下列情形之一的犯罪嫌疑人，可以监视居住： （一）患有严重疾病、**生活不能自理**的； （二）怀孕或者正在哺乳**自己婴儿**的妇女； （三）**系生活不能自理的人的唯一扶养人；** （四）因案件的特殊情况或者办理案件的需要，采取监视居住措施更为适宜的； （五）羁押期限届满，案件尚未办结，需要采取监视居住措施的。 **对人民检察院决定不批准逮捕的犯罪嫌疑**

修正前	修正后
（五）提请逮捕后，检察机关不批准逮捕，需要复议、复核的； （六）犯罪嫌疑人被羁押的案件，不能在法定期限内办结，需要继续侦查的； （七）移送起诉后，检察机关决定不起诉，需要复议、复核的。	**人，需要继续侦查，并且符合监视居住条件的，可以监视居住。** 对于符合取保候审条件，但犯罪嫌疑人不能提出保证人，也不交纳保证金的，可以监视居住。 **对于被取保候审人违反本规定第八十五条、第八十六条规定的，可以监视居住。**
第六十八条 符合取保候审条件的犯罪嫌疑人既不交纳保证金，又无保证人担保的，可以监视居住。	
第九十五条 对犯罪嫌疑人监视居住，应当制作《呈请监视居住报告书》，经县级以上公安机关负责人批准，签发《监视居住决定书》。	**第一百〇六条** 对犯罪嫌疑人监视居住，应当制作呈请监视居住报告书，**说明监视居住的理由、采取监视居住的方式以及应当遵守的规定**，经县级以上公安机关负责人批准，制作监视居住决定书。**监视居住决定书应当向犯罪嫌疑人宣读，由犯罪嫌疑人签名、捺指印。**
第九十六条、第九十七条移至第九十八条之后	
	第一百〇七条 监视居住应当在犯罪嫌疑人、被告人住处执行；无固定住处的，可以在指定的居所执行。对于涉嫌危害国家安全犯罪、恐怖活动犯罪，在住处执行可能有碍侦查的，经上一级公安机关批准，也可以在指定的居所执行。 **有下列情形之一的，属于本条规定的"有碍侦查"：** **（一）可能毁灭、伪造证据，干扰证人作证或者串供的；** **（二）可能引起犯罪嫌疑人自残、自杀或者逃跑的；** **（三）可能引起同案犯逃避、妨碍侦查的；** **（四）犯罪嫌疑人、被告人在住处执行监视居住有人身危险的；** **（五）犯罪嫌疑人、被告人的家属或者所在单位人员与犯罪有牵连的。** **指定居所监视居住的，不得要求被监视居住人支付费用。**

修正前	修正后
第九十八条 固定住处，是指犯罪嫌疑人在办案机关所在的市、县内生活的合法住处；指定的居所，是指公安机关根据案件情况，在办案机关所在的市、县内为犯罪嫌疑人指定的生活居所。 公安机关不得建立专门的监视居住场所，对犯罪嫌疑人变相羁押。不得在看守所、行政拘留所、留置室或者公安机关其他工作场所执行监视居住。	**第一百〇八条** 固定住处，是指**被监视居住人**在办案机关所在的市、县内生活的合法住处；指定的居所，是指公安机关根据案件情况，在办案机关所在的市、县内为**被监视居住人**指定的生活居所。 **指定的居所应当符合下列条件：** **（一）具备正常的生活、休息条件；** **（二）便于监视、管理；** **（三）保证安全。** 公安机关不得**在羁押场所、专门的办案场所或者办公场所**执行监视居住。
	第一百〇九条 指定居所监视居住的，除无法通知的以外，应当制作监视居住通知书，在执行监视居住后二十四小时以内，由决定机关通知被监视居住人的家属。 **有下列情形之一的，属于本条规定的“无法通知”：** **（一）不讲真实姓名、住址、身份不明的；** **（二）没有家属的；** **（三）提供的家属联系方式无法取得联系的；** **（四）因自然灾害等不可抗力导致无法通知的。** **无法通知的情形消失以后，应当立即通知被监视居住人的家属。** **无法通知家属的，应当在监视居住通知书中注明原因。**
	第一百一十条 被监视居住人委托辩护律师，适用本规定第四十一条、第四十二条、第四十三条规定。
第九十七条 公安机关应当向被监视居住的犯罪嫌疑人宣布必须遵守下列规定： （一）未经执行机关批准不得离开住处，无固定住处的，未经批准不得离开指定的居所； （二）未经执行机关批准不得会见共同居住人及其聘请的律师以外的其他人； （三）在传讯的时候及时到案；	**第一百一十一条** 公安机关**在宣布监视居住决定时，应当告知被监视居住人必须遵守以下规定：** （一）未经执行机关批准不得离开**执行监视居住的处所；** （二）未经执行机关批准不得会见**他人或者以任何方式通信；**

修正前	修正后
（四）不得以任何形式干扰证人作证； （五）不得毁灭、伪造证据或者串供。	（三）在传讯的时候及时到案； （四）不得以任何形式干扰证人作证； （五）不得毁灭、伪造证据或者串供； **（六）将护照等出入境证件、身份证件、驾驶证件交执行机关保存。**
第九十六条 公安机关对犯罪嫌疑人决定监视居住的，应当向犯罪嫌疑人宣读《监视居住决定书》，由犯罪嫌疑人签名（盖章）、捺指印，并通知负责执行的派出所。 被监视居住的犯罪嫌疑人在监视居住期间，公安机关根据案情需要，可以暂扣其身份证件、机动车（船）驾驶证件。	
第九十九条、第一百条移至第一百零二条之后	
	第一百一十二条 公安机关对被监视居住人，可以采取电子监控、不定期检查等监视方法对其遵守监视居住规定的情况进行监督；在侦查期间，可以对被监视居住的犯罪嫌疑人的电话、传真、信函、邮件、网络等通信进行监控。
第一百零一条 公安机关决定监视居住的，由犯罪嫌疑人住处或者指定的居所所在地的派出所执行。	**第一百一十三条** 公安机关决定监视居住的，由**被监视居住**人住处或者指定居所所在地的派出所执行，**办案部门可以协助执行。必要时，也可以由办案部门负责执行，派出所或者其他部门协助执行。**
第一百零二条 人民法院、人民检察院决定监视居住的，负责执行的县级公安机关应当在收到法律文书和有关材料，核实被监视居住人后，及时指定被监视居住人住处或者居所所在地派出所执行。 犯罪嫌疑人、被告人违反应当遵守的规定的，执行监视居住的县级公安机关应当及时告知原决定监视居住的机关。 人民法院、人民检察院作出解除、变更监视居住决定的，公安机关应当根据原决定机关的决定书解除监视居住。	**第一百一十四条** 人民法院、人民检察院决定监视居住的，负责执行的县级公安机关应当在收到法律文书和有关材料后**二十四小时以内**，通知被监视居住人住处或者指定居所所在地的派出所，核实被监视居住人身份、住处或者居所等情况后执行。**必要时，可以由人民法院、人民检察院协助执行。**
	第一百一十五条 负责执行监视居住的派出所或者办案部门应当严格对被监视居住人进

修正前	修正后
	行监督考察，确保安全。 **对于人民法院、人民检察院决定监视居住的，应当及时将监视居住的执行情况报告决定机关。**
第一百条 被监视居住人有正当理由要求离开住处或者指定的居所的，负责执行的派出所应当报经县级公安机关批准。人民法院、人民检察院决定监视居住的，公安机关在作出决定前，应当征得原决定机关同意。	**第一百一十六条** 被监视居住人有正当理由要求离开住处或者指定的居所**以及要求会见他人或者通信的，应当**经负责执行的派出所或者办案部门负责人批准。 人民法院、人民检察院决定监视居住的，负责执行的派出所在批准被监视居住人离开住处**或者指定的居所以及与他人会见或者通信前，**应当征得决定机关同意。
第九十九条 被监视居住的犯罪嫌疑人违反应当遵守的规定，有下列情形之一的，公安机关应当提请批准逮捕： （一）在监视居住期间逃跑的； （二）以暴力、威胁方法干扰证人作证的； （三）毁灭、伪造证据或者串供的； （四）在监视居住期间又进行犯罪活动的； （五）实施其他违反本规定第九十七条规定的行为，情节严重的。	**第一百一十七条** 被监视居住人违反应当遵守的规定，公安机关应当**区分情形责令被监视居住人具结悔过或者给予治安管理处罚。情节严重的，可以予以逮捕；需要予以逮捕的，可以对其先行拘留。** 人民法院、人民检察院决定监视居住的，被监视居住人违反应当遵守的规定，执行监视居住的县级公安机关应当及时告知决定机关。
第一百零三条 在监视居住期间，公安机关不得中断案件的侦查，对被监视居住的犯罪嫌疑人，应当根据案情变化及时解除监视居住或者变更强制措施。 监视居住最长不得超过六个月。监视居住期限届满十日前，执行机关应当通知原决定机关。	**第一百一十八条** 在监视居住期间，公安机关不得中断案件的侦查，对被监视居住的犯罪嫌疑人，应当根据案情变化，及时解除监视居住或者变更强制措施。 监视居住最长不得超过六个月。
第一百零四条 需要解除监视居住的，经县级以上公安机关负责人批准，签发《解除监视居住决定书》。 解除监视居住应当及时通知执行机关、被监视居住人和有关单位。	**第一百一十九条** 公安机关决定解除监视居住，应当经县级以上公安机关负责人批准，制作解除监视居住决定书，并及时通知执行的派出所或者办案部门、被监视居住人和有关单位。 **人民法院、人民检察院作出解除、变更监视居住决定的，公安机关应当及时解除并通知被监视居住人和有关单位。**

修正前	修正后
第四节　拘　留	**第四节　拘　留**
第一百零五条　公安机关对于现行犯或者重大嫌疑分子，有下列情形之一的，可以先行拘留： （一）正在预备犯罪、实行犯罪或者在犯罪后即时被发觉的； （二）被害人或者在场亲眼看见的人指认他犯罪的； （三）在身边或者住处发现有犯罪证据的； （四）犯罪后企图自杀、逃跑或者在逃的； （五）有毁灭、伪造证据或者串供可能的； （六）不讲真实姓名、住址，身份不明的； （七）有流窜作案、多次作案、结伙作案重大嫌疑的。	**第一百二十条**　公安机关对于现行犯或者重大嫌疑分子，有下列情形之一的，可以先行拘留： （一）正在预备犯罪、实行犯罪或者在犯罪后即时被发觉的； （二）被害人或者在场亲眼看见的人指认他犯罪的； （三）在身边或者住处发现有犯罪证据的； （四）犯罪后企图自杀、逃跑或者在逃的； （五）有毁灭、伪造证据或者串供可能的； （六）不讲真实姓名、住址，身份不明的； （七）有流窜作案、多次作案、结伙作案重大嫌疑的。
第一百零六条　拘留犯罪嫌疑人，应当填写《呈请拘留报告书》，经县级以上公安机关负责人批准，签发《拘留证》。执行拘留时，必须出示《拘留证》，并责令被拘留人在《拘留证》上签名（盖章）、捺指印，其拒绝签名（盖章）、捺指印的，侦查人员应当注明。 对符合本规定第一百零五条所列情形之一，因情况紧急来不及办理拘留手续的，应当在将犯罪嫌疑人带至公安机关后立即办理法律手续。	**第一百二十一条**　拘留犯罪嫌疑人，应当填写呈请拘留报告书，经县级以上公安机关负责人批准，制作拘留证。执行拘留时，必须出示拘留证，并责令被拘留人在拘留证上签名、捺指印，拒绝签名、捺指印的，侦查人员应当注明。 紧急情况下，对于符合本规定**第一百二十**条所列情形之一的，**应当将犯罪嫌疑人带至公安机关后立即审查，**办理法律手续。
第一百零七条移至第一百零八条之后	
	第一百二十二条　拘留后，应当立即将被拘留人送看守所羁押，至迟不得超过二十四小时。 **异地执行拘留的，应当在到达管辖地后二十四小时以内将犯罪嫌疑人送看守所羁押。**
第一百零八条　拘留后，应当在二十四小时内制作《拘留通知书》，送达被拘留人家属或者单位，但有下列情形之一的，经县级以上公安机关负责人批准，可以不予通知： （一）同案的犯罪嫌疑人可能逃跑，隐匿、毁弃或者伪造证据的；	**第一百二十三条　除无法通知或者涉嫌危害国家安全犯罪、恐怖活动犯罪通知可能有碍侦查的情形以外，**应当在拘留后二十四小时以内制作拘留通知书，通知被拘留人的家属。**拘留通知书应当写明拘留原因和羁押处所。** **本条规定的“无法通知”的情形适用本规定**

修正前	修正后
(二)不讲真实姓名、住址,身份不明的; (三)其他有碍侦查或者无法通知的。 上述情形消除后,应当立即通知被拘留人的家属或者他的所在单位。 对没有在二十四小时内通知的,应当在拘留通知书中注明原因。	**第一百零九条第二款的规定。** **有下列情形之一的,属于本条规定的"有碍侦查":** **(一)可能毁灭、伪造证据,干扰证人作证或者串供的;** **(二)可能引起同案犯逃避、妨碍侦查的;** **(三)犯罪嫌疑人的家属与犯罪有牵连的。** **无法通知、有碍侦查的情形消失以后,应当立即通知被拘留人的家属。** 对于没有在二十四小时以内通知家属的,应当在拘留通知书中注明原因。
第一百零七条 对于被拘留人,公安机关应当在拘留后二十四小时内进行讯问。发现不应当拘留的,经县级以上公安机关负责人批准,签发《释放通知书》,看守所凭《释放通知书》发给被拘留人《释放证明书》,将其立即释放。	**第一百二十四条** 对被拘留的人,应当在拘留后二十四小时以内进行讯问。发现不应当拘留的,应当经县级以上公安机关负责人批准,制作释放通知书,看守所凭释放通知书发给被拘留人释放证明书,将其立即释放。
第一百零九条 对于被拘留的犯罪嫌疑人,经过审查认为需要逮捕的,应当在拘留后的三日内提请人民检察院审查批准。在特殊情况下,经县级以上公安机关负责人批准,提请审查批准逮捕的时间,可以延长一至四日。 对于流窜作案、多次作案、结伙作案的重大嫌疑分子,经县级以上公安机关负责人批准,提请审查批准的时间可以延长至三十日。 **第一百一十条** 流窜作案,是指跨市、县管辖范围连续作案,或者在居住地作案后逃跑到外市、县继续作案。 多次作案,是指三次以上作案。 结伙作案,是指二人以上共同作案。	**第一百二十五条** 对被拘留的犯罪嫌疑人,经过审查认为需要逮捕的,应当在拘留后的三日以内,提请人民检察院审查批准。在特殊情况下,经县级以上公安机关负责人批准,提请审查批准逮捕的时间可以延长一日至四日。 对流窜作案、多次作案、结伙作案的重大嫌疑分子,经县级以上公安机关负责人批准,提请审查批准逮捕的时间可以延长至三十日。 本条规定的"流窜作案",是指跨市、县管辖范围连续作案,或者在居住地作案后逃跑到外市、县继续作案;"多次作案",是指三次以上作案;"结伙作案",是指二人以上共同作案。
第一百一十一条 需要延长拘留期限的,办案单位应当在期限届满前二十四小时内制作《呈请延长拘留期限报告书》,报县级以上公安机关负责人批准。	
第一百一十二条 犯罪嫌疑人不讲真实姓名、住址、身份不明,在三十日内不能查清提请批	**第一百二十六条** 犯罪嫌疑人不讲真实姓名、住址,身份不明的,**应当对其身份进行调查。**

修正前	修正后
准逮捕的，经县级以上公安机关负责人批准，拘留期限自查清其身份之日起计算，但不得停止对其犯罪行为的侦查。 对有证据证明有犯罪事实的案件，也可以按其自报的姓名提请批准逮捕。	经县级以上公安机关负责人批准，拘留期限自查清其身份之日起计算，但不得停止对其犯罪行为的侦查取证。 **对符合逮捕条件的犯罪嫌疑人**，也可以按其自报的姓名提请批准逮捕。
第一百一十三条 对被拘留的犯罪嫌疑人审查后，根据案件情况报经县级以上公安机关负责人批准，分别作出如下处理： （一）需要逮捕的，在拘留期限内，依法办理提请批准逮捕手续； （二）应当追究刑事责任，但不需要逮捕的，依法办理取保候审或者监视居住手续后，直接向人民检察院移送起诉； （三）拘留期限内未能查清犯罪事实的，依法办理取保候审或者监视居住手续后，继续侦查； （四）具有本规定第一百六十八条规定情形之一的，撤销案件，释放被拘留人，发给释放证明。需要予以行政处理的，依法处理。	**第一百二十七条** 对被拘留的犯罪嫌疑人审查后，根据案件情况报经县级以上公安机关负责人批准，分别作出如下处理： （一）需要逮捕的，在拘留期限内，依法办理提请批准逮捕手续； （二）应当追究刑事责任，但不需要逮捕的，**依法直接向人民检察院移送审查起诉**，或者依法办理取保候审或者监视居住手续后，向人民检察院移送审查起诉； （三）**拘留期限届满，案件尚未办结**，需要继续侦查的，依法办理取保候审或者监视居住手续； （四）具有本规定**第一百八十三条**规定情形之一的，释放被拘留人，发给释放证明书；需要行政处理的，依法予以处理或者移送有关部门。
第一百一十四条 人民检察院决定拘留犯罪嫌疑人的，由县级以上公安机关凭人民检察院送达的决定拘留的法律文书签发《拘留证》并立即执行。必要时，可以请人民检察院协助。拘留后，应当及时通知人民检察院进行讯问，并由人民检察院通知被拘留人的家属或者他的所在单位。	**第一百二十八条** 人民检察院决定拘留犯罪嫌疑人的，由县级以上公安机关凭人民检察院送达的决定拘留的法律文书制作拘留证并立即执行。必要时，可以请人民检察院协助。拘留后，应当及时通知人民检察院。 **公安机关未能抓获犯罪嫌疑人的，应当将执行情况和未能抓获犯罪嫌疑人的原因通知作出拘留决定的人民检察院。对于犯罪嫌疑人在逃的，在人民检察院撤销拘留决定之前，公安机关应当组织力量继续执行。**
第五节 逮 捕	**第五节 逮 捕**
第一百一十五条 对有证据证明有犯罪事实，可能判处徒刑以上刑罚的犯罪嫌疑人，采取取保候审、监视居住等方法，尚不足以防止发生社会危险性，而有逮捕必要的，应即提请批准逮捕。	**第一百二十九条** 对有证据证明有犯罪事实，可能判处徒刑以上刑罚的犯罪嫌疑人，采取取保候审尚不足以防止发生下列社会危险性的，应当提请批准逮捕： **（一）可能实施新的犯罪的；**

修正前	修正后
对应当逮捕的犯罪嫌疑人,如果患有严重疾病,或者是正在怀孕、哺乳自己婴儿的妇女,可以采用取保候审或者监视居住的办法。	**（二）有危害国家安全、公共安全或者社会秩序的现实危险的；** **（三）可能毁灭、伪造证据,干扰证人作证或者串供的；** **（四）可能对被害人、举报人、控告人实施打击报复的；** **（五）企图自杀或者逃跑的。** **对于有证据证明有犯罪事实,可能判处十年有期徒刑以上刑罚的,或者有证据证明有犯罪事实,可能判处徒刑以上刑罚,曾经故意犯罪或者身份不明的,应当提请批准逮捕。** **公安机关在根据第一款的规定提请人民检察院审查批准逮捕时,应当对犯罪嫌疑人具有社会危险性说明理由。**
第一百一十六条　有证据证明有犯罪事实,是指同时具备下列情形： （一）有证据证明发生了犯罪事实； （二）有证据证明犯罪事实是犯罪嫌疑人实施的； （三）证明犯罪嫌疑人实施犯罪行为的证据已经查证属实。 犯罪事实可以是犯罪嫌疑人实施的数个犯罪行为中的一个。	第一百三十条　有证据证明有犯罪事实,是指同时具备下列情形： （一）有证据证明发生了犯罪事实； （二）有证据证明该犯罪事实是犯罪嫌疑人实施的； （三）证明犯罪嫌疑人实施犯罪行为的证据已有查证属实的。 **前款规定的"犯罪事实"既可以是单一犯罪行为的事实,也可以是数个犯罪行为中任何一个犯罪行为的事实。**
	第一百三十一条　被取保候审人违反取保候审规定,具有下列情形之一的,可以提请批准逮捕： **（一）涉嫌故意实施新的犯罪行为的；** **（二）有危害国家安全、公共安全或者社会秩序的现实危险的；** **（三）实施毁灭、伪造证据或者干扰证人作证、串供行为,足以影响侦查工作正常进行的；** **（四）对被害人、举报人、控告人实施打击报复的；** **（五）企图自杀、逃跑,逃避侦查的；** **（六）未经批准,擅自离开所居住的市、县,情节严重的,或者两次以上未经批准,擅自离开**

修正前	修正后
	所居住的市、县的； （七）经传讯无正当理由不到案，情节严重的，或者经两次以上传讯不到案的； （八）违反规定进入特定场所、从事特定活动或者与特定人员会见、通信两次以上的。
	第一百三十二条　被监视居住人违反监视居住规定，具有下列情形之一的，可以提请批准逮捕： **（一）涉嫌故意实施新的犯罪行为的；** **（二）实施毁灭、伪造证据或者干扰证人作证、串供行为，足以影响侦查工作正常进行的；** **（三）对被害人、举报人、控告人实施打击报复的；** **（四）企图自杀、逃跑，逃避侦查的；** **（五）未经批准，擅自离开执行监视居住的处所，情节严重的，或者两次以上未经批准，擅自离开执行监视居住的处所的；** **（六）未经批准，擅自会见他人或者通信，情节严重的，或者两次以上未经批准，擅自会见他人或者通信的；** **（七）经传讯无正当理由不到案，情节严重的，或者经两次以上传讯不到案的。**
第一百一十七条　需要提请批准逮捕犯罪嫌疑人的，应当经县级以上公安机关负责人批准，制作《提请批准逮捕书》一式三份，连同案卷材料、证据，一并移送同级人民检察院审查。	**第一百三十三条**　需要提请批准逮捕犯罪嫌疑人的，应当经县级以上公安机关负责人批准，制作提请批准逮捕书，连同案卷材料、证据，一并移送同级人民检察院审查批准。
第一百一十八条　对人民检察院不批准逮捕并通知补充侦查的，公安机关应当按照人民检察院补充侦查提纲的要求补充侦查。 公安机关补充侦查完毕，认为符合逮捕条件的，应当重新提请批准逮捕。	**第一百三十四条**　对于人民检察院不批准逮捕并通知补充侦查的，公安机关应当按照人民检察院的补充侦查提纲补充侦查。 公安机关补充侦查完毕，认为符合逮捕条件的，应当重新提请批准逮捕。
第一百一十九条　对人民检察院不批准逮捕而未说明理由的，公安机关可以要求人民检察院说明理由。	**第一百三十五条**　对于人民检察院不批准逮捕而未说明理由的，公安机关可以要求人民检察院说明理由。
第一百二十条　对于人民检察院决定不批	**第一百三十六条**　对于人民检察院决定不

修正前	修正后
准逮捕的,公安机关在收到不批准逮捕决定书后,如果犯罪嫌疑人已被拘留,应当立即释放,发给《释放证明书》,并将执行回执在三日内送达作出不批准逮捕决定的人民检察院。 对已被拘留不批准逮捕的犯罪嫌疑人,公安机关认为需要补充侦查、要求复议或者提请复核的,可以变更为取保候审或者监视居住。	批准逮捕的,公安机关在收到不批准逮捕决定书后,如果犯罪嫌疑人已被拘留的,应当立即释放,发给释放证明书,并将执行回执送达作出不批准逮捕决定的人民检察院。
第一百二十一条 对人民检察院不批准逮捕的决定,认为有错误需要复议的,应当在五日内制作《要求复议意见书》报经县级以上公安机关负责人批准后,送交同级人民检察院复议。 如果意见不被接受,认为需要复核的,应当在五日内制作《提请复核意见书》报经县级以上公安机关负责人批准后,连同人民检察院的《复议决定书》,一并提请上一级人民检察院复核。	**第一百三十七条** 对人民检察院不批准逮捕的决定,认为有错误需要复议的,应当**在收到不批准逮捕决定书后**五日以内制作要求复议意见书,报经县级以上公安机关负责人批准后,送交同级人民检察院复议。 如果意见不被接受,认为需要复核的,应当在收到人民检察院的复议决定书后五日以内制作提请复核意见书,报经县级以上公安机关负责人批准后,连同人民检察院的复议决定书,一并提请上一级人民检察院复核。
第一百二十二条 接到人民检察院《批准逮捕决定书》后,应当由县级以上公安机关负责人签发《逮捕证》,立即执行,并将执行回执及时送达作出批准逮捕的人民检察院。如果未能执行,也应当将回执送达人民检察院,并写明未能执行的原因。	**第一百三十八条** 接到人民检察院批准逮捕决定书后,应当由县级以上公安机关负责人签发逮捕证,立即执行,并将执行回执送达作出批准逮捕决定的人民检察院。如果未能执行,也应当将回执送达人民检察院,并写明未能执行的原因。
第一百二十三条 执行逮捕时,必须向被逮捕人出示《逮捕证》,并责令被逮捕人在《逮捕证》上签名(盖章)、捺指印,拒绝签名(盖章)、捺指印的,应当注明。 执行逮捕的侦查人员不得少于二人。	**第一百三十九条** 执行逮捕时,必须出示逮捕证,并责令被逮捕人在逮捕证上签名、捺指印,拒绝签名、捺指印的,侦查人员应当注明。**逮捕后,应当立即将被逮捕人送看守所羁押。** 执行逮捕的侦查人员不得少于二人。
第一百二十四条 对被逮捕的人,必须在逮捕后的二十四小时内进行讯问,发现不应当逮捕的,经县级以上公安机关负责人批准,签发《释放通知书》。看守所凭《释放通知书》发给被逮捕人《释放证明书》,将其立即释放,并将释放理由书面通知原批准逮捕的人民检察院。	**第一百四十条** 对被逮捕的人,必须在逮捕后的二十四小时以内进行讯问。发现不应当逮捕的,经县级以上公安机关负责人批准,制作释放通知书,**送看守所和原批准逮捕的人民检察院**。看守所凭释放通知书立即释放被逮捕人,**并发给释放证明书。**
第一百二十五条 对犯罪嫌疑人执行逮捕	**第一百四十一条** 对犯罪嫌疑人执行逮捕

修正前	修正后
后,应当在二十四小时内制作《逮捕通知书》,送达被逮捕人家属或者单位,但有下列情形之一的,经县级以上公安机关负责人批准,可以不予通知: (一)同案的犯罪嫌疑人可能逃跑,隐匿、毁弃或者伪造证据的; (二)不讲真实姓名、住址,身份不明的; (三)其他有碍侦查或者无法通知的。 上述情形消除后,应当立即通知被逮捕人的家属或者他的所在单位。 对没有在二十四小时内通知的,应当在逮捕通知书中注明原因。	后,**除无法通知的情形以外**,应当在逮捕后二十四小时以内,制作逮捕通知书,通知被逮捕人的家属。**逮捕通知书应当写明逮捕原因和羁押处所。** **本条规定的"无法通知"的情形适用本规定第一百零九条第二款的规定。** 无法通知的情形消除后,应当立即通知被逮捕人的**家属**。 对于没有在二十四小时以内**通知家属**的,应当在逮捕通知书中注明原因。
第一百二十六条 人民法院、人民检察院决定逮捕犯罪嫌疑人、被告人的,由县级以上公安机关凭人民法院、人民检察院决定逮捕的法律文书,签发《逮捕证》并立即执行,将执行回执及时送达原决定的机关。如果未能执行,也应当将回执送达原决定的机关,并说明未能执行的原因。必要时,可以请人民法院、人民检察院协助执行。 逮捕后,应当及时通知人民法院、人民检察院进行讯问,并由人民法院、人民检察院通知被逮捕人的家属或者他的所在单位。	**第一百四十二条** 人民法院、人民检察院决定逮捕犯罪嫌疑人、被告人的,由县级以上公安机关凭人民法院、人民检察院决定逮捕的法律文书制作逮捕证并立即执行。**必要时**,可以请人民法院、人民检察院协助执行。**执行逮捕后,应当及时通知决定机关。** **公安机关未能抓获犯罪嫌疑人、被告人的,应当将执行情况和未能抓获的原因通知决定逮捕的人民检察院、人民法院。对于犯罪嫌疑人、被告人在逃的,在人民检察院、人民法院撤销逮捕决定之前,公安机关应当组织力量继续执行。**
	第一百四十三条 人民检察院在审查批准逮捕工作中发现公安机关的侦查活动存在违法情况,通知公安机关予以纠正的,公安机关应当调查核实,对于发现的违法情况应当及时纠正,并将纠正情况书面通知人民检察院。
第六节 羁押期限	**第六节 羁 押**
第一百二十七条 对犯罪嫌疑人逮捕后的侦查羁押期限不得超过二个月。案情复杂、期限届满不能终结的案件,应当制作《提请批准延长羁押期限意见书》,经县级以上公安机关负责人批准后,在期限届满七日前送请同级人民检察院转报上一级人民检察院批准延长一个月。	**第一百四十四条** 对犯罪嫌疑人逮捕后的侦查羁押期限不得超过二个月。案情复杂、期限届满不能侦查终结的案件,应当制作提请批准延长侦查羁押期限意见书,经县级以上公安机关负责人批准后,在期限届满七日前送请同级人民检察院转报上一级人民检察院批准延长一个月。

修正前	修正后
第一百二十八条　下列案件在本规定第一百二十七条规定的期限届满不能侦查终结的，应当制作《提请批准延长羁押期限意见书》，经县级以上公安机关负责人批准，在期限届满七日前送请同级人民检察院层报省、自治区、直辖市人民检察院批准，延长二个月： （一）交通十分不便的边远地区的重大复杂案件； （二）重大的犯罪集团案件； （三）流窜作案的重大复杂案件； （四）犯罪涉及面广，取证困难的重大复杂案件。	**第一百四十五条**　下列案件在本规定第一百四十四条规定的期限届满不能侦查终结的，应当制作提请批准延长侦查羁押期限意见书，经县级以上公安机关负责人批准，在期限届满七日前送请同级人民检察院层报省、自治区、直辖市人民检察院批准，延长二个月： （一）交通十分不便的边远地区的重大复杂案件； （二）重大的犯罪集团案件； （三）流窜作案的重大复杂案件； （四）犯罪涉及面广，取证困难的重大复杂案件。
第一百二十九条　犯罪嫌疑人可能判处十年有期徒刑以上刑罚，依照本规定第一百二十七条和第一百二十八条规定延长期限届满，仍不能侦查终结的，应当制作《提请批准延长羁押期限意见书》，经县级以上公安机关负责人批准，在期限届满七日前送请同级人民检察院层报省、自治区、直辖市人民检察院批准，再延长二个月。	**第一百四十六条**　对犯罪嫌疑人可能判处十年有期徒刑以上刑罚，依照本规定第一百四十五条规定的延长期限届满，仍不能侦查终结的，应当制作提请批准延长**侦查**羁押期限意见书，经县级以上公安机关负责人批准，在期限届满七日前送请同级人民检察院层报省、自治区、直辖市人民检察院批准，再延长二个月。
第一百三十条　在侦查期间，发现犯罪嫌疑人另有重要罪行的，应当自发现之日起五日内报县级以上公安机关负责人批准后，重新计算侦查羁押期限，制作《重新计算羁押期限通知书》，送达看守所，并报原批准逮捕的人民检察院备案。	**第一百四十七条**　在侦查期间，发现犯罪嫌疑人另有重要罪行的，应当自发现之日起五日以内报县级以上公安机关负责人批准后，重新计算侦查羁押期限，制作重新计算侦查羁押期限通知书，送达看守所，并报批准逮捕的人民检察院备案。 **前款规定的“另有重要罪行”，是指与逮捕时的罪行不同种的重大犯罪以及同种犯罪并将影响罪名认定、量刑档次的重大犯罪。**
第一百三十一条　犯罪嫌疑人不讲真实姓名、住址，身份不明的，侦查羁押期限自查清其身份之日起计算，但是不得停止对其犯罪行为的侦查取证。对犯罪事实清楚，证据确实、充分的，也可以按其自报的姓名移送人民检察院审查起诉。	**第一百四十八条**　犯罪嫌疑人不讲真实姓名、住址，身份不明的，应当对其身份进行调查。**经县级以上公安机关负责人批准**，侦查羁押期限自查清其身份之日起计算，但不得停止对其犯罪行为的侦查取证。 对于犯罪事实清楚，证据确实、充分，**确实无法查明其身份的**，按其自报的姓名移送人民检察院审查起诉。

修正前	修正后
	第一百四十九条　看守所应当凭公安机关签发的拘留证、逮捕证收押被拘留、逮捕的犯罪嫌疑人、被告人。犯罪嫌疑人、被告人被送至看守所羁押时，看守所应当在拘留证、逮捕证上注明犯罪嫌疑人、被告人到达看守所的时间。 查获被通缉、脱逃的犯罪嫌疑人以及执行追捕、押解任务需要临时寄押的，应当持通缉令或者其他有关法律文书并经寄押地县级以上公安机关负责人批准，送看守所寄押。 临时寄押的犯罪嫌疑人出所时，看守所应当出具羁押该犯罪嫌疑人的证明，载明该犯罪嫌疑人基本情况、羁押原因、入所和出所时间。
	第一百五十条　看守所收押犯罪嫌疑人、被告人和罪犯，应当进行健康和体表检查，并予以记录。
	第一百五十一条　看守所收押犯罪嫌疑人、被告人和罪犯，应当对其人身和携带的物品进行安全检查。发现违禁物品、犯罪证据和可疑物品，应当制作笔录，由被羁押人签名、捺指印后，送办案机关处理。 对女性的人身检查，应当由女工作人员进行。
	第一百五十二条　犯罪嫌疑人被送交看守所羁押以后，侦查人员对其进行讯问，应当在看守所讯问室内进行。
第七节　其他规定	第七节　其他规定
第一百三十二条　对被留置盘问的犯罪嫌疑人需要拘留、逮捕、取保候审或者监视居住的，应当在留置期间内办理法律手续。	第一百五十三条　继续盘问期间发现犯罪嫌疑人需要拘留、逮捕、取保候审或者监视居住的，应当立即办理法律手续。
第一百三十三条　对犯罪嫌疑人执行拘传、拘留、逮捕、押解过程中，可以依法使用约束性警械。 办理未成年人犯罪案件不得使用警械，但确有行凶、逃跑、自杀、自伤、自残等现实危险的除外。	第一百五十四条　对犯罪嫌疑人执行拘传、拘留、逮捕、押解过程中，应当依法使用约束性警械。遇有暴力性对抗或者暴力犯罪行为，可以依法使用制服性警械或者武器。

修正前	修正后
第一百三十四条 公安机关如果发现对犯罪嫌疑人采取强制措施不当的，应当及时撤销或者变更。公安机关释放被逮捕的人或者变更强制措施的，应当通知原批准的人民检察院。	**第一百五十五条** 公安机关发现对犯罪嫌疑人采取强制措施不当的，应当及时撤销或者变更。**犯罪嫌疑人在押的，应当及时释放。**公安机关释放被逮捕的人或者变更逮捕措施的，应当通知批准逮捕的人民检察院。
	第一百五十六条 犯罪嫌疑人被逮捕后，人民检察院经审查认为不需要继续羁押提出检察建议的，公安机关应当予以调查核实，认为不需要继续羁押的，应当予以释放或者变更强制措施；认为需要继续羁押的，应当说明理由。 **公安机关应当在十日以内将处理情况通知人民检察院。**
第六十五条 被羁押的犯罪嫌疑人及其法定代理人、近亲属、被逮捕的犯罪嫌疑人聘请的律师申请取保候审的，应当书面提出。公安机关接到申请后应当在七日内作出同意或者不同意的答复。同意取保候审的，依法办理取保候审手续；不同意取保候审的，应当书面通知申请人，并说明理由。	**第一百五十七条** 犯罪嫌疑人及其法定代理人、近亲属或者**辩护人**有权申请**变更强制措施**。公安机关应当在收到申请后**三日**以内作出决定；不同意**变更强制措施**的，应当告知申请人，并说明理由。
第一百三十五条 犯罪嫌疑人及其法定代理人、近亲属或者犯罪嫌疑人委托的律师对于公安机关采取强制措施超过法定期限，要求公安机关解除强制措施的，公安机关应当释放犯罪嫌疑人、解除取保候审、监视居住或者依法变更强制措施。	**第一百五十八条 公安机关对被采取强制措施法定期限届满的犯罪嫌疑人，应当予以释放，解除取保候审、监视居住或者依法变更强制措施。** 犯罪嫌疑人及其法定代理人、近亲属或者**辩护人**对于公安机关采取强制措施法定期限届满的，有权要求公安机关解除强制措施。公安机关应当进行审查，对于情况属实的，应当立即解除或者变更强制措施。 **对于犯罪嫌疑人、被告人羁押期限即将届满的，看守所应当立即通知办案机关。**
第一百三十六条 取保候审、监视居住变更为拘留、逮捕的，在变更的同时，原强制措施自动解除，不再办理解除法律手续。	**第一百五十九条** 取保候审变更为监视居住的，取保候审、监视居住变更为拘留、逮捕的，对原强制措施不再办理解除法律手续。
第一百三十七条 被取保候审、监视居住的犯罪嫌疑人，违反应当遵守的规定，尚未构成犯	

修正前	修正后
罪的,由公安机关依法给予治安管理处罚。	
第一百三十八条 案件在取保候审、监视居住期间移送审查起诉后,是否需要重新办理取保候审、监视居住手续或者变更强制措施,由人民检察院决定。人民检察院决定重新取保候审、监视居住或者变更强制措施的,公安机关应当办理解除原强制措施手续。	**第一百六十条** 案件在取保候审、监视居住期间移送审查起诉后,人民检察院决定重新取保候审、监视居住或者变更强制措施的,**对原强制措施不再办理解除法律手续。**
第一百三十九条移至第一百九十条之后	
第一百四十条 公安机关依法对县级以上各级人民代表大会代表采取拘传、取保候审、监视居住、拘留或者提请逮捕的,应当书面报请该代表所属的人民代表大会主席团或者常务委员会许可。	**第一百六十一条** 公安机关依法对县级以上各级人民代表大会代表拘传、取保候审、监视居住、拘留或者提请批准逮捕的,应当书面报请该代表所属的人民代表大会主席团或者常务委员会许可。
第一百四十一条 公安机关对现行犯或者重大嫌疑分子先行拘留的时候,发现其是县级以上人民代表大会代表的,应当立即向其所属的人民代表大会主席团或者常务委员会报告。 公安机关在依法执行拘传、取保候审、监视居住、拘留或者逮捕中,发现被执行人是县级以上人民代表大会代表的,应当暂缓执行,并报告原决定或者批准机关。如果在执行后发现被执行人是县级以上人民代表大会代表的,应当立即解除,并报告原决定或者批准机关。	**第一百六十二条** 公安机关对现行犯拘留的时候,发现其是县级以上人民代表大会代表的,应当立即向其所属的人民代表大会主席团或者常务委员会报告。 公安机关在依法执行拘传、取保候审、监视居住、拘留或者逮捕中,发现被执行人是县级以上人民代表大会代表的,应当暂缓执行,并报告决定或者批准机关。如果在执行后发现被执行人是县级以上人民代表大会代表的,应当立即解除,并报告决定或者批准机关。
第一百四十二条 公安机关依法对乡、民族乡、镇的人民代表大会代表采取拘传、取保候审、监视居住、拘留或者执行逮捕的,应当在执行后立即报告其所属的人民代表大会。	**第一百六十三条** 公安机关依法对乡、民族乡、镇的人民代表大会代表拘传、取保候审、监视居住、拘留或者执行逮捕的,应当在执行后立即报告其所属的人民代表大会。
第一百四十三条 公安机关依法对政治协商委员会委员采取拘传、取保候审、监视居住的,应当将有关情况通报给该委员所属的政协组织。	**第一百六十四条** 公安机关依法对政治协商委员会委员拘传、取保候审、监视居住的,应当将有关情况通报给该委员所属的政协组织。
第一百四十四条 公安机关依法对政治协商委员会委员执行拘留、逮捕前,应当向该委员所属的政协组织通报情况;情况紧急的,可在执	**第一百六十五条** 公安机关依法对政治协商委员会委员执行拘留、逮捕前,应当向该委员所属的政协组织通报情况;情况紧急的,可在执

修正前	修正后
行的同时或者执行以后及时通报。	行的同时或者执行以后及时通报。
第七章 羁 押 **（本章被新条文第六章第六节羁押吸收）**	
第一百四十五条 对被拘留、逮捕的犯罪嫌疑人、被告人应当立即送看守所羁押。	
第一百四十六条 看守所应当凭公安机关签发的《拘留证》、《逮捕证》收押被拘留、逮捕的犯罪嫌疑人、被告人。 查获通缉在案、越狱逃跑的以及执行追捕、押解任务需要临时寄押的，应当持《通缉令》或者其他有关法律文书并经寄押地县级以上公安机关负责人批准。	
第一百四十七条 看守所收押犯罪嫌疑人、被告人，应当进行健康检查，并制作笔录；发现不应当羁押的，提请案件主管机关依法变更强制措施。	
第一百四十八条 看守所收押犯罪嫌疑人、被告人，应当对其人身和携带的物品进行严格检查。发现违禁物品，应当予以没收，发现犯罪证据和可疑物品，应当制作笔录，由被羁押人签名（盖章）、捺指印后，送案件主管机关处理。 对女性的人身检查，应当由女工作人员进行。	
第一百四十九条 在移送案件时，对被羁押人需要办理换押手续的，案件移送机关应当填写《换押证》并加盖公章随案移送，案件受理机关应当在《换押证》上加盖公章，注明承接时间后，及时送交看守所。看守所凭该《换押证》办理换押手续，并立即开具回执退回移送机关。	
第一百五十条 看守所应当在犯罪嫌疑人、被告人的羁押期限届满七日前通知案件主管机关；对超过羁押期限的，应当立即通知案件主管机关，并报告所属公安机关负责人。	

修正前	修正后
第一百五十一条 经批准延长或者重新计算羁押期限的，案件主管机关应当在原期限届满前书面通知看守所。	
第一百五十二条 被羁押人患严重疾病、逃跑、死亡的，看守所应当在依法采取相应措施的同时，立即报告案件主管机关。	
第一百五十三条 对于被羁押人的申诉、上诉，看守所应当及时转达有关机关处理，不得拖延、扣押或者阻挠。 对揭发、控告司法工作人员的，看守所应当立即报告所属公安机关和人民检察院。	
第一百五十四条 犯罪嫌疑人、被告人聘请的律师、辩护律师或者经人民法院许可的其他辩护人，依法要求会见犯罪嫌疑人、被告人的，看守所应当查验其证件及有关证明文件，并按照本规定第四章的规定或者人民法院、人民检察院的有关规定安排会见。	
第八章　立案、破案、销案	**第七章　立案、撤案**
第一节　受　案	**第一节　受　案**
第一百五十五条 公安机关对于公民扭送、报案、控告、举报或者犯罪嫌疑人自首的，都应当立即接受，问明情况，并制作笔录，经宣读无误后，由扭送人、报案人、控告人、举报人签名或者盖章。必要时，公安机关可以录音。	**第一百六十六条** 公安机关对于公民扭送、报案、控告、举报或者犯罪嫌疑人**自动投案**的，都应当立即接受，问明情况，并制作笔录，经核对无误后，由扭送人、报案人、控告人、举报人、自动投案人签名、捺指印。必要时，应当录音**或者录像**。
	第一百六十七条　公安机关对扭送人、报案人、控告人、举报人、自动投案人提供的有关证据材料等应当登记，制作接受证据材料清单，并由扭送人、报案人、控告人、举报人、自动投案人签名。必要时，应当拍照或者录音、录像，并妥善保管。
第一百五十六条 公安机关接受案件时，应当制作《接受刑事案件登记表》，作为公安机关	**第一百六十八条** 公安机关接受案件时，应当制作受案登记表，**并出具回执。**

修正前	修正后
受理刑事案件的原始材料,并妥善保管、存档备查。	
第一百五十七条 公安机关接受控告、举报的工作人员,应当向控告人、举报人说明诬告应负的法律责任。但是,只要不是捏造事实、伪造证据,即使控告、举报的事实有出入,甚至是错告的,也应当与诬告严格加以区别。	**第一百六十九条** 公安机关接受控告、举报的工作人员,应当向控告人、举报人说明诬告应负的法律责任。但是,只要不是捏造事实、伪造证据,即使控告、举报的事实有出入,甚至是错告的,也要和诬告严格加以区别。
第一百五十八条 公安机关应当保障扭送人、报案人、控告人、举报人及其近亲属的安全。 扭送人、报案人、控告人、举报人如果不愿意公开自己的姓名和扭送、报案、控告、举报行为的,应当为他保守秘密。	**第一百七十条** 公安机关应当保障扭送人、报案人、控告人、举报人及其近亲属的安全。 扭送人、报案人、控告人、举报人如果不愿意公开自己的身份,应当为其保守秘密,**并在材料中注明。**
第一百五十九条 对于接受的案件,或者发现的犯罪线索,公安机关应当迅速进行审查。 经过审查,认为有犯罪事实,但不属于自己管辖的案件,应当在二十四小时内,经县级以上公安机关负责人批准,签发《移送案件通知书》,移送有管辖权的机关处理。 对于不属于自己管辖又必须采取紧急措施的,应当先采取紧急措施,然后办理手续,移送主管机关。	**第一百七十一条** 对接受的案件,或者发现的犯罪线索,公安机关应当迅速进行审查。 **对于在审查中发现案件事实或者线索不明的,必要时,经办案部门负责人批准,可以进行初查。** **初查过程中,公安机关可以依照有关法律和规定采取询问、查询、勘验、鉴定和调取证据材料等不限制被调查对象人身、财产权利的措施。**
	第一百七十二条 经过审查,认为有犯罪事实,但不属于自己管辖的案件,应当立即报经县级以上公安机关负责人批准,制作移送案件通知书,移送有管辖权的机关处理。 对于不属于自己管辖又必须采取紧急措施的,应当先采取紧急措施,然后办理手续,移送主管机关。
第一百六十条 经过审查,对于告诉才处理的案件和被害人有证据证明的轻微刑事案件,应当将案件材料和有关证据送交有管辖权的人民法院,并告知当事人向人民法院起诉。	**第一百七十三条** 经过审查,对告诉才处理的案件,公安机关应当告知当事人向人民法院起诉。 对被害人有证据证明的轻微刑事案件,公安机关应当告知被害人可以向人民法院起诉;被害人要求公安机关处理的,公安机关应当依法受理。

修正前	修正后
	人民法院审理自诉案件，依法调取公安机关已经收集的案件材料和有关证据的，公安机关应当及时移交。
第一百六十一条 经过审查，对于不够刑事处罚需要给予行政处理的，依法处理。	**第一百七十四条** 经过审查，对于不够刑事处罚需要给予行政处理的，依法予以处理**或者移送有关部门**。
第二节 立 案	**第二节 立 案**
第一百六十二条 公安机关受理案件后，经过审查，认为有犯罪事实需要追究刑事责任，且属于自己管辖的，由接受单位制作《刑事案件立案报告书》，经县级以上公安机关负责人批准，予以立案。 认为没有犯罪事实，或者犯罪情节显著轻微不需要追究刑事责任，或者具有其他依法不追究刑事责任情形的，接受单位应当制作《呈请不予立案报告书》，经县级以上公安机关负责人批准，不予立案。	**第一百七十五条** 公安机关接受案件后，经审查，认为有犯罪事实需要追究刑事责任，且属于自己管辖的，经县级以上公安机关负责人批准，予以立案；认为没有犯罪事实，或者犯罪事实显著轻微不需要追究刑事责任，或者具有其他依法不追究刑事责任情形的，经县级以上公安机关负责人批准，不予立案。 **对有控告人的案件，决定不予立案的，公安机关应当制作不予立案通知书，并在三日以内送达控告人。**
第一百六十三条 对于有控告人的案件，决定不予立案的，公安机关应当制作《不予立案通知书》，在七日内送达控告人。 控告人对不立案决定不服的，可以在收到《不予立案通知书》后七日内向原决定的公安机关申请复议。原决定的公安机关应当在收到复议申请后十日内作出决定，并书面通知控告人。	**第一百七十六条** 控告人对不予立案决定不服的，可以在收到不予立案通知书后七日以内向作出决定的公安机关申请复议；公安机关应当在收到复议申请后七日以内作出决定，并书面通知控告人。 **控告人对不予立案的复议决定不服的，可以在收到复议决定书后七日以内向上一级公安机关申请复核；上一级公安机关应当在收到复核申请后七日以内作出决定。对上级公安机关撤销不予立案决定的，下级公安机关应当执行。**
	第一百七十七条 对行政执法机关移送的案件，公安机关应当自接受案件之日起三日以内进行审查，认为有犯罪事实，需要追究刑事责任，依法决定立案的，应当书面通知移送案件的行政执法机关；认为没有犯罪事实，或者犯罪事实显著轻微，不需要追究刑事责任，依法不予立案的，应当说明理由，并将不予立案通知书送达移送案件的行政执法机关，相应退回案件材料。

修正前	修正后
	第一百七十八条　移送案件的行政执法机关对不予立案决定不服的，可以在收到不予立案通知书后三日以内向作出决定的公安机关申请复议；公安机关应当在收到行政执法机关的复议申请后三日以内作出决定，并书面通知移送案件的行政执法机关。
第一百六十四条　对于人民检察院要求说明不立案理由的案件，应当在七日内制作《不立案理由说明书》，经县级以上公安机关负责人批准后，通知人民检察院。 人民检察院认为不立案理由不能成立的，公安机关在接到人民检察院要求立案的通知后，应当在十五日内决定立案，并将立案决定书送达人民检察院。	**第一百七十九条**　对人民检察院要求说明不立案理由的案件，公安机关应当在**收到通知书后**七日以内，对不立案的情况、依据和理由作出书面说明，回复人民检察院。**公安机关作出立案决定的，应当将立案决定书复印件送达人民检察院。** 人民检察院通知公安机关立案的，公安机关应当在收到通知书后十五日以内立案，并将立案决定书**复印件**送达人民检察院。
第一百六十五条　对疑难、复杂、重大、特别重大案件决定立案侦查的，应当拟定侦查工作方案。 侦查工作方案应当包括以下内容： （一）对案情的初步分析和判断，包括对线索来源可靠程度和涉嫌范围的测定； （二）侦查方向和侦查范围； （三）为查明案情需要采取的措施； （四）侦查力量的组织和分工； （五）需要有关方面配合的各个环节如何紧密衔接； （六）侦查所必须遵循的制度和规定； （七）如属预谋犯罪案件，还应当提出制止现行破坏和防止造成损失的措施。	
	第一百八十条　人民检察院认为公安机关不应当立案而立案，提出纠正意见的，公安机关应当进行调查核实，并将有关情况回复人民检察院。
	第一百八十一条　经立案侦查，认为有犯罪事实需要追究刑事责任，但不属于自己管辖或者需要由其他公安机关并案侦查的案件，经

修正前	修正后
	县级以上公安机关负责人批准，制作移送案件通知书，移送有管辖权的机关或者并案侦查的公安机关，并在移送案件后三日以内书面通知犯罪嫌疑人家属。
	第一百八十二条 案件变更管辖或者移送其他公安机关并案侦查时，与案件有关的财物及其孳息、文件应当随案移交。 移交时，由接收人、移交人当面查点清楚，并在交接单据上共同签名。
第三节 破案、销案	**第三节 撤 案**
第一百六十六条 破案应当具备下列条件： （一）犯罪事实已有证据证明； （二）有证据证明犯罪事实是犯罪嫌疑人实施的； （三）犯罪嫌疑人或者主要犯罪嫌疑人已经归案。	（破案内容已删除）
第一百六十七条 对于符合破案条件的案件，办案部门应当制作破案报告，报县级以上公安机关负责人批准。 破案报告应当包括以下内容： （一）案件侦查结果； （二）破案的理由和根据； （三）破案的组织分工和方法步骤； （四）其他破案措施和下一步的工作意见。	
第一百六十八条 经过侦查，发现具有下列情形之一的，应当撤销案件： （一）没有犯罪事实的； （二）情节显著轻微、危害不大，不认为是犯罪的； （三）犯罪已过追诉时效期限的； （四）经特赦令免除刑罚的； （五）犯罪嫌疑人死亡的； （六）其他依法不追究刑事责任的。	**第一百八十三条** 经过侦查，发现具有下列情形之一的，应当撤销案件： （一）没有犯罪事实的； （二）情节显著轻微、危害不大，不认为是犯罪的； （三）犯罪已过追诉时效期限的； （四）经特赦令免除刑罚的； （五）犯罪嫌疑人死亡的； （六）其他依法不追究刑事责任的。 **对于经过侦查，发现有犯罪事实需要追究刑事责任，但不是被立案侦查的犯罪嫌疑人实**

修正前	修正后
	施的，或者共同犯罪案件中部分犯罪嫌疑人不够刑事处罚的，应当对有关犯罪嫌疑人终止侦查，并对该案件继续侦查。
第一百六十九条 需要撤销案件的，办案部门应当制作撤销案件报告，报县级以上公安机关负责人批准。 撤销案件报告包括以下内容： （一）原来立案的根据和来源； （二）案件侦查的结果； （三）撤销案件的理由和根据。 公安机关决定撤销案件时，犯罪嫌疑人已被逮捕的，应当立即释放，发给释放证明，并通知原批准逮捕的人民检察院。	**第一百八十四条** 需要撤销案件**或者对犯罪嫌疑人终止侦查**的，办案部门应当制作撤销案件或者对犯罪嫌疑人终止侦查报告书，报县级以上公安机关负责人批准。 公安机关决定撤销案件或者对犯罪嫌疑人终止侦查时，原犯罪嫌疑人在押的，应当立即释放，发给释放证明书。原犯罪嫌疑人被逮捕的，应当通知原批准逮捕的人民检察院。**对原犯罪嫌疑人采取其他强制措施的，应当立即解除强制措施；需要行政处理的，依法予以处理或者移交有关部门。** **对查封、扣押的财物及其孳息、文件，或者冻结的财产，除按照法律和有关规定另行处理的以外，应当解除查封、扣押、冻结。**
	第一百八十五条 公安机关作出撤销案件决定后，应当在三日以内告知原犯罪嫌疑人、被害人或者其近亲属、法定代理人以及案件移送机关。 **公安机关作出终止侦查决定后，应当在三日以内告知原犯罪嫌疑人。**
	第一百八十六条 公安机关撤销案件以后又发现新的事实或者证据，认为有犯罪事实需要追究刑事责任的，应当重新立案侦查。 **对于犯罪嫌疑人终止侦查后又发现新的事实或者证据，认为有犯罪事实需要追究刑事责任的，应当继续侦查。**
第九章 侦 查	**第八章 侦 查**
第一节 一般规定	**第一节 一般规定**
第一百七十条 公安机关对已经立案的刑事案件，应当进行侦查，全面、客观地收集、调取犯罪嫌疑人有罪或者无罪、罪轻或者罪重的证据	**第一百八十七条** 公安机关对已经立案的刑事案件，应当及时进行侦查，全面、客观地收集、调取犯罪嫌疑人有罪或者无罪、罪轻或者罪

修正前	修正后
材料,并予以审查、核实。	重的证据材料。
	第一百八十八条　公安机关经过侦查,对有证据证明有犯罪事实的案件,应当进行预审,对收集、调取的证据材料的真实性、合法性及证明力予以审查、核实。
第一百七十一条　公安机关在侦查犯罪的过程中,对现行犯或者重大嫌疑分子可以依法先行拘留,对符合逮捕条件的犯罪嫌疑人,应当依法逮捕。严禁在没有证据的情况下,仅凭怀疑就对犯罪嫌疑人采取强制措施。 第一百七十二条　公安机关侦查犯罪过程中,根据需要采用各种侦查手段和措施,应当严格依照法律规定的条件和程序进行。	第一百八十九条　公安机关侦查犯罪,应当严格依照法律规定的条件和程序采取强制措施和侦查措施,严禁在没有证据的情况下,仅凭怀疑就对犯罪嫌疑人采取强制措施和侦查措施。
	第一百九十条　公安机关侦查犯罪,涉及国家秘密、商业秘密、个人隐私的,应当保密。
	第一百九十一条　当事人和辩护人、诉讼代理人、利害关系人对于公安机关及其侦查人员有下列行为之一的,有权向该机关申诉或者控告: （一）采取强制措施法定期限届满,不予以释放、解除或者变更的; （二）应当退还取保候审保证金不退还的; （三）对与案件无关的财物采取查封、扣押、冻结措施的; （四）应当解除查封、扣押、冻结不解除的; （五）贪污、挪用、私分、调换、违反规定使用查封、扣押、冻结的财物的。 受理申诉或者控告的公安机关应当及时进行调查核实,并在收到申诉、控告之日起三十日以内作出处理决定,书面回复申诉人、控告人。发现公安机关及其侦查人员有上述行为之一的,应当立即纠正。
	第一百九十二条　上级公安机关发现下级公安机关存在本规定第一百九十一条第一款规

修正前	修正后
	定的违法行为或者对申诉、控告事项不按照规定处理的，应当责令下级公安机关限期纠正，下级公安机关应当立即执行。必要时，上级公安机关可以就申诉、控告事项直接作出处理决定。
第二节　讯问犯罪嫌疑人	**第二节　讯问犯罪嫌疑人**
第一百七十三条　公安机关对于不需要拘留、逮捕的犯罪嫌疑人，经县级以上公安机关负责人批准，可以传唤到犯罪嫌疑人所在市、县内的指定地点或者到他的住处进行讯问。	**第一百九十三条**　公安机关对于不需要拘留、逮捕的犯罪嫌疑人，经**办案部门**负责人批准，可以传唤到犯罪嫌疑人所在市、县内的指定地点或者到他的住处进行讯问。
第一百七十四条　传唤犯罪嫌疑人时，应当出示《传唤通知书》和侦查人员的工作证件，并责令其在《传唤通知书》上签名(盖章)、捺指印。 犯罪嫌疑人到案后，应当由其在《传唤通知书》上填写到案时间。讯问结束时，应当由其在《传唤通知书》上填写讯问结束时间。拒绝填写的，侦查人员应当在《传唤通知书》上注明。	**第一百九十四条**　传唤犯罪嫌疑人时，应当出示**传唤证**和侦查人员的工作证件，并责令其在**传唤证**上签名、捺指印。 犯罪嫌疑人到案后，应当由其在**传唤证**上填写到案时间。**传唤**结束时，应当由其在**传唤证**上填写**传唤**结束时间。犯罪嫌疑人拒绝填写的，侦查人员应当在**传唤证**上注明。 **对在现场发现的犯罪嫌疑人，侦查人员经出示工作证件，可以口头传唤，并将传唤的原因和依据告知被传唤人。在讯问笔录中应当注明犯罪嫌疑人到案方式，并由犯罪嫌疑人注明到案时间和传唤结束时间。** **对自动投案或者群众扭送到公安机关的犯罪嫌疑人，可以依法传唤。**
第一百七十五条　传唤持续的时间不得超过十二小时。不得以连续传唤的形式变相拘禁犯罪嫌疑人。 需要对被传唤人采取强制措施的，应当在传唤期间内作出批准或者不批准的决定；对于不批准的，应当立即结束传唤。	**第一百九十五条**　传唤持续的时间不得超过十二小时。**案情特别重大、复杂，需要采取拘留、逮捕措施的，经办案部门负责人批准，传唤持续的时间不得超过二十四小时。**不得以连续传唤的形式变相拘禁犯罪嫌疑人。 **传唤期限届满，未作出采取其他强制措施决定的，应当立即结束传唤。**
第一百七十六条　提讯在押的犯罪嫌疑人，应当填写《提讯证》，在看守所或者公安机关的工作场所进行讯问。	
	第一百九十六条　传唤、拘传、讯问犯罪嫌

修正前	修正后
	疑人，应当保证犯罪嫌疑人的饮食和必要的休息时间，并记录在案。
第一百七十七条 讯问犯罪嫌疑人，必须由侦查人员进行。讯问的时候，侦查人员不得少于二人。讯问同案的犯罪嫌疑人，应当个别进行。	**第一百九十七条** 讯问犯罪嫌疑人，必须由侦查人员进行。讯问的时候，侦查人员不得少于二人。 讯问同案的犯罪嫌疑人，应当个别进行。
第一百七十八条 讯问前，侦查人员应当了解案件情况和证据材料，制订讯问计划，列出讯问提纲。 第一次讯问，应当问明犯罪嫌疑人的姓名、别名、曾用名、出生年月日、户籍所在地、暂住地、籍贯、出生地、民族、职业、文化程度、家庭情况、社会经历、是否受过刑事处罚或者行政处理等情况。 **第一百七十九条** 讯问犯罪嫌疑人时，应当首先讯问犯罪嫌疑人是否有犯罪行为，让他陈述有罪的情节或者无罪的辩解，然后向他提出问题。 **第一百八十条** 讯问犯罪嫌疑人时，应当告知其对侦查人员的提问应当如实回答，对与本案无关的问题有拒绝回答的权利。	**第一百九十八条** 侦查人员讯问犯罪嫌疑人时，应当首先讯问犯罪嫌疑人是否有犯罪行为，**并告知犯罪嫌疑人如实供述自己罪行可以从轻或者减轻处罚的法律规定，**让他陈述有罪的情节或者无罪的辩解，然后向他提出问题。 犯罪嫌疑人对侦查人员的提问，应当如实回答。但是对与本案无关的问题，有拒绝回答的权利。 第一次讯问，应当问明犯罪嫌疑人的姓名、别名、曾用名、出生年月日、户籍所在地、**现住地**、籍贯、出生地、民族、职业、文化程度、家庭情况、社会经历、**是否属于人大代表、政协委员、**是否受过刑事处罚或者行政处理等情况。
	第一百九十九条 讯问聋、哑的犯罪嫌疑人，应当有通晓聋、哑手势的人参加，并在讯问笔录上注明犯罪嫌疑人的聋、哑情况，以及翻译人员的姓名、工作单位和职业。 **讯问不通晓当地语言文字的犯罪嫌疑人，应当配备翻译人员。**
第一百八十一条 讯问的时候，应当认真听取犯罪嫌疑人的供述和辩解；严禁刑讯逼供或者使用威胁、引诱、欺骗以及其他非法的方法获取供述。	**第二百条** 侦查人员应当将问话和犯罪嫌疑人的供述或者辩解如实地记录清楚。制作讯问笔录应当使用能够长期保持字迹的材料。
第一百八十二条移至第三百零八条之后	
第一百八十三条 侦查人员应当将问话和	

修正前	修正后
犯罪嫌疑人的供述或者辩解如实地记录清楚。书写讯问笔录应当使用能够长期保持字迹的书写工具、墨水。	
第一百八十四条 讯问笔录应当交给犯罪嫌疑人核对或者向他宣读。如记录有差错或者遗漏,应当允许犯罪嫌疑人更正或者补充,并捺指印。笔录经犯罪嫌疑人核对无误后,应当由其在笔录上逐页签名(盖章)、捺指印,并在末页写明"以上笔录我看过(或向我宣读过),和我说的相符"。拒绝签名(盖章)、捺指印的,侦查人员应当在笔录上注明。 讯问笔录上所列项目,应当按规定填写齐全。侦查人员、翻译人员应当在讯问笔录上签名或者盖章。 讯问犯罪嫌疑人,在文字记录的同时,可以根据需要录音、录像。	**第二百〇一条** 讯问笔录应当交犯罪嫌疑人核对或者向他宣读。如果记录有遗漏或者差错,应当允许犯罪嫌疑人补充或者更正,并捺指印。笔录经犯罪嫌疑人核对无误后,应当由其在笔录上逐页签名、捺指印,并在末页写明"以上笔录我看过(或向我宣读过),和我说的相符"。拒绝签名、捺指印的,侦查人员应当在笔录上注明。 讯问笔录上所列项目,应当按照规定填写齐全。侦查人员、翻译人员应当在讯问笔录上签名。
第一百八十五条 犯罪嫌疑人请求自行书写供述的,应当准许;必要时,侦查人员也可以要求犯罪嫌疑人亲笔书写供词。犯罪嫌疑人应当在亲笔供词的末页签名(盖章)、捺指印。侦查人员收到后,应当在首页右上方写明"于某年某月某日收到",并签名。	**第二百〇二条** 犯罪嫌疑人请求自行书写供述的,应当准许;必要时,侦查人员也可以要求犯罪嫌疑人亲笔书写供词。犯罪嫌疑人应当在亲笔供词上逐页签名、捺指印。侦查人员收到后,应当在首页右上方写明"于某年某月某日收到",并签名。
第一百八十六条 侦查人员在讯问中对犯罪嫌疑人的犯罪事实、动机、目的、手段,与犯罪有关的时间、地点,涉及的人、事、物,都应当讯问清楚。对犯罪嫌疑人供述的犯罪事实、申辩和反证,公安机关都应当认真核查,依法处理。	
第一百八十七条 在讯问中,需要运用证据证实犯罪嫌疑人的罪行时,应当防止泄露侦查工作秘密。	
	第二百〇三条 讯问犯罪嫌疑人,在文字记录的同时,可以对讯问过程进行录音或者录像。对于可能判处无期徒刑、死刑的案件或者其他重大犯罪案件,应当对讯问过程进行录音或者录像。

修正前	修正后
	前款规定的“可能判处无期徒刑、死刑的案件”，是指应当适用的法定刑或者量刑档次包含无期徒刑、死刑的案件。“其他重大犯罪案件”，是指致人重伤、死亡的严重危害公共安全犯罪、严重侵犯公民人身权利犯罪，以及黑社会性质组织犯罪、严重毒品犯罪等重大故意犯罪案件。 对讯问过程录音或者录像的，应当对每一次讯问全程不间断进行，保持完整性。不得选择性地录制，不得剪接、删改。
	第二百〇四条　对犯罪嫌疑人供述的犯罪事实、无罪或者罪轻的事实、申辩和反证，以及犯罪嫌疑人提供的证明自己无罪、罪轻的证据，公安机关应当认真核查；对有关证据，无论是否采信，都应当如实记录、妥善保管，并连同核查情况附卷。
第三节　询问证人、被害人	第三节　询问证人、被害人
第一百八十八条　询问证人、被害人，可以到证人、被害人所在单位或者住所进行。必要的时候，也可以通知证人、被害人到公安机关提供证言。 询问证人、被害人应当个别进行，并应当向证人、被害人出示公安机关的证明文件或者侦查人员的工作证件。	**第二百〇五条**　询问证人、被害人，**可以在现场进行，**也可以到证人、被害人所在单位、住处**或者证人、被害人提出的地点**进行。在必要的时候，可以通知证人、被害人到公安机关提供证言。 询问证人、被害人应当个别进行。 **在现场询问证人、被害人，侦查人员应当出示工作证件。到证人、被害人所在单位、住处或者证人、被害人提出的地点询问证人、被害人，应当经办案部门负责人批准，制作询问通知书。询问前，侦查人员应当出示询问通知书和工作证件。**
第一百八十九条　询问前，应当了解证人、被害人的身份，证人、犯罪嫌疑人、被害人之间的关系。询问时，应当告知证人、被害人必须如实地提供证据、证言和有意作伪证或者隐匿罪证应负的法律责任。 侦查人员不得向证人、被害人泄露案情或者表示对案件的看法，严禁使用威胁、引诱和其他非法方法询问证人、被害人。	**第二百〇六条**　询问前，应当了解证人、被害人的身份，证人、犯罪嫌疑人、被害人之间的关系。询问时，应当告知证人、被害人必须如实地提供证据、证言和有意作伪证或者隐匿罪证应负的法律责任。 侦查人员不得向证人、被害人泄露案情或者表示对案件的看法，严禁采用暴力、威胁等非法方法询问证人、被害人。

修正前	修正后
第一百九十条移至三百零八条之后	
第一百九十一条 本规定第一百八十四条、第一百八十五条的规定,也适用于询问证人、被害人。	**第二百○七条** 本规定**第二百零一**条、**第二百零二**条的规定,也适用于询问证人、被害人。
第一百九十二条 询问中,涉及证人、被害人的隐私,应当保守秘密。	
第四节 勘验、检查	**第四节 勘验、检查**
第一百九十三条 侦查人员对于与犯罪有关的场所、物品、人身、尸体都应当进行勘验或者检查,利用各种技术手段,及时提取与案件有关的痕迹、物证。在必要的时候,可以指派或者聘请具有专门知识的人,在侦查人员的主持下进行勘验、检查。	**第二百○八条** 侦查人员对于与犯罪有关的场所、物品、人身、尸体应当进行勘验或者检查,及时提取、采集与案件有关的痕迹、物证、生物样本等。在必要的时候,可以指派或者聘请具有专门知识的人,在侦查人员的主持下进行勘验、检查。
第一百九十四条 发案地派出所、巡警或者治安保卫组织应当妥善保护犯罪现场,注意保全证据,控制犯罪嫌疑人,并立即报告公安机关主管部门。 执行勘查的侦查人员接到通知后,应当立即赶赴现场;勘查现场,应当持有《刑事犯罪现场勘查证》。	**第二百○九条** 发案地派出所、巡警等部门应当妥善保护犯罪现场和证据,控制犯罪嫌疑人,并立即报告公安机关主管部门。 执行勘查的侦查人员接到通知后,应当立即赶赴现场;勘查现场,应当持有刑事犯罪现场勘查证。
第一百九十五条 勘查现场的任务,是查明犯罪现场的情况,发现和收集证据,研究分析案情,判断案件性质,确定侦查方向和范围,为破案提供线索和证据。 需要迅速采取搜索、追踪、堵截、鉴别、控制销赃等紧急措施的,应当立即报告负责本案侦查的指挥人员。	
第一百九十六条 现场勘查,由县级以上公安机关侦查部门负责。 一般案件的现场勘查,由侦查部门负责人指定的人员现场指挥;重大、特别重大案件的现场勘查由侦查部门负责人现场指挥。必要时,发案地公安机关负责人应当亲自到现场指挥。	

修正前	修正后
	第二百一十条　公安机关对案件现场进行勘查不得少于二人。勘查现场时，应当邀请与案件无关的公民作为见证人。
第一百九十七条　勘查现场，应当按照现场勘查规则的要求拍摄现场照片，制作《现场勘查笔录》和现场图。对重大、特别重大案件的现场，应当录像。 计算机犯罪案件的现场勘查，应当立即停止应用，保护计算机及相关设备，并复制电子数据。	**第二百一十一条**　勘查现场，应当拍摄现场照片、绘制现场图，制作笔录，由参加勘查的人和见证人签名。对重大案件的现场，应当录像。
第一百九十八条　为了确定被害人、犯罪嫌疑人的某些特征、伤害情况或者生理状态，可以对人身进行检查。 犯罪嫌疑人如果拒绝检查，侦查人员认为必要的时候，可以强制检查。 检查妇女的身体，应当由女侦查人员或者医师进行。 检查的情况应当制作笔录，由参加检查的侦查人员、检查人员和见证人签名或者盖章。	**第二百一十二条**　为了确定被害人、犯罪嫌疑人的某些特征、伤害情况或者生理状态，可以对人身进行检查，**提取指纹信息，采集血液、尿液等生物样本。被害人死亡的，应当通过被害人近亲属辨认、提取生物样本鉴定等方式确定被害人身份。** 犯罪嫌疑人如果拒绝检查、提取、采集的，侦查人员认为必要的时候，经办案部门负责人批准，可以强制检查、提取、采集。 检查妇女的身体，应当由女**工作人员**或者医师进行。 检查的情况应当制作笔录，由参加检查的侦查人员、检查人员、被检查人员和见证人签名。**被检查人员拒绝签名的，侦查人员应当在笔录中注明。**
第一百九十九条　为了确定死因，经县级以上公安机关负责人批准，可以解剖尸体或者开棺检验，并且通知死者家属到场，并让其在《解剖尸体通知书》上签名或者盖章。 死者家属无正当理由拒不到场或者拒绝签名、盖章的，不影响解剖或者开棺检验，但是应当在《解剖尸体通知书》上注明。对于身份不明的尸体，无法通知死者家属的应当在笔录中注明。	**第二百一十三条**　为了确定死因，经县级以上公安机关负责人批准，可以解剖尸体，并且通知死者家属到场，让其在解剖尸体通知书上签名。 死者家属无正当理由拒不到场或者拒绝签名的，侦查人员应当在解剖尸体通知书上注明。对身份不明的尸体，无法通知死者家属的，应当在笔录中注明。
第二百条　对于已查明死因，没有继续保存必要的尸体，应当通知家属领回处理，对无法通知或者通知后家属拒绝领回的，经县级以上公安机关负责人批准，可以及时处理。	**第二百一十四条**　对已查明死因，没有继续保存必要的尸体，应当通知家属领回处理，对于无法通知或者通知后家属拒绝领回的，经县级以上公安机关负责人批准，可以及时处理。

修正前	修正后
第二百零一条　对人民检察院要求复验、复查的，公安机关应当及时进行复验、复查，并通知人民检察院派员参加。	**第二百一十五条**　公安机关进行勘验、检查后，人民检察院要求复验、复查的，**公安机关应当进行复验、复查**，并可以通知人民检察院派员参加。
第二百零二条　为了查明案情，在必要的时候，经县级以上公安机关负责人批准，可以进行侦查实验。 侦查实验的任务是： （一）确定在一定条件下能否听到或者看到； （二）确定在一定时间内能否完成某一行为； （三）确定在什么条件下能够发生某种现象； （四）确定在某种条件下某种行为和某种痕迹是否吻合一致； （五）确定在某种条件下使用某种工具可能或者不可能留下某种痕迹； （六）确定某种痕迹在什么条件下会发生变异； （七）确定某种事件是怎样发生的。	**第二百一十六条**　为了查明案情，在必要的时候，经县级以上公安机关负责人批准，可以进行侦查实验。 对侦查实验的经过和结果，应当制作侦查实验笔录，由参加实验的人签名。**必要时，应当对侦查实验过程进行录音或者录像。** 进行侦查实验，禁止一切足以造成危险、侮辱人格或者有伤风化的行为。
第二百零三条　进行侦查实验，禁止一切足以造成危害、侮辱人格或者有伤风化的行为。	
第二百零四条　侦查实验的经过和结果，应当制作《侦查实验笔录》，由参加实验的侦查人员签名或者盖章。	
第五节　搜　查	**第五节　搜　查**
第二百零五条　为了收集犯罪证据、查获犯罪人，经县级以上公安机关负责人批准，侦查人员可以对犯罪嫌疑人以及可能隐藏罪犯或者犯罪证据的人的身体、物品、住处和其他有关的地方进行搜查。	**第二百一十七条**　为了收集犯罪证据、查获犯罪人，经县级以上公安机关负责人批准，侦查人员可以对犯罪嫌疑人以及可能隐藏罪犯或者犯罪证据的人的身体、物品、住处和其他有关的地方进行搜查。
第二百零六条　进行搜查，必须向被搜查人出示《搜查证》，执行搜查的侦查人员不得少于	**第二百一十八条**　进行搜查，必须向被搜查人出示搜查证，执行搜查的侦查人员不得少

修正前	修正后
二人。	于二人。
第二百零七条 执行拘留、逮捕的时候，遇有下列紧急情况之一的，不用《搜查证》也可以进行搜查： （一）可能随身携带凶器的； （二）可能隐藏爆炸、剧毒等危险物品的； （三）可能隐匿、毁弃、转移犯罪证据的； （四）可能隐匿其他犯罪嫌疑人的； （五）其他突然发生的紧急情况。	**第二百一十九条** 执行拘留、逮捕的时候，遇有下列紧急情况之一的，不用搜查证也可以进行搜查： （一）可能随身携带凶器的； （二）可能隐藏爆炸、剧毒等危险物品的； （三）可能隐匿、毁弃、转移犯罪证据的； （四）可能隐匿其他犯罪嫌疑人的； （五）其他突然发生的紧急情况。
第二百零八条 进行搜查时，应当有被搜查人或者他的家属、邻居或者其他见证人在场。 搜查妇女的身体，应当由女侦查人员进行。	**第二百二十条** 进行搜查时，应当有被搜查人或者他的家属、邻居或者其他见证人在场。 **公安机关可以要求有关单位和个人交出可以证明犯罪嫌疑人有罪或者无罪的物证、书证、视听资料等证据。遇到阻碍搜查的，侦查人员可以强制搜查。** 搜查妇女的身体，应当由女**工作人员**进行。
第二百零九条 搜查的情况应当制作《搜查笔录》，由侦查人员、被搜查人或者他的家属、邻居或者其他见证人签名或者盖章。 如果被搜查人或者他的家属不在现场，或者拒绝签名、盖章的，侦查人员当在笔录上注明。	**第二百二十一条** 搜查的情况应当制作笔录，由侦查人员和被搜查人或者他的家属，邻居或者其他见证人签名。 如果**被搜查人拒绝签名，或者被搜查人在逃，**他的家属拒绝签名或者不在场的，侦查人员应当在笔录中注明。
第六节 扣押物证、书证	**第六节 查封、扣押**
第二百一十条 在勘查、搜查中发现的可用以证明犯罪嫌疑人有罪或者无罪的物品和文件应当扣押；但与案件无关的物品、文件，不得扣押。 持有人拒绝交出应当扣押的物品、文件的，公安机关可以强行扣押。	**第二百二十二条** 在侦查活动中发现的可用以证明犯罪嫌疑人有罪或者无罪的各种**财物、文件，**应当**查封**、扣押；但与案件无关的**财物**、文件，不得**查封**、扣押。 持有人拒绝交出应当**查封**、扣押的**财物**、文件的，公安机关可以强制**查封**、扣押。
第二百一十一条 在现场勘查或者搜查中需要扣押物品、文件的，由现场指挥人员决定。	**第二百二十三条** **在侦查过程中需要扣押财物、文件的，应当经办案部门负责人批准，制作扣押决定书；**在现场勘查或者搜查中需要扣押财物、文件的，由现场指挥人员决定；**但扣押财物、文件价值较高或者可能严重影响正常生**

修正前	修正后
	产经营的，应当经县级以上公安机关负责人批准，制作扣押决定书。 在侦查过程中需要查封土地、房屋等不动产，或者船舶、航空器以及其他不宜移动的大型机器、设备等特定动产的，应当经县级以上公安机关负责人批准并制作查封决定书。
第二百一十二条 执行扣押物品、文件的侦查人员不得少于二人，并持有有关法律文书或者侦查人员工作证件。	**第二百二十四条** 执行查封、扣押的侦查人员不得少于二人，并出示本规定第二百二十三条规定的有关法律文书。 查封、扣押的情况应当制作笔录，由侦查人员、持有人和见证人签名。对于无法确定持有人或者持有人拒绝签名的，侦查人员应当在笔录中注明。
第二百一十三条 对于扣押的物品和文件，应当会同在场证人和被扣押物品、文件的持有人查点清楚，当场开列《扣押物品、文件清单》一式三份，写明物品或者文件的名称、编号、规格、数量、重量、质量、特征及其来源，由侦查人员、见证人和持有人签名或者盖章后，一份交给持有人，一份交给公安机关保管人员，一份附卷备查。	**第二百二十五条** 对查封、扣押的财物和文件，应当会同在场见证人和被查封、扣押财物、文件的持有人查点清楚，当场开列查封、扣押清单一式三份，写明财物或者文件的名称、编号、数量、特征及其来源等，由侦查人员、持有人和见证人签名，一份交给持有人，一份交给公安机关保管人员，一份附卷备查。 对于无法确定持有人的财物、文件或者持有人拒绝签名的，侦查人员应当在清单中注明。 依法扣押文物、金银、珠宝、名贵字画等贵重财物的，应当拍照或者录像，并及时鉴定、估价。
第二百一十四条 对于应当扣押但是不便提取的物品、文件，经拍照或者录像后，可以交被扣押物品持有人保管或者封存，并且单独开具《扣押物品、文件清单》一式二份，在清单上注明已经拍照或者录像，物品、文件持有人应当妥善保管，不得转移、变卖、毁损，由侦查人员、见证人和持有人签名或者盖章，一份交给物品、文件持有人，另一份连同照片或者录像带附卷备查。	**第二百二十六条** 对作为犯罪证据但不便提取的财物、文件，经登记、拍照或者录像、估价后，可以交财物、文件持有人保管或者封存，并且开具登记保存清单一式两份，由侦查人员、持有人和见证人签名，一份交给财物、文件持有人，另一份连同照片或者录像资料附卷备查。财物、文件持有人应当妥善保管，不得转移、变卖、毁损。
第二百一十五条 扣押犯罪嫌疑人的邮件、电子邮件、电报，应当经县级以上公安机关负责人批准，签发扣押通知书，通知邮电部门或者网	**第二百二十七条** 扣押犯罪嫌疑人的邮件、电子邮件、电报，应当经县级以上公安机关负责人批准，制作扣押邮件、电报通知书，通知

修正前	修正后
络服务单位检交扣押。	邮电部门或者网络服务单位检交扣押。 不需要继续扣押的时候，应当经县级以上公安机关负责人批准，**制作解除扣押邮件、电报通知书**，立即通知邮电部门或者网络服务单位。
第二百一十六条 不需要继续扣押的时候，应当经县级以上公安机关负责人批准，签发解除扣押通知书，立即通知邮电部门或者网络服务单位。	**第二百二十八条** 对查封、扣押的财物、文件、邮件、电子邮件、电报，经查明确实与案件无关的，应当在三日以内解除查封、扣押，退还原主或者原邮电部门、网络服务单位；原主不明确的，应当采取公告方式告知原主认领。**在通知原主或者公告后六个月以内，无人认领的，按照无主财物处理，登记后上缴国库。**
第二百一十七条 对于扣押的物品、文件、邮件、电子邮件、电报，应当指派专人妥善保管，不得使用、调换、损毁或者自行处理。经查明确实与案件无关的，应当在三日以内解除扣押，退还原主或者原邮电部门、网络服务单位。	
第二百一十八条 对不能随案移送的物证，应当拍成照片；容易损坏、变质的物证、书证，应当用笔录、绘图、拍照、录像、制作模型等方法加以保全。 对于可以作为证据使用的录音、录像带、电子数据存储介质，应当记明案由、对象、内容，录取、复制的时间、地点、规格、类别、应用长度、文件格式及长度等，并妥为保管。	
第二百一十九条移至第二百二十条之后	
第二百二十条 对犯罪嫌疑人违法所得的财物及其孳息，应当依法追缴。 对被害人的合法财产及其孳息，应当在登记、拍照或者录像、估价后及时返还，并在案卷中注明返还的理由，将原物照片、清单和被害人的领取手续存卷备查。	**第二百二十九条** 对被害人的合法财产及其孳息权属明确无争议，并且涉嫌犯罪事实已经查证属实的，应当在登记、拍照或者录像、估价后及时返还，并在案卷中注明返还的理由，将原物照片、清单和被害人的领取手续存卷备查。 **查找不到被害人，或者通知被害人后，无人领取的，应当将有关财产及其孳息随案移送。**
第二百一十九条 对查获的下列不宜随案移送的物品、文件，原物不随卷保存，但应当拍成照片存入卷内，原物由公安机关妥为保管或者按照国家有关规定分别移送主管部门处理或者	**第二百三十条** 对查封、扣押的财物及其孳息、文件，公安机关应当妥善保管，以供核查。任何单位和个人不得使用、调换、损毁或者自行处理。

修正前	修正后
销毁： （一）淫秽物品； （二）武器弹药、管制刀具，易燃、易爆、剧毒、放射等危险品； （三）鸦片、海洛因、吗啡、冰毒、大麻等毒品和制毒原料或者配剂、管制药品； （四）危害国家安全的传单、标语、信件和其他宣传品； （五）秘密文件、图表资料； （六）珍贵文物、珍贵动物及其制品、珍稀植物及其制品； （七）其他大宗的、不便搬运的物品。 对容易腐烂变质及其他不易保管的物品，可以根据具体情况，经县级以上公安机关负责人批准，在拍照或者录像后委托有关部门变卖、拍卖，变卖、拍卖的价款暂予保存，待诉讼终结后一并处理。通知被害人后，超过半年未来领取的，予以没收，上缴国库。如有特殊情况，可以酌情延期处理。凡是已经送交财政部门处理的赃款赃物，如果失主前来认领，并经查证属实，由原没收机关从财政部门提回，予以归还。如原物已经卖掉，应当退还价款。	对容易腐烂变质及其他不易保管的财物，可以根据具体情况，经县级以上公安机关负责人批准，在拍照或者录像后委托有关部门变卖、拍卖，变卖、拍卖的价款暂予保存，待诉讼终结后一并处理。 **对违禁品，应当依照国家有关规定处理；对于需要作为证据使用的，应当在诉讼终结后处理。**
第二百二十一条　对扣押的犯罪嫌疑人的财物及其孳息，应当妥善保管，以供核查。任何单位和个人不得挪用、损毁或者自行处理。	
第二百二十二条　对扣押的犯罪嫌疑人的财物及其孳息中，作为证据使用的实物应当随案移送；对不宜移送的，应当将其清单、照片或其他证明文件随案移送。待人民法院作出生效判决后，由扣押的公安机关按照人民法院的通知，上缴国库或者返还受害人，并向人民法院送交执行回单。 （修改后并入第二百七十八条）	
第二百二十三条　案件变更管辖时，与案件有关的财物及其孳息应当随案移交。 移交财物时，由接收人、移交人当面查点清楚，并在交接单据上共同签名或者盖章。	

修正前	修正后
第七节 查询、冻结存款、汇款	**第七节 查询、冻结**
第二百二十四条 公安机关根据侦查犯罪的需要，可以依照规定查询、冻结犯罪嫌疑人的存款、汇款。	**第二百三十一条** 公安机关根据侦查犯罪的需要，可以依照规定查询、冻结犯罪嫌疑人的存款、汇款、**债券、股票、基金份额等财产，并可以要求有关单位和个人配合。**
第二百二十五条 向银行或者其他金融机构、邮电部门查询犯罪嫌疑人的存款、汇款，应当经县级以上公安机关负责人批准，制作《查询存款、汇款通知书》，通知银行或者其他金融机构、邮电部门执行。	**第二百三十二条** 向**金融机构**等单位查询犯罪嫌疑人的存款、汇款、**债券、股票、基金份额**等财产，应当经县级以上公安机关负责人批准，制作**协助查询财产通知书**，通知金融机构等单位执行。
第二百二十六条 需要冻结犯罪嫌疑人在银行或者其他金融机构、邮电部门的存款、汇款的，应当经县级以上公安机关负责人批准，制作《冻结存款、汇款通知书》，通知银行或者其他金融机构、邮电部门执行。	**第二百三十三条** 需要冻结犯罪嫌疑人在金融机构等单位的存款、汇款、**债券、股票、基金份额**等财产的，应当经县级以上公安机关负责人批准，制作**协助冻结财产通知书**，通知金融机构等单位执行。
第二百二十七条 不需要继续冻结犯罪嫌疑人存款、汇款时，应当制作《解除冻结存款、汇款通知书》，通知银行或者其他金融机构、邮电部门执行。	**第二百三十四条** 不需要继续冻结犯罪嫌疑人存款、汇款、**债券、股票、基金份额等财产**时，**应当经县级以上公安机关负责人批准**，制作**协助解除冻结财产通知书**，通知金融机构等单位执行。
第二百二十八条 犯罪嫌疑人的存款、汇款已被冻结的，不得重复冻结。	**第二百三十五条** 犯罪嫌疑人的存款、汇款、**债券、股票、基金份额**等财产已被冻结的，不得重复冻结，**但可以轮候冻结。**
第二百二十九条 冻结存款的期限为六个月。有特殊原因需要延长的，公安机关应当在冻结期满前办理继续冻结手续。每次续冻期限最长不超过六个月。逾期不办理继续冻结手续的，视为自动撤销冻结。	**第二百三十六条** 冻结存款、汇款等财产的期限为六个月。**冻结债券、股票、基金份额等证券的期限为二年。**有特殊原因需要延长期限的，公安机关应当在冻结期限届满前办理继续冻结手续。每次续冻**存款、汇款等财产**的期限最长不得超过六个月；**每次续冻债券、股票、基金份额等证券的期限最长不得超过二年。继续冻结的，应当按照本规定第二百三十三条的规定重新办理冻结手续。**逾期不办理继续冻结手续的，视为自动解除冻结。
	第二百三十七条 对冻结的债券、股票、基

修正前	修正后
	金份额等财产，应当告知当事人或者其法定代理人、委托代理人有权申请出售。 **权利人书面申请出售被冻结的债券、股票、基金份额等财产，不损害国家利益、被害人、其他权利人利益，不影响诉讼正常进行的，以及冻结的汇票、本票、支票的有效期即将届满的，经县级以上公安机关负责人批准，可以依法出售或者变现，所得价款应当继续冻结在其对应的银行账户中；没有对应的银行账户的，所得价款由公安机关在银行指定专门账户保管，并及时告知当事人或者其近亲属。**
第二百三十条 对于冻结的存款、汇款经查明确实与案件无关的，应当在三日以内通知原银行、其他金融机构、邮电部门解除冻结，并通知被冻结存款、汇款的所有人。	**第二百三十八条** 对冻结的存款、汇款、**债券、股票、基金份额等财产**经查明确实与案件无关的，应当在三日以内通知金融机构等单位解除冻结，并通知被冻结存款、汇款、**债券、股票、基金份额等财产**的所有人。
第二百三十一条 对于在侦查中犯罪嫌疑人死亡，对犯罪嫌疑人的存款、汇款应当依法予以没收或者返还被害人的，可以申请人民法院裁定通知冻结犯罪嫌疑人存款、汇款的银行、其他金融机构或者邮电部门上缴国库或者返还被害人。 对于冻结在银行、其他金融机构或者邮电部门的赃款，应当向人民法院随案移送该银行、其他金融机构或者邮电部门出具的证明文件，待人民法院作出生效判决后，由人民法院通知该银行、其他金融机构或者邮电部门上缴国库。	
第二百三十二条 上级公安机关发现下级公安机关冻结、解除冻结存款、汇款有错误时，可以依法作出决定，责令下级公安机关限期改正，下级公安机关应当立即执行。对拒不改正的，上级公安机关可以直接向有关银行或者其他金融机构发出法律文书，纠正下级公安机关所作的错误决定，并通知原作出决定的公安机关。	
第八节 鉴 定	**第八节 鉴 定**
第二百三十三条 为了查明案情，解决案件	**第二百三十九条** 为了查明案情，解决案

修正前	修正后
中某些专门性问题，应当指派、聘请具有鉴定资格的人进行鉴定。	件中某些专门性问题，应当指派、聘请有专门知识的人进行鉴定。 需要聘请有专门知识的人进行鉴定，应当经县级以上公安机关负责人批准后，制作鉴定聘请书。
第二百三十四条、第二百三十五条移至第二百三十六条之后	
第二百三十六条 需要聘请有专门知识的人进行鉴定，应当经县级以上公安机关负责人批准后，制作《聘请书》。	
第二百三十四条 鉴定的范围，包括刑事技术鉴定、人身伤害的医学鉴定、精神病的医学鉴定、扣押物品的价格鉴定、文物鉴定、珍稀动植物及其制品鉴定、违禁品和危险品鉴定、电子数据鉴定等。	
第二百三十五条 刑事技术鉴定的范围，必须是与查明案情有关的物品、文件、电子数据、痕迹、人身、尸体等。 刑事技术鉴定，由县级以上公安机关刑事技术部门或者其他专职人员负责进行。	
第二百三十七条 公安机关应当为鉴定人进行鉴定提供必要的条件，及时向鉴定人送交有关检材和对比样本等原始材料，介绍与鉴定有关的情况，并且明确提出要求鉴定解决的问题，但是不得暗示或者强迫鉴定人作出某种鉴定结论。	**第二百四十条** 公安机关应当为鉴定人进行鉴定提供必要的条件，及时向鉴定人送交有关检材和对比样本等原始材料，介绍与鉴定有关的情况，并且明确提出要求鉴定解决的问题。 **禁止**暗示或者强迫鉴定人作出某种鉴定**意见**。
	第二百四十一条 侦查人员应当做好检材的保管和送检工作，并注明检材送检环节的责任人，确保检材在流转环节中的同一性和不被污染。
第二百三十八条 鉴定人应当按照鉴定规则，运用科学方法进行鉴定。鉴定后，应当出具鉴定结论，由两名以上具有鉴定资格的鉴定人签名或者盖章。	**第二百四十二条** 鉴定人应当按照鉴定规则，运用科学方法独立进行鉴定。鉴定后，应当出具鉴定**意见**，并在鉴定意见书上签名，**同时附上鉴定机构和鉴定人的资质证明或者其他证明文件。** **多人参加鉴定，鉴定人有不同意见的，应当注明。**

修正前	修正后
第二百三十九条 对人身伤害的医学鉴定有争议需要重新鉴定的或者对精神病的医学鉴定,由省级人民政府指定的医院进行。鉴定人进行鉴定后,应当写出鉴定结论,并且由鉴定人签名,医院加盖公章。	
第二百四十条移至第二百四十一条之后	
第二百四十一条 公安机关应当将用作证据的鉴定结论告知犯罪嫌疑人、被害人。如果犯罪嫌疑人、被害人对鉴定结论有异议提出申请,经县级以上公安机关负责人批准后,可以补充鉴定或者重新鉴定。	**第二百四十三条** 对鉴定意见,侦查人员应当进行审查。 对经审查作为证据使用的鉴定意见,公安机关应当及时告知犯罪嫌疑人、被害人或者其法定代理人。
	第二百四十四条 犯罪嫌疑人、被害人对鉴定意见有异议提出申请,以及办案部门或者侦查人员对鉴定意见有疑义的,可以将鉴定意见送交其他有专门知识的人员提出意见。必要时,询问鉴定人并制作笔录附卷。
第二百四十条 办案部门或者侦查人员认为鉴定结论不确切或者有错误,经县级以上公安机关负责人批准,可以补充鉴定或者重新鉴定。	**第二百四十五条** 经审查,发现有下列情形之一的,经县级以上公安机关负责人批准,应当补充鉴定: (一)鉴定内容有明显遗漏的; (二)发现新的有鉴定意义的证物的; (三)对鉴定证物有新的鉴定要求的; (四)鉴定意见不完整,委托事项无法确定的; (五)其他需要补充鉴定的情形。 经审查,不符合上述情形的,经县级以上公安机关负责人批准,作出不准予补充鉴定的决定,并在作出决定后三日以内书面通知申请人。
第二百四十二条 重新鉴定,应当另行指派或者聘请鉴定人。	**第二百四十六条** 经审查,发现有下列情形之一的,经县级以上公安机关负责人批准,应当重新鉴定: (一)鉴定程序违法或者违反相关专业技术要求的; (二)鉴定机构、鉴定人不具备鉴定资质和条件的;

修正前	修正后
	（三）鉴定人故意作虚假鉴定或者违反回避规定的； （四）鉴定意见依据明显不足的； （五）检材虚假或者被损坏的； （六）其他应当重新鉴定的情形。 重新鉴定，应当另行指派或者聘请鉴定人。 经审查，不符合上述情形的，经县级以上公安机关负责人批准，作出不准予重新鉴定的决定，并在作出决定后三日以内书面通知申请人。
第二百四十三条 刑事技术鉴定的鉴定结论，需要送上级公安机关刑事技术部门复核时，应当送鉴定物和对比样本、原鉴定书或者检验报告，并说明提请复核的原因和要求。	
第二百四十四条 鉴定人故意作虚假鉴定的，应当依法追究其法律责任。	**第二百四十七条** 公诉人、当事人或者辩护人、诉讼代理人对鉴定意见有异议，经人民法院依法通知的，公安机关鉴定人应当出庭作证。 鉴定人故意作虚假鉴定的，应当依法追究其法律责任。
第二百四十五条 对犯罪嫌疑人作精神病鉴定的时间不计入办案期限，其他鉴定时间都应当计入办案期限。 对于因鉴定时间较长，办案期限届满仍不能终结的案件，自期限届满之日起，应当对被羁押的犯罪嫌疑人变更强制措施，改为取保候审或者监视居住。	**第二百四十八条** 对犯罪嫌疑人作精神病鉴定的时间不计入办案期限，其他鉴定时间都应当计入办案期限。
第九节 辨 认	**第九节 辨 认**
第二百四十六条 为了查明案情，在必要的时候，侦查人员可以让被害人、犯罪嫌疑人或者证人对与犯罪有关的物品、文件、尸体、场所或者犯罪嫌疑人进行辨认。 对犯罪嫌疑人进行辨认，应当经办案部门负责人批准。	**第二百四十九条** 为了查明案情，在必要的时候，侦查人员可以让被害人、证人或者犯罪嫌疑人对与犯罪有关的物品、文件、尸体、场所或者犯罪嫌疑人进行辨认。
第二百四十七条 辨认应当在侦查人员的主持下进行。主持辨认的侦查人员不得少于	**第二百五十条** 辨认应当在侦查人员的主持下进行。主持辨认的侦查人员不得少于二人。

修正前	修正后
二人。 组织辨认前，应当向辨认人详细询问辨认对象的具体特征，避免辨认人见到辨认对象。	几名辨认人对同一辨认对象进行辨认时，应当由辨认人个别进行。
第二百四十八条 几名辨认人对同一辨认对象进行辨认时，应当由辨认人个别进行。	
第二百四十九条 辨认时，应当将辨认对象混杂在其他对象中，不得给辨认人任何暗示。 辨认犯罪嫌疑人时，被辨认的人数不得少于七人；对犯罪嫌疑人照片进行辨认的，不得少于十人的照片。	**第二百五十一条** 辨认时，应当将辨认对象混杂在特征相类似的其他对象中，不得给辨认人任何暗示。辨认犯罪嫌疑人时，被辨认的人数不得少于七人；对犯罪嫌疑人照片进行辨认的，不得少于十人的照片；**辨认物品时，混杂的同类物品不得少于五件。** **对场所、尸体等特定辨认对象进行辨认，或者辨认人能够准确描述物品独有特征的，陪衬物不受数量的限制。**
第二百五十条 对犯罪嫌疑人的辨认，辨认人不愿意公开进行时，可以在不暴露辨认人的情况下进行，侦查人员应当为其保守秘密。	**第二百五十二条** 对犯罪嫌疑人的辨认，辨认人不愿意公开进行时，可以在不暴露辨认人的情况下进行，并应当为其保守秘密。
第二百五十一条 辨认经过和结果，应当制作《辨认笔录》，由侦查人员签名，辨认人、见证人签字或者盖章。	**第二百五十三条** 对辨认经过和结果，应当制作辨认笔录，由侦查人员、辨认人、见证人签名。**必要时，应当对辨认过程进行录音或者录像。**
	第十节 技术侦查
	第二百五十四条 公安机关在立案后，根据侦查犯罪的需要，可以对下列严重危害社会的犯罪案件采取技术侦查措施： **（一）危害国家安全犯罪、恐怖活动犯罪、黑社会性质的组织犯罪、重大毒品犯罪案件；** **（二）故意杀人、故意伤害致人重伤或者死亡、强奸、抢劫、绑架、放火、爆炸、投放危险物质等严重暴力犯罪案件；** **（三）集团性、系列性、跨区域性重大犯罪案件；** **（四）利用电信、计算机网络、寄递渠道等实施的重大犯罪案件，以及针对计算机网络实施**

修正前	修正后
	的重大犯罪案件； （五）其他严重危害社会的犯罪案件，依法可能判处七年以上有期徒刑的。 公安机关追捕被通缉或者批准、决定逮捕的在逃的犯罪嫌疑人、被告人，可以采取追捕所必需的技术侦查措施。
	第二百五十五条　技术侦查措施是指由设区的市一级以上公安机关负责技术侦查的部门实施的记录监控、行踪监控、通信监控、场所监控等措施。 技术侦查措施的适用对象是犯罪嫌疑人、被告人以及与犯罪活动直接关联的人员。
	第二百五十六条　需要采取技术侦查措施的，应当制作呈请采取技术侦查措施报告书，报设区的市一级以上公安机关负责人批准，制作采取技术侦查措施决定书。 人民检察院等部门决定采取技术侦查措施，交公安机关执行的，由设区的市一级以上公安机关按照规定办理相关手续后，交负责技术侦查的部门执行，并将执行情况通知人民检察院等部门。
	第二百五十七条　批准采取技术侦查措施的决定自签发之日起三个月以内有效。 在有效期限内，对不需要继续采取技术侦查措施的，办案部门应当立即书面通知负责技术侦查的部门解除技术侦查措施；负责技术侦查的部门认为需要解除技术侦查措施的，报批准机关负责人批准，制作解除技术侦查措施决定书，并及时通知办案部门。 对复杂、疑难案件，采取技术侦查措施的有效期限届满仍需要继续采取技术侦查措施的，经负责技术侦查的部门审核后，报批准机关负责人批准，制作延长技术侦查措施期限决定书。批准延长期限，每次不得超过三个月。 有效期限届满，负责技术侦查的部门应当立即解除技术侦查措施。

修正前	修正后
	第二百五十八条　采取技术侦查措施，必须严格按照批准的措施种类、适用对象和期限执行。 在有效期限内，需要变更技术侦查措施种类或者适用对象的，应当按照本规定第二百五十六条规定重新办理批准手续。
	第二百五十九条　采取技术侦查措施收集的材料在刑事诉讼中可以作为证据使用。使用技术侦查措施收集的材料作为证据时，可能危及有关人员的人身安全，或者可能产生其他严重后果的，应当采取不暴露有关人员身份和使用的技术设备、侦查方法等保护措施。 采取技术侦查措施收集的材料作为证据使用的，采取技术侦查措施决定书应当附卷。
	第二百六十条　采取技术侦查措施收集的材料，应当严格依照有关规定存放，只能用于对犯罪的侦查、起诉和审判，不得用于其他用途。 采取技术侦查措施收集的与案件无关的材料，必须及时销毁，并制作销毁记录。
	第二百六十一条　侦查人员对采取技术侦查措施过程中知悉的国家秘密、商业秘密和个人隐私，应当保密。 公安机关依法采取技术侦查措施，有关单位和个人应当配合，并对有关情况予以保密。
	第二百六十二条　为了查明案情，在必要的时候，经县级以上公安机关负责人决定，可以由侦查人员或者公安机关指定的其他人员隐匿身份实施侦查。 隐匿身份实施侦查时，不得使用促使他人产生犯罪意图的方法诱使他人犯罪，不得采用可能危害公共安全或者发生重大人身危险的方法。
	第二百六十三条　对涉及给付毒品等违禁品或者财物的犯罪活动，为查明参与该项犯罪的人员和犯罪事实，根据侦查需要，经县级以上

修正前	修正后
	公安机关负责人决定，可以实施控制下交付。
	第二百六十四条　公安机关依照本节规定实施隐匿身份侦查和控制下交付收集的材料在刑事诉讼中可以作为证据使用。 **使用隐匿身份侦查和控制下交付收集的材料作为证据时，可能危及隐匿身份人员的人身安全，或者可能产生其他严重后果的，应当采取不暴露有关人员身份等保护措施。**
第十节　通　缉	**第十一节　通　缉**
第二百五十二条　应当逮捕的犯罪嫌疑人如果在逃，公安机关可以发布通缉令，采取有效措施，追捕归案。 县级以上公安机关在自己管辖的地区以内，可以直接发布通缉令；超出自己管辖的地区，应当报请有权决定的上级公安机关发布。 通缉令发送范围，由签发通缉令的公安机关负责人决定。	**第二百六十五条**　应当逮捕的犯罪嫌疑人如果在逃，公安机关可以发布通缉令，采取有效措施，追捕归案。 县级以上公安机关在自己管辖的地区内，可以直接发布通缉令；超出自己管辖的地区，应当报请有权决定的上级公安机关发布。 通缉令的发送范围，由签发通缉令的公安机关负责人决定。
第二百五十三条　通缉令中应当尽可能写明被通缉人的姓名、别名、曾用名、绰号、性别、年龄、民族、籍贯、出生地、户籍所在地、居住地、职业、身份证号码、衣着和体貌特征并附被通缉人近期照片，可以附指纹及其他物证的照片。除了必须保密的事项以外，应当写明发案的时间、地点和简要案情。	**第二百六十六条**　通缉令中应当尽可能写明被通缉人的姓名、别名、曾用名、绰号、性别、年龄、民族、籍贯、出生地、户籍所在地、居住地、职业、身份证号码、衣着和体貌特征、**口音、行为习惯**，并附被通缉人近期照片，可以附指纹及其他物证的照片。除了必须保密的事项以外，应当写明发案的时间、地点和简要案情。
第二百五十四条　通缉令发出后，如果发现新的重要情况可以补发通报。通报必须注明原通缉令的编号和日期。	**第二百六十七条**　通缉令发出后，如果发现新的重要情况可以补发通报。通报必须注明原通缉令的编号和日期。
第二百五十五条　有关公安机关接到通缉令后，应当及时布置查缉。抓获犯罪嫌疑人后，应当迅速通知通缉令发布机关，并报经抓获地县级以上公安机关负责人批准后，凭通缉令羁押。原通缉令发布机关应当立即进行核实，并及时依法处理。	**第二百六十八条**　公安机关接到通缉令后，应当及时布置查缉。抓获犯罪嫌疑人后，报经县级以上公安机关负责人批准，凭通缉令或者相关法律文书羁押，**并通知通缉令发布机关进行核实，办理交接手续。**
第二百五十六条　为防止犯罪嫌疑人逃往	**第二百六十九条**　需要对犯罪嫌疑人在口

修正前	修正后
境外，需要在边防口岸采取边控措施的，应当按照有关规定制作《边控对象通知书》，经县级以上公安机关负责人审核后，层报省级公安机关批准，办理边控手续。需要在全国范围采取边控措施的，应当层报公安部批准。 对需要边防检查站限制犯罪嫌疑人人身自由的，需同时出具有关法律文书。紧急情况下，县级以上公安可以出具公函，先向当地边防检查站交控，但应当在七日内补办交控手续。	岸采取边控措施的，应当按照有关规定制作边控对象通知书，经县级以上公安机关负责人审核后，层报省级公安机关批准，办理全国范围内的边控措施。**需要限制犯罪嫌疑人人身自由的，应当附有关法律文书。** **紧急情况下**，需要采取边控措施的，县级以上公安机关可以出具公函，先向当地边防检查站交控，但应当在七日以内按照规定程序办理全国范围内的边控措施。
第二百五十七条　为发现重大犯罪线索，追缴涉案财物、证据，查获犯罪嫌疑人。必要时，经县级以上公安机关负责人批准，可以发布悬赏通告。 悬赏通告应当写明悬赏对象的基本情况和赏金的具体数额。	**第二百七十条**　为发现重大犯罪线索，追缴涉案财物、证据，查获犯罪嫌疑人，必要时，经县级以上公安机关负责人批准，可以发布悬赏通告。 悬赏通告应当写明悬赏对象的基本情况和赏金的具体数额。
第二百五十八条　通缉令、悬赏通告可以通过广播、电视、报刊、计算机网络等媒体发布。	**第二百七十一条**　通缉令、悬赏通告**应当广泛张贴**，并可以通过广播、电视、报刊、计算机网络等方式发布。
第二百五十九条　犯罪嫌疑人自首、被击毙或者被抓获，并经核实后，原发布机关应当在原通缉、通知、通告范围内，撤销通缉令、边控通知、悬赏通告。	**第二百七十二条**　**经核实**，犯罪嫌疑人已经自动投案、被击毙或者被抓获，以及发现有其他不需要采取通缉、边控、悬赏通告的情形的，发布机关应当在原通缉、通知、通告范围内，撤销通缉令、边控通知、悬赏通告。
第二百六十条　通缉越狱逃跑的犯罪嫌疑人、被告人或者罪犯，适用本节的有关规定。	**第二百七十三条**　通缉越狱逃跑的犯罪嫌疑人、被告人或者罪犯，适用本节的有关规定。
第十一节　侦查终结	**第十二节　侦查终结**
	第二百七十四条　侦查终结的案件，应当同时符合以下条件： **（一）案件事实清楚；** **（二）证据确实、充分；** **（三）犯罪性质和罪名认定正确；** **（四）法律手续完备；** **（五）依法应当追究刑事责任。**
第二百六十一条　侦查终结的案件，侦查人	**第二百七十五条**　侦查终结的案件，侦查

修正前	修正后
员应当制作结案报告。 结案报告应当包括以下内容： （一）犯罪嫌疑人的基本情况； （二）是否采取了强制措施及其理由； （三）案件的事实和证据； （四）法律依据和处理意见。	人员应当制作结案报告。 结案报告应当包括以下内容： （一）犯罪嫌疑人的基本情况； （二）是否采取了强制措施及其理由； （三）案件的事实和证据； （四）法律依据和处理意见。
第二百六十二条 侦查终结案件的处理，由县级以上公安机关负责人批准；重大、复杂、疑难的案件应当经过集体讨论决定。	**第二百七十六条** 侦查终结案件的处理，由县级以上公安机关负责人批准；重大、复杂、疑难的案件应当经过集体讨论。
第二百六十三条 侦查终结后，应当将全部案卷材料加以整理，按要求装订立卷。 向人民检察院移送案件时，只移送诉讼卷，侦查卷由公安机关存档备查。技术侦查获取的材料，需要作为证据公开使用时，按照规定采取相应的处理。	**第二百七十七条** 侦查终结后，应当将全部案卷材料按照要求装订立卷。 向人民检察院移送案件时，只移送诉讼卷，侦查卷由公安机关存档备查。
	第二百七十八条 对查封、扣押的犯罪嫌疑人的财物及其孳息、文件或者冻结的财产，作为证据使用的，应当随案移送，并制作随案移送清单一式两份，一份留存，一份交人民检察院。 **对于实物不宜移送的，应当将其清单、照片或者其他证明文件随案移送。待人民法院作出生效判决后，按照人民法院的通知，上缴国库或者依法予以返还，并向人民法院送交回执。人民法院未作出处理的，应当征求人民法院意见，并根据人民法院的决定依法作出处理。**
第二百六十四条 对于犯罪事实清楚，证据确实、充分，犯罪性质和罪名认定正确，法律手续完备，依法应当追究刑事责任的案件，应当制作《起诉意见书》，经县级以上公安机关负责人批准后，连同案卷材料、证据，一并移送同级人民检察院审查决定。	**第二百七十九条** 对侦查终结的案件，应当制作起诉意见书，经县级以上公安机关负责人批准后，连同全部案卷材料、证据，**以及辩护律师提出的意见**，一并移送同级人民检察院审查决定；**同时将案件移送情况告知犯罪嫌疑人及其辩护律师**。
第二百六十五条 共同犯罪案件的《起诉意见书》，应当写明每个犯罪嫌疑人在共同犯罪中的地位、作用、具体罪责和认罪态度，分别提出处理意见。	**第二百八十条** 共同犯罪案件的起诉意见书，应当写明每个犯罪嫌疑人在共同犯罪中的地位、作用、具体罪责和认罪态度，并分别提出处理意见。

修正前	修正后
第二百六十六条移至第二百六十七条之后	
第二百六十七条 被害人提出附带民事诉讼的，应当记录在案；移送审查起诉时，应当在《起诉意见书》末页注明。	**第二百八十一条** 被害人提出附带民事诉讼的，应当记录在案；移送审查起诉时，应当在起诉意见书末页注明。
	第二百八十二条 人民检察院作出不起诉决定的，如果犯罪嫌疑人在押，公安机关应当立即办理释放手续，并根据人民检察院解除查封、扣押、冻结财物的书面通知，及时解除查封、扣押、冻结。 **对人民检察院提出对被不起诉人给予行政处罚、行政处分或者没收其违法所得的检察意见，移送公安机关处理的，公安机关应当将处理结果及时通知人民检察院。**
第二百六十六条 认为人民检察院作出的不起诉决定有错误的时候，应当在七日内制作《要求复议意见书》，经县级以上公安机关负责人批准后，移送同级人民检察院复议。 要求复议的意见不被接受的，可以在七日内制作《提请复核意见书》，经县级以上公安机关负责人批准，提请上一级人民检察院复核。	**第二百八十三条** 认为人民检察院作出的不起诉决定有错误的，应当在**收到不起诉决定书后**七日以内制作要求复议意见书，经县级以上公安机关负责人批准后，移送同级人民检察院复议。 要求复议的意见不被接受的，可以在**收到人民检察院的复议决定书后**七日以内制作提请复核意见书，经县级以上公安机关负责人批准后，**连同人民检察院的复议决定书**，一并提请上一级人民检察院复核。
第二百六十八条 在侦查过程中，发现犯罪嫌疑人不够刑事处罚需要行政处理的，经县级以上公安机关批准，对犯罪嫌疑人依法予以行政处理或者移交其他有关部门处理。	
第二百六十九条 在侦查过程中，接到人民检察院的纠正违法通知后，应当及时查处或者纠正，并将情况书面回复人民检察院。	
第十二节 补充侦查	**第十三节 补充侦查**
第二百七十条 侦查终结，移送人民检察院审查起诉的案件，人民检察院退回公安机关补充	**第二百八十四条** 侦查终结，移送人民检察院审查起诉的案件，人民检察院退回公安机

修正前	修正后
侦查的，公安机关接到人民检察院退回补充侦查的法律文书后，应当按照补充侦查提纲的要求在一个月以内补充侦查完毕。 补充侦查以两次为限。	关补充侦查的，公安机关接到人民检察院退回补充侦查的法律文书后，应当按照补充侦查提纲在一个月以内补充侦查完毕。 补充侦查以**二次**为限。
第二百七十一条 对人民检察院退回补充侦查的案件，原侦查部门应当对案件的事实、证据和定性处理意见进行认真、全面地审查，分析研究人民检察院退回补充侦查意见，根据不同情况，报县级以上公安机关负责人批准，分别作如下处理： （一）原认定犯罪事实清楚，证据不够充分的，在补充证据后，应当制作《补充侦查报告书》，移送人民检察院审查；对有些证据无法补充的，应当作出说明； （二）在补充侦查过程中，发现新的同案犯或者新的罪行，需要追究刑事责任的，应当重新制作《起诉意见书》，移送人民检察院审查； （三）发现原认定的犯罪事实有重大变化，不应当追究刑事责任的，应当重新提出处理意见，并将处理结果通知退查的人民检察院； （四）原认定犯罪事实清楚、证据确实充分、人民检察院退回补充侦查不当的，应当说明理由，移送人民检察院审查。	**第二百八十五条** 对人民检察院退回补充侦查的案件，根据不同情况，报县级以上公安机关负责人批准，分别作如下处理： （一）原认定犯罪事实清楚，证据不够充分的，应当在补充证据后，制作补充侦查报告书，移送人民检察院审查；对无法补充的证据，应当作出说明； （二）在补充侦查过程中，发现新的同案犯或者新的罪行，需要追究刑事责任的，应当重新制作起诉意见书，移送人民检察院审查； （三）发现原认定的犯罪事实有重大变化，不应当追究刑事责任的，应当重新提出处理意见，并将处理结果通知退查的人民检察院； （四）原认定犯罪事实清楚，证据确实、充分，人民检察院退回补充侦查不当的，应当说明理由，移送人民检察院审查。
第二百七十二条 对人民检察院在审查起诉过程中，要求公安机关提供法庭审判所必需的证据材料，应当及时收集和提供。	**第二百八十六条** 对于人民检察院在审查起诉过程中**以及在人民法院作出生效判决前**，要求公安机关提供法庭审判所必需的证据材料的，应当及时收集和提供。
第十章 执行刑罚	**第九章 执行刑罚**
第一节 罪犯的交付	**第一节 罪犯的交付**
第二百七十三条 对被人民法院依法判处刑罚的犯罪，如果罪犯已被采取强制措施的，公安机关应当依据人民法院已经发生法律效力的判决书、裁定书、执行通知书，将罪犯交付执行。 对人民检察院作出的不起诉决定，以及人民法院作出的无罪或者免除刑事处罚的判决，如果	**第二百八十七条** 对被依法判处刑罚的罪犯，如果罪犯已被采取强制措施的，公安机关应当依据人民法院生效的判决书、裁定书以及执行通知书，将罪犯交付执行。 对**人民法院**作出无罪或者免除刑事处罚的判决，如果被告人在押，公安机关在收到相应的

修正前	修正后
犯罪嫌疑人或者被告人在押,公安机关在收到相应的法律文书后应当立即办理释放手续;对犯罪嫌疑人或者被告人需要给予行政处理的,应当依照有关规定处理,并将处理结果及时通知人民检察院或者人民法院。	法律文书后应当立即办理释放手续;对人民法院建议给予行政处理的,应当依照有关规定处理或者移送有关部门。
第二百七十四条 对被判处死刑的罪犯,公安机关应当依据人民法院执行死刑的命令,将罪犯交由人民法院执行。	**第二百八十八条** 对被判处死刑的罪犯,公安机关应当依据人民法院执行死刑的命令,将罪犯交由人民法院执行。
第二百七十五条 公安机关接到人民法院判处死刑缓期二年执行、无期徒刑、有期徒刑的判决书、裁定书、执行通知书后,应当在一个月以内将罪犯送交监狱执行。 对未成年犯应当送交未成年犯管教所执行刑罚。	**第二百八十九条** 公安机关接到人民法院生效的判处死刑缓期二年执行、无期徒刑、有期徒刑的判决书、裁定书以及执行通知书后,应当在一个月以内将罪犯送交监狱执行。 对未成年犯应当送交未成年犯管教所执行刑罚。
第二百七十六条 将罪犯交付执行,监狱不予收监的,公安机关应当提请交付执行的人民法院作出是否收监执行的决定。对于决定收监的,应当将罪犯交付监狱执行;对于决定暂予监外执行的,由看守所将罪犯交付罪犯居住地公安机关执行。	
第二百七十七条 对于被判处有期徒刑的罪犯,在被交付执行刑罚前,剩余刑期在一年以下的,由看守所根据人民法院的判决代为执行。 **第二百七十八条** 对于被判处拘役的罪犯,公安机关收到人民法院的判决书、裁定书、执行通知书后,将罪犯送交拘役所执行。没有拘役所的地区,由看守所执行。	**第二百九十条** 对被判处有期徒刑的罪犯,在被交付执行刑罚前,剩余刑期在**三个月**以下的,由看守所根据人民法院的判决代为执行。 **对被判处拘役的罪犯,由看守所执行。**
第二百七十九条 对于被判处管制、剥夺政治权利和被决定暂予监外执行的罪犯,由罪犯居住地县级公安机关指定派出所执行。执行机关应当对其严格管理监督,基层组织或者罪犯的原所在单位协助进行监督。	**第二百九十一条** 对被判处管制、宣告缓刑、假释或者暂予监外执行的罪犯,**已被羁押的,由看守所将其交付社区矫正机构执行。** **对被判处剥夺政治权利的罪犯,由罪犯居住地的派出所负责执行。**
第二百八十条 对于被宣告缓刑的罪犯,在	

修正前	修正后
缓刑考验期内,由罪犯居住地派出所考察,所在单位或者基层组织予以配合。 对于被假释的罪犯,在假释考验期限内,由居住地派出所予以监督。	
第二百八十一条 对被判处有期徒刑由看守所代为执行和拘役的罪犯,执行期间如果没有再犯新罪,执行期满,看守所、拘役所应当发给《刑满释放证明书》。	**第二百九十二条** 对被判处有期徒刑由看守所代为执行和被判处拘役的罪犯,执行期间如果没有再犯新罪,执行期满,看守所应当发给刑满释放证明书。
	第二百九十三条 公安机关在执行刑罚中,如果认为判决有错误或者罪犯提出申诉,应当转请人民检察院或者原判人民法院处理。
第二节 减刑、假释	**第二节 减刑、假释、暂予监外执行**
第二百八十二条 被判处管制、拘役、有期徒刑的罪犯,在执行期间,如果认真遵守监管规定,接受教育改造,确有悔改表现或者立功表现的,执行机关可以提出减刑建议;有下列重大立功表现之一的,执行机关应当提出减刑建议: (一)阻止他人重大犯罪活动的; (二)检举重大犯罪活动,经查证属实的; (三)有发明创造或者重大技术革新的; (四)在日常生产、生活中舍己救人的; (五)在抗御自然灾害或者排除重大事故中,有突出表现的; (六)对国家和社会有其他重大贡献的。	**第二百九十四条** 对依法留看守所执行刑罚的罪犯,符合减刑条件的,由看守所制作**减刑建议书**,经设区的**市一级以上**公安机关审查同意后,报请所在地中级以上人民法院审核裁定。
第二百八十三条 对于被判处拘役或者有期徒刑余刑一年以下的罪犯,符合减刑条件的,由拘役所、看守所提出减刑建议书,经县级以上公安机关审查同意后,报请所在地中级以上人民法院审核裁定。	
第二百八十四条 对于被判处管制的罪犯,符合减刑条件的,由执行管制的派出所提出减刑建议书,经县级以上公安机关审查同意后,报请所在地中级以上人民法院审核裁定。	
第二百八十五条 对于被判处有期徒刑由	**第二百九十五条** 对依法留看守所执行刑

修正前	修正后
看守所代为执行的罪犯，执行原判刑期二分之一以上，如果认真遵守监管规定、接受教育改造，确有悔改表现，假释后不致再危害社会，可以假释的，由执行的看守所提出假释建议书，经县级以上公安机关审查同意后，报请所在地中级以上人民法院审核裁定。	罚的罪犯，符合假释条件的，由看守所制作假释建议书，经设区的市一级以上公安机关审查同意后，报请所在地中级以上人民法院审核裁定。
	第二百九十六条　对依法留所执行刑罚的罪犯，有下列情形之一的，可以暂予监外执行： （一）有严重疾病需要保外就医的； （二）怀孕或者正在哺乳自己婴儿的妇女； （三）生活不能自理，适用暂予监外执行不致危害社会的。 对罪犯暂予监外执行的，看守所应当提出书面意见，报设区的市一级以上公安机关批准，同时将书面意见抄送同级人民检察院。 对适用保外就医可能有社会危险性的罪犯，或者自伤自残的罪犯，不得保外就医。 对罪犯确有严重疾病，必须保外就医的，由省级人民政府指定的医院诊断并开具证明文件。
	第二百九十七条　公安机关决定对罪犯暂予监外执行的，应当将暂予监外执行决定书交被暂予监外执行的罪犯和负责监外执行的社区矫正机构，同时抄送同级人民检察院。
	第二百九十八条　批准暂予监外执行的公安机关接到人民检察院认为暂予监外执行不当的意见后，应当立即对暂予监外执行的决定进行重新核查。
	第二百九十九条　对暂予监外执行的罪犯，有下列情形之一的，批准暂予监外执行的公安机关应当作出收监执行决定： （一）发现不符合暂予监外执行条件的； （二）严重违反有关暂予监外执行监督管理规定的； （三）暂予监外执行的情形消失后，罪犯刑期未满的。 对暂予监外执行的罪犯决定收监执行的，

修正前	修正后
	由暂予监外执行地看守所将罪犯收监执行。 不符合暂予监外执行条件的罪犯通过贿赂等非法手段被暂予监外执行的，或者罪犯在暂予监外执行期间脱逃的，罪犯被收监执行后，所在看守所应当提出不计入执行刑期的建议，经设区的市一级以上公安机关审查同意后，报请所在地中级以上人民法院审核裁定。
第三节　对罪犯的监督、考察 （管制、宣告缓刑、假释已作社区矫正处理，予以删除，剥夺政治权利单独作为新条文第九章第三节）	
第二百八十六条　负责执行管制、剥夺政治权利的派出所，应当按照人民法院的判决，向罪犯及其原所在单位或者居住地群众宣布其犯罪事实、被管制或者剥夺政治权利的期限，以及罪犯在执行期间应当遵守的规定。	
第二百八十七条　执行机关应当向被管制的罪犯宣布，在执行期间应当遵守下列规定： （一）遵守法律、行政法规和公安部制定的有关规定，服从监督； （二）未经执行机关批准，不得行使言论、出版、集会、结社、游行、示威自由的权利； （三）定期向监督考察小组报告自己的活动情况； （四）遵守公安机关关于会客的规定； （五）离开所居住的市、县或者迁居，应当报经公安机关批准； （六）遵守公安机关制定的具体监督管理措施。 被判处管制的罪犯，在劳动中应当同工同酬。	
第二百八十八条　执行机关应当向被剥夺政治权利的罪犯宣布，在执行期间应当遵守下列规定： （一）遵守国家法律、行政法规和公安部制定的有关规定，服从监督；	

修正前	修正后
（二）不得享有选举权和被选举权； （三）不得组织或者参加集会、游行、示威、结社活动； （四）不得出版、制作、发行书籍、音像制品； （五）不得接受采访，发表演说； （六）不得在境内外发表有损国家荣誉、利益或者其他具有社会危害性的言论； （七）不得担任国家机关职务； （八）不得担任国有公司、企业、事业单位和人民团体的领导职务； （九）遵守公安机关制定的具体监督管理措施。	
第二百八十九条　被管制、剥夺政治权利的罪犯违反本规定第二百八十七条、第二百八十八条的规定，尚未构成新的犯罪的，由公安机关依法给予治安管理处罚。	
第二百九十条　被管制、剥夺政治权利的罪犯，执行期满，公安机关应当通知本人，并向其所在单位或者居住地的群众宣布解除管制或者恢复政治权利。	
第二百九十一条　对于被判处有期徒刑或者拘役的罪犯，有下列情形之一的，看守所、拘役所应当报经县级以上公安机关批准，对罪犯暂予监外执行： （一）有严重疾病需要保外就医的； （二）怀孕或者正在哺乳自己婴儿的妇女； （三）生活不能自理，适用暂予监外执行不致危害社会的罪犯。 对于适用保外就医可能有社会危险性的罪犯，或者自伤自残的罪犯，不得保外就医。 对于罪犯确有严重疾病，必须保外就医的，由省级人民政府指定的医院开具证明文件，依照法律规定的程序审批。 发现保外就医的罪犯不符合保外就医条件的，或者严重违反保外就医规定的，应当及时收监。 （修改后并入第二百九十六条）	

修正前	修正后
第二百九十二条 公安机关决定对罪犯暂予监外执行的,应当将《暂予监外执行通知书》交被暂予监外执行的罪犯和罪犯居住地派出所,同时将《暂予监外执行决定书》送同级人民检察院。 (修改后的第二百九十七条)	
第二百九十三条 公安机关接到人民检察院认为暂予监外执行不当的意见后,应当立即对暂予监外执行的决定进行重新核查,并在十五日内提出处理意见,经县级以上公安机关负责人批准,将处理结果通报人民检察院。 (修改后的第二百九十八条)	
第二百九十四条 暂予监外执行的罪犯违反法律、行政法规和公安部制定的有关规定,尚未构成新的犯罪的,由公安机关依法给予治安管理处罚。	
第二百九十五条 暂予监外执行的情形消失后,罪犯刑期未满的,负责执行的派出所应当及时与监狱、看守所、拘役所联系,予以收监。 罪犯在暂予监外执行期间死亡的,执行的派出所应当及时通知原服刑的监狱、看守所、拘役所。	
第二百九十六条 对被宣告缓刑、假释罪犯,执行的派出所应当根据人民法院的判决、裁定,向罪犯原所在单位或者居住地的群众宣布其犯罪事实、监督考察期限以及监督考察期限内应当遵守的规定。	
第二百九十七条 执行机关应当向被宣告缓刑或者假释的罪犯宣布,在监督考察期限内应当遵守下列规定: (一)遵守法律、行政法规和公安部制定的有关规定,服从监督; (二)按照公安机关的规定,定期报告自己的活动情况;	

修正前	修正后
（三）遵守公安机关关于会客的规定； （四）离开所居住的市、县或者迁居，应当报经县级公安机关批准； （五）附加剥夺政治权利的缓刑、假释罪犯还必须遵守本规定第二百八十八条的规定； （六）遵守公安机关制定的具体监督管理措施。	
第二百九十八条 对被宣告缓刑、假释的罪犯，执行的派出所应当定期向罪犯原所在单位或者执行地街道居民委员会、村民委员会了解其表现情况，建立监督考察档案。	
第二百九十九条 被宣告缓刑、假释的罪犯，在缓刑、假释期限内，发现判决宣告前还有其他罪没有判决的，公安机关应当及时移送人民检察院处理，并通知原判决的人民法院。	
第三百条 被宣告缓刑、假释的罪犯在缓刑、假释考验期限内，违反公安部制定的有关规定，尚未构成新的犯罪的，公安机关应当向人民法院提出撤销缓刑、假释的建议。 人民法院裁定撤销缓刑、假释的，公安机关应当及时将罪犯送交原关押的监狱、看守所、拘役所收监执行。	
第三百零一条 被宣告缓刑、假释的罪犯违反本规定第二百九十七条的规定，尚未构成新的犯罪的，由公安机关依法给予治安管理处罚。	
第三百零二条 被宣告缓刑的罪犯，在缓刑考察期限内没有刑法第七十七条规定的情形，缓刑考验期满，原判的刑罚就不再执行。如果被判处附加刑，附加刑仍须执行。缓刑考验期满，公安机关应当向本人宣布并通报原判决的人民法院。 被假释的罪犯，在假释考验期限内没有刑法第八十六条规定的情形，就认为原判刑罚已执行完毕。假释考验期满，公安机关应当向本人宣布并通报原裁定的人民法院和原执行的监狱、看守	

修正前	修正后
所、拘役所和家属、单位。	
第三百零三条 罪犯在缓刑、假释期间死亡的，公安机关应当及时通报原判决的人民法院和原执行的监狱、看守所、拘役所及罪犯家属、单位。	
第三百零四条 公安机关在执行刑罚中，如果认为判决有错误或者罪犯提出申诉，应当转请人民检察院或者原判人民法院处理。	
第三百零五条 接到人民检察院认为公安机关执行刑罚的活动有违法情况的通知后，应当及时查处纠正，经县级以上公安机关负责人批准，将处理结果报告人民检察院。	
	第三节 剥夺政治权利
	第三百条 负责执行剥夺政治权利的派出所应当按照人民法院的判决，向罪犯及其所在单位、居住地基层组织宣布其犯罪事实、被剥夺政治权利的期限，以及罪犯在执行期间应当遵守的规定。
	第三百○一条 被剥夺政治权利的罪犯在执行期间应当遵守下列规定： （一）遵守国家法律、行政法规和公安部制定的有关规定，服从监督管理； （二）不得享有选举权和被选举权； （三）不得组织或者参加集会、游行、示威、结社活动； （四）不得出版、制作、发行书籍、音像制品； （五）不得接受采访，发表演说； （六）不得在境内外发表有损国家荣誉、利益或者其他具有社会危害性的言论； （七）不得担任国家机关职务； （八）不得担任国有公司、企业、事业单位和人民团体的领导职务。
	第三百○二条 被剥夺政治权利的罪犯违

修正前	修正后
	反本规定第三百零一条的规定，尚未构成新的犯罪的，公安机关依法可以给予治安管理处罚。
	第三百〇三条　被剥夺政治权利的罪犯，执行期满，公安机关应当书面通知本人及其所在单位、居住地基层组织。
第四节　对又犯新罪罪犯的处理	第四节　对又犯新罪罪犯的处理
第三百零六条　在看守所、拘役所服刑的罪犯又犯新罪的，由看守所、拘役所立案侦查；重大、复杂的案件由公安机关刑事侦查部门立案侦查。 第三百零七条　监外执行的罪犯，在监外执行期间又犯新罪，需要收监执行的，由当地公安机关直接通知原所在监狱、看守所、拘役所解回收监；应当追究刑事责任的，由犯罪地公安机关立案侦查，并将处理结果及时通知原执行机关。	第三百〇四条　对留看守所执行刑罚的罪犯，在暂予监外执行期间又犯新罪的，由犯罪地公安机关立案侦查，并通知批准机关。批准机关作出收监执行决定后，应当根据侦查、审判需要，由犯罪地看守所或者暂予监外执行地看守所收监执行。
第三百零八条　被剥夺政治权利、管制、宣告缓刑和假释的罪犯在执行期间又犯新罪的，由犯罪地公安机关立案侦查。 对于因犯新罪被撤销假释的罪犯，仍送原服刑的监狱、看守所、拘役所执行。	第三百〇五条　被剥夺政治权利、管制、宣告缓刑和假释的罪犯在执行期间又犯新罪的，由犯罪地公安机关立案侦查。 对留看守所执行刑罚的罪犯，因犯新罪被撤销假释的，应当根据侦查、审判需要，由犯罪地看守所或者原执行看守所收监执行。
	第十章　特别程序
	第一节　未成年人刑事案件诉讼程序
	第三百〇六条　公安机关办理未成年人刑事案件，实行教育、感化、挽救的方针，坚持教育为主、惩罚为辅的原则。
	第三百〇七条　公安机关办理未成年人刑事案件，应当保障未成年人行使其诉讼权利并得到法律帮助，依法保护未成年人的名誉和隐私，尊重其人格尊严。
	第三百〇八条　公安机关应当设置专门机

修正前	修正后
	构或者配备专职人员办理未成年人刑事案件。 未成年人刑事案件应当由熟悉未成年人身心特点，善于做未成年人思想教育工作，具有一定办案经验的人员办理。
	第三百〇九条 未成年犯罪嫌疑人没有委托辩护人的，公安机关应当通知法律援助机构指派律师为其提供辩护。
	第三百一十条 公安机关办理未成年人刑事案件时，应当重点查清未成年犯罪嫌疑人实施犯罪行为时是否已满十四周岁、十六周岁、十八周岁的临界年龄。
	第三百一十一条 公安机关办理未成年人刑事案件，根据情况可以对未成年犯罪嫌疑人的成长经历、犯罪原因、监护教育等情况进行调查并制作调查报告。 作出调查报告的，在提请批准逮捕、移送审查起诉时，应当结合案情综合考虑，并将调查报告与案卷材料一并移送人民检察院。
第一百八十二条 讯问未成年的犯罪嫌疑人，应当针对未成年人的身心特点，采取不同于成年人的方式；除有碍侦查或者无法通知的情形外，应当通知其家长、监护人或者教师到场；讯问可以在公安机关进行，也可以到未成年人的住所、单位、学校或者其他适当的地点进行。 讯问聋、哑犯罪嫌疑人，应当有通晓聋、哑手势的人参加，并在讯问笔录上注明犯罪嫌疑人的聋、哑情况，以及翻译人的姓名、工作单位和职业。 讯问不通晓当地语言文字的犯罪嫌疑人，应当配备翻译人员。	**第三百一十二条** 讯问未成年犯罪嫌疑人，应当通知未成年犯罪嫌疑人的法定代理人到场。无法通知、法定代理人不能到场或者法定代理人是共犯的，也可以通知未成年犯罪嫌疑人的其他成年亲属，所在学校、单位、居住地基层组织或者未成年人保护组织的代表到场，并将有关情况记录在案。到场的法定代理人可以代为行使未成年犯罪嫌疑人的诉讼权利。 到场的法定代理人或者其他人员提出办案人员在讯问中侵犯未成年人合法权益的，公安机关应当认真核查，依法处理。
	第三百一十三条 讯问未成年犯罪嫌疑人应当采取适合未成年人的方式，耐心细致地听取其供述或者辩解，认真审核、查证与案件有关的证据和线索，并针对其思想顾虑、恐惧心理、抵触情绪进行疏导和教育。

修正前	修正后
	讯问女性未成年犯罪嫌疑人，应当有女工作人员在场。
	第三百一十四条　讯问笔录应当交未成年犯罪嫌疑人、到场的法定代理人或者其他人员阅读或者向其宣读；对笔录内容有异议的，应当核实清楚，准予更正或者补充。
第一百九十条　询问未成年的证人、被害人，可以通知其法定代理人到场。	第三百一十五条　询问未成年被害人、证人，适用本规定第三百一十二条、第三百一十三条、第三百一十四条的规定。
第一百三十九条　办理未成年人犯罪案件，应当严格控制和尽量减少使用强制措施。	第三百一十六条　对未成年犯罪嫌疑人应当严格限制和尽量减少使用逮捕措施。 未成年犯罪嫌疑人被拘留、逮捕后服从管理、依法变更强制措施不致发生社会危险性，能够保证诉讼正常进行的，公安机关应当依法及时变更强制措施；人民检察院批准逮捕的案件，公安机关应当将变更强制措施情况及时通知人民检察院。
	第三百一十七条　对被羁押的未成年人应当与成年人分别关押、分别管理、分别教育，并根据其生理和心理特点在生活和学习方面给予照顾。
	第三百一十八条　人民检察院在对未成年人作出附条件不起诉的决定前，听取公安机关意见时，公安机关应当提出书面意见，经县级以上公安机关负责人批准，移送同级人民检察院。
	第三百一十九条　认为人民检察院作出的附条件不起诉决定有错误的，应当在收到不起诉决定书后七日以内制作要求复议意见书，经县级以上公安机关负责人批准，移送同级人民检察院复议。 要求复议的意见不被接受的，可以在收到人民检察院的复议决定书后七日以内制作提请复核意见书，经县级以上公安机关负责人批准后，连同人民检察院的复议决定书，一并提请上

修正前	修正后
	一级人民检察院复核。
	第三百二十条　未成年人犯罪的时候不满十八周岁，被判处五年有期徒刑以下刑罚的，公安机关应当依据人民法院已经生效的判决书，将该未成年人的犯罪记录予以封存。 犯罪记录被封存的，除司法机关为办案需要或者有关单位根据国家规定进行查询外，公安机关不得向其他任何单位和个人提供。 被封存犯罪记录的未成年人，如果发现漏罪，合并被判处五年有期徒刑以上刑罚的，应当对其犯罪记录解除封存。
	第三百二十一条　办理未成年人刑事案件，除本节已有规定的以外，按照本规定的其他规定进行。
	第二节　当事人和解的公诉案件诉讼程序
	第三百二十二条　下列公诉案件，犯罪嫌疑人真诚悔罪，通过向被害人赔偿损失、赔礼道歉等方式获得被害人谅解，被害人自愿和解的，经县级以上公安机关负责人批准，可以依法作为当事人和解的公诉案件办理： （一）因民间纠纷引起，涉嫌刑法分则第四章、第五章规定的犯罪案件，可能判处三年有期徒刑以下刑罚的； （二）除渎职犯罪以外的可能判处七年有期徒刑以下刑罚的过失犯罪案件。 犯罪嫌疑人在五年以内曾经故意犯罪的，不得作为当事人和解的公诉案件办理。
	第三百二十三条　有下列情形之一的，不属于因民间纠纷引起的犯罪案件： （一）雇凶伤害他人的； （二）涉及黑社会性质组织犯罪的； （三）涉及寻衅滋事的； （四）涉及聚众斗殴的； （五）多次故意伤害他人身体的； （六）其他不宜和解的。

修正前	修正后
	第三百二十四条　双方当事人和解的，公安机关应当审查案件事实是否清楚，被害人是否自愿和解，是否符合规定的条件。 公安机关审查时，应当听取双方当事人的意见，并记录在案；必要时，可以听取双方当事人亲属、当地居民委员会或者村民委员会人员以及其他了解案件情况的相关人员的意见。
	第三百二十五条　达成和解的，公安机关应当主持制作和解协议书，并由双方当事人及其他参加人员签名。 当事人中有未成年人的，未成年当事人的法定代理人或者其他成年亲属应当在场。
	第三百二十六条　和解协议书应当包括以下内容： （一）案件的基本事实和主要证据； （二）犯罪嫌疑人承认自己所犯罪行，对指控的犯罪事实没有异议，真诚悔罪； （三）犯罪嫌疑人通过向被害人赔礼道歉、赔偿损失等方式获得被害人谅解；涉及赔偿损失的，应当写明赔偿的数额、方式等；提起附带民事诉讼的，由附带民事诉讼原告人撤回附带民事诉讼； （四）被害人自愿和解，请求或者同意对犯罪嫌疑人依法从宽处罚。 和解协议应当及时履行。
	第三百二十七条　对达成和解协议的案件，经县级以上公安机关负责人批准，公安机关将案件移送人民检察院审查起诉时，可以提出从宽处理的建议。
	第三节　犯罪嫌疑人逃匿、死亡案件违法所得的没收程序
	第三百二十八条　有下列情形之一，依照刑法规定应当追缴其违法所得及其他涉案财产的，经县级以上公安机关负责人批准，公安机关应当写出没收违法所得意见书，连同相关证据

修正前	修正后
	材料一并移送同级人民检察院： （一）恐怖活动犯罪等重大犯罪案件，犯罪嫌疑人逃匿，在通缉一年后不能到案的； （二）犯罪嫌疑人死亡的。 犯罪嫌疑人死亡，现有证据证明其存在违法所得及其他涉案财产应当予以没收的，公安机关可以进行调查。公安机关进行调查，可以依法进行查封、扣押、查询、冻结。
	第三百二十九条　没收违法所得意见书应当包括以下内容： （一）犯罪嫌疑人的基本情况； （二）犯罪事实和相关的证据材料； （三）犯罪嫌疑人逃匿、被通缉或者死亡的情况； （四）犯罪嫌疑人的违法所得及其他涉案财产的种类、数量、所在地； （五）查封、扣押、冻结的情况等。
	第三百三十条　公安机关将没收违法所得意见书移送人民检察院后，在逃的犯罪嫌疑人自动投案或者被抓获的，公安机关应当及时通知同级人民检察院。
	第四节　依法不负刑事责任的精神病人的强制医疗程序
	第三百三十一条　公安机关发现实施暴力行为，危害公共安全或者严重危害公民人身安全的犯罪嫌疑人，可能属于依法不负刑事责任的精神病人的，应当对其进行精神病鉴定。
	第三百三十二条　对经法定程序鉴定依法不负刑事责任的精神病人，有继续危害社会可能，符合强制医疗条件的，公安机关应当在七日以内写出强制医疗意见书，经县级以上公安机关负责人批准，连同相关证据材料和鉴定意见一并移送同级人民检察院。
	第三百三十三条　对实施暴力行为的精神

修正前	修正后
	病人,在人民法院决定强制医疗前,经县级以上公安机关负责人批准,公安机关可以采取临时的保护性约束措施。必要时,可以将其送精神病医院接受治疗。
	第三百三十四条　采取临时的保护性约束措施时,应当对精神病人严加看管,并注意约束的方式、方法和力度,以避免和防止危害他人和精神病人的自身安全为限度。 **对于精神病人已没有继续危害社会可能,解除约束后不致发生社会危险性的,公安机关应当及时解除保护性约束措施。**
第十一章　办案协作	**第十一章　办案协作**
第三百零九条　对异地公安机关提出协助调查、执行强制措施等协作请求,只要法律手续完备,协作地公安机关就应当及时无条件予以配合,不得收取任何形式的费用。	**第三百三十五条**　对异地公安机关提出协助调查、执行强制措施等协作请求,只要法律手续完备,协作地公安机关就应当及时无条件予以配合,不得收取任何形式的费用。
第三百一十条　县级以上公安机关办理刑事案件需要异地公安机关协作的,应当制作办案协作函件。 负责协作的县级以上公安机关接到异地公安机关请求协作的函件后,应当指定主管业务部门办理。	**第三百三十六条**　县级以上公安机关办理刑事案件需要异地公安机关协作的,应当制作办案协作函件。 负责协作的县级以上公安机关接到异地公安机关请求协作的函件后,应当指定主管业务部门办理。
第三百一十一条　对于获取的犯罪线索,不属于自己管辖的,应当及时转递有管辖权的公安机关。	**第三百三十七条**　对获取的犯罪线索,不属于自己管辖的,应当及时**移交**有管辖权的公安机关**或者其他有关部门**。
第三百一十二条　对异地公安机关请求查询犯罪信息、资料的,协助查询的公安机关应当认真查办,并及时反馈。 (修改后并入第三百四十一条)	
第三百一十三条　异地执行传唤、拘传,执行人员应当持《传唤通知书》、《拘传证》、办案协作函件和工作证件,与协作地县级以上公安机关联系。协作地公安机关应当协助将犯罪嫌疑人	**第三百三十八条**　异地执行传唤、拘传,执行人员应当持传唤证、拘传证、办案协作函件和工作证件,与协作地县级以上公安机关联系,协作地公安机关应当协助将犯罪嫌疑人传唤、拘

修正前	修正后
传唤、拘传到本市、县内的指定地点或者到犯罪嫌疑人的住处进行讯问。	传到本市、县内的指定地点或者到犯罪嫌疑人的住处进行讯问。
第三百一十四条 异地执行拘留、逮捕的，执行人员应当持《拘留证》、《逮捕证》、办案协作函件和工作证件，与协作地县级以上公安机关联系，协作地公安机关应当派员协助执行。	**第三百三十九条** 异地执行拘留、逮捕的，执行人员应当持拘留证、逮捕证、办案协作函件和工作证件，与协作地县级以上公安机关联系，协作地公安机关应当派员协助执行。
第三百一十五条 委托异地公安机关代为执行拘留、逮捕的，应当将《拘留证》、《逮捕证》、办案协作函件送达协作地公安机关。 协作地公安机关抓获犯罪嫌疑人后，应当立即通知委托地公安机关。委托地公安机关应当立即携带法律文书及时提解，提解的侦查人员不得少于二人。	**第三百四十条** 委托异地公安机关代为执行拘留、逮捕的，应当将拘留证、逮捕证、办案协作函件送达协作地公安机关。 **已被决定拘留、逮捕的犯罪嫌疑人在逃的，可以通过网上工作平台发布犯罪嫌疑人相关信息、拘留证或者逮捕证。各地公安机关发现网上逃犯的，应当立即组织抓捕。** 协作地公安机关抓获犯罪嫌疑人后，应当立即通知委托地公安机关。委托地公安机关应当立即携带法律文书及时提解，提解的侦查人员不得少于二人。
第三百一十六条 异地公安机关请求协查犯罪嫌疑人的身份、年龄、违法犯罪经历等情况的，协查地公安机关接到通知后应当在七日内将协查结果通知请求协查的公安机关；交通十分不便的边远地区，应当在十五日内将协查结果通知请求协查的公安机关。	**第三百四十一条** 异地公安机关请求协查犯罪嫌疑人的身份、年龄、违法犯罪经历等情况的，协查地公安机关接到通知后应当在七日以内将协查结果通知请求协查的公安机关；交通十分不便的边远地区，应当在十五日以内将协查结果通知请求协查的公安机关。 **异地公安机关请求协助调查取证或者查询犯罪信息、资料的，协作地公安机关应当及时协查并反馈。**
第三百一十七条 需要异地办理查询、扣押或者冻结与犯罪有关的财物、文件的，执行人员应当持办案协作函件和相关的法律文书，与协作地县级以上公安机关联系，协作地公安机关应当指定主管业务部门协助执行。 在紧急情况下，可以将办案协作函件和相关的法律文书电传至协作地县级以上公安机关，协作地公安机关应当及时采取措施。委托地公安机关应当立即派员携带法律文书前往协作地办理。	**第三百四十二条** 需要异地办理查询、查封、扣押或者冻结与犯罪有关的财物、文件的，执行人员应当持相关的法律文书、办案协作函件和工作证件，与协作地县级以上公安机关联系，协作地公安机关应当协助执行。 在紧急情况下，可以将办案协作函件和相关的法律文书电传至协作地县级以上公安机关，协作地公安机关应当及时采取措施。委托地公安机关应当立即派员前往协作地办理。

修正前	修正后
第三百一十八条 对不履行办案协作职责造成严重后果的，对直接负责的主管人员和其他直接责任人员，应当给予行政处分；构成犯罪的，依法追究刑事责任。	**第三百四十三条** 对不履行办案协作职责造成严重后果的，对直接负责的主管人员和其他直接责任人员，应当给予行政处分；构成犯罪的，依法追究刑事责任。
第三百一十九条 协作地公安机关依照请求协作的公安机关的要求，履行办案协作职责所产生的法律责任，由请求协作的公安机关承担。	**第三百四十四条** 协作地公安机关依照请求协作的公安机关的要求，履行办案协作职责所产生的法律责任，由请求协作的公安机关承担。
第十二章　外国人犯罪案件的办理	**第十二章　外国人犯罪案件的办理**
第三百二十条 办理外国人犯罪案件，应当严格依照我国法律、法规、规章，以维护国家主权和利益，并在对等互惠原则的基础上，严格履行我国所承担的国际条约义务。当国内法或者规定同我国所承担的国际条约义务发生冲突时，应当适用国际条约的有关规定，但我国声明保留的条款除外。	**第三百四十五条** 办理外国人犯罪案件，应当严格依照我国法律、法规、规章，维护国家主权和利益，并在对等互惠原则的基础上，履行我国所承担的国际条约义务。
第三百二十一条 外国籍犯罪嫌疑人在刑事诉讼中，享有我国法律规定的诉讼权利，并承担相应的义务。	**第三百四十六条** 外国籍犯罪嫌疑人在刑事诉讼中，享有我国法律规定的诉讼权利，并承担相应的义务。
第三百二十二条 外国人的国籍，以其在入境时的有效证件予以确认；国籍不明的，由出入境管理部门协助予以查明。	**第三百四十七条** 外国籍犯罪嫌疑人的国籍，以其在入境时持用的有效证件予以确认；国籍不明的，由出入境管理部门协助予以查明。**国籍确实无法查明的，以无国籍人对待。**
	第三百四十八条　确认外国籍犯罪嫌疑人身份，可以依照有关国际条约或者通过国际刑事警察组织、警务合作渠道办理。确实无法查明的，可以按其自报的姓名移送人民检察院审查起诉。
第三百二十三条 犯罪嫌疑人为享有外交特权和豁免权的外国人的，应当层报公安部，由公安部移交外交部通过外交途径解决其刑事责任问题。	**第三百四十九条** 犯罪嫌疑人为享有外交或者领事特权和豁免权的外国人的，应当层报公安部，**同时通报同级人民政府外事办公室**，由公安部商请外交部通过外交途径办理。
第三百二十四条 公安机关办理外国人犯	**第三百五十条** 公安机关办理外国人犯罪

修正前	修正后
罪案件使用中华人民共和国通用的语言文字。犯罪嫌疑人通晓中国语言文字而不需要他人翻译的，应当出具书面声明；不通晓中国语言文字的，公安机关应当为他翻译。 经公安机关批准，外国籍犯罪嫌疑人可以自己聘请翻译，但翻译费由犯罪嫌疑人承担。	案件使用中华人民共和国通用的语言文字。犯罪嫌疑人不通晓中国语言文字的，公安机关应当为他翻译。
第三百二十五条 外国人犯罪案件，由犯罪地的地（市）级以上公安机关立案侦查。	**第三百五十一条** 外国人犯罪案件，由犯罪地的**县级**以上公安机关立案侦查。
第三百二十六条 外国人犯中华人民共和国缔结或者参加的国际条约规定的罪行后进入我国领域内的，由该外国人被抓获的地（市）级以上公安机关立案侦查。	**第三百五十二条** 外国人犯中华人民共和国缔结或者参加的国际条约规定的罪行后进入我国领域内的，由该外国人被抓获地的**设区的市一级以上**公安机关立案侦查。
第三百二十七条 外国人在中华人民共和国领域外的中国船舶或者航空器内犯罪的，由犯罪发生后该船舶或者航空器最初停泊或者降落的中国港口的地（市）级以上交通或者民航公安机关立案侦查。	**第三百五十三条** 外国人在中华人民共和国领域外的中国船舶或者航空器内犯罪的，由犯罪发生后该船舶或者航空器最初停泊或者降落地、**目的地**的中国港口的**县级以上**交通或民航公安机关或者该外国人居住地的县级以上公安机关立案侦查；**未设交通或者民航公安机关的，由地方公安机关管辖。**
第三百二十八条 外国人在国际列车上犯罪的，由犯罪发生后列车最初停靠的中国车站所在地或者目的地的地（市）级以上铁路公安机关立案侦查。	**第三百五十四条** 外国人在国际列车上犯罪的，由犯罪发生后列车最初停靠的中国车站所在地、目的地的**县级**以上铁路公安机关**或者该外国人居住地的县级以上**公安机关立案侦查。
第三百二十九条 外国人在中华人民共和国领域外对中华人民共和国国家或者公民犯罪，依照《中华人民共和国刑法》应当受处罚的，由该外国人入境地的地（市）级以上公安机关立案侦查。	**第三百五十五条** 外国人在中华人民共和国领域外对中华人民共和国国家或者公民犯罪，应当受刑罚处罚的，由该外国人入境地或者入境后居住地的**县级**以上公安机关立案侦查；**该外国人未入境的，由被害人居住地的县级以上公安机关立案侦查，没有被害人或者是对中华人民共和国国家犯罪的，由公安部指定管辖。**
第三百三十条 发生重大的或者可能引起外交交涉的外国人犯罪案件的，有关省、自治区、直辖市公安机关应当及时将案件办理情况报告公安部。公安部商外交部后，应当单独或者会同	**第三百五十六条** 发生重大或者可能引起外交交涉的外国人犯罪案件的，有关省级公安机关应当及时将案件办理情况报告公安部，**同时通报同级人民政府外事办公室。必要时，**由

修正前	修正后
外交部联名将案件进展情况等及时通知我国驻外使馆、领事馆。	公安部商外交部将案件情况通知我国驻外使馆、领事馆。
第三百三十一条 需要对外国人采取拘留、监视居住、取保候审的，应当经省级公安机关负责人批准后，将有关案情、处理情况等于采取强制措施的四十八小时以内报告公安部，同时通报同级人民政府外事办公室。	**第三百五十七条** **对外国籍犯罪嫌疑人依法作出**取保候审、监视居住决定或者执行拘留、逮捕后，应当在四十八小时以内层报**省级公安机关**，同时通报同级人民政府外事办公室。 **重大涉外案件应当在四十八小时以内层报公安部，同时通报同级人民政府外事办公室。**
第三百三十二条 对外国人依法作出取保候审、监视居住决定或者执行拘留、逮捕后，有关省、自治区、直辖市公安厅、局应当在规定的期限内，将外国人的姓名、性别、入境时间、护照或者证件号码、案件发生的时间、地点及有关情况，涉嫌犯罪的主要事实，已采取的强制措施及其法律依据，通知该外国人所属国家的驻华使馆、领事馆，同时报告公安部。 外国人在公安机关侦查或者执行刑罚期间死亡的，有关省、自治区、直辖市公安机关应当通知该外国人所属国家的驻华使馆、领事馆，同时报告公安部。	**第三百五十八条** 对**外国籍犯罪嫌疑人**依法作出取保候审、监视居住决定或者执行拘留、逮捕后，由**省级公安机关**根据有关规定，将其姓名、性别、入境时间、护照或者证件号码、案件发生的时间、地点，涉嫌犯罪的主要事实，已采取的强制措施及其法律依据等，通知该外国人所属国家的驻华使馆、领事馆，同时报告公安部。**经省级公安机关批准，领事通报任务较重的副省级城市公安局可以直接行使领事通报职能。** 外国人在公安机关侦查或者执行刑罚期间死亡的，有关**省级**公安机关应当通知该外国人国籍国的驻华使馆、领事馆，同时报告公安部。 **未在华设立使馆、领事馆的国家，可以通知其代管国家的驻华使馆、领事馆；无代管国家或者代管国家不明的，可以不予通知。**
第三百二十三条 外国籍犯罪嫌疑人聘请律师为其提供法律咨询、代理申诉、控告的，必须聘请在中华人民共和国的律师事务所执业的律师。	**第三百五十九条** 外国籍犯罪嫌疑人委托辩护人的，应当委托在中华人民共和国的律师事务所执业的律师。
第三百三十四条 公安机关侦查终结前，外国驻华外交、领事官员要求探视被监视居住、拘留、逮捕或者正在服刑的本国公民的，立案侦查的公安机关应当及时安排有关的探视事宜。犯罪嫌疑人拒绝其所属国家驻华外交、领事官员探视的，公安机关可以不予安排，但应当由其本人提出书面声明。 在公安机关侦查羁押期间，经公安机关批准，外国籍犯罪嫌疑人可以与其近亲属、监护人	**第三百六十条** 公安机关侦查终结前，外国驻华外交、领事官员要求探视被监视居住、拘留、逮捕或者正在看守所服刑的本国公民的，应当及时安排有关探视事宜。犯罪嫌疑人拒绝其国籍国驻华外交、领事官员探视的，公安机关可以不予安排，但应当由其本人提出书面声明。 在公安机关侦查羁押期间，经公安机关批准，外国籍犯罪嫌疑人可以与其近亲属、监护人会见、与外界通信。

修正前	修正后
会见、与外界通信。	
第三百三十五条 对外国籍犯罪嫌疑人采取强制措施的同时,经省级公安机关批准,可以依法扣留其护照,发给本人扣留护照的证明,并将有关情况及时报告公安部,通报同级人民政府外事办公室。	
第三百三十六条 对判处独立适用驱逐出境刑罚的外国人,省级公安机关在收到人民法院的刑事判决书、执行通知书的副本后,应当指定罪犯所在地的地(市)级公安机关执行。 被判处徒刑的外国人,其主刑执行期满后应执行驱逐出境附加刑的,省级公安机关在收到原执行监狱的上级主管部门转交的原刑事判决书、执行通知书副本或者复印本后,应当指定罪犯所在地的地(市)级公安机关执行。 我国政府已按照国际条约或《中华人民共和国外交特权与豁免条例》的规定,对实施犯罪,但享有外交或领事特权和豁免的外国人宣布为不受欢迎的人或者不可接受并拒绝承认其外交或领事人员身份,责令限期出境的人,无正当理由逾期不自动出境的,由公安部凭外交部公文指定该外国人所在的省级公安机关负责执行或者监督执行。	**第三百六十一条** 对判处独立适用驱逐出境刑罚的外国人,省级公安机关在收到人民法院的刑事判决书、执行通知书的副本后,应当指定该外国人所在地的**设区的市一级**公安机关执行。 被判处徒刑的外国人,主刑执行期满后应当执行驱逐出境附加刑的,省级公安机关在收到执行监狱的上级主管部门转交的刑事判决书、执行通知书副本或者复印件后,应当指定该外国人所在地的**设区的市一级**公安机关执行。 我国政府已按照国际条约或者《中华人民共和国外交特权与豁免条例》的规定,对实施犯罪,但享有外交或者领事特权和豁免权的外国人宣布为不受欢迎的人,或者不可接受并拒绝承认其外交或者领事人员身份,责令限期出境的人,无正当理由逾期不自动出境的,由公安部凭外交部公文指定该外国人所在地的省级公安机关负责执行或者监督执行。
第三百三十七条 办理外国人犯罪案件,本章未规定的,适用其他各章的有关规定。	**第三百六十二条** 办理外国人犯罪案件,本章未规定的,适用本规定其他各章的有关规定。
第三百三十八条 办理无国籍人犯罪案件,适用本章的规定。	**第三百六十三条** 办理无国籍人犯罪案件,适用本章的规定。
第十三章 刑事司法协助和警务合作	**第十三章 刑事司法协助和警务合作**
第三百三十九条 公安机关进行刑事司法协助和警务合作,我国缔结或者参加的国际条约和公安部签订的合作协议有规定的,按照条约和协议的规定办理,但是我国声明保留的条款除	

修正前	修正后
外，无相应条约和协议规定的，按照互惠原则通过外交途径或国际刑事警察组织进行。	
第三百四十条 公安机关应当在相互尊重国家主权和平等互惠的基础上，与有关国家的警察机关相互进行刑事司法协助和警务合作。	
第三百四十一条移至第三百四十五条之后	
第三百四十二条 公安部是公安机关进行刑事司法协助、警务合作的中央主管机关，地方各级公安机关依照职责分工办理刑事司法协助事务和警务合作事务。 **第三百四十三条** 其他司法机关在办理刑事案件中，需要外国警方协助的，应当通过其中央主管机关与公安部联系办理。 **第三百四十四条移至第三百四十五条之后** **第三百四十五条** 公安部通过有关国际条约或者协议规定的联系途径或者外交途径，接收或者向外国提出刑事司法协助或者警务合作请求。	**第三百六十四条** 公安部是公安机关进行刑事司法协助和警务合作的中央主管机关，通过有关国际条约、协议规定的联系途径、外交途径或者国际刑事警察组织渠道，接收或者向外国提出刑事司法协助或者警务合作请求。 地方各级公安机关依照职责分工办理刑事司法协助事务和警务合作事务。 其他司法机关在办理刑事案件中，需要外国警方协助的，由其中央主管机关与公安部联系办理。
第三百四十一条 公安机关进行刑事司法协助和警务合作的范围，主要包括犯罪情报信息的交流与合作、调查取证、送达刑事诉讼文书、移交物证、书证和视听资料、引渡以及国际条约规定的其他刑事司法协助、警务合作事宜。	**第三百六十五条** 公安机关进行刑事司法协助和警务合作的范围，主要包括犯罪情报信息的交流与合作，调查取证，送达刑事诉讼文书，移交物证、书证、视听资料**或者电子数据**等证据材料，引渡、**缉捕和递解犯罪嫌疑人、被告人或者罪犯**以及国际条约、协议规定的其他刑事司法协助和警务合作事宜。
第三百四十四条 我国边境地区公安机关与相邻国家的警察机关相互进行警务合作，在不违背有关国际条约、协议和我国法律的前提下，可以按照惯例进行，但应当报公安部备案。	**第三百六十六条** **在不违背有关国际条约、协议和我国法律的前提下**，我国边境地区**设区的市一级公安机关和县级公安机关**与相邻国家的警察机关，可以按照惯例**相互开展执法会晤、人员往来、边境管控、情报信息交流**等警务合作，**但应当报省级公安机关批准**，并报公安部备案。
第三百四十六条 公安部收到外国的刑事	**第三百六十七条** 公安部收到外国的刑事

修正前	修正后
司法协助或者警务合作请求后,应当依据我国法律和有关司法协助条约、警务合作协议的规定进行审查。对符合条约、协议规定的,交有关省、自治区、直辖市公安机关办理,或者移交其他有关中央主管机关;对不符合条约或者协议规定的,不予执行,并通过接收请求的途径退回请求方。	司法协助或者警务合作请求后,应当依据我国法律和国际条约、协议的规定进行审查。对于符合规定的,交有关**省级**公安机关办理,或者移交其他有关中央主管机关;对于不符合条约或者协议规定的,通过接收请求的途径退回请求方。
第三百四十七条 负责执行刑事司法协助或者警务合作的公安机关收到刑事司法协助或者警务合作请求书和所附材料后,应当立即安排执行。执行后,应当按照条约或者协议规定的格式和语言,将执行结果及其有关材料报经省、自治区、直辖市公安机关审核后报送公安部。 对于因犯罪嫌疑人死亡或者具有应当拒绝协助、合作的情形等不能执行的,应当将刑事司法协助、警务合作请求和所附材料,连同不能执行的理由通过省、自治区、直辖市公安机关报送公安部。 公安机关因请求书提供的地址不详或者材料不齐全难以执行的,应当立即通过省、自治区、直辖市公安机关报送公安部要求请求方补充材料。	**第三百六十八条** 负责执行刑事司法协助或者警务合作的公安机关收到请求书和所附材料后,应当**按照我国法律和有关国际条约、协议的规定安排执行**,并将执行结果及其有关材料报经**省级**公安机关审核后报送公安部。 **在执行过程中,需要采取查询、查封、扣押、冻结等措施的,可以根据公安部的执行通知办理有关法律手续。** 请求书提供的信息不准确或者材料不齐全难以执行的,应当立即通过省级公安机关报请公安部要求请求方补充材料;因其他原因无法执行或者具有应当拒绝协助、合作的情形等不能执行的,应当将请求书和所附材料,连同不能执行的理由通过省级公安机关报送公安部。
第三百四十八条 地方公安机关提供刑事司法协助和警务合作,请求书中附有办理期限的,应当按期完成。未附办理期限的,调查取证应当在三个月以内完成;送达刑事诉讼文书,应当在十日内完成。不能按期完成的,应当说明情况和理由,层报公安部。	**第三百六十九条** 执行刑事司法协助和警务合作,请求书中附有办理期限的,应当按期完成。未附办理期限的,调查取证应当在三个月以内完成;送达刑事诉讼文书,应当在十日以内完成。不能按期完成的,应当说明情况和理由,层报公安部。
第三百四十九条 地方公安机关需要请求外国警方提供刑事司法协助或者警务合作的,应当按照有关条约或者合作协议的规定提出刑事司法协助或者警务合作请求书,所附文件及相应译文,经省、自治区、直辖市公安机关审核后报送公安部审批。	**第三百七十条** 需要请求外国警方提供刑事司法协助或者警务合作的,应当按照有关国际条约、协议的规定提出刑事司法协助或者警务合作请求书,所附文件及相应译文,经**省级**公安机关审核后报送公安部。
第三百五十条 地方公安机关需要通过国际刑警组织缉捕罪犯或者犯罪嫌疑人、查询资料、调查取证的,应当提出申请层报公安部审批。	**第三百七十一条** 需要通过国际刑事警察组织缉捕犯罪嫌疑人、被告人或者罪犯、查询资料、调查取证的,应当提出申请层报**国际刑事警**

修正前	修正后
	察组织中国国家中心局。
第三百五十一条 公安机关提供或者请求外国提供刑事司法协助或者警务合作，应当收取或者支付费用的，根据有关国际条约或者合作协议的规定办理。	**第三百七十二条** 公安机关提供或者请求外国提供刑事司法协助或者警务合作，应当收取或者支付费用的，根据有关国际条约、协议的规定，**或者按照对等互惠的原则协商办理。**
第三百五十二条 办理引渡案件，依照国家关于引渡的法律和规定执行。	**第三百七十三条** 办理引渡案件，依照法律规定和有关条约执行。
第十四章 附 则	**第十四章 附 则**
第三百五十三条 本规定是公安机关办理刑事案件的基本程序，由公安部负责解释。	
	第三百七十四条 本规定所称“危害国家安全犯罪”，包括刑法分则第一章规定的危害国家安全罪以及危害国家安全的其他犯罪；“恐怖活动犯罪”，包括以制造社会恐慌、危害公共安全或者胁迫国家机关、国际组织为目的，采取暴力、破坏、恐吓等手段，造成或者意图造成人员伤亡、重大财产损失、公共设施损坏、社会秩序混乱等严重社会危害的犯罪，以及煽动、资助或者以其他方式协助实施上述活动的犯罪。
	第三百七十五条 当事人及其法定代理人、诉讼代理人、辩护律师提出的复议复核请求，由公安机关法制部门办理。
第三百五十四条 本规定自发布之日起施行。公安部一九八七年制定的《公安机关办理刑事案件程序规定》同时废止。	**第三百七十六条** 本规定自**2013年1月1日起施行。1998年5月14日发布的《公安机关办理刑事案件程序规定》（公安部令第35号）和2007年10月25日发布的《公安机关办理刑事案件程序规定修正案》（公安部令第95号）同时废止。**
第三百五十五条 本规定发布前，公安部制定的其他规定与本规定相抵触的，适用本规定。	

《最高人民法院、最高人民检察院、公安部、司法部〈关于刑事诉讼法律援助工作的规定〉》修正前后对照表

（修正后条文中黑体字部分是对原条文所作的修改或者补充）

修正前①	修正后②
第一条 为加强和规范刑事诉讼法律援助工作，根据《中华人民共和国刑事诉讼法》、《中华人民共和国律师法》、《法律援助条例》以及其他相关规定，结合法律援助工作实际，制定本规定。	**第一条** 为加强和规范刑事诉讼法律援助工作，根据《中华人民共和国刑事诉讼法》、《中华人民共和国律师法》、《法律援助条例》以及其他相关规定，结合法律援助工作实际，制定本规定。
第二条 犯罪嫌疑人，公诉案件中的被告人，公诉案件中的被害人及其法定代理人或者近亲属，以及自诉案件中的自诉人及其法定代理人，因经济困难没有聘请律师或者委托诉讼代理人的，可以向办理案件的公安机关、人民检察院、人民法院所在地的法律援助机构申请法律援助。 犯罪嫌疑人、被告人为限制行为能力人的，其法定代理人可代为申请法律援助。	**第二条** 犯罪嫌疑人、被告人因经济困难**没有委托辩护人的，本人及其近亲属**可以向办理案件的公安机关、人民检察院、人民法院所在**地同级司法行政机关所属**法律援助机构申请法律援助。 **具有下列情形之一，犯罪嫌疑人、被告人没有委托辩护人的，可以依照前款规定申请法律援助：** **（一）有证据证明犯罪嫌疑人、被告人属于一级或者二级智力残疾的；** **（二）共同犯罪案件中，其他犯罪嫌疑人、被告人已委托辩护人的；** **（三）人民检察院抗诉的；** **（四）案件具有重大社会影响的。**
	第三条 公诉案件中的被害人及其法定代理人或者近亲属，自诉案件中的自诉人及其法定代理人，因经济困难没有委托诉讼代理人的，可以向办理案件的人民检察院、人民法院所在**地同级司法行政机关所属**法律援助机构申请法律援助。
第三条 公民经济困难的标准，按案件受理地所在的省、自治区、直辖市人民政府的规定执行。	**第四条** 公民经济困难的标准，按案件受理地所在的省、自治区、直辖市人民政府的规定执行。

---

① 2005 年 9 月 28 日公布，自 2005 年 12 月 1 日起施行。

② 2013 年 2 月 4 日公布，自 2013 年 3 月 1 日起施行。

修正前	修正后
第四条 公安机关、人民检察院在对犯罪嫌疑人依法进行第一次讯问后或者采取强制措施之日起，在告知犯罪嫌疑人有权聘请律师为其提供法律咨询、代理申诉、控告或者为其申请取保候审的同时，应当告知其如果经济困难，可以向法律援助机构申请法律援助。对于涉及国家秘密的案件，应当告知犯罪嫌疑人申请法律援助应当经侦查机关批准。 人民检察院自收到移送审查起诉的案件材料之日起3日内，在告知犯罪嫌疑人有权委托辩护人的同时，应当告知其如果经济困难，可以向法律援助机构申请法律援助；在告知被害人及其法定代理人或者其近亲属有权委托诉讼代理人的同时，应当告知其如果经济困难，可以向法律援助机构申请法律援助。 人民法院对提起公诉的案件自审查完毕之日起3日内，在告知被告人有权委托辩护人的同时，应当告知其如果经济困难，可以向法律援助机构申请法律援助。 人民法院自受理自诉案件之日起3日内，在告知自诉人及其法定代理人有权委托诉讼代理人的同时，应当告知其如果经济困难，可以向法律援助机构申请法律援助。	**第五条** 公安机关、人民检察院在**第一次讯问犯罪嫌疑人或者采取强制措施的时候，应当告知犯罪嫌疑人有权委托辩护人**，并告知其如果**符合本规定第二条规定，本人及其近亲属**可以向法律援助机构申请法律援助。 人民检察院自收到移送审查起诉的案件材料之日起3日内，**应当**告知犯罪嫌疑人有权委托辩护人，并告知其如果**符合本规定第二条规定，本人及其近亲属**可以向法律援助机构申请法律援助；**应当**告知被害人及其法定代理人或者近亲属有权委托诉讼代理人，并告知其如果经济困难，可以向法律援助机构申请法律援助。 人民法院**自受理案件之日起**3日内，**应当**告知被告人有权委托辩护人，并告知其如果**符合本规定第二条规定，本人及其近亲属**可以向法律援助机构申请法律援助；**应当**告知自诉人及其法定代理人有权委托诉讼代理人，并告知其如果经济困难，可以向法律援助机构申请法律援助。**人民法院决定再审的案件，应当自决定再审之日起3日内履行相关告知职责。** **犯罪嫌疑人、被告人具有本规定第九条规定情形的，公安机关、人民检察院、人民法院应当告知其如果不委托辩护人，将依法通知法律援助机构指派律师为其提供辩护。**
第五条 告知可以采取口头或者书面方式。口头告知的，应当制作笔录，由被告知人签名；书面告知的，应当将送达回执入卷。	**第六条** 告知可以采取口头或者书面方式，**告知的内容应当易于被告知人理解**。口头告知的，应当制作笔录，由被告知人签名；书面告知的，应当将送达回执入卷。**对于被告知人当场表达申请法律援助意愿的，应当记录在案。**
第六条 公安机关、人民检察院、人民法院在收到被羁押的犯罪嫌疑人、被告人提出的法律援助申请后，应当在24小时内将其申请转交所在地的法律援助机构，并通知申请人的法定代理人、近亲属或者其委托的其他人员协助提供《法律援助条例》第17条规定的有关证件、证明及案件材料。 犯罪嫌疑人的法定代理人或者近亲属地址	**第七条** 被羁押的犯罪嫌疑人、被告人提出法律援助申请的，公安机关、人民检察院、人民法院应当在**收到申请**24小时内将其申请转交**或者告知**法律援助机构，并于**3日内**通知申请人的法定代理人、近亲属或者其委托的其他人员协助**向法律援助机构**提供有关证件、证明**等相关材料**。犯罪嫌疑人、**被告人**的法定代理人或者近亲属无法通知的，应当在转交申请时一并

修正前	修正后
不详无法通知的，公安机关、人民检察院、人民法院应当在转交申请时一并告知法律援助机构。	告知法律援助机构。
第七条　法律援助机构收到申请后，应当依照有关规定及时审查并作出决定。对符合法律援助条件的，决定提供法律援助，并于决定之日起3日内指派律师并函告公安机关、人民检察院、人民法院；对不符合法律援助条件的，作出不予援助的决定，并于决定之日起3日内书面告知申请人理由，并函告公安机关、人民检察院、人民法院。 法律援助机构出具的刑事法律援助公函应当载明承办律师的姓名及联系方式。	**第八条**　法律援助机构收到申请后应当及时进行审查**并于7日内**作出决定。对符合法律援助条件的，**应当**决定**给予**法律援助，**并制作给予法律援助决定书**；对不符合法律援助条件的，**应当**决定不予法律援助，**制作不予法律援助决定书。给予法律援助决定书和不予法律援助决定书应当及时发送申请人**，并函告公安机关、人民检察院、人民法院。 **对于犯罪嫌疑人、被告人申请法律援助的案件，法律援助机构可以向公安机关、人民检察院、人民法院了解案件办理过程中掌握的犯罪嫌疑人、被告人是否具有本规定第二条规定情形等情况。**
第八条　申请人对法律援助机构不予援助的决定有异议的，可以向确定该法律援助机构的司法行政部门提出。司法行政部门应当在收到异议之日起5个工作日内进行审查，经审查认为申请人符合法律援助条件的，应当以书面形式责令法律援助机构及时对该申请人提供法律援助，同时通知申请人。认为申请人不符合法律援助条件的，应当维持法律援助机构不予援助的决定，并将其维持决定及理由书面告知申请人。	**（修改后移至第二十三条）**
	第九条　犯罪嫌疑人、被告人具有下列情形之一没有委托辩护人的，公安机关、人民检察院、人民法院应当自发现该情形之日起3日内，通知所在地同级司法行政机关所属法律援助机构指派律师为其提供辩护： **（一）未成年人；** **（二）盲、聋、哑人；** **（三）尚未完全丧失辨认或者控制自己行为能力的精神病人；** **（四）可能被判处无期徒刑、死刑的人。**
第九条　人民法院根据《刑事诉讼法》及相关司法解释指定辩护的，应当将指定辩护通知书	**第十条**　公安机关、人民检察院、人民法院**通知辩护的**，应当将**通知辩护公函和采取强制**

修正前	修正后
和起诉书副本或者判决书副本送交其所在地的法律援助机构，由法律援助机构统一接收并组织实施。 人民法院决定开庭审理的，应当在开庭10日前将指定辩护通知书和起诉书副本或者判决书副本送交其所在地的法律援助机构。 人民法院的指定辩护通知书应当载明案件性质、被告人姓名、指定辩护的理由、案件承办人的姓名和联系方式，已确定开庭审理的，应当载明开庭时间、地点。	**措施决定书、起诉意见书**、起诉书、判决书副本**或者复印件**送交法律援助机构。 **通知辩护公函应当载明犯罪嫌疑人或者被告人的姓名、涉嫌的罪名、羁押场所或者住所、通知辩护的理由、办案机关联系人姓名和联系方式等。**
	第十一条　人民法院自受理强制医疗申请或者发现被告人符合强制医疗条件之日起3日内，对于被申请人或者被告人没有委托诉讼代理人的，应当向法律援助机构送交通知代理公函，通知其指派律师担任被申请人或被告人的诉讼代理人，为其提供法律帮助。 **人民检察院申请强制医疗的，人民法院应当将强制医疗申请书副本一并送交法律援助机构。** **通知代理公函应当载明被申请人或者被告人的姓名、法定代理人的姓名和联系方式、办案机关联系人姓名和联系方式。**
第十条　法律援助机构应当在开庭3日前将确定的承办人员的姓名及联系方式函告人民法院。	**第十二条　法律援助机构应当自作出给予法律援助决定或者自收到通知辩护公函、通知代理公函之日起3日内，确定承办律师并函告公安机关、人民检察院、人民法院。** **法律援助机构出具的法律援助公函应当载明承办律师的姓名、所属单位及联系方式。**
	第十三条　对于可能被判处无期徒刑、死刑的案件，法律援助机构应当指派具有一定年限刑事辩护执业经历的律师担任辩护人。 **对于未成年人案件，应当指派熟悉未成年人身心特点的律师担任辩护人。**
第十一条　律师接受法律援助机构指派后，应当按照有关规定及时办理委托手续。 人民法院指定辩护的案件，律师应当在开庭	**第十四条　承办**律师接受法律援助机构指派后，应当按照有关规定及时办理委托手续。 **承办律师应当在首次会见犯罪嫌疑人、被**

修正前	修正后
前询问被告人是否同意本人为其辩护,被告人不同意的,律师应记录在案,并书面告知人民法院和法律援助机构。	**告人时**,询问是否同意为其辩护,**并制作笔录**。**犯罪嫌疑人**、被告人不同意的,律师应当书面告知**公安机关**、**人民检察院**、人民法院和法律援助机构。
第十二条 被告人坚持自己辩护,拒绝人民法院指定的律师为其辩护的,人民法院应当准许,并记录在案。 对被告人具有应当指定辩护情形的,人民法院应当查明拒绝指定辩护的原因,有正当理由的,应当准许,但被告人需另行委托辩护人。被告人未另行委托辩护人的,人民法院应当为其另行指定律师。 人民法院根据前款规定决定为被告人另行指定辩护人的,应当在决定之日起3日内函告作出指派的法律援助机构。	**第十五条** **对于依申请提供法律援助的案件,犯罪嫌疑人**、被告人坚持自己辩护,拒绝**法律援助机构指派**的律师为其辩护的,**法律援助机构**应当准许,**并作出终止法律援助的决定;对于有正当理由要求更换律师的,法律援助机构应当另行指派律师为其提供辩护。** **对于应当通知辩护的案件,犯罪嫌疑人、被告人拒绝法律援助机构指派的律师为其辩护的,公安机关、人民检察院**、人民法院应当查明拒绝的原因,有正当理由的,应当准许,**同时告知犯罪嫌疑人**、被告人需另行委托辩护人。**犯罪嫌疑人**、被告人未另行委托辩护人的,**公安机关、人民检察院**、人民法院应当**及时通知法律援助机构另行指派律师为其提供辩护**。
第十三条 实施法律援助的刑事诉讼案件出现《法律援助条例》第23条规定的情形时,法律援助机构、人民法院均应当在作出终止法律援助决定或者终止指定辩护决定的当日函告对方,对方相应作出终止决定。	**(修改后移至第二十二条)**
	第十六条 人民检察院审查批准逮捕时,认为犯罪嫌疑人具有应当通知辩护的情形,公安机关未通知法律援助机构指派律师的,应当通知公安机关予以纠正,公安机关应当将纠正情况通知人民检察院。
	第十七条 在案件侦查终结前,承办律师提出要求的,侦查机关应当听取其意见,并记录在案。承办律师提出书面意见的,应当附卷。
第十四条 人民法院决定变更开庭时间的,应当在开庭3日前通知承办法律援助案件的律师。承办法律援助案件的律师有正当理由不能按时出庭的,可以申请人民法院延期开庭。人民	**第十八条** 人民法院决定变更开庭时间的,应当在开庭3日前通知**承办律师**。**承办律师**有正当理由不能按时出庭的,可以申请人民法院延期开庭。人民法院同意延期开庭的,应当

修正前	修正后
法院同意延期开庭的，应当及时通知承办法律援助案件的律师。	及时通知**承办律师**。
第十五条 人民法院决定不开庭审理的案件，承办法律援助案件的律师应当在接到法律援助机构指派函次日起10日内向人民法院提交书面辩护意见。	**第十九条** 人民法院决定不开庭审理的案件，**承办律师**应当在接到**人民法院不开庭通知之日起**10日内向人民法院提交书面辩护意见。
第十六条 公安机关、人民检察院应当依法支持承办法律援助案件的律师开展工作，应当告知律师犯罪嫌疑人涉嫌的罪名，依法安排律师会见在押的犯罪嫌疑人，为律师向犯罪嫌疑人提供法律咨询、代理申诉、控告，为在押的犯罪嫌疑人申请取保候审等提供必要的便利条件。	**（删除）**
第十七条 在审查起诉阶段，人民检察院应当为承办法律援助案件的律师查阅、摘抄、复制案件的诉讼文书、技术性鉴定材料以及同在押的犯罪嫌疑人会见和通信提供便利条件。 人民检察院审查案件，应当听取承办法律援助案件的律师的意见。	**（删除）**
第十八条 公安机关在撤销案件或者移送审查起诉后，人民检察院在提起公诉或者作出不起诉决定后，应当在5日内将案件办理结果告知承办法律援助案件的律师。	**（修改后移至第二十一条）**
第十九条 人民法院应当依法支持承办法律援助案件的律师开展工作，为其查阅、摘抄、复制案件所指控犯罪事实的材料以及同在押的被告人会见和通信提供便利条件。	**（删除）**
第二十条 公安机关、人民检察院、人民法院对承办法律援助案件的律师复制必要的相关材料的费用应当予以免收或者减收，减收的标准按复制材料所必需的工本费用计算。	**第二十条** 人民检察院、人民法院应当对**承办律师**复制**案卷材料**的费用予以免收或者减收。
	第二十一条 公安机关在撤销案件或者移送审查起诉后，人民检察院在作出提起公诉、不起诉**或者撤销案件**决定后，**人民法院在终止审**

修正前	修正后
	理或者作出裁决后，以及公安机关、人民检察院、人民法院将案件移送其他机关办理后，应当在5日内将相关法律文书副本或者复印件送达承办律师，或者书面告知承办律师。 公安机关的起诉意见书，人民检察院的起诉书、不起诉决定书，人民法院的判决书、裁定书等法律文书，应当载明作出指派的法律援助机构名称、承办律师姓名以及所属单位等情况。
	第二十二条　具有下列情形之一的，法律援助机构应当作出终止法律援助决定，制作终止法律援助决定书发送受援人，并自作出决定之日起3日内函告公安机关、人民检察院、人民法院： （一）受援人的经济收入状况发生变化，不再符合法律援助条件的； （二）案件终止办理或者已被撤销的； （三）受援人自行委托辩护人或者代理人的； （四）受援人要求终止法律援助的，但应当通知辩护的情形除外； （五）法律、法规规定应当终止的其他情形。 公安机关、人民检察院、人民法院在案件办理过程中发现有前款规定情形的，应当及时函告法律援助机构。
	第二十三条　申请人对法律援助机构不予援助的决定有异议的，可以向主管该法律援助机构的司法行政机关提出。司法行政机关应当在收到异议之日起5个工作日内进行审查，经审查认为申请人符合法律援助条件的，应当以书面形式责令法律援助机构及时对该申请人提供法律援助，同时通知申请人；认为申请人不符合法律援助条件的，应当维持法律援助机构不予援助的决定，并书面告知申请人。 受援人对法律援助机构终止法律援助的决定有异议的，按照前款规定办理。
	第二十四条　犯罪嫌疑人、被告人及其近亲属、法定代理人，强制医疗案件中的被申请

修正前	修正后
	人、被告人的法定代理人认为公安机关、人民检察院、人民法院应当告知其可以向法律援助机构申请法律援助而没有告知，或者应当通知法律援助机构指派律师为其提供辩护或者诉讼代理而没有通知的，有权向同级或者上一级人民检察院申诉或者控告。人民检察院应当对申诉或者控告及时进行审查，情况属实的，通知有关机关予以纠正。
第二十一条　律师在办理法律援助案件过程中应当尽职尽责，恪守职业道德和执业纪律。 法律援助机构对律师的法律援助活动进行业务指导和监督，以保证法律援助案件质量。 公安机关、人民检察院、人民法院在办案过程中发现律师违反职业道德和执业纪律，损害受援人利益的，应当及时向作出指派的法律援助机构通报有关情况。	**第二十五条　律师应当遵守有关法律法规和法律援助业务规程，做好会见、阅卷、调查取证、解答咨询、参加庭审等工作，依法为受援人提供法律服务。** **律师事务所应当对律师办理法律援助案件进行业务指导，督促律师在办案过程中尽职尽责，恪守职业道德和执业纪律。** **第二十六条　法律援助机构依法对律师事务所、律师开展法律援助活动进行指导监督，确保办案质量。** **司法行政机关和律师协会根据律师事务所、律师履行法律援助义务情况实施奖励和惩戒。** 公安机关、人民检察院、人民法院在案件办理过程中发现律师有违法或者违反职业道德和执业纪律行为，损害受援人利益的，应当及时向法律援助机构通报有关情况。
第二十二条　人民法院应当在判决书、裁定书中写明作出指派的法律援助机构、承办案件的律师及其所在的执业机构。	**（修改后并入第二十一条）**
	第二十七条　公安机关、人民检察院、人民法院和司法行政机关应当加强协调，建立健全工作机制，做好法律援助咨询、申请转交、组织实施等方面的衔接工作，促进刑事法律援助工作有效开展。
第二十三条　本规定自2005年12月1日起施行。1997年4月9日最高人民法院、司法部	**第二十八条　本规定自2013年3月1日起施行。2005年9月28日最高人民法院、最高人**

修正前	修正后
下发的《关于刑事法律援助工作的联合通知》，2000 年 4 月 24 日最高人民检察院、司法部下发的《关于在刑事诉讼活动中开展法律援助工作的联合通知》以及 2001 年 4 月 25 日司法部、公安部下发的《关于在刑事诉讼活动中开展法律援助工作的联合通知》与本规定有抵触的，以本规定为准。	**民检察院、公安部、司法部下发的《关于刑事诉讼法律援助工作的规定》同时废止。**

PEKING UNIVERSITY PRESS · 1902 ·